长白山地理系统与生态安全

RESEARCH ON GEOSYSTEMS OF
THE CHANGBAI MOUNTAINS
(VOL. 4)

第四辑

(2007~2010)

主编 王野乔 吴正方 冯 江

东北师范大学出版社
NORTHEAST NORMAL UNIVERSITY PRESS
长 春

图书在版编目（CIP）数据

长白山地理系统与生态安全. 第4辑/王野乔，吴正方，冯江主编. —2版. —长春：东北师范大学出版社，2015.4（2024.1重印）
ISBN 978-7-5681-0627-6

Ⅰ. ①长… Ⅱ. ①王… ②吴… ③冯… Ⅲ. ①长白山—地理—文集 Ⅳ. ①K928.3-53

中国版本图书馆CIP数据核字（2015）第012281号

审图号：吉S（2010）31号

□责任编辑：黄玉波 □封面设计：李冰彬
□责任校对：曲 颖 □责任印制：刘兆辉

东北师范大学出版社出版发行
长春净月经济开发区金宝街118号（邮政编码：130117）
网址：http：//www.nenup.com
东北师范大学出版社激光照排中心制版
河北省廊坊市永清县晔盛亚胶印有限公司
河北省廊坊市永清县燃气工业园榕花路3号（065600）
2015年4月第2版 2024年1月第2次印刷
幅面尺寸：185 mm×260 mm 印张：28.5 字数：650千

定价：88.00元

《长白山地理系统与生态安全》编委会

本系列专著的出版得到了东北师范大学“十一五”科技创新平台建设计划一培育项目“长白山国际地缘生态安全与数据集成（106111065202）”、中华人民共和国教育部与香港李嘉诚基金会“长江学者奖励计划”、中华人民共和国科技部国家重点基础研究发展规划（973）项目“长白山地区土地利用/覆被变化与生态安全监测控制研究（2009CB426305）”的资助。

The publication of this book series was supported by the Science and Technology Innovation Platforms Initiative of the Northeast Normal University under the project “Ecological Security and Data Assemblage of the Changbai Mountains International Georegion (Project No. 106111065202)”; The Changjiang (Yangtze River) Scholar Award Program sponsored by the Ministry of Education of the People's Republic of China and the Li Ka Shing Foundation of Hong Kong; and the National Grand Fundamental Research 973 Program of China (Project No. 2009CB426305).

长 白 山 简 介

广义上的长白山是中国辽宁、吉林、黑龙江三省东部山地的总称。长白山脉东北—西南走向，北起位于黑龙江省三江平原的南侧，向南延伸至辽东半岛与千山相接，主要山地包括长白山、老爷岭、张广才岭、吉林哈达岭等平行的断块山地。山地海拔多在800～1 500 m，以中段位于吉林省境内的长白山为最高。狭义的长白山是指中国吉林省东部与朝鲜接壤的以白头山为主峰的山地，为东北山地的最高部分。长白山是闻名中外的复式火山，其地形可分为熔岩高原和火山锥体两大单元。火山锥体矗立于熔岩高原的中心，系多次火山喷发而成。火山锥体由粗面岩组成，夏季白岩裸露，冬季白雪皑皑，故此得名。火山锥体顶部成巨大椭圆形火口湖，称为长白山天池（白头山天池）。长白山天池（白头山天池）湖水水面海拔高度为 2 188 m，面积为 9.8 km^2，湖水平均深度为 204 m，最深处达 313 m，被火山锥体上 16 座海拔 2 500 m 以上的山峰所环绕。其中白云峰海拔高度为 2 691 m，为中国东北第一高峰。

长白山森林茂密，是中国的主要林区。由于地形、气候、水文、土壤等因素的共同影响和制约，长白山锥体区的植被和土壤呈明显的垂直带状分布。海拔600～1 600 m 之间为山地针阔混交林带，占有最大垂直宽度。海拔 1 600～1 800 m 之间为山地暗针叶林带。海拔 1 800～2 100 m 之间为岳桦林带。海拔 2 100～2 400 m 为高山苔原带。海拔 2 400 m 以上为高山荒漠带。

长白山是亚欧大陆北半部最具代表性的典型自然综合体。中国于 1960 年在长白山建立了以长白山天池（白头山天池）为中心，境内总面积为 196 465 hm^2 的自然保护区。该保护区是中国建立最早、最重要的自然保护区之一。联合国教科文组织 1980 年批准将长白山自然保护区纳入国际生物圈保护区网，并将其列为世界自然保留地。长白山保护区贵为东北亚物种基因库，长白山地被视为中国东北的生态屏障。长白山是松花江、鸭绿江和图们江的源头。国际河流的水资源和水环境是该地区的热点问题之一。长白山的生态安全在多重自然和人为因素的干扰之下面临重大考验。

长白山国际地缘人文历史悠久，多民族文化并存。长白山曾经受到历代帝王的关注，被推崇为神山圣地。清代统治阶级把长白山视为祖先发祥地，进而封禁，限制进入。因此，近代对长白山开发较晚，使长白山保护区内基本保持着原始状态。其国际地缘的地理位置及其与周边国家的政治经济关系，更为长白山地理系统和人地关系的研究增添了独特的社会因素。

About the Changbai Mountains

The Changbai Mountains is a mountain range that extends along the border between Northeast China and North Korea. The range consists of paralleled broken mountains of Changbai Mountain, Laoye Ling, Wanda Shan, Zhang-Guang-Cai Ling, and Hada Ling. It extends towards southwest connecting the Qian-Shan Mountains in the Liaodong Peninsula of China and towards northeast connecting the Sikhote-Alin Mountains in the Russian Far East. Geologically the region is on the border of the Pacific competent zone. Volcanic geomorphology of the region composed of volcanic cones, inclined plateau and lava table lands.

The Changbai Mountain Natural Reserve (CMNR) is centered by a volcanic summit at 2,749 meters above the sea level and has the largest protected temperate forests and the biodiversity in the Northeast Asia. The summit cups a crater lake with spectacular views and magnificent surrounding landscape. The CMNR was established in 1961 and admitted into the UNESCO's Man and Biosphere Program in 1979.

The climate and terrain conditions support four distinctive vertically distributed vegetation zones. The needle-and broad-leaf mixed forest zone is distributed between 600 and 1,600 meters. The dominant tree species include Korean pine (*Pinus koraiensis*) and temperate hardwoods such as aspen (*Poplus davidiana*), birch (*Betula platyphylla*), basswood (*Tilia amurensis*), oak (*Quercuc mongolica*), maple (*Acer mono*) and elm (*Ulmus propinqua*), among others. Larch (*Larix olgensis*) and Changbai pine (*Pinus sylvestris var. sylvestriformis*) dominate the upper elevation of this vegetation zone and form the "bright" coniferous forest. The evergreen "dark" coniferous forest zone is distributed between 1,600 and 1,800 meters with dominant species of spruce (*Pieca jezoensis*, *Pieca koreana*) and fir (*Abies nephrolepis*). Between 1,800 and 2,100 meters distributes the zone of subalpine birch (*Betula ermanii*) forests with other species such as Larix olgensis. The Alpine tundra zone is distributed between 2,100 and 2,400 meters with representative species such as short Rhododendron shrubs (*Rhododendron chrysanthum Pall*) and *Vaccinium uliginosum* L. This unique and distinctive vertical zonal pattern of vegetation and the ecosystems showcase a condensed configuration and composition of temperate and boreal forests found across the Northeast Asia.

Socioeconomic development, aggressive logging, intensified urban and agricultural land use, demographic change and pollutions through air and water systems accelerate the degradation of natural resources of this region. Human-induced land use and resource change and the uncertainties from potential volcanic eruption and climate change threaten ecosystems of this very unique geographic entity. The CMNR and adjacent lands have been a focus of scientific research in terms of ecosystem structure, function, service, biodiversity and ecological security.

前　言

为了坚持对长白山地理系统科学研究的长期性和系统性，总结东北师范大学对长白山地理系统研究的历史，利用东北师范大学“十一五”科技创新平台的工作机会，我们组织出版《长白山地理系统研究》系列论文集专著。

原1981年内部发行的《长白山地理系统论文集——第一集》，总结了东北师范大学1956～1981年间关于长白山地理系统科学研究和考察的历史记录。很多文章代表了现代中国关于长白山地理系统最早的科学研究成果。本着温故知新的原则，我们整理出版该论文集，并以此作为本系列专著的第一辑。

《长白山地理系统研究》第二辑的入选论文反映了东北师范大学原地理系继本系列专著第一辑之后的1982～1995年期间，关于长白山地理系统研究的主要成果。第二辑共含论文26篇，内容包括：关于长白山冰缘地貌组合；长白山的火山、冰川和冰缘过程；长白山第四纪冰期划分；中国东北末次冰期以来气候地貌的若干特征；东北断块构造与地貌；图们江流域水热资源及生态气候类型；遥感信息与地理数据融合进行的长白山区域农业气候资源研究；泥炭分布的演化过程与中国东部和日本一万年的干湿变迁；东北山地贫营养泥炭的性质与泥炭的发育过程；长白山地区地形的垂直分化对土壤理化性质的影响；长白山地区森林的水文效应；兴安岭和长白山地森林沼泽类型及其演替；长白山北坡冰缘环境与土壤动物；长白山北坡高山苔原带土壤动物的生态分布；森林凋零物与大型土壤动物相关关系；长白山红松阔叶林下土壤动物群及其在时间上的变化；土壤动物在物质循环中的作用；红松阔叶林土壤水分、湿度对土壤动物活动规律的影响；图们江干流自净规律，悬移尾矿砂迁移规律；图们江污染综合防治；长白山南坡农业自然条件与农业结构的决策分析；龙井县社会一经济一生态复合系统动态仿真；长白山荒芜土地的景观生态建设；长白山区特产资源开发与环境演变等。

《长白山地理系统研究》第三辑的入选论文反映了东北师范大学城市与环境科学学院在原地理系和环境科学系的基础上建院以来，在1996～2006年期间，关于长白山地理系统研究的主要成果。第三辑含论文24篇，内容包括：对“长白山”一词使用的正名探讨；吉林东部山区1953～2007年近55年的气温变化特征；长白山森林植被的生态气候学研究；长白山地泥炭分布、沉积速率与全新世气候变化；长白山区泥炭沼泽植物多样性；泥炭沼泽微地貌特征及其形成的水动力机制；中国东北地区与白俄罗斯泥炭沼泽的孢粉分析及形成环境对比；长白山泥炭沼泽桧叶金发藓种群的年龄结构与生长分析；长白山火山活动对现代土壤形成与发育的影响，对发育环境的塑造，垂直带谱的构成；长白山火山活动与山地棕色针叶林土形成的地球化学特征；对现代土壤形成与发育的影响，现代土壤垂直带谱的构成，山地棕色针叶林土形成的地球化学特征，对现代土壤发育环境的塑造；火山活动对长白山植被带的影响分析；长白山风灾区植被与土壤变化；长白山岳桦林上限树岛扩展分析；基于因子分析的长白山地区森林资源研究；左家自然保护区大型土壤动物与土壤因子关系；左家自然保护区坡地土壤动物物种多度分布格局；长白山典型红松阔叶混交林土壤动物群落特征；长白山数字火山地貌的分类与制图；图们江流域水环境质量变化规律；松花江三湖流域土地利用变化的生态环境效应；松花江吉林省段表层沉积物中重金属分布特征及污染评价；长白山典型地物波谱偏振数据获取与数据库的建立等。

本集为《长白山地理系统研究》系列论文专著的第四辑。入选的论文反映了东北师范大学城市与环境科学学院 2007～2010 年期间，在东北师范大学“十一五”科技创新平台建设计划一培育项目“长白山国际地缘生态安全与数据集成”的实施过程中，所取得的关于长白山地理系统与生态安全研究的部分成果。本书亦收录了 2009 年 7 月 18～19 日在长春召开的“长白山地理系统与生态安全科学论坛”学术研讨会，和 2010 年 8 月 26～27 日在长春召开的“山地地理系统与生态安全国际会议”（International Conference on Mountain Geographic Systems and Ecological Security）的部分会议论文。鉴于在本时间段内我们关于长白山生态安全方面的认识和科学研究已经开始，故将系列专著的标题改为“长白山地理系统与生态安全”，以期反映科学研究在原《长白山地理系统研究》基础上的拓展和延伸。

本文集共含论文 50 篇。王野乔等以“长白山国际地缘生态安全与数据集成”为题，围绕全球变化的区域响应、地球表层系统的环境效应、灾害与污染防治、区域可持续发展等重点研究的论题，概述了东北师范大学于 2007 年底启动的以“长白山国际地缘生态安全与数据集成”为题的科技创新平台的建设方向和研究重点。本辑入选的科学论文的内容包括：长白山自然地理研究的主要问题；近 50 年长白山地区农业气候条件变化及农业生产对气候变化的响应研究；长白山地区植被物候空间格局；长白山北坡林线岳桦种群与土壤关系的研究；长白山红景天不同类型迁地保护地土壤理化性质对比分析；长白山针阔混交林带退化生态系统土壤呼吸变异特征研究；长白山火山灰土壤地理发生特征研究；长白山红松阔叶林不同林隙土壤性质对比研究；图们江流域土壤侵蚀的定量分析；东北地区植被过渡带定量研究；长白山植被垂直带谱的数字识别及分析；长白山区森林资源的对应分析研究；长白山北坡垂直植被带典型植物的植硅体形态特征；长白山典型禾本科植物植硅体形状系数研究；延边朝鲜族自治州农作物虚拟水时空分异特征研究；图们江流域水环境质量变化规律研究；2010 年松花江南源暴雨洪水分析；基于景观格局指数的小流域非点源污染研究；图们江干、支流沉积物重金属污染调查与风险分析；对长白山火山成因的考证；长白山火山灾害评估与喷发趋势分析；情景驱动的长白山火山灾害风险评价与区划；长白山植被生态地理研究进展；长白山土壤动物生态地理研究现状与展望；长白山红松针阔混交林种内、种间竞争关系研究；长白山北坡不同垂直带土壤动物群落特征；长白山哈尼泥炭地 7 种苔藓分布与环境关系研究；长白山区泥炭地有壳变形虫与环境关系 RDA 和 CCA 分析对比；小匣三角嘴虫（*Trigonopyxis arcula*）壳体在哈尼泥炭地的发现及环境意义；泥炭记录的古环境半定量一定量重建的若干问题；长白山旅游地生命周期探析；基于决策树的长白山地区土地利用/覆被分类研究；长白山区中朝边界土地利用/覆被变化及生态安全研究；近23年通化市土地覆被/利用变化特征分析；长白山地区土地利用变化对生态系统服务价值的影响；长白山地区生态安全诊断及多空间尺度生态安全评价；基于DPSIR的长白山地区生态安全诊断与评价模型构想；基于GIS的白山地区生态脆弱性评价；P－S－R模型下的延边朝鲜族自治州生态安全评价研究；长白山多源空间数据集成标准体系构建研究；主成分和小波变换相结合的长白山地区遥感数据融合；基于MODIS影像的长白山区植被含水量监测研究；面向对象方法的土地覆被信息提取研究；基于SVM方法的长白山森林植被信息提取研究；基于TM影像的长白山地区景观格局变化分析；长白山地区生态环境质量遥感评价研究；长白山森林土壤多角度高光谱偏振反射影响研究等。

本文集是《长白山地理系统研究》系列的延续，是在理清东北师范大学半个多世纪关于长白山地理系统研究的历史脉络和科研积累的基础上，对长白山地理系统与生态安全研究多学科综合发展方向的拓展，为深化对长白山独特地理系统的认识和管理提供基础。在此我们感谢所有作者和对这些科学研究给予各种帮助和资助的部门、单位和个人。愿长白山研究更加具体化、系统化，走向成熟，走向世界。

王野乔　吴正方

目　录

关于“长白山国际地缘生态安全与数据集成”科技创新平台

王野乔　吴正方　袁孝亭　袁　星　张洪岩　张继权　许嘉巍　冯　江
（东北师范大学城市与环境科学学院）

为了强化对长白山地理系统的研究，凝练科学研究方向和人才队伍建设，东北师范大学于2007年底启动了题为“长白山国际地缘生态安全与数据集成”的科技创新平台。该平台采用多学科和交叉学科的综合科技手段，地面调查研究与遥感观测结合、全球定位系统定位与地理信息系统数据集成的方法，结合宏观地理系统及其微观组成的研究，探索长白山地理系统的历史成因、景观现状、动态演变过程、人类活动干扰及其在全球和区域尺度的相互作用关系与规律，以充实和拓展关于长白山地理系统研究的理论和方法，为国际地缘生态安全研究提供科学基础和实践管理的依据。

广义上的长白山是中国辽宁、吉林、黑龙江三省东部山地的总称。长白山脉东北—西南走向，北起位于黑龙江省三江平原的南侧，向南延伸至辽东半岛与千山相接，主要山地包括长白山、老爷岭、张广才岭、吉林哈达岭等平行的断块山地。长白山主体在中国东北境内，北连俄罗斯远东的锡霍特山地，向东南进入朝鲜半岛并成为其地理单元的骨架。山地海拔多在800～1 500 m，以中段位于吉林省境内的长白山为最高。狭义的长白山是指中国吉林省东部与朝鲜民主主义共和国接壤的以白头山为主峰的山地，为东北山地的最高部分。

长白山地处中纬度欧亚大陆东岸，隔日本海与太平洋相望。中、新生代以来中国东部环太平洋带若干构造岩浆特点的形成与亚洲大陆板块和太平洋板块之间沿西太平洋深断裂带的相互作用而产生的北东到北北东向环太平洋断裂系统的形成和发展有密切关系。在新第三纪喜马拉雅运动达到高潮时，沿新华夏系的老断裂再度复活，或产生新断裂，为地下深部岩浆上升活动提供了良好的通道。长白山位于华夏系与东西构造带的复合点，在构造上是一个脆弱点，从而导致长白山区的火山活动。长白火山群在新第三纪至第四纪期间曾多次活动。早期以裂隙喷发为主，大量基性岩浆充满山间盆谷，形成大面积的熔岩被。未被淹没的基岩山峰突出于熔岩面上，成为岛状孤山或丘陵。后期活动以中心喷发为主，喷溢的岩浆由基性转为碱性，黏性加大。最后在广阔的熔岩台地上形成了复式锥状火山。长白山火山锥体由粗面岩组成，矗立于熔岩高原的中心，锥体顶部成巨大椭圆形火口湖——长白山天池（白头山天池）。长白山第一高峰白头峰海拔高度为2 749 m。

亚洲大陆与太平洋气压场的配置使长白山地呈温带大陆性季风气候。春季风大而干燥，夏季温热多雨，秋季凉爽，冬季漫长寒冷。季风气候的影响，山体的屏障作用，地形因素的制约等对长白山自然景观的形成起了主导作用。由于地形、气候、水文等因素的共同影响，长白山锥体区的植被和土壤呈明显的垂直带状分布。海拔 600～1 600 m 之间为山地针阔混交林带，占有最大垂直宽度。海拔 1 600～1 800 m 之间为山地暗针叶林带。海拔 1 800～2 100 m 之间为岳桦林带。海拔 2 100～2 400 m 为高山苔原带。海拔 2 400 m 以上为高山荒漠带。

长白山是欧亚大陆北半部最具代表性的典型自然综合体和物种基因库。长白山的生态屏障作用及其生态安全问题至关重要。中国于 1960 年在长白山建立了以长白山天池（白头山天池）为中心，中国境内总面积为 196 465 hm^2 的自然保护区。该保护区是中国建立最早、最重要的自然保护区之一。联合国教科文组织 1979 年批准将长白山自然保护区纳入国际生物圈保护区网，并将其列为世界自然保留地。

长白山区人文历史悠久，多民族文化并存。长白山曾经受到历代帝王的关注。特别是金、元、清等朝代更是视长白山为祖先发祥地，推崇长白山为神山圣地。清皇朝把长白山视为祖先发祥地，进而封禁，限制进入。因此，近代对长白山开发较晚，使长白山保护区内基本保持着原始状态。

长白山是松花江、鸭绿江和图们江等国际河流的源头。国际河流的水资源与水环境问题，跨国界地区水和空气污染问题等正在成为影响国际关系的焦点问题。图们江地区的国际合作开发是东北亚各国高度重视的国际合作项目，是联合国和其他国际组织参与的地区性项目。长白山地区的保护和开发与之密切相关。

中国对长白山的科学研究始于 20 世纪 50 年代。东北师范大学对长白山地理系统的研究已经有 50 余年的历史和科学积累。研究领域包含地质、地貌、水文、土壤、气候、动植物等学科，内容涉及区域开发、环境科学、景观生态和地理系统的各个领域，具有坚实的研究基础和系列化的研究成果[1～3]。例如在 50 年代便与当时的苏联专家首次共同开展了对黑龙江—松花江流域的地理科学考察。黄锡畴、刘德生、李祯先生于 1959 年在《地理学报》上发表了论证长白北坡自然景观带的论文[4]。从 70 年代开始研究图们江的水环境问题，并设立了国内最早研究长白山地区环境问题的科研机构。1981 年在国内首次出版了《长白山地理系统论文集》。90 年代，东北师范大学首先提出了对图们江地区国际合作开发的研究。1997～1999 年完成了国际合作课题“图们江地区经济地图集”，是国际社会首次对图们江和长白山地区自然环境和社会经济信息的综合整理。同期与联合国开发项目（UNDP）合作完成的“图们江地区国际物流预测”对地区开发有关的数据进行了系统的搜集与整理。2001～2002 年与全球环境基金（GEF）合作完成了图们江地区国际交通走廊、城市化地区与生态环境关系、图们江地区跨国界保护区可行性的研究，完成了国际地区生物多样性的研究。近年完成了“东北地区 100 年土地利用/土地覆盖变化及其生态环境效应研究”等一些涉及东北问题的重大课题，为深入研究长白山的资源与环境演变，人地关系耦合的变化响应提供了前提条件。此前我们关于国际地缘的区域性研究没有突破性进展，对人类活动的基础调查研究相对较弱，基于可持续发展的人地关系研究尚未达到系统深入。

生态安全是科学发展观的关键内容之一，是实现经济社会与生态环境和谐发展的科学内涵，是保障国家安全的重要组成部分，是维系国家或地区经济社会可持续发展的基础。生态安全研究的核心内容是关于人类与自然环境之间如何保持基本平衡的问题。主要的平衡关系包括人类生存和发展需求与自然资源和环境的承载力，及其维系为其需求提供可持续资源与环境的能力之间的平衡；不同政治和地理地域，包括政治、宗教、种族、国度等，在人口增长与发展要求之间的平衡；人类生存发展需求与其他物种生存发展需求之间的平衡；以及人类和其他广谱微生物之间的平衡[5]。任何对以上平衡关系的破坏都会导致不同程度、尺度、强度的对生态安全的威胁和破坏。关于生态安全的研究其实是关于地理系统和人地关系研究的目的所在，是可持续发展理论和研究的延伸。世界范围内普遍存在的环境恶化、资源枯竭、人口增长压力所带来的问题等对生态安全问题研究提出了新的要求。长白山独特的地理与生态系统结构、自然资源组成、国际地缘的地理位置及其与周边国家在政治、经济、资源、环境等方面存在的不可分割的多重关系，使对其生态安全的研究成为东北亚地区生态安全研究的重要组成部分。

2000年，中国国务院发布的《全国生态环境保护纲要》中首次明确提出“维护国家生态环境安全”的目标。《国家中长期科学和技术发展规划纲要》和《“十一五”期间国家突发公共事件应急体系建设规划》中对气候变化、灾害风险与生态安全予以高度关注，并列出了重点支持领域：全球环境变化监测与对策、防灾减灾、生态安全等领域。生态环境问题被纳入国家危机事件管理的重大突发性事件之一。

围绕全球变化的区域响应、地球表层系统的环境效应、灾害与污染防治、区域可持续发展等重点研究的论题，长白山地区的生态安全正在受到关注。国际地缘生态安全的研究尚属起步阶段。“长白山国际地缘生态安全与数据集成”科技创新平台以遥感数据和地面长期观测数据为基础，以地理信息系统为依托，借鉴多学科的数字模型和模拟方法，通过数据集成，对长白山区国际地缘生态系统复合体的生态安全因素进行分析，开展生态系统对全球气候变化及人类活动生态响应的研究，探索生态环境的演变过程、规律和原因及其未来发展趋势。其研究方向为以下几个主要方面。

一、人类活动与长白山生态系统安全

1. 长白山区国际河流的生态系统安全

调查以长白山为源头的松花江、图们江和鸭绿江流域等国际河流的水资源、水质、水土流失及其污染治理的基本数据，评价长白山生态系统对流域水资源承载力和为水环境质量提供生态功能服务的现状；以流域自然特征和生态系统健康为基础，从宏观、中观、微观三个层面开展环境问题的研究。重点分析河流水质、底泥和土壤在不同河段的变化，区域开发带来的典型水环境问题，特征污染物时空分布和迁移规律，水资源的国际争端以及引起其变化的人口增长、产业开发和城市化因素；确定以保护国际河流的生态系统安全、流域环境质量修复为目标的主要污染物控制和水污染治理方案、多尺度水质在线监测、遥感预测和水质水量优化调控技术，水污染应急预案，开展流域水质监控、预警和综合管理的示范研究。

2. 长白山区人类活动的时空变化

开展长白山区人类活动历史数据的调查，包括：自近代以来人口增长与分布、耕地扩展的时间、空间数据；经济发展数据，如人口与聚落、GDP、工业化、交通网络（公路、铁路、港口等）、对外贸易、主要产业、“开发区”、生态与环境保护措施等数据；及与此相关的土地利用变化及其对长白山生态系统的影响；研究人类活动的时空过程和形成的空间格局，基于人类活动—社会经济发展增量相对于生态安全的阈值，提出威胁长白山生态系统安全的不同前景。

二、长白山景观生态格局及演变趋势

1. 长白山区气候变化及人类活动的生态响应

从高山林线、群落结构、植被分布、植被生产力和碳循环等方面研究和构建长白山气候植被模型，研究气候变化对长白山植被的影响，研究气候变化影响的敏感性和脆弱性评估方法、指标和模型，研究人类活动干扰下的生态系统结构和过程对气候变化的响应，揭示生态安全的时空格局在气候变化背景下的演变趋势，为制定适应与减缓气候变化影响的区域生态系统可持续发展模式提供科学依据。

2. 长白山区土地利用/土地覆被变化及趋势

通过科学考察、遥感解译、定位监测及景观结构的分析方法研究在人类活动影响下，土地利用/土地覆被变化对长白山景观破碎化的影响及其后果。研究土地利用过程与土壤资源的演化、土壤资源退化方式与退化过程及土壤性质演化趋势、长白山火山活动与土壤形成与演化、地貌格局与土壤空间演替。通过分析景观类型的重要值、形状、分离度等指标的变化，特别是对人类活动反应较敏感的交错带宽度、物种多样性、斑块密度、面积等指数的变化，揭示不同空间尺度的景观单元对人类活动的生态响应及未来的演变趋势；从景观类型和景观区域两个层次建立生态安全的判定指标。

3. 长白山生态安全指示性生物物种的变化

采用野外调查与遥感、地理信息系统和全球定位系统技术相结合的方法，对长白山地区主要植被类型的多样性、群落结构特征、分布状况进行研究，分析主要植物物种生态安全格局的源、缓冲区、源间连接、生态通道与战略点，探讨指示性植物种对生态安全的响应。

在长白山地区土壤动物群落区系组成和多样性野外调查的基础上，研究土壤动物群落结构特征和生态地理规律，比较不同人类活动强度对土壤动物群落的影响，探讨土壤动物群落和生态分布对生态安全的响应，寻求该地区的指示性土壤动物。选取对生态安全与环境变化反应敏感的指示生物种群及群落，定位研究长白山生态安全指示生物物种种群与群落动态变化的机理。

4. 长白山灾害风险与生态安全

利用历史数据、定位监测数据及其遥感技术和三维模型模拟技术，进行区域尺度和典型类型的灾害成灾机理、监测预警、风险评价、风险防范措施和应急管理体系研究与区域生态风险评价、预警、安全评价和对策研究；建立长白山灾害风险数据库和预警系统及应急预案；从资源环境现状、资源环境压力和人文环境响应三个方面判断影响长白山生态系统安全的要素，评价生态系统安全状态，提出生态系统安全阈值。

三、长白山国际地缘生态安全数据集成

1. 长白山国际地缘生态安全的遥感调查与监测

以遥感信息结合地面系统观测手段，定量分析工作区在气候变化和人类活动影响下的景观格局时空变化规律及土地利用与土地覆被变化对区域资源环境和土地生产力的影响。根据历史变化过程和相关野外记录及考察数据，研究变化之间的定量关系，揭示人类活动过程对长白山生态安全的影响。研究利用遥感植被指数 NDVI，对气候变化背景下长白山区净第一性生产力的空间分布格局及季节变化进行研究。

2. 长白山国际地缘生态安全的定量分析模型

基于所建立的数据平台，通过模拟模型工具实现长白山三维数字显示与模拟，从不同高度角、方位角对长白山及毗邻地区的景观格局、资源状况、动态过程、未来趋势进行可视化重现，综合分析长白山及重点地区的地缘生态安全的特点及影响规律，综合评估威胁长白山地区生态安全的主要影响因素，预测其变化趋势，确定历史和现实状况及其可能发生的人类活动和自然变化对生态安全的影响。

3. 长白山国际地缘生态安全信息集成与数据库建设

根据研究的总体目标，建立数据标准化、管理、分发、共享和更新的体系，不仅为各专题研究提供重要基础，也为数据平台的建设提供基本依据。收集整理长白山及毗邻地区既有的资源环境、社会经济等要素及其时空变化的基础信息，利用地理信息系统技术，结合多源遥感信息和野外调查及监测数据，建立多尺度基础地理信息数据库、国际河流及水资源状况专题数据库、生态环境状况专题数据库、社会经济专题数据库及相关领域专家知识库。设计相应的数据库结构，提出数据库的存储、管理和维护方案，建立数据平台，实现长白山及毗邻地区生态安全相关信息的规范化、数字化和可视化管理。

环境在变化，科学在进步，手段在更新。“长白山国际地缘生态安全与数据集成”科技创新平台以交叉学科的优势为支撑，以理论创新为重点，以技术开发为突破，通过项目实施，促使学科内部发展，人才培养，科研队伍建设。其系统化的研究成果和数据产品将为长白山人地关系的综合研究，为国家和地方政府关于长白山及重点地区生态安全的战略决策提供参考与支持。

参 考 文 献

[1] 张子祯．《长白山地理系统研究》第一辑（1956～1981）[原《长白山地理系统论文集》第一集（1956～1981），东北师范大学地理系 1981 年内部发行]．长春：东北师范大学出版社，2010.

[2] 王野乔，吴正方，冯江．长白山地理系统研究：第二辑（1982～1995）．长春：东北师范大学出版社，2010.

[3] 王野乔，吴正方，冯江．长白山地理系统研究：第三辑（1996～2006）．长春：东北师范大学出版社，2010.

[4] 黄锡畴，刘德生，李祯．长白山北坡的自然景观带．地理学报，1959，25（6）.

[5] D Pirages，2005. “From limits to growth to ecological security”，in From resource security to ecological security：exploring new limits to growth，D. Pirages and K Cousins，Eds. Cambridge，MA：The MIT Press，pp. 1—20.

Ecological Security and Data Assemblage of the Changbai Mountains International Georegion: A Project under the Science and Technology Innovation Platforms Initiative of the Northeast Normal University

Wang Yeqiao, Wu Zhengfang, Yuan Xiaoting, Yuan Xing,
Zhang Hongyan, Zhang Jiquan, Xu Jiawei, Feng Jiang
(College of Urban and Environmental Sciences
Northeast Normal University, Changchun, China)

Abstract: The Northeast Normal University sponsored the *Ecological Security and Data Assemblage of the Changbai Mountains International Georegion* as one of the platforms under the Science and Technology Innovation Platform Initiative in November 2007. The platform was to strengthen studies about the geographic systems of the Changbai Mountains, refine and extend scientific understanding of the geographic systems and ecology security issues of the georegion, development and promote collaborations among research groups. This platform study was approached by integration of multidisciplinary and interdisciplinary research, combination of field investigations and remote sensing observations, and adoption of GPS technology and GIS data assemblage and mapping. Through research of the geographic systems in micro-and macro-scales, the platform studies explored the formation of the geographic systems, the current landscape patterns and dynamic processes, the disturbance of human activities on natural environments and their interrelationship in regional and global scales. The platform studies enhanced and extended our understanding of the geographic systems of the Changbai Mountains and the challenges of ecological security issues of the region. The targeted subject areas and imbedded subtopics of the platform studies included:

1. Human Activities and Ecological Security

1. 1 Ecological security of the border rivers

1. 2 Spatial and temporal change of human activities

2. Landscape Pattern and Change

2. 1 Ecological response of climate change and human—induced land cover change

2. 2 Landscape pattern and changing trends

2. 3 Change of indicator species in biodiversity and ecological security

2. 4 Natural hazards and disasters and ecological security

3. Data Integration and Ecological Security Study

3. 1 Remote sensing inventory and monitoring of ecological security

3. 2 Quantitative modeling and analysis of ecological security

3. 3 Geospatial database and data assemblage for ecological security

长白山植被生态地理研究进展*

陶 岩 殷秀琴
（东北师范大学城市与环境科学学院，长春，130024）

【摘要】长白山植被具有典型的垂直地带性，植被类型多样，群落结构复杂，是为数不多的保存完整的自然生态系统之一。根据多年来对长白山植被生态地理研究的已有成果，总结了长白山植物区系、种群生态学、群落生态学方面的研究进展，系统概述了长白山植被的组成结构、分布格局以及植被与环境之间的相互关系，最后探讨了长白山植被生态地理研究的发展方向。

【关键词】长白山 植被生态地理 垂直地带性 种群 群落

Research progress of vegetation Eco-geographical in Changbai Mountains

Tao Yan, Yin Xiuqin
(College of Urban and Environmental Sciences,
Northeast Normal University, Changchun, 130024, China)

Abstract: Vegetation in Changbai Mountains have typical vertical zonality with various vegetation types and complicated community structure, therefore are one of intact conserved natural ecosystems. According to researches on vegetation eco-geographical in Changbai Mountains of several years, we concluded research progress of flora characteristics, vertical distribution regionalization, population ecology and community ecology. At the same time we also systemically describe vegetation composition structure, distribution pattern as well as among vegetations and between them and environment correlation. At last development direction of vegetation eco-geographical in Changbai Mountains was discussed.

Key words: Changbai Mountain; Vegetation eco-geographical; vertical zonality; populations; community

---

* 东北师范大学“十一五”科技创新平台建设计划资助。

长白山是我国东北第一高山和重要的林区，有着复杂多样的森林生态系统，也有着十分丰富的植物资源，是北半球同纬度温带森林生态系统和森林植物保存较完整的地区，也是目前地球上为数不多的保存完整的自然生态系统之一[1]。1960 年长白山自然保护区设立；1979 年联合国教科文组织将长白山纳入“国际人与生物圈计划”保护网；1986 年被国务院批准为国家级自然保护区；2007 年长白山景区被国家旅游局正式批准为国家 5A 级旅游景区[2]。

长白山位于吉林省东南部地区，地理坐标为 127°40′～128°16′E，41°35′～42°25′N，总面积 951 875 km^2，最高海拔 2 691 m。该区属于温带大陆性季风气候区，由于受海洋湿气团的影响，降雨量较为丰富，年降雨量可达 800～1 800 mm，气候湿润，年相对湿度 65%～74%，年均温度 4.9～7.3℃。冬夏温差甚大，降水多集中在夏季 6～8 月，是植物生长的最好季节。土壤类型因地形、地貌、母岩、母质以及气候、森林植被等自然因素的影响，分布与形成过程具有明显的地带性特征，呈现较为明显的土壤垂直带谱。

长白山具有特殊的水平结构和垂直结构，尤其长白山植被的垂直地带性是欧亚大陆从温带到寒带植被水平地带性的缩影，使长白山植被研究一直是科学研究领域中的热点之一[3]。本文以前人的文献资料为基础，从植被生态地理角度归纳总结了长白山的植物区系特征、濒危植物分布、种群年龄结构、种间关联和空间格局、群落结构及与环境关系等方面的研究现状。

一、植物区系与濒危植物

1. 植物区系特征

长期以来，我国以及外国的诸多科学家曾经对长白山地区进行过多次考察，考察的范围也涉及各个学科，专门的植物及生态考察与采集从 19 世纪至今一直连续不断，特别是在 1949 年之后，对于长白山地区植物区系的调查和研究更为频繁和系统，现已完成《长白山植物垂直分布名录》[4]、《长白山东北部（延边地区）野生经济植物名录》[5]、《长白山野生观赏植物》[6]、《中国长白山植物》[7]、《中国长白山观赏植物彩色图志》[8]、《长白山植物图谱》[9]等相关植物调研报告或著作。

傅沛云等（1995）对长白山种子植物区系进行了初步较全面的探讨和分析，结果表明长白山种子植物区系是温带性质，地理联系广泛，与东亚其他地区特别是与日本的联系最为密切；此外还阐述了长白山种子植物区系是东亚大陆在我国境内唯一有高山冻原的、有明显植被垂直分布带的山区区系，表现出了较明显的垂直替代现象与水平替代现象，并且具有明显的特有种现象[10～11]。其后，胡春霞等（2001）和于文光等（2006）对长白山整体植物区系进行了研究，比较分析了长白山植物区系科、属、种，论述了其植物区系的特点，介绍了长白山植物的种类、数量，并对资源利用和保护提出了建议，研究结果认为，长白山植物区系具有以下特征：（1）植物种类比较丰富；（2）优势现象比较明显；（3）本地区属典型的温带分布，地理成分较复杂；（4）种的特有现象明显；（5）该区系具有古老性[12～13]。

邓红兵等（2003）以长白山二道白河流域河岸带为对象，对长白山北坡河岸带群落植物区系进行了分析研究，探讨了河岸带植物区系的代表性和独特性[14]。曹伟等（2008）

探讨了长白山植物区系的垂直分化特征及其与周边地区植物区系的联系，统计得出长白山共有维管束植物 134 科 517 属 1 323 种，并对这些植物从属、种两级进行统计分析，揭示了长白山低海拔植物区系与热带植物区系的联系以及高海拔地段与北极成分之间的联系[15]。

2. 珍稀濒危植物分布与保护

近些年来对长白山地区森林大面积的砍伐，各种社会因素对植物药需求量的增加和城市园林绿化事业的不断发展及人们对天然食物的过度获取，导致了生态环境急剧恶化，使长白山区许多珍稀濒危植物的自然面积及蕴藏量急剧减小[16]。因此，对于长白山濒危植物的分布、保护和利用等方面所作的研究也比较详尽[17~20]。

施溯筠等（1998）描述了长白山稀有濒危植物的地理分布和区系特征，指出稀有濒危植物成分具有古老性和显著的温带性质，而且特有种比较贫乏[21]。周繇等（2006）以长白山区珍稀濒危保护植物为对象，通过对其评价指标的定量化和权重分配处理，求得了物种的“濒危系数”和“优先保护值”，确定出了物种濒危程度和优先保护序列[22~23]。

二、种群研究方面

关于植物种群方面的研究主要集中在年龄结构、种间关系、种群数量动态、种群分布格局、种子库等问题方面[34~37]，以下仅针对主要内容进行归纳。

1. 种群年龄结构

代力民等（2002）通过对长白山林区椴树阔叶红松林伐根的大量调查，认为红松种群由不同年龄阶段的群团状斑块组成，以多世代群居，优势世代之间没有一定的严格间隔期，在年龄结构图上往往出现两个或两个以上高峰[38]。卜兆君等（2005）在长白山哈尼泥炭沼泽，应用“固有年际标记”，对有孢子体和无孢子体生产的桧叶金发藓种群进行了年龄结构与生长分析，发现在这两个种群中，分株均由 6 个龄级组成，分株数量和生物量年龄结构均呈衰退型[39]。此外，天然林在不受干扰的情况下以异龄林为主，稳定性大，由于长白山长期以来采用高强度择伐作业，使天然的异龄林日益减少，这方面的研究主要是对于长白山林区异龄林的林分结构或垂直结构进行动态分析和模拟预测，为制定合理的经营、采伐方案和保护措施奠定基础[40~42]。

2. 种群间关系

种间联结性方面的研究主要集中在长白山落叶阔叶林带和红松阔叶混交林带，而这一地区的落叶阔叶林一般是由于红松阔叶混交林遭受人为干扰后形成的[43~44]。孙中伟等（1996）研究了长白山椴树阔叶红松林群落木本植物的种间联结性与相关性，认为种间联结的显著与否是群落生境差异以及物种生态位重叠与分离的反映，并提出群落中生态种组的稳定配置模型[45]。郭忠玲等（2004）对长白山落叶阔叶混交林不同树木种群的种间关联进行了研究，根据群落内种间正负关联种对数目的比例分析了群落结构的稳定性，对不同演替阶段物种之间的正负关联效应的产生及转变过程进行了讨论，进一步证明了在演替的初期阶段，物种之间关联程度较低，竞争激烈，当群落演替到顶级阶段时，物种之间表现出协调共生的态势，正向关联特征明显的结论[46]。

3. *种群分布格局*

关于长白山红松阔叶混交林带中主要树种的空间格局、草本植物的分布格局，以及分布格局与物种多度的关系等一系列的研究较为丰富。这方面的研究结果表明，在红松阔叶混交林带，乔木树种的均匀度和优势度不高，各个树种在不同生长阶段表现出不同的聚集强度和聚集规模；随着年龄级的增长，随机自稀成为林木格局变化的主要推动因素；灌木物种数量少，优势度稍高，但均匀度较低；草本植物物种较为丰富，季节动态明显，空间连续性较差，主要表现为聚集分布[46~50]。

此外，郭水良等（1999）研究了长白山不同生态系统中地面藓类植物的分布格局，结果发现这一地区绝大多数藓类生态位比较窄，需要特殊的生境条件[51]。王晓春等（2002）应用地统计学的原理和方法研究了长白山岳桦种群空间分布格局及其空间相关关系，得出在不同的海拔位置，岳桦的空间分布格局类型有所不同，整体长白山岳桦有向上迁移的趋势[52]。马万里等（2008）对长白山核桃楸林分布格局进行研究，认为核桃楸具有强萌生更新能力，喜光特性是其种群聚集分布的主要原因[53]。

三、群落研究

长白山植被的群落学研究方面，研究比较多的方向有植被垂直带划分、群落的特征、物种组成和丰富度、多样性、群落与生境之间的关系这几个方面[53~57]。

1. *垂直带划分*

长白山的地带性植被以红松（*Pinus korinensis*）为主，与阔叶树形成在组成和结构上极其复杂的针阔混交林，这类森林有多种名称，如“阔叶红松混交林”、“红松阔叶混交林、针阔混交林”，这一地带性植被是科学家们研究的主要对象之一。在垂直结构方面，长白山植被随着海拔的变化，具有比较完整的垂直带谱，科学工作者们在垂直植被划分方案的研究上做了大量的工作，刘慎谔（1955）[24]、竹内亮（1957）[25]、黄锡畴（1959）[26]、侯治溥（1959）[27]、周以良（1964）[28]、陈灵芝（1964）[29]、赵大昌（1980）[30]、王战（1980）[31]、徐文铎（1981）[32]、钱家驹（1982）[33]等在研究了长白山植被的垂直分布特征后，将长白山分为4～7个垂直带或垂直亚带，为探讨植被类型特征与演替规律提供了基础依据[2]。

2. *群落结构与特征*

群落的结构与特征是群落生态学研究的基础内容，分析长白山植物群落的组成、生活型谱、更新、演替等特征，对分析群落的演替规律，了解长白山植被的地理分布、环境影响、生态系统的功能和过程都有重要的意义[54,56~58]。从20世纪50年代初，钱家驹、郎惠卿、张文仲等人便开始了对长白山西坡、北坡各垂直带典型植被及植物地理特征的调研，到80年代已经整理出一批关于长白山植被的调查报告和文献资料[59~64]。

韩景军（2000）研究了长白山白河地区的森林/沼泽交错群落，分别从多个角度阐述了森林与沼泽过渡带在结构、生产力、相似性、多样性、演替等方面的变化规律和特征[65]。于凤英等（2003）和夏富才等（2008）对长白山红松阔叶混交林下早春植物的科属种组成及生物多样性、丰富度、生态优势度等因子进行了测定，认为随着次生演替的发展，森林群落的物种丰富度将下降，同时生物多样性上升，群落均匀度上升，优势度下降，群落的稳定性增加[66~67]。蔺菲等（2007）研究了苔藓植物群落特征对长白山暗针叶林主要树种更新的影响，总结了苔藓盖度、厚度与树木幼苗数量和生长之间的关系，发现一定厚度和盖度的苔藓层对幼苗高生长有积极作用[68]。郝占庆等（2008）对长白山红松阔叶混交林经皆伐和火烧后恢复形成的次生杨桦林的物种组成和群落结构进行了研究，结果表明先锋树种逐渐走向衰亡，小乔木、灌木树种与红松阔叶混交林中的主要树种表现出明显的聚集性分布格局[69]。

3. 群落多样性

山地不同海拔影响着物种分布的气候、土壤等非生物条件，进而形成复杂多样的生态环境，成为多种生物物种生存、繁衍和保存下来的种质库，而长白山植物群落多样性的研究也历来是生态学家们关注的重点[70~76]。

长白山植物群落多样性研究方面，很多科学家都把长白山的北坡作为主要的研究对象[77~82]。其中郝占庆等人的研究比较具有连续性，其首先在 1994 年应用 Simpson 和 Shannon 多样性指数及相应的均匀度，对红松阔叶混交林及其次生白桦林的高等植物物种多样性进行了对比研究，结论表明，在这两种森林类型中，草本植物和木本植物种群的多度分布都遵从对数级数分布[77]；然后在 2001 年引用 Cody 指数对长白山北坡不同海拔群落的 β 多样性进行了测定，分析了不同生境间的梯度变化，指出群落间的 β 多样性随取样面积的扩大而下降，群落间海拔差的增加而增大[78]；2002 年又通过不同海拔高度的系统取样，研究了长白山北坡不同林层乔、灌、草各生活型类群的 α 多样性及其沿海拔梯度的变化规律，指出不同林层的乔、灌、草各生活型类群的丰富度及多样性随海拔上升均表现出较明显的线性下降趋势[80]。白帆等（2008）利用 α 多样性测度指标、物种丰富度、Shannon－Wiener 和 Pielou 均匀度指数，对长白山自然保护区北坡海拔 800～1 700 m 的红松阔叶混交林、红松—黄花落叶松林和云冷杉暗针叶林三种类型森林 1963 年和 2006 年的植物群落进行对比分析，讨论了 43 年来该区域的植物多样性变化特点，分析得出在人类干扰条件下，各群落类型的灌木层和草本层多样性下降明显，红松针阔混交林演替层和林下层阴性植物种类增加，而红松—黄花落叶松林和暗针叶林相反，阳性植物种类增加[16]。

此外，近年来河岸带森林与河流系统相互作用关系的研究也成为景观生态学研究的热点问题之一[83~86]。王青春等（2006）分析了长白山二道白河上游河岸带植被管理对生物多样性保护的重要作用，提出了河岸带及其植被的科学管理对策[87]。牟长城等（2007）采用样带网格调查方法和 α、β 多样性指数分析方法，研究了长白山河岸带原始林和次生林群落木本植物多样性沿海拔梯度分布规律及其对采伐干扰的响应[88]。

4. 群落与环境的关系

对长白山植物群落的影响方面，干扰和海拔梯度变化是两个重要的因子，随着海拔的升高，群落的建群种组成、层次结构等表现出由复杂多样逐渐向简单单一过度的变化趋势，不同生活型物种的共有度随着海拔差的增加呈明显的下降趋势，并且随着环境梯度的变化存在着明显的物种更替现象[89~91]。另一方面，干扰导致的树种的多样性变化与蓄积量关系最为密切，自然干扰对阔叶红松林的群落结构影响不大，而人为干扰会明显降低次生林的群落结构指标[92]。

气候影响方面，对长白山植被与气候变化关系的研究在我国起步比较晚，并且研究的内容比较狭窄。在气候变化方面只研究了部分气候因子对植被的影响；另外在植被变化方面，也只是针对某个物种或某几个物种进行研究，缺乏整体性和系统性。其中，温度因子变化对植被生长的影响以及与年轮结构的关系是研究的主要方向。郝占庆等（2001）应用LINKAGES模型对长白山自然保护区内主要树种在各斑块类型中对气候变化的潜在响应进行了模拟，结果表明，随着气候变暖温度升高，各垂直林带生物量均有所增加，云冷杉林带有上移趋势，而红松阔叶混交林带将仍维持目前结构状态[93]。靳英华等（2003）对长白山森林植被的空间分布进行了定量分析，确定了长白山不同坡向的各植被垂直带的温度效率指数及分布高度[94]。于大炮等（2005）分别研究了长白山岳桦和落叶松年轮与气候变化的关系，结果表明，岳桦和落叶松均对气候因子有相当的敏感性，并且得出树木的生长不仅与当年气候因子相关，还与上一年的部分气候因子状况有关[95~96]。

四、展　望

目前为止，关于长白山植被生态地理方面的研究十分丰富，在植物分类及生物学特征方面的调查研究已经比较成熟，但是也存在相对而言研究比较薄弱的环节，如长白山森林生态系统的物质循环与能量流动、生态系统的更新及健康评价、植被交错带的生境分异等方面。今后，研究的重点应从本底基础资料调研过渡到涉及长白山生态功能、生态安全及生态系统可持续发展的领域，充分利用长白山特有的垂直地带性，系统研究植被群落结构（包括林线、林分、年轮结构）及生态生理特性（光合、呼吸、蒸腾）对气候因子（降水、温度、湿度）、土壤因子（结构、养分、微量元素）变化的响应机制，受损生态系统的恢复与重建机理、植被及土壤C循环模式等，为保护长白山植被的生物多样性，提高长白山植被的生态服务功能，实现长白山植被资源的可持续管理作出贡献。

参考文献

[1] 吴刚，肖寒，赵景柱，等．长白山森林生态系统服务功能［J］．中国科学（C辑），2001，31（5）：471—480.

[2] 徐文铎，何兴元，陈玮，等．长白山植被类型特征与演替规律的研究［J］．生态学杂志，2004，23（5）：162—174.

[3] 李建东，吴榜华，盛连喜．吉林植被．长春：吉林省科学技术出版社，2001.

[4] 钱家驹，张文仲．长白山植物垂直分布名录［M］．长春：东北师大学报编辑部出版社，1979.

[5] 吉林省延边朝鲜族自治州农业区划办公室．长白山东北部（延边地区）野生经济植物名录［M］．1985.

[6] 涂英芳．长白山野生观赏植物［M］．北京：中国林业出版社，1993.

[7] 祝廷成，严仲铠，周守标．中国长白山植物［M］．北京：科学技术出版社，2003.

[8] 周繇，朱俊义，于俊林．中国长白山观赏植物彩色图志．长春：吉林教育出版社，2006.

[9] 赵大昌．长白山植物图谱［M］．沈阳：沈阳出版社，2007.

[10] 傅沛云，李冀云，曹伟，等．长白山种子植物区系研究［J］．植物研究，1995，15（4）：491—499.

[11] 曹伟，傅沛云，刘淑珍，等．东北平原植物区系亚地区种子植物区系研究［J］．云南植物研究，1995，17（supp7）：22—31.

[12] 胡春霞，栾岚，佟凤琴．长白山植物区系的初步研究［J］．辽宁师专学报，2001，3（1）：47—50.

[13] 于文光，朱立涛，王善娥，等．长白山植物区系研究［J］．山东师范大学学报：自然科学版，2006，21（2）：115—117.

[14] 邓红兵，王青春，代力民，等．长白山北坡河岸带群落植物区系分析［J］．应用生态学报，2003，14（9）：1 405—1 410.

[15] 曹伟，李媛媛．中国长白山植物区系的垂直分布格局［J］．北京林业大学学报，2008，30（4）：53—58.

[16] 白帆，桑卫国，刘瑞刚，等．保护区对生物多样性的长期保护效果：长白山自然保护区北坡森林植物多样性43年变化分析［J］．中国科学C辑：生命科学，2008，38（6）：573—582.

[17] 王立军，张友民，钟岩，等．长白山区珍稀濒危植物的调查研究［J］．吉林农业大学学报，1999，21（3）：49—51.

[18] 黄祥童．长白山珍稀濒危植物的保护与利用［J］．自然资源，1996，（1）：68—72.

[19] 金明植，施溯筠，全炳武，等．长白山北坡珍稀濒危植物及其自然保护［J］．延边大学农学学报，2001，23（2）：122—128.

[20] 周繇．长白山区杜鹃花科稀有濒危植物的区系特点和保护评价［J］．湖北大学学报：自然科学版，2006，28（4）：393—396，406.

[21] 施溯筠，金明植，何景莲．长白山稀有濒危植物的地理分布和区系特征概述［J］．延边大学农学学报，1998，20（3）：211—214.

[22] 周繇．长白山区珍稀濒危观赏植物优先保护定量研究［J］．武汉植物学研究，2006，24（4）：357—364.

[23] 周繇．长白山区珍稀濒危植物优先保护序列的研究［J］．林业科学研究，2006，19（6）：740—749.

[24] 刘慎谔，主编．东北木本植物图志［M］．北京：科学出版社，1955.

[25] 竹内亮．植物地理景观图谱［M］．祝廷成，译．北京：科学出版社，1957.

[26] 黄锡畴，刘德生，李祯．长白山北侧的自然景观带［J］．地理学报，1959，25（6）：435—446.

[27] 侯治溥．长白山林区森林立地条件及落叶松的更新［J］．林业科学，1959，4：261—278.

[28] 周以良，李景文．中国东北东部山地主要植被的特征及其分布规律［J］．植物生态学与地植物学丛刊，1964，2（2）：190—207.

[29] 陈灵芝，鲍显诚，等．吉林省长白山北坡各垂直带内主要植物群落的某些结构特征［J］．植物生态学与地植物学丛刊，1964，2（2）：207—225.

[30] 赵大昌．长白山的植被垂直分布带［A］．见：中国科学院长白山森林生态系统定位站．森林生态系统研究［C］．北京：中国林业出版社，1980，1：65—70.

[31] 王战，徐振邦．长白山北坡主要森林类型及其群落结构特点［A］．见：中国科学院长白山森林生态系统定位站．森林生态系统研究［C］．北京：中国林业出版社，1980，1：25—42.

[32] 徐文铎，林长清．长白山植被垂直分布与热量指数关系的初步研究［A］．见：中国科学院长白山森林生态系统定位站．森林生态系统研究［C］．北京：中国林业出版社，1981，2：88—95.

[33] 钱家驹．如何划分长白山的垂直植被带［J］．长白山地理系统，1982，1：194—199.

[34] 于大炮，周莉，董百丽，等．长白山北坡岳桦种群结构及动态分析［J］．生态学杂志，2004，23（5）：30—34.

[35] 马万里，罗菊春，荆涛，等．长白山林区核桃楸种群数量动态变化的研究［J］．植物研究，2007，27（2）：249—253.

[36] Scheller R A, et al. *Spatial pattern of raments and seedlings in three stoloniferous species*［M］. J. Ecol, 1982.

[37] 孙伟中，赵士洞．长白山北坡椴树阔叶红松林群落主要树种分布格局的研究［J］．应用生态学报，1997，8（2）：119—122.

[38] 代力民，孙伟中，邓红兵，等．长白山北坡椴树阔叶红松林群落主要树种的年龄结构研究［J］．林业科学，2002，38（3）：73—77.

[39] 卜兆君，杨允菲，代丹，等．长白山泥炭沼泽桧叶金发藓种群的年龄结构与生长分析［J］．应用生态学报，2005，16（1）：44—48.

[40] 王飞，惠淑荣，韩玉库，等．利用修正指数分布描述长白山阔叶异龄林的林分结构［J］．沈阳农业大学学报，2005，36（1）：60—63.

[41] 赵云萍，刘玉安，李广祥，等．长白山林区复层异龄林垂直结构的研究［J］．吉林林学院学报，1995，11（2）：105—108.

[42] 王飞，代力民，邵国凡，等．非线性状态方程模拟异龄林径阶动态：以长白山阔叶红松林为例［J］．生态学杂志，2004，23（5）：101—105.

[43] 李景文，主编．森林生态学［M］．北京：中国林业出版社，1994.

[44] 王业蘧，等．阔叶红松林［M］．哈尔滨：东北林业大学出版社，1995.

[45] 孙中伟，赵士洞．长白山北坡椴树阔叶红松林群落木本植物种间联结性与相关性研究［J］．应用生态学报，1996，7（1）：1—5.

[46] 郭忠玲，马元丹，郑金萍，等．长白山落叶阔叶混交林的物种多样性、种群空间分布格局及种间关联性研究［J］．应用生态学报，2004，15（11）：2 013—2 018.

[47] 李步杭，张健，姚晓琳，等．长白山阔叶红松林草本植物多样性季节动态及空间分布格局［J］．应用生态学报，2008，19（3）：467—473.

[48] 王绪高，郝占庆，叶吉，等．长白山阔叶红松林物种多度和空间分布格局的关系 [J]．生态学杂志，2008，27 (2)：145—150.

[49] 侯向阳，韩进轩．长白山红松林主要树种空间格局的模拟分析 [J]．植物生态学报，1997，21 (3)：242—249.

[50] 张春雨，赵秀海，王新怡，等．长白山自然保护区红松阔叶林空间格局研究 [J]．北京林业大学学报，2006，18 (supp2)：45—51.

[51] 郭水良，曹同．长白山主要生态系统地面藓类植物分布格局研究 [J]．应用生态学报，1999，10 (3)：270—274.

[52] 王晓春，韩士杰，邹春静，等．长白山岳桦种群格局的地统计学分析 [J]．应用生态学报，2002，13 (7)：781—784.

[53] 马万里，荆涛，罗菊春，等．长白山林区核桃楸种群分布格局研究 [J]．内蒙古师范大学学报：自然科学汉文版，2008，37 (2)：233—236.

[54] 郝占庆，李步杭，张健，等．长白山阔叶红松林样地 (CBS)：群落组成与结构 [J]．植物生态学报，2008，32 (2)：238—250.

[55] Hao Z Q，Yu D Y，Ye J，et al. *The estimation of species richness at different altitudes on the northern slope of Changbai Mountain* [J]．Journal of Forestry Research，2002，13 (3)：191—195.

[56] 孙中伟，赵士洞．长白山北坡椴树阔叶红松林群落特征 [J]．生态学杂志，1995，14 (5)：26—30.

[57] 徐程杨，张晶，沈海龙，等．长白山地区天然赤松林群落学特性的研究 [J]．植物研究，1995，15 (2)：220—229.

[58] 牟长城．长白山落叶松和白桦：沼泽生态交错带群落演替规律研究 [J]．应用生态学报，2003，14 (11)：1 813—1 819.

[59] 钱家驹，张文仲．长白山高山冻原植物的调查研究简报 [A]．见：中国科学院长白山森林生态系统定位站．森林生态系统研究 [C]．北京：中国林业出版社，1980：51—64.

[60] 钱家驹．长白山西侧中部森林植物调查报告 [J]．植物生态学与地植物学资料丛刊，第 10 号，科学出版社，1956.

[61] 钱家驹．长白山北坡各垂直带的典型植被调查报告 [J]．长白山地理系统，1982，1：103—132.

[62] 钱家驹．对长白山松的初步研究 [J]．长白山地理系统，1982，1：182—193.

[63] 钱家驹．长白山上岳桦林的调查研究 [J]．长白山地理系统，1983，1：164—181.

[64] 郎惠卿，李祯．长白山的植物地理 [J]．长白山地理系统，1959，1：238—239.

[65] 韩景军．长白山白河地区森林/沼泽交错群落的研究 [J]．北华大学学报：自然科学版，2000，1 (3)：246—253.

[66] 于凤英，周永斌，安云全，等．长白山阔叶红松林早春植物群落特征研究 [J].

沈阳农业大学学报，2003，12（34）：430—433.

[67] 夏富才，赵秀海，张春雨，等．长白山红松阔叶林及其次生林早春植物群落特征研究［J］．吉林农业大学学报，2008，30（2）：166—171.

[68] 蔺菲，郝占庆，李步杭，等．长白山暗针叶林苔藓植物群落特征与林木更新的关系［J］．生态学报，2007，27（4）：1 308—1 314.

[69] 郝占庆，张健，李步杭，等．长白山次生杨桦林样地：物种组成与群落结构［J］．植物生态学报，2008，32（2）：251—261.

[70] Whittaker R H. *Vegetation of the Great Smoky Mountains* [J]. Ecological Monographs，1956，26：1—80.

[71] Whittaker R H. *Gradient analysis of vegetation*. Biological Reviews，1967，42：207—264.

[72] Whittaker R H. *Communities and Ecosystems*. Macmillan Publisher，New York，1975.

[73] Beals E W. Vegetation changes along altitudinal gradients. Science，1969，165：981—985.

[74] Hamilton A C，Perrott R A. *A study of altitudinal zonation in the montane forest belt of Mt. Elgon ，Kenya/ Uganda*. Vegetatio，1981，45：107—125.

[75] Odland A，Birks H J B. *The altitudinal gradient of vascular plant richness in Aurland，western Norway*. Ecography，1999，22：548—566.

[76] Dolezal J，Srutek M. *Altitudinal changes in composition and structure of mountain — temperate vegetation：acase study from the Western Carpathians*. Plant Ecology，2002，158：201—221.

[77] 郝占庆，陶大立，赵士洞．长白山北坡阔叶红松林及其次生白桦林高等植物物种多样性比较［J］．应用生态学报，1994，5（1）：16—23.

[78] 郝占庆，于德永，吴钢，等．长白山北坡植物群落：多样性分析［J］．生态学报，2001，21（12）：2 018—2 022.

[79] 郝占庆，赵士洞，陶大立．长白山北坡阔叶红松林草本植物物种多样性及其季节动态［J］．生物多样性，1994，2（3）：125—132.

[80] 郝占庆，于德永，杨晓明，等．长白山北坡植物群落 α 多样性及其随海拔梯度的变化［J］．应用生态学报，2002，13（7）：785—789.

[81] 赵淑清，方精云，宗占江，等．长白山北坡植物群落组成、结构及物种多样性的垂直分布［J］．生物多样性，2004，12（1）：164—173.

[82] 邵彬，邓坤枚．长白山北坡亚高山云冷杉林的植物种类组成及重要值［J］．自然资源学报，2000，15（1）：66—73.

[83] 代力民，王青春，邓红兵，等．二道白河河岸带植物群落最小面积与物种丰富度［J］．应用生态学报，2002，13（6）：641—645.

[84] 邓红兵，王青春，王庆礼，等．河岸植被缓冲带与河岸带管理［J］．应用生态学报，2001，12（6）：951—954.

[85] 徐化成．景观生态学 [M]．北京：中国林业出版社，1996：5—8.

[86] 邓红兵，王庆礼，蔡庆华．流域生态学：新学科、新思想、新途径 [J]．应用生态学报，1998，9 (4)：443—449.

[87] 王青春，邓红兵，王庆礼．基于生物多样性保护的河岸带植被管理对策：以长白山二道白河为例 [J]．生态学杂志，2006，25 (6)：682—685.

[88] 牟长城，倪志英，李东，等．长白山溪流河岸带森林木本植物多样性沿海拔梯度分布规律 [J]．应用生态学报，2007，18 (2)：943—950.

[89] 牟长城，韩士杰，罗菊春，等．长白山森林/沼泽生态交错带群落和环境梯度分析 [J]．应用生态学报，2001，12 (1)：1—7.

[90] 姜萍，赵光，叶吉，等．长白山北坡森林群落结构组成及其海拔变化 [J]．生态学杂志，2003，22 (6)：28—32.

[91] 郝占庆，邓红兵，姜萍，等．长白山北坡植物群落间物种共有度的海拔梯度变化 [J]．生态学报，2001，21 (9)：1 421—1 426.

[92] 李新彬，王襄平，罗菊春，等．干扰对长白山北坡次生林群落结构和树种多样性的影响 [J]．林业科学，2006，42 (2)：105—110.

[93] 郝占庆，代力民，贺红士，等．气候变暖对长白山主要树种的潜在影响 [J]．应用生态学报，2001，12 (5)：653—658.

[94] 靳英华，吴正方．长白山森林植被的生态气候学指标 [J]．山地学报，2003，21 (1)：68—72.

[95] Yu D P，Gu H Y，Wang J D，et al. *Relationships of climate change and tree ring of Betula ermanii tree line forest in Changbai Mountain* [J]．Journal of Forestry Research，2005，16 (3)：187—192.

[96] 于大炮，王顺忠，唐立娜，等．长白山北坡落叶松年轮年表及其与气候变化的关系 [J]．应用生态学报，2005，16 (1)：14—20.

长白山土壤动物生态地理研究现状与展望*

殷秀琴　辛未冬　蒋云峰
（东北师范大学城市与环境科学学院，长春，130024）

【摘要】土壤动物生态研究是当前生态学研究的热点和前沿。本文回顾了长白山土壤动物生态地理研究的现状，已有的研究成果主要是长白山土壤动物基础调查资料，可归纳为，土壤动物区系组成及生态分布研究、土壤动物与环境因子的关系研究以及土壤动物的功能作用研究。最后本文指出了今后长白山土壤动物研究的主要方向，可为深入研究及长白山森林生态系统的科学管理提供依据。

【关键词】土壤动物　生态地理　长白山

Review and prospect of soil fauna eco-geographical study in Changbai Mountains

Yin Xiuqin , Xin Weidong , Jiang Yunfeng
(College of Urban and Environmental Sciences,
Northeast Normal University, Changchun, 130024)

Abstract: Soil fauna ecology study is a hot point and frontier to present study in ecology. This paper reviews soil fauna eco-geographical study in Changbai Mountains. Previous research results have been mainly on basic investigative informations of soil fauna in Changbai Mountains, summarized as the composition and ecological distribution of soil fauna , studies on the relationship between environmental factors and soil fauna, as well as the function of the role of soil fauna in ecosystems. Finally, we list a few directions for future research on soil fauna in Changbai Mountains, it will provid some helps for the Changbai Mountains forest ecosystems on scientific management.

Key words: soil fauna; eco-geography; Changbai Mountains

* 东北师范大学“十一五”科技创新平台建设计划项目资助。

土壤中生活着数以万计的土壤动物，与微生物等构成了地下生物群落，它们的存在及活动对土壤有机质的形成、土壤结构与理化性质的变化及在生态系统的物质分解和养分循环过程中起着重要的作用，因此是生态系统的重要组成部分。随着地下生态系统研究的崛起，土壤动物生态研究即生态地理研究越来越引起众多地学、生态学家的关注，土壤动物生态学研究当前已成为生态学研究的热点与前沿领域。但我国真正意义的土壤动物生态学研究起步较晚，起始于20世纪70年代末。1979年中国科学院地理研究所张荣祖领导成立长白山森林生态定位站土壤动物研究组，在我国首次开展了土壤动物区系、生态地理的综合研究，标志着我国土壤动物生态学研究开始起步。经过30余年土壤动物的调查研究，取得了一定的进展，笔者针对长白山土壤动物生态地理研究的现状进行概括总结，旨在为长白山土壤动物的深入研究和长白山森林生态系统管理提供科学依据。

一、土壤动物区系组成及生态分布研究

土壤动物区系组成及生态分布研究是土壤动物研究的基础。长白山土壤动物的早期研究主要集中在对长白山土壤动物的组成和生态分布方面。长白山处于温带季风气候区，自然条件存在季节性变化，同时山体较高，植被具明显的垂直变化规律性。这使得土壤动物群落存在季节性变化并且随着山体高度变化而异。1979年夏，张荣祖、陈鹏等在长白山北坡不同林带，即阔叶林、针阔混交林、针叶林、岳桦林和苔原带进行了土壤动物生态分布调查，从区系组成来看，大、中型土壤动物分属6门，10纲，17目[1]。在此基础上陈鹏等对各自然带土壤动物组成进行了较为深入的调查，下面从时间和空间两个方面进行阐述。

1. 土壤动物在时间上的变化研究

土壤动物动态变化主要包括昼夜变化、季节变化和年际变化。长白山自然条件的季节性变化影响了土壤动物群落，从而在时间上表现出明显的季节变化规律。陈鹏等（1981～1982）利用一年的时间，每月在针阔混交林（阔叶红松林）中的平地、阳坡、沟谷三种不同地形取样，调查针阔混交林土壤动物类群在时间上的变化。结果表明，土壤动物种类、个体数和生物量的年变化曲线明显相关，最高值出现在8月和9月，最低值出现在1～5月，6月开始增加，11月后逐渐减少。三种微地形土壤动物的年变化无明显相关性[2]。

2. 土壤动物的空间变化研究

长白山山体具有显著的垂直带性分布规律，从上而下分为4个垂直带，即针阔混交林带、针叶林带、岳桦林带、苔原带。不同垂直带土壤动物在组成和分布上均存在差异。

针阔混交林土壤动物的优势类群为线虫类，常见类群为弹尾类、螨类、线蚓类、双翅类幼虫和涡虫类[2]。红松云冷杉林优势类群为弹尾类、螨类和线虫类，其次是线蚓类、缓步类和蚁类，这6类动物构成了长白山北坡红松云冷杉林的基本动物类群。并且土壤动物类群主要集中于枯枝落叶及腐解层，随土壤深度的增加土壤动物类群和数量显著减少。并且人为破坏后的次生林缘草地土壤动物主要类群均比原始林少[3]。

陈鹏等于1980年和1981年对长白山高山苔原土壤动物的生态分布进行调查[4]。在高山苔原带，每隔100 m选取样地，每样地按平坦地、阳坡、洼地、阴坡4个生境类型进行取样。研究结果表明，优势类群和常见类群为线虫类、弹尾类、线蚓类和螨类、蚯蚓、鞘翅类、双翅类、蜘蛛等。土壤动物的生态分布，在水平结构上，种类、数量以阴坡最多，

其次是平坦地，阳坡数量最少；在垂直结构上，种类、数量总的趋势是随海拔高度和土壤深度的增加而递减。

蚯蚓世代生活于土壤中，不断地吞食、消化、研磨和混合土壤及有机残体，对土壤中的物质转化和营养富集产生巨大作用。陈鹏（1980）针对长白山针阔混交林带不同生境（红松阔叶林、林间沟谷草地、次生白桦林）的蚯蚓进行调查[5]。在三种生境中，种类和数量最多的是林间沟谷草地，其次是次生白桦林，最少的是红松阔叶林。不同生境中，以红色爱胜蚓最多，其次是杜拉蚓，两者在三种生境中均有分布，而赤子爱胜蚓仅见于林间沟谷草地生境。

土壤腹足类主要包括软体动物门腹足纲的陆生种类，是土壤动物的一个重要组成部分。王忠明等（2004）对长白山土壤腹足类多样性进行调查研究。发现腹足类种类少而单调，采样区仅发现 15 种，隶属腹足纲 9 科 13 属。绝大多数小型土壤腹足类一般栖息于凋落物层或土壤上层（0～5 cm），而大型的土壤腹足类一般栖息在凋落物层，偶尔仅在外界环境恶劣的情况下栖息于深层土壤中[6]。

二、土壤动物与环境因子关系的研究

1. 土壤理化性质对土壤动物的影响研究

土壤动物一生或生命中的一段时间定期在土壤中度过，经常栖于复杂的土壤空隙中。土壤的理化性质直接关系土壤动物群落的数量和多样性。不同的土壤水分、温度变化、pH、养分条件等都会对土壤动物的种类、数量及生物量等产生显著影响。

陈鹏（1983）探讨了长白山高山苔原带土壤动物与土壤环境因子之间的关系，大型土壤动物生物量随土壤有机质、全氮、全磷含量和 pH 的增加而增加[4]。

原始红松阔叶林暗棕壤水分和温度的同期性变化密切制约着土壤动物周期性活动规律。全年 3 月和 4 月是低水、低温时期，因而也是土壤动物总数量最少的时期，6～10 月土壤水分和温度适宜，是土壤动物的活跃季节，从 6 月份开始土壤动物总数逐月递增，至 8 月份达到全年最高值，9 月份土壤动物数量开始下降，到封冻期转入冻结稳定期[7]。

刘继亮、殷秀琴等（2008）对长白山针阔混交林西部边缘地带左家自然保护区大型土壤动物与土壤因子关系进行了研究[8]。通过大型土壤动物与土壤因子的排序分析得出土壤温度、含水率、有机质、全氮、全磷含量和 pH 等土壤因子与土壤动物的分布关系密切。土壤因子对研究区主要大型土壤动物的分布有重要影响。

2. 地形变化对土壤动物的影响研究

自然景观形成的小环境差别非常重要，土壤动物经常利用环境变化梯度来调整它们自己的小环境，使其保持在一个稳定的水平，表现为土壤动物分布沿着环境梯度、生物群落均发生相应变化。

邱丽丽、殷秀琴（2006）对左家自然保护区坡地土壤动物物种多度分布格局进行了研究。结果表明，随坡位梯度的变化，从山麓到山脊，坡度逐渐增大，山麓点受堆积作用限制，山脊点受热量和淋溶作用的限制，从而形成在坡地的中部地区尤其是下坡点，土壤动物有最丰富的生物多样性分布格局[9]。佟富春（2003）等对长白山北坡土壤动物群落共有度的研究表明，不同海拔土壤动物群落间物种的共有度，无论以哪一个生活层的土壤动物科来表达，基本都以与其最相邻的群落间为最高[10]。群落间物种共有度峰值与谷点反映了群落类型随海拔具有间断性变化。线虫、甲螨、弹尾等土壤动物的共有度以及所有土壤动物科的共有度，均随着海拔差值的增加呈下降趋势。陈鹏等对针阔混交林不同微地形在土壤动物组成上的差异进行研究，平地、阳坡和沟谷三种微地形土壤动物种类、个体数量以平地和阳坡最多，沟谷最少；生物量平地略高，阳坡和沟谷相差无几[2]。

3. 植被对土壤动物群落的影响研究

土壤动物是土壤—植被系统中的重要组成部分，它们直接或间接地以植物残体为食，作为土壤—植被系统中的分解者，对土壤形成和植被发育起着重要的促进作用[11]。不同植物群落中土壤动物的组成存在明显的差异，同一植物群落不同演替阶段土壤动物也各不相同。

殷秀琴等对左家植物群落与土壤动物之间的关系进行了研究。对蒙古栎一黑桦林、落叶松林、山杨林和糠椴林的研究表明，蒙古栎一黑桦林群落中的土壤动物数量最多，这是因为该群落凋落物量大，直接影响着土壤的营养程度，进而影响土壤动物的数量，并且此群落位于丘陵的阳坡，热量比较充足，土壤动物和微生物的活动比较活跃[12]。

佟富春（2004）等对长白山白河局不同林龄的次生林土壤动物的组成进行比较，探讨了土壤动物群落随森林采伐更新演替以及增长期、过渡期和稳定期不同演替阶段发生的变化。不同类群土壤动物的演变趋势是腐食类群数量相对较多，其变化趋势接近植被的变化规律，均是经过上升、下降，最后达到稳定；植食类群演替前期在整个群落中所占比例较高，随着演替年代的增加，比例呈下降趋势；经过100年左右的演替，捕食类群数量明显增加。从昆虫类群组成来看，林龄较短者，未稳定的类群数较多，林龄较长者，未稳定的类群则较少[13]。

三、土壤动物的功能作用研究

土壤动物是土壤生态系统中的重要组成部分，在物质循环过程中，对于元素的转换、储存和释放具有特殊的功能。其中很重要的一方面，取决于微生物和土壤动物的联合作用，如果仅有微生物的作用，而无土壤动物的活动，则有机物的分解和矿质元素淋失作用会进行得很快。土壤动物的存在，可使矿化物质在整个植物生长季内缓慢地释放，有利于植物对矿质元素的吸收利用[14]。

陈鹏和富德义等在1984年利用生物富集量来初步探讨长白山北坡矿质元素在土壤动物中的分布及土壤动物在物质循环中的作用[14]。通过生物富集量计算了Na，Mg，K，Ca，Cr，Mn，Fe，Co，Ni，Cu，Zn，Sr，Mo等13种元素在土壤动物体中的含量，研究表明，这13种元素在土壤动物中均有富集。不同垂直带土壤动物体内生物富集量变化规律随海拔高度的增加而呈现递减趋势，这与土壤动物生物量的分布特点相一致。其还以生物富集量计算了针阔混交林带每公顷面积的土壤中，土壤动物为绿色植物储存和释放的Na，Mg，K，Ca的量，结果相当可观。可见，土壤动物对微量元素的富集量也不容忽视。

殷秀琴、张桂荣等（1993）对长白山区敦化寒葱岭针阔混交林和左家的落叶阔叶林凋落物与大型土壤动物相关关系进行研究，结果表明，森林凋落物中大型土壤动物的个体数依林型、凋落物层厚度及数量等而异。凋落物的分解程度影响大型土壤动物分布，并且半分解层中大型土壤动物密度大。不同林型、不同种类的凋落物及大型土壤动物的化学成分组成都较相似，元素含量各有差异。凋落物与大型土壤动物体内矿质元素含量显著相关，微量元素含量则明显不相关[15]。

马树才、杨明宪、张荣祖等对长白山北坡凋落物分解模型与土壤动物的作用进行研究[16]。选取三种长白山优势树种的叶子，即针叶、柞树叶和椴树叶，利用不同网孔大小控制参与分解的土壤动物情况以建立凋落物分解模型与土壤动物之间的关系。结果表明，土壤动物在森林生态系统的凋落物分解、营养物质的形成、被吸收直至再形成凋落物的能量转化与循环过程中，起到重要作用。

四、展　　望

我国对土壤动物生态研究虽始于长白山，但对长白山区土壤动物的研究在很大程度上仍处于基础资料积累阶段，对长白山土壤动物区系组成、时空分布、多样性和功能作用还有待深入系统研究。未来土壤动物生态地理研究还应关注以下几个方面：

（1）长期定位试验研究。短期试验数据受客观条件影响很大，其对土壤动物的影响也十分明显；而长期定位研究可以避免环境因子变异导致误差，能够提高对土壤动物结构和功能的认识。

（2）土壤动物对全球变化的响应研究。研究土壤动物对全球变暖的响应机制以及全球变暖对土壤动物的影响，有助于掌握全球气候变化对生态系统的结构及功能的影响。

（3）地上与地下生态系统的交互作用研究。包括地上植物与地下土壤动物的交互作用及其与土壤食物网的相互作用机制等。

（4）完成上述研究，还需进一步加强土壤动物的分类学研究。

参 考 文 献

[1] 张荣祖，杨明宪，陈鹏，张庭伟．长白山北坡生态系统土壤动物初步调查［J］．森林生态系统研究，1980（Ⅰ）：133－152.

[2] 陈鹏，张一．长白山红松阔叶林下土壤动物群及其在时间上的变化［J］．森林生态系统研究，1984（4）．

[3] 陈鹏，张一．长白山北坡针叶林带土壤动物调查［J］．野生动物，1981（8）：25－28.

[4] 陈鹏，杨秉庚，张一．长白山北坡高山苔原带土壤动物的生态分布［J］．森林生态系统，1983（3）：119－132.

[5] 张荣祖，陈鹏．长白山森林生态系统蚯蚓的生态分布［J］．森林生态系统，1983（Ⅱ）：135－141.

[6] 王忠明，张卫红，陈德牛．长白山土壤腹足类物种多样性初步研究［J］．新疆大学学报：自然科学版，2004，21（3）：295－299.

[7] 张一，陈鹏．长白山红松阔叶林土壤水分、温度随土壤动物活动规律影响的初步研究［J］．森林生态系统研究，1984（4).

[8] 刘继亮，殷秀琴，邱丽丽．左家自然保护区大型土壤动物与土壤因子关系研究［J］．土壤学报，2008，45（1）：130－136.

[9] 邱丽丽，殷秀琴．左家自然保护区坡地土壤动物物种—多度分布格局研究［J］．土壤学报，2006，43（4）：629－634.

[10] 佟富春，金哲东，王庆礼，肖以华．长白山北坡土壤动物群落共有度的海拔梯度变化［J］．应用生态学报，2003，14（10）：1 723—1 728.

[11] Negrete－Yankelevich S，Fragoso C，Newton A C，et al. *Successional changes in soil，litter and macroinvertebrate parameters following selective logging in a Mexican Cloud Forest*. Applied Soil Ecology，2007，35：340－355.

[12] 殷秀琴，千庆兰，居晓芳．左家植物群落与土壤动物．东北森林土壤动物研究［M］．长春：东北师范大学出版社，2001：133－138.

[13] 佟富春，王庆礼，刘庆双，肖以华．长白山次生林演替过程中土壤动物群落的变化［J］．应用生态学报，2004，15（9）：1 531－1 535.

[14] 陈鹏，富德义．长白山土壤动物在物质循环中作用的初步探讨［J］．生态学报，1984，4（2）：172－179.

[15] 殷秀琴，张桂荣．森林凋落物与大型土壤动物相关关系研究［J］．应用生态学报，1993，4（2）：167－173.

[16] 马树才，杨明宪，张荣祖．凋落物分解模型与土壤动物的作用［J］．辽宁大学学报：自然科学版，1994，21（4）：80－84.

长白山红松针阔混交林种内、种间竞争关系研究

陶　岩　殷秀琴　辛未冬
（东北师范大学城市与环境科学学院，长春，130024）

【摘要】 根据野外调查数据，运用 Hegyi 单木竞争指数模型，定量分析了长白山红松针阔混交林中红松的种内、种间竞争关系。结果表明：长白山红松针阔混交林内，红松的平均种内竞争强度为 0.269 9，竞争强度随着红松林木径级的增大而减小；红松的种内和种间竞争强度顺序为：红松—色木槭＞红松—红松＞红松—蒙古栎＞红松—裂叶榆＞红松—紫椴＞红松—水曲柳＞红松—白桦＞红松—山槐＞红松—黄檗＞红松—假色槭＞红松—青楷槭＞红松—簇毛槭＞红松—其他树种＞红松—春榆。总体来说，红松的种内竞争强度高于种间竞争。

【关键词】 长白山　红松　种内竞争　种间竞争　竞争指数

Study on intraspecific and interspecific competition of Pinus koraiensis broadleaf mixed forest in Changbai Mountain

Tao Yan，Yin Xiuqin，Xin Weidong
（College of Urban and Environmental Sciences，
Northeast Normal University，Changchun，130024，China）

Abstract：Using Hegyi's competition index model for individual tree，we analyzed the intraspecific and interspecific competition of *Pinus koraiensis* broadleaf mixed forest in Changbai Mountains. The results showed that intraspecific competition intensity of *Pinus koraiensis* was 0.269 9 and reduced with the diameter classes increased. The order of competition intensity（CI.）was listed as：*P. koraiensis* — *Acer mono* ＞ *P. koraiensis* — *P. koraiensis* ＞ *P. koraiensis* — *Quercus mongolica* ＞ *P. koraiensis* — *Ulmus laciniata* ＞ *P. koraiensis* — *Tilia amurensis* ＞ *P. koraiensis* — *Fraxinus mandshurica* ＞ *P. koraiensis* — *Betula platyphylla* ＞ *P. koraiensis* — *Maackia amurensis* ＞ *P. koraiensis* — *Phellodendron amurense* ＞ *P. koraiensis* — *Acer pseudosieboldianum* ＞ *P. koraiensis* — *Acer tegmentos* ＞

P. koraiensis — *Acer barbinerve* > *P. koraiensis* — *Spinney* > *P. koraiensis* — *Ulmus japonica*. The intraspecific competition was much larger than interspecific competition.

Key words: Changbai Mountains; *Pinus koraiensis*; intraspecific competition; interspecific competition; competition index

竞争是具有相似要求的物种，为了争夺空间和资源，而产生的一种直接或间接抑制对方的现象。具有相似生态习性的植物种群，在资源的需求和获取资源的手段上竞争都十分激烈[1~2]。林木竞争在森林生态系统中是一种十分复杂而又常见的现象，无论是天然林还是次生林，种内还是种间均普遍存在，林木间的这种相互抑制的现象主要表现在地上部分的枝叶和地下部分的根系对有限资源和空间的竞争，竞争的结果一般是一个有机体的生长发育阻碍了另一个有机体的正常生长和发育。林木的种内和种间竞争对于森林群落的结构和演替进程会产生重要的影响[3~5]。

红松是像化石一样珍贵而古老的树种，天然红松林是经过几亿年的更替演化形成的，被称为“第三纪森林”。红松在地球上只分布在中国东北的小兴安岭到长白山一带。在长白山地区，红松针阔混交林带位于次生落叶阔叶林带（长期受人为干扰所形成）和红松云冷极针叶林亚带之间，属于长白山植被垂直分布带的基带部分，是长白山区地带性顶级群落，以结构复杂、建群种独特、生物多样性丰富及含有部分的亚热带植物成分而著称[6]。长白山红松针阔混交林带分布于范围海拔 500～1 100 m 的山地，立地类型多为平缓的坡地，至今仍拥有保护完好的原生地带性植被类型——原始红松针阔混交林，是十分珍贵的资源[7~8]。

本文以长白山红松针阔混交林为研究对象，采用应用较为广泛、能够准确反映个体对环境资源利用差异的 Hegyi（1974）竞争指数模型[9~10]，定量分析了红松的种内、种间竞争强度，对揭示群落格局的形成具有重要意义，并为合理保护和持续利用天然红松针阔混交林资源提供科学依据。

一、自然概况及研究方法

1. 研究地点自然概况

研究地点位于长白山自然保护区中国科学院长白山森林生态系统定位站 1 号标准地红松针阔混交林内。地理位置为 42°24′N，128°6′E，海拔 740 m 左右，地势较为平坦。年均气温 3.6℃，年均降雨量 695 mm，无霜期 140 天左右，日照时数 1 800～2 300 h，土壤为山地暗棕色森林土。代表乔木树种有红松（*Pinus koraiensis*）、水曲柳（*Fraxinus mandschurica*）、色木槭（*Acer mono*）、紫椴（*Tilia amurensis*）[11]。林下灌木层植物种类也比较丰富，草本植物茂盛，草本覆盖度在 70%～90%之间。

2. 研究方法

（1）数据采集

在中国科学院长白山森林生态系统开放研究站 1 号标准地的红松针阔混交林内，选择地势较为平坦、植被类型典型、受人为干扰较小的地段为试验样地，在样地内选择不同径级的红松为对象木（Objective tree），每木检尺，测量对象木的胸高直径、高度、活枝下高和冠幅、林下郁闭度等测树因子并分别编号。以该对象木为中心，测量半径为6 m以内的所有乔木树种（DBH＞5 cm）的胸径、高度、枝下高、冠幅，并实测这些竞争木（Competitive tree）与对象木之间的距离。单个样圆面积为 113.04 m^2，总样圆面积为 3 391.2 m^2。

（2）数据分析

采用 Hegyi 1974 年提出的单木竞争指数模型来计算竞争指数的大小。其指数为[12]：

$$CI=\sum_{j=1}^{N}(D_j/D_i)*\frac{1}{L_{ij}}$$

其中，CI 为竞争指数。CI 越大，表明树种之间的竞争越激烈；

D_i 为对象木 i 的胸径；

D_j 为竞争木 j 的胸径；

L_{ij} 为对象木 i 与竞争木 j 之间的距离；

N 为竞争木的株数。

根据以上公式计算出每个竞争木与对象木的竞争指数，然后将 N 个单木间的竞争指数累加和平均即得红松种内及种间的竞争强度。

二、结果与分析

1. 对象木与竞争木的测树因子特征

红松针阔混交林林下的平均郁闭度达到 0.7，属于中度密郁闭林。共调查的对象木（红松）为 30 株，其中最小胸径为 22 cm，最大胸径为 70 cm，平均胸径为 46.2 cm。对象木的其他测树因子指标见表 1。

表 1 对象木的测树因子

Tab. 1 measurement factor of objective tree

测树因子 / 对象木	高度（m）	平均高度（m）	枝下高（m）	平均枝下高（m）	冠幅直径（m）	平均冠幅直径（m）	胸径（cm）	平均胸径（cm）
红松	16～28	21.33	4～16	9.89	3～7	5.03	22～70	46.2

30 株对象木中，径级在 41～50 cm 范围的红松最多，占总对象木的 33.3%，大于或者小于这个径级的对象木比例逐渐减小，基本上服从正态分布（表 2）。

表 2 对象木的胸径分布

Tab. 2 DBH distribution of objective tree

径级（cm）	20～30	31～40	41～50	51～60	61～70	合　计
株　数	3	6	10	9	2	30
百分比（%）	10.0	20.0	33.3	30.0	6.7	100.0

试验过程中共调查竞争木 16 种 348 株，紫椴（*Tilia amurensis*）、假色槭（*Acer pseudo-sieboldianum*）、红松（*Pinus koraiensis*）所占比例均大于 10%；色木槭（*Acer mono*）、青楷槭（*Acer tegmentosum*）也较多，所占比例大于 5%；糠椴（*Tilia mandshurica*）、蒙古栎（*Quercus mongolica*）、簇毛槭（*Acer barbinerve*）、水曲柳（*Fraxinus mandschurica*）、山槐（*Albizia kalkora*）、黄檗（*Phellodendron amurense*）、

春榆（*Ulmus davidiana*）所占比例在 2%～4%之间，裂叶榆（*Ulmus laciniata*）、白桦（*Betula platyphylla*）所占比例小于 1%，除此之外，其他树种所占比例总和不到 2%（表 5）。竞争木的测树因子见表 3。竞争木中红松的平均高度最大，达到 19.4 m；蒙古栎的平均枝下高最大，分别为 10.38 m；而其他杂木类无论是在所占比例上，还是在测树因子指标上，所起作用均较小。

表 3 竞争木的种类组成及测树因子

Tab. 3 Species of competitive trees and measurement factor

种 类	胸径（cm）	平均胸径（cm）	平均高度（m）	平均枝下高（m）	平均冠幅直径 D（m）
紫椴 *Tilia amurensis*	4.5～70.0	23.06	13.11	7.36	3.94
假色槭 *Acer pseudo-sieboldianum*	5.0～20.0	9.18	7.97	3.31	3.28
红松 *Pinus koraiensis*	14.0～66.0	36.49	19.40	9.05	4.48
色木槭 *Acer mono*	5.0～48.0	26.42	15.09	8.04	4.75
青楷槭 *Acer tegmentosum*	4.5～17.0	9.07	9.09	4.21	3.65
蒙古栎 *Quercus mongolica*	5.0～94.0	49.92	18.46	10.38	5.75
簇毛槭 *Acer barbinerve*	5.0～7.5	6.05	5.75	1.80	2.30
水曲柳 *Fraxinus mandschurica*	5.5～80.0	26.39	14.00	9.22	3.89
山槐 *Albizia kalkora*	5.0～23.0	12.50	10.64	4.21	3.17
黄檗 *Phellodendron amurense*	14.0～29.0	18.67	16.67	10.83	3.67
春榆 *Ulmus davidiana*	5.0～15.0	8.88	9.00	4.35	3.13
裂叶榆 *Ulmus laciniata*	14.0～39.0	26.50	13.00	5.00	4.25
白桦 *Betula platyphylla*	45.0	45.00	17.00	9.00	6.00
其他树种	5.0～19.0	7.33	7.33	3.25	2.25

2. 不同径级红松种内竞争强度

竞争木中共有红松 47 株，其中径级为 31～40 cm 之间的红松数量最多，占红松竞争木的 34.04%。从种内竞争强度来看，红松在整个生长过程中不断与自身发生竞争关系，并因此产生了一定的自疏现象。从表 4 中可知，种内竞争强度最大的径级为 20～30 cm，竞争强度为 0.399 1，随着红松个体的增大，种内竞争强度逐渐减弱，当红松径级增大到 61～70 cm 时，种内竞争强度减小到 0.125 7。这说明种内竞争关系受到对象木个体大小的制约，对象木的胸径越大，种内竞争强度越小。相反，对象木胸径越小，受到的竞争强度越大，因此在整个竞争过程中被淘汰出局的可能性也越大。此研究结论与前人的研究结果相一致[13～15]。同样，此规律不仅适用于种内竞争，同样也适用于种间竞争，即其他竞争木对红松的竞争强度也是随着对象木胸径的增加而逐渐减小的。这是由于在发育初期，红松的高度、冠幅和根幅较小，在森林生态系统内处于弱势，因此周围竞争木对红松的竞争强度较大。随着红松的生长发育，个体不断增长，能够顺利成活的红松成为了红松针阔混交林中的建群种之一，红松径级的增大使林木间由于自疏增大了彼此之间的距离，树木个体对于光、热、土壤水分、养分等资源的竞争指数降低，林木之间的分布格局趋于均匀，从而红松受到周围个体的竞争将减弱。

表 4 红松种内竞争强度

Tab. 4 Intraspecific competition intensity of *Pinus koraiensis*

径级（cm）	竞争强度	标准差	样本数	百分比（%）
Ⅰ.20～30	0.399 1	0.202 5	7	14.89
Ⅱ.31～40	0.281 8	0.163 1	16	34.04
Ⅲ.41～50	0.257 8	0.144 8	12	25.53
Ⅳ.51～60	0.223 0	0.152 7	9	19.15
Ⅴ.61～70	0.125 7	0.016 2	3	6.38
合计			47	100

3. 红松种间竞争强度

植物个体固着生长的特点决定了植物间的竞争不是种群内所有个体的资源争夺，而是和它的邻近个体的相互作用[16]，因此，对象木除了与同种个体发生种内竞争外，还受邻近其他树种不断争夺资源空间的影响，从而产生种间竞争作用。

表 5 反映了长白山红松针阔混交林中红松与邻近竞争木的种间竞争强度，种间竞争强度大小顺序是：红松－色木槭＞红松－红松＞红松－蒙古栎＞红松－裂叶榆＞红松－紫椴＞红松－水曲柳＞红松－白桦＞红松－山槐＞红松－黄檗＞红松－假色槭＞红松－青楷槭＞红松－簇毛槭＞红松－杂木＞红松－春榆。其中可以看出，除红松－色木槭竞争指数高于红松种内竞争外，其他树种与红松的竞争强度均低于红松种内竞争。这说明，除色木槭外，红松的种内竞争要比种间竞争更加激烈。植物种之间的竞争能力受生态习性、生态幅和生态位等综合因素的影响，对于同一种植物而言，它们的生态习性、生态幅和生态位最为相同或接近，因此种内之间的竞争作用相对来说最为强烈。而紫椴、裂叶榆由于其径级和高度也较大，因而其竞争强度也较高。假色槭、青楷槭、簇毛槭、春榆平均高度较低，位于林冠层的下层，与红松的竞争强度较小。另外，山槐和黄檗距离红松的距离较大，因此与红松的竞争强度也表现得较为薄弱。

表 5 红松种间竞争强度

Tab. 5 Interspecific competition intensity of *Pinus koraiensis*

种类	竞争强度	标准差	株数	百分比（%）
紫椴 *Tilia amurensis*	0.212 7	0.295 2	106	30.46
假色槭 *Acer pseudo-sieboldianum*	0.056 4	0.050 9	77	22.13
红松 *Pinus koraiensis*	0.269 9	0.165 9	47	13.51

续 表

色木槭 *Acer mono*	0.326 1	0.315 3	32	9.20
青楷槭 *Acer tegmentosum*	0.056 1	0.033 7	28	8.05
蒙古栎 *Quercus mongolica*	0.257 9	0.176 7	13	3.74
簇毛槭 *Acer barbinerve*	0.055 9	0.056 6	10	2.87
水曲柳 *Fraxinus mandschurica*	0.141 7	0.168 5	9	2.59
山槐 *Albizia kalkora*	0.075 4	0.053 2	7	2.01
黄檗 *Phellodendron amurense*	0.071 8	0.035 1	6	1.72
春榆 *Ulmus davidiana*	0.043 9	0.030 6	4	1.15
裂叶榆 *Ulmus laciniata*	0.230 1	0.221 7	2	0.57
白桦 *Betula platyphylla*	0.127 1	0.000 0	1	0.29
其他树种	0.050 6	0.031 2	6	1.72

三、结论与讨论

竞争是塑造植物形态、生活史以及植物群落结构和动态的主要动力之一，由于其在生态学中具有重要地位，有关竞争的重要性及机制一直是生态学家们讨论的焦点话题。在森林生态系统中，树木的竞争作用直接影响树种与树种之间的种群联结性和种群分布格局。目前认为，种内竞争主要受密度制约，以及自疏效应、大小等级等因素影响[17]，而林木之间的竞争强度也受很多因素的制约，例如立地条件、小气候、林分密度，个体植株的大小、生长速率、发育阶段、个体生活力、生态习性、生态幅、生态位等等。

红松的种内种间竞争是随其胸径的增大而逐渐减小的，因此为了保证红松针阔混交林中红松物种的成活率，实现提高红松在混交林中比例的目的，应在红松树龄较小时对其施以人工管理措施，以减小周围其他种类树种对红松的竞争作用。

长白山红松针阔混交林中，红松种内、种间竞争强度的大小顺序是：红松—色木槭＞红松—红松＞红松—蒙古栎＞红松—裂叶榆＞红松—紫椴＞红松—水曲柳＞红松—白桦＞红松—山槐＞红松—黄檗＞红松—假色槭＞红松—青楷槭＞红松—簇毛槭＞红松—杂木＞红松—春榆。总体来说，红松种内竞争强度高于种间竞争强度。对于红松针阔混交林竞争强度与红松胸径符合何种函数关系来表示，尚有待进一步研究。

参考文献

[1] 马振兴，主编．生态学基础［M］．北京：中国时代经济出版社，2002.

[2] 韩路，王海珍，周正立，等．塔里木荒漠优势植物胡杨种内、种间竞争研究［J］. 西北植物学报，2006，26（12）：2 547—2 552.

[3] 邵国凡．关于林木竞争指标［M］．东北林业大学译丛，1985（1）：1—6.

[4] 柳江，洪伟，吴承祯，等．天然更新檫木林竞争规律研究［J］．江西农业大学学报，2001，23（2）：240—243.

［5］段仁燕，黄敏毅，吴甘霖，等．天柱山黄山松种内与种间竞争的研究［J］．广西植物，2008，28（1）：78－81.

［6］殷秀琴，主编．生物地理学［M］．北京：高等教育出版社，2004：26－28.

［7］祝廷成，严仲铠，周守标，主编．中国长白山植物［M］．北京：科学技术出版社，2003.

［8］常新华，夏富才，潘春芳，等．长白山红松阔叶林及其次生林草本植物多样性季节动态研究［J］．林业资源管理，2008（4）：89－92，117.

［9］邹春静，王庆礼，韩士杰．长白山暗针叶林建群种竞争关系的研究［J］．应用与环境生物学报，2001，7（2）：101－105.

［10］张琼，洪伟，吴承祯，等．长苞铁杉天然林群落种内及种间竞争关系研究［J］．广西植物，2005，25（1）：14－17，89.

［11］关德新，吴家兵，金昌杰，等．长白山红松针阔混交林 CO_2 通量的日变化与季节变化［J］．林业科学，2006，42（10）：123－128.

［12］Radtke P J，Westfall J A，Burkhart H E. *Conditioning a distance－dependent competition index to indicate the onset of inter-tree competition*［J］. Forest Ecology and Management，2003，175，(1－3)：17－30.

［13］孙澜，苏智先，张素兰，等．马尾松—川灰木人工混交林种内、种间竞争强度［J］．生态学杂志，2008，27（8）：1 274－1 278.

［14］毛磊，杨丹青，王冬梅，等．红花尔基自然保护区天然樟子松林种内种间竞争分析［J］．植物资源与环境学报，2008，17（2）：9－14.

［15］张小翠，满自红，张育德，等．连城国家级自然保护区青杆种内种间竞争关系研究［J］．生态科学，2008，27（4）：197－201.

［16］段仁燕，王孝安．太白红杉种群邻体范围与邻体竞争强度的研究［J］．西北植物学报，2004，24（12）：23－35.

［17］李博，陈家宽，A R 沃金森．植物竞争研究进展［J］．植物学通报，1998，15（4）：18－ 29.

长白山北坡垂直植被带典型植物的植硅体形态特征

介冬梅

【摘要】 长白山垂直分布的植被是温带到寒带植被的组合，能够很好地反映温度变化趋势，研究其植硅体对于了解长白山气候变化以及树线变迁有重要意义。本文选择长白山27种典型植物的叶子进行其植硅体形态特征研究，计算了其百分含量，对其长度、宽度进行了测量。研究表明：长白山北坡垂直植被带中典型木本植物的叶子能够产生13种形态各异的特征性植硅体：尖型，齿型，多边板型，帽型，长方型，表面有突起、皱纹的椭圆形、卵形；具有螺旋纹的纺锤状以及导管形；弓形；鸟嘴状；棒型；石块或石屑状；松树皮状；不确定型。在不同植被带，它们的植硅体类型的百分含量以及组合各不相同，能够反映温度变化以及树线的变迁规律。

【关键词】 植硅体形态　垂直植被带　典型植物　长白山

一、前　　言

植硅体分析是恢复古气候、古植被等变化的重要方法之一。植物体内的硅通过植硅体时经由根系从土壤中吸收，经过维管束传送，在细胞内腔或细胞之间以水合硅（$SiO_2 \cdot nH_2O$）的形式出现，形成难溶的硅酸状态。以这种形式存在的硅，占植物体硅总量的90%以上（王永吉等，1992）。植硅体个体较小（一般为2～2 000 μm），但是产量大，分布范围广泛，较之孢粉，抗分解能力强，具有受外界混杂成分影响较小的特点。

目前植硅体研究主要可以归结为两大方面：一是用于考古、第四纪研究等方面；二是对其形态进行划分，进一步规范和统一其命名。

长白山垂直分布的植被是温带到寒带植被的组合，能够很好地反映温度变化趋势，研究其植硅体，对于了解长白山环境变化有重要意义。张新荣等对长白山北坡表土中植硅体进行了观察统计，发现不同植被带植硅体组合的含量各不相同，主要表现为随海拔升高示冷型的植硅体含量整体呈上升趋势，而示暖型的植硅体含量整体呈下降趋势。然而上述表土植硅体与环境的关系是基于大量统计所获得的规律性认识，这些表土中的植硅体都来自于植物，只有了解现代植物中的植硅体形态，研究植物植硅体对环境的指示意义，才能解译表土中的植硅体来源，说清楚表土植硅体与环境的关系。因此，对于现代植物植硅体的研究是非常关键的基础性工作。目前，对于现代植物植硅体的研究还不多，仍需要很多积累。特别是对于长白山植物植硅体的研究更是少见。本文对长白山北坡不同海拔高度植被带典型植物的植硅体进行研究，观察和描述其形态特征，探讨其与长白山环境变化之间的关系。

二、研究区现状

长白山地处吉林省东南部的中朝边界附近，40°58′～42°6′N，127°54′～128°8′E，最高海拔 2 691 m。本区属温带气候，年降水量可达 800～1 800 mm，降水多集中在夏季 6～8 月[4]。由于地势险峻，随海拔高度的变化，气候、生物以及土壤呈明显的山地垂直分布，自下而上分为下列四个带：

1. 针阔混交林带：整个垂直带的最下部，位于海拔 600～1 150 m 的熔岩高原上。气候温暖湿润，年平均气温 3℃，年均降水量 800～1000 mm，自然植被为针阔混交林，发育山地为暗棕色森林土。

2. 针叶林带：位于海拔 1 150～1 700 m 的倾斜高原上，又可分为亮针叶林带和暗针叶林带。其中，1 150～1 500 m 为亮针叶林带，1 500～1 700 m 为暗针叶林带。该自然带气候阴冷潮湿，年平均气温 0～2℃，年降水量 800～1 000 mm，自然植被为针叶林。地形坡度 5°～10°，主要可见凝灰岩、粗面岩、火山集块岩、火山角砾岩、玄武岩和少量浮石等。发育山地为棕色针叶林土。

3. 岳桦林带：位于海拔 1 700～2 000 m 的火山锥体下部。严寒气候，风力大，降水多，年降水量为 1 000～1 100 mm。自然植被为岳桦矮曲林，是森林带的上限。发育山地为草甸森林土。

4. 高山苔原带：位于海拔 2 000 m 的火山锥体上部。严寒气候，多大风，日照充足，年降水量 1 100～1 300 mm。植被主要是适应高山气候矮小的匍匐小灌木、垫状多年生的草本植物以及地衣、苔藓等。发育山地为高山苔原土。

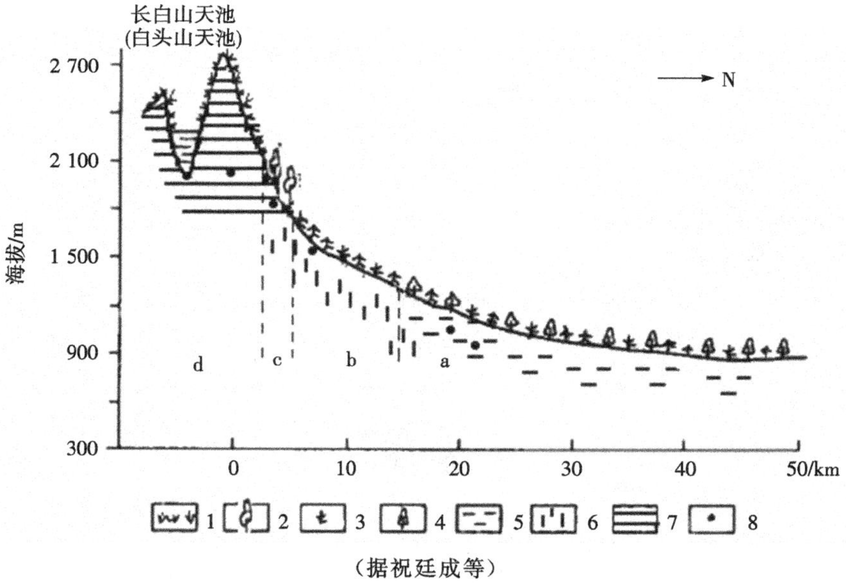

（据祝廷成等）

Fig. 1 Vertical vegetation zones and sampling sites on the north slope of the Changbai Mountain

长白山北坡垂直植被带及采样点分布图

1—高山苔原；2—岳桦林；3—针叶林；4—阔叶林；5—玄武岩；6—凝灰岩、集块岩、火山角砾岩等；7—粗面岩、集块岩、泥熔岩及凝灰岩等；8—采样点

三、研 究 方 法

1. 野外采样

采样点位于长白山北坡海拔 900～2 100 m 范围内。在每一个植被带中采集若干典型植物，具体采样方法为：在 100 m^2 的范围内采集样品若干，样品的海拔高度为2 011 m（高山苔原带）、1 985 m（岳桦林带）、1 831 m（赤池附近）、1 522 m（暗针叶林带）、1 121 m（亮针叶林带）、982 m（针阔混交林带）（见表 1）。

表 1 用于植硅体分析的典型植物

Tab. 1 Morphotypes of plants for phytolith analysis in Changbai Mountains

植被带名称	N	E	海拔	具体植物
针阔混交林带	42°09′15.0″	128°08′13.2″	982 m	毛榛
				刺五加
				水曲柳
				蒙古栎
				山槐
				红松
				裂叶榆
				榛椴
				紫椴
针叶林带	42°05′27.5″	128°04′24.7″	1 522 m	青楷槭
				鱼鳞云杉
				臭冷杉
岳桦林带	42°03′25.3″	128°04′01.5″	1 985 m	岳桦
				牛皮杜鹃
				岩茴香
				兴安一枝黄花
				毛苞风毛菊
				东北风毛菊
				丝梗扭柄花
				灰背老鹤草
				高山乌头
				小叶章
苔原带	42°03′26.2″	128°04′02.9″	2 011 m	笃斯越桔
				倒根蓼
				高岭风毛菊
				毛毡杜鹃
				宽叶仙女木

表 2 用于硅酸体分析的长白山现代植物名录

Tab. 2 Taxa used for phytolith analysis in Changbai Mountanins

序 号	科 名	属 名	种 名
1	*Oleaceae* 木犀科	*Fraxinus L.* 梣属	*F. mandshurica Rupr.* 水曲柳
2	*Betulaceae* 桦木科	*Corylus* 榛属	*C. mandshurica Maxim. et Rupr* 毛榛
		Betula L. 桦木属	*B. ermanii Cham.* 岳桦
3	*Pinaceae* 松科	*Picea Dietr* 云杉属	*P. jezoensis* 鱼鳞云杉
		Pinus L. 松属	*P. koraiensis Sieb* 红松
		Picea Dietr 云杉属	*Abies nephrolepis* 臭云杉
		Pinus L. 松属	*Pinus desiflora* 西伯利亚赤松
4	*Tiliaceae* 椴树科	*Tilia L.* 椴树属	*T. mandshurica Rupr. et Maxim* 糠椴
		Tilia L. 椴树属	*T. amurensis Rupr. T. amurensis* 紫椴
5	*Araliaceae* 五加科	*Acanthopanax* 五加属	*A. senticosus* 刺五加
6	*Aceraceae* 槭树科	*Acer L.* 槭属	*A. tegmentosum Maxim.* 青楷槭
7	*Fagaceae* 壳斗科	*Quercus* 栎属	*Q. mongolica Fisch. ex Turcz.* 蒙古栎
8	*Ulmaceae* 榆科	*Ulmus L.* 榆属	*U. laciniata* 裂叶榆
9	*Leguminosae* 豆科	*Albizzia* 合欢属	*Albizia kalkora* 山槐
10	*Ericaceae* 杜鹃科	*Rhododendron L.* 杜鹃属	*Xanthostephanum* 牛皮杜鹃
			Confertissimum 毛毡杜鹃
		Vaccinium L. 越橘属	*Uliginosum* 笃斯越桔
11	*Compositae* 菊科	*Solidago L.* 一只黄花属	*Virgaurea* 兴安一枝黄花
		Saussurea DC. 风毛菊属	*Manshurica* 东北风毛菊
			Tomentosa 高岭风毛菊
12	*Umbelliferae* 伞形科	*Tilingia* 岩茴香属	*Tachiroei* 岩茴香
13	*Rosaceae* 蔷薇科	*Dryas L.* 仙女木属	*Octopetala* 宽叶仙女木
14	*Polygonaceae* 蓼科	*Polygonum L.* 蓼属	*Ochotense* 倒根蓼
15	*Ranunculaceae* 毛茛科	*Aconitum L.* 乌头属	*Monanthum* 高山乌头
16	*Liliaceae* 百合科	*Streptopus Michx.* 扭柄花属	*Streptopoides* 丝梗扭柄花
17	*Gramineae* 禾本科	*Calamagrostis Adans.* 拂子茅属	*Angustifolia* 小叶章
18	*Geraniaceae* 牻牛儿苗科	*Geranium L.* 老鹤草属	*Vlassowianum* 灰背老鹤草

2. 实验方法

本文研究了长白山北坡垂直植被带中 27 种典型木本植物，统计了 27 种典型植物叶子的植硅体形态。采用了湿式灰化法，具体的处理方法为：

选取适量样品，用超声波清洗仪反复清洗；分别将上述样品取少量，放入试管中；在

试管中加入浓 HNO_3，置于沸水中水浴加热以去除有机质；待样品反应彻底后，将其冷却，在试管中加入蒸馏水清洗样品，离心（2 000 rpm/min）15 min，倒掉试管中的悬浮液；重复清洗两次，再用无水乙醇洗一次以快速干燥药品，用 2 000 rpm/min 的速度离心，15 min 完成；植硅体被分离出来以后，做植硅体固定片，在显微镜下鉴定统计；采用 MCTIC 生物显微镜鉴定统计样品，首先根据样品的形态进行分类、特征的描述，然后对每个样品中的 300 粒代表性植硅体进行形态参数的测量统计。用显微镜成像系统照相；录入数据，进行分析和制图。

四、实验结果

本文采用王永吉、吕厚远的形态术语描述植硅体镜下的形态。在 900 倍镜下对长白山典型植物叶子中的 9 088 粒植硅体形态进行观察、鉴定，根据初步观察，发现了 13 种特征明显的形态：尖型，齿型，帽型，长方型，表面有突起、皱纹的椭圆形、卵形；具有螺旋纹的纺锤状以及导管形；弓形或“Y”形；鸟嘴状；棒型；石块状；松树皮状；不确定型（图 2）。

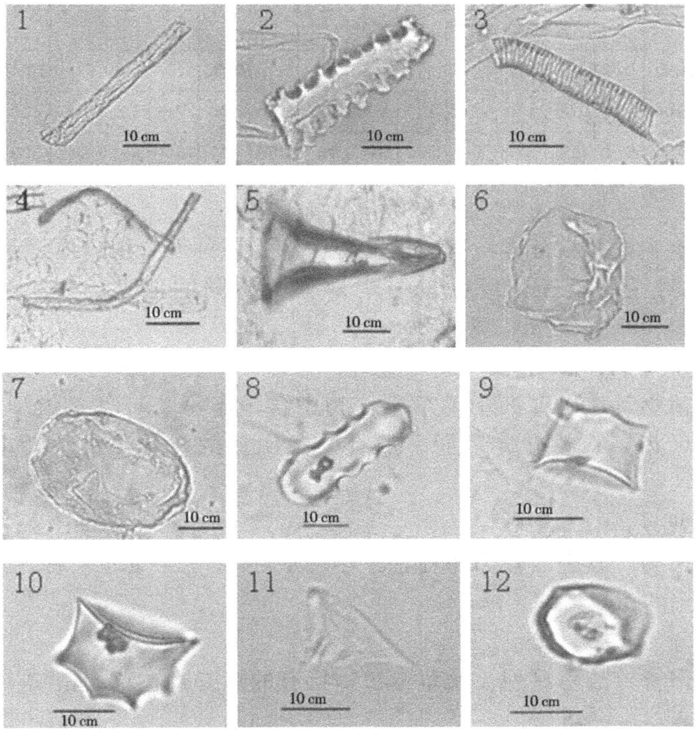

1 棒型　2 刺棒　3 导管状　4 弓形　5 鸟嘴状　6 石块状　7 表面有突起、皱纹的椭圆形、卵形　8 齿型　9 帽型　10 刺帽　11 尖型　12 平顶帽型

图 2　长白山典型植物植硅体

Fig. 2　Micropho－types of phytolith in Changbai Mountains

表 3 主要植物植硅体类型、数量和百分含量统计表

Tab. 3 micropho-types counting as percentages and number counted

Taxon	1	2	3	4	5	6	7	8	9	10	11	12	13	14	15	16	17	18
尖型																		87.6
齿型																		5.40
帽型																		0.60
长方型																		0.30
具有螺旋纹的纺锤状以及导管形	46.4	38.8	26.5	56.8	41.4	51.3	38.7	54.5	43.3	36.5	55.9	64.8	23.6	65.6	54.5	11.6	44.7	
弓形或“Y”形	48.8	31.8	9.0	35.8	37.3	26.2	18.3	20.7										
表面有突起、皱纹的椭圆形、卵形			39.5	40.6														
鸟嘴状			0.90					0.30										
棒型	3.20	28.8	30.1		22.8	11.4	35.1	26.9	36.0	62.6	43.0	32.6	69.8	34.4	34.8	88.4	6.10	52.6
石块状																		
松树皮状							0.90											
不确定型	1.60	0.6	4.0	3.60			2.30			0.90	1.10	2.60	6.60	10.7			2.7	
百分含量	100	100	100	100	100	100	100	100	100	100	100	100	100	100	100	100	100	100
总个数	375	674	1724	650	308	303	316	323	367	821	1100	301	303	309	310	300	305	308

(1) 尖 型

主要来自于草本植物植硅体，研究区的小叶章中该种形态植硅体含量较为丰富。尖型植硅体外表具有明显的特征，可以进一步划分为不同的亚型。大小变化一般在 10～200 μm之间，厚约 20～75 μm，宽约 20～50 μm。

(2) 齿 型

来自于草本植物，在研究区中的草本植物中含量丰富，可见多齿型和弱齿型两种形态。外表类似于牙齿，在植硅体表面一般有一条明显的线状纹饰。大小在 10～200 μm 之间。

(3) 多边板型

来自于木本植物。其表面较为粗糙，大小一般在 20～50 μm 左右，大部分为 5～6 边的板状形态。

(4) 帽 型

外表形态似帽子，故称帽型。是草本植物特有的形态，在草本植物中含量丰富。大小在 10～30 μm 之间。

(5) 长方型

外表为长方型，主要来自于草本植物。长在 21.1～139.9 μm 之间，宽在 9.8～33.6 μm 之间。

(6) 具有螺旋纹的纺锤状以及导管形

较为多见的是导管形植硅体，具有螺旋纹的纺锤体则较少，且发育不完整。导管形形状较为规则，个体一般较大，长在 16.2～315.4 μm 之间，宽在 6.7～71.6 μm 之间。

T. mandshurica Rupr. et Maxim（36.8%）、*A. senticosus*（11.4%）中导管形植硅体含量较大。

（7）弓形或“Y”形

多见弓形，一般个体较大，多数长在 200 μm 以上。形状则为弓状，植硅体表面无较明显纹饰，长在 33.7～388.6 μm 之间，宽在 6.7～65.7 μm。*Q. mongolica Fisch. ex Turcz.*（16.2%）、*C. mandshurica Maxim. et Rupr*（11.4%）中弓形硅酸体较为丰富。

（8）表面有突起、皱纹的椭圆形、卵形

主要分布于裸子植物之中，形状较为规则，多为椭圆形；卵形较少，且不规则。在植硅体表面分布着类似皱纹的纹饰。*Pinus desiflora*（43.8%）中此种类型的硅酸体较多。

（9）鸟嘴状

形态似鸟嘴，长在 49.7～317.4 μm 之间，宽在 33.7～93.7 μm 之间。此种形态并非木本植物特有。在研究区中，仅 *B. ermanii Cham.*（0.9%）、*U. laciniata*（0.3%）中含有鸟嘴状硅酸体。

（10）棒　型

外表形态为棒状，部分硅化程度较轻，呈透明状，个别硅酸体上有纹饰，长在25.9～717.0 μm 之间，宽在 7.2～53.7 μm 之间。研究区中所有木本植物都具有此种形态植硅体。

（11）石块状

外形不规则，形似石块，长在 13.4～33.6 μm 之间，宽在 11.0～22.0 μm 之间。此种植硅体在 *P. jezoensis*（42.3%）、*Abies nephrolepis*（49.6%）中含量丰富。

（12）松树皮状

长条形，长在 62.5～153.7 μm 之间，宽在 9.7～55.9 μm 之间，表面有呈松树皮纹饰或不规则瘤状突起。*P. jezoensis*（5.7%）、*P. koraiensis Sieb*（8.3%）中含量较为丰富。

（13）不确定形

不具备上述特征，形态不统一，不规则，长在 29.4～256.3 μm 之间，宽在 12.1～72.0 μm 之间。*B. ermanii Cham.*（22.1%）中不确定形硅酸体较多。

五、结　论

通过对长白山北坡垂直植被带 27 种木本植物叶子中的 9 088 粒植硅体进行分类及统计，可以得出以下结论：

（1）长白山北坡垂直植被带中的典型植物能够产生形态丰富的植硅体，分别是：尖型，齿型，多边板型，帽型，长方型，表面有突起、皱纹的椭圆形、卵形；具有螺旋纹的纺锤状以及导管形；弓形；鸟嘴状；棒型；石块或石屑状；松树皮状；不确定型。其中，尖型、齿型、帽型、长方型是研究区中典型的草本植物植硅体，其大小、形态与现代植物植硅体一致；表面有突起、皱纹的椭圆形、卵形，具有螺旋纹的纺锤状以及导管形、弓形、鸟嘴状、棒型，石块或石屑状，松树皮状，不确定型则是木本植物所特有的植硅体形态，大小与前人的研究也是一致的。

（2）通过对 9 088 粒植硅体进行观察、分类及统计分析发现，在研究区，草本植物与木本植物植硅体有很大的区别。草本植物的植硅体类型与木本植物相比较多，个体较小，植硅体表面较为光滑。本研究区中的草本植物植硅体包含了草本植物植硅体的大部分类型。

（3）研究区中木本植物叶子中的植硅体形态较少，具有明显的特征。一般个体较大，植硅体表面较为粗糙，有纹饰分布。研究表明：松树皮状、石块状植硅体是裸子植物特有的植硅体形态，其含量呈逐渐递减的趋势，说明松树皮状、石块状植硅体应该是示暖型植硅体。

目前，对于长白山北坡典型植物植硅体的研究处于探索阶段，本研究中仅对典型植物的叶子进行了研究，其根、茎、叶、枝等部位的研究尚在进行中。长白山北坡植物植硅体与其环境之间的关系还有待进一步探索。

参考文献

[1] 王永吉，吕厚远．植物硅酸体研究及应用［M］．北京：海洋出版社，1992：1—228.

[2] 邹春静，王晓春，韩士杰．长白山岳桦种群过渡带位置的研究［J］．应用生态学报，2004，15（12）：2 217—2 220.

[3] 常禹，布仁仓，等．长白山北坡苔原/岳桦景观边界的定量检测［J］．地理科学，2003，23（4）：477—483.

[4] 李建东，吴榜华，盛连喜．吉林植被［M］．长春：吉林科学技术出版社，2001：1—457.

[5] 秦颍，姚政权，魏国锋，等．利用植硅石示踪九连墩战国楚墓出土青铜器产地．中国科学技术大学学报，2008，38（3）：326—330.

[6] 王永吉，吕厚远．植物硅酸体的分析方法［J］．植物学报，1994，36（10）：797—804.

[7] 张新荣，胡克，介冬梅．长白山北坡垂直植被带表土硅酸体组合研究［J］．地球学报，2006，27（2）：169—176.

[5] 吕厚远，贾继伟，王伟铭，王永吉，等．"硅酸体"含义和禾本科硅酸体的分类［J］．微体古生物学报，2002，19（4）：389—396.

[6] 徐德克，李泉，吕厚远．棕榈科硅酸体形态分析及其环境意义［J］．第四纪研究，2005，25（6）：785—982.

[7] 黄翡，Lisa K，黄凤宝．内蒙古典型草原禾本科植硅体形态．古生物学报，2004，43（2）：246—253.

[8] 黄翡，Lisa K，黄凤宝．内蒙古草原中东部现代表土植硅体组合与植被关系．微体古生物学报，2004，21（4）：419—430.

[9] 吕厚远，吴乃琴，刘东生，等．150Ka 来宝鸡黄土植物硅酸体组合季节性气候变化．中国科学 D 辑：地球科学，1996，26（2）：131—136.

[10] 张玉兰，张敏斌，宋建．从广富林遗址中的植硅体组合特征看先民农耕发展．科学通报，2003，48（1）：96—99.

[11] 靳桂云，燕生东，宇田津彻郎，等．山东胶州赵家庄遗址 4000 年前稻田的植硅体证据．科学通报，2007，52（18）：2 161—2 168.

[12] Carnelli，A L，Theurillat，J P，Madella，M. *Phytolith types and type —*

frequencies in subalpine — alpine plant species of the European Alps. Review of Palaeobotany&Palynology, 2004: 129, 39—65.

[13] Fredlund, G G, Tieszen, L T. *Modern phytolith assemblages from the North American Great Plains*. Journal of Biogeography, 1994: 21, 321—335.

[14] Fredlund, G G, Tieszen, L L. *Phytolith and carbon isotope evidence for late Quaternary vegetation and climate change in the southern Black Hills, South Dakota*. Quat. Res, 1997: 47, 206—217.

[15] Piperno R. *Phytolith Analysis: An Archaeological and Geological Perspective*. San Diego: Acasemic Press, 1988.

[16] Horrocks M, Deng Y, Ogden J, et al. *A reconstruction of the history of a Holocene sand dune on Great Barrier Island, northern New Zealand, using pollen and phytolith analyses*. Journal of Biogeography, 2000, 27: 1 269—1 277.

[17] Kond R, Childs C, Atkinson L. *Opal Phytoliths of New Zealand*. Manaaki Whenua Press. Washington, DC, 1994.

[18] Madella M. *Phytoliths from a Central Asia loess — paleosol sequence and modern soils: their taphonomical and palaeoecological implication*. In: Pinilla, A (Ed.). *The State of the Art of Phytoliths in Plants and Soils. Monografias del Centro de Ciencias Medambioen—tales*. Madrid, 1997: 49—58.

[19] Bremond L, Alexandre A, Véla E, Guiot J. *Advantages and disadvantages of phytoliths analysis for the reconstruction of Mediterranean vegetation: an assessment based on modern phytolith, pollen, and botanical data (Luberon, France)*. Review of Palaeobotany and Palynology, 2004, 129: 213—228.

[20] Lu H Y, Wu N Q, Yang X D, Liu K B, Jiang H, Liu T S. *Phytoliths as quantitative indicators for the reconstruction of past environmental conditions in China II: palaeoenvironmental reconstruction in the Loess Plateau*. Quaternary Science Reviews, 2007, 26: 759—772.

Morphological Characteristics of Phytolith of Typical Plants from Vertical Vegetation Zones on the North Slope in Changbai Mountains

Jie Dongmei

(College of Urban and Environmental Sciences,

Northeast Normal University, Changchun, Jilin, 130024)

Abstract: The vertical vegetation distribution in Changbai Mountains is a combination of vegetation from temperate to frigid zones. It is able to reflect the trend of temperature changes. Researches on the phytoliths of vegetations in Changbai Mountains have great significance for the study of climate change and timberline change. In this paper, selecting 27 species plants in Changbai Mountains to carry out its phytolith morphology studies, the content have been calculated and the length, width have been measured. There are 13 kinds characteristic phytoliths in the typical plants from the vertical vegetation zones in Changbai Mountains: Plate-shaped, Point-shaped, Tooth-shaped, and Hat-shaped, Spiralling fusiform or Catheterform, Arciform, Rugulate oblong or ovate, Beakform, Bar, Stoneform, Pine Barkform are in all the 27 kinds of typical plants, the content increases from the conifer mixed forest zone to the ermanii forest zone in the vegetation zones which is the same with the climate change of Changbai Mountains. In the broad-leaved woody plants, Spiralling fusiform or Catheterform, Arciform are characteristic forms. There are different phytolith combination in different vertical plant zones. The difference are related with climate environment and timberline. Based on phytolith combination can reflect the changes of climate environment and timberline.

Key words: phytolith; vertical vegetation zones; typical plants; Changbai Mountain

长白山哈尼泥炭地7种苔藓分布与环境关系研究

陈　旭* 卜兆君** 王升忠[1,2] 李鸿凯[1,2] 姜丽红[1,2]
（1. 东北师范大学泥炭沼泽研究所　吉林 长春 130024；
2. 国家环境保护湿地生态与植被恢复重点实验室，吉林 长春 130024）

【摘要】 在长白山哈尼泥炭地调查7种苔藓的典型生境，共计93个样方，计测样方中苔藓植物的盖度和包括泥炭全氮（TN）、全磷（TP）、K^+和Ca^{2+}等在内的9个环境因子，应用典范对应分析对数据进行处理，做出样方、物种与环境因子关系二维排序图，直观地反映苔藓植物与环境因子间的关系。结果表明，排序图中同种苔藓为主的样方多数集中分布，个别分散分布，水位埋深、沼泽水pH以及乔木郁闭度和灌木盖度是影响泥炭地苔藓植物生态位分异的主要环境因子，泥炭全磷（TP）对苔藓植物分布影响较大。7种苔藓中，尖叶泥炭藓（*Sphagnum capillifolium*）、大泥炭藓（*S. palustre*）在乔木郁闭度和pH梯度上，喙叶泥炭藓（*S. fallax*）、沼泽皱缩藓（*Aulacomnium palustre*）在水位埋深和灌木盖度梯度上，生态位分异明显。锈色泥炭藓（*S. fuscum*）、桧叶金发藓（*Polytrichum juniperinum*）和中位泥炭藓（*S. magellanicum*）在各个环境梯度上生态位比较相似。

【关键词】 哈尼泥炭地　苔藓植物　典范对应分析　生态位分异

苔藓植物是泥炭地的优势地被植物，研究苔藓的生态位分异特征，可以进一步揭示苔藓的分布格局和解释泥炭地植被的演替过程。典范对应分析能进行显著性检验和模型定量化，同时结合多元分析和相关分析，能够准确反映群落与环境的关系[1]。近年来典范对应分析方法在苔藓生态位的分异研究中逐渐增多，Gignac研究9种苔藓在7个环境因子梯度上的分异[2]；郭水良等探讨13种金发藓科植物生态位分异和树附生苔藓植物分布与环境的关系[3,4]；曹同等分析藓类植物分类群分布与气候因素的关系[5]；谢小伟等研究地面苔藓植物分布与环境因子关系[6]。国内关于泥炭地苔藓植物的生态位分异报道很少，本文从9种不同的环境因子梯度探讨哈尼泥炭地中苔藓植物的生态位分异，进一步认识苔藓分布与环境的关系。

---

* 基金项目：国家自然科学基金（30700055）和东北师范大学“十一五”科技创新基金项目（106111065202，106111065312）资助。

** 作者简介：陈旭（1984～），男，湖北省咸宁人，硕士研究生，主要从事湿地植物生态学研究。E-mail：chenx743@yahoo.cn。

* 通讯作者：卜兆君，副教授。E-mail：buzhaojun@nenu.edu.cn。

一、研究区域概况和研究方法

1. 哈尼泥炭地概况

本研究样地位于中国东北长白山西侧龙岗山脉中部的哈尼泥炭地（126°31′05″ E，42°12′50″N），面积为 1 678 hm^2。该泥炭地气温常年偏低，年均温 2.5～3.6℃，全年≥10℃，活动积温为 2 600℃左右。年降水量 757～930 mm，土壤为泥炭土[7]。

哈尼泥炭地中哈尼河贯穿而过，生境类型复杂，植物群落多样，按乔木优势度高低可大体划分为有林和开阔地生境。有林生境呈环带状分布于泥炭地边缘，并向泥炭地内部延展，将整个泥炭地分割成 4 个大小不一的开阔地生境。有林生境中植物群落以黄花落叶松（*Larix olgensis*）为乔木层单优势种，小灌木层以油桦（*Betula ovalifolia*）、狭叶杜香（*Ledum palustre* var. *angustum*）或笃斯越桔（*Vaccinium uliginosum*）为优势；草本层以羊胡子草（*Eriophorum vaginatum*）、毛苔草（*Carex lasiocarpa*）或沼苔草（*C. limosa*）等居多，主要分布于丘间微生境中；苔藓以中位泥炭藓（*Sphagnum magellanicum*）、锈色泥炭藓（*S. fuscum*）、大泥炭藓（*S. palustre*）或尖叶泥炭藓（*S. capillifolium*）为主。开阔地生境中，黄花落叶松分布极少，若有，个体高度大多不足 1 m，生长不良；小灌木层及草本层与有林生境较为相似；苔藓地被层多以大泥炭藓或中位泥炭藓为主。生境中均伴生其他多种泥炭藓以及沼泽皱缩藓（*Aulacomnium palustre*）和桧叶金发藓（*Polytrichum juniperinum*）等，并且在局部微生境中，部分苔藓如喙叶泥炭藓（*S. fallax*）、桧叶金发藓可成为优势植物。群落的详细描述可参见文献[8]。

2. 研究方法

2007 年 8～9 月在哈尼泥炭地用样方法随机调查 7 种苔藓植物（中位泥炭藓、锈色泥炭藓、大泥炭藓、尖叶泥炭藓、沼泽皱缩藓、桧叶金发藓和喙叶泥炭藓）的典型生境，共调查 1 m×1 m 样方 93 个。调查项目包括苔藓植物的种类及每种苔藓盖度，记录每个样方内水位埋深（WT）、灌木盖度（SC）、乔木郁闭度（TC），并测定样方下地表 0～10 cm 深度沼泽水 pH 和电导率（Cond）。同时在每个样方内取 5～10 cm 深度的泥炭样品，带回实验室分析泥炭的 TN，TP，Ca^{2+}，K^+ 含量。其中 TN 和 TP 分别用全氮微量开氏法、$HClO_4-H_2SO_4$ 钼锑抗比色法测定，Ca^{2+} 和 K^+ 通过火焰原子吸收法测定。

用典范对应分析（CCA）进行环境因子排序。这是基于对应分析演变而来的排序方法，具体步骤是：在对应分析的迭代过程中，每次得到的样方排序坐标值均与环境因子进行多元线性回归[9]。

$$Z_j = b_0 + \sum_{k=1}^{q} b_k U_{kj} \qquad (1)$$

式（1）中：Z_j 为第 j 个样方的排序值，b_0 为截距，b_k（k=1，2，3，…q，q 为环境因子个数）为样方与第 k 个环境因子之间的回归系数，U_{kj} 为第 k 个环境因子在第 j 个样方中的观测值。用样方排序值加权平均求种类排序值，使种类排序坐标值也间接地与环境因子联系[9]。

用总和标准化对物种盖度和环境因子数据进行处理，应用Canoco 4.5分析样方、物种与环境因子之间的数量关系，应用CanoDraw 4.5得出样方、物种与环境因子排序图，具体方法见文献[10]。排序图（图1和图2）中，环境因子用带箭头的线段表示，连线的长短表示该环境因子对苔藓分布影响的大小；箭头连线与排序轴的夹角表示该环境因子与排序轴相关性的大小；以某种苔藓为端点作与环境因子连线的垂线段，交点与箭头的距离越短说明该种与环境因子正相关性越大，在另一端则表示负相关[9]。

二、研究结果

1. 苔藓生态位分异特征

应用典范对应分析（CCA）分析排序轴间、排序轴与环境因子间的相关系数（见表1）。由表1可知，第一排序轴与水位埋深呈极显著负相关，而与灌木盖度为极显著正相关；第二排序轴与乔木郁闭度和TP为极显著正相关，与pH为极显著负相关。

表1 哈尼泥炭地7种苔藓排序轴间、环境因子与排序轴间的相关系数

Tab. 1 Correlation coefficients for seven bryophyte species between axis1, axis2 and environmental factors in Hani Peatland

项目 items	排序轴 axis SP $X1$	SP $X2$	项目 items	排序轴 axis SP $X1$	SP $X2$
SP $X2$	−0.057 4		Ca^{2+}	−0.205 8	0.038 1
EN $X1$	0.839 7***	0	WT	−0.760 6***	0.015 5
EN $X2$	0	0.738 1***	SC	0.357 3***	0.131 7
TN	0.054 1	−0.152 9	TC	−0.041 2	0.636 2***
TP	0.084 7	0.309 0**	pH	−0.021 1	−0.458 0***
K^+	−0.143 9	−0.154 6	Cond	−0.033 8	0.159 0

注：SP $X1$＝种类排序轴1；EN $X1$＝环境排序轴1；SP $X2$＝种类排序轴2；EN $X2$＝环境排序轴2；$n=93$，** $p<0.01$，*** $p<0.001$；表2同。

苔藓植物样方与环境因子之间的关系见图1。在哈尼泥炭地中苔藓植物呈密集共生的生长特征，在样方调查时，笔者以盖度值最大的苔藓来标示该样方。图1中样方1～16、17～33、34～48、49～63、64～78和79～93分别是以喙叶泥炭藓、尖叶泥炭藓、大泥炭藓、中位泥炭藓、锈色泥炭藓和桧叶金发藓为主，沼泽皱缩藓为伴生苔藓植物。从总体上看，以同种苔藓为主的样方多数集中分布，个别样方分散分布。

7种苔藓分布与环境因子关系见图2。由图2可知，喙叶泥炭藓和沼泽皱缩藓分布与灌木盖度呈显著正相关，而与水位埋深呈显著负相关；尖叶泥炭藓分布与乔木郁闭度、TP呈显著正相关，而与pH呈显著负相关；大泥炭藓分布与pH呈显著正相关，而与乔木郁闭度、TP呈显著负相关；桧叶金发藓、锈色泥炭藓和中位泥炭藓在排序图中的位置相近，说明3种苔藓生态位接近。

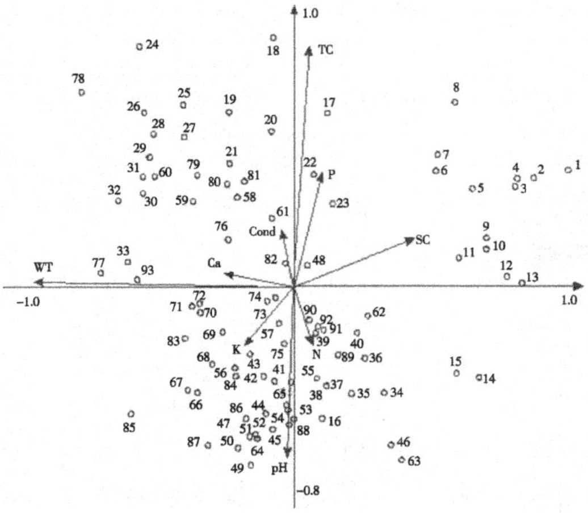

图 1　93 个样方与环境因子 CCA 二维排序图

Fig. 1 CCA two-dimensional ordination diagram of the relationships of 93 plots with environmental factors

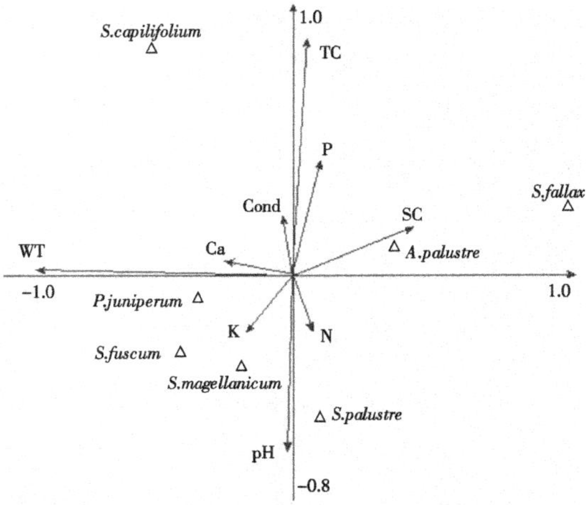

图 2　7 种苔藓与环境因子 CCA 二维排序图

Fig. 2 CCA two-dimensional ordination diagram of the relationships of distribution of 7 bryophyte species with environmental factors

2. 环境因子的相关性

各种环境因子之间相关系数见表 2。由表 2 可知，TN 与 TP 之间、Ca^{2+} 与 K^+ 之间为显著正相关，TN 与乔木郁闭度之间、TP 与 K^+ 之间为显著负相关，pH 与乔木郁闭度之间、pH 与电导率之间为显著负相关。

表 2　哈尼泥炭地 9 个环境因子的相关性分析

Tab. 2　Correlation coefficients between the nine environmental factors in Hani Peatland

环境因子 environmental factors	TN	TP	Ca^{2+}	K^+	WT	SC	TC	pH
TP	0.620 9***							
Ca^{2+}	0.040 1	−0.119 0						
K^+	−0.262 1	−0.319 0**	0.462 2***					
WT	−0.117 7	−0.196 3	0.190 9	0.187 2				
SC	−0.129 5	−0.121 6	−0.097 2	−0.040 2	−0.092 5			
TC	−0.267 5**	0.192 5	0.005 6	−0.194 4	0.074 4	−0.098 1		
pH	0.095 0	−0.265 2	−0.032 9	0.121 1	0.252 0	0.090 2	−0.522 5***	
Cond	−0.119 2	0.003 7	0.033 1	0.048 8	0.032 3	−0.065 3	0.187 2	−0.383 3***

三、讨　　论

1. 影响苔藓分布的主要环境因子

根据主要环境因子与排序轴的相关系数绝对值大小排序，由大到小依次为：水位埋深、乔木郁闭度、pH、灌木盖度、TP。与排序轴相关系数越大说明其对苔藓植物分布影响越大，在排序图中表现为环境因子与排序轴夹角越小（见图 2）。分析结果表明，水位埋深、乔木郁闭度、沼泽水 pH 和灌木盖度是影响哈尼泥炭地苔藓植物分布的主要环境因子，泥炭 TP 对苔藓分布的影响也较大。

水位埋深不同反映苔藓耐旱能力差异，各种苔藓耐旱能力不同是导致苔藓植被演替的原因之一[11]，在泥炭地环境趋于变干的条件下，耐旱能力强的苔藓（如尖叶泥炭藓）会逐渐取代耐旱能力差的苔藓（如喙叶泥炭藓）。乔木郁闭度对光线的调节影响苔藓分布，遮阴会降低一些苔藓植物的生长量[12]，在哈尼泥炭地中黄花落叶松林有向开阔地蔓延趋势，这给开阔地中生长的大泥炭藓带来不利影响。沼泽水 pH 主要与苔藓离子交换能力有关[13]，耐旱性苔藓（如尖叶泥炭藓）由于脱离地下水位高，需要有更强的阳离子交换能力以获取足够的养分。灌木盖度可以降低苔藓植物的水分蒸发，有助于苔藓植物安全度过旱季[14]，因此作为一种应对干旱的保护策略，耐旱能力差的苔藓通常选择灌木盖度高的生境生长。

2. 苔藓的生态位分异

7 种苔藓在各种环境因子梯度上的分异见图 2。在水位埋深梯度上，泥炭地中一些苔藓植物密集生长呈丘状，形成凸凹不平的微地貌格局，喙叶泥炭藓和沼泽皱缩藓生长在丘间洼地，而尖叶泥炭藓生长在藓丘的顶部，在排序图中表现为，喙叶泥炭藓和沼泽皱缩藓与水位埋深呈显著负相关，尖叶泥炭藓与之呈显著正相关，耐旱能力差的物种需要接近地下水生长，避免干旱给个体带来的伤害，耐旱能力强的物种具有更强的保水能力，则能脱离地下水位更高的地方生长；在乔木郁闭度梯度上，尖叶泥炭藓和大泥炭藓产生分异，尖叶泥炭藓生长在有林生境中，而大泥炭藓生长在开阔地，说明苔藓植物生境在光照梯度上差异明显；在 pH 梯度上，苔藓植物个体阳离子交换能力的差异导致生境中 pH 不同[13]，大泥炭藓和尖叶泥炭藓分别位于 pH 梯度最大值和最小值，这说明尖叶泥炭藓比大泥炭藓的离子交换能力更强；在灌木盖度梯度上，喙叶泥炭藓和沼泽皱缩藓生长在灌木盖度高的生境中，这可以减少个体的水分蒸发，而锈色泥炭藓生境中灌木盖度低，这主要由于锈色泥炭藓属于密生种，灌木的种子落到苔藓表面以后不能与土壤接触，而无法发芽[14]。

3. 环境因子的相关性

在哈尼泥炭地中，K^+ 与 Ca^{2+} 之间以及 TN 与 TP 之间存在显著正相关，而 K^+ 与 TP 之间以及电导率与 pH 之间呈显著负相关。pH 通过影响元素主要存在形式[15]，从而间接影响它们之间的相关性。本文中乔木郁闭度与 TN，pH 均呈显著负相关，研究表明乔木郁闭度会间接影响泥炭 TN 和沼泽水 pH[16,17]。这说明如果将 pH 和乔木郁闭度作为环境因子参与分析，就会弱化其他环境因子的影响程度。尽管 pH 和乔木郁闭度是影响苔藓分布的主要环境因子，但是由于泥炭地中微生境的复杂多样，在局部其他环境因子如水位埋深对苔藓分布的影响明显。

四、结　　论

典范对应分析能直观地反映泥炭地苔藓植物在各种环境梯度上的生态位分异现象。结果表明，水位埋深、乔木郁闭度、沼泽水 pH 和灌木盖度是影响哈尼泥炭地苔藓植物分布的主要环境因子，泥炭 TP 对苔藓分布的影响也较大。7 种苔藓中，尖叶泥炭藓、大泥炭藓在乔木郁闭度和 pH 梯度上，喙叶泥炭藓、沼泽皱缩藓在水位埋深和灌木盖度梯度上，生态位分异明显。锈色泥炭藓、桧叶金发藓、中位泥炭藓在各个环境梯度上生态位比较相似。

（致谢：感谢东北师范大学测试基金资助，野外调查得到龙湾林场赵利同志的帮助，室内实验得到周新华老师以及焦育鑫、韩毅、王春权和夏丹丹等同学的帮助，特表示衷心感谢。）

参考文献

[1] Okland R H, Eilertsen O. *Canonical correspondence analysis with variation partitioning: some comments and an application* [J] . Journal of Vegetation Science, 1994 (5): 117—126.

[2] Gignac L D. *Niche structure, resource partitioning and species interactions of mire bryophytes relatives to climatic and ecological gradients in western Canada* [J]. The bryologist, 1992, 95 (4): 406—418.

[3] 郭水良，曹同．应用典范对应分析探讨长白山金发藓科植物的生态位分化 [J] . 木本植物研究，2000，20 (3)：286—293.

[4] 郭水良，曹同．长白山森林生态系统树附生苔藓植物分布与环境关系研究 [J] . 生态学报，2000，20 (6)：922—931.

[5] 曹同，郭水良，高谦．应用排序分析藓类植物分类群分布与气候因素的关系 [J]. 应用生态学报，2000，11 (5)：680—686.

[6] 谢小伟，郭水良，黄华．浙江金华市地面苔藓植物分布与环境因子关系研究 [J]. 武汉植物研究，2003，21 (2)：129—136.

[7] 乔石英．长白山西麓哈尼泥炭沼泽初探 [J] . 地理科学，1993，13 (3)：279—287 .

[8] 孙强，卜兆君，王升忠，等．哈尼贫营养泥炭沼泽毛壁泥炭藓种群密度制约初探 [J] . 湿地科学，2005，3 (3)：116—120.

[9] Ter Braak C J F. *Canonical correspondence analysis: a new eigenvector technique for multivariate direct gradient analysis* [J] . Ecology, 1986 (67): 1 167—1 179.

[10] Ter Braak C J F, Smilauer P. 2002. *CANOCO Reference Manual and CanoDraw for Windows User's Guide: Software for Canonical Community Ordination (version* 4. 5) [M] . Ithaca NY, USA : Microcomputer Power, 500 pp.

[11] Green B H. *Factors influencing the spatial and temporal distribution of Sphagnum imbricatum Hornsch. Ex Russ. in the British Isles* [J] . The Journal of Ecology, 1968, 56 (1): 47—58.

[12] Hayward P M, Clymo R S. *The growth of Sphagnum: experiments on, and simulation of, some effects of light flux and water — table depth* [J] . Journal of Ecology, 1983 (71): 845—863.

[13] Clymo R S. *Ion exchange in Sphagnum and its relation to bog ecology* [J]. Annals of Botany (London), 1963 (27): 309—324.

[14] During H J, Tooren B V. *Bryophyte interactions with other plants* [J]. Botanical Journal of the Linnean Society, 1990 (104): 79—98.

[15] 陆健健，何文珊，童春富，等．湿地生态学 [M] . 北京：高等教育出版社，2006：110—128.

[16] Limpens J, Heijmans M, Berendse F. *The nitrogen cycle in boreal peatlands* [A].

In: Boreal Peatland Ecosystems [C]. Edited by Winder R K, Vitt D H, 195—230.

[17] Clymo R S, Hayward P M. 1982. The ecology of Sphagnum [A]. In Bryophyte Ecology [C]. Edited by Smith A J E. Chapman and Hall, London and New York, 229—289.

Studies on relationships of seven bryophyte species and environmental factors in Hani Peatland in Changbai Mountains

Chen Xu, Bu Zhaojun, Wang Shengzhong, Li Hongkai, Jiang Lihong

(Institute for Peat and Mire Research, Key Laboratory for Wetland Ecology and Vegetation Restoration of State Environmental Protection Administration, Northeast Normal University, Changchun 130024, Jilin, P. R. China)

Abstract: It was very important to study the relationship between bryophytes and their environments for understanding bryophytes patterns. To research the characteristics of 7 bryophyte species distribution in Hani Peatland. The study area was located in west side of Changbai Mountains. Ninety-three plots were sampled, and in each plot the coverage of bryophytes, together with 9 environmental factors including TN, TP, K^+, Ca^{2+} of peat was obtained. The original data were treated with sum normalization, and then the data were analyzed with the method of Canonical Correspondence Analysis (CCA). The species-environment and samples-environment two-dimensional ordination diagrams were drawn based on the result of CCA, and the relationships between the distribution of bryophytes and 9 environmental factors were clearly revealed on the two—dimensional ordination diagrams. Homologous bryophytes samples were mostly concentrated, few dispersed. Furthermore, depth to water table, pH value of water, the tree and shrub-produced coverage were key environmental factors influenced distribution of bryophytes in Hani Peatland. Besides these environmental variables, total P of peat was also one of the important factors according to the correlation coefficients of the environmental variables with the first two axes. The niche segregation were more obvious among *Sphagnum capilifolium*, *S. palustre* in tree coverage and pH gradients, *S. fallax* and *Aulacomnium palustre* in depth to water table and shrub coverage gradient; the niches in all environmental dimensions were similar among *S. fuscum*, *Polytrichum juniperinum*, *S. magellanicum*.

Key words: Hani Peatland; bryophyte plants; CCA (Canonical Correspondence Analysis); niche segregation

长白山区泥炭地有壳变形虫与环境关系RDA和CCA分析对比*

李鸿凯** 马云艳[①] 卜兆君[①] 王升忠[①] 赵红艳[①]
（① 东北师范大学泥炭沼泽研究所，长春 130024）

【摘要】 本文对采自长白山区的哈尼、金川、赤池和圆池四个泥炭地有壳变形虫样品分别采用线性RDA模型和单峰CCA模型进行直接梯度分析，研究有壳变形虫与主要环境变量的关系。通过对比两种模型的分析结果，我们发现在本研究中RDA模型优于CCA模型，但两种模型都一致表明水位深度、pH和泥炭湿度是影响本区泥炭地有壳变形虫的主要环境因子，它们可以作为有壳变形虫一环境因子转换函数的目标变量。同时，本研究证实DCA分析中梯度轴的梯度长度可以作为选择直接梯度分析的参考标准。

【关键词】 长白山　有壳变形虫　冗余分析　典范对应分析

有壳变形虫（testate amoebae）是一组陆生成壳单细胞原生动物，主要生活在淡水湖泊、土壤和湿地中。壳体大小20～250 μm。虫体死亡后，体外被覆的壳体能够在沉积物中长久保存，并可以根据壳体特征进行种类鉴定。由于种类多样、数量丰富常作为指示泥炭地水文状况的指标，因而其在泥炭古环境研究中被广泛应用[1～3]。在国外的研究中，往往首先采用一定的排序方法研究影响泥炭地有壳变形虫种类变化的主要环境因子，选择合适的环境因子作为目标变量构建有壳变形虫一环境因子转换函数，然后利用转换函数定量恢复泥炭地古水文、古环境状况[4～19]。

排序分析也称梯度分析，是生态学上研究生物与环境关系的有效途径[20,21]。我们总结国外已发表的文献发现，在研究有壳变形虫与环境变量关系时，直接梯度分析模型的选择上有的采用线性模型冗余分析（redundancy analysis，RDA）[14,16,17]，而有的采用单峰模型典范对应分析（canonical correspondence analysis，CCA）[4,5,8～13,19]，但这些文献均未对选择模型的原因作详细说明。本研究将分别采用RDA和CCA模型，研究长白山区泥炭地有壳变形虫与主要环境变量关系，对比两种模型的分析结果，探讨模型选择的依据以及对研究结果的影响，为以后类似的工作提供参考。

一、研究方法

1. 样品采集

2008年7～8月间，分别在长白山地区的哈尼、金川、赤池和圆池四个泥炭地取样。

---

* 国家自然科学基金项目（批准号：30700055）和东北师范大学科技创新平台项目（106111065202）资助。

** 第一作者简介：李鸿凯，男，31岁，讲师，主要从事湿地生态与全球环境变化研究。E-mail：lihk431@nenu.edu.cn。

根据水文梯度沿剖面线选择不同泥炭藓丘，每个藓丘选择丘顶、丘中和丘下等不同生境作为取样点，GPS 记录每个取样点的位置。取样时首先用剪刀将取样点表面修剪整齐，在表面做一个直径为 5 cm 的圆形标记，用刀沿标记边缘垂直向下切开至约 10 cm，从下部切断小心地取出表层的 10 cm 样品，修剪整齐，装入封口袋中标记为样品 A，待运回实验室烘干称重，计算泥炭湿度；在紧邻取 A 样的地方用同样的方法，再取样品 B，样品 B 取出后修剪整齐，去除顶部约 2～3 cm 泥炭藓绿色部分，留下 3～10 cm 部分装入封口袋，运回实验室冷冻保存，用于有壳变形虫的鉴定分析[2]。共采集样品 81 个。

取样同时现场测量水位深度，在取 A，B 样的位置向下挖一小洞，半小时后测量洞内水位距表面的深度即水位深度（depth to water table，DWT）。同时，取相邻表层泥炭藓，用力挤压释出其中水分，测量释出水的 pH 和电导率。测量采用 PD－501 型便携式多功能测量仪，pH 电极为 201T－F 型塑壳 pH 三复合电极，自动温度补偿；电导率电极为 DJS－1 铂黑电导电极。

2. 有壳变形虫样品处理与鉴定

有壳变形虫样品前处理按文献 2 推荐的方法进行：①取采集的样品 B 置于烧杯中，蒸馏水浸泡 4 h 以上，再煮沸约 5 min，并轻轻搅拌，使有壳变形虫壳体与附着基质充分脱离；②用蒸馏水冲洗样品，过 300 μm 孔径标准筛，去除粗粒杂质，筛下样品，过 20 μm 标准筛（625 目），去除细粒杂质，保留 20～ 300 μm 部分；③蒸馏水冲洗细筛上样品入试管中，在离心机上以 3 000 rpm 离心 5 min；④去除上部清液，封闭保存以备制作切片观察、鉴定[2]。

制作好的切片放在生物显微镜下放大 100 倍观察鉴定并计数，个别需放大至 400～1 000 倍。有壳变形虫种类鉴定依据文献 2，每个样品累计观察不少于 150 个壳体（max：248，min：150），部分样品由于壳体数过少（＜100），在最终数据分析中被删除，这样获得有效样品 75 个，合计观察有壳变形虫 33 种，壳体总数 12 984 个。

3. 数据处理

本研究利用 CANOCO 4.53（ter braak & Šmilauer，1997～2004）进行梯度分析，首先建立环境变量和有壳变形虫物种两个数据库。其中，环境变量包括取样点经度、纬度、海拔高度、电导率、pH、水位深度和泥炭湿度。除电导率进行自然对数转换($\ln(x+1)$)外，其余环境变量不作变化。物种数据用各有壳变形虫种类相对百分含量表示，数据导入程序后不作转换处理，对稀有种降权。

二、结果分析

首先选择全部 7 个变量作为解释变量进行初步的 RDA 和 CCA 分析，分析结果见表 1。在 RDA 分析中，7 个变量共解释了 31.8%的物种变化信息。第一排序轴捕捉到了 15.1%的物种变化信息和 47.5%的物种－环境关系信息，第二排序轴捕捉到了 9.1%的物种变化信息和 28.5%的物种－环境关系信息。前两个排序轴累计捕捉到 24.2%物种变化信息和 76.1%的物种－环境关系信息。对第一排序轴和所有排序轴的 Monte Carlo 检验（999 次置换）均达到 $p<0.001$。

表 1 RDA 和 CCA 排序结果对比

Tab. 1 Comparison of the results of RDA and CCA

排序方法		RDA		CCA	
排序轴		1	2	1	2
物征值		0.151	0.091	0.229	0.172
解释量	物种变化	15.1	9.1	11.0	8.2
	物种一环境关系	47.5	28.5	38.6	29.6

CCA 分析中，7 个变量共解释了 28.4%的物种变化信息。第一排序轴解释了 11.0%的物种变化信息和 38.6%的物种一环境关系信息，第二排序轴解释了 8.2%的物种变化信息和 29.0%的物种一关系信息。前两个排序轴共解释了 19.2%的物种变化信息和 67.6%的物种一环境关系。对第一排序轴和所有排序轴的 Monte Carlo 检验也都达到了 $p<0.001$。

偏 RDA 分析和偏 CCA 分析结果见表 2。所有偏分析均进行 Monte Carlo 显著性检验(999 次置换)。由表 2 可以看出，7 个环境变量的边际效应 RDA 模型均大于 CCA 模型。但 7 个环境变量的边际效应排序两种模型结果相似，都以水位深度最大，其次为 pH，不同的是偏 RDA 分析中，泥炭湿度的边际效应大于经度，而偏 CCA 分析中经度大于泥炭湿度。电导率的边际效应两种模型都是最小，7 个变量的 Monte Carlo 检验两种模型都达到 $p<0.001$。

为了说明水位深度、泥炭湿度和 pH 对有壳变形虫种类变化的影响，选择这三个变量作进一步偏 RDA 和偏 CCA 分析。结果在偏 RDA 分析中，水位深度、泥炭湿度和 pH 共解释了 17.2%的物种变化，水位深度和 pH 共解释了 15.1%的物种变化，水位深度和泥炭湿度解释了 11.8%的物种变化，泥炭湿度和 pH 共解释了 13.1%的物种变化。

偏 CCA 分析结果与偏 RDA 分析结果相似，但对物种变化的解释量略低。水位深度、泥炭湿度和 pH 共解释了 16.7%的物种变化，水位深度和 pH 共解释了 14.2%的物种变化，水位深度和泥炭湿度解释了 11.1%的物种变化，泥炭湿度和 pH 共解释了 12.5%的物种变化。

表 2 偏 RDA 和偏 CCA 分析结果结比

Tab. 2 Comparison of the results of partial RDA and partial CCA

环境变量	对物种变化解释量（%）	
	偏 RDA	偏 CCA
纬度	7	6.3
经度	8	7.1
海拔高度	6	4.7
电导率	4	3.2
pH	9	8.2
水位深度	10	9.2

续　表

泥炭湿度	8	6.4
水位深度＋pH＋泥炭湿度	17.2	16.7
水位深度＋pH	15.1	14.2
水位深度＋泥炭湿度	11.8	11.1
pH＋泥炭湿度	13.1	12.5

表 3 列出了两种模型中环境变量与主要排序轴的相关系数。RDA 分析中，第一轴主要与水位深度、泥炭湿度和 pH 相关，显著性都达到 $p<0.001$，电导率与第一轴的相关性也达到 $p<0.01$，说明第一轴主要与泥炭地水文变量相关。第二轴则主要与表示地理位置的参数相关，与纬度、经度和海拔高度的相关性都达到 $p<0.001$，pH 与第二轴的相关性也达到 $p<0.05$。

CCA 分析中，第二轴的环境意义与 RDA 相似，主要与地理位置相关。但第一轴与所有 7 个变量都相关，其中水位深度、泥炭湿度、pH 和纬度的显著性达到 $p<0.001$，经度和海拔高度达到 $p<0.01$，电导率最小，但也达到 $p<0.05$。

表 3　RDA 与 CCA 分析中环境变量与排序轴相关系数对比（$n=75$）

Tab. 3 Comparison of the correlation coefficient between 7 environmental variables and ordination axis1, axis2 in RDA and CCA ($n=75$)

	RDA		CCA	
环境变量	轴 1	轴 2	轴 1	轴 2
纬度	0.190 0	−0.507 9 (＊＊＊)	−0.440 4 (＊＊＊)	−0.390 1 (＊＊＊)
经度	−0.060 3	0.638 2 (＊＊＊)	0.368 9 (＊＊)	0.586 4 (＊＊＊)
海拔高度	−0.207 5	0.434 3 (＊＊＊)	0.314 9 (＊＊)	0.367 8 (＊＊)
电导率	−0.299 8 (＊＊)	−0.092 2	0.293 5 (＊)	−0.184 1
pH	0.504 6 (＊＊＊)	0.241 7 (＊)	−0.573 3 (＊＊＊)	0.538 6 (＊＊＊)
水位深度	−0.578 7 (＊＊＊)	0.142 9	0.782 0 (＊＊＊)	−0.154 3
泥炭湿度	0.512 9 (＊＊＊)	−0.088 9	−0.629 2 (＊＊＊)	0.118 1

＊ $p<0.05$，＊＊ $p<0.01$，＊＊＊ $p<0.001$

三、讨　　论

排序分析的目的是研究环境变量与物种分布的关系，环境变量对物种变化的解释量是评价排序结果的一个重要参考[22]。本研究中 7 个环境变量的边际效应 RDA 分析均大于 CCA 分析。作为主要环境变量，水位深度、泥炭湿度和 pH 的偏分析表明 RDA 模型中对物种变化的解释量也大于 CCA 模型。这说明对于本研究 RDA 模型优于 CCA 模型。

通过排序可以使排序轴反映一定的环境梯度，排序轴对物种变化及物种－环境关系的解释量是评价排序结果的另一重要参考，排序轴捕捉到的物种变化和物种－环境关系信息比例越大，排序结果越好[22]。本研究中，重要排序轴（第 1 轴和第 2 轴）捕捉到的物种变化和物种一环境关系信息，RDA 分析均大于 CCA 分析。另外，排序轴的解释量一般自第一轴逐渐递减，这种递减速度越快，表明重要排序轴捕捉到的物种变化和物种一环境关系越多，排序结果越理想。本研究中第 1 轴与第 2 轴特征值之比，RDA（0.151/0.091）＞CCA（0.229/0.172）。从这个角度来看，RDA 模型也优于 CCA 模型。

关于直接梯度分析模型的选择，Lepš & Šmilauer（2003）总结出这样一个参考原则。根据间接梯度分析除趋势对应分析（detrended correspondence analysis，DCA）得到的各排序轴物种变化梯度长度（Length of gradient），当梯度长度大于 4 时，直接梯度分析适合选用单峰模型，小于 3 时，适合选用线性模型，介于 3～4 之间，二者皆可，但对这个原则 Lepš & Šmilauer 也提醒不可盲从。因此我们对有壳变形虫物种数据作 DCA 分析，结果第一轴的梯度长度最大，为 2.619，小于 3，根据 Lepš & Šmilauer 的原则，本研究中 RDA 模型优于 CCA 模型是合理的。但由于两种模型均通过了 Monte Carlo 显著性检验（$p<0.05$），因此两种排序结果都可以接受。关于这一点有学者认为，CCA 非线性模型其实可以容纳线性模型，线性关系可以算是非线性模型的特例。所有用 RDA 可以做的，CCA 也可以做，只不过如果梯度比较短的话 RDA 要精确一点。但是，如果是非线性关系，用线性的 RDA 来分析，准确度就会大打折扣。因为本来点就不在同一条直线上，现在非得用直线去拟合，肯定不合适。因此在梯度长度小于 3 时也可以用 CCA，但是梯度长度大于 4，就不能用 RDA。现在文献中为了对比，人们常常会更多地选择 CCA（普兰塔一生态学与生物多样性论坛生物多统计学区，2007，http://www.planta.cn/forum/viewtopic.php?t=4105&postdays=0&postorder=asc&highlight=CCA&start=0）。

本研究的另一目的是根据排序分析的结果，确定影响长白山区泥炭地有壳变形虫种变组成变化的主要环境因子，为进一步构建有壳变形虫一环境因子转换函数选择目标变量。前文分析可以看出无论是 RDA 分析还是 CCA 分析都表明水位深度、pH 和泥炭湿度是影响本区泥炭地有壳变形虫的主要环境因子，它们可以作为目标变量进行转换函数的构建。从这个研究目的来看，两种模型在本研究中是等效的。

四、结　　论

（1）本研究中，从生态学研究角度看，RDA 模型的分析结果优于 CCA 模型，但两种模型的排序结果都可以接受。若以选择转换函数的目标变量为目的，RDA 和 CCA 是等效的。

（2）直接样度分析模型的选择是生物与环境关系研究中经常遇到的问题，在选择直接梯度模型前，首先进行间接梯度分析 DCA 是必要的，根据得到的排序轴梯度变化长度，可以为直接梯度分析模型选择提供有益的参考。

参 考 文 献

[1] Charman D J. *Biostratigraphic and palaeoenvironmental applications of testate amoebae*. Quaternary Science Reviews，2001，20：1 753—1 764.

[2] Charman D J，Hendon D，Woodland W A. *The idendification of testate amoebae（Protozoa：Rhizopoda）in peats*. QRA Technical Guide No.9，Quaternary Research Association，London，2000：1—143.

[3] Mitchell E A D, Charman D J, Warner B G. *Testate amoebae analysis in ecological and paleoecological studies of wetlands: past, present and future*. Biodiversity and Conservation, 2008, 17 (9): 2 115—2 137.

[4] Booth R K. *Ecology of testate amoebae (Protozoa) in two Lake Superior coastal wetlands: implications for paleoecology and environmental monitoring*. Wetlands, 2001, 21 (4): 564—576.

[5] Booth R K. *Testate amoebae as paleoindicators of surface-moisture changes on Michigan peatlands: Modern ecology and hydrological calibration*. Journal of Paleolimnology, 2002, 28 (3): 29—348.

[6] Booth R K. *Testate amoebae as proxies for mean annual water—table depth in Sphagnum-dominated peatlands of North America*. Journal of Quaternary Science, 2007, 23: 43—57.

[7] Booth R K. Sullivan M E, Sousa V A. *Ecology of testate amoebae in a North Carolina pocosin and their potential use as environmental and paleoenvironmental indicators*. Ecoscience, 2008, 15 (2): 277—289.

[8] Charman D J, Warner B G. *Relationship between testate amoebae (Protozoa: Rhizopoda) and microenvironmental parameters on a forested peatland in northeastern Ontario Canadian*. Journal of Zoology, 1992, 70: 2 474—2 482.

[9] Charman D J, Warner B G. *The ecology of testate amoebae (Protozoa: Rhizopoda) in oceanic peatlands in Newfoundland, Canada: modelling hydrological relationships for palaeoenvironmental reconstruction*. Ecoscience, 1997, 4: 555—562.

[10] Charman D J. *Modelling hydrological relationships of testate amoebae (Protozoa: Rhizopoda) on New Zealand peatlands*. Journal of The Royal Society of New Zealand, 1997, 27 (4): 465—483.

[11] Charman D J, Roe H M, Gehrels W R. *Modern distribution of saltmarsh testate amoebae: regional variability of zonation and response to environmental variables*. Journal of Quaternary Science, 2002, 17: 387—409.

[12] Charman D J, Blundell A. *ACCROTELM Members. A new European testate amoebae transfer function for palaeohydrological reconstruction on ombrotrophic peatlands*. Journal of Quaternary Science, 2007, 22 (3): 209—221.

[13] Lamentowicz L, Lamentowicz M, Gabka M. *Testate amoebae ecology and a local transfer function from a peatland in western Poland*. Wetlands, 2008 28 (1): 164—175.

[14] Lamentowicz M, Mitchell E A D. *The ecology of testate amoebae (protists) in Sphagnum in north-western Poland in relation to peatland ecology*. Microbial Ecology, 2005, 50 (1): 48—63.

[15] Mitchell E A D, Buttler A J, Warner B G, et al. *Ecology of testate amoebae (Protozoa: Rhizopoda) in Sphagnum peatlands in the Jura mountains, Switzerland and France*. Ecoscience, 1999, 6 (4): 565—576.

[16] Payne R J, Mitchell E A D. *Ecology of testate amoebae from mires in the central Rhodope Mountains, Greece and development of a transfer function for palaeohydrological reconstruction*. Protist, 2007, 158: 159—171.

[17] Payne R J, Kishab K, Blackford J J, et al. *Ecology of testate amoebae (Protista) in south-central Alaska peatlands: building transfer function models for palaeoenvironmental studies*. The Holocene, 2006, 16 (3): 403—414.

[18] Wilmshurst J M, Wiser S K, Charman D J. *Reconstructing Holocene water tables in New Zealand using testate amoebae: differential preservation of tests and implications for the use of transfer functions*. The Holocene, 2003, 13 (1): 61—72.

[19] Woodland W A, Charman D J, Sims P C. *Quantitative estimates of water tables and soil moisture in Holocene peatlands from testate amoebae*. The Holocene, 1998, 8 (3): 261—273.

[20] Lep J, Šmilauer P. *Multivariate analysis of ecological data using CANOCO*. Cambridge: Cambridge University Press, 2003: 269.

[21] 张金屯. 数量生态学. 北京: 科学出版社, 2004: 120—177.

[22] 许皓捷, 李培芬. 群聚变异梯度长度对排序结果的影响. 台湾林业科学, 2003, 18 (3): 201—220.

Comparison study on RDA and CCA in exploring the relationships between testate amoebae and environmental variables in peatlands in Changbai Mountains

Li Hongkai①, Ma Yunyan①, Bu Zhaojun①, Wang Shengzhong①, Zhao Hongyan①

(①Institute for Peat and Mire, Northeast Normal University, Changchun 130024)

Abstract: In this paper, 75 testate amoebae samples were collected in four peatlands in Changbai Mountains. A linear ordination model RDA and an unimodal one CCA were used to explore the relationships between the testate amoebae assemblage and 7 environmental variables. The comparison shows that RDA outperforms the CCA in this study because the relatively low length of gradient in DCA analysis. However, both RDA and CCA show consistently that 3 environmental variables, depth to water table (DWT), pH and moisture of peat, are the principal factors which influence the variation of testate amoebae assemblage, and all of them can be used as target variables in developing testate amoebae— environmental variable transfer function. Additionally, this study also proves that DCA analysis is helpful in selecting the direct gradient analysis model.

Key words: Changbai Mountains; testate amoebae; RDA; CCA

小匣三角嘴虫（*Trigonopyxis arcula*）壳体在哈尼泥炭地的发现及环境意义

李鸿凯　陈　旭　王升忠　卜兆君
（东北师范大学国家环境保护湿地生态与植被恢复重点实验室
吉林 长春 130024）

【摘要】泥炭沼泽中的有壳变形虫（testate amoebae）组合主要受水文变化的影响，由于环境指示意义明确，因而常在泥炭古环境研究中作为古水文状况的代用指标。本文介绍了一种发现于哈尼泥炭地表层样品的有壳变形虫小匣三角嘴虫（*Trigonopyxis arcula*）壳体。更为重要的是，它所指示的环境意义与世界其他地区的研究结果一致。这表明利用有壳变形虫进行本区泥炭地古环境重建具有巨大潜力。

【关键词】小匣三角嘴虫　有壳变形虫　哈尼泥炭地　古环境重建

古环境是当前地球科学研究的热点。由于各种环境代用指标的局限性，任何单个指标都无法完整地揭示气候环境变化的全貌，多指标综合以及探索新的代用指标已成为必然。在新指标的探索中，生物指标是重要的内容之一。当前摇蚊[1,2]、硅藻[3,4]以及植物硅酸体[5~7]等作为生物指标引起了许多学者的兴趣。近年来有壳变形虫（testate amoebae）在国外的泥炭古环境研究中受到越来越多的重视。它和有孔虫一样，都是一类体外被有壳体的原生动物，生物活体死亡后，这些壳体可以在泥炭沉积中保存，根据壳体的形态、大小、组成物质以及伪足孔的数量、形态、位置等特点可以鉴定有壳变形虫的种类[8,9]。在泥炭地，特别是以降水补给为主的贫营养型泥炭地，有壳变形虫种类组合主要受水位深度（depth to watertable）和泥炭湿度（moisture,%）的影响[8~14]。在国外泥炭古环境研究中，有壳变形虫已经和植物大化石、腐殖化度一起成为指示泥炭地湿润程度的三个主要指标[15~21]，而国内这方面的研究几乎为空白。因此，笔者首先进行了尝试性的工作。

1. 研究区自然概况

哈尼泥炭地位于吉林省东部通化市柳河县境内，哈尼河源头地区，海拔 900 m，为河流堰塞成湖后逐渐发育成为泥炭沼泽。据勘测，该泥炭地泥炭最大沉积厚度为 9.6 m，平均厚度 4.6 m[22]，为东北地区泥炭沉积厚度最大的泥炭地，是古环境研究的理想地点。随着泥炭沼泽的发育，该泥炭地已经逐渐向贫营养阶段过渡并出现了大量的泥炭藓丘。

2. 样品采集与处理

2007 年 6 月我们在研究区随机取表层 5 cm 泥炭藓样品，带回实验室，按 Charman (2000) 推荐的方法进行前处理[8]：①将样品用蒸馏水浸泡 3～4 h，再煮沸约 10 min，使有壳变形虫壳体与附着基质脱离；②用蒸馏水冲洗样品过 300 μm 孔径筛，去除粗粒杂质，筛下样品过 15 μm 孔径筛，再去除细粒杂质，保留下 15～300 μm 部分；③冲洗样品入试管中，在离心机上以 3 000 rpm 离心 5 min；④去除上部清液，封闭保存以备制作切片观察、鉴定。切片观察在生物显微镜下放大 400～1 000 倍进行。并根据文献[8]的标准进行鉴定和分类。为了使不同观察者能够掌握相对统一的鉴定标准，以便获得可相互对比的数据，将已发表的文献中有关泥炭地有壳变形虫的鉴定标准进行了整理和总结，只有在光学显微镜下显著清晰而且可靠的鉴定特征才被采用。同时，对一些在镜下壳体形态特征相似、生态指示意义相近的有壳变形虫种类进行了合并，并将其命名为“type”。例如本研究发现的小匣三角嘴虫（*Trigonopyxis arcula*）与 *Trigonoyxis minuta*，*Trigonopyxis arcula* var. *major* 一起合并为 *Trigonopyxis arcula* type。

3. 小匣三角嘴虫 *T. arcula* 壳体形态特征

本研究中记录到的 *T. arcula* 壳体直径 115～133 μm，浅黄褐色，腹面观呈圆形，侧面观为半圆形。伪足孔位于壳中央，直径 20～30 μm，呈典型三角形，微凹陷，孔口围绕有由有机胶结物组成的领（图 1）。

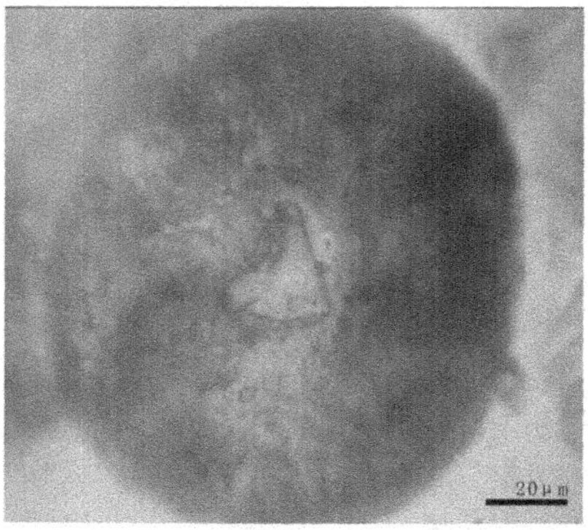

图 1　哈尼泥炭地发现的小匣三角嘴虫（×1 000 倍）

Fig. 1　Picture of *Trigonopyxis arcula*（×1 000）

4. 讨　论

有壳变形虫在泥炭地的数量非常丰富，密度可达 1.6×10^{7} 个/m^{2}[23]，是泥炭地微型生物的主要组成部分，占其总生物量的 30%[24]。水是泥炭地形成、发展的关键因素。它影响和控制着泥炭地的物理、生物、化学等过程。因此古水文（paleohydrology）是泥炭地古环境重建的重要内容[25～30]。由于各种类水文偏好的差异，有壳变形虫组合会随着水文条件变化发生相应的调整。因此，它们常被用来指示泥炭地的水文状况，特别是水位深度和泥炭湿度等参数。有壳变形虫作为泥炭地古环境代用指标具有自己独特的优势。

（1）环境意义明确。欧洲和北美以前的工作主要集中于以降水补给为主的雨养型泥炭沼泽（ombrotrophic bog），其结果都一致地表明水位深度和泥炭湿度是有壳变形虫种类组合的决定因素[10～13]。Payne 和 Mitchell 在希腊东北部 Rhodope 山区的几个矿养型泥炭沼泽（minerotrophic fen）研究也得到相似的结论[14]。这表明无论雨养型还是矿养型泥炭沼泽，水文都是影响有壳变形虫组合最主要的因素。

（2）作为环境代用指标，它可以真实地反映原始的物种组合特征。有些生物指标如孢粉、植物大化石等由于来源或分解速率的差异，在泥炭腐殖化过程中，各组分的相对丰度会发生变化，从而造成记录的环境信息失真。有壳变形虫壳体都是原地堆积，来源稳定且耐分解，泥炭腐殖化过程中，各组分的相对数量保持稳定，因此它们的组合能够真实地反映各物种间原始的相对丰度，忠实地记录活体死亡时的环境信息[11]。

（3）有壳变形虫的繁殖速度非常快，对短时间环境变化非常敏感。根据野外观察，有壳变形虫的繁殖速度大约为10～27代/年。如此快速的繁殖速度使有壳变形虫有可能记录更多的短时间尺度气候环境变化的细节[9]。

小匣三角嘴虫（*T. arcula*）是泥炭地常见的种类，被视为泥炭地干燥环境下的典型代表。图2列举了欧洲和北美几个地点的研究结果，这些研究都采用加权平均模型（weighted average）估计了适合各种类有壳变形虫生活的水位深度最优值，尽管各研究之间存在一定的差异，但有一点是一致的，即小匣三角嘴虫（*T. arcula*）适宜生活在水位深度较深的环境里，水位梯度上它常常位于干燥端[10]（图2中灰色标志部分）。

本研究在哈尼泥炭地发现的小匣三角嘴虫（*T. arcula*）壳体附着在尖叶泥炭藓（*Sphagnum nemoreum*）上。取样点位于尖叶泥炭藓（*S. nemoreum*）丘顶，取样位置距地下水位45 cm，这里也正是水位梯度的干燥端。这表明在本区小匣三角嘴虫具有与世界其他地方的一致生态特性。这种一致性一定程度上说明在本区利用有壳变形虫恢复和重建泥炭地古环境变化不仅是可能的而且是可行的。

泥炭沼泽广泛分布是东北地区自然地理特点之一，泥炭沉积也一直是本区古气候环境重建的主要信息来源。尽管由于前处理操作、样品量相对较少等原因，本次试验研究仅记录到一粒小匣三角嘴虫壳体，但它表现出的环境指示意义与世界其他地区的一致性仍然给我们很大的信心，让我们有理由相信通过进一步系统的工作能够利用有壳变形虫作为环境代用指标，从泥炭沉积中提取更多有意义的气候环境变化信息，丰富古环境研究内容，使我们更完整、清晰地认识本区过去千百年来气候环境变化的历史。

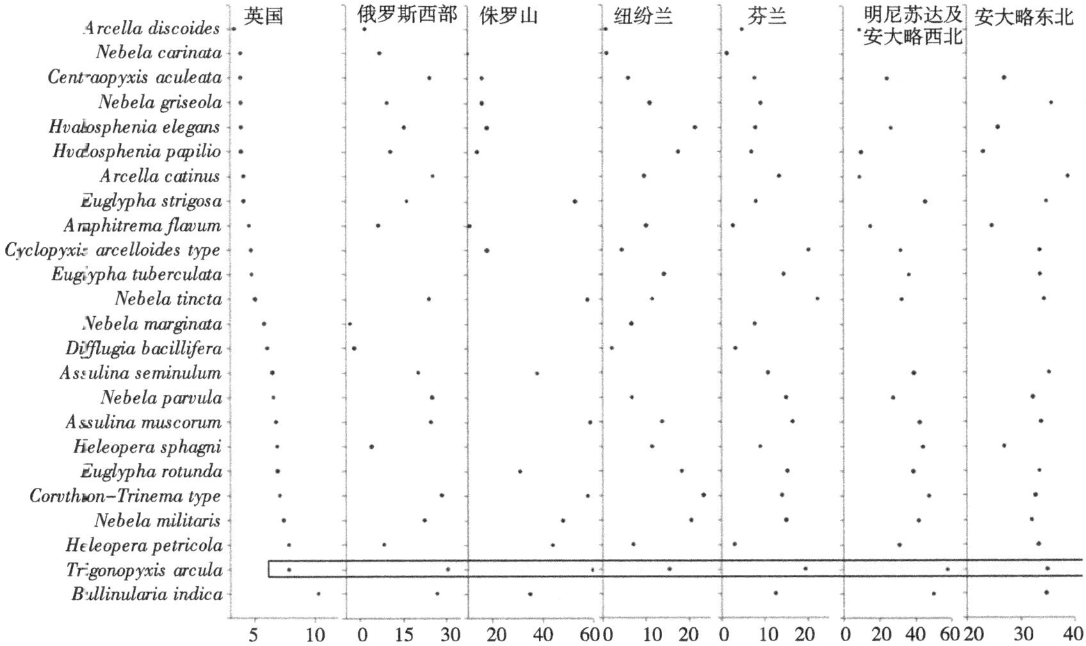

图2　各研究对不同种类有壳变形虫最适水位深度的估计（数据来自文献[8]）

Fig. 2 The estimates of water tables optima for some testate amoebae taxa recorded in studies of petalands worldwide (data from the reference[8])

参 考 文 献

[1] 张恩楼，Alan Bedford，Richard Jones，沈吉，等．长江中下游地区典型湖泊摇蚊亚化石湖水总磷定量模型研究．科学通报，2006，51 (6)：1 318—1 325.

[2] 陈建徽，陈发虎，赵艳，等．古温度定量重建的良好代用指标：湖泊沉积摇蚊化石记录研究进展 [J]．地球科学进展，2004，19 (05)：782—788.

[3] 羊向东，王苏民，沈吉，等．藏南沉错钻孔硅藻组合与湖水古盐度定量恢复 [J]．中国科学 D 辑，2003，33 (02)：163—169.

[4] 董旭辉，羊向东，王荣，等．长江中下游地区湖泊硅藻—总磷转换函数 [J]．湖泊科学，2006，18 (01)：1—12.

[5] 吴乃琴，吕厚远，孙湘君，等．植物硅酸体—气候因子转换函数及其在渭南晚冰期以来古环境研究中的应用 [J]．第四纪研究，1994，(03)：270—279.

[6] 吕厚远，刘东生，吴乃琴，等．末次间冰期以来黄土高原南部植被演替的植物硅酸体记录 [J]．第四纪研究，1999，(04)：236—249.

[7] 张新荣，胡克，介冬梅，等．泥炭沉积中植硅体对环境指示的意义：以吉林敦化泥炭剖面为例 [J]．吉林大学学报：地球科学版，2005，35 (06)：694—698.

[8] Charman D J，Hendon D，Woodland W A. 2000. *The idendification of testate amoebae (Protozoa：Rhizopoda) in peats. QRA Technical Guide No.* 9 [M]．Quaternary Research Association，London.

[9] Charman D J. *Biostratigraphic and palaeoenvironmental applications of testate amoebae* [J]．Quaternary Science Reviews，2000，20：1 753—1 764.

[10] Charman D J. *Modelling hydrological relationships of testate amoebae (Protozoa：Rhizopoda) on New Zealand peatlands* [J]．Journal of The Royal Society of New Zealand，1997，27 (4)：465—483.

[11] Woodland W A，Charman D J，Sims P C. *Quantitative estimates of water tables and soil moisture in Holocene peatlands from testate amoebae* [J]．The Holocene，1998，8 (3)：261—273.

[12] Payne R J，Kishaba K，Blackford J J，et al. *Ecology of testate amoebae (Protista) in south central Alaska peatlands：building transfer function models for palaeoenvironmental studies* [J]．The Holocene，2006，16 (3)：403—414.

[13] Charman D J，Blundell A，ACCROTELM members. *A new European testate amoebae transfer function for palaeohydrological reconstruction on ombrotrophic peatlands* [J]．Journal of Quaternary Science，2007，22 (3)：209—221.

[14] Payne R J，Mitchell E A D. *Ecology of testate amoebae from mires in the* central Rhodope Mountains，Greece and development of a transfer function for *palaeohydrological reconstruction* [J]．Protist，2007：158，159—171.

[15] Blackford J J. *Palaeoclimatic records from peat bogs* [J]．Trends in Ecology & Evolution，2000，15 (5)：193—198.

[16] Chambers F M，Charman D J. *Holocene environmental change：contributions*

from the peatland archive [J] . The Holocene, 2004, 14 (1): 1—6.

[17] Mitchell E A D, van der Knaap W O, van Leeuwen J F N, et al. *The palaeo-ecological history of the Praz-Rodet bog (Swiss Jura) based on pollen, plant macrofossils and testate amoebae (Protozoa)* [J] . The Holocene, 2001, 11 (1): 65—80.

[18] Booth R K, Jackson S T. A high-resolution record of late-Holocene moisture variability from a Michigan raised bog, USA [J] . The Holocene, 2003, 13 (6): 863—876.

[19] Langdona P G, Barber K E, Hughes P D M. *A 7500-year peat-based palaeoclimatic reconstruction and evidence for an 1100-year cyclicity in bog surface wetness from Temple Hill Moss, Pentland Hills, Southeast Scotland* [J] . Quaternary Science Reviews, 2003, 22: 259—274.

[20] Blundella A, Barber K E. *A 2800-year palaeoclimatic record from Tore Hill Moss, Strathspey, Scotland: the need for a multi proxy approach to peat — based climate Reconstructions* [J] . Quaternary Science Reviews, 2005, 24: 1 261—1 277.

[21] Hughes P D M, Blundellb A, Charman D J, et al. *An 8500 cal. year multi-proxy climate record from a bog in eastern Newfoundland: contributions of meltwater discharge and solar forcing* [J] . Quaternary Science Reviews, 2006, 25: 1 208—1 227.

[22] 乔石英．长白山西麓哈尼泥炭沼泽初探 [J] ．地理科学，1993，13 (3): 279—287.

[23] Heal O W. *Observations on the seasonal and spatial distribution of Testacea (Protozoa: Rhizopoda) in Sphagnum* [J] . The Journal of Animal Ecology, 1964, 33 (3): 395—412.

[24]Mitchell E A D, Gibert D, Butter A, et al. *Structure of microbial communities in Sphagnum peatlands and effect of atmospheric carbon dioxide enrichment* [J]. Microbial Eclolgy, 2003, 16: 187—199.

[25] Hendon D, Charman D J, Kent M. *Palaeohydrological records derived from testate amoebae analysis from peatlands in northern England: within site variability, between - site comparability and palaeoclimatic implications* [J] . The Holocene, 2001, 11 (2): 127—148.

[26] Charman D J, Caseldine C, Baker A, et al. *Paleohydrological records from peat profiles and speleothems in Sutherland, Northwest Scotland* [J] . Quaternary Research, 2001, 55: 223—234.

[27] Booth R K. *Testate amoebae as paleo-indicators of surface-moisture changes on Michigan peatlands: modern ecology and hydrological calibration* [J] . Journal of Paleo-limnolgy, 2002, 28: 329—348.

[28] Wilmshurst J M, Wiser S K, Charman D J. *Reconstructing Holocene water tables in New Zealand using testate amoebae: differential preservation of tests and implications for the use of transfer functions* [J] . The Holocene, 2003, 13 (1):

61—72.

[29] Booth R K, Jackson S T, Gray C E D. *Paleoecology and high-resolution paleohydrology of a kettle peatlands in upper Michigan* [J] . Quaternary Research, 2004, 61: 1—13.

[30] Schoning K, Charman D J, Wasteg rd S. *Reconstructed water tables from two ombrotrophic mires in eastern central Sweden compared with instrumental meteorological data* [J] . The Holocene, 2005, 15 (1): 111—118.

Discovery of the Test of *Trigonopyxis arcula* in Hani Mire and Its Implication in Paleoenvironmental Reconstruction

Li Hongkai, Chen Xu, Wang Shengzhong, Bu Zhaojun

(Key Laboratory for Wetland Ecology and Vegetaion Restoration of National Environmental Protection, Northeast Normal University, Changchun, Jilin 130024, China)

Abstract: Testate amoebae are a group of protists living in peatlands, wet soil and freshwater lake. They are covered with tests (shells) . This decay-resistant shell can be preserved for millennia and allows species—level identification long after death. Currently testate amoebae are very useful environmental indicators in ecological and palaeoecological studies from peatlands. Their advantages are as follows: ① They have the clearly environmental significance. The assemblage of testate amoebae in peatlands is mainly controlled by hydrological variation not only in ombrotrophic bogs but also minerotrophic fens. Their defined ecological niches make it easy to interpret the result of paleoenvironmental reconstruction. ② Because of their endurable tests the relative abundance of testate amoebae can keep steady during the process of fossilization. This allows direct comparison between modern and fossil communities. ③ The reproduction of testate amoebae is a relatively fast process and this should make them temporally sensitive indicators of paleoenvironmental changes. Because of these advantages testate amoebae draw more and more attention of scientists in paleoenvironmental studies. *Trigonopyxis arcula* is one of common taxa in peatlands. It is often found on the top of hummock where the depth to water is low. Therefore *Trigonopyxis arcula* is regarded as a typical indicator of drier condition along the hydrological gradient in peatlands. Hani mire (42°13′7″N, 126°30′7″E) has the deepest peat deposition (9.6m) in NE China and is an ideal site for paleoenvironmental reconstruction. Much work has been done based on the peat sampled from here.

We present a test of *Trigonopyxis arcula* discovered in Hani mire in this paper. The sample was collected in June, 2007. The preparation method is water-based sieving techniques following Charman. The test found here is 115 — 133μm in diameter, pale yellowish brown, circular in dorsal view, hemispherical in lateral view. The shell is composed of mineral particles bounded by organic cement. The aperture is central, typical trianglar, 20 — 30 μm in diameter, invaginated and surrounded by a collar of organic cement. This test is also discovered on the top of a hummock of *Sphagnum nemoreum* where the depth to watertable is about 45cm, which means a dry condition.

This is the first report of discovering the testate amoebae in sphagnum bog in China. More significantly, this consistent agreeing with other studies of peatlands worldwide indicates a great potentiality of testate amoebae used as a proxy for paleohydrology in peat-based paleoenvironmental reconstruction in China. Peatlands are widely distributed in Northeast China and peat deposits are always the important archives of regional environmental changes. We believe that in the future testate amoebae will be a significant proxy in paleoenvironmenta studied in NE China.

Key words: *Trigonopyxis arcula*; testate amoebae; Hani Mire; Paleoenvironmental reconstruction

图们江流域水环境质量变化规律研究

王 微 王 宁* 袁 星
（东北师范大学城市与环境科学学院）

【摘要】 本文根据图们江流域干流和支流监测断面的常年水质监测数据，采用均值型综合污染指数法等方法对其水环境质量进行了评价；同时对不同年份图们江流域水质变化的规律和影响因素进行了分析。结果表明：1983～2007 年间，图们江干流及支流嘎呀河水质总体呈恶化趋势；2005～2007 年间，布尔哈通河及海兰河污染水平控制较好，水质保持原有水平。总体来说，图们江地区地表水污染比较严重，主要污染物为 COD_{Mn}、石油类、挥发酚、BOD_5 和氨氮等。而日益频繁的人类活动是影响图们江水质的主要原因。

【关键词】 图们江　水质　变化规律　影响因素

一、图们江流域概况

1. 图们江流域水系分布及其特点

图们江是中、朝、俄三国界河，也是贯穿图们江地区的最大河流[1]。它发源于长白山东麓，流向东北至密江折向东南，其干流流经和龙、龙井、图们、珲春四市，经珲春市防川以下土字界碑出境，出境后为朝、俄界河，经 15 km 注入日本海。图们江全长 510 km，干流全长 505.4 km，流域面积 33 168.4 km^2，我国境内河长 495 km，流域面积 22 632 km^2（占吉林省总面积的 11.9%）[2]。河道总落差为 1 200 m，平均坡降为 0.64%[3]。

图们江主要支流有嘎呀河、布尔哈通河、海兰河以及珲春河，其中一级支流为嘎呀河、珲春河，二级支流为布尔哈通河，海兰河为布尔哈通河的支流。图们江水量丰沛，每年 4 月左右为春汛，7～8 月为夏汛（丰水期），12 月至次年 3 月为枯水期。受气候的影响，降水多在夏季，夏季常有较大的洪峰而春汛不大。各条河流均有较长的封冻期。因此，各条河流的径流量年内变化较大，丰、枯水期相差悬殊，圈河水文站历史最大洪水量为 11 300 m^3/s，最小流量仅为 6.69 m^3/s[1,3]。

* 通讯作者：王宁，E-mail：nwang@nenu.edu.cn。

2. 研究的河段及监测断面分布

根据图们江主干两岸工业分布情况及干、支流水文状况，共布设 15 个监测断面，其具体位置如图 1 所示。

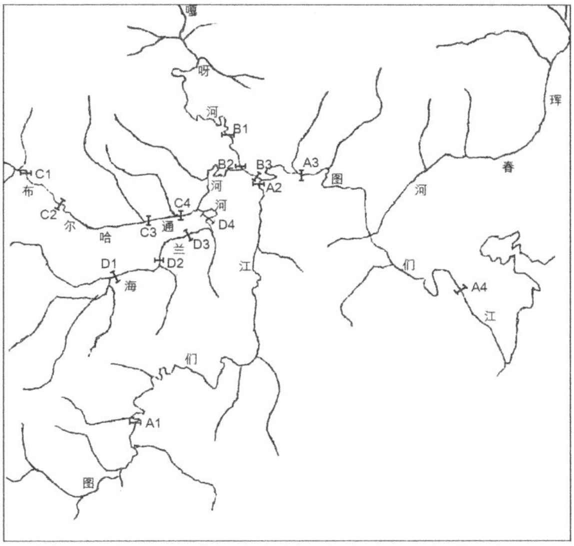

图 1 图们江干支流水质监测断面示意图

图们江干流，监测断面为：南坪（A1）、图们（A2）、河东（A3）和圈河（A4）；

嘎呀河，监测断面为：三道沟（B1）、下嘎桥（B2）和八叶桥（B3）；

布尔哈通河，监测断面为：安图下（C1）、榆树川（C2）、延吉（C3）和溪洞（C4）；

海兰河，监测断面为：关门（D1）、碧岩（D2）、东盛桥（D3）和河龙（D4）。

3. 水质监测与评价方法

（1）评价标准

根据图们江水体功能，确定其水质采用《地表水环境质量标准》（GB3838－2002）中的Ⅲ类水体标准[4]进行评价。

（2）评价参数

在布设的 15 个断面中，不同时期多位环保工作者对高锰酸盐指数、非离子氨等 14 个项目进行了监测和数据分析、评价，因不同年度的资料和监测项目有所缺失，考虑资料的可比性，本文选取 6 个监测项目进行评价，分别为：高锰酸盐指数（COD_{Mn}）、五日生化需氧量（BOD_5）、氨氮挥发酚（AR-OH）、六价铬（Cr^{6+}）和石油类。

（3）评价方法

采用单因子评价法、均值型综合污染指数法和等标污染负荷法[5]。

① 单因子评价法

计算出各环境指标的分指数 I_i。

$$I_i=\frac{C_{ci}}{C_{oi}}$$

式中：C_{ci} 为某项指标的实测值，mg/L；

C_{oi}为某项指标的标准值（采用地面水Ⅲ类标准），mg/L。

② 均值型综合污染指数法

将分指数进行简单的算术平均得到均值型综合污染指数 M_i，即：

$$M_i = \frac{1}{n}\sum_{i=1}^{n} I_i$$

式中 n 为评价指标总数。

所得的 M_i 值按下表所列分类标准[5]进行评价。

表 1 地表水质分级标准

水质类别	Ⅰ清洁	Ⅱ尚清洁	Ⅲ轻污染
M_i 值	<0.20	0.2～0.4	0.4～0.7
水质类别	Ⅳ中污染	Ⅴ重污染	劣Ⅴ严重污染
M_i 值	0.7～1.0	1.0～2.0	>2.0

③ 等标污染负荷法

a. 某污染物的等标污染负荷计算公式为：

$$P_i = \frac{Q_i}{C_i} \times 10^9$$

式中：P_i 为某污染物的等标污染负荷（L/天或年）；

Q_i 为含某污染物的废水排放量（t/天或年）；

C_i 为某污染物的排放标准（mg/L）；

10^9 为换算系数。

b. n 个污染物的等标污染负荷之和即为某流域的等标污染负荷（P）：

$$P = \sum_{i=1}^{n} P_i$$

c. 污染负荷比：

$$K = \sum_{P}^{P_i} \times 100\ \%$$

根据 K 值的大小即可确定主要污染物和主要污染源。

二、水环境质量现状评价

1. 水环境质量现状评价

利用上述方法，根据图们江水系 15 个断面 2007 年的水质监测数据，对其进行综合评价，结果如表 2，表 3 所示（数据来源于吉林省环境保护监测中心站，评价代表值采用各年水质数据的年平均值）。

表 2　2007 年图们江流域采样断面各污染物的分指数

河流	断面	COD_{Mn}	BOD_5	氨氮	挥发酚	Cr^{6+}	石油类	M_i 值	水质
图们江干流	南坪	1.07	0.36	0.16	0.18	0.02	1.16	0.49	Ⅲ
	图们	7.94	5.84	1.29	2.74	0.02	2.92	3.46	＞Ⅴ
	河东	3.31	2.56	0.62	7.78	0.02	2.60	2.81	＞Ⅴ
	圈河	2.97	2.13	0.52	0.98	0.02	2.08	1.42	Ⅴ
嘎呀河	三道沟	0.71	0.17	0.34	0.20	0.04	0.20	0.28	Ⅱ
	下嘎桥	0.84	0.65	1.09	0.54	0.32	1.70	0.86	Ⅳ
	八叶桥	1.60	0.70	0.81	1.32	0.64	3.98	1.5	Ⅴ
布尔哈通河	安纺	0.67	0.35	0.94	0.30	0.08	0.92	0.54	Ⅲ
	榆树川	0.63	0.36	0.59	0.02	0.02	0.02	0.27	Ⅱ
	延吉	0.68	0.42	0.51	0.02	0.02	0.32	0.33	Ⅱ
	溪洞	1.10	0.78	2.22	1.78	0.02	2.34	1.37	Ⅴ
海兰河	关门	0.72	0.57	0.36	0.14	0.02	0.02	0.31	Ⅱ
	碧岩	0.90	0.42	0.26	0.25	0.02	0.66	0.42	Ⅲ
	东盛桥	0.68	0.34	0.64	0.34	0.02	0.56	0.43	Ⅲ
	河龙	0.68	0.43	0.96	0.24	0.02	0.60	0.49	Ⅲ

表 3　2007 年图们江地区水质现状等标污染负荷比评价结果（%）

河流	断面	COD_{Mn}	BOD_5	氨氮	AR-OH	Cr^{6+}	石油类	合计	排序
图们江干流	南坪	36.23	12.14	5.43	6.11	0.68	39.40	3.28	8
	图们	38.26	28.14	6.22	13.21	0.10	14.08	23.08	1
	河东	19.58	15.15	3.67	46.08	0.12	15.40	18.78	2
	圈河	32.70	25.04	6.11	11.51	0.23	24.42	9.48	4
嘎呀河	三道沟	42.95	10.09	20.47	12.04	2.41	12.04	1.85	14
	下嘎桥	16.32	12.62	21.21	10.51	6.23	33.08	5.72	6
	八叶桥	17.64	7.71	8.96	14.60	7.08	44.01	10.06	3
布尔哈通河	安纺	20.65	10.66	28.83	9.20	2.45	28.21	3.63	7
	榆树川	38.48	22.03	35.85	1.22	1.22	1.22	1.83	15
	延吉	34.51	21.24	25.94	1.02	1.02	16.28	2.19	12
	溪洞	13.30	9.42	26.97	21.63	0.24	28.43	9.16	5

续 表

河流	断面	COD_{Mn}	BOD_5	氨氮	AR-OH	Cr^{6+}	石油类	合计	排序
海兰河	关门	39.4	31.18	19.61	7.63	1.09	1.09	2.04	13
	碧岩	35.88	16.68	10.33	10.09	0.79	26.22	2.80	11
	东盛桥	26.50	12.99	24.82	13.19	0.78	21.72	2.87	10
	河龙	23.10	14.63	32.85	8.21	0.68	20.53	3.25	9
总计		27.06	17.89	12.58	18.73	1.45	22.34	100.0	—
污染指标排序		1	4	5	3	6	2	—	—

2. 评价结果分析

由表 2、表 3 可知，图们江流域水质污染大多较为严重，只有海兰河水质相对较好，可达Ⅲ类水体标准。多数河流上游与下游水质相对优于中游。所评价的 15 个断面中水质最差的是图们和河东断面，最好的是三道沟，榆树川，延吉和关门断面，干流水质较支流水质差。主要污染物依次是 COD_{Mn}、石油类、挥发酚、BOD_5 和氨氮，污染负荷比分别为 27.06%，22.34%，18.73%，17.89%，12.58%。

(1) 图们江干流

图们江干流水质污染严重，布设的 4 个监测断面中，自上而下，仅南坪监测断面为Ⅲ类水质，图们和河东监测断面均为劣Ⅴ类水质，圈河监测断面为Ⅴ类水质。

图们江干流水体中最主要的污染物是有机污染物，主要是受到流域内生活污水及工厂排放的造纸和制浆废水等的影响，水体中含有大量的有机物，从而使水体的 COD_{Mn}、BOD_5 值均偏高。其中图们监测断面污染最为严重，其 COD_{Mn} 的超标倍数为 6.94 倍，BOD_5 超标倍数为 4.84 倍。这主要是受图们市排放的生活污水与工业污水的影响，该断面上游开山屯化纤厂排放的废水对其也有一定的影响。其次是河东监测断面，其 COD_{Mn} 超标倍数为 2.21 倍，BOD_5 超标倍数为 1.56 倍。这正是受到了上游开山屯化学纤维制浆厂所排放废水的影响。

图们江干流水体中其次的污染物是石油类，来源于图们市工业污水的排放，各断面水体中石油类的含量均超标，其中尤其以图们监测断面含量最高，超标倍数为 1.92 倍；河东和圈河断面超标倍数分别为 1.60 和 1.08 倍。

各断面水体中挥发酚的含量河东最高，图们次之，这主要是因为上游流域中有阿吾地化工厂，该厂所排放的废水含酚量超出地面水标准至少 23 倍，使下游断面的水体含酚量严重超标；而图们断面是受到上游的开山屯化学纤维浆厂的含酚废水影响。

(2) 嘎呀河

嘎呀河的三个监测断面中八叶桥的污染最为严重，为Ⅴ类水质。而各断面最主要的污染物均为石油类，其次为有机污染物和挥发酚。而这三种污染物正是石岘造纸厂所排放废水中的主要污染物。由此可见，石岘造纸厂是嘎呀河主要的污染源。

(3) 布尔哈通河

布尔哈通河的四个监测断面中，安图下为Ⅲ类水质；榆树川、延吉为Ⅱ类水质；溪洞断面污染严重，为Ⅴ类水质。即上游与下游水质较中游差。这主要是因为上游安图断面位于安图化工厂下游，受其影响较大；而溪洞断面位于延吉市下游，受其排放的工业废水及生活污水影响，水质污染严重。

（4）海兰河

海兰河四个监测断面的水质均较好，各单因子项目指标均未超标。其中关门断面为Ⅱ类水质，其他断面均为Ⅲ类水质。水域功能达标。这与水系内污染源较少，污染低是分不开的。

三、不同年份图们江流域水质变化规律分析

1. 不同年份图们江流域水质评价

根据均值型综合污染指数法，对2005～2007年图们江干流及其支流的15个断面的水质监测数据年均值（数据来源于吉林省环境保护监测中心站）加以评价，与八九十年代的评价结果[3,6]进行对比，得出的结论如表4，表5所示（由于资料的限制，布尔哈通河及海兰河八九十年代未评价）。

表4 图们江水环境质量评价结果

断面名称 水质类型	图们江干流				嘎呀河		
	南坪	图们	河东	圈河	三道沟	下嘎桥	八叶桥
80年代	Ⅴ	Ⅴ	Ⅴ	Ⅳ	Ⅰ	Ⅴ	Ⅴ
90年代	Ⅴ	Ⅴ	Ⅴ	Ⅳ	Ⅳ	Ⅴ	Ⅳ
2005年	Ⅱ	＞Ⅴ	＞Ⅴ	Ⅴ	Ⅱ	Ⅲ	Ⅴ
2006年	Ⅱ	＞Ⅴ	＞Ⅴ	Ⅴ	Ⅱ	Ⅴ	Ⅴ
2007年	Ⅲ	＞Ⅴ	＞Ⅴ	Ⅴ	Ⅱ	Ⅳ	Ⅴ

表5 图们江水环境质量评价结果

断面名称 水质类型	布尔哈通河				海兰河			
	安图下	榆树川	延吉	溪洞	关门	碧岩	东盛桥	河龙
2005年	Ⅱ	Ⅱ	Ⅱ	Ⅴ	Ⅲ	Ⅱ	Ⅲ	Ⅲ
2006年	Ⅲ	Ⅱ	Ⅱ	Ⅴ	Ⅱ	Ⅲ	Ⅳ	Ⅱ
2007年	Ⅲ	Ⅱ	Ⅱ	Ⅴ	Ⅱ	Ⅲ	Ⅲ	Ⅲ

2. 不同年份图们江流域水质变化分析

图们江干流水质特征的变化规律：

由表4可知：南坪断面八九十年代的水质评价结果为Ⅴ类，主要是受上游茂山铁矿的影响，使其SS严重超标所致。目前，根据均值型污染指数法的评价，南坪断面的水质为Ⅲ类。而图们和河东断面的水质均由Ⅴ类恶化为劣Ⅴ类；圈河断面则由Ⅳ类恶化为Ⅴ类。从总体上来说，从80年代至今，图们江干流污染一直都比较严重，除南坪断面的水质有所改善外，其他断面的污染状况均有所恶化。

图们江干流污染主要来自工业废水和城市生活污水的排放，主要的工业污染源为朝方的茂山铁矿和我方的开山屯化纤厂，主要的城市为图们市。随着科学技术和生产力的不断

发展，图们江流域工厂的规模变大，废水排放量增加。虽然图们江流域的主要污染物和污染源都没有太大变化，废水处理的方法和技术也在不断进步，使多数工业废水能够达标排放。但随着时间的推移，图们江的水环境容量越来越少，枯水期甚至已无环境容量可利用[7]。因此，图们江干流的水质没有得到改善，且随着我国经济的发展，现已恶化为严重污染的状态。

此外，生活污水及沿岸乡镇的陆源输送也是导致该流域水质污染加重的直接原因。

3. 图们江支流水质特征的变化规律

（1）嘎呀河

由表 4 可以看出，嘎呀河水质总体呈恶化趋势，其中三道沟断面的水质有所恶化，由 80 年代的Ⅰ类水转化为现在的Ⅱ类水，而其间的 90 年代水质为Ⅳ类（中污染）。主要是由于 90 年代大部分工业废水和生活污水未得到有效治理，工业废水达标率低，致使河流水质受到较严重的污染。

此外，2005 年到 2007 年下噶桥断面的水质较 80 年代和 90 年代有所好转，但仍为Ⅳ类水；八叶桥的水质状况很差，几乎没有变化。

下嘎桥断面位于石岘造纸厂下游，八叶桥断面位于图们市下游，其水质的污染主要受石岘造纸厂废水与图们市城市污水排放的影响所致。

（2）布尔哈通河

由表 5 可以看出，2005 年到 2007 年间，布尔哈通河除安图下断面的水质由Ⅱ类转化为Ⅲ类外，其他断面水质均未发生变化，表明各断面的污染控制水平较好；但其下游溪洞断面污染很重，一直为Ⅴ类水体。

（3）海兰河

由表 5 可知，2005 年到 2007 年间，关门断面水质有所好转，由Ⅲ类转化为Ⅱ类；碧岩断面的水质则有所恶化，由Ⅱ类转化为Ⅲ类；东盛桥和河龙断面的水质几乎没有变化。总体来看，海兰河目前水质相对较好，水域功能达标。

四、图们江流域水环境质量影响因素分析

影响图们江水环境质量的因素有两个方面[8]：一是自然因素，包括气候、水文、地质等；二是人为因素，包括城镇工业和生活污水、农田灌溉等。而人类活动较集中，经济较发达的地区，水体污染往往更严重，说明人为因素是影响该区域水环境质量的主要因素。

1. 自然因素

图们江流域水体受气候、水文、地质、地形等诸多因素的综合影响，天然水质具有一定的规律性。一般来讲，山区水质好于平原区水质；丰、平期水质优于枯水期水质。但是，珲春河与嘎呀河的枯水期水质较优[6]，主要因为这两条河流的悬浮物污染较严重，枯水期水量少，流速小，有利于悬浮物沉淀。

另外，水土流失情况也影响图们江的水质。图们江地处河源区，区域内由于多年的无序采伐，大面积开荒种地，森林面积逐步减少，水土流失较重，大量泥沙被带入河流，使河流由原来的清水变成了浑水，引起河流水质的下降[9]。

2. 人为因素

流域内人类的工农业活动及生活污水的排放是图们江水污染的主要来源，其中又以工

业污染源为主。污染源以其进入水体的形式可分为点污染源和面污染源。

点污染源主要为城镇和工矿企业排放的工业废水和生活污水，又以工业废水为主。根据2003年延边朝鲜族自治州入河排污口的调查结果[2]，开山屯镇和图们市每年排放的3 364万t污水、70 926 t COD和441 t氨氮，都直接进入了图们江干流。此外，明月镇、延吉市、和龙市、龙井市、汪清镇和石岘镇排放的6 006万t污水、47 782 t COD和1 395 t氨氮也通过嘎呀河、布尔哈通河与海兰河排入了图们江。可见，仅中方的排污就已经使图们江不堪重负。

面污染源大多由农田灌溉和大面积使用化肥、农药等因素造成。存在于流域表面的各种污染物质，在地表径流或农田排水系统汇集过程中被带入河道，形成污染。

我国是一个农业大国，耕地面积不到世界的10%，而近年来氮肥的使用量却占世界的近30%[10]。全国化肥的施用量2002年为4 124万t，占世界平均消费量的1/4，达400 kg/hm^2，远远超过国际上为防止水体污染而设置的225 kg/hm^2的化肥使用安全上限。我国不但是化肥使用大国，也是农药使用大国，1999年农药使用达132.2万t，除30%～40%被作物吸收外，大部分进入了水体、土壤及农产品中，导致不少地区农田生态平衡失调，病虫害越治越严重，形成恶性循环。随着我国人口的迅速增长、城镇化进程的加快以及农业产业化和集约化程度的高速发展，农业面源污染问题已经成为我国多个流域水体污染的主要原因。

五、结　　论

(1) 图们江干流自南坪断面以下污染严重，20世纪80年代至今均未得到改善，而且水质特征的变化总体有恶化趋势，干流水质较支流水质差。主要污染物为有机污染物和石油类，主要污染源为朝方茂山铁矿和我方的开山屯化纤厂。

(2) 图们江主要支流不同年份的水质变化情况：嘎呀河水质总体呈恶化趋势；布尔哈通河及海兰河污染水平控制较好，水质几乎没有变化；海兰河水质可达Ⅲ类水体。

(3) 人类的工、农业活动是影响图们江水质的主要因素，这与图们江地表水的主要污染物为COD_{Mn}、石油类、挥发酚、BOD_5和氨氮等污染项目的评价结果相互印证。

参考文献

[1] 朱颜明，黎劲松．图们江地区开发的水环境问题与保护对策 [J]．中国环境科学，2000，20：12—15.

[2] 时淑英，昌镜伟．图们江干流水质状况评价分析 [J]．吉林水利，2006，7：31，35.

[3] 李惠明．图们江环境质量评价 [J]．图们江环境保护科研协作组，1980：18—24.

[4] 地表水环境标准．GB3838—2002：28—29.

[5] 姜建祥．环境影响评价．长春：吉林人民出版社，2005：74—75，87—90.

[6] 朱颜明，等．图们江地区水环境质量研究 [J]．地理科学，1996，16 (3)：215—222.

[7] 田卫，等．图们江地区水环境容量及其对区域开发的影响研究 [J]．地理科学，

1998，18（2）：169－174.

［8］马超，杨春，李万刚．新疆水环境质量影响因素浅析［J］．干旱环境监测，2007，21（4）：16－220.

［9］高文义，张守伟．图们江流域泥沙特性分析［J］．吉林水利，2008，4：13－14.

［10］蔡明凯，邓春光．我国农业面源污染调控办法分析［J］．农机化研究，2008，2（2）：211－213.

A Study on the Change Law of Water Environmental Quality in Tumen River Basin

Wang Wei，Wang Ning*，Yuan Xing

(College of Urban and Environmental Sciences of Northeast Normal University Changchun，Jilin 130024)

Abstract：Based on water quality monitoring data of monitoring sections in the main and tributary of Tumen River on normal years，this paper evaluates water environmental quality of it using mean type of comprehensive pollution index . etc. ，and also analyzes the change law and influencing factors of water quality on different years in Tumen River Basin. The results showed that：water quality of Gaya River and the main stream of Tumen River showed a tendency to deteriorate generally during 1983 and 2007；water quality of Buerhatong River and Hailan River had almost no changes and their pollution level was well controlled during 2005 and 2007. Totally，the pollution of surface water in Tumen Region is serious，and the main pollutants are CODMn，petroleum，volatile phenol，BOD_5 and ammonia nitrogen . etc.. And that Human Activity which is increasingly frequent is the main reason that effects the water quality of Tumen River.

Key words：Tumen River；water quality；change law；influencing factors

基于DPSIR的长白山地区生态安全诊断与评价模型构想*

伊坤朋　张继权**　佟志军　刘兴朋　蒋新宇
（东北师范大学城市与环境科学学院，
东北师范大学自然灾害研究所，长春，130024）

【摘要】 在全球气候变化和人类活动的深刻影响下，长白山正面临许多重大的生态安全问题，如森林资源锐减、生态安全的指示性生物物种的显著变化、国际地缘主要动植物物种生态安全等。因此，长白山地区生态安全评价对制定长白山资源利用、生态经济发展规划，保证生态系统资源的可持续利用以及维护国家安全具有重要意义。本文简要介绍了长白山生态安全的现状，通过对长白山生态环境各胁迫因子的分析，基于DPSIR模型提出了长白山地区生态安全综合评价指标体系，并进一步构建了长白山地区生态安全的评价模型，为今后的评价量化工作奠定了基础。

【关键词】 DPSIR　长白山地区　生态安全　生态安全诊断　生态安全评价概念模型

DPSIR-based diagnosis and conceptual assessment model of ecological security in Changbai Mountain area

Yi Kunpeng, Zhang Jiquan, Tong Zhijun, Liu Xingpeng, Jiang Xinyu
(College of Urban and Environmental Sciences,
Natural Disaster Research Institute, Northeast Normal University,
Changchun 130024, China)

Abstract: Under the profound influence of global climate change and human activities, Changbai Mountain is facing many significant ecological security problems, such as the sharp reduction of forest resources, the dramatic change of indicator species of ecological security, and the ecological security of international geographical main animal, plant species and so on. Therefore, the assessment of ecological security in Changbai

* 基金项目：973计划前期研究专项课题（2009CB426305）。
** 作者简介：伊坤朋（1982～），男，黑龙江哈尔滨市人，硕士研究生。主要从事区域生态安全评价和自然灾害风险管理研究。
** 通讯作者：张继权（1965～），男，吉林九台人，教授，博士，博导。E-mail：zhangjq022@nenu.edu.cn。

Mountain area is very essential for the planning of resources exploitation and eco-economy development, the guaranteeing of sustainable use of ecological resources, as well as the safeguarding of national security. In this article, the present situation of ecological security of Changbai Mountain was introduced briefly. Based on the DPSIR model, an indicator system of ecological security and an assessment model were presented through analyzing each coercion factors of the Changbai Mountain ecological environment. The result will provide a basis for further quantitative assessment.

Key words: DPSIR; Changbai Mountain area; ecological security; ecological security diagnosis; conceptual assessment model of ecological security

引　言

长白山绵延于吉林省东南部，位于127°40′～128°16′E，41°35′～42°25′N之间的地带，即张广才岭一龙岗山脉连线以东均属此区。包括延边朝鲜族自治州、白山市、通化市和吉林市的一部分，共23个县（市），总土地面积约8万多km^2。长白山地区具有跨国界的森林生态系统，也是多条国际河流的发源地。垂直景观带的跨国分布、景观生态廊道的跨国延展、动物种群的跨国迁徙以及植物群落的跨国分布，是长白山生态环境的主要特点。长白山地区大部分为森林生态系统，在各自然生态系统中具有最重要的功能。长白山锥体拥有我国温带乃至东北亚地区谱系最多的山地植被垂直带，与其周围广大中山、低山地生态系统一起构成我国东北地区和东北亚地区最重要的生态屏障。然而，当前全球变暖，极端气候事件和重大灾害频发，引发的生态问题也日益严重，在这个大的背景下，长白山地区的生态环境也发生了深刻的变化。此外，由于长白山地区人口增长和旅游业、工业、交通运输业等产业的迅速发展，加之资源开发过程中的不合理性，土地利用/覆被状况产生巨大变化，使生态破坏的速度和累积效应也日益扩大。在自然干扰和人为干扰的双重驱动力作用下，长白山地区的生态脆弱性增强，生态承载力日益减弱，进而导致生态系统的稳定性下降，生态服务的功能降低，严重威胁着长白山地区的生态系统健康和生态安全。因此，重新审视长白山的生态安全现状以及对其进行生态安全评价，制定相应对策，对我国东北地区乃至东北亚地区生态环境保护和生态安全具有至关重要的意义。

一、生态安全的形成机制和评价方法概述

1. 基本概念

关于生态安全（Eological security）的概念，目前国内外学者还没有达成共识。从生态安全内涵和外延的认识来看，我们认为生态安全是指一个地区或区域的生态环境条件以及所面临生态环境问题不对其生存和发展造成威胁，即该地区自然生态环境能满足人类和群落的持续生存与发展需求，而不损害自然生态环境的潜力[1]。

生态安全评价（ Ecological security assessment，ESA）是对生态系统完整性以及各种风险下维持其健康的可持续能力的识别与判断研究。生态安全评价内容涉及生态系统健康、生态系统功能、生态风险、生态承载力及生态功能环境效应等。通过对这些内容的考查，揭示生态安全系统结构及其构成要素的相互影响关系，并最终达到区域的协调发展。生态系统健康是将“健康”概念引入生态学的产物，如果一个生态系统是稳定的和可持续的，也就可以说它是活跃的，能够维持它的组织结构，并能够在一段时间后自动从被胁迫

状态恢复过来。生态系统服务功能是指生态系统与生态过程所形成及所维持的人类赖以生存的自然环境条件与效用，它强调生态系统尤其是对人类社会经济系统的支持作用即自然生态系统的输出作用，所表达的是一种单向的、由生态系统指向人类社会经济系统的不可逆关系，是自然生态系统的属性。生态风险是指特定生态系统中所发生的非期望事件的概率和后果，如干扰、灾害对生态系统结构所造成的损害[2]。生态风险强调的是生态系统及其组分所受到的外界影响和潜在的胁迫程度。

2. 生态安全的形成机制

生态系统是多因素相互影响相互作用的复杂系统，在研究生态安全的形成和演变机制时，也应该将这些因子作为综合指标来考虑。联合国经济开发合作署（OECD）提出压力—状态—响应（P—S—R）概念模型[3]，被国内学者广泛应用。但是，P—S—R 模型的一个明显缺陷是：人类活动对环境的影响只能通过环境状态指标随时间的变化而间接地反映出来。P—S—R 的一个有力变形是由欧洲环境署提出的驱动力—压力—状态—影响—响应（DPSIR）概念模型[3]。因此，我们认为应用 DPSIR 来刻画生态安全的形成和演进机制更为科学准确，图 1 描述了人类活动与环境之间相互作用的各因子之间的关系。

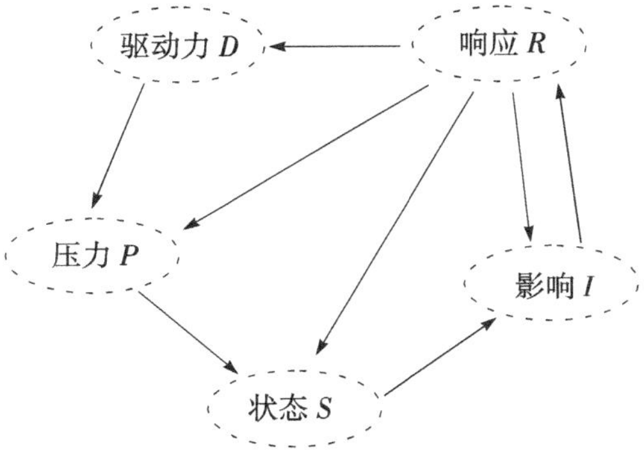

图 1　区域生态安全的形成和演变机制

在这五个生态安全的影响因子中，驱动力（D）指的是引起生态环境变化的潜在原因，包括人类社会经济活动（如旅游业发展、工业生产和农业生产）和自然灾害（如泥石流、风灾等）。压力（P）指的各驱动力因子中对生态资源的需求和作用（如木材加工业发展对林木需求，游客数量增多对生态环境的作用）。状态（S）是指生态系统中各成分的背景值或底值（如原有生物量和生物多样性）。背景值或底值越大，生态系统相对的生态安全指数越高，生态系统越安全。影响（I）是指生态系统原有状态指标在压力作用下的负向演化（如生物量减少，物种灭绝等）。响应（R）是指人类系统在感知影响后采取的正向弥补措施，如生态环境恢复与建设（如防护林建设、园地绿地建设、湿地修复等）或法律法规的完善。响应措施是多层面的且作用于不同的对象，可作用于驱动力、压力、状态或影响，如规范和限制人类经济活动以降低对生态环境的干扰和资源的破坏。

区域生态安全的形成和演变机制，就是这五个因子相互作用，此消彼长的过程。人类的社会经济活动和自然灾变驱动力（D）导致废物排放量或对生态系统干扰增加，产生压力（P）迫使生态系统状态（S）发生改变，状态的改变对人类或生态系统产生影响，影响促使人类作出直接或间接响应（R），响应反作用于驱动力、压力、状态或直接作用于影响，以使此反馈保持稳定与平衡[4]，此五部分之间的关系见图 1。

DPSIR概念模型的重要意义在于，能表达影响生态安全各因素之间的信息耦合关系，说明生态安全的演进变化具有动力学特点，如联结驱动力和压力指标的是生态效率，生态效率越高，由驱动力产生的压力越小。与此相类似，人类和生态系统的压力和状态之间的关系取决于系统的承载力，人类社会的响应取决于影响是否被感知和如何被评价，响应的结果则由响应的有效性决定。

3. 生态安全评价方法和模型

目前，国内外的生态安全评价研究模型主要包括数学模型、生态模型、景观生态模型、数字地面模型。每种评价模型都有一定的适用范围，但是，由于各区域生态系统天然存在较大的特殊性和差异性，这些评价模型各具优缺点（详见表1）[5]。

表1 生态安全评价模型方法及案例

评价模型	代表方法	特 点	实 例
数学模型	综合指数法	体现生态安全评价的综合性、整体性、层次性。但问题简单化，难以反映系统本质	海南岛生态安全评价
	层次分析法	评价指标优化归类，需要定量化数据较少，但有较大随意性，难以准确反映生态环境及生态安全评价领域实际情况	五大连池风景名胜区生态安全评价
	模糊综合法	考虑生态安全系统内部关系的错综复杂及模糊性，但模糊隶属函数的确定及指标参数的模糊化会掺杂人为因素并丢失有用信息	天祝草原生态安全评价
	灰色关联法	对系统系数要求不高，特别适应尚未统一的生态安全系统，但分辨系数的确定带有一定主观性，从而影响评价结果的精确性	首都圈怀来县生态安全评价
	物元判读法	有助于从变化的角度识别变化中的因子，直观性好，但关联函数形式确定不规范，难以通用	我国十大城市生态安全评价
	主成分投影法	克服指标间信息重叠问题，客观确定评价对象的相对位置及安全等级，但未考虑指标实际含义，出现确定的权重与实际重要程度相悖情况	安徽省生态安全评价
	BP网络法	指标权值自动适应调整并可根据不同需要选取随意多个评价参数建模，具有很强的适应性，但收敛速度缓慢，易陷入局部极小值	巢湖流域生态安全评价
生态模型	生态足迹法	表达简明，易于理解，但过于强调社会经济对环境的影响而忽略其他环境影响因素的作用	西昌市山地生态安全评价
景观模型法	景观生态安全格局法	可以从生态系统结构出发综合评估各种潜在生态影响类型	广东丹霞山生物保护的安全评价
	景观空间邻接度法	在空间尺度上特别适应生态安全研究，主要着眼于相对宏观的要求	黑河流域金塔绿洲生态安全评价
数字地面模型	数字生态安全法	RS与GIS相结合，采用栅格数据结构，叠加容易，逻辑运算简单，能够实现和完成上述几种模型的评价运算	重庆市忠县生态安全评价

以上的这些生态安全评价方法，只是整个评价系统中的一部分，即生态安全的现状评价，是对复杂系统内部各子系统间关系的静态评价与描述。若要对长白山地区的生态安全进行科学而有效的评价研究，应更加注重人类活动和生态环境系统相互作用的过程，即从生态过程的角度来考虑各胁迫因子和抗阻因子对生态安全的影响。

二、长白山地区生态安全诊断及主要驱动力因子

1. 长白山生态安全诊断

长白山地大部分为森林生态系统，在各自然生态系统中具有最重要的功能。长白山锥体拥有我国温带乃至东北亚地区谱系最多的山地植被垂直带，与其周围广大中山、低山地生态系统一起构成我国东北地区和东北亚地区最重要的生态屏障。因其良好的生态环境，长白山地区成为大量珍稀植物和野生动物的栖息地。然而，一个多世纪以来，在自然和人文双重驱动力下，长白山的生态环境已经严重恶化，并且愈演愈烈。生态环境恶化的显性特征体现在动植物数量的减少和质量的下降两个方面。

长白山地区森林植被面积逐渐减少，森林质量逐渐下降。主要表现为针叶林、水体、苔原面积减少，而耕地、草地、岳华林的面积显著扩张。林地面积从1977年的707 969.3 hm^2减少到1999年的621 945.3 hm^2，22年累计减少86 024 hm^2，年平均减少3 910.2 hm^2。其中针叶林、针阔混交林、阔叶林、苔原的面积分别减少25 349.4 hm^2，54 843.3 hm^2，11 402.3 hm^2，5 028.48 hm^2。其间，由于森林砍伐，针叶林减少近22 850 hm^2；针阔混交林减少67 677.54 hm^2；阔叶林变化幅度不大；因岳华林向苔原入侵，岳桦林在这22年间增加了9 370.52 hm^2，使森林质量下降；因游客的大量踩踏使苔原沦为裸地，苔原的面积共减少5 028.48 hm^2。耕地面积每年以10%的速度持续增加，因大量砍伐森林，原森林覆盖面转变为草地覆盖，草地总面积在近30年间增加了10 000 hm^2[6]。

2. 自然驱动力因子对生态安全的影响

自然灾害使生态系统结构遭到破坏。长白山火山是其生态环境最大的潜在风险源，火山喷发不但会一次性地摧毁原有的生态系统，并且对气候和生态环境有长久的后效作用。首先，火山喷发产生的HF气体吸附在火山灰表面，形成迅速扩散的剧毒HF气体云，沉降后污染植被和水质，使动物窒息、死亡。其次，火山HCl气体破坏大气圈臭氧层，甚至形成“臭氧空洞”，严重破坏环境和生态平衡，使动植物因接受过量紫外线辐射而损坏和死亡。此外，火山硫化物气体导致地表温度下降，形成酸雨和剧毒的火山灰云幕，损坏动物的皮肤、眼睛和呼吸系统、水循环、植被及土地肥力。硫化物气体形成大规模酸雨和剧毒的火山灰云幕，严重影响动植物的生长。这类火山喷发形成炽热的火山灰云迅速横向扩散，呈蘑菇状快速上升，导致被火山灰云笼罩的鸟类突然死亡，并污染和毁灭地面的动植物。长白山地区土壤主要由火山灰发育而成，土质疏松，植被根系难以固定。区内海拔高差近2 000 m，地形坡度较大，山地型地质灾害发生频率较高，对生态系统破坏程度十分严重。如在白山、通化、延边等境内的长白山中低山地区，滑坡、崩塌、泥石流等灾害频繁发生，多造成乔木被毁，低矮的灌丛和草本植物被掩埋。1998年8月1日，位于瀑布西侧的观光长廊段边坡发生崩塌，崩塌体积近200 m^3，砸毁登山防护廓道16 m，造成游客6人死亡、6人重伤、1人轻伤的重大事故，在破坏了该地区自然生态环境的同时也使长白山天池（白头山天池）地区旅游业遭到重创。2000年8月，长白山天池（白头山

天池）顶部停车场东侧发生泥石流灾害，不仅摧毁了其影响范围内的森林、建筑物及公路设施，还致使两人死亡，多人受伤[7]。此外，由于本区处于大气环流西风带的下方，西坡正位于迎风坡，非常容易受到强劲西风的毁坏。长白山地区大风灾害频繁，一年之中大约有269天刮8级以上大风，以冬、春季为主。如1986年8月，长白山自然保护区的南坡和西坡遭遇15号台风的自然干扰，导致9 924.5 hm^2 原始森林的活立木发生大面积倒伏[8]。风倒区共有林木蓄积170.3万 m^3，其中倒木蓄积121.5万 m^3，风倒强度71.2%，平均每公顷有风倒木213株，计122.5 m^3。大面积的森林倾倒，致使原有的稳定状态遭到破坏。加之保护区在清理风倒木时采取的一些措施不甚合理，也进一步扩大了对生态系统的干扰效应。近年来长白山地区气候干旱化，降水稀少，水面蒸散量大于补给量，致使河流萎缩，水面干涸，在1977～1999这22年间，水体面积减少了5 898 hm^2。另外，森林病虫害对长白山森林生态系统危害严重。1995年，云杉八齿小蠹开始在长白山零星出现，至2005年，云杉八齿小蠹等枝干害虫在延边朝鲜族自治州部分天然针叶林内猖獗，成灾面积达3. 335多万 hm^2，造成天然林区大面积的云杉、冷杉林枯死，每年发生的林木病虫害有40多种，主要有栗山天牛、杨树病虫害、云杉八齿小蠹灾害等，林木病虫害的大面积发生，造成严重的森林资源损失。

3. 人为驱动力因子影响

（1）旅游活动

长白山旅游区自开发以来，旅游产业快速发展。旅游行为产生的大量废弃物污染，对生态环境产生了很大压力。尽管景区内分布设立了一些垃圾桶，但由于游客及旅游从业人员素质不高，在保护区内塑料瓶、垃圾袋、烟头等生活垃圾被随意丢弃，靠近道路、楼堂馆所附近的垃圾成堆，这些难于被环境消化的垃圾影响了周围水体、植被、生物的正常演替。旅游人口增长迅速，据统计资料显示，2002年景区共接待游客20万／人次，2008年景区接待游客量达到了110万／人次，预期到2011年这一数字将增加到500万／人次。大量的游客高频率地出现给长白山核心区的生态承载力带来了很大压力。

地表结构受旅游行为损坏严重。长白山山顶的岩石为火山浮石，属非致密性结构，极为疏松。因旅游行为而导致的汽车碾压痕迹以及人类的足迹随处可见，对地表结构破坏较大，加之自然的风化剥蚀，长白山峰顶消失的速度就会加快。此外，旅行者对野生动植物的影响力也很大。旅游者践踏草地，会影响草本植物的生长，并会不同程度地改变地貌。旅游活动和旅游交通工具所产生的噪声会影响动物的生活习性，使动植物种群和生态位发生了变化。

（2）基础设施建设

基础设施建筑项目对生态环境的破坏强度加大。观瀑桥、廊道、机场、停车场、饭店等设施的修建，占用了大量林地，较大范围地破坏了植被，其产生的生态后效性也对周围生态环境产生深刻影响。如高山公路兴建，使原本统一的生态系统被公路人为切断，动物被隔绝，基因信息无法交流。在海拔2 590 m的高山公路一侧，1983年植被覆盖度为30%，植物种属7种，1996年植被覆盖度降至10%，种属降至5种，植物的种群结构和植被盖度发生了明显的变化[9]。再如，电站引水渠道工程兴建时，仅选线不合理就造成6 359 m^2的绿地破坏，破坏国家三类保护植物牛皮杜鹃1 150 m^2。国家二类保护植物瓶尔小草、对开蕨因温泉区扩建而被拔除，在长白山已处于濒临灭绝的境地。

(3) 居民区扩张

随着长白山地区社会经济的快速发展，外来迁入人口不断增加，加之原有居民的自然增长，导致居民区不断扩张，对林地的占有面积不断扩大，进一步挤压野生动物的生活空间。另一方面，旅游度假区和别墅区面积也在不断扩张。如白山市 2006 年拟定在核心开发区建设度假区占地约 50 km^2，包含海拔超过 1 000 m 的山峰 5 座（抚松县东岗山脉主峰全部）。此外，2008 年建设的别墅区砍伐 1 400 多棵原始林木，大大破坏了原有生态系统的结构。随着经济和社会的发展以及旅游资源的开发，居民点和道路呈增加趋势，居民点动态度为 2.6%/年，道路增加速度飞快，以每年 90%的速度持续增长。

(4) 经济活动

长白山所包括的白山市、安图市以及通化市的工业比重显著增加。这些工业的发展多是依赖长白山地区各种优质的天然资源的存在，对生态资源产生巨大压力，各种资源消耗流失严重。目前，矿泉水、造纸、复合地板、人参硅藻土加工工业都是对生态资源依赖度很大的工业类型。如矿泉水加工对地下水开采量巨大，造纸行业使生态系统内的水环境质量下降。原本在小长白山天池（白头山天池）栖息的一种极度濒危的鱼类——极北小鲵，因保护区人员在小长白山天池（白头山天池）中放养了价值几千元的鲤鱼和鲫鱼苗，产生生物入侵，而使极北小鲵灭绝。此外，如白腰雨燕、高山鼠兔的数量明显减少，梅花鹿、紫貂、水獭野生种群十分有限，个别动物已处于濒临灭绝的边缘。据抽样调查，长白山区属国家一级保护动物东北虎的野生种群，20 世纪 70 年代有 150 只，至 80 年代初减少至 30 只，现在保护区内已很难见到。

(5) 居民对生态资源的利用

长期以来，由于受陈旧观念的影响，很多人还存在“靠山吃山”的思想。人们对生产、经济的发展以及眼前的实效考虑、关注得更多，而且认为长白山地区的资源似乎是取之不尽，用之不竭的，也因此给长白山的生态资源压力加上了一个重重的砝码。因当地居民有着长期的狩猎历史，甚至形成了捕猎文化，所以尽管禁捕法令存在，但偷猎和滥捕现象依然存在，熊掌、虎骨等私下的野生动物交易仍然层出不穷。此外，受经济利益驱使，当地居民大量采摘松子，使贮藏量达到了 1 582～2 640 粒 · hm^{-2}，仅为 20 世纪 70 年代的 0.3%～0.5%[10]。一方面给松树的正常繁殖带来困难，另一方面直接对以松子为食的松鼠的生存产生威胁，由此而引起的生态系统的扰动更是难以预测和衡量。再如近年来，大规模的人参养殖尽管给当地参农带来了一定的经济利益，同时，因人参生长环境的特殊性，也产生了土壤板结退化、物种减少等多种生态环境问题。

三、长白山地区生态安全评价模型构想

1. 评价指标体系建立

生态安全评价的准确性和科学性取决于评价指标的选取，因此，评价指标的选取要求具有代表性、实用性、空间性、可获取性和可比较性的特征[11]。不仅包括生物与资源环境方面的，还包括生命支持系统对社会经济及人类健康作用的指标，指标体系的建立是在一系列概念框架下展开的。长白山地区的生态安全是驱动力、压力、状态、影响和响应五个因素共同作用的结果，在此基础上这五个因素又被分解为详细的子因素（见图 2）。

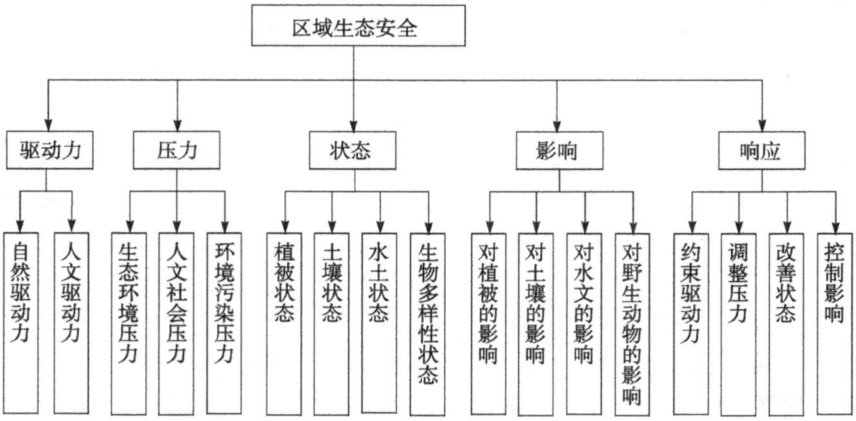

图 2　区域生态安全概念框架

在长白山的生态安全评价过程中，我们构建生态安全指数（ESI，Ecological security index）来定量地描述生态安全状况。那么，根据对影响生态安全各因子的描述，这个生态安全指数应与驱动力因子指标（*D*）、压力因子指标（*P*）、影响因子指标（*I*）负相关，而与状态因子指标（*S*）、响应（*R*）因子指标正相关。故可以得出如下生态安全定量描述公式：

$$\text{生态安全指数}=\frac{\text{状态}（S）\times\text{响应}（R）}{\text{驱动力}（D）\times\text{压力}（P）\times\text{影响}（I）}$$

根据以上对生态安全影响因子的分析，建立生态安全评价指标体系（见表 2）。

表 2　长白山地区生态安全评价指标体系

目标层	因子层	子因子层	指标层	权重
生态安全指数	驱动力（*D*）	人为驱动力	X_{D1} 旅游业发展	W_{D1}
			X_{D2} 工业扩张	W_{D2}
			X_{D3} 农业耕地面积扩大	W_{D3}
		自然驱动力	X_{D4} 泥石流滑坡	W_{D4}
			X_{D5} 森林病虫害	W_{D5}
			X_{D6} 风灾	W_{D6}
			X_{D7} 火山灾害	W_{D7}
			X_{D8} 降水量减少	W_{D8}
	压力（*P*）	生态系统压力	X_{P1} 生态系统健康指数	W_{P1}
			X_{P2} 生态系统承载力	W_{P2}
		人文社会压力	X_{P3} 人口密度	W_{P3}
			X_{P4} 经济发展水平	W_{P4}
		环境污染压力	X_{P5} 污染气体排放量	W_{P5}
			X_{P6} 固体废弃物排放量	W_{P6}
			X_{P7} 污水排放量	W_{P7}

续 表

生态安全指数	状态(S)	植被状态	X_{S1} 森林覆盖率	W_{S1}
			X_{S2} 林木蓄积量	W_{S2}
			X_{S3} 森林景观破碎度	W_{S3}
			X_{S4} 耕地面积	W_{S4}
		水文状态	X_{S5} 地下水资源量	W_{S5}
			X_{S6} 地表水资源量	W_{S6}
		土壤状态	X_{S8} 土壤结构	W_{S8}
			X_{S9} 土壤类型	W_{S9}
		物种多样性状态	X_{S10} 植物种类	W_{S10}
			X_{S11} 哺乳动物种类	W_{S11}
			X_{S12} 鸟种类	W_{S12}
	影响(I)	对植被的影响	X_{I1} 森林覆盖率变化	W_{I1}
			X_{I2} 林木蓄积量减少率	W_{I2}
			X_{I3} 森林景观破碎度扩大比率	W_{I3}
			X_{I4} 新增耕地面积／区域面积	W_{I4}
		对水文的影响	X_{I5} 地下水资源变化率	W_{I5}
			X_{I6} 地表水资源变化率	W_{I6}
		对土壤的影响	X_{I7} 土壤侵蚀度	W_{I7}
		对野生动物的影响	X_{I8} 野生动物数量减少	W_{I8}
			X_{I9} 野生动物质量降低	W_{I9}
	响应(R)	约束驱动力	X_{R1} 生态环境保护政策法规的制定	W_{R1}
			X_{R2} 高税收政策	W_{R2}
			X_{R3} 对高灾害发生率地区的治理	W_{R3}
		调整压力	X_{R4} 改善产业结构	W_{R4}
		改善状态	X_{R5} 对生态破损区进行生态修复	W_{R5}
			X_{R6} 加大育林力度	W_{R6}
		控制影响	X_{R7} 加强科研水平	W_{R7}
			X_{R8} 加大教育投入	W_{R8}

2. 生态安全评价模型构想

根据 DPSIR 模型中生态安全各因子的影响机制，结合生态安全评价的概念框架，利用加权综合评分法和层次分析法，建立如下生态安全指数模型：

$$\mathrm{ESI}=\frac{S^{WS}\times R^{WR}}{D^{WD}\times P^{WP}\times I^{WI}}$$

其中：ESI 为生态安全指数，用于表示区域生态安全程度的高低，其值越大，长白山地区的生态越安全，反之，越不安全。

D，P，S，I，R 分别表示驱动力、压力、状态、影响和响应五个因子指数。

$$D=\sum_{i=1}^{n}W_{Di}X_{Di},P=\sum_{i=1}^{n}W_{Pi}X_{Di},S=\sum_{i=1}^{n}W_{Si}X_{Si},I=\sum_{i=1}^{n}W_{Ii}X_{Ii},R=\sum_{i=1}^{n}W_{Ri}X_{Ri}$$

其中，X_i 是指标 i 量化后的值，W_i 为指标 i 的权重，表示各指标对生态安全指数主要因子的相对重要性。

四、结　语

本文根据长白山地区生态系统各影响因子对生态安全的作用机制，根据 DPRIS 概念框架模型建立区域生态安全评价指标体系，并构建了区域生态安全评价模型。在对各指标量化的基础上，应用生态安全指数来刻画区域生态安全度，生态安全指数越大，则表明该区域的生态系统越稳定，生态越安全。反之，生态安全指数越小，表明该区域生态系统越不稳定，生态越不安全。本文在参考了大量文献资料的基础上，提出了生态安全评价的基本程式。由于生态安全影响机理复杂，在指标选择过程中难免遗漏，以后的研究中我们将逐步补充和完善。

参考文献

[1] 杨京平，卢剑波．生态安全的系统分析［M］．北京：化学工业出版社，2002.

[2] 陈星，周成虎．生态安全：国内外研究综述［J］．地理科学进展，2005，6（24）：8—20.

[3] 左伟，周慧珍，王桥．区域生态安全评价指标体系选取的概念框架研究［J］．土壤，2003（5）：2—7.

[4] 杨美霞．风景名胜区的生态安全评价研究：以张家界国家森林公园为例［J］．云南地理环境研究，2007，19（5）：106—113.

[5] 刘红，王慧，刘康．我国生态安全评价方法研究述评［J］．自然生态保护，2005，（5）：34—37.

[6] 孟涛，王明常，梁立恒，何月．长白山生态景观格局动态变化分析［J］．世界地质，2008，27（3）：338—344.

[7] 孙平，王钢城，曹炳兰．长白山旅游区泥石流灾害研究［J］．世界地质，2002，21（2）：167—188.

[8] 侯向阳，韩进轩．长白山西坡风灾干扰区的恢复和保护［J］．自然资源学报，1997，12（1）：29—33.

[9] 朱颜明，王宁．长白山自然保护区旅游资源开发的生态环境影响及其保护［J］．山地学报，1999，17（4）：353—357.

[10] 刘足根，姬兰柱，郝占庆，朱教君，康宏樟．松果采摘对长白山自然保护区红松天然更新的影响［J］．应用生态学报，2004，15（6）：958—962.

[11] 邵超峰，鞠美庭．基于 DPSIR 模型的天津滨海新区生态环境安全评价研究［J］．安全与环境学报，2008，8（5）：87—92.

基于GIS的白山地区生态脆弱性评价*

刘丙新[1]　佟志军[2**]　张继权[2]
（1. 大连海事大学环境信息研究所，辽宁 大连 116026；
2. 东北师范大学城市与环境科学学院，吉林 长春 130024）

【摘要】 利用白山地区的气象、植被、土壤以及社会经济统计数据，建立了白山地区生态脆弱性评价指标体系，进而对白山地区的生态脆弱性进行评价。在研究过程中充分运用GIS强大的空间分析功能，以100 m×100 m栅格为评价单元，利用层次分析法（AHP）和加权综合评分法（WCA）对白山地区的生态脆弱性进行了评价。结果表明，白山地区大多数区域生态环境的脆弱性属于低、中度脆弱，在人口密度大、土地利用以旱田为主的区域生态环境脆弱性属于重度甚至极端脆弱。

【关键词】 白山地区　生态脆弱性　GIS　AHP　WCA

Abstract: The index system was constituted in this paper using meteorological data, vegetation data, soil data and socio-economic statistics, and then eco-environment vunerability was evaluated. Based on the powerful spatial analysis function of GIS, using 100 m×100 m real area as basic unit, the eco-environment vulnerability of Baishan Region was evaluated with the Analytical Hierarchy Process and Weighted Comprehensive Analysis. According to the results of the evaluation, we can see that the eco-environmental vulnerability of a great part of this region belongs to the low or moderate grade, and the eco-environmental vulnerability belongs to the severe or even the extremely grade in the zone that has a high population density and where the upland is the main land-use type.

Key words: Baishan Region; eco-environmental vulnerability; Geographical Information System; Analytical Hierarchy Process; Weighted Comprehensive Analysis

生态脆弱性包括敏感性和稳定性两个方面，是与自然、社会、经济紧密相连的，是自然环境条件与人类生产活动以及当地历史发展过程相联系和作用的结果[1]。白山地区生态环境的稳定性和敏感性都较为良好，但也存在着一些问题，比如土壤侵蚀（水蚀）、冻害、洪涝等。李忠武[2]、刘振乾[3]、冉圣宏[4]、SHI Qing[5]等对生态环境脆弱性评价方法进行了研究，但这些研究多以行政单位为研究对象，得到的是宏观上的平均脆弱性，本文借

---

* 基金项目：973计划前期研究专项课题（2009CBS426305）。

** 通讯作者：佟志军（1977～），男，讲师，博士，E-mail：Gis@nenu.edu.cn。

鉴张继权[6]、黄方[7]等的研究方法和以往工作者的指标选取经验[8~13]，以 100 m×100 m 栅格为研究对象，充分利用 GIS 的空间分析功能，采用栅格数据结构为基础，对白山地区生态脆弱性进行了评价。

一、研究区概况

白山市位于吉林省东南部自然风景秀丽的长白山西侧，126°7′～128°18′E，41°21′～42°48′N，境内山峰林立，绵亘起伏，沟谷交错，河流纵横。长白熔岩台地和靖宇熔岩台地覆盖境内大部分地区，龙岗山脉和老岭山脉斜贯全境。龙岗山脉海拔 800～1 200 m，相对高度在 500～700 m 之间；老岭山脉山体高大，海拔 1 000～1 300 m，相对高度 500～800 m 之间。鸭绿江沿岸地形起伏较大，沟谷切割较深，地势较险峻。白山市属北温带大陆性季风气候，是吉林省最寒冷的地区，容易发生低温冷害。春季昼夜温差大；夏季短，温热多雨；秋季凉爽，多晴朗天气；冬季长，干燥寒冷。市区年平均气温4.6 ℃，夏季最高气温历史极值 36.5℃，冬季最低气温历史极值 －42.2℃，年平均降水量 883.4 mm，日照时数 2 259 h，无霜期 140 天。由于近些年人口、耕地面积、森林砍伐量的不断增加以及植被破坏等，该地区内的水土流失日趋严重[14]。

二、研究方法与数据来源

1. *研究方法*

(1) 层次分析法（AHP）

层次分析法（AHP）是一种对指标进行定性定量分析的方法，在处理区域多准则、多指标的复杂问题时有一定的优越性。AHP 是将与决策总是有关的元素分解成目标、准则、方案等层次，在此基础上进行定性和定量分析的决策方法。该方法是美国运筹学家匹茨堡大学教授萨蒂于 20 世纪 70 年代初，在为美国国防部研究“根据各个工业部门对国家福利的贡献大小而进行电力分配”这一课题时，应用网络系统理论和多目标综合评价方法，提出的一种层次权重决策分析方法。这种方法的特点是在对复杂决策问题的本质、影响因素及其内在关系等进行深入分析的基础上，利用较少的定量信息使决策的思维过程数学化，从而为多目标、多准则或无结构特性的复杂决策问题提供简便的决策方法。尤其适合于对决策结果难于直接准确计量的场合。本文采用专家咨询基础上的 AHP 方法作为确定评价指标权重的方法。层次分析法是计算复杂系统各指标权重系数最为合适的方法之一，一般分为 6 个步骤[15]：

① 画指标体系的层次图；

② 确定计算各层次权重系数顺序；

③ 构造判断矩阵；

④ 各层次单排序指标权重计算；

⑤ 各层次判断矩阵一致性检验；

⑥ 计算组合权重系数。

(2) 加权综合评分法（WCA）

加权综合评分法[16]（WCA）是指指标 i 量化值的不同，而使每个指标 i 的权重因子对 j 的影响程度存在差别，用公式表达为：

$$CV_j = \sum_{i=1}^{m} QV_{ij} WC_i \tag{1}$$

其中 CV_j 是评价因子的总值，QV_{ij} 是对于因子 j 的指标 i 的值，WC_i 是指标 i 的权重值（$0 \leqslant WC_i \leqslant 1$），通过 AHP 方法计算得出，$m$ 是评价指标个数。

2. 数据来源

研究所需要的资料分别是白山地区各县的社会经济统计资料、植被覆盖资料、土地利用资料、土壤资料以及该地区的气象资料，所有数据均来源于《吉林省 2000 年人口普查资料》[17]，《吉林省国土资源地图集》[18]，《吉林省生态环境及生态省建设的研究》[19]，《2007 吉林统计年鉴》[20]。地形因素中的坡度是根据吉林省电子地图中的等高线生成 TIN 并转为 GRID 数据，然后进行坡度计算而得。

三、白山地区生态脆弱性评价指数的建立过程

1. 建立指标体系

影响生态环境脆弱性的因子是多方面的，在众多因子中，虽然无法面面俱到，但也要避免庞大的指标体系冲淡主要指标，需根据研究区域特征和评价的角度抓主要矛盾，兼顾可操作性和简练性，选取其中关键性因素用于评价[12][13]，将白山地区生态脆弱性评价指标体系分为目标层、因子层、子因子层及指标层，利用层次分析法（AHP），将各指标按照相对重要程度进行九分位打分，从而得到各项指标的权重值（见表 1）。为了消除各个指标因单位的不同给计算带来的不便，本文根据对研究区生态脆弱性的影响作用将各个指标进行了分级赋值（见表 2）。

表 1　白山地区生态脆弱性评价指标体系及权重

Tab. 1 Eco-environmental vulnerability of Baishan Region evaluation index system and weights

目标层	因子层	子因子层	指标层	权　重
白山地区生态脆弱性	自然因子	土壤因素	X_{01} 土壤类型	0.03
			X_{02} 土壤厚度（cm）	0.04
			X_{03} 土壤侵蚀程度	0.03
		地形因素	X_{04} 坡度（°）	0.10
		土地利用/覆被	X_{05} 土地利用现状	0.05
			X_{06} 森林覆盖率（%）	0.06
		气候因素	X_{07} 降水量（mm）	0.11
			X_{08} 蒸发量（mm）	0.02
			X_{09} 气温≥10 期间的连续积温（℃）	0.02
			X_{10} 冻害发生概率（%）	0.12
			X_{11} 洪涝发生概率（%）	0.17
	社会经济因子		X_{12} 人口密度（人/km^2）	0.16
			X_{13} 农业产值占总产值比重（%）	0.06
			X_{14} 文盲人口占 15 岁以上人口比例（%）	0.03

表 2 白山地区生态环境脆弱性影响因素量化分级

Tab. 2 The grade of eco-environmental vulnerability evaluation in Baishan Region

指标因子					
降水量（mm）	＞900	700～900	550～700	400～550	＜400
蒸发量（mm）	＜1 000	1 000～1 200	1 200～1 400	1 400～1 800	＞1 800
气温≥10℃期间的连续积温（℃）	＞3 000	2 600～3 000	2 200～2 600	1 200～2 200	0～1 200
冻害发生概率（%）	＜20	20～30	30～40	＞40	
洪涝发生概率（%）	＜10	10～30	30～40	40～50	＞50
坡度（°）	＜5	5～8	8～15	15～25	＞25
森林覆盖率（%）	＞75	55～75	35～55	20～35	＜20
土地利用状况	沼泽、水田、居民地、建设用地	有林地、灌木林、疏木林、高覆盖度草地	其他林地、中覆盖度草地、低覆盖度草地	旱地	沙地、盐碱地、裸土地
土壤类型	新积土、黑土	白浆土、草甸土	暗棕壤	灰化土	火山灰土
土壤厚度（cm）	＞60	45～60	30～45	15～30	＜15
土壤侵蚀程度	微度侵蚀	轻度侵蚀	中度侵蚀	强度侵蚀	
人口密度（人/km^2）	＜50	50～200	200～400	400～600	＞600
农业产值占总产值比重（%）	＜20	20～40	40～60	60～80	＞80
文盲人口占15岁以上人口比例（%）	＜5.0	5.0～6.5	6.5～8.0	8.0～9.5	＞9.5
指标等级（指标赋值）	1（2）	2（4）	3（6）	4（8）	5（10）

2. 白山地区生态脆弱性指数评价模型的建立

生态脆弱性指数（EVI）是对生态环境脆弱程度的描述，EVI的值越大说明生态环境越敏感，脆弱程度越严重；反之，EVI越小则说明生态环境越稳定。利用加权综合评价法（WCA）和层次分析法（AHP），建立如下生态环境脆弱性指数模型：

$$EVI = W_{01}X_{01} + W_{02}X_{02} + W_{03}X_{03} + W_{04}X_{04} + W_{05}X_{05} + W_{06}X_{06} + W_{07}X_{07} + W_{08}X_{08} + W_{09}X_{09} + W_{10}X_{10} + W_{11}X_{11} + W_{12}X_{12} + W_{13}X_{13} + W_{14}X_{14} \quad (2)$$

其中，X_i 是指标 i 量化后的值，W_i 是指标 i 的权重值，表示各指标对生态环境脆弱性的相对重要性。

四、白山地区生态脆弱性评价结果

为保证不同专题层面的栅格数据具有良好的空间重合性，各评价因素数据图层采用统一的坐标和投影系统，投影系统为等面积割圆锥投影，全国统一的中央经线105°E，双标准纬线分别为47°N和25°N，椭球体为Krasovsky椭球体，其算点为赤道0°。对于各矢量格式的数据图层经过投影变换和量化分级后在Arc/Info中转换为栅格数据。

基于上述评价指标体系和评价模型，并假定在一个县（市）中社会经济指标均匀分布，利用上述所建立的生态脆弱性评价体系，以100 m×100 m大小栅格为评价单元，按照公式（2）计算白山地区生态环境的脆弱性指数，并对所得的EVI进行分级（见表3），最终得到白山地区生态脆弱性评价图（见图1）。

表3　白山地区EVI分级方法

Tab. 3　The method of gradation of EVI in Baishan region

标示项目	脆弱度值				
	＜4.4	4.4～5.04	5.04～5.64	5.64～6.12	6.12＜
脆弱性等级	微脆弱	低脆弱	中度脆弱	重度脆弱	极度脆弱

通过统计分析，白山地区生态脆弱性为微脆弱、低脆弱、中度脆弱、重度脆弱、极端脆弱的面积占总面积的比例分别为13.63%，54.92%，24.99%，5.73%，0.7%。该地区大多数区域生态环境的脆弱性属于低脆弱或中度脆弱，在人口密度较大（图2）、土地利用以旱地为主（图3）的区域，由于人类活动的严重干扰，这些区域的生态环境脆弱性属于重度脆弱甚至极端脆弱；将白山地区的水系图与白山地区生态脆弱性评价图进行比较可以发现，沿河流两岸的区域生态脆弱性较高，主要表现为水土流失严重；在长白山天池（白头山天池）附近区域生态环境脆弱性较高，这主要是由于该区域的平均气温低，降水多，容易形成低温冷害和洪涝灾害。

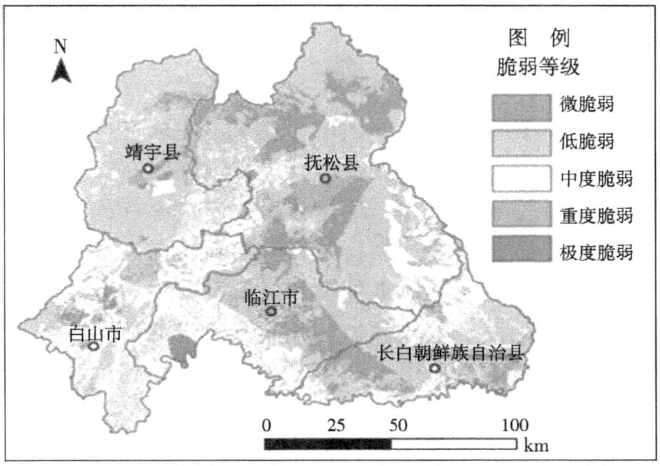

图1　白山地区生态脆弱性评价图

Fig. 1　Evaluation map of eco-environmental vulnerability in Baishan Region

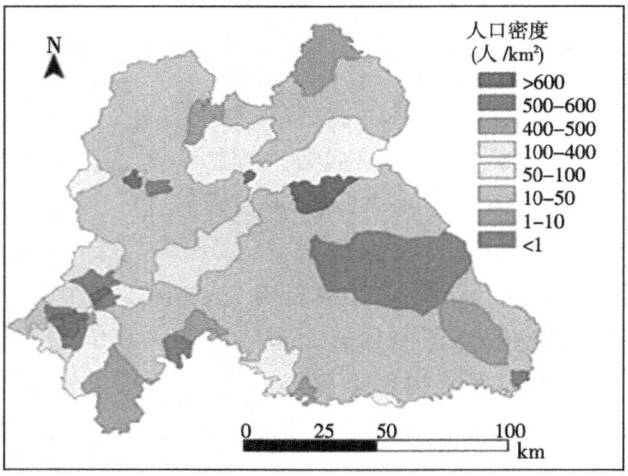

图 2 白山地区人口密度图

Fig. 2 Populational density map of Baishan Region

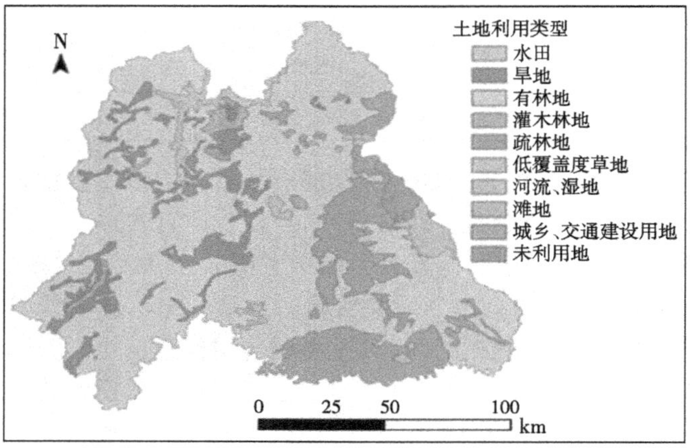

图 3 白山地区土地利用现状图

Fig. 3 Landuse type map of Baishan Region

五、结　　语

白山地区生态环境总体良好，但局部区域存在重度脆弱甚至极度脆弱生态环境。对于生态脆弱性较高的区域，应当加强植被保护，杜绝乱砍滥伐、毁林开荒等行为，减少水土流失；做好防汛抗洪和抵抗冻害的工作，尽量减少洪涝灾害和冻害带来的损失。

在本文的研究过程中，数据来源可靠，并充分借鉴了前人作过的研究，结合白山地区的实际情况选取指标和研究方法，在数据处理和分析过程中始终保持认真的态度，相信得到的结论对白山地区的土地利用、植被保护等方面有一定的参考意义。但由于时间、数据来源和作者水平有限，本文在进行白山地区生态环境脆弱性评价时所用的方法、指标有待进一步改进。

参 考 文 献

［1］张红梅，沙晋明．基于RS和GIS的福州市生态环境脆弱性研究［J］．自然灾害学报，2007，16（2）：133－137.

［2］李忠武，曾光明，等．GIS支持下的红壤丘陵区脆弱生态环境综合评价：以长沙市为例［J］．生态环境，2004，13（3）：358—361.

［3］刘振乾，刘红玉，吕宪国．三江平原湿地生态脆弱性研究［J］．应用生态学报，2001，12（2）：241—244.

［4］冉圣宏，金建君，等．脆弱生态区评价的理论与方法［J］．自然资源学报，2002，17（1）：117—122.

［5］Shi Qing，Lu Zhaohua，et al. *Evaluation model of the grey fuzzy on eco-environment vulnerability*［J］．Journal of Forestry Research，2007，18（3）：187—192.

［6］黄方，刘湘南，等．GIS支持下的吉林省西部生态环境脆弱态势评价研究［J］．地理科学，2003，23（1）：95—100.

［7］孙道玮，陈田，等．山岳型旅游风景区生态脆弱性评价方法研究［J］．东北师大学报自然科学版，2005，37（4）：131—135.

［8］张继权，梁警丹，等．基于GIS技术的吉林省生态灾害风险评价［J］．应用生态学报，2007，18（8）：1 765—1 770.

［9］陈建军，张树文，等．吉林省水土流失敏感性评价［J］．水土保持通报，2005，25（3）：49—53.

［10］谢花林．基于GIS的典型农牧交错区土地利用生态安全评价［J］．生态学杂志，2008，27（1）：135—139.

［11］陈美球，蔡海生，等．基于GIS的鄱阳湖区脆弱生态环境的空间分异特征分析［J］．江西农业大学学报，2003，25（4）：523—527.

［12］赵跃龙，张玲娟．脆弱生态环境定量评价方法的研究［J］．地理科学进展，1998，17（1）：67—72.

［13］白晓明．吉林省生态环境及生态省建设的研究［M］．长春：吉林大学出版社，2000.

［14］杨令宾．计量地理学［M］．长春：吉林人民出版社，2005.

［15］张继权，魏民．加权综合评分法在区域玉米生产水平综合评价与等级分区中的应用．经济地理，1994，14（5）：19—21.

［16］吉林省人口普查办公室．吉林省2000年人口普查资料［M］．北京：中国统计出版社，2000.

［17］吉林省测绘局．吉林省国土资源地图集［M］．北京：科学出版社，1990.

［18］高志强，刘纪远，庄大方．基于遥感和GIS的中国土地资源生态环境质量同人口分布的关系研究［J］．遥感学报，1993，3（1）：66—70.

［19］吉林省统计局．2007吉林统计年鉴［M］．北京：中国统计出版社，2007.

［20］吉林省水利厅．吉林省水旱灾害［M］．长春：吉林科学技术出版社，1998.

［21］张继权，李宁．主要气象灾害风险评价与管理的数量化方法及其应用［M］．北京：北京师范大学出版社，2007.

［22］黄裕婕，张增祥，周全斌．西藏中部的生态环境综合评价［J］．山地学报，2000，18（4）：318—352.

GIS-Based Ecological Vulnerability Evaluation in Baishan Region

Liu Bingxin[1], Tong Zhijun[2**], Zhang Jiquan[2]
(1. Environmental Information Institute, Dalian Maritime University, Dalian 116026, China;
2. College of Urban and Environmental Sciences, Northeast Normal University, Changchun 130024, China)

Abstract: The index system was constituted in this paper using meteorological data, vegetation data, soil data and socio-economic statistics, and then eco-environment vulnerability was evaluated. Based on the powerful spatial analysis function of GIS, using 100 m×100 m real area as basic unit, the eco-environment vulnerability of Baishan Region was evaluated with the Analytical Hierarchy Process and Weighted Comprehensive Analysis. According to the results of the evaluation, we can see that the eco-environmental vulnerability of a great part of this region belongs to the low or moderate grade, and the eco-environmental vulnerability belongs to the severe or even the extremely grade in the zone that has a high population density and where the upland is the main land-use type.

Key words: Baishan Region; eco-environmental vulnerability; Geographical Information System; Analytical Hierarchy Process; Weighted Comprehensive Analysis

长白山火山灾害评估与喷发趋势分析*

龚文婷　张继权**　佟志军　刘兴朋
（东北师范大学城市与环境科学学院，长春，130024）

【摘要】 长白山火山是我国著名的火山旅游风景区，是我国“十大”名山之一，同时长白山火山也是著名的活火山，有史以来至少经过了5次大规模的喷发。火山活动导致的火山灾害，对人类活动有很大影响。本文从自然灾害成灾机制的理念出发，根据历史文献和现有的研究成果，分别从孕灾环境、致灾因子、承灾体、灾害损失四个方面对长白山火山灾害进行评估，分类分析了现有长白山火山喷发趋势的理论。

【关键词】 长白山　自然灾害成灾机制　火山灾害评估　火山喷发趋势

Disaster evaluation and eruption tendency analysis of Changbaishan Volcano

Gong Wenting, Zhang Jiquan, Tong Zhijun, Liu Xingpeng
(College of Urban and Environmental Sciences,
Natural Disaster Research Institute, Northeast Normal University,
Changchun 130024, China)

Abstract: Changbaishan Volcano is a famous volcanic scenic spot in China, which is one of the top-ten famous mountains in our country. Changbaishan volcano is a famous active volcano, and at least, five large-scale volcanic eruption occurred in the history. Volcanic disasters attributing to volcanic activity impact significantly to human activities. This article starting from the idea of the causing natural disasters mechanism, according to the historical documents and existing research results, and through the environment of gestating disaster, the factor of causing disaster, the substance of receiving disaster and the disaster loss to evaluate the volcanic hazard, and then analyze existing theory of the eruptible tendency of the Changbaishan volcano.

---

* 基金项目：973计划前期研究专项课题（2009CB426305）。

** 通讯作者：张继权（1965～），男，吉林九台人，教授，博士，博士生导师。E-mail：zhangjq022@nenu.edu.cn。

Key words: Changbaishan; causing natural disasters mechanism; volcanic disaster evaluation; the tendency of volcanic eruption

一、火山灾害形成机理

1. 自然灾害形成的原理

自然灾害是指自然变异超过一定的程度，对人类和社会经济造成损失的事件。关于自然灾害形成机制，国内外主要存在以下几种理论：致灾因子论、孕灾环境论、承灾体论及区域灾害系统论[1]。根据目前比较公认的自然灾害定义，一定区域自然灾害的形成一般应具有四个最重要的因素，是致灾因子、孕灾环境、承灾体和灾害损失综合、相互作用的产物（如图 1）。

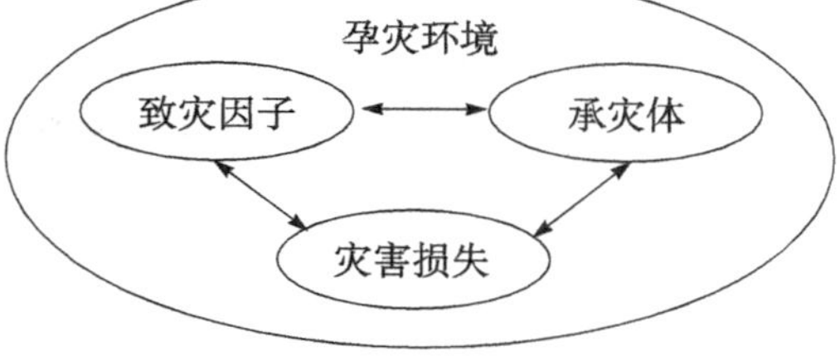

图 1　自然灾害系统构成要素示意图

孕灾环境包括灾害产生的自然环境和人为环境。研究不同孕灾环境下灾害类型、频度、强度、灾害组合类型等，建立孕灾环境与致灾因子之间的关系，利用环境演变趋势分析致灾因子的时空强度特征，预测灾害的演变趋势。

致灾因子即灾害危险性因子，它是指可能造成财产损失、人员伤亡、资源与环境破坏、社会系统混乱等孕灾环境中的易变因子，即孕灾环境包括致灾因子。致灾因子论认为，灾害的形成是致灾因子对承灾体作用的结果，没有致灾因子就不会形成灾害。

承灾体即灾害作用的对象，它是指包括人类本身在内的物质文化环境，主要有农田、森林、草场、道路、居民点、城镇、工厂等人类活动的财富集聚体，是人类活动及其所在社会中各种资源的集合。一般包括生命和经济两个部分。承灾体的特征主要包括暴露性和脆弱性两个部分。承灾体暴露性描述了灾害威胁下的社会生命和经济总值，脆弱性描述了暴露于灾害之下的承灾体对灾害的易损特征（如成灾体结构、组成、材料等）。通过对成灾体研究，确定区域经济发展水平和社会脆弱性，为防灾减灾、灾后救助提供指导。

灾害损失即灾情。灾情为灾害的结果，灾情的大小不仅与灾害的强度有关，而且与社会脆弱性、防灾减灾能力、人们对灾害的认识水平等很多因素有关。

2. 火山灾害形成的原理

火山喷发可以造成巨大的火山灾害，包括大量人员伤亡、财产的损失、生产的破坏、生态环境破坏和基础设施的破坏等。一次火山喷发是否会导致发生火山灾害及灾害大小轻重程度，既取决于火山喷发的地点（人口稠密区，有人居住区或偏远无人区），也取决于火山喷发的类型及其引发的火山灾害类型。当然，更取决于是否对该火山进行检测与研究，并在事前作出该火山的灾害区划图及减灾对策。不同的火山灾害类型所波及的范围和灾害程度是不同的[2]。根据目前比较公认的自然灾害系统构成要素理论，分别把致灾因子、孕灾环境、承灾体和灾害损失四个方面应用于火山灾害系统评估中（如表 1）。

- 火山灾害系统
  - 孕灾环境
    - 地质构造背景
    - 历史喷发背景
  - 致灾因子
    - 火山碎屑流
    - 熔岩流
    - 火山滑坡、泥石流
    - 火山碎屑、火山灰
    - 火山气体及其气溶胶
    - 火山地震
    - 火山冲击波
    - 火山喷发造成的海啸
    - 火山灰云对飞行安全的
  - 承灾体
    - 人口、畜生、名胜风景和自然保护区
    - 火山区社会经济结构
    - 生态系统
  - 灾害损失
    - 人口损失
    - 畜生损失
    - 基础设施损失
    - 经济损失（直接、间接、生态经济损失）

表 1　火山灾害系统评估图

二、长白山火山灾害研究现状

1. *孕灾环境方面*

火山喷发的控制因素很多，主要取决于历史上大的喷发背景、岩浆的物质成分、断裂构造等方面。

（1）在历史上喷发背景方面：近年来，日本、俄罗斯的堪察加半岛等地都有火山喷发，而在历史上长白山火山喷发往往与日本火山相呼应，这也是全球大的地质孕灾环境[3]。长白山火山是著名的活火山，在历史上曾有过特大规模喷发，它的休眠期已达百年，这与历史上的喷发周期大体相当，这是长白山火山孕灾环境中不稳定的喷发历史背景。

（2）在岩浆的物质成分方面：刘嘉麟等认为[4]，长白山火山的后期喷发都是碱性岩浆，其爆发力是很强的，如果再次喷发其规模和强度都会很大。段永红等利用 71 个远震的波形资料，用接收函数方法提取了布设在长白山—镜泊湖火山区的 34 个宽频带流动数字地震台站的接收函数，通过对接收函数反演，获得了台站下方的 S 波速度结构。研究结果表明，长白山天池（白头山天池）火山口附近地下 10 km 左右有一明显的低速层存在，推测有岩浆房[5]，这种浅层岩浆房的存在是导致火山喷发的基础，有喷发的危险。王彦生等[6]根据长白山区大面积分布的基性火山熔岩、碱性火山碎屑岩以及分布局限的碱性火山熔岩的地质特征认为，长白山火山爆发作用过程，由岩浆型向蒸气—岩浆型，到蒸气型过渡，长白山天池（白头山天池）火山目前由中年期在向老年期转化，相对较为稳定。

（3）在断裂构造方面：根据地球物理探测，在距长白山不远的北部珲春一带有深源地震的存在，暗示太平洋板块能俯冲到这个地区[3]，这为火山喷发提供了动力机制。王彦生等认为[6]，构造主要为放射状和环状断裂，反映出张性特点，属开放体系，不具备能量积聚的构造环境特征，断裂构造相对稳定。长白山火山区处于断裂带上，地震比较频繁，地热发育，温泉广布，大量温泉群，水温为 50～80℃，最高水温达 81.3℃[7]。刘嘉麟等认为，这是该地区地壳和火山处于活动状态的一种显示。而王彦生等认为，这些温泉基本属深源的，意味着是地下能量缓慢释放的一种表现形式，其稳定性较好。李范熙分析了长白山天池（白头山天池）火山 1985～1991 年模拟记录的地震波形特征，划分为两类地震：第 1 类是能看出 S 波反射波的低频波微小地震；第 2 类是类似于构造地震的微小地震。第 1 类地震活动可能与火山下岩浆活动有联系，反映长白山天池（白头山天池）火山属于活动火山[8]。

2. 致灾因子方面

长白山火山未来一旦发生喷发，形成的空降灾害、火山碎屑流灾害、火山泥石流灾害，将对长白山自然保护区、居民、火山区的建筑设施、工农业生产造成巨大破坏和影响。所以其地质灾害方面的致灾因子主要考虑了空中降落火山碎屑物、火山碎屑流、火山泥石流三个因子。对这三种致灾因子很多学者应用不同的研究方法、研究视角作过很多研究。

（1）对空中降落火山碎屑物的研究：在空中降落火山碎屑物的划带和制图方面，杨清福[9]根据火山碎屑粒度、火山灰厚度，将空中降落火山碎屑物灾害分的 3 个带为极重、重灾、轻灾带，以长白山天池（白头山天池）火山口为中心半径 7 km 的范围，在厚度＞25 cm 的碎屑物降落区为重灾害带，厚度小于 25 cm 的碎屑物降落区为轻灾害带。刘松雪[10]依据长白山火山 800 年前大爆发空落火山碎屑的分布[11]，编制了空落火山碎屑堆积物灾害 A，B，C 三个带：灾害带 A，空落火山碎屑厚度＞20 cm；灾害带 B，空落火山碎屑厚度 20～10 cm；灾害带 C，空落火山碎屑厚度 10～1 cm。在研究方法上，于红梅等[12]以 Suzuki 火山灰扩散数学模型为基础，考虑了空气参数随海拔高度的变化和不同大小的颗粒由于内含气泡数量的不同而造成的密度不同，计算了不同尺寸颗粒的最终沉降速度和沉降时间，对长白山天池（白头山天池）火山千年大喷发空降碎屑物的空间分布进行了数值模拟。

（2）对火山碎屑流的研究：在火山碎屑流的划带和制图方面，杨清福[9]把火山碎屑流分布区定为极重灾带，是以长白山天池（白头山天池）火山口为中心，半径 40～60 km 的范围；刘松雪[10]把长白山火山碎屑流灾害划分为 A（最严重和最频繁受到影响地带），B（特别大的火山爆发时可能影响到的地带）。从地质学视角出发，杨清福等[13]对长白山天池（白头山天池）火山千年大喷发火山碎屑流堆积进行了粒度分析，分析结果表明，火山碎屑流堆积分选差，伴生的灰云浪堆积分选性好。

（3）对火山泥石流的研究：在火山泥石流的划带和制图方面，杨清福[9]根据火山泥石流的特点、河流的密集程度、原生火山碎屑的分布，以火山口为中心，半径为 75 km 左右，将火山泥石流灾害分为重灾带和轻灾带，绘制了长白山天池（白头山天池）火山灾害区划图。刘松雪[10]依据长白山火山 800 年前爆发火山泥流分布绘制了火山泥流灾害图，距火山口超过 300 km，火山泥流最深＞30 m，沿江两岸最宽＞10 km，在 A 带内出现稍小规模泥石流，B 带是更大的火山泥流。在研究角度上，孙平等[14]从地质原理角度出发，对长白山区泥石流灾害进行研究，认为长白山地区为山坡型泥石流，就其形成条件：区内广泛分布的倒石堆为泥石流的形成提供了主要物质来源，陡峭的地形提供了动力条件，丰富集中的降雨是诱发因素。针对其形成条件方面展开了具体的研究。在研究方法上，姚文清等[15]应用了层次分析法对长白山天池（白头山天池）泥石流危险度进行了研究，利用层次分析法建立了层次结构模型，确定成对比较矩阵，计算权向量，进行一致性检验，从而为泥石流的预警和治理提供了依据，较好地克服了确定评价因子权重的主观性。

3. 承灾体方面

我国目前暂时没有针对长白山火山灾害承灾体方面的研究。

4. 灾情方面

在地质灾害损失方面：刘松雪[10]依据长白山火山800年前大爆发，对空降灾害、火山碎屑流灾害、火山泥石流灾害的范围进行了预测，并预测了其受灾范围和对大型工程建设的影响。在长白山火山喷发气体造成的灾情损失方面：郭正府等[16]讨论了新生代长白山天池（白头山天池）火山喷发对气候环境造成的影响。火山旋回早期富含 HF 气体导致动物窒息，甚至大批集群死亡；晚期喷出的大量硫化物气体可以形成大规模酸雨和剧毒火山灰云幕，对周围的动植物生长有严重影响。郭正府等[17]系统测定了长白山天池（白头山天池）火山历史时期大喷发从早期到晚期喷出的气体成分和含量，进而探讨了该火山气体对环境的影响。在火山喷发造成的森林损失方面：崔钟燮等[18]探讨了长白山一万年以来火山活动的期次、规模及所造成的森林火灾。

三、长白山火山灾害现状评估

1. 孕灾环境方面

长白山天池（白头山天池）火山历史上曾有过多次喷发（一万年以来，如图 2）。据刘若新等（1997，1998）的研究结果表明，至目前为止，长白山天池（白头山天池）火山至少有 5 次以上的喷发，其喷发序列为：距今约 5 000 年（大规模爆炸式喷发）；距今约 4 000 年（中小规模喷发）；距今约 935～1 000 年的千年大喷发（大规模爆炸式喷发）；距今 300 年左右两次中等规模的喷发（即公元 1668 年、1702 年）；最近的一次小规模喷发是在 1903 年。其中发生在大约 1 000 年前的大规模爆炸式喷发，就其规模和猛烈程度属于全球近 2 000 年来最大的喷发之一。长白山火山 1 000 年前大喷发，火山灰向东一直飘过日本海，到达日本，超过 1 000 km，是世界上有史以来最大的火山喷发之一。

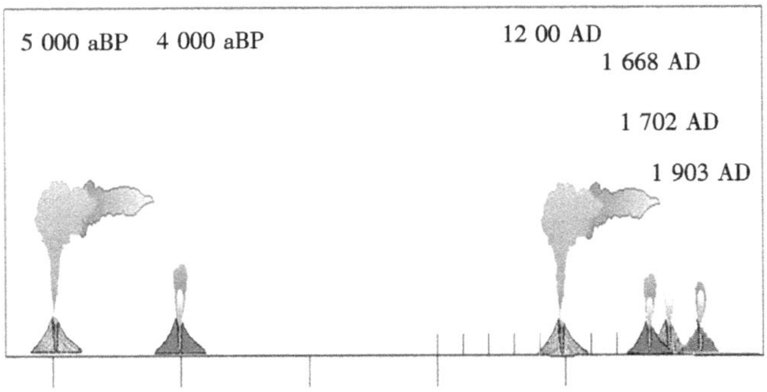

图 2　长白山火山喷发历史图

长白山火山的地质构造背景为，火山区以火山锥体为中心，向周围大体呈同心环状节节下降，构成以中心山锥体、中部山麓倾斜熔岩高原和外围熔岩台地的南西高、北东低的地貌特征[19]，中心椎体海拔 1 700 m 以上，坡度 30°左右；锥体底部平面呈椭圆形，长轴沿北西南东展布，长轴 27 km，短轴 15 km；火山锥体顶部中心为蓄水 20×10 m 的火山口湖，即长白山天池（白头山天池）。长白山天池（白头山天池）火山区存在一系列断裂构造，它们与火山活动密切相关。其中六道沟——长白山天池（白头山天池）甑峰山断裂和白山镇—长白山天池（白头山天池）—金策断裂为两条超岩石圈断裂，是长白山天池（白头山天池）火山区的主断裂，前者走向北东，倾向南东，长 180 km；后者走向北西，近直立，长 320 km。考察和研究表明，晚于 0.28Ma 以来六道沟—长白山天池（白头山天池）—甑峰山断裂北西和南东两盘差异性抬升运动达 110 m；早于 0.28Ma 以来，白山镇—长白山天池（白头山天池）—金策断裂的北东和南西两盘差异性抬升运动达 70 m。这些断裂的存在、活动和作用对中心式喷发的长白山天池（白头山天池）火山起着重要的作用，控制了晚第三纪以来玄武岩和粗面岩的分布，甚至控制着该区未来的火山活动。刘明军等人研究认为[20]，北东向主断裂六道沟—长白山天池（白头山天池）—甑峰山断裂垂向活动速率大于北西向主断裂白山镇—长白山天池（白头山天池）—金策断裂的垂向活动速率，使热液蚀变带顶界面处在不同的高度，造成长白山天池（白头山天池）火山西块体地形坡度较东块体更陡，水系更发育。北东向主断裂和北西向主断裂在长白山天池（白头山天池）交汇，将长白山天池（白头山天池）火山切成 4 个块体，并造成北块体抬升幅度最大。长白山天池（白头山天池）火山北块体较其他块体抬升更快且岩浆囊距地表较浅，火山活动的危险性可能更大，值得密切关注。赵文吉认为，长白山地区的火山作用完全受中国东部裂谷作用的控制[21]。火山作用晚期，由于岩浆成分向酸、碱性方向演化，使火山活动呈现出规模减小而强度增大的趋势。但就整个火山演化史来看，如无重大全球性构造事件，长白山地区火山作用将随中国东部大陆裂谷作用的闭合而逐渐停息。

2. 致灾因子方面

火山灾害作为主要自然灾害之一。其灾害类型如下：（1）火山碎屑流造成的灾害；（2）熔岩流造成的灾害；（3）火山滑坡、泥石流及洪水灾害；（4）火山碎屑、火山灰造成的灾害；（5）火山气体及其气溶胶造成的灾害；（6）火山地震灾害；（7）火山冲击波灾害；（8）火山喷发造成的海啸灾害；（9）火山灰云对飞行安全的影响。关于长白山天池（白头山天池）火山灾害类型，有关专家讨论了长白山天池（白头山天池）火山未来可能出现的火山灾害类型，包括空中降落火山碎屑灾害、火山碎屑流灾害和火山泥石流灾害[22]。

（1）长白山天池（白头山天池）火山空中降落火山碎屑物

火山喷发空中降落碎屑堆积物是指火山爆发时，从火山口喷向空中的所有产物，而后在强劲单向风的吹拂下降落下来[23]。公元 1215 年空降浮岩堆积以长白山天池（白头山天池）火山口为中心，呈扇形分布，长轴为北西—南东向。火山口北西侧堆积物面积小，南东侧面积大。呈壳层状覆盖在先存地形之上。在火口边缘，空降浮岩具弱熔结，向火口一侧陡倾，向外侧缓倾，在地表流水冲刷下形成各种尖峰，如鹰嘴峰。在火口缘凹口处，空降浮岩平缓外倾。锥体外缘，空降浮岩披盖在平缓的山脊、小山包以及玄武岩台地上。近火口缘以浮岩为主，占70%～90%，远离火山口浮岩含量达90%以上，浮岩成分为碱流岩质。此外为少量的围岩碎屑，主要是粗面岩和玄武岩，偶见花岩闪长岩。空降浮岩堆积物总体上呈细粒亏损。

（2）长白山火山碎屑流

大规模的火山爆发，常常形成巨大的火山碎屑流，其能量大，流速快，平均速度可达每秒几十米，它们从火山口喷出后以迅猛的速度沿山坡向下流动，在相当短的时间可摧毁火山口周围的方圆几公里甚至上百公里范围内的森林、城市、村庄、桥梁及建筑物等，同时也对火山口附近居民的生命安全和活动场所造成严重的威胁与破坏。火山碎屑流是高温的充满气体的火山物质的碎片沿地表的流动，特别是沿低地和河谷流动。火山喷发柱垮塌是其主要形成方式。火山碎屑流温度高达715～1 000℃，可以每小时200 km的速度前进。较大的火山碎屑流可前进距火山口100 km。

（3）长白山火山泥石流

长白山火山一旦再次爆发，极有可能引发火山泥流，火山泥流主要指火山碎屑流及熔岩流在高速流动过程中与水或积雪融合形成的高密度流体，其流速快，能量大，成分复杂，以紊流流动为主。据初步研究，长白山火山800年前的大爆发，火山泥流沿松花江而下，越过丰满电站和吉林市，距火山口超过300 km，火山泥流最深>30 m，沿江两岸最宽>10 km。长白山天池（白头山天池）蓄水量20.4亿m^3，而且长白山火山每年积雪、积冰巨厚，长达9个月，因此，火山爆发时极有可能引发火山泥流。

长白山天池（白头山天池）火山喷发活动除了产生地质灾害以外，火山喷发的气体对周围环境也产生了很大的影响，成为了长白山火山灾害的致灾因子。它喷出的火山气体导致了当时大气圈中SO_4^{-2}浓度的显著增加，长白山天池（白头山天池）火山喷出气体以卤化物为主，但旋回晚期硫化物气体有增加趋势。长白山天池（白头山天池）火山1 000年前大喷发的S，F和Cl含量相对较高；从早期到晚期，火山气体含量呈两个趋势相同的旋回式变化：卤化物气体和H_2O呈降低趋势，而硫化物气体呈增加趋势；岩浆包裹SiO_2含量和Cl/S值也呈降低趋势。

3. *承灾体方面*

根据历史上的记载，长白山天池（白头山天池）火山发生较大规模的喷发，设定预测的最大受灾害范围是以长白山天池（白头山天池）为中心，半径60 km的圆形区域，灾害面积12 000 km^2。这一区域包括延边朝鲜族自治州的安图县、和龙市，白山市的抚松县、长白朝鲜族自治县、临江市等5个县的部分或大部分地区。由此对这5个县展开了基本的调查，根据吉林省2007年统计年鉴记载，总人口数分别为：临江市30.1万人，抚松县8.32万，长白朝鲜族自治县17.89万人，和龙市20.78万人，安图县21.54万人；牲口总数分别为：临江市39 387头，抚松县80 930头，长白朝鲜族自治县22 197头，和龙市38 481头，安图县52 848头。人口和牲畜越多，说明该地区暴露性就越大。火山区的社会经济结构，从各县的生产总值方面来看分别为：临江市235 955元，抚松县388 961元，长白朝鲜族自治县105 837元，和龙市160 700元，安图县183 197元。其中生产总值又可细分为工业、建筑业、农业、牧业、渔业生产总值。一个地区的生产总值越大，其暴露性也就越大，一旦灾害发生，损失也将越大。从自然保护区的面积来看，临江市和和龙市内没有自然保护区，抚松县为111 296 hm^2，含自然保护区1个，长白朝鲜族自治县为

56 700 hm^2，含自然保护区 2 个，安图县为 196 577 hm^2，含自然保护区 2 个；其森林面积据记载临江市 243 648 hm^2，抚松县 375 906 hm^2，长白朝鲜族自治县 218 546 hm^2，和龙市 520 868 hm^2，安图县 384 626 hm^2。自然保护区和森林面积越大，越容易遭到损坏。

4. 灾情方面

在 1 000 年前长白山火山大喷发时，长白山天池（白头山天池）一带属于人迹罕至的未被开发地区，未造成实际灾害。但是今天的长白山区，已聚居数以 10 万计的人口，并建立了长白山自然保护区，又是我国重要的林业基地。如果再次发生类似距今 1 000 年前那样的大规模喷发，事先不作出预报并采取相应措施的情况下，其所造成的生命财产损失将是十分巨大的。所以对长白山火山空中降落火山碎屑物、火山碎屑流、火山泥石流三个因子所造成的灾害灾情，专家预测如下[10]：（1）空落火山碎屑可以造成屋顶坍塌；甚至造成建筑物、森林、庄稼、蔬菜等被掩埋，交通破坏，供电、供水中断；火山灰使人畜呼吸困难以及有毒气体毒害人畜等。根据长白山火山未来爆发空落火山碎屑堆积物灾害范围，预测长白山火山一旦再次发生大规模爆发，必将对延边地区、珲春东北亚经济开发区的工农业生产建设造成巨大影响和破坏。（2）长白山火山 800 年前的大爆发，富含火山灰的浮岩流状堆积物环绕长白山火山分布，面积约 2 100 km^2，流的前锋最远越过二道白河镇，距火山口长白山天池（白头山天池）＞50 km。该火山碎屑流中含大量炭化木，标志大量原始森林被毁。长白山火山再次喷发火山碎屑流对生命和财产的主要危险可能涉及长白山火山 50 km 的二道白河镇的居民、房屋和建筑以及建筑在长白山脚下、二道白河源头的宾馆、饭店。（3）由于火山泥流流速较高，且比重较大，可摧毁和掩埋其前进途中的所有人，车辆和建筑，沿松花江上的丰满、白山等梯级电站将受到火山泥流的巨大冲击，如果发生连锁性破坏，将造成洪水泛滥，沿江两岸城镇和田园遭到破坏，其结果不堪设想。长白天天池（白头山天池）蓄水量 20.4 亿 m^3，而且长白山火山每年积雪、积冰巨厚，长达 9 个月。因此，火山爆发时极有可能引发火山泥流。依据长白山火山 800 年前爆发火山泥流分布绘制的长白山火山泥流灾害图可见，最大危险区是二道白河镇，出现稍小规模的火山泥流，同时其将最先遭到危及；如果发生 800 年前那样大的火山泥流，二道白河镇将大部分遭到破坏。当引松入长时火山泥流有可能堵塞水的引入，而且极细的火山灰漂浮在水中，水溶解有毒物质，含强碱或强酸，将无法饮用。

长白山天池（白头山天池）火山喷出的火山气体对周围环境也产生了很大影响，以卤化物气体为主的喷发对周围环境的影响主要体现在两个方面[16]：一是 HF 气体吸附在火山灰（尘）表面，形成迅速扩散的剧毒 HF 气体云，沉降后污染植被和水质，使动物窒息、死亡。二是火山 HCl 气体破坏大气圈臭氧层，甚至形成“臭氧空洞”，严重破坏环境和生态平衡，使动植物因接受过量紫外线辐射而损坏和死亡。此外，火山硫化物气体可导致地表温度下降，形成酸雨和剧毒的火山灰云幕，损坏动物的皮肤、眼睛和呼吸系统、水循环、植被及土地肥力。喷发旋回早期，HF 含量较高的大量火山气体造成周围地区动物窒息，甚至集群死亡；晚期喷出的硫化物气体形成大规模酸雨和剧毒的火山灰云幕，将严重影响动植物的生长。火山 HCl 气体则导致大气圈臭氧层减薄，破坏臭氧层。

火山喷发造成了大面积的森林被烧毁，依据火山喷发炭化木 C14 的年代分析及分布地域分析[18]，长白山全新世以来的 6 期火山活动中，有 3 次造成了大规模的火山林火灾害，即园池期、小沙河期和奶头山期。各期的受灾面积为：园池期：30 km^2；小沙河期：32 km^2；奶头山期：70 km^2。依据 1 km^2 内火烧林的材积量为 30 000 m^3，可确定各受灾期的林火灾害程度为：园池期：90 万 m^3；小沙河期：96 万 m^3；奶头山期：210 万 m^3。其评估结果可见，奶头山期是最严重的 1 次，其火烧面积、火烧木材、火灾规模均远远超过前两期。

四、长白山火山喷发趋势分析

目前，长白山天池（白头山天池）火山的研究工作正在逐步深入，其能否发生喷发，是近期还是远期，喷发的规模大小以及波及范围有多广等，都受到了地学工作者的关注，本文将其归纳起来主要有以下两种观点：

一种是以刘嘉麒为代表，认为长白山天池（白头山天池）是一座活火山，随时都可能发生爆发的理论[24]，他认为长白山火山的后期喷发都是碱性岩浆，其爆发力是很强的，如果再次喷发，规模和强度都会很大。长白山火山区处于断裂带上，地震比较频繁，地热发育，温泉广布，大量温泉群，水温为 50～80℃，认为这是该地区地壳和火山处于活动状态的一种显示。持类似观点的还有段永红、张恒荣、刘国明、吴建平等，他们的观点分别如下：

从长白山火山站的测震资料上看，火山地震频次逐年递增，尤其是 2002 年 6 月后，地震明显增多，达每月 40 余个，且多以震群的形式出现，这表明长白山天池（白头山天池）火山活动正处于逐年增强之势，水准测量和 GPS 观测揭示长白山天池（白头山天池）附近地表出现明显的抬升和膨胀，流体地球化学流动监测发现火山区温泉出现了多种化学成分和气体含量的异常变化，也表明火山活动增强了。张恒荣、刘国明等[25]人在长白山天池（白头山天池）火山区布设的 GPS 流动观测网已初具规模，所测成果的应变分析表明，长白山天池（白头山天池）火山地壳处于膨胀上升的状态。利用 71 个远震的波形资料，段永红等[5]用接收函数方法提取了布设在长白山—镜泊湖火山区的 34 个宽频带流动数字地震台站的接收函数，通过对接收函数反演，获得了台站下方的 S 波速度结构。研究结果表明，长白山天池（白头山天池）火山口附近地下 10 km 左右有一明显的低速层存在，推测有岩浆房，这种浅层岩浆房的存在是导致火山喷发的基础，有喷发的危险。吴建平认为[26]，结合地球物理深部介质结构的研究结果，长白山天池（白头山天池）火山可能正处于休眠期后的深部岩浆活动发展阶段。刘国明等认为[27]，长白山天池（白头山天池）火山区各泉点逸出气体成分及泉水温度近年来变化较大，且具有明显的不稳定性。有些气体含量逐年上升（如 CO），有些元素的含量时而上升时而下降（如 CH_4，He，N_2），这表明该地区深部岩浆源目前正处于不稳定时期。

第二种观点以刘若新等为代表，认为长白山天池（白头山天池）是一座活火山，但近期不会喷发，是一座具有潜在喷发危险的大型近代活动火山[7,28]。刘若新参照 Tilling[29] 提出的原则，根据火山喷发历史（最近 5000 年、500 年以来是否有多次喷发）、喷发规模（是否有主要喷发）、喷发物 SiO_2 含量（安山/英安—流纹岩）、喷发物类型（碎屑喷发及是否有火山碎屑流）等作为评价火山灾害喷发危险性的一般原则，这些评价原则对于像长白山天池（白头山天池）火山来说是完全适用的。持类似观点的还有郭履灿、马石庄、王彦生、李兆甭、明跃红、苏伟、李范熙等，他们的观点分别如下：

通过野外地质调查和收集有关火山资料，王彦生、李兆甭等[6]认为火山爆发作用过程是由岩浆型向蒸气—岩浆型，到蒸气型过渡，这表明长白山天池（白头山天池）火山目前正由中年期向老年期转化；从区内广布的寄生火山锥的分布规律特征来看，是地下能量释放的后期阶段的一种表现方式，如果再次发生火山喷发，会需要一个较长时间的能量积累过程；从区域内所展布的断裂构造系统看，火山机构构造主要为放射状和环状断裂，属于张性特点开放体系，不具备能量积聚的构造环境特征；长白山天池（白头山天池）周围分布的大量温泉群基本属深源，水温为50～80℃，意味着是地下能量缓慢释放的一种表现形式；当有火山喷发前兆时，水中的S含量将增加上百倍，据1997年日本专家对长白山天池（白头山天池）水中的SO_2进行测定，其S的含量无异常变化。所以认为长白山天池（白头山天池）火山是由活动期向休眠期过渡，近期不会有太大规模的爆发。应用CT技术研究长白山火山的岩浆囊，郭履灿和马石庄[30]根据发展“上地幔S波”的三维速度结构方法，做出了通过长白山的三条速度剖面，该模型显示出在长白山天池（白头山天池）火山下面存在速度的负异常达2.5%的“低速囊”。应用“眷积反投影方法反演地壳面波品质因素Q值的成像系统”方法，根据长白山火山及其临近地面波Q值分布可以看出，长白山天池（白头山天池）地区Q=161，比中国地区Q值的平均值偏低很多，由此推论长白山火山为休眠火山。在对长白山火山区地震方面的研究中，明跃红、苏伟等[31]考虑2002年和2003年在长白山天池（白头山天池）火山口附近发生的地震事件仍然是火山构造地震，且地震活动性的强度、震群活动的频次和地形变幅度等与即将喷发的火山相比仍然较小，认为长白山天池（白头山天池）火山区的岩浆活动可能处在早期扰动阶段，短期内发生喷发的危险性不大。李范熙等[8]人通过几年来观测到的资料分类和比较研究，对长白山天池（白头山天池）火山地震波形特征进行详细剖析，把长白山地震波形分成两大类，从第一类波形中得出反射波特征。这些活动特征表明，长白山天池（白头山天池）火山可能属于活动火山，但现今处于相对稳定状态。

五、总　结

目前对长白山火山灾害的研究多侧重于地质、稳定性、监测预警等方面，本文根据自然灾害形成机制，从孕灾环境、致灾因子、承灾体、灾情四因子角度出发，对已有研究成果及观点进行了综合分析及概括，这在长白山火山灾害研究中还是第一次。本文对长白山火山灾害基础知识的普及起到了很好的作用，具有一定规模的社会效益。同时可以为火山灾害的预防，火山灾害的应急预案提供客观依据，为政府制定火山灾害管理对策、减灾规划，部署防灾、抗灾、救灾工作提供理论依据。

参考文献

[1] 史培军．四论灾害系统研究的理论与实践［J］．自然灾害学报，2005，14（6）：

1—7.

[2] 刘若新．中国的活火山 [M]．北京：地震出版社，2000.

[3] 张立敏，唐晓旺．西太平洋板块俯冲运动与中国东北深震带 [J]．地球物理学报，1983 (4)：331—340.

[4] 刘嘉麟．火山灾害与监测 [J]．第四纪研究，1999，9 (4)：414—421.

[5] 段永红，张先康，刘志，等．长白山—镜泊湖火山区地壳结构接收函数研究 [J]. 地球物理学报，2005，48 (2)：352—358.

[6] 王彦生．吉林省长白山天池新生代火山喷发作用及火山灾害的环境效应 [J]．吉林地质，2000，12 (4)：25—32.

[7] 刘若新，魏海泉，等．长白山天池火山近代喷发 [J]．北京：科学出版社，1998：159.

[8] 李范熙，金东淳，安在律．长白山天池火山地震波形分析 [J]．地震地磁观测与研究，1997，18 (6)：14—21.

[9] 杨清福．长白山天池火山潜在的火山灾害评价 [J]．地质评论，1999，8 (45)：215—220.

[10] 刘松雪，刘祥．长白山火山灾害及其对大型工程建设的影响 [J]．世界地质，2005，9 (3)：289—292.

[11] 刘祥，向天元．中国东北地区新生代火山和火山碎屑堆积物 [M]．资源与灾害，长春：吉林大学出版社，1997：1—161.

[12] 于红梅，许建东，等．长白山天池火山千年大喷发空降碎屑物的数值模拟 [J]. 地震地质，2007，9 (3)：522—531.

[13] 杨清福，史兰斌，等．长白山天池火山千年大喷发火山碎屑流堆积的粒度特征与地质意义 [J]．地震地质，2007，9 (3)：480—489.

[14] 孙平，王钢城．长白山旅游区泥石流灾害研究 [J]．世界地质，2002，6 (2)：167—170.

[15] 姚文清，王文喜，等．应用层次分析法进行长白山天池泥石流危险度研究 [J]. 四川地质学报，2006，9 (3)：188—190.

[16] 郭正府，陈晓雨，等．中国大陆火山活动对气候与环境影响的研究进展 [J]．矿物岩石地球化学通报，2007，10 (4)：319—322.

[17] 郭正府，刘嘉麒，等．长白山天池火山气体对环境的影响及潜在火山灾害研究 [J]．中国科学D辑地球科学，2005，35 (8)：781—789.

[18] 崔钟燮．长白山 1997 全新世以来火山喷发活动与森林火灾 [J]. 地理研究，1997，3 (1)：92—96.

[19] 潘纪顺，梦林．白山天池火山区浅部构造特征研究 [J]．地震学报，2006，7 (4)：399—407.

[20] 刘明军，顾梦林，等．长白山天池火山主断裂活动与热液蚀变带 [J]．中国地震，2004，3 (1)：64—72.

[21] 赵文吉．基于 RS、GIS 的长白山地区火山机构研究 [J]．应用技术，2000 (4)．

[22] 杨清福，薄景山．长白山天池火山的研究现状与展望 [J]．自然灾害学报，2007，12 (6)：133—138.

[23] FisherRV，SchmincheHU. *Pyroclasticrocks* [M]．Ber — lin：Springer — Verlag，1984：1—472.

[24] 刘嘉麒．中国火山 [M]．北京：科学出版社，1999：1—219.

[25] 张恒荣，刘国明，等．长白山天池火山监测与火山活动状态的初步分析 [J]．地震地，2003，12 (25)：109—120.

[26] 吴建平. 中国大陆火山监测研究进展 [J]．地震地磁观测与研究，2005，10 (26)．

[27] 刘国明，于洪茌，谭雨文，等．长白山天池火山监测工作进展 [J]．岩石学报，2006，022 (06)：1 491—1 493.

[28] 刘若新，李继泰，魏海泉，等．长白山天池火山：一座具潜在喷发危险的近代火山 [J]．地球物理学报，1992，35 (5)：661—664.

[29] Tilling，R. 1. VolcaDic Haz4rds，Amet—. Ge0phy. Union，1989.

[30] 郭履灿，马石庄．应用 CT 技术研究了长白山火山的岩浆囊 [J]．CT 理论与应用研究，1996，2 (1)：47—52.

[31] 明跃红，苏伟，房立华，等．长白山天池火山池震类型及火山活动性的初步研究 [J]．中国地震，2006，3 (1)：56—53.

长白山地区土地利用变化对生态系统服务价值的影响

杜会石[1,2]　刘志明[1]
（1. 东北师范大学 城市与环境科学学院，吉林 长春 130024
2. 延边大学 理学院地理系，吉林 延吉 133002）

【摘要】 以1996年和2006年两期LandsatTM/ETM影像解译数据为基础，分析了长白山地区10年土地利用/土地覆被变化，并计算由此导致的生态系统服务价值变化。应用Costanza生态系统服务价值计算公式，采用谢高地等人的中国陆地生态系统单位面积生态服务价值表，并对其作适当修订后进行计算，结果表明：10年间，长白山地区土地利用/覆被发生了剧烈变化，水田、林地和湿地面积在减少，旱田、水域、建筑用地面积在增加；ESV由1996年的1 532.82×108元减少到2006年的1 531.86×108元，减少幅度为0.06%；生态系统单项服务功能价值中，气体调节减少幅度最大，变化率达20.95%，主要由林地和湿地面积减少所致，气候调节、水源涵养、生物多样性保护均呈减少趋势；敏感性分析表明，ESV对生态价值系数缺乏弹性，研究结果可信。

【关键词】 土地利用/土地覆被变化　生态系统服务价值　长白山地区

生态系统服务是指生态系统与生态过程所形成及维持的人类赖以生存的自然环境条件和效用[1]，生态系统的功能与效益是地球生命支持系统的重要组成部分和社会与环境可持续发展的基本要素，对其进行价值评价是将其纳入社会经济体系与市场化的必要条件，也是使环境与生态系统保育引起社会重视的重要措施[2]。自从1997年Costanza等在《Nature》上发表《全球生态系统服务价值和自然资本》一文以后，国内外学者对生态系统服务价值（Ecosystem Services Value，ESV）进行了大量研究[3~6]，但如何准确而有效地评估ESV，仍是当今研究的热点问题。作为全球环境变化研究的核心领域之一，土地利用/土地覆被变化（Land Use and Land Cover Change，LUCC）通过改变生态系统的结构和功能，对生态系统维持其服务功能起决定性作用[7]。因此，研究LUCC背景下区域ESV的变化具有重要意义，国内许多学者对此进行了大量研究[8~11]。

区域尺度土地利用/覆被变化（LUCC）问题是全球变化研究的前沿和热点课题，是全球变化研究的重要组成部分，是人类与自然交互影响的核心所在。吉林长白山地区LUCC及其生态效应亦是全球变化的一种区域响应。通过对该区LUCC及其生态效应进行综合的、集成的研究，科学地把握LUCC和生态系统服务价值变化的过程和规律，进而可为生态环境恢复与重建、土地可持续利用提供科学依据，并促进生态环境、社会经济可持续发展。本研究也将充实吉林长白山地区有关LUCC及生态系统服务价值的研究。

因此，本研究集成遥感与 GIS 技术，揭示区域土地利用/土地覆被的时空变化特征，评估土地利用变化引起的区域生态服务价值的变化，为区域生态环境保护与重建、区域可持续发展提供重要的背景资料和科学依据。

一、研究区概况

长白山地区位于吉林省东部，本研究所指的长白山地区包括长白山管委会、通化地区、延边地区、白山地区，下辖 9 市、3 区、9 县。位于 125°45′～131°26′E，40°52′～44°30′N，总面积 76 562 km^2。该区属温带大陆性季风型气候。

二、数据来源及研究方法

1. *LUCC 动态数据获取方法*

研究采用的数据为 1996 年和 2006 年 LANDSAT TM/ETM 影像，均为晴空资料，空间分辨率为 30 m。同时收集到覆盖该区 1∶10 万地形图，土壤类型图、水系分布图、地质图、行政区划图，用作影像几何校正和辅助解译。选取 TM4，3，2 通道进行标准假彩色合成，以 1∶10 万地形图为基准，对遥感影像作几何精校正。对同期的影像作直方图匹配和拼接处理，再按行政区划界限对研究区进行裁剪。根据国家通用的土地利用分类系统，结合本研究的具体情况，将土地利用类型分为旱田、水田、林地、水域、湿地、建筑用地。在 GIS 软件 ArcView3.3 支持下，采用基于知识的人机交互式解译方法，提取各土地利用类型信息。借助 ArcInfo9.2 空间分析工具，可得到 1996～2006 年吉林西部各土地利用类型面积转移情况（见表 1）。

表 1　1996～2006 年长白山地区土地利用类型面积转化情况（hm^2）

Tab. 1　Land use change in study area during 1996～2006

1996 年	2006 年						
	水田	旱田	林地	建筑用地	水域	湿地	合计
水　田	160 186.10	11 227.82	267.34	662.43	74.30	0	172 417.99
旱　田	1 723.49	491 798.90	0	5 780.77	31.43	0	499 334.59
林　地	0	4 459.34	6 724 646.27	292.15	951.99	0	6 730 349.75
建筑用地	0	0	0	151 464.88	0	0	151 464.88
水　域	116.57	681.04	126.67	0	82 511.90	0	83 436.18
湿　地	0	0	0	633.39	0	18 531.17	19 164.56
合　计	162 026.16	508 167.10	6 725 040.28	158 833.62	83 569.62	18 531.17	7 656 167.95
变化面积	−10 391.83	8 832.51	−5 309.47	7 368.74	133.44	−633.39	……

2. *生态系统服务价值评价方法*

Costanza 等人的研究[1]使 ESV 估算原理和方法从科学意义上得以明确，但该项研究中某些数据存在较大偏差，如对耕地的估计过低，对湿地又偏高等。根据中国的实际情况，谢高地等人[12]参考 Constanza 的研究成果，通过概括综合制定了中国陆地生态系统单位面积生态服务价值表，并在青藏高原生态系统服务价值的估算中得以应用。

生态系统服务价值的计算公式为：

$$ESV = \sum VC_k \times A_k \quad (1)$$

$$ESV_f = \sum VC_{fk} \times A_k \quad (2)$$

式中：ESV 为生态系统服务总价值（RMB. 元），VC_k 为生态价值系数（元/hm^2·年），A_k 为研究区内土地利用类型 k 的分布面积（hm^2）；ESV_f 为生态系统单项服务总价值（元），VC_{fk} 为单项服务功能价值系数（元/hm^2·年）。

在现有的众多评价体系中，水田和旱田均被视为耕地一类进行价值评价，但由于耕作方式和作物类型等诸多差异，它们的服务功能存在较大差异。水田素有“人工湿地”之称，其水分、土壤及局部小气候与湿地相似[13]。因此，考虑研究区具体情况，以中国陆地生态系统服务单位面积价值作为基础来计算本区生态系统服务价值（表 2），修订如下：水田的气体调节、气候调节、水源涵养和土壤形成与保护等单位价值取旱田和湿地相应服务的平均值和森林相应服务中的最小值；水田多处于水域旱田过渡地带，兼具农田、湿地及水体 3 种生态系统特点，其生物多样性保护功能优于旱田，取旱田、湿地及水体生物多样性保护价值的平均值为水田的该项服务价值[14]；研究区稻田的单位产量与所有耕地单位产量之比约为 1.5∶1，因此以旱田食物生产价值的 1.5 倍作为水田的该项服务价值[8]；水田的废物处理、原材料及娱乐休闲等价值与旱田差异不甚明显，本研究以旱田的相应服务价值代替。据此可得调整后的水田单位面积服务价值（表 2）。

表 2　中国不同陆地生态系统单位面积生态服务价值表　（元/hm^2·年）

Tab. 2　Chinese Ecosystem Services Value Unit Area of Different Ecosystem Types

服务类型	旱田	水田	森林	水体	湿地	荒漠
气体调节	442.4	1 017.6	3 097.0	0.0	1 592.7	0.0
气候调节	787.5	2 389.1	2 389.1	407.0	15 130.9	0.0
水源涵养	530.9	2 831.5	2 831.5	180 332.2	13 715.2	26.5
土壤形成与保护	1 291.9	1 402.5	3 450.9	8.8	1 513.1	17.7
废物处理	1 451.2	1 451.2	1 159.2	16 086.6	16 086.6	8.8
生物多样性保护	628.2	1 681.2	2 884.6	2 203.3	2 212.2	300.8
食物生产	884.9	1 327.3	88.5	88.5	265.5	8.8
原材料	88.5	88.5	2300.6	8.8	61.9	0.0
娱乐休闲	8.8	8.8	1 132.6	3 840.2	4 910.9	8.8
总价值	6 114.3	12 197.7	19 334	202 975.4	55 489	371.4

3. 敏感性分析方法

相关研究[10]借用敏感性指数（Coefficient of Sensitivity，CS）以确定 ESV 随时间变化对 VC 变化的依赖程度。CS 的含义是指 VC 变动 1%引起 ESV 的变化情况，如果 CS>1，说明 ESV 对 VC 是富有弹性的；如果 CS<1，则说明 ESV 对 VC 是缺乏弹性的，比值越大，表明 VC 的准确性越关键。

本文通过分别调整50%的VC来计算CS，从而来说明ESV对VC的敏感程度。敏感性指数（CS）计算公式如下：

$$CS=\left|\frac{(ESV_j-ESV_i)/ESV_i}{(VC_{jk}-VC_{ik})/VC_{ik}}\right| \quad (3)$$

式中，ESV，VC，k的含义同前，i和j代表初始价值和生态价值系数调整以后的价值。

三、结论与分析

1. 土地利用转移矩阵分析

由表1得出：土地利用变化总体趋势是旱田、建筑用地、水域面积在增加，增加面积分别为8 832.51 hm²，7 368.74 hm²，133.44 hm²，其中建筑用地变化幅度最大，达4.86%；水田、林地、湿地面积在减少，减少的面积分别为10 391.83 hm²，5 309.47 hm²，633.39 hm²，其中水田变化幅度最大，达6.03%。10年来长白山地区湿地农田化现象在一定程度上存在。

从各土地利用类型的转移方向来看，旱田主要转出为建筑用地和水田，转出面积分别为5 780.77 hm²，1 723.49 hm²，转化率分别为1.16%，0.35%；林地主要转化为旱田和水域，转移面积为4 459.34 hm²和951.99 hm²，转化率分别为0.07%和0.01%；水域主要转化为旱田、林地和水田，转移面积分别为681.04 hm²，126.67 hm²，116.57 hm²，转化率分别为0.82%，0.15%，0.14%。

从各土地利用类型转移来源来看，旱田主要是由部分林地、水田、水域转化而来，10年间面积转化率分别为0.88%，2.21%，0.13%；建筑用地主要是由旱田、水田、林地转化而来，转化率分别为3.64%，0.42%，1.84%。说明人类活动是影响土地利用类型变化的主要原因之一。

2. 土地利用/土地覆被的变化幅度

土地利用类型面积变化是区域土地利用变化的重要方面，通过分析土地利用类型的总量变化，可了解土地利用变化总的态势。

表3 1996～2006年长白山地区土地利用变化统计（hm²）

Tab. 3 The statistic of Land use change in Changbai Mountain during 1996～2006

地类名称	1996	2006	变化量	变化量百分比%	幅度%	年变化率%
水　田	172 417.99	162 026.16	−10 391.83	31.81	−6.03	−0.60
旱　田	499 334.59	508 167.10	8 832.51	27.04	1.77	0.18
林　地	6 730 349.75	6 725 040.28	−5 309.47	16.25	−0.08	−0.01
建筑用地	151 464.88	158 833.62	7 368.74	22.56	4.86	0.49
水　域	83 436.18	83 569.62	133.44	0.41	0.16	0.02
湿　地	19 164.56	18 531.17	−633.39	1.93	−3.30	−0.33

耕地总量有所减少。10年净减1 569 hm²，占期内土地利用变化总量的58.85%，其中水田面积变化较剧烈，土地利用格局发生剧烈变化，从土地利用变化的数量特征可以看

出，这一时期人类活动是影响耕地面积增加的主要因素；林地面积呈减少态势。10 年减少了 5 309.47 hm^2，变化量占期内土地利用变化总量的 16.25%，说明应继续加强森林经营，使其可持续发展。湿地减少明显。湿地 10 年减少 633.39 hm^2，变化幅度达 3.33%，应切实保护现有湿地资源。建筑用地急剧扩大。长白山地区建设用地急剧扩大，从 1996 年的 15.14 万 hm^2 增加到 2006 年的 15.88 万 hm^2，年变化率为 0.49%。

3. 生态系统服务价值（ESV）变化

土地利用变化是区域生态系统服务价值减少的主要原因。研究区生态系统服务价值总体呈减少趋势。林地面积的减少和湿地面积的萎缩是本区生态系统服务价值降低的主要原因。

研究区 ESV 由 1996 年的 1 532.82×108 元减少到 2006 年的 1 531.86×108 元，10 年减少了 0.96×108 元，减少的幅度达 0.06%（见表 4)。水田面积减少最多，占变化面积总绝对值的 6.03%，减少 7.35×108 元的 ESV，占 ESV 变化绝对值的 18.18%；而占变化面积总绝对值 3.31%的湿地，却损失了 18.34×108 元的 ESV，占 ESV 变化绝对值的 0.65%；占变化面积总绝对值 0.08%的林地，损失了 0.15×108 元的 ESV。

因此，从各土地利用类型在两个时期对总 ESV 的贡献来看，土地利用变化的影响是较大的。

表 4　1996～2006 年研究区生态系统服务总价值及价值构成变化（hm^2）

Tab. 4　Total Ecosystem Services Value and Value Composing during 1996～2006

	旱田	水田	林地	水域	湿地	总计
价值系数（元/hm^2·年）	6 114.30	12 197.70	19 334.00	202 975.4	55 489.0	296 110.4
1996 年 ESV（亿元）	21.01	30.52	1301.28	169.39	10.62	1 532.82
所占比例（%）	1.37	1.99	84.89	11.05	0.69	100
2006 年 ESV（亿元）	20.36	30.80	1 300.69	169.38	10.63	1 531.86
所占比例（%）	1.33	2.01	84.91	11.06	0.69	100
1996～2006 年 ESV 变化	−0.65	0.28	−0.59	−0.01	0.01	−0.96
占变化绝对值百分比	42.21	18.18	38.31	0.65	0.65	100

4. 生态系统单项服务功能价值（ESV_f）变化

生态系统单项服务功能价值（ESV_f）的变化趋势是：气体调节减少幅度最大，减少 0.22×10^8 元，变化率达 20.95%，主要由林地和湿地面积减少所致；同时气候调节、水源涵养、生物多样性保护均呈减少趋势（表 5)。

表 5　1996～2006 年研究区生态系统服务功能价值变化表　（亿元）

Tab. 5　Estimated Annual Value of Ecosystem Services Functions during 1996～2006

生态系统服务功能	1996 年		2006 年		1996～2006 年	
	ESV_f	%	ESV_f	%	ΔESV_f	变化率(%)
气体调节	215.67	14.04	215.45	14.03	−0.22	20.95
气候调节	172.08	11.20	171.92	11.21	−0.16	15.24

续 表

生态系统服务功能	1996 年		2006 年		1996～2006 年	
	ESV_f	%	ESV_f	%	ΔESV_f	变化率(%)
水源涵养	351.22	22.87	351.01	22.87	−0.21	20.00
土壤形成与保护	241.43	15.72	241.30	15.72	−0.13	12.37
废物处理	104.27	6.79	104.22	6.79	−0.05	4.76
生物多样性保护	202.44	13.19	202.29	13.18	−0.15	14.29
食物生产	12.78	0.84	12.75	0.83	−0.03	2.86
原材料	155.46	10.12	155.39	10.12	−0.07	6.67
娱乐休闲	80.43	5.23	80.40	5.25	−0.03	2.86
总计	1 532.82	100	1 531.86	100	−0.96	100

5. 敏感性分析

根据CS计算公式，本研究把VC分别上下调整50%，计算出了研究区1996年和2006年的CS（见图1）。结果表明，ESV对VC的敏感性指数都小于1，最高值为0.55～0.58，即说明当水域的VC增加1%时，ESV增加0.55%～0.58%。这表明，研究区内ESV对VC是缺乏弹性的，研究结果是可信的。

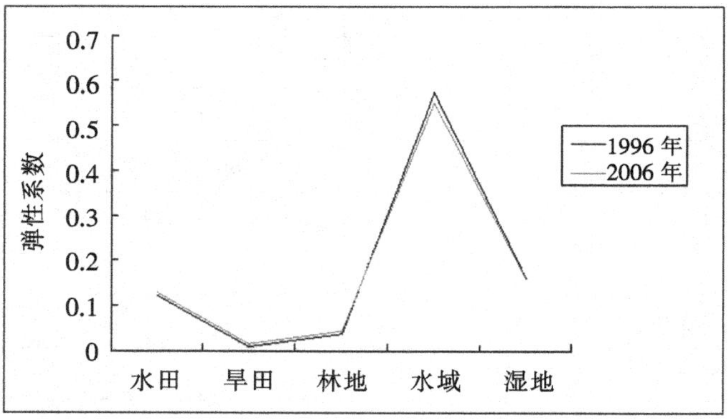

图1 ESV敏感性指数变化曲线

四、结论与讨论

1996～2006年，长白山地区旱田、水域和建筑用地的面积在增加，其余类型面积在减少。由于土地利用类型面积的变化致使该区生态价值损失0.96亿元。这种损失主要是受林地面积的减少，湿地面积的萎缩影响的。这说明人类活动是导致景观格局变化和生态系统服务价值缺失的主要原因。因此，应及时采取有效措施，促进该区生态系统服务功能的恢复和维护该区的可持续发展。

根据研究区实际情况，本文参照谢高地等人的中国陆地生态系统单位面积生态服务价值表，对其加以修订后进行估算，使计算结果更具合理性。

本研究只对因LUCC量变而导致的ESV变化的总体趋势进行了初步探讨。ESV可看成人们需求的一种“预期价值”，其价值会随着需求的变化而变化，其价值系数也会因生态资源的短缺和人们需求的增加而增加。同时，对ESV变化的空间差异的研究，也值得进一步开展。

参考文献

[1] Costanza R, d' Arge R, de Groot R, et al. *The value of the world's ecosystem services and natural capital* [J]. Nature, 1997, 387: 253—260.

[2] 陈仲新，张新时．中国生态系统效益的价值 [J]．科学通报，2000，45 (1): 17—22.

[3] Michael Toman. *Why not to calculate the value of the world's ecosystem services and natural capital* [J]. Ecol Econ, 1998, 25: 57—60.

[4] Howarth R B, Farber S. *Accounting for the value of ecosystem services* [J]. Ecol Econ, 2002, 41: 421—429.

[5] 欧阳志云，王如松，赵景柱．生态系统服务功能及其生态经济价值评估 [J]．应用生态学报，1999，10 (5): 607—613.

[6] 谢高地，肖玉，鲁春霞．生态系统服务研究：进展，局限和基本范式 [J]．植物生态学报，2006，30 (2): 191—199.

[7] Turner B L Ⅱ, Skole D, Sanderson S, et al. *Land-use and land-cover change: science/research plan* [R]. IGBP, 1995.

[8] 卢远，华璀，王娟．东北农牧交错带典型区土地利用变化及其生态效应 [J]．中国人口资源与环境，2006，16 (2): 58—62.

[9] 吴后建，王学雷，宁龙梅，等．土地利用变化对生态系统服务价值的影响：以武汉市为例 [J]. 长江流域资源与环境，2006，15 (2): 185—190.

[10] 王宗明，张树清，张柏．土地利用变化对三江平原生态系统服务价值的影响 [J]．中国环境科学，2004，24 (1): 125—128.

[11] Wang Zongming, Zhang Bai, Zhang Shuqing, et al. *Estimates of loss in ecosystem service values of Songnen plain from 1980 to 2000* [J]. Journal of Geographical Sciences, 2005, 15 (1): 80—86.

[12] 谢高地，鲁春霞，冷允法，等．青藏高原生态资产的价值评估 [J]．自然资源学报，2003，18 (2): 189—196.

[13] 刘兴土，马学慧．三江平原自然环境与生态保育 [M]．北京：科学出版社，2002.

[14] 李方，张柏，张树清，等．农田—湿地区域景观动态及其对生态系统服务功能的影响 [J]．农业系统科学与综合研究，2007，23 (1): 22—26.

Effects of Land Use Change on Ecosystem Services Value in Changbai mountain

Du Huishi[1,2], Liu Zhiming[1]
(1. College of Urban and Environmental Sciences, Northeast Normal University, Changchun, 130024, China;
2. Department of Geography, college of Sciences, Yanbian University, Yanji 133002, China)

Abstract: Using Landsat TM/ETM$^+$ data, this paper analyzed land use/cover change and examined their effects on ecosystem services in Changbai Mountain region from 1996 to 2006. The methods are based on ESV computing formula and ESV coefficients. The following results and conclusions were obtained. From 1996 to 2006, while the area of dry farmland, water area, build—up land increased, the areas of rice fields, woodlands and wetland decreased. The total value of ecosystem services of the study area declined from 1 532.82×108 in 1996 to 1 531.86×108 in 2006, with the net decline of 0.96×108 during the 10-year time period. The decreased contribution of various ecosystem functions to the overall value of the ecosystem services mainly due to the decrease in woodland and wetland. Soil formation and disposition, food production and raw materials, climate regulation, water conservation, recreation, waste treatment and biodiversity conservation had a decreased effect. The sensitivity analysis suggested that these estimates are relatively robust.

Key words: land use and land cover change (LUCC); ecosystem services value (ESV); Changbai Mountains

基于MODIS影像的长白山区植被含水量监测研究

刘　敏　黄　方
（东北师范大学城市与环境科学学院）

【摘要】水分是影响植物光合作用和生物量的主要因素之一。对植被含水量状况进行及时准确的监测对农作物水分亏缺和自然群落的干旱诊断评估、森林及草原火灾风险预测具有重要意义。本文以8日合成MODIS地表反射率500 m的数据为基础，运用全球植被水分指数模型（Global Vegetation Moisture Index，GVMI）对2000年和2007年春秋两季长白山自然保护区及其周围地区植被水分含量进行了估算，分析了植被含水量变化特征。

【关键词】植被含水量　MODIS　全球植被水分指数（GVMI）　长白山区

一、引　　言

水分是影响植物光合作用和生物量的主要因素之一。对植被含水量状况进行及时准确的监测对农作物水分亏缺和自然群落的干旱诊断评估、森林及草原火灾风险预测具有重要意义。传统获取植被水的方法主要基于野外实测法，一般采样点多时速度慢，若样点较稀疏则不精确，难以找到理想的数值，而且需花费大量人力物力，无法满足实时、大范围监测的需要。野外实测法还会涉及作物缺水指标，这些指标又需要大量的气象数据[1]。遥感技术具有高效率、高精度、快速的特点，为获取大面积区域植被水分状况提供了支持，关于植被水分的遥感反演与监测研究受到普遍关注。大量的研究表明，植被水分对热红外波段（6.0～15 μm）、近红外（700～1 300 nm）和短波红外（1 300～3 000 nm）波段比较敏感，但是热红外波段更适于指示植物的蒸腾作用，而较多地在植物含水量反演中采用近红外—短波红外波段。刘万侠等以广东省湛江市徐闻县为实验区研究农作物的土壤水分[2]，Hunt等利用1 600 nm和820 nm两处反射率的比值建立湿度胁迫指数MSI（Moisture Stress Index），发现对五种不同植被类型的MSI指数都与等效水层厚度（EWT）之间呈现较好的相关性[3]。Chen等在用Landsat数据反演含水量时发现短波红外位于1 550～1 750 nm波段较佳，而1 640 nm，2 130 nm波段处对水分的吸收很敏感[4]。MODIS以其高光谱分辨率、适中的空间分辨率等特点在干旱监测中具有明显优势。

长白山拥有我国温带乃至东北亚地区谱系最多的山地植被垂直带，与其周围广大中山、低山地生态系统一起构成我国东北地区和东北亚地区最重要的生态屏障。长白山自然保护区是目前我国面积最大、自然环境和生态系统保存最为完整的森林生态系统保护区之一。一个多世纪以来，在人类活动和全球气候变化影响下，长白山区面临包括森林资源变化、火山活动及其他灾害风险以及国际河流的水资源等生态安全问题。本文以MODIS数据为基础，利用全球植被水分指数模型对2000年和2007年春秋两季长白山保护区及其周围地区植被水分含量进行了估算，阐述了长白山地区植被水分布特征，将为全球气候变化下长白山植被响应分析、区域生态安全的评估等提供基础资料和依据。

二、植被水分模型

1. 等效水深EWT

EWT（equivalent water thickness）被定义为植被水含量（鲜重－干重）与叶面面积的比值，即

$$EWT=\frac{FW-DW}{A} \qquad (1)$$

其中，FW为植物鲜重，DW为植物干重，单位为g/m^2。由于水的比重为1，所以如果假想将相同质量的水均匀平铺在相同面积的地表上，水层的厚度数值就等于这个比值[5]。Ceccato[6]等发现在用遥感数据反演含水量时，短波红外波段与EWT相关性较好。

2. GVMI模型

全局植被湿度指数GVMI是Ceccato利用SPOT Vegetation数据研究植被水反演提出的一个新的指数，以短波红外波段取代了归一化植被指数NDVI中的红波段，定义如下[7]：

$$GVMI=\frac{(NIR+0.1)-(SWIR+0.02)}{(NIR+0.1)-(SWIR+0.02)} \qquad (2)$$

其中：NIR和SWIR分别代表近红外波段和短波红外波段的反射率。GVMI值域范围是（0～0.9）。利用GVMI指数来反演植被水含量的主要优点包括：①采用了较长波长的NIR和SWIR，使其不易受大气噪声的影响；②与物种无关，可适用于不同类型地表植被覆盖度的植被水反演[7～9]。

3. EWT与GVMI的关系

Ceccato等在建立了GVMI模型后，又进行多次反复试验，建立GVMI和EWT的关系，拟合图如下：

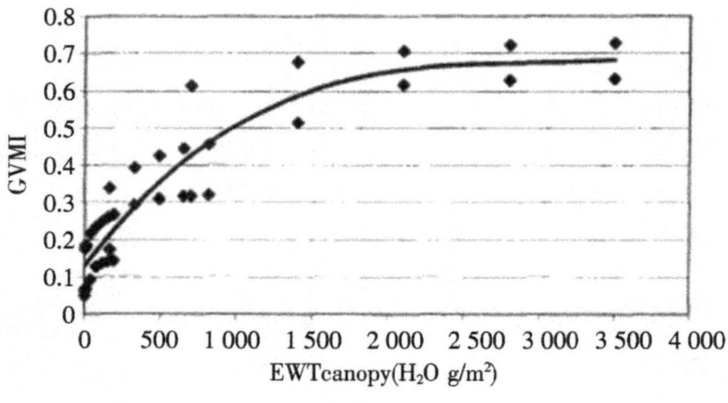

图1　GVMI－EWT模型拟合散点图[7]

Ceccato等人利用SPOT VEGETATION数据在塞内加尔选取了四个地区做实地试验，以检验该模型的实际效果，发现利用上面的公式获取的EWT与试验的结果之间有显

著的差异，但是两者的回归线是平行的[8]。本文利用上图假设：EWT 在（0～2 100）范围时，GVMI 和 EWT 成正比关系。EWT 在（2 100～+∞）范围时，GVMI 接近一个常数，而用这个常数来表示 EWT>2 100，即：在此范围内，用 GVMI 近似表示 EWT。

三、长白山自然保护区植被含水量监测

1. 数据源与预处理

中分辨率成像光谱仪（MODIS）是对地观测系统计划中最有特色的仪器之一，搭载于美国国家宇航局（NASA）的两颗卫星（Terra 和 Aqua）上。MODIS 采集的数据具有 36 个波段，分布在 0.4～14 μm 的电磁波谱范围内。MODIS 的数据更新频率较快，对实时地球观测和应急处理（例如森林和草原火灾监测和救灾）有较大的实用价值[10]。

本文分别选用 2000 年和 2007 年 4 景 8 天合成 MODIS 地表反射率影像进行长白山自然保护区植被水分的估算，空间分辨率 500 m。影像具体时相为 2000 年 5 月 1～8 日，2000 年 9 月 30～10 月 7 日，2007 年 4 月 30～5 月 7 日和 2007 年 9 月 29～10 月 6 日。利用 MRT 工具对原始影像进行投影变换，在 Erdas8.7 中剪裁出研究区范围。

2. GVMI 指数计算

植物含水量光谱诊断的实现便是以植物水分敏感光谱的反射率与水含量的相关关系为基础[11]。本文利用近红外波段和短波红外波段，对应的 MODIS 波段是 band2（841～876 nm）和 band6（1 628～1 652 nm）。针对 MODIS09 数据产品，GVMI 指数由（2）式推出下式：

$$GVMI=\frac{(band2+0.1)-(band6+0.02)}{(band2+0.1)-(band6+0.02)} \quad (3)$$

其中：band2 和 band6 分别为 MODIS09A1 数据第 2 和第 6 波段的地表反射率值。

3. 植被含水量时空变化

植被水的时空分布受自然条件、海陆位置、气候条件、降水等因素的影响[12]。本文利用 MODIS 数据计算得到了 2000 年和 2007 年长白山自然保护区春秋两季的 GVMI 指数图像（见图 2，图 3）。

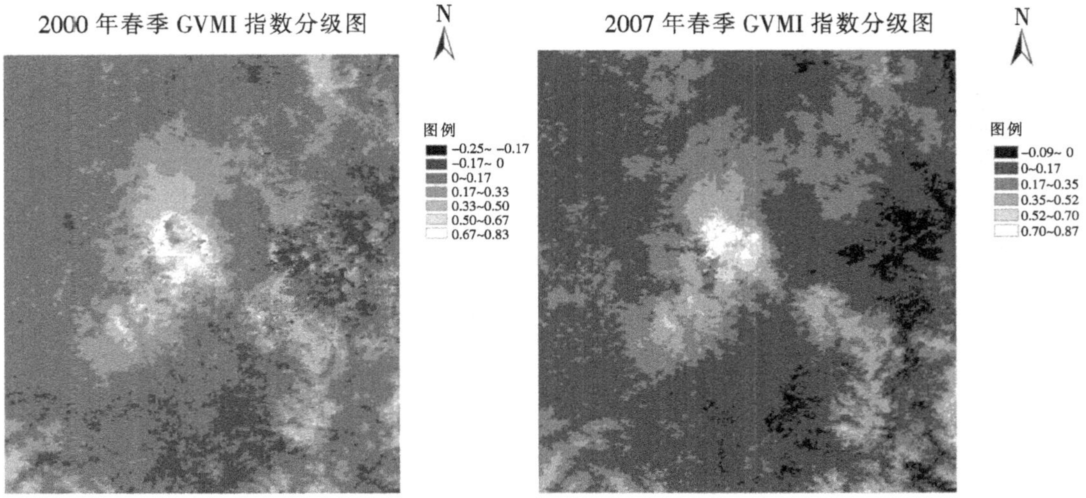

图 2　春季 GVMI 指数分级图

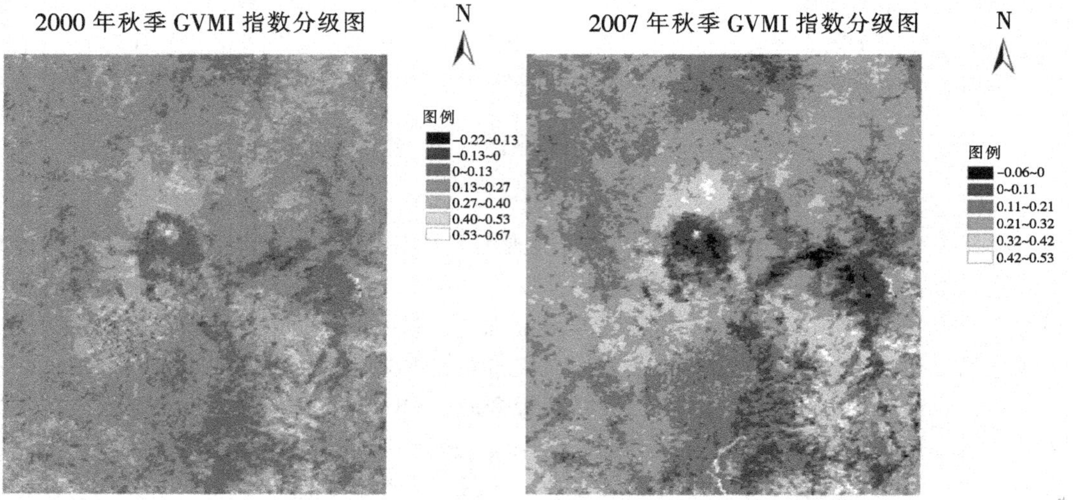

图 3　秋季 GVMI 指数分级图

在 GVMI 指数图像上，亮度大的区域表示植被水分含量高。实验区春季植被水分空间上沿垂直带分布特征明显，北坡比南坡高。2000 年春季区域 GVMI 值变化范围为－0.25～0.83，最大值为 0.872，秋季变化范围为－0.22～0.67，GVMI 最大值是 0.667，2007 年春季 GVMI 值变化范围为－0.09～0.87，最大值是 0.87，秋季最大值为 0.53。通过计算春季和秋季的 GVMI 差值，比较长白山的植被水分季节差异（图 4）。2000 年春季与秋季相比，植被水分增加的范围大于水分降低的面积，而 2007 年秋季植被水分明显低于春季，GVMI 差值为负值的范围大于水分增加的区域面积，秋季植被水分胁迫状况比春季严重。2000 年和 2007 年的植被水分分布格局相当，但 2000 年 GVMI 负值区域的面积大于 2007 年，2000 年春季植被水分明显高出 2007 年春季的植被水分。

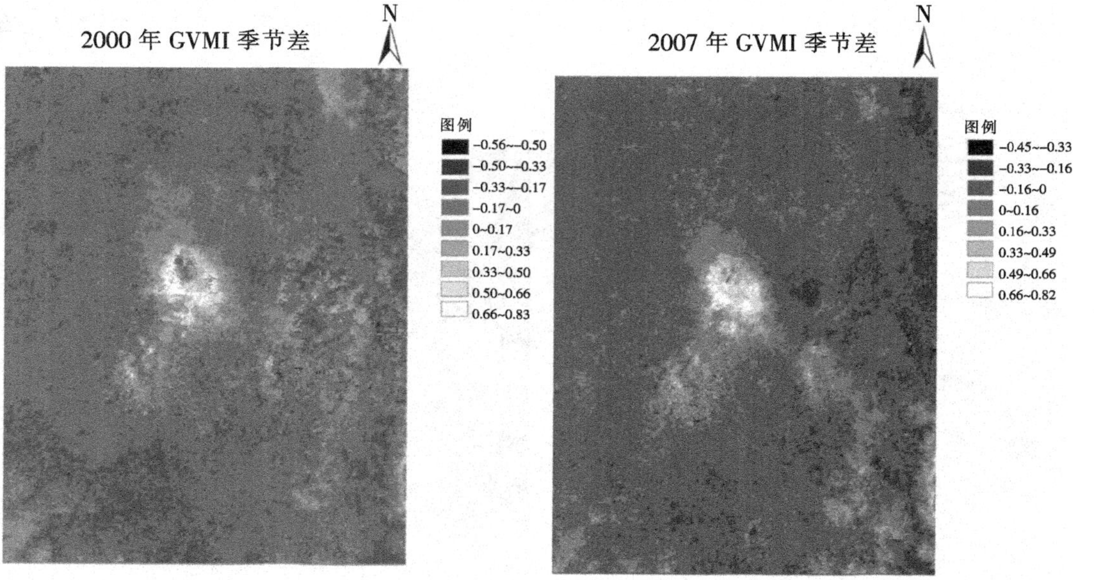

图 4　2000 年和 2007 年 GVMI 季节差值图

四、结　论

植被的含水状况直接反映了地表的含水程度，植被水含量是干旱监测、森林火灾风险预测的有效指标之一。本文利用全球植被水分指数（GVMI）模型，假设GVMI与EWT关系成立的基础上，基于MODIS数据分析了2000～2007年长白山自然保护区植被水分含量的分布特征。总的来看，研究区春季植被水分含量高于秋季，而2000年植被水分含量比2007年高。在全球暖干化的趋势下，本研究区地表植被含水量趋于下降，秋季森林火灾的潜在风险更大。

参考文献

[1] 于君明，王世新，等．植被水分遥感监测研究综述[J]．遥感信息，2008(2)：97—102.

[2] 刘万侠，刘旭拢，等．华南农作物覆盖区土壤水分ENVISAT — ASAR与MODIS数据联合反演算法研究[J]. 干旱地区农业研究，2008(26)：39—43.

[3] Hunt，E R，J r，Rock，B N. *Detection of changes in leaf water content using near— and middle—infrared reflectances* [J]．Remote Sensing of Environment，1989(30)：43—54.

[4] ChenD Y，Huang J F，Jackson T J. *Vegetation water content estimation for corn and soybeans using spectral indices derived from MODIS，near—and short—wave infrared bands* [J]．Remote Sensing of Environment，2005(98)：225—236.

[5] Danson F M，Steven M D，Malthus T J，et a1. *High-Spectral Resolution Data for Determining Leaf Water Content* [J]．International Journal of RemoteSensing，1992，13(3)：461—470.

[6] Ceccato P，Flasse S，Tarantola S，et al. *Detecting Vegetation Leaf Water Content Using Reflectance in the Optical Domain* [J]．Remote Sensing of Environment，2001，77：22—33.

[7] Ceccato P，Gobron N，Flasse S，et al. *Designing a Spectral Index to Esstimate Vegetation Water Content from Remote Sensing Data，Part1 Theoretical Approach* [J]. Remote Sensing of Environment，2002，82：188—197.

[8] Ceccato P，Flasse S，Gregoire J M. *Designing a Spectral Index to Esstimate Vegetation Water Content from Remote Sensing Data，Part 2：Validation and Applications* [J]．Remote Sensing of Environment，2002，82：198—207.

[9] 王晓红，刘耀林，杜晓. 基于MODIS图像的植被叶面水反演与农业干旱监测[J]. 武汉大学学报：信息科学版，2007，32(6)：498—501.

[10] 刘闯，葛成辉．美国对地观测系统(EOS)中分辨率成像光谱仪(MODIS)遥感数据的特点与应用[J]．遥感信息，2000(3)：45—48.

[11] 王洁，徐瑞松，等．植被含水量的遥感反演方法及研究进展[J]．遥感信息，2008(1)：100—105.

[12] 张蓓，王世新，等. 利用MODIS数据进行植被水监测的应用研究 [J]. 遥感信息，2004 (1)：19—23.

[13] 田庆久，闵祥军. 植被指数研究进展 [J]. 地球科学进展，1998，13 (4)：327—333.

Estimating Vegetation Water Content Using MODIS data in Changbai Mountain Area

Liu Min, Huang Fang

(College of Urban and Environmental Sciences, Northeast Normal University, Changchun 130024, China)

Abstract: Water is the one of the main limitation factors affecting vegetation growth. Timely and accurate detection of water content of vegetation is of great significance for improving irrigation efficiency and guiding production in agriculture, assessing drought of natural communities and predicting wildfire risk in forest as well. The GVMI index model was applied to estimate the vegetation water content in Changbai Mountain Area using MODIS data in this paper.

Key words: vegetation water content; MODIS image; GVMI; the Changbai Mountain Area

面向对象方法的土地覆被信息提取研究
——以长白山自然保护区为例

齐义娜　黄　方
（东北师范大学城市与环境科学学院，长春，130024）

【摘要】 土地利用/覆被是地球表层系统最突出的景观标志，遥感技术能够快速、准确地获取土地利用/覆被信息。随着近年来高分辨率商业化卫星的相继发射成功，遥感影像空间分辨率已达到米级，影像中地物的结构、纹理、形状等特征信息十分丰富。对高分辨率遥感影像进行信息提取时，传统的基于像元的分类方法已无法取得令人满意的效果。本文以长白山自然保护区为例，基于IKONOS影像利用面向对象的信息提取方法进行了土地覆被分类实验。实验结果表明，使用面向对象方法进行信息提取速度快，精度高，通过分割使分类结果更加客观。在最优尺度下，土地覆被总体分类精度达到87.25%。

【关键词】 土地覆被　面向对象　分割尺度　IKONOS影像　长白山自然保护区

一、引　　言

遥感技术的出现大大提高了人们认识宇宙的能力，大量各种类型的航空航天传感器所获取的遥感影像为全球和局部区域的分析，变化检测和监测提供了丰富的地球表层信息[1]。1999年以来，高分辨率商业化卫星相继发射成功。为了更有效地利用高分辨率遥感影像，近年来，人们一直不懈地研究应用于高分辨率遥感影像信息提取的分类方法。传统的基于像元的影像分类，主要是根据单个像元的光谱特性，已在低分辨率和中等分辨率的卫星遥感图像分类上取得了一定成效。基于像元的分类方法仅限于对图像低层次的理解，仅孤立地考虑单个像元的灰度特征，而忽略了更为复杂和丰富的如地物的空间分布、形状、尺寸、纹理特征，地物之间的拓扑关系以及上下文信息等。

高分辨率遥感影像的空间分辨率一般在10 m以内，相对于多光谱影像来说，由于其自身几何辐射特点，像元的混合程度明显低于中低分辨率影像。高分辨率影像数据具有丰富的空间信息、地物几何结构，纹理信息更加明显，更便于认知地物目标的属性特征，如地物的图层值、形状、纹理、层次和专题信息属性[2]。然而，高分辨率影像的光谱分辨率却很低，一般只有3～4个波段，尤其是融合所得真彩色影像，只在可见光范围内拥有3个波段，光谱信息相对较弱。其光谱统计特性不如中低分辨率影像稳定，类内光谱差异较大。仅考虑单个像元光谱信息因素的方法极易出现大量错分，结果往往出现大量椒盐噪声；如果用灰度域滤波方式抑制又会降低影像分辨率，失去高分辨率影像的意义。利用传统的基于像元的遥感分类算法对高分辨率遥感数据进行分类，往往难以取得满意的效果[3]。由于基于像元的遥感影像信息提取方法存在着不可忽视的弊端和局限，对于高分辨率遥感影像来说，必然会影响分类的精度和数据的利用率。面向对象的分类方法是一种智能化的自动的影像分析方法，其基本分析单元不再是单个像元，而是更有实际意义的影像对象。在影像光谱特征的基础上，还充分考虑了地物的形状、大小、结构等几何特征，充分考虑对象和周围环境之间的联系等因素，借助对象特征知识库来完成对影像信息的提取。本文基于 IKONOS 影像，以长白山区为例利用面向对象的信息提取方法进行了土地覆被分类实验。

二、研究区概况

长白山地区位于吉林省东南部，与朝鲜民主主义人民共和国相邻，是图们江、鸭绿江、松花江的三江发源地。长白山自然保护区始建于 1960 年，面积近 20 万 hm^2，是目前我国面积最大、自然环境和生态系统保存最为完整的森林生态系统保护区之一[4]。闻名中外的美景，一望无际的林海，以及栖息其间的珍禽异兽，使它于 1980 年列入联合国国际生物圈保护区。2007 年 5 月 8 日，长白山景区被国家旅游局正式批准为国家 5A 级旅游景区。

区内植物属长白山植物区系，生态系统比较完整，植物资源十分丰富，主要包括高山苔原、岳桦林、针叶林、阔叶红松林。由于受气候和海拔等因素的影响，从上到下形成四个植被分布带，具有明显的垂直分布规律[5~6]。

高山苔原主要分布在海拔 2 000 m 以上的地带，气候湿冷，植株矮小，根系较发达。岳桦林分布在海拔 1 800～2 000 m 的地带，位于火山锥体的下部，主要树种为岳桦。针叶林分布在海拔 1 100～1 800 m 的地带，主要的乔木树种有鱼鳞云杉、红皮云杉等。阔叶红松林分布在海拔 1 100 m 以下的大部分地区，主要乔木树种有红松、椴树等[7]。

三、研究方法

1. *影像预处理*

本文以 2001 年 4 月 26 日获取的长白山区 IKONOS 多光谱影像为实验数据，影像分辨率为 4 m。在 ERDAS IMAGINE 8.7 中，截取长白山的北坡影像为研究区，对图像进行增强处理，取得较好的视觉效果（图 1）。

a 增强前影像　　b 增强后影像

图 1

2. *面向对象的分类方法*

传统的基于像元的地物提取方法，仅仅依靠图像的光谱特征作为分类依据，过度着眼于局部而忽略了附近整片图斑的几何结构情况，且没有充分考虑像元与邻近像元的上下文关系，在分类时必然受到局限[8~11]。面向对象的影像分类都是基于对象进行的，能更好地利用地物目标的几何特征。面向对象的信息提取技术采用多尺度分割法则，以任意尺度生成与属性信息类似的影像多边形对象，运用模糊逻辑方法获得每个影像对象的属性信息，并以影像对象为信息提取的基本单元，实现类别信息自动提取的目的[12]。多尺度分割是从一个像素的对象开始进行一个自下至上的区域合并技术，小的影像对象可以合并到稍大的对象中去。在这个聚集过程中，最优化技术可最小化异质的权重。在每一步骤中相邻的对象，只要符合定义的异质最小生长的标准就合并，如果这个最小的扩张超出尺度参数定义的阈值范围，合并过程就停止。模糊分类不是仅仅把一个影像对象赋予一个类，它可以提供这个对象对所有可以考虑类的隶属度。分类赋值的策略是透明的，因此可比神经网络更容易接受。模糊逻辑甚至支持某一类通过不同种类的逻辑运算组合特征来描述[13]。本文主要分别对影像中的苔原、岳桦林、针叶林、水体、河流、裸地、房屋等典型地物进行提取。

四、实验结果与讨论

1. IKONOS 影像的多尺度分割

面向对象的方法最基本的过程就是多尺度分割，在对任何选定的尺度下进行与知识无关的原始影像对象提取。分割过程中生成的影像对象可以作为信息的载体和原料用于进一步的分类或者其他分割过程，最佳的分割结果为进一步的处理提供最佳信息。

在进行多尺度分割时，由于影像中各种地物大小不一，因此需要选择不同的分割尺度对影像进行分割，生成不同尺度的影像对象层，建立对象层次网络体系。分割尺度的选择不是任意的，而是由每类地物中最小面积的尺寸决定的，即在选择某尺度对遥感影像进行分割时，生成的影像对象能够清晰地反映地物的边界，不至于使通过分割得到的影像对象过于支离破碎。基于本实验中遥感影像的特点，通过大量的实验验证，最后建立四个影像对象层，分别选取尺度 5，10，20，50 对影像进行多尺度分割（见表 1）。

表 1　各类地物分割尺度

影像对象层	Level 1	Level 2	Level 3	Level 4
分割尺度	5	10	20	50
提取地物类型	苔原	河流	岳桦林，针叶林，裸地，房屋	水体

影像中苔原分布较零散，因此在对苔原进行提取时应选择较小的分割尺度，否则面积较小的部分将被错分到裸地当中，因此分割尺度选择 5。河流为线状地物，长宽比较大，但因其位于崎岖的山坡上，且形状不规则，分割尺度不宜过大，故选择 10。岳桦林和针叶林分布较集中，面积较大，裸地分布广泛，房屋较少，但是形状规则，为使地物分割后不过于破碎，选择分割尺度为 20。影像中大面积的水体是长白山顶部的长白山天池（白头山天池），面积大，边界为自然的曲线，可用大尺度 50 进行提取。

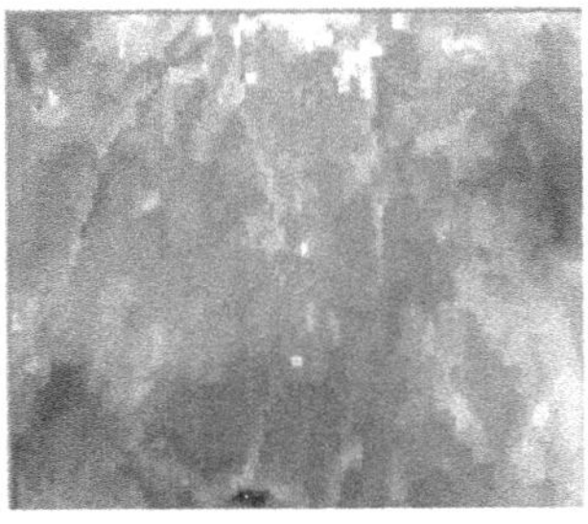

(a)5,0.2,0.7

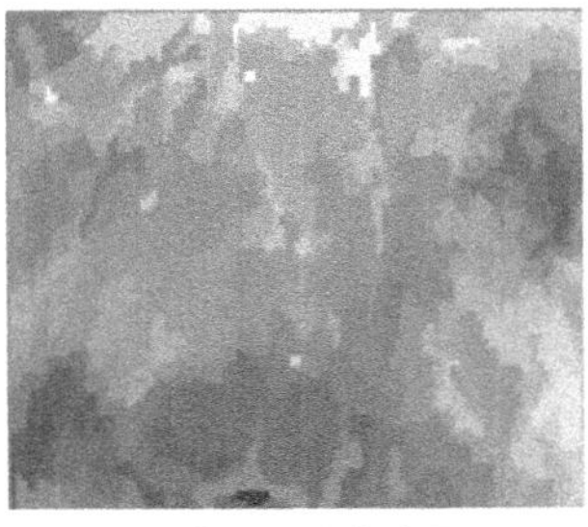

(b)10,0.2,0.7

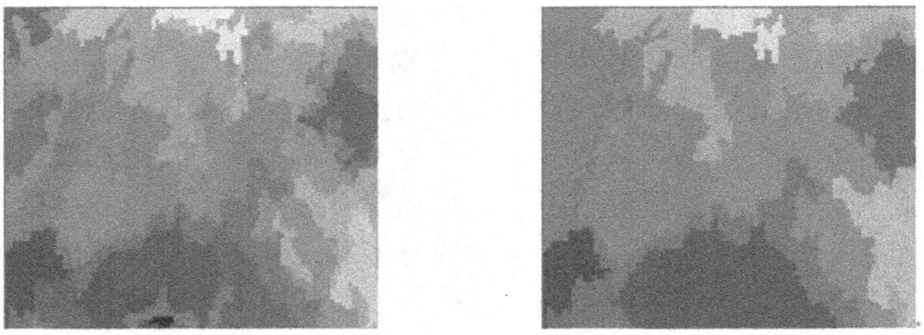

(c)20,0.2,0.7　　(d)50,0.2,0.7

图 2　不同分割尺度效果比较（以上参数依次是分割尺度、形状因子、光滑度因子）

本实验采用的 IKONOS 多光谱影像，红绿蓝三个图层在参与信息提取中的贡献程度相同，因此三层的权重均设为 1。形状参数设为 0.2，颜色参数设为 0.8，光滑度参数设为 0.7，紧致度参数设为 0.3，分割结果如图 2 所示。

2. 土地覆被分类

面向对象的影像分类方法采用模糊数学的思想，以模糊集合论为基础，是一种针对事物不确定性的分析方法。模糊逻辑方法在对影像进行分类时，并不是直接把对象赋予某一类，而是通过返回该对象的隶属度值，即一个 0 到 1 之间的模糊数值来表示对象对某一类的隶属程度。由于高分辨率影像中像元的混合程度较高，混合像元的存在对遥感影像分类有着不可忽视的影响，因此运用模糊逻辑分类法对高分辨率遥感影像进行信息提取有着很大的优势。

模糊逻辑分类法通过隶属度函数实现对影像对象的描述，隶属度函数是一个模糊表达式，分类器对类的所有特征进行分析评估之后，由隶属度函数返回一个 0 到 1 之间的隶属度值，由此作为对象隶属某一类程度的依据。图 3 为隶属度函数。

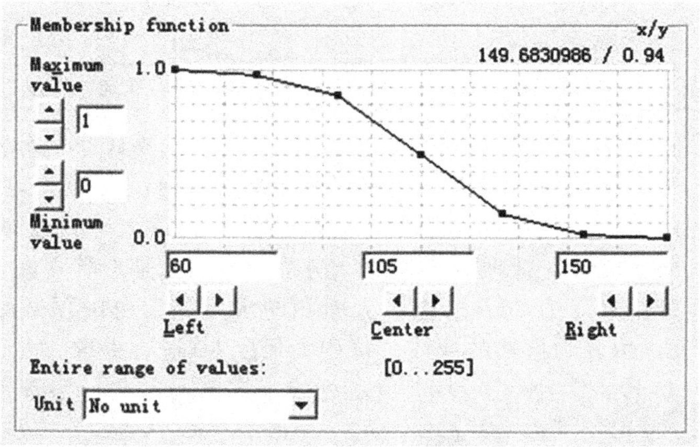

图 3　隶属度函数

对影像中的苔原、岳桦林、针叶林、水体、河流、裸地、房屋等 7 类地物进行分类，首先建立类层次结构，分割形成四个影像对象层，用于提取不同类别的地物，因此在相应的层中进行样本训练和分类工作。根据地物类型的特点，为每个类定义特征空间，在定义特征空间时，除考虑颜色外，还应选择形状、纹理和结构作为区别于其他地物的特征，如本实验中植被选择纹理、线状地物选择长宽比，水体选择面积等。特征空间的建立为类别之间的区分提供了依据，再为每个类声明样本对象，即样本训练。选择样本时，可以通过样本编辑器观察各类样本的可分性（如图 4），从图中可以看出，在红绿蓝三个波段中，针叶林与岳桦林在绿波段的可分性最好，针叶林与岳桦林是可分的。因此，各种地物类型都可以通过分类提取出来。初次分类后，不可避免会发生错分与漏分的现象，分类精度会受到很大影响，因此需要对分类结果进行细化，重新把错分与漏分的对象设为样本，再次分类，不断优化分类结果，最终达到满意的效果。

分类后，分别从每类地物中随机抽取若干个样本进行精度检验。本实验中从四个层中提取七种地物，计算了各种地物类别的分类精度（表 2）。由于进行精度评价的样本是随机选取的，因此这些样本具有普遍性，能充分反映出地物的分类效果。影像中房屋形状规则，面积小，分布集中，精度较高，可达 90.63%。河流是线状地物，形状弯曲，河流颜色与植被相近，分割时易划分到植被对象当中，在提取时精度较低，略高于 70%。苔原、岳桦林、针叶林、裸地在影像中纹理清晰，水体面积大，与周围其他地物界线明显且颜色差别很大，分类精度较高，在 80%以上。运用面向对象的分类方法，总体分类精度可达 84.52%，优于传统的基于像元的方法。

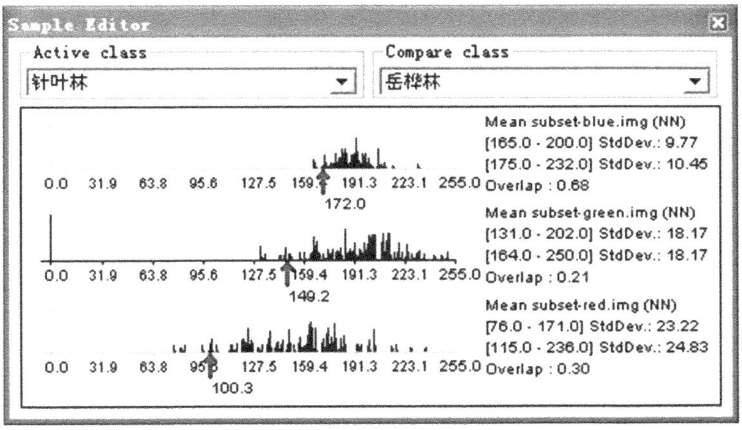

图 4　样本可分性示图

表 2　分 类 精 度

地物类型	分割尺度	分类后面积（m^2）	实际面积（m^2）	分类精度
苔原	5	19 696	24 128	81.63%
河流	10	34 112	43 120	79.11%
裸地	20	72 256	83 344	86.70%
岳桦林	20	215 248	239 792	89.76%
房屋	20	1 392	1 536	90.63%
针叶林	20	466 448	558 000	83.59%
水体	50	1 732 256	2 056 784	84.22%
总精度 84.52%				

在面向对象的影像分析方法中，尺度的选择尤为关键，因为它直接影响遥感影像分类的精度。对于一种确定的地物类型，最适宜的分割尺度是生成的多边形对象能将这种地物类型的边界显示十分清楚，并且能用一个对象或几个对象表示出这种地物，既不能太破碎，也不能边界模糊，影像分割尺度越小并不意味着地物类别提取精度就越高[14~16]。目前，很多学者在最优尺度的研究上做了很多工作，如黄慧萍提出用最大面积法确定高分辨率影像的最优分割尺度，通过实验，取得了较好的效果。本文经过大量的实验验证，提出一种基于精度的均值方差法进行最优尺度的选择。

在任一分割尺度下，每种地物在分类后都可得到一个分类精度，同时，就整幅影像而言可得到一个平均分类精度，即总精度。若在某一尺度下，各类地物的分类精度与该尺度下的平均分类精度在一定条件下最接近，说明在这一尺度下分类效果达到最佳，由此可得到最优分割尺度。

若在某一尺度下共提取 n 类地物，则第 i 类地物的分类精度如公式（1）所示：

$$C_i = \frac{S_i}{T_i} \tag{1}$$

C_i 为第 i 类地物的分类精度，S_i 为第 i 类地物分类后面积，T_i 为第 i 类地物实际面积在该尺度下 n 类地物的平均分类精度，如公式（2）所示：

$$\overline{C} = \frac{\sum_{i=1}^{n} S_i}{\sum_{i=1}^{n} T_i} \tag{2}$$

$\overline{C}$ 为 n 类地物的平均分类精度。均值方差 S^2 如公式（3）所示：

$$S^2 = \frac{1}{n}\sum_{i=1}^{n}(C_i - \overline{C})^2 \tag{3}$$

当选择不同的分割尺度进行影像分类时，S^2 将随尺度的变化而变化，因此，可以绘出均值方差随尺度变化的二维函数曲线，从曲线的形态中可以判断，当均值方差取最小值时所对应的尺度即为最优分割尺度。在最优尺度下进行信息提取将会取得最优的分类效果，经过计算，总体分类精度为 87.25%。

五、结　　论

本文采用面向对象的方法，基于高分辨率影像对在长白山区的试验区土地覆被进行提取。分类过程中，充分考虑了地物的形状、结构、纹理等几何信息和空间信息，还可以减少传统的基于像元分类方法中的同物异谱和同谱异物现象对分类精度的影响，根据不同地物的特征设置相应的分割参数，使分类结果更加客观，精度更高。通过分割，大大地减少了图像的处理单元，使分类更快捷。图像分割是分类的基础环节，分割的质量直接影响分类精度，尤为重要的是分割的尺度参数。通过对研究区苔原、岳桦林、针叶林、水体、河流、裸地、房屋七种地物进行分析，并经过大量的实验验证，提出基于精度的均值方差法来确定地物的最优分割尺度，并在最优分割尺度下进行信息提取，取得较理想的效果。

参考文献

[1] 王建芳，包世泰．面向对象解译方法在遥感影像地物分类中的应用［J］．热带地理，2006，26（3）：234—238．

[2] 杜凤兰，田庆久，等．面向对象的地物分类法分析与评价［J］．遥感技术与应用，2004，19（1）：20—23．

[3] 胡慧萍．面向对象分类技术的景观信息获取［D］．中南大学硕士学位论文，2007．

[4] 李扬．气候变化与人为干扰对长白山生物圈保护区生态环境的影响［D］．东北师范大学硕士学位论文，2006．

[5] 李健．长白山地区地表温度反演研究［D］．吉林大学硕士学位论文，2005．

[6] 周伟．长白山地区自然开发引起的生态环境问题对策研究［D］．吉林大学硕士学位论文，2004．

[7] 何月．长白山地区景观格局与过程遥感研究［D］．吉林大学硕士学位论文，2007．

[8] 曹雪，柯长青．基于对象级的高分辨率遥感影像分类研究［J］．应用技术，2006（5）：27—30．

[9] 杜凤兰，田庆久，等．面向对象的地物分类法分析与评价［J］．遥感技术与应用，2004，19（1）：20—23．

[10] 蒲智．面向对象技术在城市绿地信息提取中的应用［J］．福建林业科技，2006，33（1）：40—44．

[11] 胡进刚．一种面向对象的高分辨影像道路提取方法［J］．遥感技术与应用，2006，21（3）：184—188．

[12] 黄慧萍，吴炳方，等．高分辨率影像城市绿地快速提取技术与应用［J］．遥感学报，2004，8（1）：68—74．

[13] eCognition User Guide 4［EB/OL］．http：//www. Definiens－imaging. com，2004：6—7 ～ 6—14；7—4 ～ 7—5；6—83 ～ 6—92．

[14] 黄慧萍．面向对象影像分析中的尺度问题研究［D］．中国科学研究院遥感应用研究所博士学位论文，2003．

[15] Hong S He，Zhan Qinghao．*A simulation study of landscape scale forest succession in northeastern China*．Ecological Modelling，2002（156）：153—166．

[16] Hong S He，Zhanqing Hao. *Simulating forest ecosystem response to climate warming incorporating spatial effects in north-eastern China*．Journal of Biogeography（J. Biogeogr.），2005（32）：2 043—2 056．

Land Cover Classification Using Object-oriented Approach

——A case study of changbai Mountains Nature Reserve

Qi Yina, Huang Fang
(College of Urban and Environmental Sciences, Northeast
Normal University, Changchun 130024, China)

Abstract: Land use/cover is the most prominent landscape sign of the earth surface system. Remote sensing technology provides the land use/cover information quickly and precisely. With the recent high-resolution commercial satellites successfully launched, the image may provide abundant geometrical and spatial information, including texture, structure and shape of ground target and so on. Traditional pixel-based classification approach is greatly limited and it will result in low precision of classification. In this study, taking Changbai Natural Reserve in northeastern China as an example, object-oriented approach was used to extract land cover classes. A model was proposed for the analysis of the most suitable image segmentation scale. The experiment result shows that object-oriented approach has a great deal of advantage such as high efficiency, high precision, and more impersonality and so on. The precision of object-oriented approach under the most suitable segmentation scale was 87.25%, superior to the traditional pixel-based approach.

Key words: land cover; object-oriented image analysis; segmentation scale; IKONOS image; Changbai Mountains Nature Reserve

基于SVM方法的长白山森林植被信息提取研究

张汉女　黄　方
（东北师范大学城市与环境科学学院，长春，130024）

【摘要】 支持向量机（SVM）是数据挖掘中的一个新方法，能非常成功地处理回归问题（时间序列分析）和模式识别（分类问题、判别分析）等诸多问题。近年来，SVM在遥感影像分类中得到了广泛应用。本文以Landsat TM影像数据为基础，采用了基于支持向量机分类方法对长白山地区大荒沟林场进行森林植被信息提取，并与传统的最大似然法分类进行对比。结果表明，基于支持向量机方法的森林信息提取精度，Kappa值分别为0.981 0，0.971 6，0.975 3，且均超过了最大似然法（MLC）的提取精度和Kappa值0.963 4，该方法有很好的操作性和实用性。

【关键词】 支持向量机　Landsat TM影像　森林植被　长白山

一、引　言

森林是陆地生态系统的主体，是人类社会可持续发展的重要物质基础，为经济社会可持续发展提供丰富的森林产品和服务，对维系整个地球的生态平衡起着至关重要的作用。森林资源的状况及其消长变化，不仅影响区域经济的持续发展，而且影响地区乃至全球环境的变化，因此备受人们关注。随着遥感技术的蓬勃发展，它所具有的宏观、动态、便捷、可周期重复和成本低等诸多优点在森林资源状况调查中得到了广泛的应用[1]。在森林资源调查中，常根据不同的分类系统和技术标准对森林进行林地划分。近年来计算机模式识别技术已经成为了遥感技术应用的一个重要组成部分。支持向量机（Support Vector Machine，SVM）理论是一种建立在统计学习理论基础上的机器学习方法。通过学习算法，SVM可以自动寻找那些对分类有较大区分能力的支持向量，由此构造出分类器，可以将类与类之间的间隔最大化，因而有较好的推广性和较高的分类准确率[2]。

长白山区是目前我国面积最大、自然环境和生态系统保存最为完整的森林生态系统保护区之一。区域内大部分为针阔叶混交林，树木种类繁多，经济价值较高的林木就有100多种。针叶林以红松、云杉、冷杉、黄花松为主，阔叶林以水曲柳、黄菠萝、胡桃楸、枫、桦、紫椴、糠椴、色木、青楷槭、榆、山杨为最多。本文将支持向量机和最大似然法应用到长白山区森林植被的分类中，并分析了在不同参数组合下分类精度的变化情况，同时找出分类精度最高的组合。

二、数据与研究方法

1. 数据及预处理

研究基础数据采用长白山典型区2004年5月4日的SPOT5影像和2006年9月22日

的 Landsat-5 TM 影像。在 ENVI 4.3 软件环境中，对影像裁剪出吉林省大荒沟林场区域为实验区，区域范围 43°06′～43°14′N，130°00′～130°34′E，SPOT5 影像数据采用全色波段，影像空间分辨率为 10 m，Landsat-5 TM 影像主要利用除热红外波段的其他 6 个多光谱波段，影像空间分辨率为 30 m。图像质量良好。根据具有地理参考的 SPOT 图像对 Landsat TM 图像进行几何校正。不同波段反映的地物信息不同，不同的波段组合往往对不同的目标地物有不同的显示效果。选择正确的光谱波段组合可以减小波段间的冗余信息，提高类别的可分性。本文采用 Chavez 等提出的 OIF 最佳指数因子计算最佳波段组合，结果表明 TM345 组合为解译耕地、林地和草地的最佳选择[3~5]。

2. *研究方法*

（1）支持向量机原理

支持向量机（Support vector machine，SVM）是 20 世纪 90 年代初期提出的一种机器学习算法，其基础是 Vapnik 创建的统计学习理论（Statistical Learning Theory，简称 SLT）[6~8]。SVM 从线性可分情况下的最优分类面发展而来，给定一个样本集 $S=(x_1, y_1), (x_2, y_2) \cdots (x_m, y_m)$，其中 $X_i \in R^d$，$y_i \in \{+1, -1\}$，其基本思想就是为了寻找一个两类之间的最优分类面 $w.x+b=0$（图 1）：

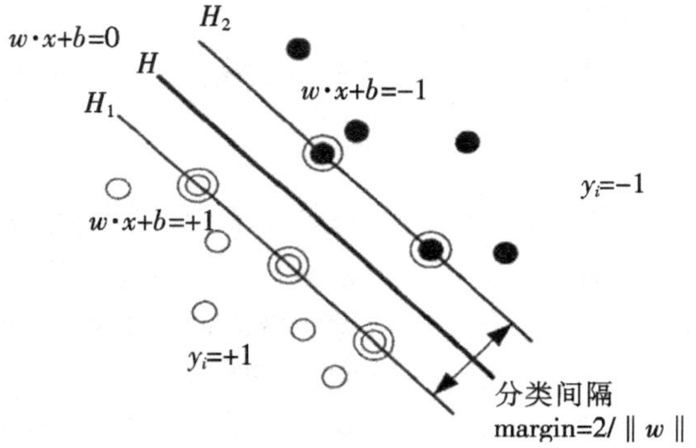

图 1　最优分类面[7]

其中 w 是此分类面权重向量，$b \in R$ 是偏置。图 1 中实心点和空心点分别代表两类样本，H 为分类面，H_1 和 H_2 分别为过各类中离分类面最近的样本且平行于分类面的平面，它们之间的距离等于 $2/\|w\|$，叫作分类间隔，最优分类面就是要求分类面不但能将两类正确分开（训练错误率为 0），而且使分类间隔最大。满足条件 $y_i(w.xi+b=0) \geqslant 1$，$i=1, \cdots m$ 且是使 $\|w\|^2/2$ 最小的分类面就叫作最优分类面，H_1，H_2 上的训练样本点就称作支持向量。

图 1 描述的现象属于线性可分的情况。如果是线性不可分的情况，可以通过引入正的松弛变量来达到经验风险和推广性能之间的某种平衡，允许错分样本的存在。从而，SVM 的寻找最优分类面等价于求解如下一个凸二次优化问题：

$$\min \frac{1}{2}\|w\|^2 + C\sum_{i=1}^{m}\xi_i \qquad (1.1)$$

subject：$y_i(w \cdot x_i+b) \geqslant 1-\xi_i \quad \xi_i \geqslant 0 \quad i=1, 2, \cdots, m$

式中 C 是惩罚系数，用来控制误差 ξ（松弛变量）边界的平衡。利用 Lagrange 优化方法把上述最优分类面问题转化为其对偶问题（1.2），即在约束条件 $\sum_{i=1}^{m} y_i a_i = 0$ 和 $0 \leqslant a_i \leqslant C$，$i=1$，2，…，$m$ 下对 a_i 求解下列函数的最大值：

$$\max Q(a) = \sum_{i=1}^{m} a_i - \frac{1}{2}\sum_{i=1}^{m}\sum_{j=1}^{m} a_i a_j y_i y_j (x_i x_j) \qquad (1.2)$$

a_i 为原问题中与每个约束条件（1.2）对应的 Lagrange 乘子。这是一个不等式约束下二次函数寻优的问题，存在唯一解。容易证明，解中将只有一部分（通常是少部分）a_i 不为零，对应的样本就是支持向量。解上述问题后得到的最优分类函数为

$$f(x) = \mathrm{sgn}\{(w \cdot x) + b\} = \mathrm{sgn}\left\{\sum_{i=1}^{m} a_i^* y_i (x_i \cdot x_j) + b^*\right\} \qquad (1.3)$$

b^* 是分类阈值。

对非线性问题，可以通过非线性变换转化为某个高维空间中的线性问题，在变换空间求最优分类面，如图 2 所示。

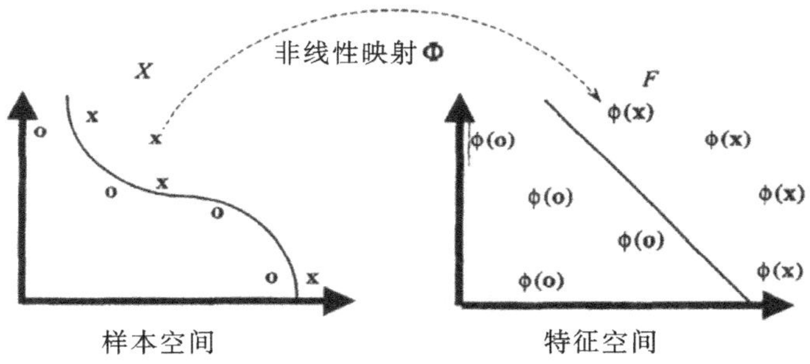

图 2 非线性映射的图示[7]

因此，在最优分类面中采用适当的内积函数 $K(x_i, x_j)$ 就可以实现某一非线性变换后的线性分类，而计算复杂度却没有增加，此时分类函数变为

$$f(x) = \mathrm{sgn}\left\{\sum_{i=1}^{m} a_i^* y_i K(x_i, x_j) + b^*\right\} \qquad (1.4)$$

SVM 需要核函数 $K(x_i, x_j) = \Phi(x_i) \cdot \Phi(x_j)$ 来实现从原来空间到特征空间的映射，只要满足 Mercer 条件的对称函数即可作为核函数，常用的核函数有：

① 多项式核函数（POLY）：

$$K(x_i, y_i) = (\gamma x_i y_i + b)^d \quad d=1, 2, \cdots \qquad (1.5)$$

② 径向基函数（RBF）核函数：

$$K(x_i, x_j) = \exp\left\{-\frac{\| x - x_i \|}{2\sigma^2}\right\} \qquad (1.6)$$

③ Sigmoid 核函数：

$$K(x_i, y_i) = \tanh[(\gamma (x_i \cdot x_j) + b)] \qquad (1.7)$$

其中 γ，b，d 是核函数参数，核函数的选择至今没有理论上的指导，只能凭经验进行。

（2）分类流程

选取具有代表性的目标地物作为训练样本并利用核函数将训练样本映射到高维空间[8]。同时结合 SVM 训练样本设定分类器的参数，在特征空间中确定最优分类面并得到

各训练样本的支持向量机。根据 Vanpik 等的研究表明，SVM 的性能与所选用的核函数的类型关系不大，而核函数的参数和惩罚系数 C 是影响 SVM 性能的主要因素[8]。目前统计学理论对支持向量机在实际应用中的参数选择问题给出了一些建议和解释，但还没有给出实际可行的解决方案，当前也只有通过实验方法来确定最佳参数。本文通过对多项式核函数、径向基函数（RBF）核函数、Sigmoid 核函数进行分类结果的比较，确定适合本研究区的最佳分类器参数，对大荒沟林场的森林信息进行提取，具体流程如图 3 所示。

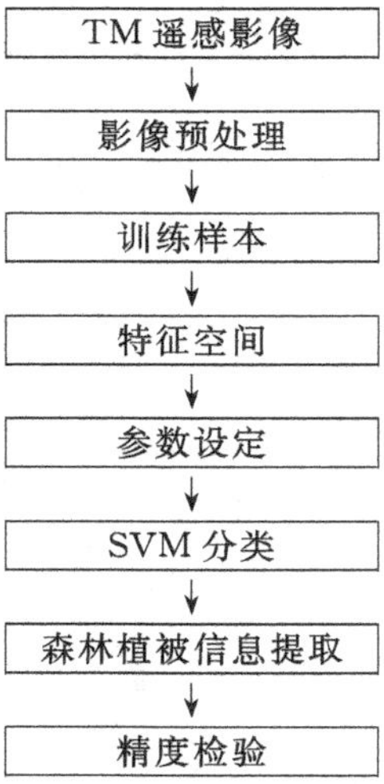

图 3　森林植被信息提取流程图

三、结 果 分 析

根据林相图等资料，将待分类地区分为农田、建筑用地（居民地、道路）、水体、阔叶林、针叶林和针阔混交林等类型，选择各类型的训练样本和测试样本，并对其进行归一化，以避免一些特征值的范围过大或过小、计算核函数时计算内积引起数值计算的困难。利用 SVM 在样本特征空间中找出各类别的特征样本与其他特征样本的最优分类超平面，得到代表各样本特征的支持向量集，形成判断各特征类别的判别函数和训练模型。将测试样本通过核函数映射到特征空间中，作为判别函数的输入，根据判别函数[9]进行分类并通过输入的参数和阈值进行判别，输出分类结果（图 5）。本文还采用了传统的最大似然法（Maximum Likelihood Classification，MLC）进行分类，便于两种分类精度的比较。

图 4　待分类影像

图 5　多项式 SVM 分类结果图

图 6　最大似然法分类结果图

从 SVM 和最大似然法的结果分类图中可以看出，采用 SVM 分类各分类地物之间比较清晰，而最大似然法分类地物比较细碎，各类内部的细小斑点较多，而且建筑用地范围较大。两种分类方法分类图与该区林相图相比较，由于山区地形影响，图像阴影较重，各分类方法都存在不同程度的针阔混分现象。

表 1 是采用两种分类方法进行信息提取的精度评价比较。结果表明，基于 SVM 的分类 Kappa 高于最大似然法（MLC）分类，且 SVM 多项式的 Kappa 高于 SVM 其他核函数分类。随着 SVM 多项式核函数系数 γ，d 的增大，精度也随之增高。而最大似然法的精度却随着先验概率的增大而降低。

表 1　SVM 与最大似然法分类精度对比

分类方法	核函数	Kappa
最大似然法		0.963 4
SVM	$K(x_i, x_j) = (\gamma x_i \cdot x_j + b)^d$	0.981 0
	$K(x_i, x_j) = \exp\left\{-\frac{\lVert x - x_i \rVert}{2\sigma^2}\right\}$	0.971 6
	$K(x_i, x_j) = \tanh[\gamma(x_i \cdot x_j) + b]$	0.975 3

四、结　论

遥感图像分类方法通常采用监督的学习算法，需要人工选取训练样本。SVM 作为一种模式识别方式，是专门针对有限样本情况的，能够得到现有信息下的最优解而不仅仅是样本数趋于无穷大时的最优值[10]。本研究的结果表明，基于 SVM 的分类在长白山地区森林植被信息提取中具有较好的推广性和较高的分类准确率。

参考文献

[1] 付强．TM 影像在森林资源二类调查中的应用研究［D］．硕士学位论文，南京林业大学，2008.

[2] 李小娟，刘晓萌，等编译. ENVI 遥感影像处理教程［M］．北京：中国环境科学出版社，2007.

[3] 尹黎明，卢玉东，潘剑君，等．基于多波段组合技术的土地利用覆被信息提取研究 [J]．遥感信息，2005，05：16—19.

[4] 洪金益．SVM遥感数据矿化信息提取 [C]．工作报告，2004.

[5] John R Jensen. 遥感数字影像处理导论 [M]．陈晓玲，龚威，等译．北京：机械工业出版社，2007.

[6] 林升梁，刘志．基于RBF核函数的支持向量机参数选择 [J]．浙江工业大学学报，2007，35 (2)：163—167.

[7] 张勇．基于SVM遥感图像专题信息提取研究 [D]．硕士学位论文，中南大学，2005.

[8] Vapnik V N. *The nature of statistical learning theory* [M]. New York: Springer—Verlag，1995.

[9] 姚云军，张泽勋，秦其明，岳云峰．基于支持向量机的遥感影像湿地信息提取研究 [J]．计算机应用研究，2008，25 (4)：995—989.

[10] 张友静，高云霄，黄浩，等．基于SVM决策支持树的城市植被类型遥感分类研究 [J]．遥感学报，2006，10 (2)：192—196.

Forest Vegetation Classification in Changbai Mountain Based on SVM

Zhang Hannü　Huang Fang

(College of Urban and Environmental Sciences,
Northeast Normal University, Changchun 130024, China)

Abstract: The supervised learning algorithm was usually used for remote sensing image classification, but its training samples need to be chosen by manual, which was boring and sometimes even difficult. In this paper, support vector machine (SVM) method was applied in forest vegetation information extraction in a test area of Changbai Mountain. In order to verify the extraction accuracy of SVM, comparison between SVM and maximum likehood classification (MLC) was carried out. Experimental results show that the classification accuracy and Kappa coefficient of SVM was higher than that of maximum likelihood. SVM provides a useful tool for improvement of forest vegetation classification.

Key words: support vector machine (SVM); Landsat TM image; Forest vegetation; the Changbai Mountain

长白山森林土壤多角度高光谱偏振反射影响研究*

韩 阳[1] 赵云升[1*] 赵乃卓[1] 李 潜[1,2] 吕云峰[1]
(1. 东北师范大学城市与环境科学学院，长春 130024，中国
2. 东北师范大学国家环境保护湿地生态与植被恢复重点实验室，长春 130024，中国)

【摘要】 应用高光谱仪实测了长白山部分典型森林土壤在不同状态下的多角度高光谱偏振反射数据，从光线入射天顶角、探测天顶角、探测方位角、偏振状态、土壤含水量、土壤粒径等不同影响因子对所测土壤的多角度高光谱偏振反射数据进行了初步分析与研究，结果发现这些因子对森林土壤光谱曲线均有影响，但主要影响森林土壤反射比值，对森林土壤光谱谱形影响不大。根据森林土壤光谱特征和实验得出的结论，我们设计出遥感中森林土壤波谱探测的最佳设计方式，保证最佳的森林土壤遥感状态。这不仅是对森林土壤性质的测试作出了新尝试，而且对多角度偏振高光谱的深入研究具有一定的理论与实践意义。

【关键词】 多角度遥感 森林土壤 高光谱 偏振

引 言

与单一方向遥感相比，多角度对地观测通过对地面固定目标多个方向的观测，从中提取较单一方向的观测更为翔实可靠的地面目标三维空间结构参数，为定量遥感提供新的途径。20 世纪 70 年代末，美国科学家 G. Suits，N. S. Goel，A. H. Strahler 以及李小文院士等对二向性反射作了分布函数（BRDF）的研究，以期实现对目标地物空间结构的反演[1~3]。

偏振信息在遥感领域中的重要性已得到 NASA 的认可[4,5]。不同地物或同一地物不同状态（如介质特征、结构特征、粗糙度等）产生不同的偏振态，且与波长密切相关，构成了偏振波谱，因此探测目标地物偏振信息正成为遥感目标识别的新手段。

高光谱遥感具有窄波段、多通道、图像与光谱合二为一的优点，它以纳米级的超高光谱分辨率和几十或几百个波段同时对地表地物成像，能够获得地物的连续光谱信息。

本文着重从偏振信息、多角度和高光谱等方面对长白山森林土壤进行光谱研究和分析。

---

* 刊于《光谱学与光谱分析》2009 年 29 卷 03 期。

一、材料和方法

1. 样品采集和仪器

本研究中的森林土壤样品均采自长白山地区抚松县泉阳林业局泉水林场森林实验样地，位于41°42′～42°9′N，127°1′～128°5′E。抚松境内地势东南高，西北低，最高处长白山白云峰海拔2 691 m，境内有四条长白山支脉。土壤采集时间为2007年7～8月，采集了七种典型长白山森林土壤，分别是白桦林下土壤、红松林下土壤、红松针阔叶混交林下土壤、落叶松林下土壤、原始林下土壤、云杉林下土壤和樟子松林下土壤。取样厚度小于20 cm，采集后将样品放置在通风条件下风干至恒重，然后剔出样品中的杂物，制成干燥土壤样品。

实验采用中国科学院长春光学精密机械研究所研制的二向反射光度计[6]和Ocean Optics公司生产的USB2000系列高光谱仪进行光谱测量。二向反射光度计以镍钨灯作为光源，在0°～70°范围内每隔10°为一个光源入射天顶角；在探测架上设有0°～60° 7个探测头，间隔为10°。光源与探测器之间从0°～360°每隔10°为一个探测方位（180°是镜面反射方向）。该设备还配有偏振镜头，能够任意角度旋转。高光谱的波长探测范围是200～1 100 nm，探测光纤的视场角为25°，积分时间为3 ms～65 ms，每13 ms数据传输速率刷新内存一次，启动USB2000型光谱仪时将自动读取波长校准参数及OOIBase32TM操作软件数据。

2. 样品制备及实验方法

森林土壤的偏振反射比值是由多种因素影响的，以往的研究结果表明[7~9]，其主要影响因素有如下几个方面：光线入射天顶角α、探测天顶角β（以天顶角0°算起）、探测方位角ω、偏振角θ（其取值范围为0°，90°和无偏）、波段λ等。土壤粒径和土壤含水量也会影响土壤的光谱特性[10]。为了研究不同森林土壤粒径大小对土壤多角度偏振高光谱特性的影响，将风干的样本进行研磨，通过3种不同粒径的土壤孔径筛（0.22 mm，0.60 mm，1.25 mm），得到不同粒径的森林土壤样本。不同含水量的土壤样品是通过向完全干燥的森林土壤中添加不同质量的蒸馏水配置而成的。承载土壤的容器为直径5.5 cm，深1.3 cm的黑色硬塑料样品盒。把上述土壤样本放入样品盒中均匀填满，用毛玻璃片成45°角把森林土壤样本刮压平整之后，再测量其不同含水条件下的多角度偏振高光谱反射比。本实验中设置了光线入射天顶角（下文简称为入射角）、探测天顶角（下文简称为探测角）、探测方位角（下文简称为方位角）、偏振角、土壤含水量和土壤的粒径等6个因子为自变量，并以红松林土壤为例，进行讨论，来研究分析多角度偏振高光谱对长白山森林土壤的探测影响。

二、结果和讨论

以下图中，纵坐标表示样本的偏振高光谱反射比ρ，横坐标表示波段分布λ，因为在高光谱仪的两端存在一定的噪声，故数据分析处理时舍去两端的数据，主要分析区域选取470～850 nm，每间隔0.37 nm或0.38 nm取一个值，这样每一次测量数据达到1 000个值。本次实验根据需要，光的累积时间为 380 h，保证获取的光强满足实验分析需要。分析结果表明，该区域的数据能够充分体现土壤在高光谱波段范围内的偏振反射特征。

1. 不同入射角、探测角与长白山森林土壤偏振高光谱的关系

本实验的入射角 α 主要测量了 30°，40°，50°时的偏振高光谱反射比，偏振角 θ 分别为 0°，90°和不加偏振片。根据光的可逆特性，当入射光线 α 为 50°，探测角 β 为 30°时的光谱特征与入射角 α 为 30°，探测角 β 为 50°时的光谱曲线一致，因此，本文在分析时将入射角和探测角的森林土壤波谱特征一起进行分析。下图为含水量 20%，粒径 0.6 mm 的红松林土壤样本，入射角 α 为 50°，探测方位角 ω 为 180°，偏振角 θ 为 90°时探测角 β 分别为 30°，40°，50°时的森林土壤偏振高光谱反射曲线。

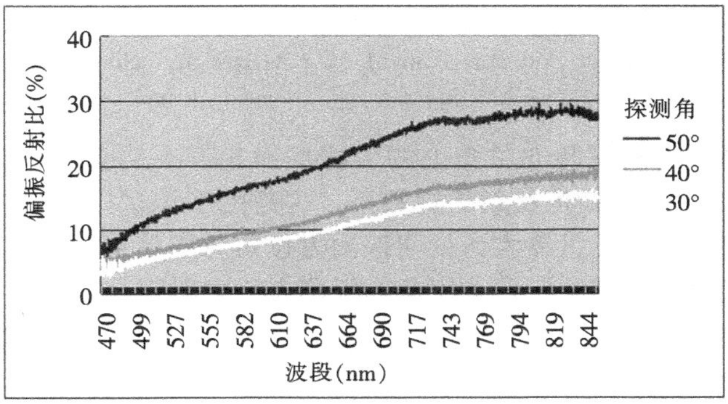

图 1　入射角为 50°，探测角分别为 30°，40°，50°，偏振角为 90°，方位角为 180°时的森林土壤偏振高光谱反射曲线

Fig. 1　Curve of Forest Soil spectrum of 90° polarizer at incidence angles 50°, viewing zenith angles 30°, 40°, 50° and the relative azimuth 180°

由上面的图可以发现，偏振反射比曲线随着波段的增大缓慢上升。随着入射角 α 的增大，其偏振反射比 ρ 也是随之增加的。这说明入射角和探测角的变化对土壤在 2π 空间内的光谱特征有强烈影响。在实际遥感应用中主要体现为两个应用价值：首先对于同一地点，太阳高度角是随时变化的，这等同于入射角的变化。其次，对于低纬度地区，它们的入射角往往比较小（从天顶角起算），这样我们只需考虑小角度入射下的情形，而对于高纬度地区，我们只需考虑大角度入射下的情形。因为对于固定的一个地点，它的太阳高度角在“90°一当地纬度±23.50°”徘徊。

2. 不同探测方位角与长白山森林土壤偏振高光谱的关系

本实验的探测方位角 ω 主要测量了 90°，135°和 180°三种条件下的光谱反射特征，以往的实验结果表明，地物光谱数据在方位角 180°两侧成对称分布[11,12]，因此 180°后的数据作了省略。下图是粒径为 0.6 mm，含水量 20%森林土壤在光线入射角 α 为 50°，探测角 β 为 50°，探测方位角 ω 分别为 90°，135°和 180°，90°偏振时的高光谱反射光谱曲线图。

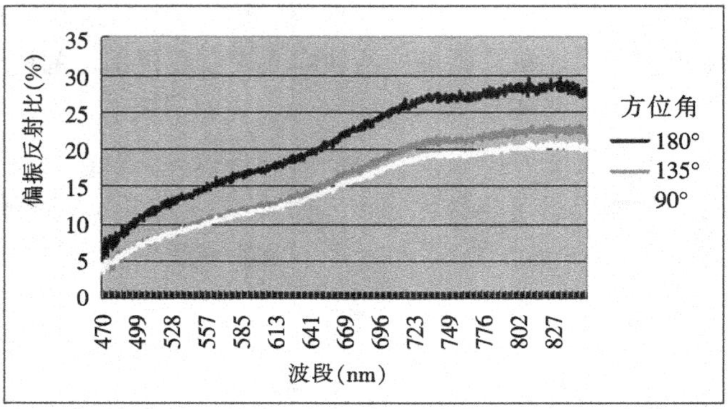

图 2 森林土壤在光线入射角 α 为 50°，探测角 β 为 50°，探测方位角 ω 分别为 90°，135°和 180°，90°偏振时的高光谱反射光谱曲线图

Fig. 2 Curve of Forest Soil spectrum of 90° polarizer at incidence angles 50°, viewing zenith angles 50° and the relative azimuth 90°，135°and 180°

从上图可以看出，不同探测方位角上的偏振反射比存在明显差异，在 180°时的偏振反射比较大，90°和 135°时的偏振反射比则较小，这是由于 180°探测方向为镜面反射方向，获得能量较其他方向的反射能量要大，说明探测方位角对森林土壤具有一定影响，同传统的多角度偏振反射仪得出的结论一致。因此，探测方位角对森林土壤光谱反射值存在很大影响，反射比在 180°时最大，这给我们的遥感观测提供了理论基础，即探测光线在太阳入射光线的方位角为 180°时获取的能量最强，反射比值最大，观测数据最准确。

3. 不同偏振状态下长白山森林土壤偏振高光谱特征分析

地物在不同的偏振状态下，偏振反射特征存在明显差异。下图是森林土壤在含水量 20%，粒径 0.6～1.25 mm，光线入射角 α 为 30°和 50°，探测角 β 等于入射角，方位角 ω 分别为 180°，偏振角 θ 分别为 0°，90°和无偏振（即为二向性反射）时的高光谱反射光谱曲线组图。

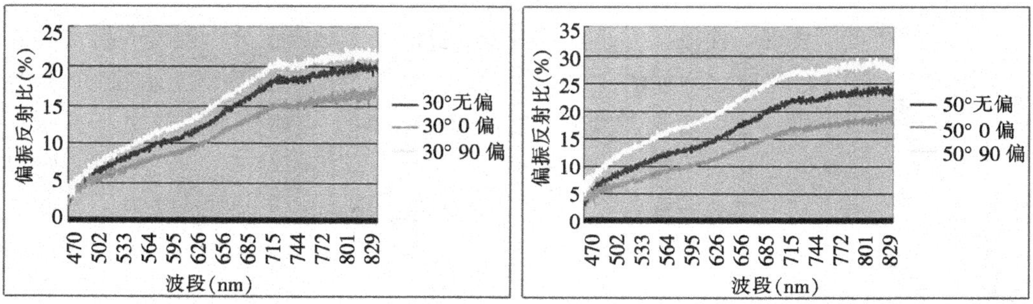

图 3 入射角分别为 30°和 50°时的不同偏振状态的森林土壤高光谱反射曲线

Fig. 3 Curves of Forest Soil spectrum of different polarized states at incidence angles 30°and 50°and the relative azimuth 180°

从上图可以看出，在不同偏振状态下，森林土壤的偏振反射比存在差异，并具有统一的规律。90°偏振时，入射光的振动方向与森林土壤的光轴平行，为透光方向，此时偏振反射比峰值达到最大；0°偏振时，入射光的振动方向与森林土壤的透光轴正交，为消光方

向，偏振反射比最小；而无偏时的反射比（二向性反射比）位于两者之间，并且三者几乎等间距，也就是无偏振时的反射比（二向性反射比）与90°和0°偏振反射比的均值拟合一致，见下图，以30°和50°为例说明二向性反射和偏振反射均值间良好的拟合关系，二者的差值很小。通过高光谱数据进一步验证了用传统多角度偏振反射光谱仪得出的二向性反射比与均值拟合的结论[13]。

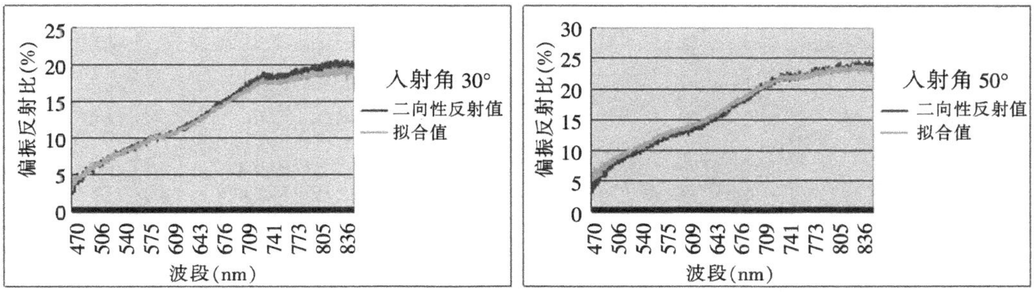

图4 入射角分别为30°和50°时的二向性反射值与偏振反射比的均值拟合值

Fig. 4 Curves of Forest Soil spectrum of no polarimeter and arithmetic mean value of polarization

4. 不同含水量与长白山森林土壤偏振高光谱的关系

以往研究表明：在以垂直角度入射，土壤含水率增加时，反射率在各个波长都会明显降低[14]。本文重点研究在多角度条件下的反射光谱特征，分别以10°，20°，30°，40°和50°为入射角对不同含水量进行实验，发现在不同入射角度下的光谱曲线中，偏振反射比随着含水量的增大而减小。这是因为当平行光入射到完全干燥的森林土壤表面时，由于土壤颗粒疏松，土壤团粒表面粗糙，因此在土壤表面发生漫反射，反射光为完全自然光（可以分解为两个互相垂直方向大小相等的偏振光）。加适量水后，土壤颗粒表面依靠范德华—伦敦力和氢键强烈吸引液态水，使分散的土壤团聚体吸附了水膜和极性离子，土壤颗粒间黏性增加，土壤表面变得较为平整、光滑，可以发生部分镜面反射，反射光带有少量的偏振反射。在受到相同入射光的能量照射时，水分含量越大，对入射能量的吸收越多，其表面反射能量越少，以致其光谱反射比也随之减小。下图是粒径0.6 mm，入射角为50°，探测角等于入射角，方位角为180°，含水量分别为0.00%，10.00%，20.00%三种状态下的反射光谱。

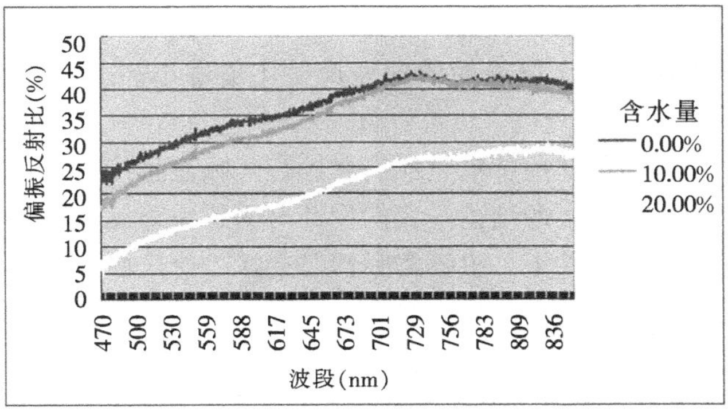

图5 不同含水量森林土壤偏振高光谱曲线图

Fig. 5 Curves of Forest Soil spectrum at different moisture content

5. 不同粒径与长白山森林土壤偏振高光谱的关系

为了研究不同土壤粒径大小对森林土壤光谱特征的影响，先将风干的森林土壤进行粒径的筛选，将土样分别经过不同粒径大小的筛子，得到 3 种不同粒径的样本（0.22～1.25 mm，0.6～1.25 mm，>1.25 mm），分别对其进行偏振高光谱的探测，下图为三种土壤样本在 30°入射角、90°偏振角、180°方位角、含水量为 0.00%时不同粒径的偏振高光谱曲线图。

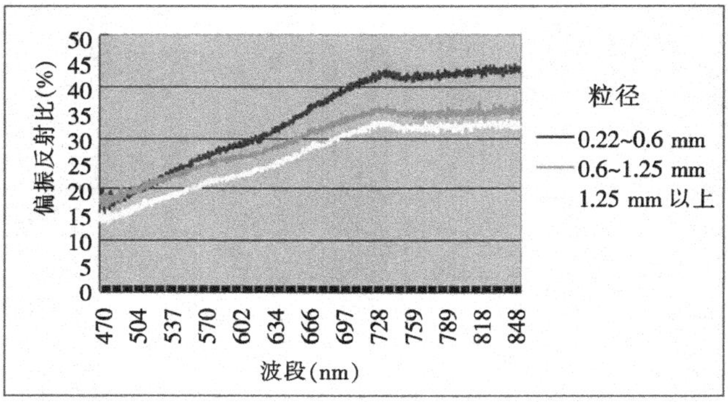

图 6　不同粒径森林土壤在入射角 30°时的偏振高光谱曲线图

Fig. 6 Curves of Forest Soil spectrum at different granule at incidence angle 30°

由此图可以看出，森林土壤的偏振反射比是随着粒径的减小而增大的。这是因为粒径大小决定表面的粗糙程度，粒径越小，表面越光滑，镜面反射越强，偏振反射比也越大；粒径越大，表面越粗糙，反射比越小。也可以解释为，随着土壤粒径的增大，导致了阴影的增加，使样本表面的颜色变黑，其反射比自然就会变小。

三、结　　论

通过以上实验数据的处理和分析讨论可以看出，光线入射角、探测角、方位角、偏振状态、土壤含水量和土壤的粒径等 6 个因子对长白山森林土壤光谱曲线均有影响，但这些因素主要影响森林土壤反射比值，对森林土壤光谱谱形影响不大。入射角和探测角越大，森林土壤表面的偏振反射比值越大，当入射角等于探测角时达到最大值；当森林土壤为干燥状态时，其表面为漫反射，不存在偏振光反射；当含水量达到一定量时，森林土壤表面存在偏振反射，含水量越大，土壤表面的偏振反射比值越小；土壤颗粒越大，表面越粗糙，表面反射值越小。

因此根据森林土壤光谱的这些特征，我们在进行实际遥感传感器的设计时，要充分考虑地物波谱特征。根据实验得出的结论，我们设计出遥感中森林土壤波谱探测的最佳设计方式：在保证设备可达到的条件下，根据实际情况选择入射角和探测角，建议使用较大的探测天顶角，同时要考虑地表地物的遮挡，并且入射角等于探测角；探测方位角与入射方位角保持为 180°，选取适当的偏振状态，这样可以保证对森林土壤的遥感状态达到最佳。

参考文献

[1] Li Xiaowen, Strahler, A H. *Geometric optical modeling of a coniferous forest canopy* [J] . IEEE Trans. Geosci. Remote Sensing, 1985, 23: 207—221.

[2] Liu Qiang, Liu Qinhuo, Xiao Qing, et al (刘强，柳钦火，肖青，等). SCIENCE IN CHINA (Series D) [中国科学 (D辑)], 2002, 32 (4): 299.

[3] Li Xiaowen, Zhu Qijiang, et al (李小文，朱启疆，等) . Chinese Science Bulletin (科学通报), 1993, 38 (1): 86.

[4] Csiszar, I; Gutman, G; Romanov, P; Leroy, M; Haut Coeur, o. *Using ADEOS/POLDER data to reduce angular variability of NOAA/AVHRR reflectance* [J]. Remote Sensing of Environment, 2001, 76 (3): 399—409.

[5] W G Egan, M J Duggin. *Optical enhancement of aircraft detection using polarization* [J] . Proc. SPIE4133, 2000, 172—178.

[6] Jin Xifeng, Qiao Delin, Zhou Suxiang (金锡峰，乔德林，周素香). The measuring device for bidirectional polarized reflectance, Patent NO. 96239489. 0, (地物偏振二向性反射比测量装置，专利号：96239489. 0) . Mar. 4, 1998.

[7] Song Kaishan, Zhao Yunsheng , Zhang Bai (宋开山，赵云升，张柏). Chinese Journal of Soil Science (土壤通报), 2004, 35 (4): 420.

[8] Zhao Hu, Yan Lei, Zhao Yunsheng (赵虎，晏磊，赵云升) . ACTA PEDOLOGICA SINICA (土壤学报), 2004, 41 (3): 476.

[9] Song Kaishan, Zhang Bai, Zhao Yunsheng (宋开山，张柏，赵云升). SCIENTIA GEOGRAPHICA SINICA (地理科学), 2004, 24 (3): 352.

[10] Bao Yidan, He Yong, Fang Hui, et al (鲍一丹，何勇，方慧等 .) Spectroscopy and Spectral Analysis (光谱学与光谱分析), 2007, 27 (1): 62.

[11] Zhao Hu, Yan Lei, Zhao Yunsheng (赵虎，晏磊，赵云升) . Geography and Geo—Information Science (地理与地理信息科学), 2003, 19 (4): 81.

[12] Zhao Yunsheng, Wu Taixia (赵云升，吴太夏) . MINING R & D (矿业研究与开发), 2005, 6: 63.

[13] W Taixia, Z Yunsheng. The bidirectional polarized reflectance model of soil, IEEE Trans. Geosci. Remote Sens. 2005, 43: 2 854.

[14] Wan Yuqing, Tan Kelong, Zhou Riping (万余庆，谭克龙，周日平). *Hyperspectral Remote Sensing Application and Investigation* (高光谱遥感应用研究). Beijing: Science Press (北京：科学出版社), 2006: 174—191.

Effects of Multi-angle Hyperspectral Polarized Reflection by Forest Soil

Han Yang[1], Zhao Yunsheng[1] *, Zhao Naizhuo[1], Li Qian[1,2], Lü Yunfeng[1]

(1 College of Urban and Environmental Sciences, Northeast Normal University, Changchun, China, 130024

2 Key laboratory of Wetland Ecology and Vegetation Restoration of National Enviromental Protection, Northeast Normal University, Changchun, China, 130024)

Abstract: In this study, we measured samples of typical forest soils in different states with multi-angle hyperspectral polarized reflections. We analyzed multi-angle hyperspectral polarized reflections of soil data from various viewing zenith angles, incidence angles, the relative azimuth angles, polarized states, soil water content and soil granule. We found that those factors affected the reflectance values of forest soils but not the spectral feature. The conclusions included that the larger incidence angles and viewing zenith angles are, the bigger the polarized reflectance values of the surface of the forest soil. When the forest soil was dry, the surface had phenomenon of diffuse reflection and the polarized light reflection did not take place. When the soil moisture content reached certain level, the polarized reflection appeared. The more moisture content of the forest soil was, the smaller the polarized reflectance of the surface. The bigger the soil granule was and the rougher the soil surface was, the smaller the surface polarized reflectance. The results and conclusions suggested that the spectral characteristics of the ground target need to be considered adequately in order to design the best mode in sensor systems by remote sensing technology. We suggest that incidence angle and viewing zenith angle be selected on the basis of factual instance. We suggest using larger viewing zenith angles and the incidence angle should equal to viewing zenith angle. At the meantime, the effects of sheltering by ground targets need to be considered and to choose the proper state of polarization while keeping relative zenith angle at 180°. This study not only helps find a new way for detection of soil characters, but also provides a theoretical basis for further research on multi-angle hyperspectral polarized reflection for detecting characteristic spectrum and best states in measuring forest soil.

Key words: Multi-angle remote sensing; Forest soils; Hyperspectrum; Polarization

* Corresponding author

长白山多源空间数据集成标准体系构建研究

张正祥
（东北师范大学 城市与环境科学学院）

【摘要】本文分析了长白山多源空间数据集成的数据类型，阐述了多源空间数据集成标准的意义、原则，提出了多源空间数据集成的标准框架，并且制定了软件标准、底图和空间标准、数据分层和命名标准、数据编码标准以及元数据标准等面向应用的标准，初步形成了长白山多源空间数据集成标准体系，为长白山多源空间数据库建设以及数据共享、数据分发等研究提供了基础。

【关键词】长白山　多源空间数据　集成　标准体系

Standard System Construction of multi-source spatial data integration in Changbai Mountain

Zhang Zhengxiang
(College of Urban and Environmental Sciences, Northeast Normal University, Changchun, 130024, China)

Abstract: Data types of multi-source spatial data integration in Changbai Mountain were analyzed in this paper. We not only described the significance and principles of multi-source spatial data integration standards but also proposed the framework of it. Lots of standards were instituted like the software standard, base maps and spatial standard, data stratified standard and its naming standard, data encoding standards and metadata standards and other application-oriented standard. Multi-source spatial data integration standard system of Changbai Mountain were formed aiming at providing a basis for the research of multi-source spatial database construction, data sharing and data distribution in Changbai Mountain.

Key words: Changbai Mountain; Multi-source spatial data; Integration; Standard system

一、引　　言

随着计算机技术和数据库技术的发展，GIS 已经进入社会与经济发展的各个领域，在区域研究中的应用深度也日益广泛。但是传统的条块管理体制使大量的数据资源处于分散管理、封闭使用的状态下，对数据的采集、分类、管理等没有形成统一的标准和规范，阻碍了数据资源共享和流通。另外，由于各个部门数据采集和管理的方法不同，并且采用不同的 GIS 软件，其数据格式、数据内容及数据质量千差万别，数据格式不能相互转换或转换后丢失信息等问题也极大地限制了跨学科、跨专业的广泛应用。造成上述现象的原因主要是由于在整个 GIS 行业的应用中缺乏数据的标准化，以至于数据资源难以共享与利用，导致重复投资和信息资源浪费。

GIS 实现数据集成与共享的模式大致有三种，即数据格式转换模式、数据互操作模式和直接数据访问模式（宋关福，钟耳顺等，2000；龚强，2003）。这三种模式的实现主要依靠 GIS 软件功能的实现。因此，从区域研究的角度和整个 GIS 行业来看，这样的数据集成模式必然要花费大量的人力物力，是不可取的。以区域综合研究为目的，建立资源环境多源空间信息的集成标准和方法，构建区域多源空间信息集成数据库和共享平台是一项切实可行而又具有重要意义的工作。

本文在东北师范大学“十一五”创新平台培育项目“长白山国际地缘生态安全与数据集成”的推动下，对长白山多源空间数据集成的技术标准体构架进行探讨，以期使正在进行的数据平台建设能科学有效地进行，多学科、多专业的数据能够得到规范化、标准化的整理和保存，长白山区域研究多源空间数据能有效地共享与发布。

二、长白山多源空间数据类型与集成标准研究意义

1. 长白山多源空间数据类型

长白山多源数据集成是以实现长白山地区地缘生态安全信息入库以及交叉学科数据统一管理为目标，对多源空间数据进行安全存储、集成管理，最终实现无缝显示和网络分发。长白山空间数据的来源多样，主要有如下一些类型（李军，周成虎，2000）：

（1）地图数字化。由于以往空间数据的主要表达形式或载体是地图，所以这是空间数据的主要来源之一，也是最快捷、最有效的来源。

（2）观测/监测数据。观测/监测数据是通过野外实地测量获取的数据。例如气象数据，水文、水质数据，土壤数据等。

（3）试验数据。模拟真实世界中地物与过程特征产生的数据，如野外试验站获取的各种数据和地貌发育试验获取的数据等。

（4）遥感与 GPS 数据。由航空、航天传感器获取的数据，特别是卫星影像数据，涉及影像解译、分类、提取等操作。GPS 可以准确获取地物的空间位置，它已逐渐成为其他空间数据源的订正、校准手段。

（5）理论推测与估算数据。是指在不能通过其他方法直接获取数据的情况下，常用有科学依据的理论推测得到的数据。长白山作为近代地质演化和人类历史上最重要的火山之一，在系统数据缺失的情况下，过去的许多数据需要通过推测获得。另外对于一些短期内需要，但又不能直接测量获取的数据，常通过估算方法获得。

（6）历史数据。根据历史文献中记录下来的各种信息，经过基于地学知识关联的整理和赋值成为有用的空间数据。

（7）统计普查数据。有空间位置概念的统计数据，通过与空间位置关联或其他处理转化为空间数据。

（8）集成数据。主要由已有的空间数据，经过合并、提取、布尔运算、过滤等操作得到的新的数据。

如何针对如此多类型的空间数据建立集成标准体系，进而快速、准确、高质量地建立数据库，并有效地管理，是长白山多源数据集成标准研究中最为重要的任务之一。

2. 长白山多源空间数据集成标准的研究意义

随着长白山研究的广度和深度不断增强，多学科、多专业的交叉与综合以及以地理信息系统为手段的研究方法的多样化，作为数据集成的基础，我们必须对区域中大量的多源空间数据进行标准化：

（1）是长白山区域研究中 GIS 与数据库建设的前提：空间数据是地理信息系统与数据库建设的根本和基础，空间数据的标准化对于数据的采集、分类编码、数据的组织、共享都发挥着至关重要的作用。多源空间数据集成标准的制定，可以从整体上指导与规范区域研究，将区域地理信息系统建设成为一个完整、适用、开放的系统，为区域研究打下良好的基础。

（2）为长白山区域研究中各相关专业、学科的空间数据建立与使用提供标准化参考：各个学科、专业的研究是区域研究的基础与基石，其研究内容与数据成果与区域整体研究有着密不可分的关系，在一定时间和空间尺度下具有空间一致性，因此长白山多源空间数据集成标准的建立对各个独立学科、专业的标准化具有极大的参考价值。

（3）是实现长白山多源空间数据共享的前提：地理信息技术的发展为区域资源环境开发利用提供了广阔的前景，但是由于空间数据标准化工作相对滞后，缺乏统一的规范和标准，不同信息系统之间难以进行信息交流和实现信息共享，数据重复采集，数据不一致现象严重。因此统一的数据标准是实现各部门、各学科之间数据交换、数据共享的基础与前提。

三、长白山多源空间数据集成标准体系

1. 长白山多源空间数据集成标准的原则

长白山多源空间数据标准制定过程中主要遵循下列原则：

（1）符合国家既定的标准：对已有的国家标准，必须无条件地贯彻实施；如果国家标准不满足要求，应在国家标准基础上进行扩充。

（2）与地理信息系统标准相协调：区域资源环境多源空间数据是地理信息系统技术在区域研究中的一个应用，因此可以直接采纳现行的地理信息标准或对相应的标准进行组合、改编。

（3）与其他领域标准化相协调：多源空间数据的标准化不是孤立的，要和区域中其他学科、其他领域相互协调，如国土部门、测绘部门、环保部门等。

（4）制定面向对象的空间数据模型标准：区域研究中各个专业、学科采用的地理信息软件不同，不同软件之间以及同一软件内部都采用不同的数据模型，这些数据模型都采用

不同的内部数据格式和数据存储方式，各个模型之间不能相互操作。而在进行数据格式交换时极易发生某些空间信息及属性信息丢失或变化，导致信息传递错误。在区域资源环境多源空间数据采集、建立时要按照统一的软件标准，采用面向对象的空间数据模型，提高数据集成与共享的效率。

2. 长白山多源空间数据集成标准框架

长白山多源空间数据集成标准体系是在国家地理信息系统标准体系构架的指导下，在相关法规及数据集成标准的支撑下，对长白山研究中涉及的多源空间数据在收集、整理、存储中涉及的一系列指导性和通用性标准以及某些部门专用标准进行研究，并形成统一的标准规范体系。长白山多源空间数据集成标准体系在数据模型、数据采集、数据分层、数据字典、空间数据格式、空间数据质量、分类编码等方面进行规范，其框架结构如图 1 所示。

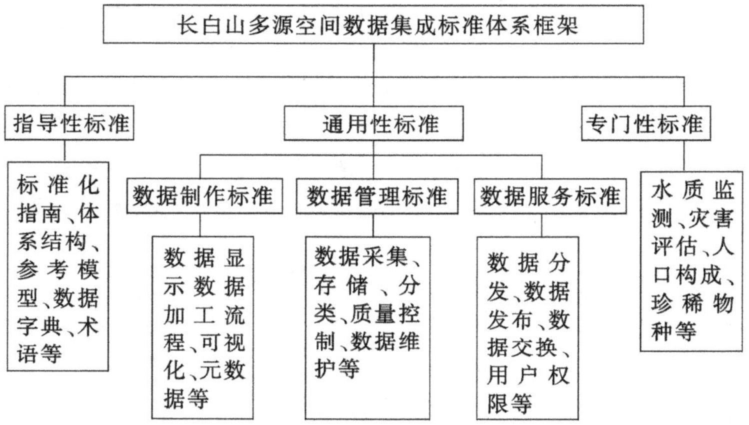

图 1 长白山多源空间数据集成标准框架

（1）指导性标准：依据国家地理信息系统标准化指南及相应的法规、行业标准等，结合长白山多源空间数据类型和特点，制定在数据集成过程中应该遵循的通用的，具有指导意义的标准。这类标准主要包括标准体系结构、参考模型、标准化指南、术语、数据字典等。

（2）通用性标准：指在空间数据的采集、处理、管理、编码等活动中所需要具有的共性方面的标准，如数据命名、分层、编码、质量控制、元数据标准等。根据标准控制或服务内容的不同，将其分为数据管理标准、数据制作标准和数据服务标准。数据管理标准主要包括数据采集、存储、分类、质量控制、数据维护等方面的标准和规范；数据制作标准主要包括元数据、数据加工流程、数据显示与可视化等；数据服务主要是指在数据分发、数据发布、数据交换用户权限等方面的标准。

（3）专门性标准：指在长白山区域研究中的针对具体研究领域、专业而制定的数据集成标准，对其他部门的数据不具有制约性，如水质监测、灾害评估、人口构成、珍稀物种等。

四、长白山多源空间数据集成标准实例

1. 软件使用标准

通过对目前市场占有率较高的软件进行考察，在综合考虑软件系统的通用性、稳定

性、安全性、便捷性等之后，确定在长白山研究中，各学科、各专业所使用的软件标准为：

(1) 操作系统：Windows XP Professional

(2) 地理信息系统软件：ArcGIS9.2 桌面版

(3) 空间数据库：基于 ArcGIS9.2 版本的 geodatabase

(4) 属性数据库：Microsoft Access（其记录与空间实体相一致）

(5) 文档、表格数据：Microsoft Office

(6) 数据字典：使用 Visual Basic 等语言编程或提供 Word 格式

2. 地理底图及空间数据资料使用标准

根据系统数据库建设的要求，考虑到不同学科、专业之间的对比和今后的扩充，应该使用统一比例尺的标准地理底图。

(1) 地理底图标准：地理底图为 1：5 万和 1：25 万，采用高斯克吕格投影，中央经线 129.00°E。在此基础上各类基础地理要素均采用标准 1：5 万和 1：25 万地理数据。

(2) 其他各学科、各专业数据均以 1：5 万和 1：25 万地形图为基础地图，通过数字化后编绘所得。

(3) 通过 LANDSAT TM、Quick Bird、IKONOS 等卫星影像解译软件获得各类数据以及野外采集数据，其分辨率、精度和误差均严格保持原有调查和分析资料的分辨率、精度和误差及比例尺。根据应用需要，将其转换为 1：5 万和 1：25 万标准数据。

3. 图层划分以及主要属性信息标准

长白山区域综合研究中包含多种数据类型，按专业特点划分为如下主要图层：

(1) 基础地理信息图层：以 1：5 万和 1：25 万地形图为基础底图将基础地理信息主要划分为如下图层：国界、省界、地区界、县界、铁路、公路、湖泊、河流、省会、地级市、县级市。

(2) 环境监测污染图层：地表水功能区划及地表水水质动态监测的内容依据 1：25 万基础要素划分为水功能区划图层（湖泊、单线河、双线河）、排水口、取水口、监测断面。

(3) 湿地分布与保护信息图层：全省湿地类型分布、保护区湿地类型。

(4) 人口与人类活动信息图层：包括不同年代、不同阶段的区域人口增长与分布、耕地扩展的时间及其土地开发数据；各项经济发展数据，即：人口与聚落、GDP、工业化、交通网络（公路、铁路、港口等）、对外贸易、主要产业、“开发区”、生态与环境保护措施等数据等。

(5) 气候及其变化信息图层：包括监测站点、气候区划、高山林线、群落结构、植被分布、净第一性生产力等。

(6) 土地利用、土地覆盖信息图层：包括土地利用、土地覆盖现状，土壤、地貌格局与动植物区系及空间分布等。

(7) 土壤动物、珍稀动植物信息图层：包括土壤动物类别、分布、区系以及珍稀动植物保护、分布等信息。

(8) 自然灾害信息图层：包括滑坡、崩塌、泥石流、气象灾害、洪涝、干旱灾害、风灾、火灾等灾害类型的历史数据、定位监测数据及其监测预警、风险评价等信息。

4. 数据命名标准

(1) 专业数据库命名：为了在数据库中区分各个专业的数据以及为了方便对不同的专业子库进行数据分类查询与浏览，有必要规定专业数据库名称及简称。

专业数据库的简称和代号具体内容见表1。

表1 专业数据库简称与代号

数据集名称	简称	代码
基础地理信息数据库	JCDL	01
环境监测污染数据库	HJWR	02
湿地分布与保护数据库	SHDI	03
人口与人类活动数据库	RLHD	04
气候及其变化数据库	QHBH	05
土地利用、土地覆盖数据库	TDLY	06
土壤动物、珍稀动植物数据库	TRZX	07
自然灾害数据库	ZRZH	08

(2) 空间数据集命名原则：

空间数据集是ArcGIS空间数据模型Geodatabase中的数据组织方式，规定空间数据集名称为专业数据库的名称加上“Set”，再加上具体的描述名称。如“ZRZHSetgrass”，表示用于存储草地自然灾害数据库的空间数据。

(3) 要素类（空间图层）命名原则：

各个专业数据集名称＋专题图层名称，例如，ZRZHSet火灾、ZRZHSet洪灾等。

(4) 数据表命名原则：

数据表名称命名为数据库简称＋INFO＋存储内容信息，如ZRZHINFO表名，表示自然灾害信息表。

(5) 字段命名原则：

由于涉及专业知识，故字段名称严格按照各个专业提供的字段名称命名。

5. 数据实体编码标准

数据编码是制约信息共享的一大瓶颈，所以多源空间数据集成一个很重要的方面是如何解决空间实体的编码问题。实体编码是指在地理信息系统中采用一致的编码方式对所有的空间物体唯一的标志，通常是用一个或一组有序数字、符号或字母代表空间实体。

实体编码可以表达资源环境数据的类别结构，是对空间数据表达的抽象，用以表明不同类别、不同专业和不同性质的数据内容。通过编码，建立起统一的空间数据信息语言，有利于促进资源共享，达到统一化，加快数据处理速度，提高对数据的检索效率。

虽然数据编码类型有数字型、字母型和数字字母混合型，但是从直观与记忆方便的角度看，数字类型的编码类型比较合适，并且使用等长型的码位设计（右侧空码位补“0”）。因此，数据编码用11位数的字符串来表示：

数据编码取值范围：01 00 000 0001～08 99 999 9999，其中：

第1，2位表示专业数据库代号，范围01～08。

第3，4位表示子库中某一数据集，范围01～99。

第5，6，7位表示数据集中每一次数据测量及采集，如果没有这三位数将用000补充，范围001～999。

第8，9，10，11位表示某测量下的某一记录（采样点），如果不涉及测点，这四位数将用0 000补充，范围0 001～9 999。

根据以上编码方案，可以给数据库中任何空间实体对象分配一个唯一的数据编码，通过这种编码方式，可以直观地看出某一个数据属于哪个专业数据库，属于哪个工程，哪个测量点。数据编码主要用于对数据进行存贮、管理、检索和交换。在采集数据时，可利用编码作为专题数据类型的标志，也可用作用户标识码进行数据输入，并用于检查数据的精度和完整性，对数据层进行修改或重新组织。编码还常用于数据检索，作为各种查询语句使用。借助编码进行数据交换与集成分析，实现各类数据集之间的交换与数据共享。

6. 元数据标准

元数据（Metadata），是关于数据的数据，是关于数据的描述性数据信息，它将尽可能多地反映数据库数据自身的特征规律，以便用户对数据库的准确、高效和充分利用和开发。

建立元数据的目的和作用，就是要促进数据库的高效利用，通过对元数据的查询，可以检索、访问数据库，可以利用计算机的系统资源，可以对数据进行加工处理和二次开发等。在数据库中建立元数据，就是为了保证数据的完整性、可扩展性、安全性，还可以帮助我们实现检查错误的功能和快速浏览的功能。

元数据包含的内容主要有矢量数据集元数据、要素类元数据和栅格数据集元数据。每种元数据都包含如下部分内容：

（1）数据标志信息：是唯一标志数据集的元数据信息。通过数据标志信息，用户可以对已有数据集的基本信息有一个总体的了解，例如数据的一般性描述信息（摘要、目的、语言、补充信息、访问和使用权限），数据所有者的联系信息，资料来源和完整性信息，关键词和字典，辅助图件，以及保密级别等信息。

（2）数据质量信息：对数据集质量的总体评价信息，包括数据集在数据完整性、逻辑性、一致性、时间精度（时间表示的精确程度、现势性或有效性）、属性精度、定位精度（水平精度和垂直精度）、处理过程、处理人员等方面的描述信息。

（3）空间数据组织：对数据集中空间数据机制的描述信息，如数据表达方式（矢量、栅格）等。

（4）空间参照系：数据集所使用的空间参照系的描述信息，如地理坐标系统、投影坐标系统，以及各项投影参数等。

（5）空间实体和属性：数据集中信息内容的详细描述，包括实体类型及其属性，以及属性值的值域等。

（6）数据发布信息：是关于数据发行和获取的信息。包括发行部门，数据资源描述，发行部门责任，获取手段等。通过发行信息，用户可以了解数据集在何处，怎样获取，获取介质以及费用等相关信息。

（7）元数据参考信息：是描述元数据当前状况及其负责部门的信息，包括元数据日期信息、联系地址、制定元数据所使用的标准、版本、限制条件、安全信息以及元数据扩展信息等内容。通过元数据参考信息，可以更好地帮助用户了解元数据描述方法的信息，从而加深对数据集的理解。

为了与软件标准相一致，采用 ArcGIS 中的桌面软件 ArcCatalog 来管理和表达元数据。

结　语

本文从多学科综合研究的视角探讨了长白山多源空间数据集成的标准框架，并制定了部分集成标准。由于地理信息系统标准化的内容非常丰富，涉及的范围非常广，尤其在长白山区域综合研究中全面地考虑多学科、多专业交叉的数据集成标准的难度非常大。因此，以多源空间数据库集成和数据库建设为目的，建立面向应用的、可直接在工作中实施的数据集成标准是切实可行的，是实现多源空间数据库建设、数据共享、数据分发以及无缝显示的前提和基础。

参 考 文 献

[1] 宋关福，钟耳顺，刘纪远，等．多源空间数据无缝集成研究．地理科学进展，2000，(6)：110—115.

[2] 龚强．关于全球通地理信息系统的思考．测绘科学，2003 (9)：74—76.

[3] 李军，周成虎．地球空间数据集成多尺度问题基础研究 [J]．地球科学进展，2000，2：48—52.

[4] 李军，周成虎．地学数据特征分析 [J]．地理科学，1999，4：158—162.

[5] 蒋景瞳，刘若梅，姜作勤，曾澜，陈倬．我国地理信息标准化政策研究．测绘科学，2008，33 (1)：21—24.

[6] 杜道生．地理信息标准化的最新进展．地球信息科学，2003，5 (2)：74—78.

[7] 陈跃国，王京春．数据集成综述．计算机科学，2004，31 (5)：48—50.

[8] 陈洋，罗四维．异构数据库数据集成的研究与实现．计算机技术与发展，2006，16 (7)：192—194.

[9] 承继成，赵永平．地理信息及其元数据标准化．遥感学报，1998，2 (2)：149—154.

[10] 覃如府，许惠平，叶娜，欧少佳，卢焱．中国岩石圈三维结构数据库地理信息系统设计．吉林大学学报：地球科学版，2005，35 (4)：529—534.

[11] 龚健雅．关于我国空间数据标准若干问题的思考．测绘通报，1997，5：15—16.

[12] 李超岭，张克信．基于 GIS 技术的区域性多源地学空间信息集成若干问题探讨. 地球科学（中国地质大学学报），2001，26 (5)：545—550.

[13] 佘江峰，冯学智，林广发，都金康．多尺度时空数据的集成与对象进化模型．测绘学报，2005，34 (1)：71—77.

长白山旅游地生命周期探析

周丽君　杨青山
（东北师范大学城市与环境科学学院，吉林 长春 130024）

【摘要】 生命周期理论对旅游地可持续发展具有一定的指导意义。研究发现，作为我国十大名山之一的长白山的旅游地生命周期经历了探索阶段、参与阶段，目前正处在发展阶段。采取有效的措施，延长其生命周期阶段是可能和必要的。要延长长白山旅游地生命周期，可以从增强旅游产品的吸引力、加大旅游市场营销力度、营造良好的旅游氛围、完善规划与管理措施等方面入手，采取相应的对策与措施。

【关键词】 旅游地生命周期　调控　长白山

An Analysis of the resort life cycle in the Changbai Mountain

Zhou Lijun, Yang Qingshan
(College of Urban and Environmental Sciences, Northeast Normal University, Changchun, China)

Abstract: The life circle theory of resorts is meaningful for the sustainable development of tourist destinations. Through this research we found that the Changbai Mountain, as one of the top ten famous mountains in China, has gone through the life cycle of exploration stages. After passing the stage of participations, it is now in the stage of development. It is possible and necessary to take effective measures to extend the tourist phase of the cycle. To extend the tourism life cycle of the Changbai Mountain, starting with enhancing the attractiveness of tourist commodities, increasing tourism marketing, creating a favorable tourism atmosphere, improving planning and management.

Key words: Resort life circle; regulation; Changbai Mountains

旅游地生命周期的概念是德国著名地理学家克里斯特勒（W. Christaller）于 1963 年提出的。1980 年，加拿大学者巴特勒（Butler）提出，旅游地生命周期一般要经过探索、参与、发展、巩固、停滞、衰落（或复苏）6 个阶段[1]，并用游客的增长率来判定旅游地所处的具体阶段，奠定了旅游地生命周期发展的基本模式。其后国外相关研究受巴特勒理论影响较深。

国内关于旅游地生命周期的研究起步于 20 世纪 90 年代。对旅游地生命周期的研究表现出如下几个特点：一是十分重视理论研究，对旅游地生命周期的理论进行辨析和探讨[2]；二是山岳型、洞穴型、主题公园型、园林型、博物馆型等旅游地的研究较多，但其他类型旅游地涉及较少；三是将旅游地生命周期理论和其他理论结合起来应用，增强了生命周期理论对实践的指导作用[3]；四是提出了旅游地生命周期的控制方法。

一、长白山旅游地简况

长白山旅游地主要是指长白山自然保护区的范围。长白山自然保护区建立于 1960 年，地跨吉林省东部的安图、抚松、长白三县，以鸭绿江、图们江为界，与朝鲜隔江相望。总面积为 196 465 hm^2，其中林地面积 16 081 hm^2，草地 5 683 hm^2，长白山天池（白头山天池）水面 402 hm^2，森林覆盖率 87.9%，是一个以森林生态系统为主要保护对象的自然保护区。保护区内旅游资源十分丰富，以火山地貌、峡谷地貌、植被景观、瀑布温泉为主，其中，世界上最为完整的温带垂直生态系统和列入吉尼斯记录的世界最高的火山口湖——长白山天池（白头山天池）更是享誉中外。2002 年，长白山被评定为中国十大名山之一。2007 年，又被评定为首批 5A 级旅游区。

近年来，长白山旅游业迅速发展，在游客接待、基础设施建设、对外宣传、服务质量等方面都有改善和提高。判断长白山旅游地生命周期阶段，可以指导旅游管理者合理规划、科学管理；采取相应措施，延长长白山旅游地生命周期，可以使旅游地走上持续发展的道路。

二、长白山旅游地生命周期阶段的判定

比较常用的旅游地生命周期阶段判定标准是以不同时期游客量的变化为主，辅助一些旅游地设施建设和旅游管理措施。由于长期的、连续的社会经济数据很难获得，因此游客数量的变化仍是确定旅游地生命周期的主要依据。

根据长白山旅游地 1980 年至 2007 年游客量的变化情况，可以得到如下游客变化曲线。

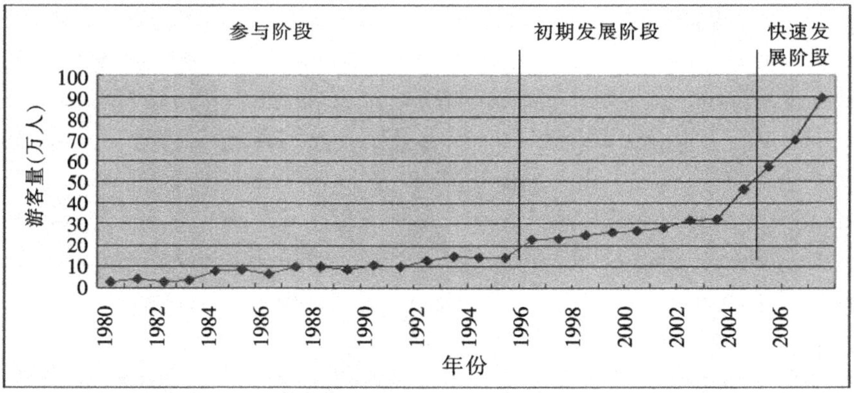

图 1　长白山旅游地生命周期阶段简图

从上图可以看出，长白山旅游地游客接待数量在1980至1995年间，变化较为平缓，1996年以后增长幅度较大，尤其是2005年以后，增幅更大。

结合长白山旅游地旅游开发的实情，对其生命周期进行初步判定。由于在1980年之前，进入长白山的游客多为自发组织的，并且没有专门的旅游人次数统计，故此阶段算作探索阶段。1980年至1995年，游客增长率较低，旅游地处于自发开发阶段，缺乏整体统一的管理，故看作参与阶段。1996年之后，旅游人次数迅速增加，同时开始有了景区总体规划指导开发实践，故而判断长白山旅游地生命周期已经进入了发展阶段。

三、长白山旅游地生命周期阶段及特点

根据长白山区游人进入的过程及上述曲线，可以判定长白山的旅游地生命周期可以分为三个阶段：探索阶段、参与阶段、发展阶段。

1. 探索阶段（20世纪初～70年代末）

历史上东北地区一直处于中原政权的边缘，一直人烟稀少。长白山区虽然有肃慎、高句丽、渤海等民族先后聚居，但多聚居在长白山周边，今天的保护区范围人迹罕至。直到1908年，刘建封受东三省总督徐世昌之命，用了4个多月的时间，勘查了长白山的自然风貌和三江之源，并为长白山天池（白头山天池）周围的大小16座山峰冠名。刘建封对长白山的考察可算最早对长白山的科研探索。日伪时期，有一些贫苦百姓为躲避战乱进入山林之中；解放后，这里也仅是周边居民采摘狩猎之地。

1958年，在长白山天池（白头山天池）北偏东的鹰嘴峰上建了长白山天池（白头山天池）气象站。1960年，又建立了自然保护区，开始了资源保护和管理，同时吸引了很多人到这里进行科学考察或者采风、摄影。直到70年代末，专门到长白山游览的人很少，除了对一些山路进行简单修建外，基础设施的建设很少。此阶段无专门旅游设施和服务，旅游地尚处于自然发展状态，旅游供给少，造访者仅限于当地居民。

2. 参与阶段（1980～1995年）

20世纪80年代以来，旅游业发展之风吹到长白山，游客数量有了明显的增加，旅游接待服务设施也有了一定的改进。

最先开发的是长白山北坡。从山门到长白山天池（白头山天池）或到瀑布，沿途主要有地下森林、长白山天池（白头山天池）、垂直景观带风光、温泉、瀑布等景观，呈现自然风光的美丽。计划经济体制下的长白山主要以接待和疗养为主，接待对象主要为国家干部、外国客人、文学摄影爱好者等，旅游地功能仅限于观赏自然美景和猎奇采风。此时长白山旅游地发展的最大阻力是基础设施和旅游接待设施的缺乏，旅游区与客源地之间的交通情况较差，并且此时东北地区旅游业发展还属温线，参与的人数很少，故游人数量很少。

1988年3月，开始筹建池西管理站，1989年6月底，自筹资金26.7万元，建成了609.5 m^2 的池西站，全面进行西坡景观的开发与建设。

20世纪90年代，随着国内旅游业的发展，长白山旅游地接待的游人数量有所增加，接待设施也不断完善，供给能力逐步提高，为开展大众旅游奠定了基础。

3. 发展阶段（1996～）

发展阶段具体可以分为两个子阶段：第一个是1996～2004年，属于初期发展阶段；

第二阶段是 2005～2008 年，属于快速发展阶段。

1996 年，《长白山自然保护区旅游发展规划》编制完成，从而使长白山旅游业发展有了明确的指导和管理，修建了景区内道路和一些接待服务设施，并且开展了市场营销，开始把长白山面向游客推出。此时，长白山独一无二的自然景观的旅游吸引力加大，游客需求旺盛，游客量增长迅速。

2005 年，吉林省委员会为实现对长白山的统一规划、统一保护、统一开发、统一管理，成立了长白山管理委员会，使整个长白山旅游业发展进入一个新的阶段，该阶段旅游需求迅速扩大，逐渐接近供给水平，客观上要求提升旅游服务，增加供给。这一阶段管理委员会在基础设施建设、规划管理、旅游宣传等方面做了很多工作。

近年来，在基础设施方面不断加大建设力度。2007 年，北坡修建了温泉宾馆、绿渊潭；西坡大峡谷栈道向玉兰瀑布方向延伸，山门外修建蓝景花园酒店。长白山南坡景区通往长白山天池（白头山天池）的通道于 2006，2007 年修建完成，景区于 2007 年 7 月 9 日正式对游人开放，开发了炭化木遗迹、鸭绿江大峡谷、高山湿地、岳桦双瀑等 10 余个重点景观，对接待服务处、双跌瀑栈道、炭化带护栏等进行了修建。

在旅游宣传方面，管理委员会积极组织参加各种国内外展会，包括国内旅游交易会、国际旅游交易会、北方旅游交易会等；组织筹办长白山高山花卉节、长白山雪文化节、长白山国际滑雪节等节庆活动；另外，还到客源地开展促销，如 2007 年 10 月底开始，由长白山管理委员会旅游局、长白山文化传播中心等单位联合组成的“雪域长白山，神州万里行”旅游促销大篷车，开赴京津唐、长三角、珠三角等地区开展促销宣传活动。各区也在积极开展宣传促销工作，如池南区管理委员会编制印刷了旅游、招商引资项目宣传画册 1 万册，在主要景区、景点设立了标志牌、说明牌 10 余块。

四、旅游地生命周期的演化趋势

根据 Butler 旅游地生命周期理论，发展阶段之后就是巩固阶段和衰落阶段，旅游地生命周期的调控时机有多种选择，一般可以在旅游地的成熟期、停滞期进行，可以在发展期就注意到旅游地吸引力的保持，在开发过程中注意从影响旅游地生命周期的多方面因素进行控制，以期延长发展期，进而使旅游地生命周期得以延长。虽然长白山旅游地生命周期刚刚进入发展期，但在景区经营管理中从产品开发、市场开拓、设施建设等多方面进行完善，可以使长白山旅游地的生命周期延长。

1. *旅游产品的开发措施*

旅游地之所以会有生命周期的演变，关键是对游客的吸引力发生了变化。故而要采取措施提高旅游地的吸引力[4]。对于长白山旅游产品开发可从固有产品的内涵深化、新产品开发、多产品组合等方面进行。

（1）固有产品的进一步深化

对现在已开发的旅游产品和项目，增加科学文化内涵，丰富项目种类。长白山最突出的特色之一是植物，而现在植物观览内容很少，可以在地下森林、高山花园、瀑布等处，通过导游讲解或者植物标牌，加强游客对长白山植物稀奇古特的感受。

（2）开发新产品

长白山旅游区范围广阔，资源丰富，目前虽然已经开发了长白山天池（白头山天池）、瀑布、地下森林、高山花园、梯子河、老虎背、锦江大峡谷、松桦恋、碳化木生成带等旅游景点，但是还有很多资源没有被开发利用出来，例如西坡的锦江瀑布、玉兰瀑布、花草坡，南坡的湿地等旅游资源。随着长白山旅游业的发展，可以开发新的景区、景点、线路，增大环境容量。

从旅游活动形式上，在原有观光旅游的基础上，开展科考旅游、探险旅游、康乐旅游、冰雪旅游、休闲度假游、会议旅游等多种类型的旅游产品。例如，长白山南坡除登临山顶的车行道以外，还可以开发登山旅游产品；从北坡穿越到西坡可以让游客深入体验长白山的神秘与瑰丽，也是一条非常有潜力的登山旅游线路。

(3) 重新组合旅游产品，拓展旅游空间

长白山旅游区内旅游资源特色突出，且不乏世界知名的高品位旅游资源。在长白山周边，也有很多知名的旅游景点，例如长白朝鲜族自治县望天鹅风景区、通化高句丽墓葬和古城遗址、朝鲜族风情等都是品位很高的旅游资源，目前也已经开发成旅游产品。长白山可以向南、向北、向西组合多条旅游线路，拓展旅游空间，延长旅游时间，丰富旅游内容。长白山首先要搞好内部北坡、西坡、南坡的整体开发，共同促销，互惠互利；其次长白山还应与周边的望天鹅、抚松仙人桥温泉、延边朝鲜族风情等景区共同打造不同特色的互补旅游线路，早日打造出吉林精品旅游线路。

2. 加大长白山旅游区旅游营销的力度

(1) 有效运用多种市场营销手段进行促销

运用多种市场营销手段，通过价格策略、资源整合、联合营销、服务营销等多种手段提高长白山旅游产品的市场占有率。

另外长白山目前在名山中的知名度还不是很高，区位条件和其他名山相比也不是特别优越，可以通过加强名山之间的资源整合，提高整体竞争能力，共同打造“中国名山朝圣之旅”品牌。

(2) 强化原有市场，开拓新客源市场

长白山客源地越来越多元化，入境游客除韩日外，还包括台湾和港澳地区，国内游客由原来的东北、华北地区扩大到华东、华南、西南区域，大大增加了游客量。针对客源地的宣传促销策略，也要作出相应调整。例如针对台湾游客迅速增多的现状，可以组织到台湾进行专门的促销活动。

3. 营造良好的软硬环境，增加游客的归属感

(1) 完善基础设施建设

长白山旅游区基础设施正在逐步完善。北、西、南坡通往长白山天池（白头山天池）的道路都已经修建完成，并有游览车运载游客。已经开发的各个景点之间也有栈道或车道连接。三个坡都建了宾馆、餐饮设施、购物店，尤其是北坡较为齐全，山门外是一条购物街，两侧有很多购物商店。北坡山门外停车场需要进一步扩大。西坡、南坡要建设住宿和餐饮设施。包括规范商业服务，改善通讯条件，增加环保设施，建设游憩场所等。

加强基础设施建设，尤其是环山道路建设，使各坡连接畅通，增加旅游者游览内容。目前，北坡、西坡之间路况较差，通行时间长，在某种程度上增加了旅游时间，使同时游览两坡或三坡的时间增加。长白山国际机场已于 2008 年 8 月通航，可根据客源市场情况开通航线和航班；开通从长春、沈阳、哈尔滨通往长白山的高速公路；景区外部基础设施

建设，要以改善交通条件为主，包括提高从景区周边主要城镇进入旅游区的公路等级，更新和增加客运车辆等。

（2）提高旅游区的管理和服务水平

旅游管理和服务是旅游工作的灵魂，旅游业的竞争就是旅游管理和服务的竞争，只有搞好旅游业的运营管理和服务质量，旅游业的持续健康快速发展才能成为有源之水，有本之木。针对长白山旅游区的实际，提高旅游区的管理和服务水平，提高旅游区管理者和员工素质是根本，科学组织服务队伍是提高旅游服务质量的关键，规范化服务是提高服务质量的基本手段，完善监督管理体系是保障。长白山旅游集团成立以来，采用比较完善的管理系统，制定了对客服务的标准和程序。通过优质服务给游客创造了一个舒适的软环境，延长了停留时间。

（3）探索景区、社区共赢的渠道

国内外旅游开发实践证明，只有实现了旅游区和当地社区的共赢，旅游业可持续发展才能真正成为可能。通过各种渠道使当地居民参与旅游业及相关产业中，一方面，可以有效避免他们对资源的耗竭性利用；另一方面，一旦当地居民切实从旅游业中受益，自发地保护旅游资源。在政府的科学引导下，使当地居民参与交通运输业、旅游产品的加工及销售业、旅游景区的环境维护和管理中，是长白山旅游区当地社区参与旅游业的可行途径。

参考文献

[1] 保继刚，等．旅游地理学［M］．北京：高等教育出版社，1999：106－113.

[2] 阎友兵．旅游地生命周期理论辨析［J］．旅游学刊，2001（6）：31－33.

[3] 孙根年．论旅游危机的生命周期与后评价研究［J］．人文地理，2008（2）：7－12.

[4] 李建军，吴文智．基于“P－E”状况分析的旅游地生命周期应用研究［J］．江西财经大学学报，2006，46（4）：50－54.

东北地区植被过渡带定量研究

杜海波　吴正方*　李　明

（东北师范大学城市与环境科学学院，吉林 长春 130024）

【摘要】 气候变化带来的水热变化是生态系统变化的重要原因之一，其长时间尺度变化和短时间尺度波动是植被过渡带形成、分布和变化的主要原因。本文以 Kira（吉良）的热量指数（温暖指数 WI 与寒冷指数 CI）和徐文铎的湿度指数 HI 为指标，运用生态气候保证率方法，以温暖指数 WI 的 90%和 10%保证率定量划分了东北地区森林过渡带；以湿度指数 HI 的 90%和 10%保证率定量划分了湿润森林和半湿润草甸草原过渡带，以湿度指数 HI 的 80%和 20%保证率定量划分了半湿润草甸草原和半干旱草原过渡带。

【关键词】 东北地区　植被过渡带　生态气候保证率　热量指数　湿度指数

自然地域界线是两个相邻的、彼此不同的地域自然综合体质上转变的线或带，一般处在自然综合体特征变化最显著的地段[1]。界线两边无论在地表自然界的客观实际、气候特征、植被和土壤类型，还是农业生产状况等方面，都存在着显著的不同。客观上要求将它们区分开，但对于它们之间的划分存在着较多的分歧和争议[2,3,4]。对于东北地区寒温带针叶林和温带针叶阔叶混交林界线，长期以来，我国许多学者对其进行了研究，归纳起来有 5 条界线[5]：一是以伊勒呼里山岭南坡到爱辉为界；二是由呼玛向西南一线为界；三是将一界线稍向东南推移些；四是以 50°～50°20′N 为界；五是徐文铎在 1980 年确定的大小兴安岭植被分界线[6]，在爱辉—果松沟—嫩江以南附近。对于温带针阔混交林和暖温带落叶阔叶林界线，一直存在不同意见[7]，比较有代表性的有四条界线[8]：一是以长白植物区系和华北植物区系为基础的传统分界线沈—丹线为界；二是沈—丹线以东，自鸭绿江边起，经宽甸、凤城大堡、草河口、本溪、南杂木、开原一线为界；三是沈—丹线以西；四是徐文铎[9]根据温暖指数确定的辽阳老黑山、凤城的帽盔山一线为界。而主要因水分差异在东西形成的湿润森林和半湿润草甸草原界线、半湿润草甸草原和半干旱草原界线，由于降水变化比温度变化更为复杂，对这两条界线的意见更是有分歧[10,11,12,13]。但这些界线都是前辈们在理论分析与实际考查中得出来的，可以说都是真实的并且具有实际意义的。可为什么总会有这些差异，甚至比较大的差异，作者认为原因有以下几点：一是各位学者采用的区划指标不一[14]，这就不可避免地会产生差异；二是温度和水分是决定植被分布重要的能量和物质基础，其长时间尺度的变化和短时间尺度的波动是植被生态界线形成和分布的主要原因[8]，各位学者在研究时间上的差异性必然会产生结果的差异；三是界线两边物质体系、能量体系、结构体系、功能体系都不尽相同，界线附近更是两种生态体系的交

---

* 通讯作者：吴正方，男，教授，博士生导师。E-mail：wuzf@nenu. edu. cn。

容处，在一定空间范围内很难分清界线，是界线难分的根本。要解决这些问题，就得从过渡带的角度结合气候变化来认识和分析这些“界线”。

植被过渡带水平方向上具有最大的环境要素梯度，带内植被具有丰富的生物多样性和高度竞争性，同时抗干扰性差，一经破坏难以恢复[8]。植被过渡带对环境变化十分敏感，界面变化速度快，空间移动能力强，是全球气候变化影响研究的敏感区[15]。有关专家指出，传统的植被一气候分类法对全球植被分布预测的准确率仅为 38%～40%[16]，其中一个重要原因就是忽视了植被过渡带的研究，说明了植被过渡带研究的重要性。但过渡带本身对气候变化的反应，如过渡带位置的变化与气候变化的关系研究则较少[17]。东北大部分地区经过近 200 年的开垦和森林采伐，自然植被和生态环境破坏严重，尤其在敏感和脆弱的过渡带上产生了严重问题。过渡带内的高环境异质性、生物多样性和对环境变化的敏感性，其位置的变化可以作为环境变化的指示者，因此加强区域植被过渡带的研究对东北地区过渡带内生态系统的恢复与重建是十分必要的。

一、研 究 地 区

东北地区包括黑龙江、吉林、辽宁 3 省及内蒙古东部的赤峰市、通辽市、兴安盟和呼伦贝尔市，位于 115°52′～135°09′E、38°72′～53°55′N 之间，南北长约 1 600 km，东西宽约 1 400 km，总面积约为 1.236×10^6 km^2，其中平原占 29%，丘陵占 26.9%，低山占 21.4%，中山占 14.4%，海拔 600 m 以上的高平原占 8.3%。内部西北有大兴安岭，东北有小兴安岭，东南有数列平行山岭组成的长白山；向外东临日本海，南接黄海、渤海，西、北两侧与蒙古高原、西西伯利亚高原接壤，是一个完整自然地理区域。

二、资料与研究方法

1. 数据来源

选用了由国家气象局中心提供的东北地区 93 个气象基本站建站至 2007 年的逐日降水和温度资料作为基础数据。由于少数站建站那几年数据有缺失，为了保证数据序列的完整性和连续性，故将数据起始年份选在 1961 年。如图 1 是 93 个气象站在东北地区的分布情况。

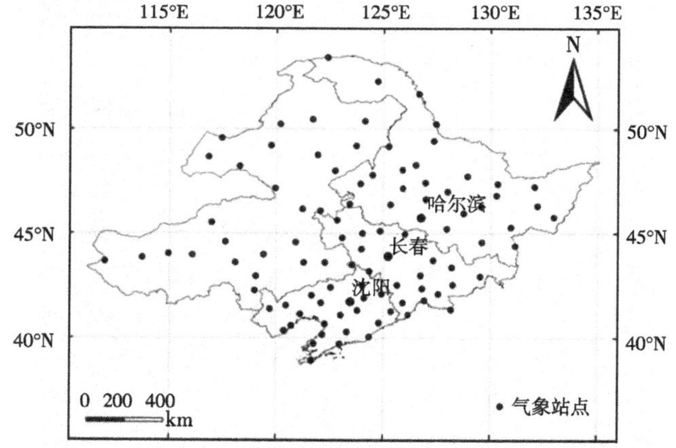

图 1 东北地区气象站点分布

Fig. 1 Distribution of meteorological stations in Northeast China

2. 研究方法

植被过渡带与气候关系的研究对过渡带内生态系统的恢复与重建十分必要，是东北地区生态环境规划和建设的一项重要任务，也是全球变化区域影响研究重要的基础性工作[18]。吉良的气候一植被分类模型中 WI，CI 计算方法简便，是从东亚植被与气候的关系研究中发展起来的，其干湿度指数得自于雨温关系较单一的夏雨型气候区，与植被的对应性好，对研究像中国东北、华北、华中、华南这样水分自南向北减少，二者有较好配合关系的地域十分有用[19]，特别对东北这样的夏雨型气候地区很适用。

（1）热量指数和湿度指数

根据东北地区 93 个气象站历年来逐日降水和温度资料，按下列公式转换成水热指标——温暖指数（WI）、寒冷指数（CI）和湿度指数（HI）[20]：

$$\mathrm{WI}=\sum(t_n-5) \quad \mathrm{CI}=\sum(t_m-5) \quad \mathrm{HI}=P/\mathrm{WI}$$

式中，t_n 为大于 5℃月平均气温，t_m 为小于 5℃月平均气温，P 为年降水量。

根据东北的实际情况，以温暖指数 WI=45℃·月作为寒温带针叶林和温带针阔混交林界线，WI=85℃·月作为温带针阔混交林和暖温带落叶阔叶林界线，以湿度指数 HI=7.5 mm/（℃·月）作为湿润森林和半湿润草甸草原界线，HI=5.5 mm/（℃·月）作为半湿润草甸草原和半干旱草原界线[5,14,10]。

（2）植被过渡带研究方法

在植被生态界线的基础上，运用生态气候保证率方法，计算出植被的可能界限和稳定界限，从而得到植被的过渡带。

对多年生植物或农作物而言，设有 A，B 两个植被地带，A 对温度效率指标 WI（或湿润程度指标 HI）的需求高于 B。首先 A 与 B 存在保证率为 50%的生态界线 WI_{50}（或 HI_{50}），两个植被地带的优势种在此竞争，生存机会均等。WI_{50}（或 HI_{50}）一侧随温度效率指标（或湿润程度）增加，B 地带的优势种竞争力渐弱，生存机会减小，而 A 优势渐强。当 WI（或 HI）增至 WI_{90}（或 HI_{90}）时，保证率达到 90%，A 占据优势，B 仅能在个别生境内出现，WI_{90}（或 HI_{90}）便成为 A 稳定分布的下限，即 A 与 B 过渡带的一界限；WI_{50}（或 HI_{50}）的另一侧随温度效率指标或湿润程度的降低，A 竞争力渐弱，B 渐强。当 WI（或 HI）降至 WI_{10}（或 HI_{10}）时，保证率仅为 10%，A 只在个别生境内存在而 B 占据优势，WI_{10}（或 HI_{10}）成为 B 稳定分布的上限，即 A 与 B 过渡带的另一界限。如图 2：

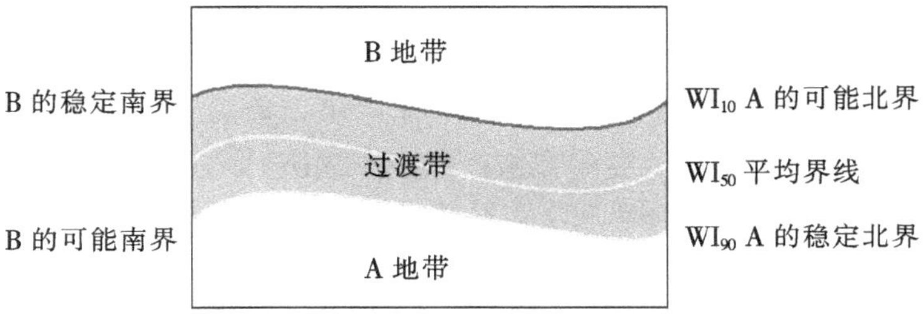

图 2　植被过渡带示意图

Fig. 2　The schematic diagram of vegetation transition zone

对一年生植物或农作物而言，和多年生植物类似，只是在一个地区正常生长发育一般要求 80%的保证率。

丘宝剑先生[21]在中国农业气候区划中根据我国的季风气候特征提出以积温 $T\geqslant 10℃=1\ 700℃$为我国寒温带和温带的界线，3 200℃为温带与暖温带的界线。作者以东北地区 93 个站 WI 与积温作相关分析和回归分析得出：

$$WI=0.027\times T_{\geqslant 10℃}-7.552 \qquad (1)$$

表 1 WI 与积温的相关分析和回归分析

Tab. 1 The correlation analysis and regression analysis between WI and accumulated temperature

相关系数（R）	Sig. *	回归系数（a）	Sig. * *	Constant
0.997	0.000	0.027	0.000	−7.552

* Correlation is significant at the 0.05 level (1−tailed)

* * Coefficient is significant at the 0.05 level (2−tailed)

由表 1 得出，东北地区 WI 与积温极其相关，回归系数 $a=0.027$，有显著意义。根据保证率公式[22]计算 90%保证率时，$\Delta T_{\geqslant 10℃}=266℃$，由（1）得：$\Delta WI=7.2℃\cdot$月。

各个站点再根据保证率的标准差计算公式[22]计算保证率，多年生森林植被为：

$WI_{90}=WI_{50}+1.28\sigma_{WI}$ 或 $WI_{90}=HI_{50}+1.28\sigma_{HI}$；$WI_{10}=WI_{50}-1.28\sigma_{WI}$ 或 $HI_{10}=HI_{50}-1.28\sigma_{HI}$

一年生草原植被：

$WI_{80}=WI_{50}+0.84\sigma_{WI}$ 或 $HI_{80}=HI_{50}+0.84\sigma_{HI}$；$WI_{20}=WI_{50}-0.84\sigma_{WI}$ 或 $HI_{20}=HI_{50}-0.84\sigma_{HI}$

其中：WI_{50}，HI_{50}分别为不同植被带间温度指标、湿度指标界线；1.28，0.84 为正态分布（偏倚系数为 0 时）的离均系数；σ_{WI}，σ_{HI}为 WI，HI 的标准差。

三、结果与分析

1. 寒温带针叶林与温带针叶阔叶混交林过渡带

利用吉良的温暖指数 WI 对东北地区植被界线作了分析。寒温带与温带植被界线为阿尔山南部—牙克石南部—鄂伦春自治旗中部—呼玛中部—塔河中西部—漠河一线，这和徐文铎[10]、方精云[23]研究的界线有点差别，稍微偏北，上文已解释了原因，此不再赘述。根据保证率计算公式，$WI_{90}=52.2℃\cdot$月，该等值线从额尔古纳市南部南下，穿越陈巴尔虎旗东部和鄂温克族自治旗中部，直至新巴尔虎左旗南部，再从阿尔山南部北上，穿过牙克石南部、阿荣旗西部、鄂伦春自治旗中部、呼玛中部至塔河东部，形成了温带针叶阔叶混交林的稳定北界和寒温带针叶林的可能南界，构成了此过渡带的上限（图 3）；$WI_{10}=37.8℃\cdot$月，此等值线由额尔古纳南部，穿过陈巴尔虎旗东部和牙克石市中部沿鄂伦春自治旗中部北上，穿过呼玛和塔河西部直到漠河，形成了温带针叶阔叶混交林的可能北界和寒温带针叶林的稳定南界，构成了此过渡带的下限（图 3）。过渡带内年平均气温约−2～0℃，≥10℃积温 1 500～2 000 ℃，年降水量 450～500 mm。过渡带的北界与蒙古栎分布的北界基本一致。

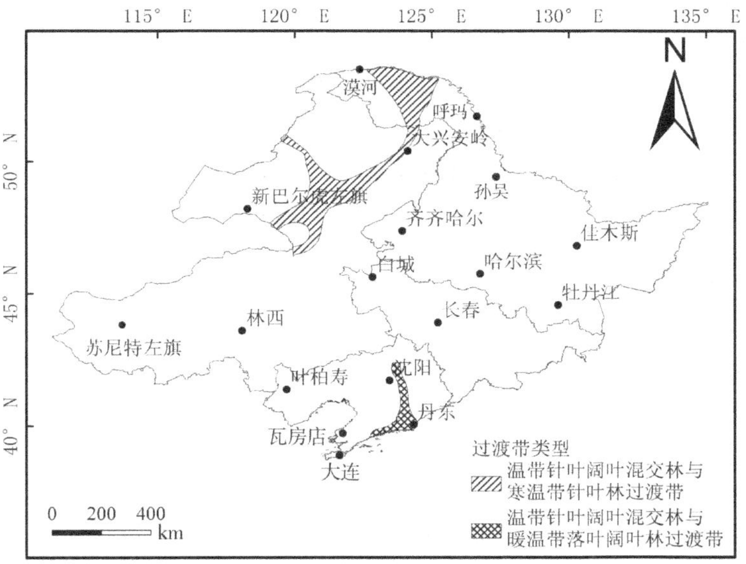

图 3　东北地区纬向植被过渡带

Fig. 3 Zonal vegetation transition zones in Northeast China

另外，长白山从基带向上依次存在针阔混交林带、针叶林带、岳桦林带和高山苔原带，因此在 1 100 m 左右也存在一个小的针叶林一针叶阔叶混交林过渡带，但由于此站点气象数据不全，本文没有对其加以分析。

2. 温带针叶阔叶混交林与暖温带落叶阔叶林过渡带

温带针叶阔叶混交林与暖温带落叶阔叶林界线的温暖指数 WI＝85℃・月，根据保证率公式，WI_{90}＝92.2 ℃・月，该等值线由庄河中部沿岫岩与凤城的边界北上至本溪，再继续北上沈阳至铁岭一带，构成了暖温带落叶阔叶林的稳定北界和温带针叶阔叶混交林的可能南界，即两者过渡带的上限（图 3）；WI_{10}＝77.8 ℃・月，此等值线由丹东东北部沿凤城中东部北上，穿过本溪、抚顺东部，再北上至铁岭中东部，构成了暖温带落叶阔叶林的可能北界和温带针阔混交林的稳定南界，即两者过渡带的下限（图 3）。在此过渡带内，无论地形、土壤还是植物区系都具有明显的过渡特征。地形上逐渐从长白山地的吉林哈达岭、龙岗山脉向辽东山地千山山脉过渡；土壤由暗棕色森林土渐变为棕色森林土；长白和华北两大主要植物区在此交会形成交错区。过渡带内年平均气温约 6.5～8 ℃，≥10℃积温 3 000～3 400 ℃，年降水量 550～1 000 mm。

过渡带以北属温带针阔混交林南部地带性植被类型千金榆沙冷杉阔叶红松林的分布区。红松现仅在 600～800 m 以上的偏远山区有小面积分布，600 m 以下阴坡偶有零星散生。进入过渡带天然生长的红松近于绝迹。这一方面是由于人为破坏的结果；另一方面也表明了阔叶红松林分布边缘区经破坏后难以恢复的脆弱性。目前阔叶红松林破坏后，由其主要伴生阔叶树种如水曲柳、核桃楸、黄菠萝、紫椴、花曲柳、榆类组成的次生林在辽东山地分布较广，有些抵近过渡带的南界。虽然天然生长的红松在过渡带内难以发现，而红松人工林却在逐步增加，现在栽植范围已达庄河、新金[24]等地。这些都说明阔叶红松林在过渡带内的恢复具备基础，在过渡带南界附近的存在也是可能的。

3. 湿润森林与半湿润草甸草原过渡带

东北湿润山地（长白山—张广才岭—小兴安岭—大兴安岭等）广泛分布着森林，东北中部分布着草甸草原，两者间必然存在着森林—草甸草原过渡带。在山地与平原过渡区域内，地形多为海拔 200～300 m 丘陵或岗地，森林与草甸交错分布，形成了湿润森林与半湿润草甸草原的过渡性植被类型森林草甸草原。两者间界线 HI=7.5 mm/（℃·月），根据保证率计算，HI_{90}=8.37 mm/（℃·月），此等值线分为四部分（图 4）：第一部分由额尔古纳南部起始，沿牙克石西部南下直至阿尔山市北部；第二部分由科尔沁右翼前旗北部北上至扎兰屯、阿荣旗，再转向东北方向穿过鄂伦春、呼玛止于塔河；第三部分北起黑河，南下孙吴、北安、绥棱、铁力再转向汤原、萝北以北；第四部分沿长白山西部山麓北上，在尚志向南沿牡丹江西南边界、敦化东北边界、安图东北边界止于龙井。构成了湿润森林的稳定界限和半湿润草甸草原的可能界限，即两者过渡带的上限。HI_{10}=6.63 mm/（℃·月），构成了湿润森林的可能界限和半湿润草甸草原的稳定界限，分为两部分（图 4）：第一部分由额尔古纳南部南下穿过陈巴尔虎旗东部和鄂温克族自治旗到新巴尔虎左旗东部止；第二部分由科尔沁右翼前旗北向扎兰屯、阿荣旗至嫩江再南转克山、明水、巴彦、阿城、榆树、长春、铁岭、沈阳、辽阳止于庄河西部，即构成了两者过渡带的下限。

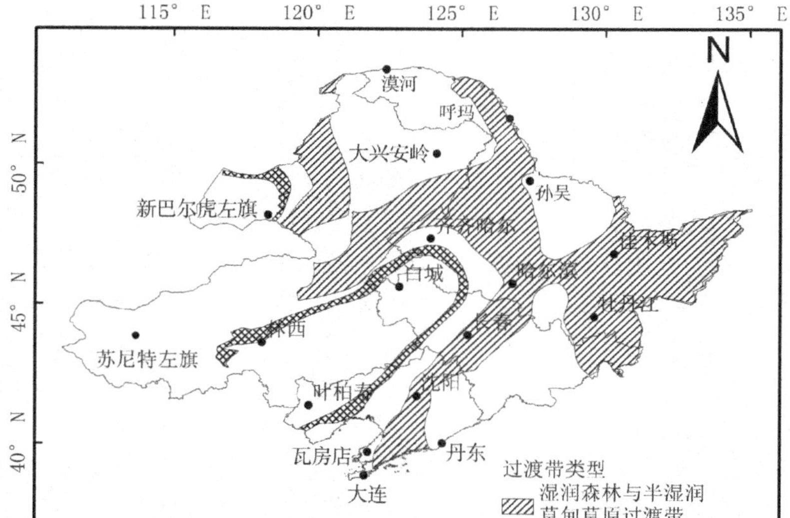

图 4　东北地区经向植被过渡带

Fig. 4 Meridional vegetation transition zones in Northeast China

过渡带内年平均气温 2～4℃，≥10℃积温 2 400～3 200℃，年降水量 400～600 mm，这条过渡带在空间分布上可分为三部分：一部分围绕松辽平原呈半环状；一部分在大兴安岭西侧与呼伦贝尔高原相连处；第三部分在三江平原上。过渡带与东北黑土带基本重合，植被为森林草甸草原。由于三江平原地势较低，沼泽湿地分布较广，植被以湿地草甸为主。

4. 半湿润草甸草原与半干旱草原过渡带

在松辽平原和呼伦贝尔草原生长着一年生植被，根据生态气规律，80%保证率就能满足其对水热等生态气候条件的需求[22]。以保证率公式算出，$HI_{80}=6.53$ mm/（℃・月），$HI_{20}=4.47$ mm/（℃・月），分别构成半湿润草甸草原与半干旱草原过渡带的上限和下限（图 4）。在呼伦贝尔草原附近此过渡带比较窄，从陈巴尔虎旗西部一鄂温克族自治旗西部到新巴尔虎左旗中部这一地带；在松辽平原附近，此过渡带也相对较窄，并且沿松辽平原呈舌状分布，其分布为林西一巴林左旗一扎鲁特旗中部一科尔沁右翼中旗一扎赉特旗一林甸南部一安达南部一肇东西部一扶余西部一农安西部一长岭一科尔沁左翼后旗一彰武一黑山西部一建昌。过渡带内年平均气温 5～6℃，≥10℃积温 2 500～3 200℃，年降水量 400～450 mm。大兴安岭西侧过渡带内以粟钙土为主，东北平原东部过渡带内土壤以草甸黑钙土、碳酸盐草甸土为主，植被分布既有杂类草为主的草甸，又有以干草原成分为主的干草原。代表性植物由贝加尔针茅、大针茅、西伯利亚艾菊、冷蒿、冰草、糙隐子草、小叶锦鸡儿等植被组成。此过渡带整体上分部比较窄，变化复杂，对气候变化更为敏感，也较其他过渡带更容易受到破坏，因此对其保护更应该受到重视。

四、结　　论

生态气候要素温度、水分是决定植被分布的能量和物质基础，是研究植被分布的一个重要依据。本文以吉良的温暖指数和徐文铎的湿度指数为基础，根据生态气候保证率计算提出了确定植被分部的定量分析方法，并用以分析东北地区的植被过渡带。

东北地区植被过渡带有两类：一类是主要由温度变化造成的纬向植被过渡带；一类是主要由水分变化造成的经向植被过渡带。主要由温度因素决定的过渡带：暖温带落叶阔叶林与温带针阔混交林过渡带，温暖指数 WI 37.8～52.2 ℃・月，主要分布在长白山地与辽东山地之间；温带针阔混交林与寒温针叶林过渡带，WI 77.8～92.2 ℃・月，主要分布在大兴安岭北部山地。主要由水分因素决定的过渡带：湿润森林与半湿润草甸草原过渡带，湿度指数 HI 6.63～8.37 mm/（℃・月），主要分布在三江平原和东北山地向松辽平原的过渡区域；半湿润草甸草原与半干旱草原过渡带，HI 4.47～6.53 mm/（℃・月），主要分布在松辽平原狭长的区域和呼伦贝尔高原上。

参考文献

[1] 黄秉维，郑度，赵名茶，等．现代自然地理［M］．北京：科学出版社，1999.

[2] 张军涛，李哲．中国半湿润/半干旱类型及区域划分指标的研究［J］．地理科学进展，1999，18（3）：230－237.

[3] 杨勤业，李双成．中国生态地域划分的若干问题［J］．生态学报，1999，19（5）：596－601.

[4] 黄秉维文集编辑组．地理学综合研究一黄秉维文集［M］．北京：商务印书馆，2003：307－324.

[5] 邹春静，徐文铎．中国东北植被生态学研究中的焦点问题［J］．应用生态学报，2004，15（10）：1 711－1 721.

[6] Xu Wenduo. *The discussion on the border line of vegetational regions of*

Xinganling Mountain in China [J] . Journal of Integrative Plant Biology, 1980 (4): 63—67.

[7] 董厚德．辽宁东部的主要植被类型及其分布 [J]．植物生态学与地植物学丛刊，1981，5 (4)：241—257.

[8] 吴正方．东北地区植被过渡带生态气候学研究 [J]．地理科学，2002，22 (2)：219—225.

[9] 徐文铎．中国东北主要植被类型的分布与气候的关系 [J]．植物生态学与地植物学学报，1986，10 (4)：254—262.

[10] 徐文铎，何兴元，陈玮，等．中国东北植被生态区划 [J]．生态学杂志，2008，27 (11)：1 853—1 860.

[11] 王菱，谢贤群，李运生，等．中国北方地区40年来湿润指数和气候干湿带界线的变化 [J]．地理研究，2004，23 (1)：45—54.

[12] 吴正方，靳英华，刘吉平，等．东北地区植被分布全球气候变化区域响应 [J]. 地理科学，2003，23 (5)：564—570.

[13] 李德新，刘天明．内蒙古草地生态区划几个问题的论证：关于“中国生态区划方案”的商榷 [J]．中国草地，2001，23 (4)：1—5.

[14] 倪健．植被一气候分类指标及其应用 [J]．生态学杂志，1998，17 (2)：33—44.

[15] 徐广才，康慕谊，贺丽娜，等．生态脆弱性及其研究进展 [J]．生态学报，2009，29 (5)：2 578—2 588.

[16] K. C. Prentice. *Bio-climatic distribution of vegetation for General Circulation Model studies* [J] . J Geophys. Res. 1990，95：11 811—11 830.

[17] 常禹，布仁仓，胡远满．景观边界研究概况 [J]．生态学杂志，2002，21 (5)：49—53.

[18] 赵跃龙，张玲娟．脆弱生态环境定量评价方法的研究 [J]．地理科学，1998，18 (1)：73—79.

[19] 任美锷，杨纫章．中国自然区划问题 [J]．地理学报，1961，27：66—74.

[20] 徐文铎．吉良的热量指数及其在中国植被中的应用 [J]．生态学杂志，1985，(3)：37—41.

[21] 丘宝剑．中国农业气候区划新论 [J]．地理学报，1986，41 (3)：202—209.

[22] 沈阳农学院农业气象专业编．农业气候学 [M]．油印本，1982：93—98.

[23] 方精云．也论我国东部植被带的划分 [J]．植物学报，2001，43 (5)：522—533.

[24] 张廷福，主编．辽宁森林 [M]．北京：中国林业出版社，1990.

Quantitative Study of Vegetation Transition Zone in Northeast China

Du Haibo, Wu Zhengfang, Li Ming
(College of Urban and Environmental Sciences,
Northeast Normal University, Changchun, Jilin 130024)

Abstract: Hydrothermal changes caused by climate change are one of the important causes for Eco-system change, their long-term scale changes and short-term scale fluctuations are essential causes of formation, distribution and change of vegetation transition zone. In this paper, forest vegetation transition zones, which taking Kira's heat index (warmth index WI and coldness index CI) and Xu Wenduo's humidity index HI as parameter, were quantitatively classified in Northeast China according to 90% and 10% rate of Eco-climatic factor's assurance of WI; the vegetation transition zone between humid forest and semi-humid meadow steppe were quantitatively classified based on 90% and 10% rate of Eco-climatic factor's assurance of HI, and the vegetation transition zone between semi-humid meadow steppe and semi-arid grassland were quantitatively classified on the basis of 80% and 20% rate of Eco-climatic factor's assurance of HI.

Key words: Northeast China; vegetation transition zone; rate of Eco-climatic factor's assurance; heat index; humidity index

长白山地区生态环境质量遥感评价研究

齐 新 黄 方
(东北师范大学城市与环境科学学院)

【摘要】 基于 MODIS 遥感影像(MOD13A2、MOD17A2、MCD12Q1 等产品数据)和社会经济统计数据,提取以生态环境质量研究为基础、定量关系明确的遥感指标及其他统计指标,提出了长白山地区生态环境质量遥感评价至关重要的指示标志,建立长白山地区生态环境质量评价指标体系。在 GIS 技术支持下,以县域为评价单元对 2000 年和 2008 年的长白山地区生态环境质量进行评价和分析,为保障区域生态环境质量和制定环境保护政策提供数据基础与理论依据。

【关键词】 生态环境质量 评价指标 MODIS 数据 长白山地区

Evaluating Eco-environmental Quality in Changbai Mountain Area, China with Remote Sensing and GIS

Qi Xin, Huang Fang
(College of Urban and Environmental Sciences, Northeast Normal University)

Abstract: Integrating MODIS time series images and the socio-economic data, the regional eco-environmental quality in 2000 and 2008 are evaluated in this paper. Based on the analysis of eco-environmental quality concept and the influence factors of ecosystem, the vital signs of the eco-environmental quality for Changbai Mountains derived from remote sensing data and soci-economic data are determined, and thereby the evaluation index system of regional eco-environmental quality are established. An EEQI (Eco-environmental Quality Index) model is proposed using weight approach to estimate the eco-environmental quality in Changbai Mountains, technical support in GIS. The result will not only provide basic data and theoretical basis of eco-environmental quality researches but also help to make rational countermeasures of natural resources utilization and environment protection.

Key words: Eco-environmental quality; Vital Signs; MODIS; Changbai Mountain Area

一、引　言

近年来,人类生产和生活活动对自然生态系统产生了极大威胁,地球生态系统在自然演替进程中不断受到来自人类活动带来的各种压力,致使生态平衡遭到破坏,生态环境日益恶化，严重地威胁着人类的生存与发展。只有实施可持续发展战略，才能协调好区域经济开发与环境保护之间的关系，使生态环境的整体功能得以正常发挥，为人类的生存与发展提供良好的环境[1]。因此，开展关于区域生态环境质量的综合评价，判明不同区域生态环境质量的现状，对于促进区域生态系统和生态环境的保护，人和自然生态系统的协调发展都具有积极的意义。计算机技术、空间技术和信息技术的飞速发展，遥感和地理信息系统技术的崛起以及和模型技术的结合，为区域生态环境质量评价研究提供了新的契机。尤其是遥感技术以其探测范围广、获得资料的速度快、周期短、反映区域动态变化、受地面条件限制少、手段丰富、获得的信息量大且经济效益好、成本低等特点，成为生态环境监测研究领域中不可替代的数据资源和技术手段。

长白山地区位于中国东北地区吉林省东南部的中朝交界处，是东北地区松花江、鸭绿江和图们江三大河流的发源地。该地区对于涵养三江水源、保护水质、改善区域气候都起着重要的作用，它是我国北方重要粮食基地——松辽平原的天然屏障，其演化趋势直接关系我国东北地区的经济发展。区内面积近 2 000 km^2 的长白山自然保护区始建于 1960 年，是中国现有国家级保护区中最早一批被批准的一个，也是中国目前面积最大、自然环境和生态系统保存最为完整的森林生态系统保护区之一。近年来，该地区生态系统受到全球气候变化和人为干扰的显著影响，生态环境变化表现得更为直接和明显。人口的增长、工农业和生态旅游业的迅速发展都给长白山地区生态环境质量带来极大压力，打破原有的自然平衡，引起生态系统的变化。为此，对长白山地区生态环境质量进行测量和评价是必要的，本研究不仅可为长白山地区生态系统管理和保护提供依据，也为森林生态系统生态环境质量的评价提供了参考，具有重要的理论意义和实用价值。

二、长白山地区概况

本文所指长白山地区地理位置大致为 40°40′～44°30′N，125°20′～131°20′E，总面积 75 626 km^2，约占吉林省总面积的 40.4%。行政上主要包括通化、白山和延吉地区的 20 个市县。研究区地处中高纬，属于温带大陆性季风气候，按中国综合自然地理区划，属温带湿润半湿润针阔叶混交林地区。植物种类繁多，高等植物 1 477 种，低等植物 510 种[2]。主要植被类型有以红松为主的针阔叶混交林、寒温性针叶林、落叶阔叶林、岳桦矮曲林、落叶阔叶灌丛、沼泽、草甸和高山苔原。地带性土壤为暗棕色森林土。本区 2000 年国内生产总值达到 361.55 亿元，人口总数为 576.08 万人，各占吉林省国内生产总值和总人口的 19.9%和 21.9%。2008 年国内生产总值达到 1 134.83 亿元，较 2000 年增长了 15.37%，人口总数为 575.54 万人，各占吉林省国内生产总值和总人口的 17.7%和 21.2%。全区国内生产总值及工农业总产值在吉林省的比例都不是很高，人均国内生产总值也低于全省平均水平。长白山地区虽然经济发展速度并不慢，但从其幅员面积及自然资源的丰富度来看，其经济发展水平在吉林省内属于中等。2008 年工业产值达到 502.04 亿元，农业总产值在工农业总产值中所占的比例呈下降趋势，说明本区的工业已明显居于主导地位。近年来，区内的长白山国家级自然保护区生态旅游业发展迅速，而在生态旅游建设中不可避免地要修路，建房，增加木材消耗，生态环境和景观格局遭到一定程度的破坏。

三、长白山地区生态环境质量评价方法

1. 基础数据及其预处理

本文所使用的遥感数据来自美国 NASA EOS/ Terra 卫星上的中等分辨率成像光谱仪

(MODIS)的陆地标准产品数据，主要包括2000年和2008年16天合成的1 km空间分辨率的归一化植被指数（NDVI）数据产品（MOD13A2），8天合成的1 km空间分辨率总初级生产力（GPP）数据产品（MOD17A2），MODIS Terra+Aqua卫星年合成500 m空间分辨率地表覆盖类型（LUCC）数据产品（MCD12Q1）。辅助数据还包括2000年至2008年吉林省统计年鉴。利用MRT（Modis Reprojection Tool）软件将MODIS产品数据的投影均转换为UTM \ WGS84投影，并导出本研究需要的NDVI，NPP，GPP，LUCC影像数据。用长白山地区县域矢量图，在ENVI中利用Subset提取覆盖研究区的遥感影像数据。

2. 生态环境质量评价指标体系

对生态环境质量的评价，必须能够反映生态系统的基本特征和健康状态，体现在环境干扰下生态系统的自组织能力、抵抗力、恢复力。区域生态环境质量指标的选择不仅要考虑区域生态系统的环境状态，更要反映对区域生态环境质量产生影响的重要因子的变化，以及人类活动对生态系统的影响作用。因此，在建立长白山地区生态环境质量指标体系时，遵循了完整性、简明性、重要性、独立性和可评价性等原则[3]。基于联合国经济合作开发署OECD（Organization for Economic Co－operation and Development）建立的压力－状态－响应[4~5]（Pressure－State－Response，P－S－R）框架模型为基础，从生态系统压力、生态系统状态和生态系统响应3个方面选取15个至关重要的指示标志，建立长白山地区生态环境质量指标体系（图1）。

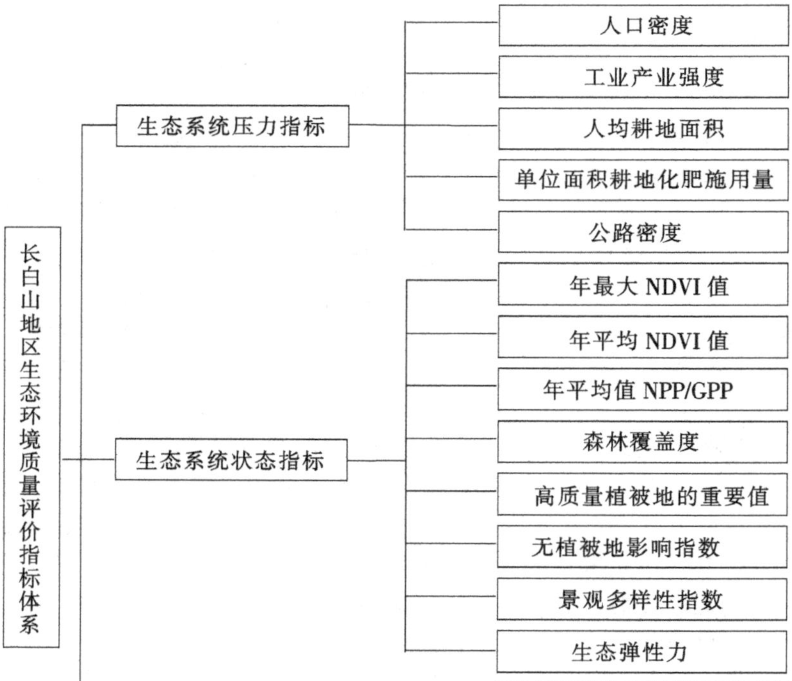

图1 长白山地区生态环境质量评价指标体系

3. 评价方法

（1）区域生态环境质量评价标准

评价指标确定以后，直接进行评价是困难的，因为不同的评价指标性质不同，量纲不统一，所以没有可比性。即使对于同一个指标，尽管可以根据实测值的大小来判断它们对生态环境质量影响的程度，但也因缺少一个可作比较的标准值而无法较确切地反映其对环境的影响。为此，必须对评价指标进行量化处理，用标准化方法来解决指标间的不可比性，依据评价指标相对于生态环境演变的有利与否，使其标准化后值位于0～10之间。本文采用极差标准化方法[6]和专家分级打分标准化两种方法相结合来进行评价指标的标准化。

（2）长白山地区生态环境质量VS（Vital Signs）评价指标权重确定

评价指标权重的确定是整个评价过程中的关键问题。本文评价指标体系中各指标权重的确定采用层次分析法（AHP法）[7]和专家打分法[8]，对各层指标的相对重要性进行比较和评分。不同指标对区域生态环境质量的影响、贡献程度不同，经过多位相关领域专家多次讨论一修正一综合，最后确定了长白山地区生态环境质量评价指标的权重值(表1)。

表1　长白山地区生态环境质量评价指标权重

目标层	要素层	VS（Vital Signs）指标层	权重
长白山地区生态环境质量VS（Vital Signs）指标体系（1.00）	生态系统压力指标（0.30）	人口密度	0.07
		工业产业强度	0.05
		人均耕地面积	0.04
		单位面积耕地化肥施用量	0.05
		公路密度	0.09
	生态系统状态指标（0.50）	年最大NDVI值	0.07
		年平均NDVI值	0.07
		年平均值NPP/GPP	0.08
		森林覆盖度	0.05
		高质量植被地的重要值	0.06
		无植被地影响指数	0.06
		景观多样性指数	0.05
		生态弹性力	0.06
	生态系统响应指标（0.20）	人均国内生产总值	0.10
		农业机械化水平	0.10

（3）评价单元

本研究以县域为评价单元对长白山地区生态环境质量进行评价分析。长白山地区行政上主要包括汪清县、珲春市、延吉市、图们市、敦化市、龙井市、和龙市、安图县、抚松县、靖宇县、白山市、江源县、临江市、长白朝鲜族自治县、辉南县、梅河口市、柳河县、通化市、通化县和集安市，共20个县市。但江源县于2006年恢复设立为白山市江源区，因此本文将白山市和江源县合并为一个县域，统称白山市，故在进行长白山地区生态环境质量评级研究时以19个县域为评价单元。

（4）评价模型

区域生态环境质量评价模型有很多，依据相关资料和其他相关研究，本文最后采用加权模型进行长白山地区生态环境质量综合评价。该模型实现简单，且易于评价结果的印证和比较。

加权模型采用综合评分法对长白山地区的生态环境质量状况进行评价，其计算公式为：

$$\mathrm{EEQI}=\sum_{i=1}^{n} W_i A_i \qquad (1)$$

式中：EEQI（Eco-environmental Quality Index）为生态环境质量指数；A_i 为各生态环境质量评价指标的标准化值；W_i 为生态环境质量评价指标 i 的权重值，n 为评价指标总数。EEQI的值越大，表明区域生态环境质量越好。

四、长白山地区生态环境质量评价结果与分析

1. 长白山地区生态环境质量评价结果

利用加权模型，以县域为评价单元，对长白山地区2000年和2008年的生态环境质量状况进行综合评价，评价结果见表2。

表2 长白山地区生态环境质量评价结果

等级	状态	综合评价指数	2000年	2008年
Ⅰ	好	≥8		
Ⅱ	较好	6～8	通化市、集安市、临江市、抚松县、靖宇县、长白朝鲜族自治县、延吉市、图们市	临江市、抚松县、靖宇县、延吉市
Ⅲ	适中	5～6	通化县、辉南县、白山市、敦化市、龙井市、珲春市、和龙市、汪清县、安图县	通化市、集安市、通化县、辉南县、白山市、长白朝鲜族自治县、图们市、珲春市、和龙市、汪清县
Ⅳ	差	3～5	柳河县	柳河县、敦化市、龙井市、安图县
Ⅴ	恶劣	<3	梅河口市	梅河口市

2000年长白山地区生态环境质量指数（EEQI）为5.75，整体生态系统处于生态环境质量适中的状态。在19个县域中，8个县域处于生态环境质量较好的状态，面积达到21 901 km^2，占整个长白山地区的28.96%，包括通化市、集安市、临江市、抚松县、靖宇县、长白朝鲜族自治县、延吉市、图们市；有9个县域处于生态环境质量适中的状态，面积达到48 201 km^2，占整个长白山地区的63.74%，包括通化县、辉南县、白山市、敦

化市、龙井市、珲春市、和龙市、汪清县和安图县；柳河县处于生态环境质量差的状态；梅河口市处于生态环境质量恶劣的状态。随着社会经济的不断发展，人类对生态系统的影响越来越大，特别是人类社会工农业、交通运输业的不断发展，为生态系统带来了巨大的压力。虽然近几年国家开始不断重视生态环境，长白山地区的生态环境建设活动也有了一定程度的加强，但各市县经济活动带来的压力，使生态系统处于人类活动强烈干扰的状态，使区域生态环境质量有恶化倾向。与2000年相比，2008年长白山地区生态环境质量指数（EEQI）为5.59，较2000年生态环境质量指数低了0.16，区域生态环境质量有变差的趋势。各县域处于生态环境质量较好状态的县域面积有所减少，由原来的8个县减少为4个，其中通化市、集安市、长白朝鲜族自治县和图们市生态环境质量下降为适中状态；敦化市、龙井市和安图县由2000年的生态环境质量适中状态下降为差状态，而梅河口市虽仍处于生态环境质量恶劣状态，但其EEQI指数比2000年增加了0.12。生态环境质量处于适中、差和恶劣状态的县域增加，生态环境质量较好区面积的减少，说明目前长白山地区生态环境质量状况不容乐观，存在一定的隐患。

2. 影响因素分析

结合长白山地区的实际情况，本文认为得出影响长白山地区生态环境质量的因素主要是人文社会压力。

2000年长白山地区的总人口数为576.08万人，到2003年增加到577.71万人，2008年总人口减少为575.54万人。其中通化市、集安市、梅河口市等县域的人口密度在2000年至2008年间一直处于增长状态。随着区域内人口的增长，城镇规模和农业开发活动逐渐扩大，较大规模的开荒和采伐活动导致区域内林地、草地面积减少，人类活动对生态系统的干扰越来越频繁，自然生境的破碎化以及土地的退化，城市化周边地区的生态环境质量常受到严重干扰。

近年来，长白山地区工业发展较快，其速度远远超过农业及其他行业。2000年长白山地区的工业总产值为136.73亿元，到2008年增加到502.04亿元，较2000年增长高达3.7倍，平均每年增长17.65%。其中以通化市、白山市、延吉市、梅河口市和柳河县等的工业发展强度最快。区域工业的迅速发展常常带来一定的环境问题，如自然资源的耗竭式开采利用、污染物质的高强度排放、矿产资源开采带来的污染等，因而会对区域的生态环境质量带来一定的负面影响。

2000年至2008年间，长白山地区耕地面积增加130 931 hm^2，各县域几乎到2008年人均耕地面积均有大幅度增长。虽然农业发展促进了地区经济的发展，但也给区域生态系统带来一定的环境压力，如化肥、农膜、农药等的大量使用对环境带来的负面影响，尤其是化肥和农药对区域环境的影响更大。同时，随着耕地面积的增长，会导致区域生态弹性力的变化。耕地抗环境干扰力弱，受人类干扰强，容易退化而导致生态弹性力下降。2000年长白山地区化肥施用量为308 113 t，到2008年增加到403 298 t，平均每年增长3.42%。其中通化市、集安市、梅河口市、通化县和安图县等到2008年区域内单位面积耕地的化肥施用量均有一定增长。过量使用化肥会破坏耕地土壤结构和特性，对水体和大气也会有一定的污染。

除了人文社会压力的影响，部分县域的生态系统活力低。如梅河口市在土地利用现状看来，多为农田，有林地面积较少，故其植被覆盖率较其他县域低，年最大 NDVI 平均值是 19 个县域中最低的一个，可反映出本区生态系统类型较其他县域单一，稳定性弱，生态系统活力低下。另外，部分县域的生态系统社会响应指标值均较低，生态环境建设投入能力不强，农业机械化水平低下，特别是一些农业活动比较强的区域，因此生态系统环境压力过大，生态系统维持自组织的能力及其结构和功能的多样性能力较其他县弱，自我恢复能力不强。

五、结　　论

生态环境质量评价的根本目的在于为区域可持续发展和生态环境建设提供有效的科学依据和政策依据。本文基于遥感信息对区域生态环境质量进行评价研究，并结合长白山地区的具体情况，选取 2000 年和 2008 年的遥感数据和统计数据对长白山地区的生态环境质量进行评价分析，并以县域为评价单元对比分析两个时期的生态环境质量评价结果，同时结合研究区的实际特点简要分析了评价结果及其原因。本研究为区域生态环境质量评价提供了一种基于遥感信息的新的评价技术途径。主要结论如下：

（1）基于压力—状态—响应（Pressure—State—Response，P—S—R）框架模型和层次分析法构建多层次评价指标体系，最终建立长白山地区生态环境质量 VS（Vital Signs）指标体系。

（2）评价指标的选取主要基于遥感影像数据，如年最大 NDVI 值、年平均 NDVI 值、年平均值 NPP/GPP、高质量植被地的重要值、无植被地影响指数。这些指标均可以有效地表征生态环境系统活力。遥感指标的选取使生态环境质量评价指标的获取和分析更加方便、快捷和有效，区域生态环境质量评价体系更加优化。

（3）以县域为单元，对近 10 年长白山地区生态环境质量状况进行评价。2000 年区域生态环境质量指数（EEQI）为 5.75，整体生态环境质量处于适中状态。2008 年 EEQI 为 5.59，较 2000 年降低了 0.16，区域生态环境质量有变差的趋势，特别是长白山地区中东部变化最为显著。生态环境质量处于适中、差和恶劣状态的县域面积的增加，生态环境质量较好区面积的减少，说明目前长白山地区生态环境质量状况不容乐观，生态环境受到威胁。为了维护区域生态环境质量，农业上，需要加大科技投入，大力推广农业污染减控技术，减轻生态系统的环境压力；加强农业集约化经营，加强水土保持；还要注意发展多种经营，如防护林、果树、农副产品加工。工业上，减少“三废”的排放量，引进先进生产技术；大力实施退耕还林政策，通过增加植被覆盖度、生态系统活力等进而改善区域生态环境，维持区域生态环境质量。

参 考 文 献

[1] 朱东红，上官铁梁，苏志珠，等．区域生态环境质量评价方法［J］．山西煤炭管理干部学院学报，2003，1：64—67.

[2] 吉林省环境保护研究所．长白山地区自然资源开发与生态环境保护［M］．长

春：吉林科学技术出版社，1988.

[3] 陈惠，张春桂，王加义，等．福建省农业生态环境质量评价方法研究 [J]．农业环境科学学报，2010，29：222—225.

[4] Stow D，Hopea，Mcguire D，et al. *Remote Sensing of Vegetation and Land：cover Change in Arctic Tundra Ecosystems* [J]. Remote Sensing of Environment，2004，89：281—308.

[5] Cuomo V，Lanfredi M，Lasaponara R，et al. *Detection of Inter-annual Variation of Vegetation in Middle and Southern Italy during 1985—1999 with 1km NOAAA AVHRR* [J]. Journal of Geophysical Research，2001，106（17）：863—917，876.

[6] 左伟，王桥，王文杰，等．区域生态安全评价指标与标准研究 [J]．地理学与国土研究，2002，18 (1)：67—71.

[7] 许树柏．实用决策方法：层次分析法原理 [M]．天津：天津大学出版社，1988.

[8] 陆雍森．环境评价：第二版 [M]．上海：同济大学出版社，1999.

近23年通化市土地覆被/利用变化特征分析

张婧婧　黄　方　王　颖
（东北师范大学城市与环境科学学院）

【摘要】 本文利用1986年，1996年，2000年，2008年4个时相的Lanadsat TM和ETM遥感数据，在GIS支持下，分析了近23年来通化市各土地覆被/利用类型的数量与结构变化及其在不同土壤和地貌单元上的分布情况，明确了土地覆被/利用变化的类型、速度、趋势、转移关系以及各土壤、地貌类型对土地利用变化的影响，并通过回归分析方法建立了耕地面积与主要驱动因子的关系模型。结果表明，研究区土地利用类型以林地为主，耕地次之。1986～2008年间城乡工矿居民用地面积大幅度增加，未利用地的面积大幅度减少。其他各种土地利用类型都有一定程度的增减。社会经济因素导致了研究区内耕地的变化。

【关键词】 土地覆被/利用变化　驱动力　通化市

引　言

随着全球变化及人类响应研究的深入，科学家认识到人类对土地利用所引起的土地覆被变化是全球环境变化的主要原因和组成部分[1]。土地利用/覆被变化已成为研究全球变化的热点问题，研究土地利用变化，揭示土地利用时空变化规律，分析影响土地利用变化的自然和社会驱动因子，已成为当今国际上开展土地利用/覆被研究的新趋势[2]。近几十年来，经过国内外学者的共同努力，土地利用/覆被变化研究已取得了可喜的进展。我国虽然开展土地覆被变化研究的时间较短，但取得的成果较多，主要的研究领域有构建土地覆被/利用变化研究的数据库，利用RS和GIS对土地覆被/利用变化的监测分析，土地覆被/利用变化对生态安全及全球变化的影响，土地覆被/利用变化驱动力的研究以及土地覆被/利用变化的模型研究等。土地变化的复杂性决定了土地利用变化研究的必要性，因此，开展土地利用/覆被变化过程的调查研究，完善已有的土地利用/覆被变化模型或者探索新的模型框架，加强对土地利用/覆被变化类型的模拟与分析，将是今后研究的重要任务之一[3]。

通化市属长白山系，长白山是世界火山地质、生态系统和气候气象等多学科的研究基地，是东北地区水系的发源地，对涵养水源、保护水质、改善区域气候起着重要的作用，是我国北方地区重要粮食基地的天然屏障，关系东北地区经济的发展。通化市作为长白山地区的典型区域，近年来土地利用变化比较剧烈，对生态环境的变化产生了重大影响。因此研究通化地区的土地利用变化对了解区域生态环境安全具有重要的理论与现实意义[4]。本文分析了研究区的土地利用变化特征和主要的变化类型，并在此基础上建立土地利用变化的驱动力模型，为实现区域可持续发展，合理利用规划土地资源提供了科学的依据。

一、研究区概况

通化市位于吉林省东南部，属于北温带大陆性季风气候区，地处125°71′～126°44′E，40°52′～42°49′N之间，是吉林省第三大城市，也是我国对朝三大口岸之一。其东接白山市，西邻辽宁省的抚顺市、本溪市、丹东市，南与朝鲜民主主义人民共和国的慈江道隔鸭绿江相望，北与辽源市的东丰，吉林市的磐石、桦甸等县（市）毗邻。南北长238 km，东西宽108 km。全境幅员15 195 km^2，占吉林省总面积的8.1％，边境线长203.5 km，是国家批准的边境开放城市。通化市2/3以上的面积为山区，属长白山系。地势由南向北沉降，形成南高北低的地势地貌。研究区的水资源、矿产资源、森林资源都非常丰富，野生动植物种类多样，其中大小河流1 000余条，已探明的矿种达50余种，森林覆被率超过了60％，野生经济植物1 000余种，野生经济动物100多种。近些年来通化市大力推进产业结构调整，积极发展区域特色经济，项目建设和招商引资迈出重大步伐，基础设施建设取得突破性进展。

二、数据源及研究方法

1. 数据源及预处理

本研究采用的遥感影像数据为1986年9月6日和1996年9月2日的Landsat TM影像以及2000年9月12日和2008年9月9日的Landsat ETM影像，其中Landsat TM陆地卫星有7个波段，1～5波段、7波段的分辨率为30 m，6波段的分辨率为120 m；Landsat ETM陆地卫星有8个波段，1～5波段、7波段的分辨率为30 m，6波段的分辨率提高到60 m，8波段为新增的全色波段，分辨率为15 m。其他相关数据有通化市行政区图，1∶10万的地形图，地貌类型图和土壤类型图，以及通化市的经济统计年鉴资料、气象数据。

首先利用ENVI软件以1∶10万的地形图为基准对1986年9月12日的遥感影像进行几何纠正，用校正好的1986年的影像分别对1996年，2000年和2008年的影像进行配准，消除影像的几何变形，统一影像的坐标系。其次在ENVI软件支持下将通化市的行政区图转化为掩膜文件，利用掩膜功能对影像进行剪裁得到研究区。本研究区大体可以分为耕地、林地、草地、水域、城乡工矿居民用地以及未利用土地6种类型。根据研究区的土地利用现状采用一级分类标准对4期影像进行监督分类并结合地学知识进行分类后处理，得到土地覆被/利用类型图（图1）。

(a) 1986 年

(b) 1996 年

(c) 2000 年

(d) 2008 年

图 1 通化市土地利用/覆被分布图

2. 分析模型

单一土地利用动态度模型：土地利用动态度可以定量描述研究区土地利用变化的速度，反映不同时段土地利用/覆被状况的差异，单一土地利用动态度可以描述研究区内不同的土地利用类型在一定时间范围内的变化情况，其公式[5]为：

$$K=\frac{U_b-U_a}{U_a}\times\frac{1}{T}\times 100\% \qquad (1)$$

其中，K 表示研究区在 $a \sim b$ 时间段内的土地利用类型动态度；U_a 和 U_b 分别表示土地利用类型在研究期初和期末的数量；T 为研究的时长，以年为单位。

土地利用动态转移矩阵模型：土地利用转移矩阵能全面具体地分析区域土地利用变化的数量结构特征与各用地类型变化的方向[6]。利用 ArcGIS 软件中的空间叠加分析功能将研究区影像两两叠加，再结合 Excel 表中的数据透视表功能即可得到土地利用动态转移矩阵。

三、土地覆被/利用时空变化特征分析

1. 土地利用类型的数量变化

通化市近 23 年来土地覆被/利用类型及变化特征如表 1 和表 2 所示。从中可以看出 1986 年，1999 年，2000 年，2008 年土地覆被/利用类型中林地所占的比例均超过 66%，耕地所占的比例均超过 27%，说明通化市的土地覆被/利用类型主要以林地和耕地为主，这与该市的地形地貌有着一定的联系。

从表 2 中可看出，1986～2008 年，这 6 种土地利用类型都发生了不同程度的变化，面积增加的土地类型有水域和城乡工矿居民用地，其余 4 种土地利用类型的面积都有所减少。水域和城乡工矿居民用地均在研究的前期（1986～1996 年）增加，研究的中期（1996～2000 年）减少，研究的后期（2000～2008 年）又发生了增加。在前期水域和城乡工矿居民用地面积的增加速率较缓慢，变化幅度分别为 3.25%和 4.87%，中期水域的面积减少幅度大于前期的增加幅度，而城乡工矿居民用地的减少幅度小于前期的增加幅度，后期水域的增加幅度几乎是它在中期减少幅度的 2 倍，而变化速率却基本相等，后期的面积增加速度略快于中期的面积减少速度。城乡工矿居民用地的面积在后期发生了更大幅度的增加，达到了 43.99%，变化速率也明显加快，达到了 5.22%。林地、草地和未利用地的面积都是在前期增加，在中期和后期减少，其中林地的总体变化不明显，而草地和未利用地的变化速率较高。林地后期面积减少的幅度小于中期面积减少的幅度，而草地和未利用地自 1996 年开始面积减少的幅度急剧上升，到后期草地的变化幅度达到了－25.22%，未利用地的变化幅度更是超过了同期其他土地利用类型，达到了－83.36%。耕地在研究期内的整体变化速率较低，经历了先减少再增大再减少的过程，总的来说还是减少的多，到了研究后期面积共减少了 1 326.99 hm^2。

表 1 通化市各土地覆被/利用类型的面积与结构特征

土地覆被/利用类型	耕地	林地	草地	水域	城乡工矿居民用地	未利用地	总计
1986 年面积（hm^2）	432 611.23	1 037 303.20	27 123.66	23 360.89	31 056.89	2 156.61	1 553 612.50
占比（%）	27.85	66.76	1.75	1.50	2.00	0.14	100
1996 年面积（hm^2）	422 317.11	1 042 085.16	29 525.23	24 183.55	32 568.22	2 933.23	1 553 612.50
占比（%）	27.18	67.07	1.90	1.56	2.10	0.19	100
2000 年面积（hm^2）	433 568.02	1 036 006.83	27 155.37	22 955.09	31 554.73	2 372.46	1 553 612.50
占比（%）	27.91	66.68	1.75	1.48	2.03	0.15	100

续 表

土地覆被/利用类型	耕地	林地	草地	水域	城乡工矿居民用地	未利用地	总计
2008 年面积（hm²）	431 284.24	1 031 554.99	20 282.70	25 412.32	44 719.40	358.84	1 553 612.50
占比（%）	27.76	66.39	1.31	1.64	2.88	0.02	100

表 2 各时段内通化市土地覆被/利用类型变化

时段		耕地	林地	草地	水域	城乡工矿居民用地	未利用地
1986～1996 年	面积变化（hm²）	−10 294.1	4 781.96	2 401.56	822.65	1 511.33	776.62
	变化幅度（%）	0.98	0.46	8.85	3.52	4.87	36.01
	动态度（%）	−0.24	0.05	0.89	0.35	0.49	3.6
1996～2000 年	面积变化（hm²）	11 250.91	−6 078.33	−2 369.85	−1 228.46	−1 013.49	−560.77
	变化幅度（%）	2.63	−0.58	−8.03	−5.08	−3.11	−19.12
	动态度（%）	0.67	−0.15	−2.01	−1.27	−0.78	−4.78
2000～2008 年	面积变化（hm²）	−2 283.77	−4 451.84	−6 872.67	2 457.23	13 164.67	−2 013.62
	变化幅度（%）	−2.35	−0.43	−25.31	10.70	41.72	−84.87
	动态度（%）	−0.07	−0.05	−3.16	1.34	5.22	−10.61
1986～2008 年	面积变化（hm²）	−1 326.99	−5 748.21	−6 840.96	2 051.43	13 662.51	−1797.77
	变化幅度（%）	−0.31	−0.55	−25.22	8.78	43.99	−83.36
	动态度（%）	−0.01	−0.02	0.94	0.57	0.36	−2.47

2. 土地覆被/利用空间转移特征

要明确研究区土地利用状况，单纯分析面积的增减，难以反映土地利用的内部结构变化，故统计通化市在 1986～2008 年的土地利用空间转移和转入变化，如表 3 和表 4 所示。

(1) 耕 地

耕地的面积在前期处于减少的态势，转出主要是变为林地和城乡工矿居民用地。中期耕地面积开始大幅度增加，增加的面积主要来自林地和城乡工矿居民用地还有一部分水域。到了后期耕地的面积又处于减少的态势，主要还是转化为林地和城乡工矿居民用地。整个研究期内，耕地转出率和转入率基本相等。从转移部分和新增部分来看，各种土地利用类型中耕地的转移面积和新增面积最大。从变化速度看，耕地的变化速度最小，为60.32 hm²/年。

(2) 林 地

林地在前期处于增加的态势，从 1996 年起直到 2008 年林地所占面积的比重一直处于减少的趋势。前期其他土地利用类型向林地都有不同程度的转化，主要是耕地向林地的转化，中期林地主要转变为耕地，后期主要转变为耕地、草地、水域、城乡工矿居民用地。整个研究期内，林地的面积有所减少，转出率略大于转入率，变化的速度较大。

表 3 1986～2008 年通化市土地覆被/利用类型转移矩阵 (hm^2)

土地利用/覆被类型	耕地	林地	草地	水域	城乡工矿居民用地	未利用土地	1986 年总计
耕地	312 235.43	84 455.22	5 106.96	9 950.04	20 741.42	122.17	432 611.24
林地	95 910.76	929 192.10	5 011.86	4 498.38	2 659.51	30.57	1 037 303.20
草地	4 273.19	13 946.94	8 397.66	124.06	324.60	57.21	27 123.66
水域	9 842.88	1 998.05	183.72	10 519.71	793.34	23.19	23 360.89
城乡工矿居民用地	8 721.18	1 690.32	52.43	279.30	20 187.96	125.70	31 056.89
未利月土地	300.81	272.35	1 530.07	40.82	12.57		2 156.61
2008 年总计	431 284.25	1 031 554.99	20 282.70	25 412.32	44 719.40	358.84	1 553 612.50

表 4 各土地覆被/利用类型转移特征

类 型	未变化面积 (hm^2)	转移面积 (hm^2)	转出率 (%)	转移速度 (hm^2/年)	新增面积 (hm^2)	转入率 (%)	新增速度 (hm^2/年)	变化速度 (hm^2/年)
耕地	312 235.43	120 375.81	27.83	5 471.63	119 048.82	27.60	5 411.31	60.32
林地	929 192.10	108 111.10	10.42	4 914.14	102 362.89	9.92	4 652.86	261.28
草地	8 397.66	18 726.00	69.04	851.18	11 885.04	58.60	540.23	310.95
水域	10 519.71	12 841.18	54.97	583.69	14 892.61	58.60	676.94	93.25
城乡工矿居民用地	20 187.96	10 868.93	35.00	494.04	24 531.44	54.86	1 115.07	621.02
未利用土地		2 156.61	100.00	98.03	358.84	100.00	16.31	81.72

(3) 草 地

草地同林地一样，也是在研究初期增加，从中期开始一直处于减少的状态，前期增加的草地主要由林地转化而来，中期和后期减少的草地主要转化为耕地和林地。在整个研究期内草地的面积减少得最多，转出率高于转入率。

(4) 水 域

水域的面积处于增加减少再增加的状态。总的来看，水域的面积是增加的，增加的面积主要来自耕地，其次来自少部分的林地。这个结果与以往的研究结果有所不同，由于通化市的植被覆被面积很大，降水比较丰富，热量不足，有很好的保持水分的作用，所以水域的总量会处于增加的态势。

(5) 城乡、工矿、居民用地

研究期内，城乡、工矿、居民用地的变化十分剧烈，经历了大幅度的增加，较大幅度的减少，继而又以更大的幅度增加的过程。前期的面积增加主要来自耕地，中期面积的减少又主要转化为耕地，后期的面积增加又主要来自耕地和林地。总体来看，城乡工矿居民用地的转入率明显高于转出率，变化速度最大。

（6）未利用地

在整个研究期内，未利用地的面积几乎全部发生了变化，转出率和转入率都达到了近100%，但转移速度要远大于新增速度。研究初期未利用地的面积出现了一定幅度的增加，这是由于一大部分的草地、耕地、林地荒废所致。从1996年开始一直到2008年，未利用的面积又大幅度减少，其中后期的减少最为显著。中期未利用地转向了耕地、林地、草地，转化的面积分别为433.38 hm^2，36.54 hm^2，90.96 hm^2，后期未利用地向各种类型用地均有不同程度的转化，其中主要转化为草地。

3. 土壤类型对土地覆被/利用变化的影响

通化市各土壤类型分布区上的土地利用类型发生变化的面积如图2所示。结果表明，土地利用变化最为剧烈的土壤类型为草甸土、盐化草甸土、草甸盐土、淡黑钙土、黑土、草甸黑钙土。耕地增加最多的土壤类型为草甸土和草甸盐土。林地增加的土壤类型为淡黑钙土、草甸黑钙土，其次为暗棕壤、沼泽土、盐化草甸土。居民地增加最多的土壤类型为草甸土，其次为黑土、淡黑钙土、暗棕壤。水域增加的土壤类型主要为黑土。与之相对应的林地大幅度减少的土壤类型依次为草甸土、草甸盐土、黑土。草地减少发生的土壤类型主要为草甸土。未利用地面积减少的土壤类型为盐化草甸土。

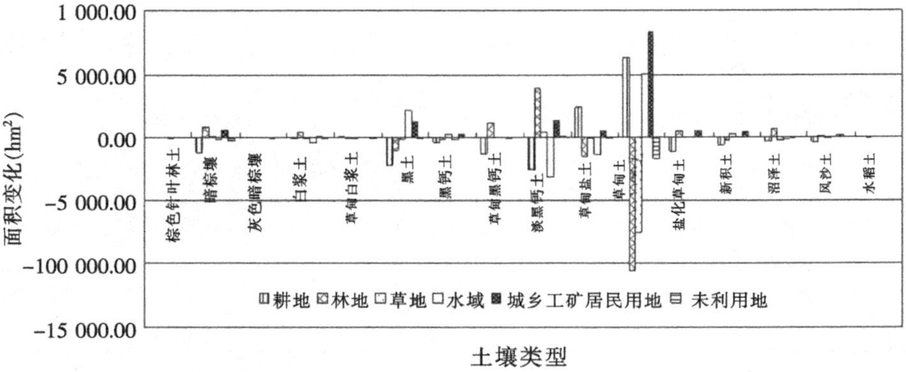

图2　土壤类型对土地覆被/利用变化的影响

4. 地貌对土地覆被/利用变化的影响

通化市各地貌类型分布区上土地利用类型发生变化的面积如图3所示。通过分析可知，土地利用类型变化非常剧烈地发生在侵蚀剥蚀中起伏中山、起伏的侵蚀剥蚀低台地、起伏的侵蚀剥蚀台地与高阶地、河谷平原。林地的面积增加幅度较大，耕地的面积减少幅度较大的地貌类型为侵蚀剥蚀高丘陵、起伏的侵蚀剥蚀低台地、起伏的冲积洪积台地与高阶地、平坦的河流低阶地。而耕地的面积增加，林地的面积减少的地貌类型为侵蚀剥蚀中起伏中山、起伏的侵蚀剥蚀台地与高阶地、侵蚀剥蚀中起伏低山。耕地和林地的面积都减少发生在河谷平原地貌类型上，而在这一地貌类型上大幅度增加的土地利用类型是城乡工矿居民用地和草地，此外城乡工矿居民用地面积增加的还有侵蚀剥蚀小起伏低山、侵蚀剥蚀中起伏中山、侵蚀剥蚀低丘陵、高河漫滩。

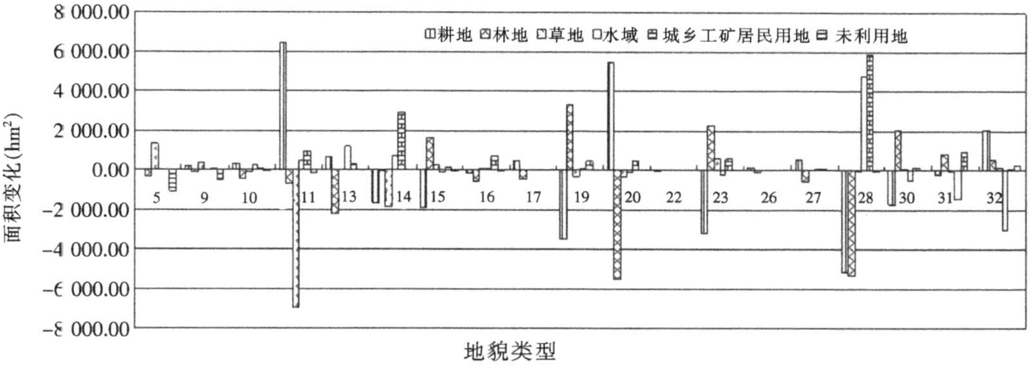

图 3 地貌类型对土地覆被/利用变化的影响

（说明：5 倾斜熔岩高台地 9 平坦熔岩低台地 10 熔岩谷地 11 侵蚀剥蚀中起伏中山 13 侵蚀剥蚀中起伏低山 14 侵蚀剥蚀小起伏低山 15 侵蚀剥蚀高丘陵 16 侵蚀剥蚀低丘陵 17 起伏的侵蚀剥蚀高台地 19 起伏的侵蚀剥蚀低台地 20 起伏的侵蚀剥蚀台地与高阶地 22 平坦的冲积洪积低台地 23 起伏的冲积洪积台地与高阶地 25 起伏的河流高阶地 27 平坦的河流高阶地 28 河谷平原 30 平坦的河流低阶地 31 高河漫滩 32 低河漫滩）

四、耕地变化的驱动力分析

研究区耕地所占的面积比重较大，且由土地利用状态转移矩阵可知，耕地、林地、草地、城乡工矿居民用地之间的转换比较剧烈，为此本文重点分析通化市耕地变化的驱动力。土地利用/覆被变化的驱动力可以分为自然驱动力和人文驱动力[7]，本研究选取的因变量指标如下：年平均温度、年降水量、国内生产总值（GDP)、第一产业产值、第二产业产值、第三产业产值、人均 GDP、人口总数。

1. 自然因素的影响

气候条件在一定程度上决定着农业的布局和结构，因此选择 1986～2008 年的年平均温度和年降水量分别和研究区耕地面积作回归分析。

$$y=0.002x_1+484.78 \qquad R^2=0.03 \qquad (2)$$

$$y=5E-6x_2+5.1009 \qquad R^2=0.01 \qquad (3)$$

式中，y 为耕地面积，x_1 和 x_2 分别为年平均气温与年降水量，可以看出，年平均气温、年降水量和通化市耕地面积均不存在明显的相关性。

2. 人文因素的影响

同理，分别对耕地面积与各社会经济统计因素进行关系分析，建立回归方程如下：

$$y=6E-5x_3+209.39 \qquad R^2=0.03 \qquad (4)$$

$$y=51.874x_4+9E+06 \qquad R^2=0.59 \qquad (5)$$

$$y=0.2282x_5-40822 \qquad R^2=0.59 \qquad (6)$$

$$y=4.7019x_6-707016 \qquad R^2=0.29 \qquad (7)$$

$$y=28.128x_7-5E+06 \qquad R^2=0.67 \qquad (8)$$

$$y=19.042x_8-3E+06 \qquad R^2=0.57 \qquad (9)$$

式中，y 为耕地面积，x_3，x_4，x_5，x_6，x_7，x_8 分别为人口，GDP，人均 GDP，第

一、二、三产业产值。由线性回归方程（4）可知耕地和人口的相关性很低。随着科技的发展，高新技术使农业的产量有了很大的提高，满足了人口增长所需的粮食需求，因此扩大耕地面积已经不是提高农业产值的唯一动力，人口对耕地面积的变化影响削弱。由公式（5）（6）（7）（8）（9）可知耕地和第一产业产值有不显著的相关性，与第二产业产值、第三产业产值、国内生产总值、人均 GDP 有十分显著的正相关，说明经济的发展是影响耕地面积变化的主要因素，它能刺激农民追求利润，调整农业生产的内部结构，从而使耕地的面积发生了变化。

五、结　　论

通化市土地利用总体变化表明，林地为该区的主要土地利用类型，1986，1996，2000，2008 年林地的占地面积都超过了 66%，1986～2008 年的 22 年间，前、中、后三个时段内各土地利用类型的面积增减出现了较大的波动，其中未利用地和城乡工矿居民用地的变化最为明显。在 1986～2008 这 22 年间，城乡工矿居民用地的变化幅度为 43.99%，水域的变化幅度为 8.78%，是增长较多的两个类型；未利用地的变化幅度为 －83.36%，草地的变化幅度为－25.22%，是减少最多的两个类型；耕地的变化趋势是前期减少，中期增加，后期减少，林地的变化趋势与耕地相反，为前期增加，中期减少，后期增加，但二者面积的总体变化都是减小的。从空间土地利用类型的变化看，研究期内未利用地的面积几乎都发生了变化，所以未利用地的转入率和转出率与同期其他土地利用类型相比最大。城乡工矿居民用地的转入率明显大于其转出率，有大量的耕地和草地转化为城乡工矿居民用地；而草地的转出率明显大于转入率，有大量的草地转为林地和耕地。在研究期间，各土地利用类型变化剧烈的土壤类型是草甸土、盐化草甸土、草甸盐土、淡黑钙土、黑土、草甸黑钙土，地貌类型是侵蚀剥蚀中起伏中山、起伏的侵蚀剥蚀低台地、起伏的侵蚀剥蚀台地与高阶地、河谷平原。人口压力和自然条件不是影响耕地面积变化的重要因素，社会经济因素对耕地面积的变化起着主导作用。

参考文献

[1] 陈百明．试论中国土地利用和土地覆被变化及其人类驱动力研究［J］．自然资源，1997（2）：31－36.

[2] 刘彦随，陈百明．中国可持续发展问题与土地利用/覆被变化研究［J］．地理研究，2002（3）：324－330.

[3] 张永民．土地利用/覆被变化模型研究面临的几个问题［J］．干旱区资源与环境，2009（10）：53－58.

[4] 任志远，张艳芳，等．土地利用变化与生态安全评价［M］．北京：科学出版社，2003.

[5] 王秀兰，包玉梅．土地利用动态变化研究方法探讨［J］．地理科学进展，1999，18（1）：158－188.

[6] 鲁春阳，齐磊刚，桑超杰．土地利用变化的数学模型解析［J］．资源开发与场，2007，23（1）：25－27.

[7] 李富程，王青，李国蓉．绵阳官司河流域土地利用/覆被变化特征及驱动力分

析 [J]. 农业现代化研究，2009，30 (6)：727－730.

Analysis of Land use/cover Changes in Tonghua City during 1986～2008

Zhang Jingjing　Huang Fang　Wang Ying
(College of Urban and Environmental Sciences, Northeast Normal University)

Abstract: With the support of RS and GIS, using the time seires Landsat TM and ETM images, we analyze the area and structure changes in different land use / cover types, the distribution in different soil and geomorphic units during the past 23 years. The main types, change rate and transition characteristics of LUCC are revealed. The effects on the land use/cover change caused by the soil type and geomorphic type are explored. Finally, the models between the arable land area, climate and socio-economic factors are established by regression analysis. The results show that the land use/cover types of the study area are mainly woodland and arable land. From 1986 to 2008, the area of residential land increased rapidly and inversely the area of the unutilized land decreased greatly. Other types of land use/cover are also changed to a certain extent. Socio-economic factors especially the GDP are the main driving forces inducing the arable land change in the study area.

Key words: land use/land cover changes; driving forces; Tonghua city

长白山典型禾本科植物植硅体形状系数研究

王　婷　介冬梅　郭梅娥　葛　勇　李荣麟　王刘奎

【摘要】运用植硅体的形状系数这一指标，可对不同植物的植硅体进行量化分类，为利用植硅体深入解译环境过程提供依据。本文选取长白山常见的禾本科植物共3个亚科10种植物的植硅体，对典型植硅体形态的七个形状系数进行测定及分析，将直接测定的长宽等系数定为一级参数，然后将一级参数带入公式得到二级参数。结果表明，二级参数SF_4的平均值可在亚科水平上对植物进行区分；棒型、尖型和齿型植硅体的二级参数SF_1，C_4，SF_5可以将早熟禾亚科的植物区分到种；哑铃型植硅体的二级参数G_s可以将黍亚科的植物区分到种。研究禾本科植物植硅体的形状系数，可对植硅体的分类存在一定的潜力。

【关键词】形状系数　植硅体　长白山

Abstract: Phytoliths in different plants can be classified quantificationally by Using the shape parameter of phytoliths, and it is the base to further explain environmental processes by phytoliths. This paper selected poaceae plants from Changbai Mountain into 3 classes in general and more than 10 kinds in detail. The 7 shaped phytoliths' parameter in the typical plants are measured and analyzed to obtain axis length and area et al., and we called the direct measured phytoliths' parameter first parameter in this paper. The first parameters were added to formula to get the secondary parameter. Results show that the means of secondary parameter SF_4 can divide plants at subfamily level. The secondary parameter SF_1, C_4 and SF_5 in elongate, crenate and point-shaped phytoliths can divide pooideae at the species level. The secondary parameter G_s in dumbbell can divide panicoideae at the species level. The research on poaceae plants shape factor could be existing potential for identify the phytoliths to a certain degree.

Key words: shape factor; Phytolith; Changbai Mountain

一、引　言

植硅体以其产量丰富、形态多样、良好的原地保存性和耐高温的特点，被广泛地应用于植物学[25]、农学[10]、医学[11]、地质学[7,8]和考古学[2~6]等诸多领域。Simpson和Volcani认为：植物硅酸体是指："维管束植物含有的各种形态、各种大小的硅质体，而不包括海绵类、硅藻类、放射虫类及其类似物种中的硅。"目前，国外主要把植硅体研究运用到古生物学、古环境学，以及植物种类划分等方面[23~26]。国内在植物植硅体的形态分析[12,13]，表土植硅体分析[14~16]，以及第四纪地层划分及古环境方面[17~22]，也取得了一定的研究成果。早在1936年，Prat已经研究了一些禾本科植物的植硅体形状，将Panicoideae亚科分成两组，一组定为哑铃型，另一组定为短鞍型，Festucoideae亚科的典型植硅体为圆型、椭圆型和方型植硅体。1969年，Twiss等总结了Prat等人的成果，将禾本科分为四组：①羊茅型（Fetucoid）；②画眉草型（Chlo－ridoid）；③黍型（Panicoid）；④棒型（Elongate）。Brown（1984）研究了112种禾本科植物的各个不同部位的植硅体，从而将禾本科分为8个大类，共计130余种类型[9]。在我国，王永吉和吕厚远（1993）将禾本科植物植硅体分成了14个类别，即包括哑铃型、短鞍型、多齿型、弱齿型、帽型、突起扇型、无突起扇型、方型、长方型、板状棒型、平滑棒型、刺状棒型、长尖型和短尖型[1]。对于植硅体在植物分类学上的意义，ICPN1.0对如何描述不同形态的植硅体，提供了重要的参考标准。某一种属的特征植硅体，在该属的同一种中都会出现，而在其他属中不会出现；在一个种中观察到一个植硅体类型，在缺乏其他对比研究的情况下，就只能将其定义为观察到的植硅体类型；当一个单独的植硅体类型分类意义不明显时，则可以考虑使用植硅体组合进行分类学研究[28]。

禾本科不同属种植硅体具有特征的形态结构，因此其对植物分类有一定的意义[1]。对于禾本科植硅体的分类，不同学者有不同的分类原则：有的按照禾本科自然分类系统，尽可能根据植物组织的来源进行归类；有的则按照形态特征进行分类。但是，目前不论哪种分类体系，根据植硅体形态将禾本科植物划分到属甚至种一级尚存在诸多困难：一是由于禾本科同一种植物可能发育不同类型的植硅体或者不同植物可以发育相同形态的植硅体；二是由于目前禾本科的分类系统并不统一；三是由于同一形态的植硅体不同学者对其形态命名和含义也不尽相同[9]。随着计算机技术的高度发展，特别是定量图像分析技术的出现，使在数值化的基础上定义和量化区分颗粒形状成为可能[27]，从几何外形上对颗粒形貌进行经验式描述性分类已不能满足植硅体量化研究的要求，因此，本文选用了10种长白山典型的禾本科植物，选取形状系数作为量化的指标尝试对植硅体进行分类，试图通过一级的几何特征参数来导出二级的几何特征参数[29]，对现有描述性的分类作进一步的完善，进一步的量化，以便为植硅体的精确分类提供依据。

二、材料与方法

1. 实验材料

长白山区位于126°29′39.8″～130°51′47.7″E和42°13′20.5″～46°25′45.2″N之间，属于温带大陆性季风气候区，该地区降雨量丰富，气候湿润。由于其湿润的气候条件，长白山地区草甸丰富。而组成草甸的植物，建群种中以禾本科植物占优势，并且林下的草本植物也以禾本科种类最为丰富。因而本文中选用了10种长白山比较常见的禾本科植物，并在本文将其定义为典型植物。2009年7月在长白山北部桦南到长白山南部辉南一线采集禾本科典型植物10种。详细的植物名录见表1。

表1 植硅体分析的植物名录

科 属	植 物	学 名
禾本科菵草属	菵草	*Beckmannia syzigachne* (*Steud.*) *Fern.*
禾本科稗属	长芒野稗	*var. caudata* (*Rosh.*) *Kitag*

续 表

科 属	植 物	学 名
禾本科荻属	荻	*Triarrhena sacchariflorus* (*Maxim.*) *Nakai*
禾本科稗属	水稗	*Echinochloa australis* (*Stapf*) *Koss.*
禾本科芦苇属	芦苇	*Phragmites australis* (*Cav.*) *Trin. ex Steud.*
禾本科荩草属	荩草	*Arthraxon hispidus* (*Thunb.*) *Makino*
禾本科粟草属	粟草	*Millium ef-fusum*
禾本科拂子茅属	大叶章	*C. langsdorf-fii* (*Link*) *Trin*
禾本科拂子茅属	小叶章	*Di arr C. angustifolia kom. hena mandshurica*
禾本科拂子茅属	野青茅	*C. arundinacea* (*L.*) *Roth*

2. 植硅体提取

植硅体的提取采用湿式灰化法。实验步骤如下：选取适量成熟期的植物样品，用超声波清洗仪反复清洗；将清洗干净的样品剪成小段放入试管中，加入浓硝酸，水浴加热，待有机质全部被氧化结束后再向试管中加入蒸馏水，用离心机（转数 2000 rpm/min）离心 10 min，共重复离心 3 次。将试管中的液体震荡均匀后制成固定片。最后采用 MOTICTM 生物显微镜鉴定统计样品[1]。

3. 植硅体测量

植硅体特征参数的测量内容：直接测得的特征参数（本文统称为一级参数）包括：长轴长度（L）、面积（A）、周长（P）、与物体有相同面积的圆的周长（P_o）、最小外切圆面积（A_o）以及最大内切圆面积（A_i）。由一级参数导出特征参数（本文统称为二级参数），包括基于周长测度（G_S，SF_1，SF_2）和基于面积的测度（C_4，SF_3，SF_4，SF_5）。各二级参数的含义如下：

（1）G_S：物体的周长与长轴长度的比值，即 $G_S=P/L$。

（2）SF_1：物体有相同面积的圆的周长与长轴长度的比值，即 $SF_1=P_o/L$。

（3）SF_2：物体的周长与物体有相同面积的圆的周长的比值；即 $SF_2=(P/P_o)\times 100\%$。

基于周长的测度的（1）（2）（3）公式中周长一定时，物体面积越大，其形状越接近于圆。

（4）C_4：物体的面积与最小外切圆面积的比值，即 $C_4=A/Ao$。

（5）SF_3：物体最大内切圆面积与物体面积的比值，即 $SF_3=A_i/A$。

（6）SF_4：最小外切圆面积与最大内切圆面积的差与物体面积的比值，即$SF_4=(A_o-A_i)/A$。

（7）SF_5：物体的面积与最小外切圆面积的比值，即 $SF_5=(A/A_o)\times 100\%$。

基于面积测度的（4）（5）（6）（7）公式中面积一定时，物体周长越长，其形状越不接近圆。

三、结果分析

利用 $MOTIC_{TM}$ 显微镜在 900 倍下对长白山地区 10 种典型禾本科植物的植硅体进行观察和形态鉴定，形态的分类主要参照吕厚远等人的研究成果[1]，共统计植硅体 1 687 粒，选取其中 6 种植硅体类型，它们分别是硅化的气孔、棒型、齿型、哑铃型、尖型、鞍型等。将 10 种植物中的黍亚科植物长芒野稗、大叶章、荩草、粟草、小叶章划分为一组，早熟禾亚科植物菵草、狄、水稗、野青茅划分为一组。芦竹亚科植物芦苇单独成为一组，并分别对每一亚科植硅体进行测量。

通过测量植硅体的一级参数导出二级参数，并计算出各植物二级参数的平均值，试图通过二级参数将禾本科植物各亚科区分开。然后将各亚科植物的二级参数作方差分析，从而对各亚科植物之间是否存在显著性差异，是否可以通过植硅体形状系数这一方法将各种植物鉴别出来加以分析讨论。

1. 禾本科植物植硅体的形貌特征

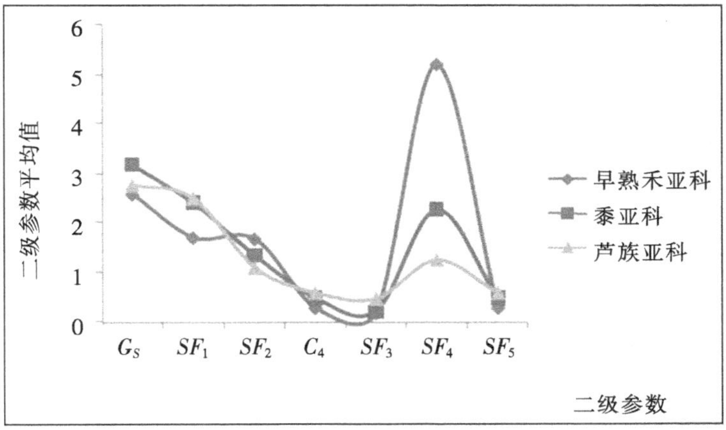

图 1　禾本科不同亚科二级参数均值曲线

求出早熟禾亚科、黍亚科及芦竹亚科植物二级参数的平均值，结果如图 1，从图 1 可以明显看出三个亚科之间的参数 SF_4 相差较大，其对应的数值分别为 5.2，2.27 和 1.26。因此，可以通过参数 SF_4 将三个亚科区分开。参数 SF_4 为基于面积的测度，即植硅体形状面积一定时，周长越长，其形状越不接近于圆形。而本文中早熟禾亚科中选用的植硅体为齿型、棒型和尖型，形状基本不接近于圆形；黍亚科选用的植硅体为铃型，形状基本接近于圆形；芦竹亚科选用的植硅体为帽型、鞍型和硅化的气孔，形状接近于圆形。由此可见，当参数 SF_4 的平均值越大时，植硅体形状越不接近于圆形，反之，其越接近于圆形。

2. 黍亚科植物

在禾本科黍亚科中十字型、哑铃型为典型植硅体，还发育有方型、长方型、扇型、棒型和尖型等大型植硅体。本文对黍亚科四种植物植硅体的研究发现，哑铃型植硅体的含量丰富，与以往的认识总体上具有一致性。因此，黍亚科植物选用哑铃型植硅体测量其一级参数，并根据一级参数导出二级参数，结果如表 2：

表 2 黍亚科植物植硅体二级参数

二级参数	取值范围	荩草	长芒野稗	狄	水稗
$G_S=P/L$	均值	3.19	2.71	3.28	3.51
	值域	2.34～4.51	2.22～4.31	2.44～4.08	2.63～4.55
$SF_1=P_O/L$	均值	2.53	1.84	2.59	2.69
	值域	1.75～3.54	0.95～3.60	1.78～3.29	2.06～3.43
$SF_2=(P/P_O)\times100\%$	均值	1.27	1.54	1.26	1.3
	值域	1.10～1.58	1.09～2.40	1.15～1.46	0.53～1.47
$C_4=A/A_O$	均值	0.52	0.31	0.58	0.56
	值域	0.25～3.22	0.07～0.80	0.06～0.79	0.32～0.79
$SF_3=A_i/A$	均值	0.32	0.15	0.16	0.28
	值域	0.08～1.94	0.05～0.64	0.07～0.28	0.09～0.75
$SF_4=(A_O-A_i)/A$	均值	1.86	3.97	1.69	1.56
	值域	0.75～3.76	0.88～14.22	0.98～16.25	0.80～2.89
$SF_5=(A/A_O)\times100\%$	均值	0.52	0.31	0.58	0.56
	值域	0.25～3.22	0.07～0.80	0.06～0.79	0.32～0.79

由表 3 可知，在基于面积测度与周长测度的七个二级参数中，参数 G_S 的相伴概率值为 0.111，显著性水平设为 0.05，大于显著性水平，可以近似认为黍亚科植物铃型植硅体第二参数总体的方差无显著差异，基本满足单因素方差分析中方差相等的要求。其余参数的相伴概率为 0.00，小于显著性水平，不满足单因素方差分析中方差相等的要求。因此，只有参数 G_S 满足方差分析的要求，将上述结果作方差分析，结果见表 3。

表 3 黍亚科植物植硅体参数 GS 方差分析

二级参数	方差齐性伴随概率	F 统计量	差异系数
$G_S=P/L$	.111	101.325	.000
		251.044	.000
		26.466	.000
$SF_1=P_O/L$	.000		
$SF_2=(P/P_O)\times100\%$	.000		
$C_4=A/A_O$	.000		
$SF_3=A_i/A$	.000		
$SF_4=(A_O-A_i)/A$	.000		
$SF_5=(A/A_O)\times100\%$	.000		

由于表 3 中 F 统计量 101.33 是平均的组间平方和除以平均的组内平方和的结果，其对应的相伴概率为 0.00，小于显著性水平 0.05，因此应拒绝零假设，认为黍亚科植物的

参数 G_S，即黍亚科不同植物铃型植硅的周长与长的比值存在显著差异；F 统计变量 251.04 和 26.47 分别是：平均的回归平方和除以平均的组内平方和，不能被控制变量线性解释的平均平方和除以平均的组内平方和的结果，它们对应的相伴概率值均为 0.00，同样小于显著性水平 0.05，表明它们的组内差异要大得多，也证明了黍亚科不同植物哑铃型植硅体的周长与长轴的比值存在显著差异，因此，可以通过 G_S 这一参数将四种植物区别到种一级。

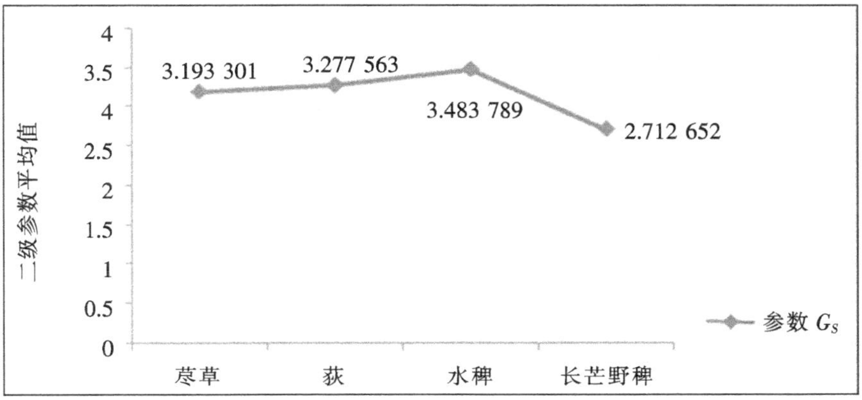

图 2　四种黍亚科植物植硅体 G_S 平均值折线

本文求出了黍亚科四种植物的参数 G_S 的平均值，并做成折线图（见图 2）。由图 2 可知，莠草的 G_S 平均值为 3.193 301，狄的 G_S 平均值为 3.277 563，水稗的 G_S 平均值为 3.483 789，长芒野稗的 G_S 平均值为 2.712 652。长芒野稗的 G_S 平均值最小，也就是说，长芒野稗的周长与长轴长度的比值最小，莠草、狄、水稗的 G_S 平均值均大于 3，但也略有差别，也就是说 G_S 平均值最小相差 0.08 就可以将两种植物分开，但 G_S 平均值应该达到一定的植硅体统计量，水稗的 G_S 平均值最大，其次是狄，再次是莠草。即本文中的四种黍亚科植物的 G_S 平均值由大到小的排列顺序为：水稗、狄、莠草、长芒野稗。

3. 早熟禾亚科植物

禾本科早熟禾亚科帽型、齿型、尖型、棒型植硅体含量丰富，方型和长方型、扇型则少见[3],[4]。通过认真地对五种长白山区典型早熟禾亚科植物植硅体的鉴定、测量、统计发现，四种植物中齿型、帽型、棒型、尖型植硅体含量丰富，与前人的研究成果一致。选用齿型、尖型和棒型植硅体测量其一级参数，并根据一级参数导出二级参数，结果如表 4 所示。

表 4　早熟禾亚科植物植硅体二级参数

参数二	取值范围	茵草	大叶章	粟草	小叶章	野青茅
$G_S=P/L$	均值	2.9	2.52	2.321	2.56	2.63
	值域	2.66～3.16	2.10～6.69	1.49～3.37	2.05～4.02	2.02～6.80
$SF_1=P_O/L$	均值	2.36	1.73	1.39	1.67	1.35
	值域	2.00～2.81	0.89～4.92	0.56～3.04	0.70～2.92	0.44～4.55
$SF_2=(P/P_O)\times 100\%$	均值	1.24	1.53	1.8	1.61	2.19
	值域	1.11～1.39	1.07～2.79	1.08～3.59	1.13～2.94	1.07～5.43

续 表

参数二	取值范围	莔草	大叶章	粟草	小叶章	野青茅
$C_4=A/A_O$	均值	0.5	0.3	0.2	0.29	0.19
	值域	0.37～0.70	0.08～0.76	0.03～0.71	0.05～0.73	0.02～0.82
$SF_3=A_i/A$	均值	0.32	0.25	0.14	0.16	0.14
	值域	0.19～0.51	0.03～0.85	0.02～0.59	0.02～1.21	0.01～0.72
$SF_4=(A_O-A_i)/A$	均值	1.76	4.15	7.05	4.52	8.52
	值域	0.93～2.49	0.69～12.51	0.84～29.61	1.15～20.35	0.82～49.68
$SF_5=(A/A_O)\times100\%$	均值	0.5	0.3	0.2	0.29	0.19
	值域	0.37～0.70	0.08～0.76	0.03～0.71	0.05～0.73	0.02～0.82

对早熟禾亚科植硅体二级参数作方差分析，发现二级参数 SF_1，C_4，SF_5 符合方差齐的条件，结果见表 5，其对应的相伴概率值分别为 0.573，0.198，0.198，都大于显著性水平 0.05，其差异系数也均小于 0.05，因此，可近似认为早熟禾植物的棒型、齿型、尖型植硅体的二级参数存在显著性差异。由于参数 C_4，SF_5 虽然代表两个不同的含义，C_4 为植硅体的面积与其最小外切圆面积的比值，SF_5 为植硅体的面积与其最小外切圆面积的比值的百分含量，但是参数 C_4，SF_5 的值相同，因此，下面只对参数 C_4 进行分析。其余参数的相伴概率均小于显著性水平 0.05，不符合方差齐的条件。因此只有参数 SF_1，C_4，SF_5 是有意义的方差分析。

表 5 早熟科亚科植物植硅体参数 SF_1，C_4 方差分析

二级参数	方差齐性伴随概率	F 统计量	差异系数
$G_S=P/L$	.000		
$SF_1=P_O/L$	.573	19.316	.000
		14.422	.000
		20.947	.000
$SF_2=（P/P_O）\times100\%$	.000		
$C_4=A/A_O$	.198	22.962	.000
		12.977	.000
		26.290	.000
$SF_3=A_i/A$	.001		
$SF_4=（A_O-A_i）/A$	.000		
$SF_5=（A/A_O）\times100\%$	.198	22.962	.000
		12.977	.000
		26.290	.000

参数 SF_1 的 F 统计量为 19.316，参数 C_4 的 F 统计量为 22.657，两者对应的相伴概率值均为 0.000，均小于显著性水平 0.05，因此应拒绝零假设，认为早熟禾亚科植物的参数 SF_1，C_4，即早熟禾亚科各植物的棒型、齿型、尖型植硅体的与植硅体有相同面积的圆的周长与其长轴长度的比值以及早熟禾亚科各植物的棒型、齿型、尖型植硅体的面积与其最小外切圆的面积的比值均存在显著性差异。SF_1 的 F 统计变量 14.422 和 20.947 对应的相伴概率以及 C_4 的 F 统计变量 13.308 和 26.106 对应的相伴概率均为 0.000，同样也都小于显著性水平 0.05，也表明它们的组内差要大得多，说明了早熟禾亚科各植物的参数 SF_1，C_4 存在显著性差异。因此，可以通过参数 SF_1，C_4 将本文中的五种早熟禾亚科植物区别到种一级。

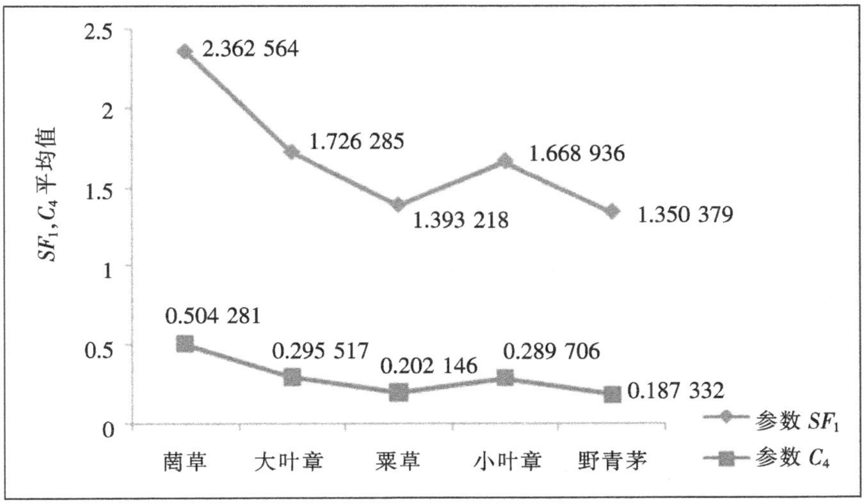

图 3　五种早熟科亚科植物植硅体 SF_1，C_4 平均值折线

由图 3 可知，菵草的 SF_1 平均值为 2.362 564，大叶章的 SF_1 平均值为 1.726 285，粟草的 SF_1 平均值为 1.393 218，小叶章的 SF_1 平均值为 1.668 936，野青茅的 SF_1 平均值为 1.350 379。菵草的 SF_1 平均值最大，也就是说，菵草植硅体的与植硅体有相同面积的圆的周长与长轴长度的比值最大，大叶章、粟草、小叶章、野青茅的 SF_1 平均值均大于 1，但也略有差别，也就是说 SF_1 平均值最小相差 0.04 就可以将两种植物分开，但 SF_1 值应该是多余百粒以上植硅体的 SF_1 平均值，大叶章的 SF_1 平均值最大，其次是小叶章、粟草、野青茅。即本文中的五种早熟禾亚科植物的 SF_1 平均值由大到小的排列顺序为：菵草、大叶章、小叶章、粟草、野青茅。

菵草的 C_4 平均值为 0.504 281，大叶章的 C_4 平均值为 0.295 517，粟草的 C_4 平均值为 0.202 146，小叶章的 C_4 平均值为 0.289 706，野青茅的 C_4 平均值为 0.187 332。菵草的 C_4 平均值最大，也就是说，菵草植硅体的面积与其最小外切圆面积的比值最大。大叶章、粟草、小叶章的 C_4 平均值均大于 0.20，但也略有差别，也就是说 C_4 平均值最小相差 0.005 就可以将两种植物分开，但 C_4 平均值应该达到一定的植硅体统计量，大叶章的 C_4 平均值最大，其次是小叶章、粟草。野青茅的 C_4 平均值最小，小于 0.20。即本文中的五种早熟禾亚科植物的 C_4 平均值由大到小的排列顺序为：菵草、大叶章、小叶章、粟草、野青茅。

4. 芦竹亚科植物

芦苇属于芦竹亚科植物，王永吉和吕厚远研究发现芦苇中以鞍型为主[1]，本文中芦苇的植硅体除了有鞍型这种典型形态外，还出现相当比例的硅化气孔。根据其特有的形态特征，可以直接将其与其他九种植物区别开。但本文也测量了其鞍型、帽型植硅体以及硅化的气孔的一级参数并统计了二级参数，以探究其植硅体的形态特征。

四、讨　论

A. G. Fahmy 对热带非洲西部的 66 种禾本科黍亚科黍族植物进行了分析，通过比较哑铃型的长宽的最大值、最小值和平均值及其 b/a，将黍族分类进行到属[32]。本文则通过哑铃型植硅体并借助二级参数这一指标，初步将黍亚科植物鉴别到种一级。陈昌斌等通过植硅体在叶脉中的排列方式和形态结构将禾本科植物的六个亚科（竹亚科、稻亚科、黍亚科、画眉亚科、针茅亚科和早熟禾亚科）大致区分开[30]，但早熟禾亚科与黍亚科用这一方法进行区别还是存在困难的，本文尝试通过二级参数 SF_4 这一指标，将禾本科各亚科区别开。禾本科植物短细胞的形态比较稳定，对植物分类有意义[31]，但本文发现棒型、尖型和齿型植硅体也可通过形态参数对禾本科早熟禾亚科植物进行分类。当然上述关于禾本科量化分类的研究仅是初步的尝试，结论的准确性尚需依赖大样本量的工作进行检验和验证。

五、结　论

通过对长白山 10 种典型禾本科植物中的植硅体进行鉴定和统计并由一级参数导出二级参数，可以得出以下结论：

（1）通过二级参数 SF_4 可将本文中禾本科三个亚科分开。通过禾本科不同亚科参数均值比较图，发现当参数 6（SF_4）的平均值越大时，植硅体形状越不接近于圆，值越小时，植硅体形状越接近于圆。

（2）早熟禾亚科植物中 SF_1，C_4 平均值由大到小的排列顺序为茵草、大叶章、粟草、小叶章、野青茅。本文发现可以通过禾本科早熟禾亚科植物的棒型、尖型和齿型植硅体的二级参数 SF_1，C_4，SF_5，运用方差分析的方法，将其分到种一级。

（3）黍亚科中 G_S 平均值由大到小的排列顺序为：水稗、狄、荩草、长芒野稗。通过二级参数 G_S，运用方差分析的方法，可将本文中的黍亚科四种植物分到种一级。

参 考 文 献

［1］王永吉，吕厚远．植硅体研究及应用［M］．北京：海洋出版社，1992：1—228.

［2］张玉兰，张敏斌，华棣．植硅石研究在考古及古环境解释中的应用［J］．上海地质，2002，(01)．

［3］顾延生，蔡述明．武汉部分先秦遗址考古土壤中的植硅石组合及其环境意义．武汉大学学报，2001，54 (2)：167—172.

[4] 孔昭宸，刘长江，张居中，靳桂云．中国考古遗址植物遗存与原始农业［J］．中原文物，2003，(02)．

[5] 陈报章．河南贾湖遗址植硅石组合及其在环境考古学上的意义［J］．微体古生物学报，2001，(02)．

[6] 顾延生，秦养民，朱宗敏，谢树成，王志远，张克信．浙江长兴中—晚更新世红土植硅体与分子化石记录及其环境意义［J］．海洋地质与第四纪地质，2007，(01)．

[7] Wang W M, Huang F, Saito T. *Prospects for phytolith studyon Quaternary laterite in South China*. In: Meunier J D, Colin F (eds.), Phytoliths: Applications in Earth Science andHuman History. Rotterdam: A A Balkema Publishers, 2001: 371—378.

[8] 黄翡，熊尚发．江西九江第四纪红土中的植硅体及孢粉．微体古生物学报，2001，18 (2)：203—210.

[9] 吕厚远，贾继伟，王伟铭，王永吉，廖淦标．"植硅体"含义和禾本科植硅体的分类［J］．微体古生物学报，2002，(04)．

[10] 赵志军．有关农业起源和文明起源的植物考古学研究［J］．社会科学管理与评论，2005，(02)．

[11] 吕厚东，李荣华，徐庆梅．植硅体分析与中草药鉴定［J］．时珍国医国药，1997，(05)．

[12] 黄翡，等．内蒙古典型草原禾本科植硅体形态［J］．古生物学报，2004，43 (2)：246－253.

[13] 徐德克．棕榈科植硅体形态分析及其环境意义［J］．第四纪研究，2005，25 (6)：786－792.

[14] 吕厚远，吴乃琴，刘东生，韩家懋，秦小光，孙湘君，王永吉．150ka来宝鸡黄土植硅体组合季节性气候变化［J］．中国科学 (D)，1996，26 (2)：132－136.

[15] Hou YuanLu, Nai QinWu , Kam BiuLiu , HuiJiang , Tung ShengLiu. *Phytoliths as quantitative indicators for there construction of past environmental conditions in China II: palaeoenvironmental reconstruction in the Loess Plateau*. QuaternaryScienceReviews, 2007 (26): 759－772.

[16] XiaoMei Wang, XiangJun Sun, PinXian Wang, Karl Stattegger. *Vegetation on the Sunda Shelf, South China Sea, during the Last Glacial Maximum* [J]. Palaeogeography, Palaeoclimatology, Palaeoecology, 2009 (278): 88－97.

[17] 王永吉，吕厚远．植物硅酸体研究及应用简介．黄渤海海洋，1989，(72)：66—68.

[18] 王伟铭，虞子冶，杨浩．江西星子县第四纪红土层的植硅石和孢粉研究及意义．微体古生物学报，1997，14 (1)：203—210.

[19] 刘宝柱，李从先，业治铮．长江三角洲地区晚第四纪古土壤中的植物硅酸体及其古环境意义．海洋地质与第四纪地质，1995 (2)：17—24.

[20] 吕厚远，王永吉．我国第四纪海陆相地层中盾形化石的亲缘关系及环境意义．海洋湖沼通报，1989a (4)：48—51.

［21］ 吕厚远，王永吉．植物硅酸体研究及在青岛三千年来古环境解释中的应用．科学通报，1989b（19）：1 485—1 488.

［22］ 吕厚远，王永吉．晚更新世以来落川黑木沟黄土地层植物硅酸体研究及古植被演替．第四纪研究，1991（1）：72—84.

［23］ Madella M. *Phytoliths from a Central Asia loess — paleosol sequence and modern soils：their taphonomical and palaeoecological implication*. InPinilla，A.（ed）：The State of the Art of Phytoliths in Plants and Soils，Monografias del Centrode Ciencias Medambioentales，Madrid，1997：49—58.

［24］ Kondo R，Childs C，Atkinson I. Opal phytoliths of NewZealand，Canterbury：Manaaki Whenua Press，1994：85.

［25］ Piperno D R. Phytolith Analysis：An Archaeological and Geological Perspective.，San Diego：Academic Press.，1988：280.

［26］ Rapp G，Mulholland SC . Phytolith systematics：Imerging issues，Plenum Press，New York，1992：350.

［27］ 陆厚根，马魁. 用两个形状指数表征粉煤灰颗粒形貌的研究［J］. 硅酸盐学报，1992，20（4）：293—301.

［28］ 李泉，吕厚远，王伟铭．国际植硅体命名准则的介绍与讨论．中国古生物学会孢粉学分会，2007：6—14.

［29］ 李霜，李焕英，李启令．粉煤灰颗粒群几何特征的图像分析研究．建筑材料学报，2001，25（6）：50—54.

［30］ 陈昌斌，冯志坚，陈勇．禾本科植物叶片中硅酸体的基本类型与分类系统的研究．华东师范大学学报，1996（1）：102—110.

［31］ 吕厚东，等．植物硅酸体的研究进展．中草药，1994，25（7）：379.

［32］ A G Fahmy. *Diversity of lobate phytoliths in grass leaves from the Sahel region*. West Tropical Africa：Tribe Paniceae . Pl Syst Evol，2008，270：1—23.

* 感谢赵云升老师对本文提供了数学方法。在此深表谢意。

近50年长白山地区农业气候条件变化及农业生产对气候变化的响应研究

彭 菲* 靳英华** 彭 聪 肖 荣 贺欣欣

（东北师范大学城市与环境科学学院，吉林 长春 130024）

【摘要】 本文运用MHF小波分析、Mann-kendall法和克立格插值等方法对长白山地区10个气象站1958～2007年月平均气温和月平均降水，以及长白山地区粮食产量和播种面积等数据进行了分析。研究结果表明：近50年来长白山地区的年平均气温呈现显著的上升趋势；年降水量在多年平均降水量附近波动，下降趋势不显著；粮食产量在波动中均呈现上升趋势，而主要粮食作物播种面积在波动中呈现微弱的减小趋势；水稻的比重总体呈现减小的趋势，玉米所占比重显著增大，大豆的种植比重变化不明显。三个地区三种主要粮食作物种植范围的空间变化较大；气温与粮食作物产量、粮食作物播种面积和单位面积产量均呈明显的正相关，而降水与粮食作物产量、粮食作物播种面积和单位面积产量的相关性差。

【关键词】 气候变化 长白山地区 粮食产量 种植比重

长白山地处中纬度地区，是全球气候变化的敏感区域[1,2]。农业生产以气候条件为物质基础，对全球气候变化响应极为敏感[3]。气候变化给农业生产带来风险的同时也带来机会[4]，我们只有充分理解区域上的气候变化，才能使农业生产更好地适应气候变化，减小脆弱性，实现由于全球气候变化带来的机会。本文研究长白山地区近50年的农业气候条件变化及农业对气候变化的响应。

一、资料与研究方法

1. 数据来源

（1）吉林省气象局提供的敦化、梅河口、靖宇、东岗、松江、延吉、通化、临江、集安、长白10个气象站的1958～2007年月平均气温和月平均降水资料，这些台站均匀地分布于长白山地区，可反映长白山地区的气温和降水变化。

（2）吉林省统计局提供的通化市、白山市、延吉市1949～2008年粮食产量和播种面积数据，以及通化市市区、梅河口市、集安市、通化县、辉南县、柳河县、白山市市区、

* 彭菲（1987～），女，硕士研究生，主要从事区域气候变化研究、农田生态学研究。

** 通讯作者：靳英华*（1968～），女，博士，副教授，硕士生导师，主要从事区域气候变化研究、农田生态学研究，E-mail：jinyh796@nenu.edu.cn。

临江市、抚松县、靖宇县、长白朝鲜族自治县、江源县、延吉市、图们市、敦化市、龙井市、珲春市、和龙市、汪清县、安图县等20个地区近十年的水稻、玉米、大豆的播种面积和产量数据。

2. *研究方法*

(1) M—K 检验

世界气象组织（WMO）推荐了 Mann-kendall 非参数检验统计方法作为用于分析环境数据时间序列趋势的一种方法，在水文、气象时间序列变化趋势检验中得到广泛应用[5~7]。本文利用 Mann-kendall 非参数检验方法对长白山地区全年、春季、夏季、秋季、冬季气温上升趋势的显著性进行检验。

Mann-kendall 的统计检验方法可定义如下：

$$Z_c = -\begin{cases} \dfrac{S-1}{\sqrt{var\ (S)}} & S>0 \\ 0 & S=0 \\ \dfrac{S+1}{\sqrt{var\ (s)}} & S<0 \end{cases}$$

其中：$S = \sum_{t=1}^{n-1} \sum_{k=t+1}^{n} \mathrm{sgn}\ (x_k - x_t)$

式中：n 为数据序列长度，x_k，x_t 为样本数据值，当 $x_k - x_t$ 大于、等于和小于0时，$\mathrm{sgn}\ (x_k - x_t)$ 相应地分别等于1，0和－1。如果 $-Z_{1-a/2} \leqslant Z_c \leqslant Z_{1-a/2}$，则接受零假设 H_0。

(2) MATLAB 小波分析

小波分析的定义如下[8~14]：设 $g\ (t)$ 为满足下列条件的任意函数

$$\int_R g(t)dt = 0 \qquad ①$$

$$\int_R \frac{|G(\omega)|^2}{\omega} d\omega < \infty \qquad ②$$

其中 $G\ (\omega)$ 是 $g\ (t)$ 的频谱，称信号 $f\ (t)$ 的小波变换为：

$$W_f(\tau,\alpha) = |\alpha|^{-1/2} \int_R f(t)^- g\left(\frac{t-\tau}{\alpha}\right) dt \qquad ③$$

公式中 t 是时间参数，被称为平移因子，反映了时间上相对于 t 的平移。在实际计算中相当于时间坐标，α 称为放大因子，反映了小波的周期长度，$1/\alpha$ 相当于频率，$g\ (t)$ 称为母小波函数，从式①中可以看出小波在实数域上的积分为零，也就是具有波动性。式③中同时反映时域参数 t 与频域参数 α 的特性，它是信号 $f\ (t)$ 通过单位脉冲响应的滤波器的输出，也就是说小波变换是一系列带通滤波器对信号进行滤波。因此，小波变换能够对不同时间尺度以及空间局部特征进行科学的分析。

(3) 利用克立格法对气象数据进行空间插值

克立格法是以法国 D. G. Krige 的名字命名的一种最优内插法。其插值公式可以表达为：

$$Z_x = \sum_{i=1}^{n} \lambda_i Z(X_i)$$

式中：λ_i 是赋予站点气象要素值 $Z\ (X_i)$ 的权重，用来表示各站点要素值 $Z\ (X_i)$ 对估计值 Z_x 的贡献，X_i 表示站点的位置。

为达到线性无偏估计，使估计方差最小，权重系数由“克立格方程组”决定。普通克立格法的点估计克立格方程组为：

$$\sum_{i=1}^{n}\lambda_i C(X_i, X_j) - \mu = C(X_i, X^*)$$

$$\sum_{i=1}^{n}\lambda_i = 1$$

式中：$C(X_i, X_j)$ 为样点间的协方差，$C(X_i, X^*)$ 为样点与插值点间的协方差，μ 为极小化处理时的拉格朗日乘子。协方差与半变异函数的关系为：

$$C(h) = \delta^{*2} - \gamma(h)$$

式中：δ^{*2} 为试验方差。

克立格法插值的权重取决于变量的空间结构性。而变量的空间结构特征由半变异函数表示，其表达式为：

$$\gamma(h) = \frac{1}{2N(h)}\sum_{i=1}^{N(h)}(Z(X_i) - Z(X_i + h))^2$$

式中：$\gamma(h)$ 为变量 Z 以 h 为距离间隔的半方差，$N(h)$ 为被距离基区段 h 分隔的实验数据对的数目。

二、结果与讨论

1. 气温变化

(1) 气温的年际变化规律

在1958～2007年期间长白山地区年平均气温在波动中逐渐升高。对长白山地区三个地区的气温进行比较（图1）可以看出：通化地区温度相对较高，白山地区与延边地区的温度相差不大。三个地区的温度都呈现明显的上升趋势。

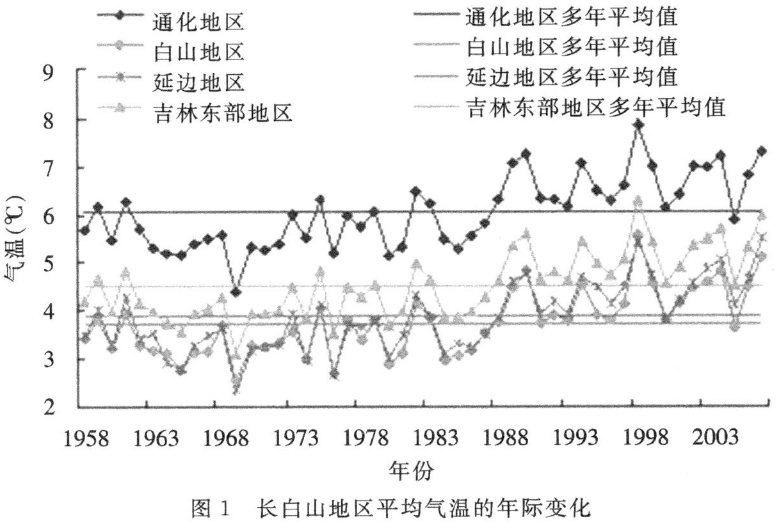

图1　长白山地区平均气温的年际变化

本文运用Mann-Kendall法对长白山地区近50年来平均气温、春季、夏季、秋季、冬季的气温变化趋势进行检测，结果表明：在95%的信度水平上，年均温及四个季节均温均通过了检验，上升趋势明显。

（2）气温的多时间尺度演变特征及突变特征

对近 50 年长白山地区气温变化进行 MHF 小波分析。从图 2 中我们可以看出年平均气温的各种时间尺度周期变化在时间域中的分布存在着很大的差异。在大于 10 年时间尺度上，以准 15 年周期振荡，存在着两个明显的振荡中心，分别是 1971 年和 2002 年。年平均气温经历了一次较大时间尺度的增减交替，小波系数零点出现的 1989 年为突变点。在 1989 年以前，气温偏低，而 1989 年至今，气温偏高。在小于 5 年的时间尺度上，气温变化交替频繁，存在着两年左右的周期振荡。从图 2 中我们还可以看出，长白山地区年平均气温高低交替周期大约为 30 年，预计未来几年年平均气温依然较高。

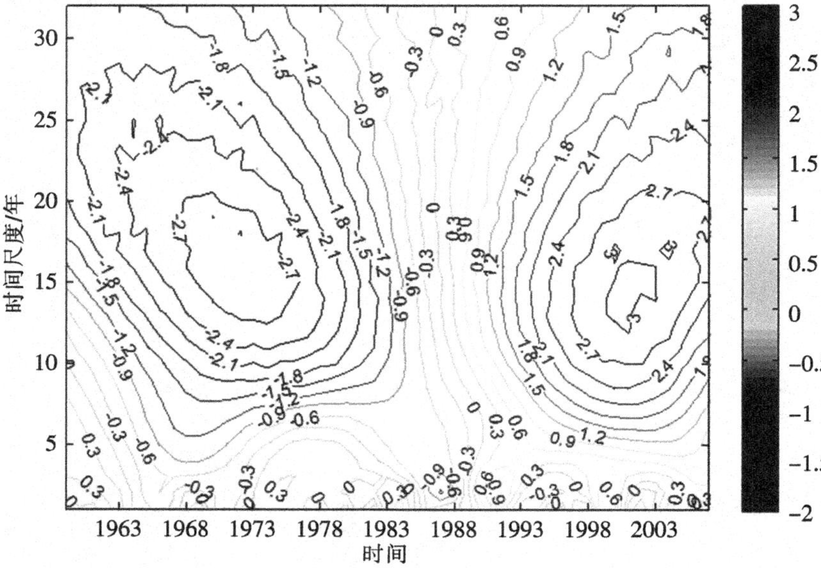

图 2　1958～2007 年长白山地区年平均气温小波分析图

（3）生长季长短的变化

日平均气温≥10℃是喜温作物生长的起始温度，喜凉作物积极生长的温度。因此，10℃以上的持续日数和积温可以反映喜温作物的生长期及其热量状况。

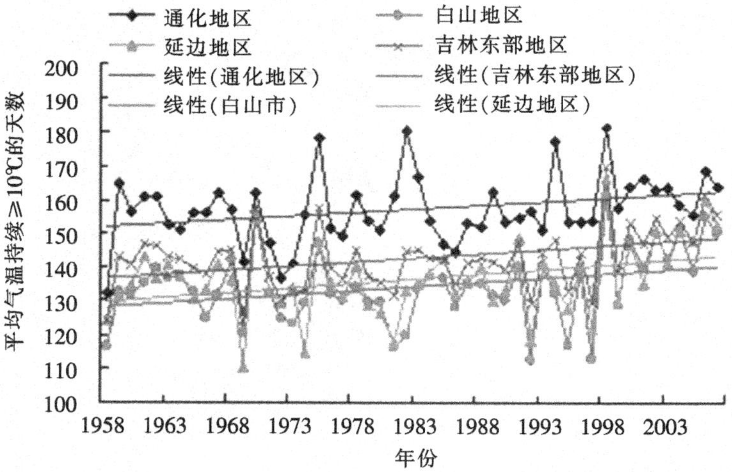

图 3　1958～2007 年长白山地区平均气温持续≥10℃的天数变化规律

在1958～2007年间，日平均气温持续≥10℃的天数在波动中呈现增加的趋势（图3），多年平均值约为141.75天，1998年达到最大值，平均为168.8天。由日平均气温持续≥10℃天数的线性变化线可以看出，增加趋势比较明显。

（4）≥10℃积温的变化规律

在1958～2007年间，≥10℃的积温在波动中呈现增加的趋势，三个地区积温相对较高的是通化地区，白山与延边地区的积温相差不大（图4）。三个地区≥10℃积温均呈增加的趋势，增加幅度由大到小分别为延边地区、通化地区和白山地区。气候倾向率为58.08℃，52℃和50.85℃/10年。

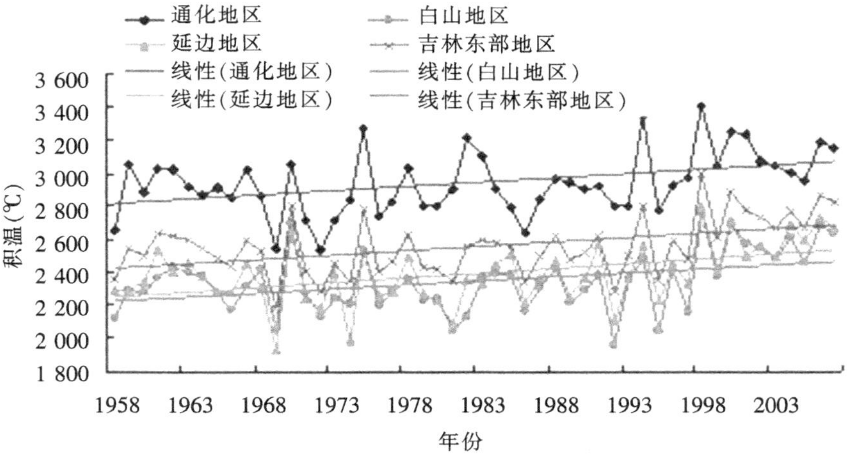

图4　1958～2008年长白山地区≥10℃积温变化规律

2. 降水变化

（1）降水的年际分布规律

在1958～2007年间，降水量在波动中减小趋势不明显，通化地区、白山地区和延边地区的年降水量在多年平均降水量附近波动，减少趋势均不显著（图5），气候倾向率分别约为－10.07 mm，－4.52 mm和－5.15 mm/10年。

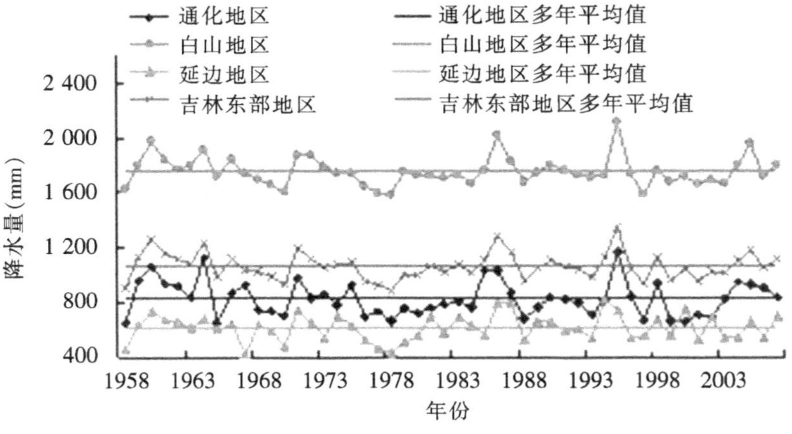

图5　长白山地区降水量的年际变化

(2) 降水的多时间尺度演变特征及其突变特征

对近 50 年长白山地区降水变化进行 MHF 小波分析。从图 6 中我们可以看出年平均降水的各种时间尺度周期变化在时间域中的分布存在着很大的差异。在小于 10 年尺度上，以准 5 年周期振荡，存在着 4 个明显的振荡中心，分别是 1963 年、1979 年、1988 年和 2002 年。年降水量经历了 4 次较大时间尺度的增减交替，小波系数零点出现的 1966 年、1986 年、1997 年、2005 年为突变点。在小于 5 年的时间尺度上，降水变化交替频繁，存在着两年左右的周期振荡。从图 6 中我们还可以看出，长白山地区年降水量多少交替周期大约为 10 年，预计未来几年年降水量依然较多。

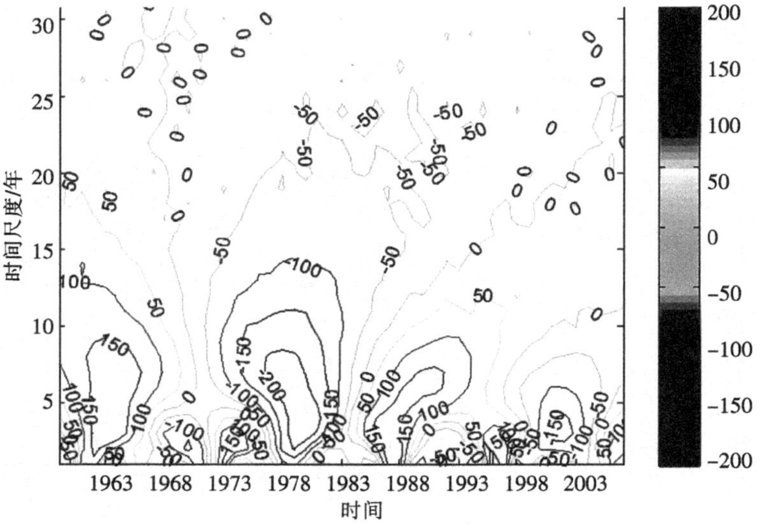

图 6　1958～2007 年长白山地区年降水量小波分析图

3. 主要粮食作物的产量变化研究

1949～2008 年通化地区、白山地区、延边地区以及三个地区平均粮食产量在波动中均呈现上升的趋势（见图 7）。其中通化地区粮食作物产量的上升趋势最明显。延边地区粮食作物产量的上升趋势比较明显，白山地区粮食作物产量的变化较小，只呈现微弱的上升趋势。平均粮食产量也呈现波动中上升的趋势。在三个地区中，通化地区粮食作物的产量最大，延边地区次之，白山地区粮食作物的产量较小。

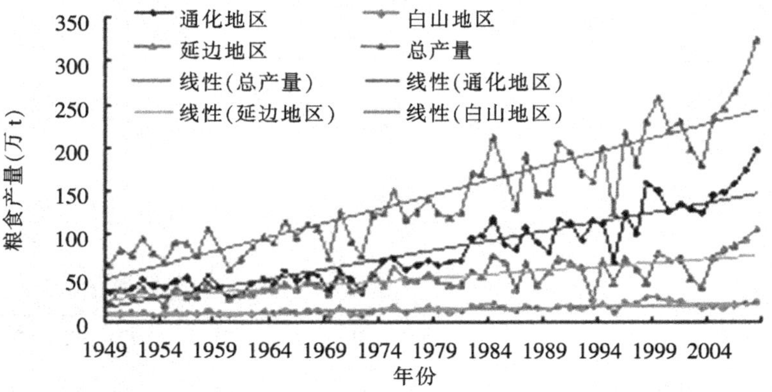

图 7　1949～2008 年长白山地区主要粮食作物产量变化图

4. 三个地区主要粮食作物相对比重的变化

长白山地区各市州粮食作物种植结构的变化有不同的特点（见表 1）。水稻种植比重只有白山地区呈现增加的趋势，通化地区的水稻种植比重下降趋势比较明显，延边地区的水稻种植比重在波动中也呈下降趋势。玉米的种植比重通化地区、白山地区、延边地区均呈下降趋势。而白山地区的大豆种植比重相对稳定，延边朝鲜族自治州的大豆种植比重下降趋势明显。

表 1 1998～2008 年长白山地区各市州主要粮食作物播种面积比重①

年份	通化市			白山市			延边朝鲜族自治州		
	水稻	玉米	大豆	水稻	玉米	大豆	水稻	玉米	大豆
1998	15.9	29.2	3.8	0.3	4.9	3.3	8.3	15.1	29.2
2000	15.0	25.3	5.3	0.3	4.6	3.3	9.0	12.7	23.9
2002	13.3	23.1	6.5	0.4	4.7	3.3	8.9	11.4	22.3
2004	11.6	15.9	7.1	0.5	4.5	3.5	9.3	11.1	15.9
2006	11.3	15.1	5.8	0.4	4.7	3.3	8.8	8.9	15.7
2008	9.6	16.2	4.2	0.4	4.5	2.9	7.7	8.8	13.9

注：①各个粮食作物播种面积占粮食作物总播种面积的百分比。

5. 主要粮食作物种植范围空间变化

(1) 水稻种植范围的空间变化

对长白山地区各县市水稻的种植比重进行分析，结果表明（见图 8），在长白山地区，水稻的种植比重具有很大的空间差异性，在图 8（a）1998 年的水稻比重分布图中可以看出：水稻的种植比重大致以中部为中心，长白和抚松县为水稻种植比重最低的地区，以长白和抚松为中心，东西方向水稻的种植比重逐渐增加，在珲春、辉南和梅河口都达到最大值。在（b）2007 年水稻种植比重图中可以看出：水稻的种植比重以和龙、珲春、辉南和梅河口的最大，种植比重最小的区域为抚松、临江、靖宇和敦化。

对图 8（a）（b）两个图进行对比分析可以看出：由于降水的减少，与 1998 年相比，2007 年延吉、敦化、图们、龙井、珲春、安图、通化市、集安市、汪清、柳河县、长白水稻的比重都有所减小，其中延吉市减小得最多。

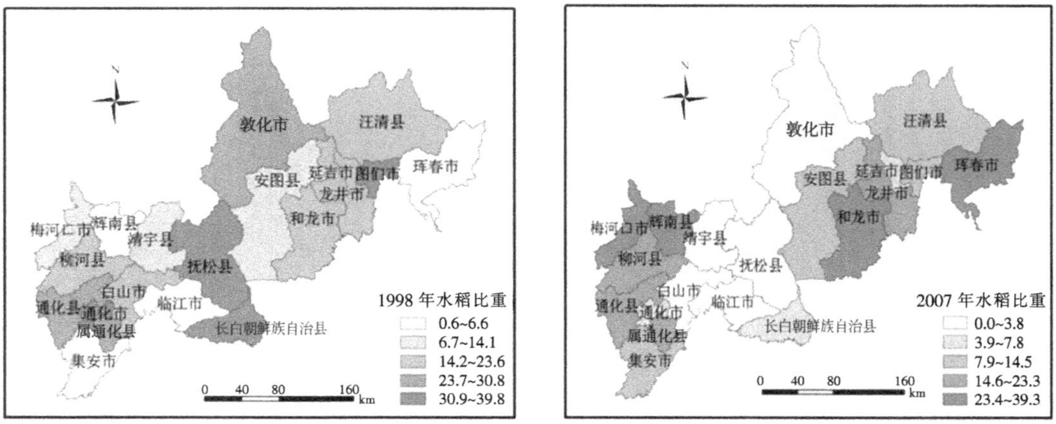

（a）1998 年　　（b）2007 年

图 8 长白山地区水稻比重分布图

（2）玉米种植范围的空间变化

对长白山地区各县市玉米的种植比重进行分析，结果表明（图 9），其具有很大的空间差异性，在图 9（a）1998 年玉米的比重分布图中可以看出：玉米的种植比重大致以靖宇、临江、梅河口最大，以汪清、和龙和图们最小。在（b）2007 年玉米的种植比重图中可以看出：玉米的种植比重以柳河、梅河口和龙井最大，汪清、和龙、珲春最小。

对图 9（a）（b）两个图进行对比分析可以看出：与 1998 年相比，2007 年玉米所占比重在空间上发生了很大的变化，由于积温的增加和降水量的减少，龙井、图们、柳河县和通化县等地的旱田面积呈现增加的趋势，玉米所占比重也显著增大，龙井变化最大。辉南、长白、敦化、安图、和龙、汪清、珲春、延吉玉米所占比重变化不明显，而集安市、靖宇、通化市、临江、抚松和白山玉米所占比重变小。

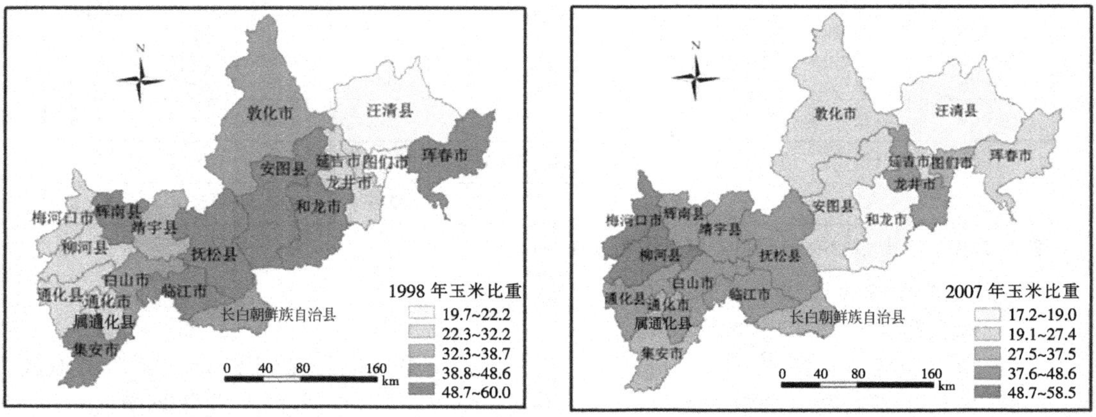

（a）1998 年　　（b）2007 年

图 9　长白山地区玉米比重分布图

（3）大豆种植范围的空间变化

对长白山地区各县市大豆的种植比重进行分析，结果表明（见图 10），在长白山地区，大豆的种植比重具有很大的空间差异性，在图 10（a）1998 年的大豆比重分布图中可以看出：大豆的种植比重大致以汪清、敦化和图们为最大值，以梅河、辉南和集安为最小值。在（b）2007 年大豆的种植比重图中可以看出：大豆的种植比重以敦化、抚松、汪清最大，以梅河口、辉南和集安最小。

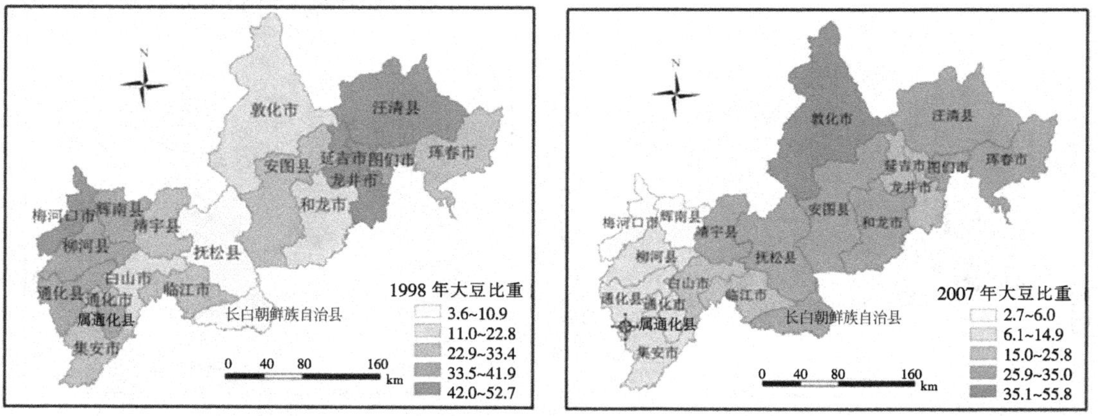

（a）1998 年　　（b）2007 年

图 10　长白山地区大豆比重分布图

对图10（a）（b）两个图进行对比分析可以看出：与1998年相比，2007年大豆所占比重在空间上发生了很大的变化，其中敦化、珲春、抚松、长白、临江、靖宇、辉南县和梅河口市变化不明显，图们、汪清、通化市区、延吉市、龙井市、和龙市和汪清减小，图们减小最多，汪清、通化市区、延吉市次之。

6. 气温和降水与粮食作物产量和播种面积的相关性分析

对1958～2007年的气温、降水与粮食作物产量和播种面积进行相关性分析。结果表明，在0.01信度水平上气温与产量呈正相关，相关性较好，与粮食作物播种面积呈负相关，相关性较好。降水与粮食作物相关性较差，与粮食作物播种面积相关性也很差。

三、结　论

（1）近50年来长白山地区的年平均气温呈现显著的上升趋势。

（2）近50年来长白山地区的年降水量在多年平均降水量附近波动，减小趋势不显著。

（3）粮食产量在波动中均呈现上升的趋势，而主要粮食作物播种面积在波动中呈现微弱的减小趋势。

（4）水稻的比重总体呈现减小的趋势，玉米所占比重显著增大，大豆的种植比重变化不明显。三个地区三种主要粮食作物种植范围的空间变化较大。

（5）近五十年气温与粮食作物产量、粮食作物播种面积和单位面积产量均呈明显的正相关，而降水与粮食作物产量、粮食作物播种面积和单位面积产量的相关性差。

参考文献

[1] 杨清福，薄景山．长白山天池火山的研究现状与展望 [J]．自然灾害学报，2007，16（6）：133－139.

[2] 马柱国．中国北方地区霜冻日的变化与区域增暖相互关系 [J]．地理学报，2008，58（增刊）：31－37.

[3] 林而达，王京华．我国农业对全球变暖的敏感性和脆弱性 [J]．农村生态环境，1994，（1）：1－5.

[4] 唐国平，李秀彬，Fischer G，等．气候变化对中国农业生产的影响．地理学报，2000，55（2）：129－138.

[5] Sheng Yue，Paul Pilon，George Cavadias. *Power of the Mann－kendall and Spearm's rho test for dectecting monotonic trends in hydrological series* [J]. Journal of Hydrology，2002，259：254－271.

[6] Vicente de Paulo Rodriques da Silva. *On climate variability in Northeast of Brazil* [J]. Journal of Arid Environments，2004，58：575－596.

[7] Z X Xu，K Takeuchi，H Zshidaria. *Monotonic trend and step changes in Japanese precipitation* [J]．Journal of Hydrology，2003，279：144－150.

[8] 刘益兰．贵阳近八十年气温变化的小波分析 [J]．贵州气象，2001，25（2）：10－15.

[9] 段安民．拉萨气温和降水变化特征的小波分析 [J]．西藏科技，1999（86）：

40－45.

[10] 安刚，廉毅，王琪．近九十年吉林省松辽平原作物生长季气温变化的小波分析[J]．气象学报，1998，56（4）：458－467.

[11] 钱惠生，金朝晖，刘顺兰．小波分析与应用[J]．杭州电子工业学院学报，1999，19（1）：1－8.

[12] 崔锦泰．小波分析导论．程正兴，译[M]．西安：西安交通大学出版社，1995：4－96.

[13] 邓自旺，林振山，周晓兰．西安市近50年来气候变化多时间尺度分析[J]．高原气象台，1997，16（1）：81－93.

[14] 林忠辉，莫兴国，李宏轩，等．中国陆地区域气象要素的空间插值[J]．地理学报，2002，57（1）：47－56.

Change of agricultural climate condition and response of agricultural production to climate change during the past 50 years in Changbai mountains

Peng Fei, Jin Yinghua, Peng Cong, Xiao Rong, He Xinxin

(College of Urban and Environmental Sciences, Northeast Normal University, Changchun, 130024)

Abstract: In this paper, MHF wavelet analysis, Mann-kendall test and the Kriging interpolation method are used to analyze the dates of monthly average temperatures, the monthly average precipitation of 10 weather stations in Changbai mountains from 1958 to 2007. And grain yield and sown area are analyzed. The results show: During the past 50 years, the average temperature in Changbai Mountains was a significant increasing trend; Annual precipitation was not a significant decreasing trend; The grain yield was increasing, but the sown area of the major grain crop is decreasing weakly; The overall proportion of rice showed a decreasing tendency, the proportion of maize increased significantly, the proportion of soybean cultivation did not change significantly. The range of spatial variation of three major food crops is larger in this three regions; Grain yield, sown area and the yield per unit of area and the temperature are obviously positive correlation, but they are slightly correlative with the precipitation.

Key words: Climate change; Changbai Mountains; grain yield; planting proportion

长白山地区植被物候空间格局

李　明　吴正方　秦丽杰　孟祥君
（东北师范大学城市与环境科学学院，长春 130024）

【摘要】 目前，越来越多遥感数据被用来监测大面积植物物候的动态变化。本文利用长时间序列的 SPOT/NDVI 旬合成数据，通过 double logistic 模型获取了 1999～2008 年长白山地区植被的三个关键物候参数——生长始期、生长末期和生长季长度的多年平均值，并绘制了它们的空间格局图，结果表明：在长白山地区，不管是森林还是耕地，其生长季始期、末期和生长季长度的变化与霍普金斯定律都是一致的（在较高的海拔或者较高的纬度地区，生长季开始日期延迟，结束日期提前，生长季长度缩短）。大部分森林植被的生长季开始于第 100～120 天，耕地相对较晚，为第 140～150 天；森林植被生长季的结束日期为第 280～290 天，耕地的相对较早，为第 265～275 天，从而森林植被的生长季比耕地要长 40～50 天。最后通过与部分物候观测数据的比较验证，表明 SPOT/NDVI 数据获取的植被生长始末期与调查资料具有可比性，利用 double logistic 模型获取的物候期具有一定的可靠性。

【关键词】 长白山地区　double logistic 模型　SPOT/NDVI　空间格局

一、引　言

物候学是研究自然界以年为周期重复出现的各种生物现象的发生时间，及其与环境条件（气候、水文和土壤）周期性变化相互关系的科学[1]。传统的物候学研究方法是以野外观测为基础的，简单易行，但需耗费大量人力和物力，而且受时间所限，周期短，覆盖面小。近年来，遥感技术的应用使观测对象从植株个体转变为植被生态系统层面，实现了植物物候观测由点到面的空间转换。由于 NDVI（归一化植被指数）能够在大范围覆盖区域内精确地反映植被绿度和光合作用强度、植被代谢强度及其季节性和年际间变化，因而基于 NDVI 时序数据对植物物候进行监测成为目前最常用的手段[2]。

随着遥感技术的发展，越来越多的方法用于确定来自遥感数据的植物物候期，主要的监测方法可分为四类：阈值法、导数法、函数平滑法、模型拟合法[3]。阈值法是使用一个预先定义好的 NDVI 值或有关的参考值确定生长季的开始和结束。例如，Lloyd（1990）最早使用 NDVI＝0.099 作为生长季开始点的阈值[4]；Zhou 等（2001）使用 NDVI＝0.3 作为春季生长开始临界值，研究欧亚大陆植被物候期的变化[5]；Suzuki 等（2003）利用 NDVI＝0.2 作为阈值确定亚洲北部植被物候期[6]。White 等（1997）利用最大 NDVI 值和最小 NDVI 值的中间值确定 NDVIratio，将 NDVIratio＝0.5 作为生长季开始和结束期阈值[7]。Karlsen 等（2006，2007）把芬诺斯坎底亚每个象元 21 年（1992～2002）的平均值作为监测植物生长季开始的阈值[8,9]，而 Piao 等（2006）也把类似的方法应用在中国温带植被物候期的监测上[10]。考虑中高纬地区由于雪的覆盖，NDVI 并非植物物候期监测的最佳指标，Delbart 等（2005）采用归一化植被水分指数（NDWI），把春季 NDWI 变化幅度的 20%处设为阈值，来获取北方植物物候期的开始日期[11]。

Moulin 等（1997）将时间曲线导数从 0 到正数的转变点定义为生长季循环的开始期，将从负值到 0 的转变点定义为生长季循环的结束期[12]；Zhang 等（2003）基于 MODIS EVI 时间序列曲线曲率变化率的最大值和最小值对应的时期确定四个关键植被物候期[13]；Baltzer 等（2007）利用移动窗回归的二阶导数来监测植物生长季的物候期，把二阶导数达到最大值，并且斜率为正值时作为植物生长季的开始时期，把二阶导数达到最大值、斜率为负值时作为植物生长季的结束时期[14]。

Reed 等（1994）首先提出了延后移动平均法（DMA），利用延后 NDVI 移动平均曲线与 NDVI 原始曲线的交点来表示生长季节的开始[15]，Archibald 和 Scholes（2007）对这种方法进行了修正，并应用于非洲的撒王纳群落绿叶期的监测[16]；离散傅立叶变换（Moody 和 Johnson，2001）[17]和高阶稳定非经典傅立叶变化（Hermance，2007）[18]用来去除被云污染的 NDVI 中的噪声，同时获得 NDVI 均值、幅值和相位。

模型模拟法主要包括 logistic 模型、高斯局部模型和积温模型。logistic 模型最早被 Badhwar（1984）[19]应用于春季小麦的分类上，后来被 Zhang 等（2004）[20]、Fisher 等（2006）[21]、Fisher 和 Mustard（2007）[22]用于物候期的监测，这种方法主要是把植物的生长季分为两部分——生长期和衰亡期，分别进行模拟。Johnsson 和 Eklundh（2002）[23]利用高斯局部函数建立了一个复杂的全局模型来模拟 NDVI 时间序列的变化，不过最终植物生长季开始日期的确定仍是利用的阈值法。利用积温作为解释变量所建立的回归模型已经在预测作物和草地的返青期、花期、果实期和衰亡期中得到广泛应用[24~27]。

总的看来，阈值法计算简便，效率较高，但阈值的选择受人为主观影响，直接影响物候评估的准确性；导数法在一定程度上也局限于经验阈值的限制；函数平滑法能够对 NDVI 进一步去噪，但有时并不能直接获得植物生长季的开始和结束日期；拟合方法逐个像素处理时不需设置阈值或经验限制条件，具有普适性，但实际的 NDVI 时间序列曲线并非理想的规则曲线，拟合精度的高低直接影响物候期的确定。本文把植被的生长过程简化为 logistic 曲线，利用 double logistic 模型提取了长白山地区这样一个气候的敏感区和生态环境脆弱带的植被物候相参数，并绘制了 10 年平均物候期的空间分布图，为研究植被对气候变化的响应提供了依据。

二、研究区和数据源

1. *研究区*

本研究的区域包括张广才岭、吉林哈达岭、威虎岭、龙岗山脉、千山、老爷岭，以及长白山主脉，山地海拔大都在 500～1 000 m 之间。长白山地区是中国东北地区年降水量最多之地，一般年降水量为 500～800 mm，山地南部（千山山脉）属暖温带，以夏绿阔叶林为主，中北部则为典型的温带针阔混交林，其代表性植被针叶树种以红松、沙冷杉、红皮云杉占优势，阔叶树以白桦、蒙古栎、色木槭、山杨、水曲柳、糠椴和紫椴为主。

2. 数据源

一般情况下在 n 年的时期内往往只有 $n-1$ 个完整的季节和时间序列两端一个季节的两个部分。因而，我们利用 1998 年 5 月下旬至 2009 年 5 月中旬的 SPOT-VEGETATION 逐旬 NDVI 数据提取 1999～2008 年植被的物候期，共 396 张影像。

VEGETATION 传感器由欧洲联盟委员会赞助，于 1998 年 3 月由 SPOT-4 搭载升空，从 1998 年 4 月开始接收用于全球植被覆盖观测的 SPOT-VEG 数据。该数据由瑞典的 Kiruna 地面站负责接收，由位于法国 Toulouse 的图像质量监控中心负责图像质量并提供相关参数（如定标系数），最终由比利时佛莱芒技术研究所（Flemish Institute for Technological Research，Vito）VEGETATION 影像处理中心（VEGETATION processing Centre，CTIV）负责处理成逐日 1km 全球数据[28]。

土地利用数据为中国 WESTDC 1.0 数据集中的 1km 分辨率的土地利用数据集。数字高程数据是从 NASA 免费获取的 SRTM 90m 分辨率的数据。

3. 数据预处理

虽然 NDVI 最大值合成法（MVC）能够减少云的污染，但传感器观测角、太阳高度角、气溶胶和水汽的变化仍然会引起一定的噪声，因此首先要对 NDVI 数据的尖峰值加以处理，如果经过中值滤波处理后的 NDVI 相邻两值的大小差别大于 NDVI 原始时间序列 1.5 倍的方差，则把该值去除。此外，中高纬度地区由于冰雪覆盖影响，冬春季的 NDVI 数据值有可能为负值，将 NDVI 低于零的值赋为 0。

三、研究方法

1. Double logistic 模型的构建

logistic 生长模型能够有效地解释冠层物候相在生长季内随时间的变化，但是，阔叶林和针叶林之间的差异是一个尺度函数，它决定着绿叶期的平均最大和最小值。因此本文在原来 logistic 模型的基础上乘以了一个幅度参数 c_2，并加上了一个最小值参数 c_1（由于针叶树在冬季仍然保持较高的叶绿素，具有一定的背景值），而植被落叶期符合反向 logistic 生长模型，在这里以负的 logistic 曲线表示，则整个用来拟合植被绿度期的公式为：

$$y(t)=c_1+c_2\times\left(\frac{1}{1+e\times p\left(\frac{x_1-t}{x_2}\right)}-\frac{1}{1+e\times p\left(\frac{x_3-t}{x_4}\right)}\right)$$

其中：c_1 和 c_2 是线性参数，它们分别控制着背景值和幅度，非线性参数 x_1，x_2，x_3，x_4 决定着函数 $y(t)$ 的曲线形状，x_1 和 x_2 分别控制拟合曲线左侧的拐点和拐点的变化率，同样地 x_3 和 x_4 对应着右侧的拐点和拐点处的变化率。我们把它称为 double logistic 模型，该模型用来完成对数据点（t_i，y_i）的拟合，其中 t_i 代表各个时间点，y_i 代表各时间点对应的 NDVI 值。利用 Levenberg-Marquardt 算法最小化如下评价函数来确定上述所有参数，以保证形成一条较平滑的拟合曲线。

$$x^2=\sum_{n_1}^{n_2}(y(t_i)-y_i)^2 \quad i\in[n_1,n_2]$$

其中：（t_i，y_i）为在最大值和最小值范围内取的点。

double logistic 模型在最大值或最小值周围的拟合效果较好，但在拟合曲线的远端欠佳，因此用模型分别拟合左侧最小 y_L (t)、中间最大值 y_C (t) 和右侧最小值 y_R (t)，通过全局模型 Y (t) 将它们灵活地结合起来，来拟合时间序列的整个区间 [y_L，y_L]（图1），从而增强了 double logistic 模型拟合曲线的复杂度。

$$Y(t)=\begin{cases}\alpha(t)\,y_L(t)+[1-\alpha(t)]\,y_C(t), & t_L<t<t_C\\ \beta(t)\,y_C(t)+[1-\beta(t)]\,y_R(t), & t_C<t<t_R\end{cases}$$

其中：α (t) 和 β (t) 分别是 t 距离中间最大值和右边最小值的标准化距离因子，范围介于 0～1 之间。

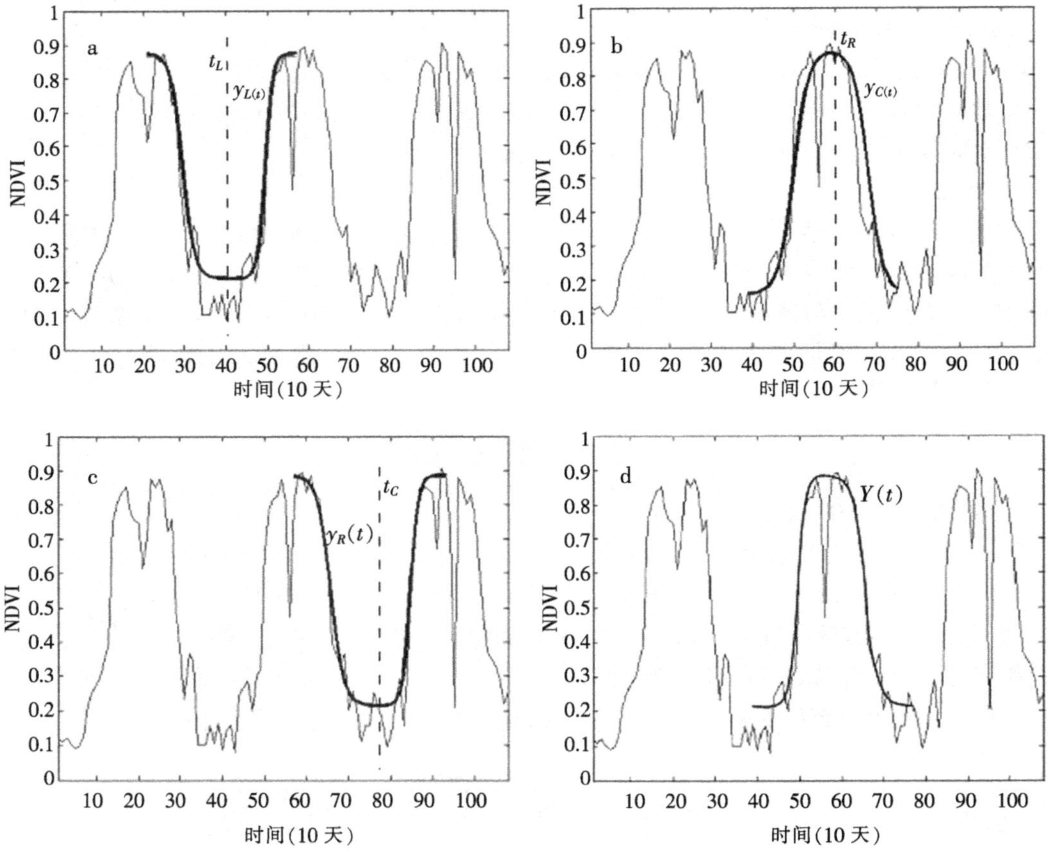

图 1 Double logistic 模型和全局函数对原始数据的拟合曲线

Fig. 1 fitted original data curve by double logistic model and global function

2. 物候参数的提取

尽管有多种方法通过拟合曲线来定义植物生长季的开始和结束，但我们把 NDVI 值达到最大值的一半定义为植被的开始和结束时间，因为 1/2 最大值处有几个适合研究植物物候随时间变化的特性。首先它在 logistic 曲线上是最陡的点，也是该曲线一阶导数的最大值点；其次，在 0 到∞变动的渐近线绝对值之间，该点在时间上是最稳定的，因此即使是不同的森林类型，其物候期的开始和结束日期也能进行比较。另外，该点是受物候期变化曲线的整个形状影响的，曲线远端较小的变动对物候期开始和结束的日期影响很小[29]。

本研究利用 matlab 编程实现以上步骤的模拟计算，以一个像元作为一个计算单位，每个像元时间序列上的 396 个数值作为曲线模拟的离散点原始数据，因此，计算采用的 double logistic 模型参数随着像元的变化而变化，是动态的，可避免由于采用相同参数带来的模拟误差。

四、结果与分析

1. 长白山植被 10 年平均物候期的空间格局

图 2 长白山植被平均物候期的空间分布格局

Fig. 2 spatial pattern of average phenology in Changbai mountains

利用 double logistic 拟合方法，逐个像元运算得到长白山地区植被生长季始期、生长季末期和生长季长度，图 2 直观显示了中国长白山地区植被物候期的空间分布格局。总体上看，长白山地区植被生长季始期、生长季末期和生长季长度的变化与霍普金斯定律是一致的，即在高纬度和高海拔地区，植被生长季的始期延迟，末期提前，生长季长度缩短。

根据图 2（a），大部分地区植被（主要是林地）生长季开始于第 100～120 天，这与林地在 4 月底 5 月初开始展叶、生长是一致的，其中的红色和黄色区域主要是耕地，生长季发生时间相对较晚，为第 140～150 天。图 2（b）表明长白山植被停止生长期发生在第 260～290 天，其中集中在第 280～290 天的区域所占面积较大。耕地的生长季结束日期相对较早，为第 265～275 天，即 9 月初农作物停止生长。林地的生长季长度约为 160～180 天，由于耕地生长季开始的日期晚，结束的日期早，生长季长度约为 100～130 天［图 2（c）］。

2. 模型验证

传统的物候研究方法描述的仅仅是单个植物物种的生长季，而遥感方法反映的是整个植被生态系统的物候变化，两者存在巨大的尺度差异，可比性大大降低。选择合适的尺度转换方法，统一地面与遥感的空间信息，是进行科学的遥感物候地面验证的关键。由于长白山地区植被物候期的实测数据较少，且遥感数据与地面验证的实测数据存在尺度不统一等问题，对物候信息提取的结果进行验证有待进一步研究。本文采用文献中的研究成果以及部分气象局的物候观测资料与本研究结果作粗略比较。根据通化县气象局 2006 年植物物候观测资料，加拿大杨展叶日期为 4 月 25 日，9 月 29 日落叶，旱柳展叶时间为 4 月 28 日，落叶时间为 10 月 8 日。根据本溪县气象局物候观测资料：1980～1998 年加拿大杨多年平均展叶期为第 118 天，平均落叶期为第 271 天，杏树 1980～2004 年多年平均展叶期为第 123 天，平均落叶期为第 281 天。在已有的研究成果中，宫攀和陈仲新（2009）得出东北地区所有植被的绿叶始期在第 100～150 天[30]，于信芳和庄大方（2006）得出长白山地区在 4 月中下旬树木开始展叶，在第 280～290 天之间树木逐渐停止生长，生长季长度为 170～190 天[31]。这与本文得出的长白山地区植被的生长开始日期主要在 4 月底和 5 月初，生长季结束日期集中在第 280～290 天的结果是一致的。

五、结论与讨论

本文中所利用的模型是在没有设置预定的阈值或者经验参数前提下而逐个像元运算的，所以它能够更加稳定地表征不同像元之间的物理意义，具有更好的通用性。该模型为利用遥感数据进行大面积植被物候期的动态监测提供了一种可行的方法。另外，基于 SPOT/NDVI 获取的植被生长季开始日期、结束日期以及生长季长度具有明显的空间分布格局，这也与植被的覆盖类型分不开。

因为植被开始生长和结束生长是两个不同的生物物理过程，对于拟合曲线的两侧采用对称的比例还有些欠妥，在以后的工作中需要进一步分别地判定生长季开始和结束的比例阈值。由于山区地形的复杂性，植被物候期的提取误差较大，进一步工作将结合地形图、高分辨率影像图、植物群落各物候期的野外光谱特征，模拟山体垂直带不同坡向、不同海拔高度植物物候期对气候变化的响应。

在利用遥感数据研究大面积的植物物候时，地面验证是一个关键问题。虽然现在已经建立了很多地面物候观测点，但是这些站点所提供的物候数据只是单个物种的，局地的，跟粗分辨率影像获得的物候期不具有科学的可比性。在 1 km 分辨率的影像中，单个像元反映的是涵盖很多物种的景观的整体状况。我们只是利用一些同一区域的地面物候数据和部分前人的研究成果进行了粗略的验证，这种工作还需要更深入的了解和进行。

参考文献

[1] 竺可桢，宛敏渭．物候学 [M]．长沙：湖南教育出版社，1999：1－4.

[2] 武永峰，李茂松，李京．中国植被绿度期遥感监测方法研究 [J]．遥感学报，2008，12 (1)：92－102.

[3] Irene L，Marie R. *Phenological Research：Methods for Environmental and Climate Change Analysis* [M]. Springer Netherlands，2009：177－208.

[4] Lloyd D A. *A phonological classification of terrestrial vegetation cover using shortwave vegetation index imagery* [J]. International Journal of Remote Sensing，1990，11：2 269－2 679.

[5] Liming Zhou，Tucker C J，Kaufmann R K，et al. *Variation in northern vegetation activity inferred from satellite data of vegetation index during 1981 to 1999* [J]. Journal of Geophysical Research，2001，106：20 069－20 083.

[6] Suzuki R，Nomaki T，Yasunari T. *West - east contrast of phenology and climate in northern Asia revealed using a remotely sensed vegetation index* [J]. International Journal of Biometeorology，2003，47：126－138.

[7] White M A，Thornton P E，Running S W. *A continental phenology model for monitoring vegetation responses to inter-annual climatic variability* [J]. Global Biogeochemical Cycles，1997，11：217－234.

[8] Jonsson Per and Lars Eklundh. *Seasonality extraction by function fitting to*

time-series of satellite sensor data [J]. IEEE Transactions on geoscience and remote sensing, 2002, 40 (8): 1 824—1 832.

[9] Karlsen S R, Elvebakk A, Hogda K A , et al. *Satellite-based mapping of the growing season and bioclimatic zones in Fennoscandia* [J]. Global ecology and biogeography, 2006, 15: 416—430.

[10] Karlsen S R, Solheim I, Beck P S A, et al. *Variability of the start of the growing season in Fennoscandia, 1982 — 2002* [J]. International Journal of Biometeorology, 2007, 51: 513 - 524.

[11] Piao S, Fang J, Zhou L, et al. *Variations in satellite-derived phenology in China's temperate vegetation* [J]. Global Change Biology, 2006, 12: 672—685.

[12] Delbart N, Kergoat L, Le Toan T, et al. *Determination of phenological dates in boreal regions using normalized difference water index* [J]. Remote Sensing of Environment, 2005, 97: 26—38.

[13] Moulin S, Kergoat L, Viovy N, et al. *Global'scale assessment of vegetation phenology using NOAA/AVHRR satellite measurements* [J]. Journal of Climate, 1997, 10 (6): 1 154—1 170.

[14] Zhang Xiaoyang, Fried M A, Schaaf C B, et al. *Monitoring vegetation phenology using MODIS* [J]. Remote Sensing of Environment, 2003, 84: 471—475.

[15] Baltzer H, Gerard F, George C, et al. *Coupling of vegetation growing season anomalies and fire activity with hemispheric and regional-scale climate patterns in Central and East Siberia* [J]. Journal of Climate, 2007, 20: 3 713—3 729.

[16] Reed B C, Brown J F, VanderZee D, et al. *Measuring phenological variability from satellite imagery* [J]. Journal of Vegetation Science, 1994, 5: 703—714.

[17] Archibald S, Scholes R.J. *Leaf green-up in a semi-arid African savanna-separating tree and grass responses to environmental cues* [J]. Journal of Vegetation Science, 2007, 18: 583—594.

[18] Moody A, Johnson D M. *Land - surface phenologies from AVHRR using the discrete Fourier transform* [J]. Remote Sensing of Environment, 2001, 75: 305—323.

[19] Hermance J F. *Stabilizing high - order, non - classical harmonic analysis of NDVI data for average annual models by damping model roughness* [J]. International Journal of Remote Sensing, 2007, 28: 2 801—2 819.

[20] Badhwar G D. *Use of Landsat - derived profile features for spring small - grains classifications* [J]. International Journal of Remote Sensing, 1984, 5: 783—797.

[21] Zhang X, Friedl M A, Schaaf C B, et al. *Climate controls on vegetation phenological patterns in northern mid - and high latitudes inferred from MODIS data* [J]. Global Change Biology, 2004, 10: 1 133—1 145.

[22] Fisher J I, Mustard J F, Vadeboncoeur M A. *Green leaf phenology at Landsat resolution: Scaling from the field to the satellite* [J]. Remote Sensing of Environment, 2006, 100: 265—279.

[23] Fisher J I, Mustard J F. *Cross - scalar satellite phenology from ground, Landsat, and MODIS data* [J]. Remote Sensing of Environment, 2007, 109: 261—273.

[24] Goodin D G, Henebry G M. *A technique for monitoring ecological disturbance in tall grass prairie using seasonal NDVI trajectories and a discriminant function mixture model* [J]. Remote Sensing of Environment, 1997, 61: 270—278.

[25] Mitchell R, Fritz J, Moore K, et al. *Predicting forage quality in switchgrass and big bluestem* [J]. Agronomy Journal , 2001, 93: 118—124.

[26] Smart A J, Schacht W H, Moser L E. *Predicting leaf/stem ratio and nutritive value in grazed and nongrazed big bluestem* [J]. Agronomy Journal , 2001, 93: 1 243—1 249.

[27] Davidson A, Csillag F. *A comparison of three approaches for predicting C4 species cover of northern mixed grass prairie* [J]. Remote Sensing of Environment, 2003, 86: 70—82.

[28] Maisongrande P, Duchemin B D, Dedieu G. *VEGETATION/SPOT: An operational mission for the Earth monitoring; presentation of new standard products* [J]. International Journal of Remote Sensing, 2004, 25 (1): 9—14.

[29] Jeremy I Fisher, John F Mustard. *Cross - scalar satellite phenology from ground, Landsat, and MODIS data*. Remote Sensing of Environment, 2007, 109: 261—273.

[30] 宫攀，陈仲新. 基于MODIS数据的东北地区植被物候参数提取 [J]. 土壤通报，2009，40 (2)：213—217.

[31] 于信芳，庄大方. 基于MODIS—NDVI数据的东北森林物候期监测 [J]. 资源科学，2006，28 (4)：111—117.

Spatial Pattern of Vegetation Phenophases in Changbai Mountains

Li Ming, Wu Zhengfang, Qin Lijie, Meng Xiangjun
(College of Urban and Environmental Sciences,
Northeast Normal University, Changchun, 130024)

Abstract: A wealth of remotely sensed image time series is now available to monitor vegetation dynamics over large areas. In this paper, the spatial pattern of three key vegetation phenological metrics (the start of growing season (SOS), the end of growing season (EOS), and the length of growing season (LOS)) were inferred from the time series SPOT/NDVI data based on double logistic model in Changbai mountains. The results show that the SOS, EOS and LOS conform with the precepts of Hopkin's Law (later SOS, earlier EOS and shorter LOS at higher elevations and latitudes), no matter whether forests or croplands. the start dates of major forests growing season focus on dekad 10－12, the onset dates of croplands start relatively late (dekad 14－15). The EOS of forests range from 280th and 290th day, that of croplands is early relatively, which is between 265th and 275th day. Therefore, the LOS of forests are longer about 40—50 days than that of croplands. Then the derived phenological metrics were validated by a few field observed data and some previous research achievements in the same area. The results indicate that it has certain reliability to use improved logistic model to extract vegetation phenology based on SPOT NDVI.

Key words: Changbai Mountains; double logistic model; SPOT/NDVI; spatial pattern

基于TM影像的长白山地区景观格局变化分析

刘 杨 刘志明

【摘要】土地覆被与景观格局的变化与自然环境和人类活动影响密切相关。随着全球生态环境的恶化，景观变化及其驱动力问题已经引起了广泛关注。长白山是一个以森林生态系统为主要保护对象的综合自然保护区，对中国东北乃至东北亚地区的生态系统调控起重要作用。本文从长白山区景观格局变化入手，提取1988年、1993年和1999年的三期Landset TM影像，辅助其他数据，结合Isodata和决策树分类方法对长白山地区景观类型进行分类，运用面积统计和景观指数分析法分析了长白山地区景观格局的演变及其成因。

【关键词】景观格局 决策树 长白山

一、引 言

景观由于受自然环境和人为影响，空间格局总在不断变化中，因此景观生态学作为生态学一门年轻的分支，已经迅速发展成为其中最具活力的领域之一[1]。景观格局的变化是各种自然、环境和社会因子共同作用的结果，将景观格局与过程相结合进行研究可以更好地理解地学及生态学规律。森林景观生态学的研究对象是以森林生态系统为主体所构成的景观的结构、功能及其变化[2]。长白山以其独特的地理位置，较完整的生态系统及多样化的生态结构，成为国内许多学者研究的热点。归纳起来主要包括四个方面：1. 景观类型分类；2. 通过景观空间结构指数进行对比分析；3. 探讨景观变化的驱动力及时空动态；4. 对景观过程进行预测与评估。本文在前人工作成果的基础上，总结方法，将3S技术与景观格局分析方法相结合，对长白山地区1988～1999年的景观演变时空动态进行分析，为制定合理的生态保护对策提供必要的依据。

二、研究区概况及研究方法

（一）研究区概况

长白山位于吉林省东南部安图县、抚松县和长白朝鲜族自治县境内，以图们江、鸭绿江和长白山天池（白头山天池）为界与朝鲜接壤，地理位置独特，是中朝边界乃至东北亚地区的生态敏感区。研究区位于41°24′～42°35′N，127°07′～128°27′E。长白山属季风气候影响的温带大陆性山地气候，总的气候特征为春季干燥多风，夏季温暖多雨，秋季凉爽多雾，冬季漫长寒冷。由于山体高而温差大，山下表现为典型的暖温带气候，而山上表现出复杂多变的近极地气候。长白山自然保护区地质、地貌可分为三种类型，即：火山熔岩构造地貌、流水地貌、冰川冰缘地貌。由于水热条件和地质地貌的明显差异，长白山的土壤表现出明显的垂直地带性，自上而下依次为山地苔原土、地生草森林土、山地棕色针叶林土和山地暗棕色森林土。也因此形成了明显的植被垂直带谱。自上而下依次为：高山苔原、亚高山岳桦林、暗针叶林和阔叶红松林。长白山自然保护区森林生态系统比较完整，其独有的四个植物垂直分布带堪称“典型的自然综合体”，对保护生物多样性，维持生态平衡具有重要作用。

（二）研究方法

1. 建立景观分类系统

本研究利用多种数据获取平台选择景号为 116－31 的 1988，1993，1999 年的 TM 数据，1999 的 ETM＋数据；长白山区 90 m 分辨率的 DEM、长白山区行政区划图、植被图以及部分气象数据等。将数据进行波段组合和投影变换后进行几何校正。利用数据自带的 GCP 信息，以三次卷积法进行几何校正，误差控制在 1 个像元以内。之后以抚松、安图、长白、白山市市区等四个县级行政边界对数据进行剪切和匹配。将经过校正与匹配的图像进行波段比值处理，增强土壤和植被的辐射差异。采用 4，5，3 波段进行假彩色组合生成所需的影像图。

本研究根据影像光谱特征，参照有关地理图件，对地物的大小、形状，色调、阴影、图形、纹理特征和空间分布情况进行分析，将研究区内景观分为 10 个景观类型并最终建立判读标志。将现有的研究区 90 m 分辨率的 DEM，经过重采样处理，生成与遥感数据分辨率相同的 DEM，并生成高程、坡度图，作为后续分类的辅助数据。在经过预处理的遥感影像中提取植被指数并将输出的 NDVI 图像进行密度分割，在图上通过查看 DN 值找出水体、植被等地物的值域，作为后续分类的辅助变量。研究中首先利用非监督分类中 IsoData 将图像分成 35 类，迭代次数为 24 次。之后根据光谱信息进行类别的合并，得到初始的分类结果。然后结合 DEM 中高程、坡度等信息，并利用一些经验知识建立决策树。

2. 景观指数选取

本文根据长白山研究区的类型和特点，从空间和时间两个方向研究长白山区景观格局的时空变化。选取以下几个景观特征指数进行分析：

1. 斑块数（NP）：NP 在类别程度上等于某一景观类型的所有斑块数，在景观程度上等于所有斑块总数。计算公式为：

$$\mathrm{NP_i}=n_i \quad \mathrm{NP_i}=N_i \qquad (3.1)$$

式中 n_i 指某一类型中所有斑块数，N_i 指某一景观范围内的所有斑块数。斑块数主要用于测量格局的空间破碎化和空间异质程度。NP 与空间破碎程度呈正相关。

2. 斑块密度（PD）：斑块密度同斑块数都是反映空间破碎化和异质程度的，破碎化程度越高，PD 越大，可判读景观受干扰程度。PD 有基于类型水平和景观水平之分。前者反映某一类别，后者反映景观总体。PD 的计算公式为：

$$\mathrm{PD}_i=N_i/A_i \qquad (3.2)$$

式中 N_i 为某类斑块个数，A_i 为景观要素总面积。

3. 分维数（D）：是用来测定斑块形状复杂程度的指标。揭示斑块及斑块组成的景观形状和面积大小之间的相互关系。计算公式为：

$D=2\ln\left(\frac{P}{K}\right)/\ln(A)$ (3.3)

式中 P 为斑块周长，A 为斑块面积，K 为常数，对于栅格景观而言，$K=4$。

分形维数介于 1～2 之间，分维数越小，表示几何形状越规则，受人为干扰程度越大；分维数越大，表示几何形状越复杂；当分维数越接近 1.5 时，表示该类型越不稳定。

4. 景观破碎度（C）

景观破碎度是指景观被分割破碎的程度，它与自然资源保护密切相关。公式为：

$C_i=n_i/A_i$ (3.4)

式中 n_i 为景观的斑块数，A_i 为景观 i 的总面积。

三、结果分析

（一）景观面积变化分析

应用决策树分类并进行分类后处理（类别筛选、类别集群）和精度评价（平均精度 82%）后生成研究区景观类型图（图 1）。将解译图导入 GIS 平台中得到计算各景观类型面积（表 1）及各景观类型所占比例（图 2）。本研究区总面积为 1 185 370.29 hm^2。从 1988 年到 1999 年长白山地区植被覆盖状况呈逐渐下降趋势。其中针叶林、针阔混交林、阔叶林以年均 1.18%，1.21%，0.94% 的速度在减少，11 年间针叶林面积共减少了 35 851.64 hm^2，针阔混交林面积减少了 39 827.07 hm^2，阔叶林面积减少了 41 087.82 hm^2，三者减幅较大。耕地面积、居民用地、草地面积呈逐年增加趋势。其中耕地面积增加最快，年增长率为 16%，11 年间共增加了 85 700.12 hm^2，居民用地增加了 9 365.52 hm^2，年增长率为 1.7%，草地增加了 30 510.99 hm^2，年增长率为 6%。

林地是研究区内的主要景观，1988 年各种林地占了研究区内总面积的 83.67%，1993 年占 78.6%，1999 年占 73.33%。1988 年针叶林、阔叶林和针阔混交林三大优势种群占了总面积的 81.63%，1993 年占总面积的 76.8%，1999 年下降到占总面积的 71.79%。农田、居民用地等人类活动强烈影响的景观则由 1988 年占总面积的 8.41% 上升到 1999 年的 16.43%，上升速度较快。

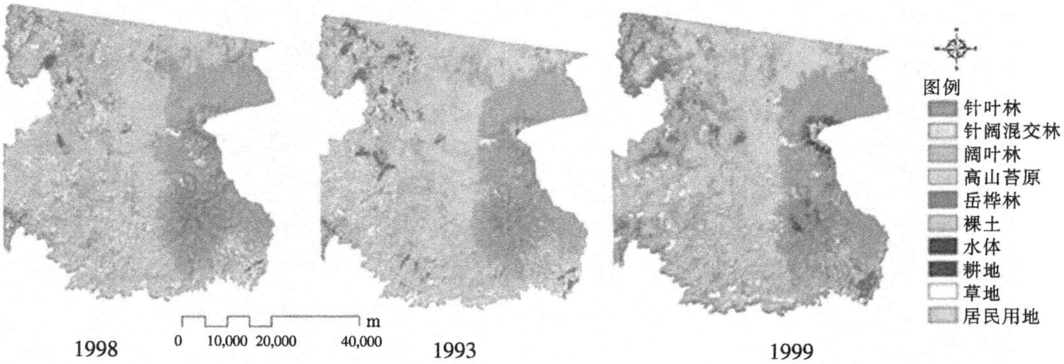

图 1 研究区不同时期景观格局

Fig1. Different periods of the study area landscape

表 1 研究区不同时期景观类型面积统计表（单位：hm^2）

Tab. 1 Different periods of the study area landscape area statistics

景观类型 \ 年份	1988	1993	1999
针叶林	275 258.34	262 343.74	239 406.70
阔叶林	394 938.27	361 784.49	353 850.45
针阔混交林	297 563.67	286 215.47	257 736.60
高山苔原	7 588.23	6 402.08	6 189.71
岳桦林	16 657.00	14 990.00	12 001.27
裸地	42 673.86	38 492.82	40 383.01
居民用地	50 730.12	55 645.29	60 095.64
水体	5 606.73	5 016.57	5 141.73
农田	48 918.32	90 696.09	134 618.44
草地	45 435.75	63 783.74	75 946.74

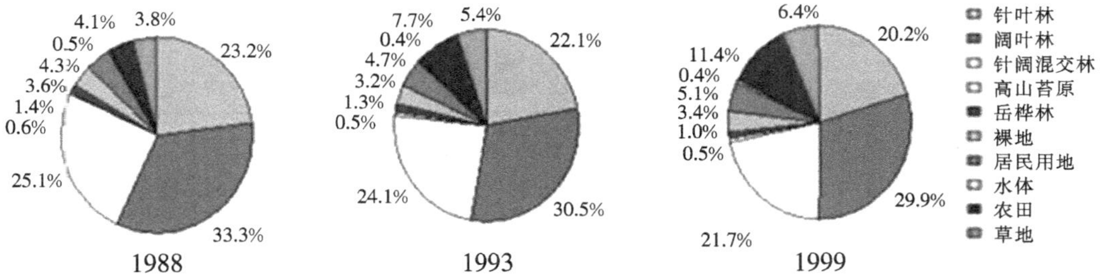

图 2 各景观类型所占面积百分比

Fig. 2 The percentage of landscape area occupied

（二）景观指数分析

本研究中将三期景观分类图转换为 Grid 格式，加载到 Fragstats3.3 软件中，得到各时期景观格局指数表（表 2，表 3，表 4）。

从斑块数上看，1988 年研究区内总斑块数为 38 416 块，1993 年总斑块数为 51 232 块，1999 年增加到 62 970 块。11 年间共增加 24 554 块，增幅达 63.9%。斑块数的增多间接反映了当地景观的分离度增强，景观破碎度增大。其中针阔混交林斑块数增加最多，说明针阔混交林的空间破碎度和受干扰度较大。

从斑块密度上看，1988 年斑块密度最大的是阔叶林，最少的是居民用地；1993，1999 年斑块密度最大的是针阔混交林，最小的是居民用地。斑块密度与斑块平均面积互为倒数，居民用地是人文景观，带有空间集聚，斑块平均面积大；阔叶林、针阔混交林为自然景观，且处于低海拔地区，受人为因素的影响较大，毁林耕作等现象使斑块聚集度和完整性下降，原来较大的斑块被分割成小块，斑块平均面积小。

从分维数上看，居民用地的分维数最小，表明受人类活动影响较大。各自然景观如植被和水体分维数较大，几何形状和边界较复杂。高山苔原、裸地和草地三种景观类型最接近 1.5，表明景观的稳定性较低。

从景观破碎度上看，除农田和裸地外，1988～1999 年间的其余各景观类型的破碎化程度均有不同程度的增大趋势。其中高山苔原和针阔混交林的破碎化程度位居前两位。这与环境的变暖和人为破坏有很大关系。

表 2　长白山地区 1988 年景观格局指数

Tab. 2　Changbai Mountain area index of landscape pattern in 1988

类　别	斑块数	斑块密度	分维数	景观破碎度
针叶林	7 657	0.646 0	1.648 7	0.027 8
阔叶林	9 743	0.821 9	1.626 8	0.024 7
针阔混交林	8 746	0.737 8	1.558 6	0.029 4
高山苔原	445	0.037 5	1.497 9	0.058 6
岳桦林	749	0.063 2	1.632 4	0.045 0
裸土	725	0.061 2	1.513 5	0.017 0
居民用地	105	0.008 9	1.214 2	0.002 1
水体	126	0.010 6	1.697 3	0.022 5
农田	7 085	0.597 7	1.537 6	0.144 8
草地	3 035	0.256 0	1.519 0	0.066 8

表 3　长白山地区 1993 年景观格局指数

Tab. 3　Changbai Mountain area index of landscape pattern in 1993

类　别	斑块数	斑块密度	分维数	景观破碎度
针叶林	8 206	0.692 3	1.624 5	0.031 3
阔叶林	11 585	0.977 3	1.658 7	0.032 0
针阔混交林	14 078	1.187 6	1.639 7	0.049 2
高山苔原	498	0.042 0	1.531 2	0.077 8
岳桦林	1 046	0.088 2	1.627 5	0.069 8
裸土	467	0.039 4	1.576 3	0.012 1
居民用地	139	0.011 7	1.210 7	0.002 5
水体	175	0.014 8	1.716 3	0.034 9
农田	9 802	0.826 9	1.502 4	0.108 1
草地	5 236	0.441 7	1.563 2	0.082 1

表 4　长白山地区 1999 年景观格局指数

Tab. 4　Changbai Mountain area index of landscape pattern in 1999

类　别	斑块数	斑块密度	分维数	景观破碎度
针叶林	8 649	0.729 6	1.590 9	0.036 1

续 表

阔叶林	13 435	1.133 4	1.602 4	0.038 0
针阔混交林	16 289	1.374 2	1.678 3	0.063 2
高山苔原	749	0.063 2	1.573 2	0.121 0
岳桦林	1 679	0.141 6	1.623 8	0.139 9
裸土	534	0.045 0	1.587 7	0.013 2
居民用地	176	0.014 8	1.124 3	0.002 9
水体	238	0.020 1	1.660 5	0.046 3
农田	12 047	1.016 3	1.553 9	0.089 5
草地	9 174	0.773 9	1.581 8	0.120 8

（三）景观动态变化驱动力分析

1. 自然因素

长白山区气候属于受季风影响的大陆山地气候，受地势高低影响大。长白山区的优势景观为森林，具有明显垂直分布的四大景观带，各带分布与水热条件密切相关。图3，图4显示了研究区内气象台站测得的1988～1999年均气温、年降水量的波动变化情况。1988～1999年这11年间，温度总体呈上升趋势，降水量呈逐渐减少趋势，导致各分布带有向高移动的趋势，且高山苔原面积有所减少。此外自然灾害的频繁发生也是导致林地减少的因素之一。

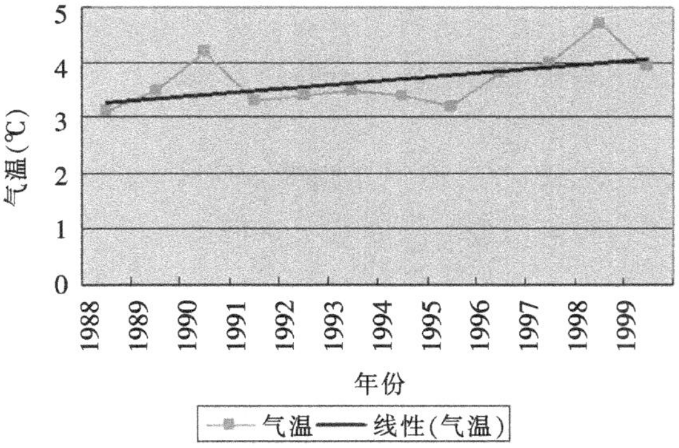

图3 研究区年平均气温变化趋势图

Fig. 3 Trend of annual mean temperature in the study area

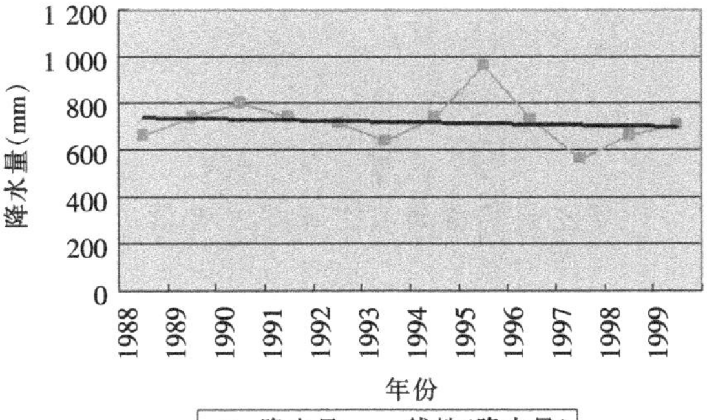

图4 研究区年降水量变化趋势

Fig. 4 Trends of annual precipitation in the study area

2. 人为因素

人为活动的影响是长白山区景观变化的主要因素。长白山地区在1988～1999年人口增长了9.6%。人口的快速增长致使土地利用程度不断增高，土地资源压力过大，土地过度垦殖，对森林资源开发利用不合理，生态系统退化，也使耕地和草地大面积增加。

长白山地区由于旅游开发引起的环境问题也非常严重。由于旅游业的迅速发展和游客数量的不断增加，长白山生物圈保护区的自然环境和生态环境受到了不同程度的破坏。一是植物资源破坏较为严重。如植被遭到践踏，某些群落受到人为干扰，影响了自然演替的正常进行；出现了花果、种子等被采摘，影响繁殖，种群数量不断减少等现象。二是环境污染严重。如景区内垃圾遍地，污水随意排放，汽车尾气和噪声污染较重。三是保护区开发缺乏科学规划和管理。如修建的旅游公路破坏了动植物的生存环境；修建通向长白山天池（白头山天池）的公路，对脆弱的高山苔原带造成了严重破坏，使高山苔原带严重退化；无节制的开发服务设施，使局部地区水土流失，林带退化。因此制定相关的开发与保护政策，妥善地保护好长白山生物圈保护区的资源环境，维护生态系统的平衡，使经济建设与自然保护有机结合，均衡发展，是今后应重点关注与解决的问题。

四、结　论

本文对长白山中心区的三个时期（1988，1993，1999）进行了景观信息的提取，将非监督分类与决策树相结合对三期影像进行了分类，得到了景观类型的栅格数据。选取几个有代表性的景观指数，应用景观分析软件对分类后数据进行了景观格局的分析。通过对比与分析得出以下结论：

1. 长白山地区植被类型复杂，光谱信息相似，应用决策树分类对非监督分类的初始分类结果进行修正和完善，结合高程和坡度等地形信息，可以有效地改善分类结果，以满足后续景观格局分析的需要。

2. 通过对三期数据景观格局的分析表明，研究区内林地仍然是优势景观，但林地总体呈逐年下降趋势。耕地、居民用地、草地呈逐年增加趋势。由于人为活动的加剧，人类影响剧烈的景观类型如耕地、居民用地等持续增加。

3. 通过对景观变化驱动力加以分析发现，人为活动的影响是变化的主要因素。人口增长、经济发展导致的毁林建耕，旅游区的不合理规划和开发，加大了对长白山地区原始生境的干扰。此外自然环境的变暖，降水量的减少，使长白山地区气候朝暖干方向发展，林地和水体减少。

参考文献

[1] 葛方龙，李玮峰，等. 景观格局演变及其生态效应研究 [J]. 生态环境，2008，17 (6)：2 511—2 513.

[2] 白降丽，彭道黎，郑小贤. 森林景观生态研究进展 [J]. 林业调查规划，2004，12 (4)：40—44.

[3] 常禹，布仁仓，胡远满，徐崇刚，王庆礼. 长白山森林景观边界动态变化研究 [J]. 应用生态学报，2004，15 (1)：15—20.

[4] 于德永，郝占庆，姜萍，熊在平，杨辉. 长白山典型林区森林资源景观格局变化

分析［J］．应用生态学报，2004，15（10）：1 809—1 814.

［5］郭红，李凤日，龚文峰．基于GIS的白河林业局景观格局演变研究［J］．森林工程，2009（25）：1—5.

［6］韩文权，常禹．景观动态的Markov模型研究：以长白山自然保护区为例［J］．生态学报，2004，（24）：1 958—1 965.

［7］王明常，牛雪峰，邢立新．长白山地区景观格局过程模拟预测研究［J］．吉林大学学报：地球科学版，2009（39）：947.

［8］何月．长白山地区景观格局与过程遥感研究［D］：优秀硕士论文，2007.

［9］何瑞银，沈明霞，从静华．植被信息提取过程中ETM _ 遥感影像的分类方法［J］．江苏农业学报，2008，24（1）：29—32.

［10］赵英时，李小文，杨立明，等．遥感应用分析原理与方法［M］．北京：科学出版社，2003.

［11］张强．长白山区中朝边界土地利用/覆被变化及生态安全研究［D］：［硕士学位论文］．长春：东北师范大学，2009.

［12］沈明霞，何瑞银，丛静华．基于ETM _ 遥感影像的森林植被信息提取方法研究［J］．南京林业大学学报，2007，31（6）：113—115.

［13］房磊，江涛．基于ETM _ 的地物信息分层分类方法研究［J］．杭州电子科技大学学报，2008，28（6）：127—130.

［14］陈永慧，李小娟，胡德勇．遥感图像土地覆被专题信息提取方法综述［J］．首都师范大学学报，2009，30（1）：59—62.

［15］梅安新，彭望禄，秦其明，等．遥感导论［M］．北京：高等教育出版社，2005.

［16］刘志明，晏明，何艳芬．吉林省西部土地盐碱化研究［J］．资源科学，2004，26（5）：111—113.

［17］陈君颖，田庆久．高分辨率遥感植被分类研究［J］．遥感学报，2007，11（2）：221—2 271.

［18］肖笃宁，李秀珍．景观生态学［M］．北京：科学出版社，2003.

［19］何原荣，周青山．基于SPOT影像与Fragstats软件的区域景观指数提取与分析［J］．海洋测绘，2008，28（1）：19—21.

［20］吴希，邢立新，王明常．大布苏地区土地利用及其景观格局变化研究［J］．吉林大学学报：地球科学版，2007（37）：223—224.

［21］张永民，钟林生．松嫩平原典型盐碱化地区土地利用格局变化研究：以吉林省乾安县为例［J］．干旱区资源与环境，2008，22（9）：124—128.

Analysis of Landscape Pattern Change in the Changbai Mountain Region Based on TM Image

Liu Yang, Liu Zhiming

Abstract: Land cover and landscape pattern changes are closely related to the natural environment and human activities. With the deterioration of global ecological environment, landscape change and its driving force has already attracted wide attention. Changbai Mountain is a protected forest ecosystem as the main target of the comprehensive nature reserve, and it plays an important role in ecosystem regulation of the northeast China and even Northeast Asia. This paper starts from the change in landscape pattern of Changbai Mountains and extracts 1988, 1993 and 1999 three Landset TM images supplemented by other auxiliary data . Isodata are combined with decision tree to classify the landscape types in Changbai Mountain. An area of statistics and landscape index are used to analyse the landscape evolution of Changbai Mountain area and its causes.

Key words: landscape pattern; decision tree; Changbai Mountain

主成分和小波变换相结合的长白山地区遥感数据融合

朱　锋　刘志明
（东北师范大学 城市与环境科学学院 吉林—长春 130024）
E-mail：zhuf809@nenu. edu. cn

【摘要】 遥感数据源丰富，格式、结构以及分辨率都有很大不同，必须采用一定的技术方法将其融合以增强效果。数据融合的优势在于增强分辨率的同时最大限度地保留光谱信息。主成分变换通过直接用高分辨率图像代替多光谱图像第一主成分进行主成分逆变换得到融合影像；小波分析通过对多光谱以及高分辨全色图像数据进行多层次分解，再选择合适的高频和低频信息进行小波逆变换达到融合目的。本文结合主成分分析和小波变换融合的方法对长白山地区 IKONOS 遥感影像进行融合，并用目视判读，以及相关系数等有关定量评价对融合图像进行了评价。评价结果表明，相结合的方法综合了二者的优势，并一定程度上弥补了二者的不足，融合结果保存了原始高分辨率数据的高空间分辨率以及多光谱数据的光谱分辨率，有利于遥感信息的提取加工以及进一步操作。

【关键词】 图像融合　IKONOS　长白山　主成分变换，小波变换　融合评价

一、引　　言

随着遥感技术的发展，人们可以获得不同层次、不同时间、空间以及光谱分辨率和极化方式的图像，但是单一的遥感影像所携带的信息量总是有限的，因此必须采用一定的算法将各种图像在特定的地理坐标系中进行融合以获取更多更丰富的信息满足生产生活的需要。一般采取的方法是将高分辨率的全色图像或者极化影像和多光谱影像进行融合，这样就可以保证在提高图像空间分辨率的同时保留较为丰富的光谱信息。融合包括像素级、特征级以及决策级三个层次。图像融合的方法主要包括基于 IHS 变换融合、主分量融合、小波变换等方式。本文利用小波变换和主成分相结合的方法对长白山地区的 IKONOS 进行像素级的融合并根据一定的指标进行评价，在光谱分辨率和空间分辨率之间取得了良好的平衡，融合结果满足了需要。

二、主成分变换融合

主成分变换融合的全称是基于主成分变换的图像融合，又称为 K-L 变换。变换后的第一主成分分量含有变换前各波段图像的主要信息，剩余的信息则分配到了第二成分，依此类推得到各个主成分，其显著特征是第一主成分涵盖了原始图像的大部分信息，同时各主成分的相关性比较小；再利用和第一主成分进行了直方图匹配的高分辨率影像代替第一主

成分，与其他主成分进行主成分逆变换得到融合图像。主成分变换融合主要包括以下几个过程：

（一）主成分分析

设多波段影像的波段数为 m，将其影像数据组合成一个向量集合 X，其中 X 用下式表示：

$$X= [x_1, x_2, x_3 \cdots x_m];$$

其中，x_i 表示第 i 波段；

每个波段之间的方差为：

$\sigma_{i,j}^2 = E[(x_i - m_i)(x_j - m_j)]$，$(i, j=1, 2, 3\cdots, m)$

其中，m_i，m_j 表示第 i 波段和第 j 波段的均值，根据协方差的定义得到，X 的协方差矩阵 S：

$$\begin{pmatrix} \sigma_{1,1}^2 & \sigma_{1,2}^2 \cdots & \sigma_{1,m}^2 \\ \sigma_{2,1}^2 & \sigma_{2,2}^2 \cdots & \vdots \\ \sigma_{m,1}^2 & \sigma_{m,2}^2 \cdots & \sigma_{m,m}^2 \end{pmatrix}$$

S 是一个满秩矩阵，其特征根是实数，它表示的是 m 个波段图像中各地物在 m 维空间中的分布，求出其特征根后进行排序得到向量 λ 及其对应的特征向量集 Y：

$\lambda = (\lambda_1, \cdots, \lambda_m)$ (1)

$Y = (Y_1, \cdots, Y_m)$ (2)

在特征向量 Y 中，一般前三个向量所携带的信息达到了原始图像的 97%左右，从而可以认为这三个向量能够代表原始图像[4]。

（二）主成分变换

主成分变换的原理是，原始图像用向量集合 X 表示，变换后的图像用向量集合 M 表示，那么

$$M=Y^{T}(X-E(X))$$

其中 $E(X)$ 表示的是 X 的期望值向量，Y 是由特征向量构成的变换矩阵。根据公式得到原始图像的主成分变换图像。

由于一般进行融合的是高分辨率全色数据，并且第一主成分携带信息最多，因此将 Y_1 单独提取出来和全色图像 P 做直方图匹配，使全色图像的灰度均值和方差与第一特征向量的 Y_1 一样，然后将匹配后的 P 代替 Y_1 带入原来的特征向量集合 Y 得到：

$$Y_p = [P, Y_2, Y_3, \cdots, Y_m]$$

（三）主成分逆变换

主成分逆变换的公式是：

$$X = X_p M + E(X)$$

可以看出，主成分变换的算法思想比较简单，这也是其应用得以推广的重要原因，但是应该看到的是主成分变换有其不足：主要体现为第一分量与高分辨率图像在直方图匹配过程中只是相似但始终是不同的，这直接导致了图像的空间分辨率和光谱分辨率有所变化；其次在于由于光谱信息的变化将不利于地物识别和反演工作[5]。

三、小波变换融合

（一）小波分析

小波分析是为了克服 Fourier 变换的不足发展起来的，Fourier 变换反映了信号或者

函数的整体特征，但是在遥感图像中，为了显示细节往往需要局部特征，这种情况下，Fourier 变换就显得无能为力了。小波分析能够自动随着频率增高而调节成窄的“时窗”和宽的“频窗”，当频率降低时就恰恰相反[6]。同时由于小波变换对信号分解的空间部分是相互独立的，而且变换可以能够完全恢复原来的信号，分解重建过程中不会产生信息的丢失和冗余，所以能够更好地满足实际处理的需要[5]。

设一个函数 $\phi(t)$ 满足下面两个条件：

1. 是一个平方可积函数，即满足 $\phi(t) \in L^2(R)$；

2. 满足以下条件：$\int_R |\hat{\phi}(t)|^2 |\omega|^{-1} d\omega < +\infty$；其中，$\hat{\phi}(t)$ 是 $\phi(t)$ 的 Fourier 变换，则就称函数 $\phi(t)$ 是一个小波函数，当对小波函数进行伸缩和平移之后得到：$\phi_{\alpha,\tau}(t) = \alpha^{-0.5}\phi\left(\frac{t-\tau}{\alpha}\right)$。

其中，α 是伸缩因子，τ 是平移因子，称 $\phi_{\alpha,\tau}(t)$ 是依赖于 α，τ 的小波基函数，当 α，τ 连续时称 $\phi_{\alpha,\tau}(t)$ 为连续小波基函数；由于遥感图像是离散的图像，因此必须将连续小波函数进行离散化以方便图像的处理，主要包括 α 离散和 τ 离散。

对于 α，将其进行幂级数离散，也就是使 α 分别等于 α_0^j $(j \in Z)$，此时得到 $\phi_{\alpha,\tau}(t) = \alpha_0^{-\frac{j}{2}}[\alpha_0^{-j}(t-\tau)]$，$j \in Z$；

对于 τ，对应于一个尺度 j，使其以 $\Delta\tau = \alpha_0{}^j\tau_0$ 为间隔进行采样，此时的 $\phi_{\alpha,\tau}(t) = \alpha_0^{-\frac{j}{2}}\phi[\alpha_0^{-j}(t-k\alpha_0^j\tau_0)]$，$k$，$j \in Z$，其中，$\tau_0$ 表示当 $j=0$ 时的均匀采样间隔，在实际应用中一般取 $\alpha_0=2$，$\tau_0=1$，则有 $\phi_{2,1}(t) = 2^{-\frac{j}{2}}\phi(2^{-j}t-k)$，设 $\psi_{j,k}(t) = \phi_{2,1}(t) = 2^{-\frac{j}{2}}\phi(2^{-j}t-k)$，则称 $\psi_{j,k}(t)$ 为离散小波。对于任意 $x(t) \in L^2(R)$，对其作离散小波变换 $WT_x(j,k)$，记为 DWT，其中 $WT_x(j,k) = \langle x(t), \psi_{j,k}(t)\rangle = \int_R x(t)\overline{\psi_{i,k}(t)}dt$。

（二）小波分解

小波分解的简单理解就是将原始信号的高频部分和低频部分分离，其中的低频部分反映的是原始信号的轮廓信息，而高频部分反映了原始信号的细节信息。二维离散小波的分解公式如下：

$$
\begin{cases}
c_{m,n}^{j} = \dfrac{1}{2}\sum\limits_{k,l \in Z} c_{k,l}^{j+1} h_{k-2m} h_l - 2n \\
d_{m,n}^{j\,1} = \dfrac{1}{2}\sum\limits_{k,l \in Z} c_{k,l}^{j+1} h_{k-2m} g_l - 2n \\
d_{m,n}^{j\,2} = \dfrac{1}{2}\sum\limits_{k,l \in Z} c_{k,l}^{j+1} g_{k-2m} h_l - 2n \\
d_{m,n}^{j\,3} = \dfrac{1}{2}\sum\limits_{k,l \in Z} c_{k,l}^{j+1} g_{k-2m} g_l - 2n
\end{cases}
$$

其中，遥感图像是一个 $m \times n$ 的二维矩阵，c^j 表示原始图像 c^{j+1} 的低频信息，d^{j1} 表示 c^{j+1} 中垂直方向的高频边缘信息；d^{j2} 表示 c^{j+1} 中水平方向的高频边缘信息；d^{j3} 表示的是 c^{j+1} 中 45°方向上的高频边缘信息[7]。

（三）小波变换

小波变换的实质是用高分辨率影像代替原始小波变换后的高频信息，这样就可以达到增加其空间分辨率的目的。应该注意，不同的影像，其适合的小波函数是不一样的。

（四）小波重构

小波重构就是将生成的各个高频分量和低频分量按照一定的算法进行小波逆变换，其算法原理是：

$$c_{m,n}^{j+1}=\frac{1}{2}\left(\sum_{k,l\in Z}c_{k,l}^{j}\tilde{h}_{2k-m}\tilde{h}_{2l-n}+\sum_{k,l\in Z}d_{k,l}^{j^{1}}\tilde{h}_{2k-m}\tilde{g}_{2l-n}+\sum_{k,l\in Z}c_{k,l}^{j^{2}}\tilde{g}_{2k-m}\tilde{h}_{2l-n}+\sum_{k,l\in Z}c_{k,l}^{j^{3}}\tilde{g}_{2k-m}\tilde{g}_{2l-n}\right.$$

其中，$\tilde{h}_n$，$\tilde{g}_n$ 是滤波器，对于不同的图像，滤波器的选择是不一样的。

四、ISH 变换融合

常用的颜色空间包括 RGB（红绿蓝）颜色空间以及 ISH 颜色空间，遥感图像的彩色合成一般采用的是 RGB 颜色空间，但是 RGB 颜色空间的三个分量是有联系的，这就导致了在处理一个分量的时候会对其他分量产生影响；ISH 颜色空间则没有这种限制，其 I 分量代表亮度，H 分量代表色调，S 分量代表饱和度，其中前者与图像的色彩无关，后两者与人类感受颜色的方式有着紧密联系，由于三分量的无关性，因此可以在 ISH 颜色空间中对影像进行操作以满足需要。

ISH 融合正是在这样的一个思想上产生的，常用的 ISH 变换模型包括球体模型、圆柱体模型、三角形模型以及单六棱锥模型。本文将以球体模型进行说明。

（一）颜色空间变换

RGB 颜色空间一共有三个分量，对于每一个象元分别用红（R），绿（G），蓝（B）表示其色彩。在球体转换模型中，有以下几个公式[5]：

$$r=\frac{\max-R}{\max-\min}\quad g=\frac{\max-G}{\max-\min}\quad b=\frac{\max-B}{\max-\min}$$

其中，max＝max［R，G，B］

min＝min［R，G，B］

r，g，b 中至少有一个是 0 或者 1，影像从 RGB 颜色空间转换到 ISH 颜色空间的公式是：

当 $M=m$ 时，$S=0$；$I=\frac{1}{2}(m+M)$

当 $M\neq m$，$I\leqslant 0.5$ 时，$S=\frac{M-m}{M+m}$；

当 $M\neq m$，$I>0.5$ 时，$S=\frac{M-m}{2-M-m}$；

当 $S=0$ 时，$H=0$；当 $S\neq 0$ 时：

若 $r=M$，$H=60(2+b-g)$；

若 $g=M$，$H=60(4+r-b)$；

若 $b=M$，$H=60(6+g-r)$；

其中，$M=\max[r,g,b]$；$m=\min[r,g,b]$.

（二）ISH 变换

在 ISH 颜色空间中的影像，I 代表了原始影像的空间分辨率，因此只要提高 I 分量的质量就可以大大改善原始图像的空间分辨率。基于此思想，将 I 分量用经过灰度拉伸后的全色高空间分辨率影像代替。假设全色单波段影像为 P，经过灰度拉伸之后为 I'。

（三）颜色空间逆变换

用空间分辨率的全色波段代替 I 分量之后，获得的图像空间分辨率有所提高，再将 ISH 颜色空间的影像逆转换到 RGB 颜色空间以方便计算机处理。其逆变换公式是：

当 $0°\leqslant H<60°$，$R=m+(M-m)(H/60)$；$B=M$；$G=m$；

当 $60°\leqslant H<120°$，$R=M$；$B=m+(M-m)[(120-H)/60]$；

当 $120\leqslant H<180°$，$R=M$；$B=m$；$G=M$；

当 $180°\leqslant H<240°$时，$R=m+(M-m)[(240-H)/60]$；

$B=m$；$G=m+(M-m)[(H-120)/60]$；

当 $240°\leqslant H<300°$时，$R=m$；$B=m+(M-m)[(H-240)/60]$；$G=M$；

当 $300°\leqslant H<360°$时，$R=m$；$B=M$；$G=m+(M-m)[(360-H)/60]$。

要注意的是，当 $I'\leqslant 0.5$ 时，$M=I'(1+S)$；若 $I'>0.5$，则 $M=I'+S-I'S$；$m=2I'-M$；ISH 变换也是影像融合中比较常用的方法，尤其是无关性有重要作用，由于只在亮度上作变换，不影响图像的色调和饱和度，因此特别有利于视觉理解；但是也应该看到，由于不同频率数据的不同光谱曲线，这种方法会扭曲原始的光谱特性，一定程度上会使光谱产生退化，同时这种方法只能对影像的 3 个波段进行融合。

五、基于主成分与小波变换结合的数据融合

根据小波变换融合和主成分变换融合的原理，可以将二者综合起来进行图像的融合处理。其基本思想是，首先将低空间分辨率的多光谱遥感影像 M 进行主成分变换得到各分量，然后将各个分量与高空间分辨的全色影像 P 进行小波变换得到变换后的分量，最后进行主成分逆变换。其基本流程如下：

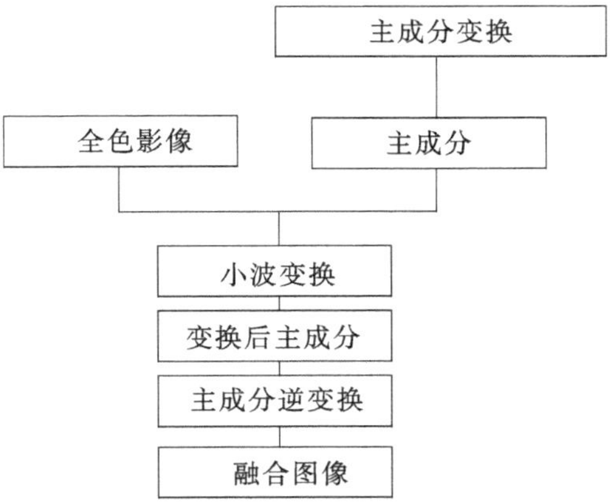

六、实例研究

本文选取的试验数据是长白山天池（白头山天池）地区的 IKONOS 全色数据及其多光谱数据，借助 MATLAB 软件以及相关软件得到其融合图像。以下是部分 MATLAB 代码：

（1）首先读入图像：

a=imread（'D:\study\matlab\first.jpg'）;%读入第一主成分

b=imread ('D:\study\matlab\pan.jpg');%读入高分辨率图像

(2) 对图像进行小波分解：[d1, h1, h2, h3] =dwt2 (double (a),'sym8');%

(3) 分解高分辨率图像；[d11, h11, h22, h33] =dwt2 (double (b),'sym8');%分解高分辨率影像；

(4) 进行小波变换以及重构：ss= idwt2 (d11/255, h1/255, h2/255, h3/255,'sym8');

(5) 写入图像：imrite (ss,' first.jpg');%输出图像。

以上是第一主成分进行的小波变换，其他主成分参照类似的方法进行。最后将经过小波变换后的各个主成分进行主成分的逆变换得到融合图像。

七、评价指标及融合结果

(一) 评价指标

评价指标主要由目视解译结果以及数学统计分析构成，本文着重对定量指标进行说明：

(1) 熵

熵是用于表达图像信息量的重要指标，对于每一幅灰度图像，其信息量的大小用以下公式计算：

$$H(x) = -\sum_{i=0}^{255} P_i \log P_i$$

其中：$H(x)$ 表示的是熵值大小，越大信息量越丰富；P_i 表示图像灰度值 i 的概率，本文中将参加彩色合成的各灰度图像的熵值求均值后用于比较。

(2) 相关系数

用于描述融合后的影像与原始影像的相似度，主要反映了光谱信息的保留程度，其公式如下所示：

$$r = \frac{\sum_{i=0}^{M-1}\sum_{j=0}^{N-1}(f_A(i,j)-\overline{f}_A)(f_B(i,j)-\overline{f}_B)}{\left[\sum_{i=0}^{M-1}\sum_{j=0}^{N-1}(f_A(i,j)-\overline{f}_A)^2\sum_{i=0}^{M-1}\sum_{j=0}^{N-1}(f_B(i,j)-\overline{f}_B)^2\right]^{\frac{1}{2}}}$$

其中 $\overline{f}_A$，$\overline{f}_B$ 表示融合后图像与原始图像的灰度均值，$f_A=(i,j)$，$f_B=(i,j)$ 分别表示位于 (i,j) 处的灰度值。

(二) 融合结果比较

根据不同方法得出各自融合影像，见表1：

表1 融合结果

主成分融合	小波变换融合	ISH 变换融合	主成分和小波变换融合
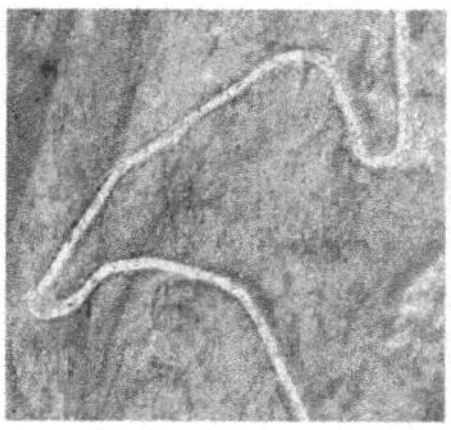	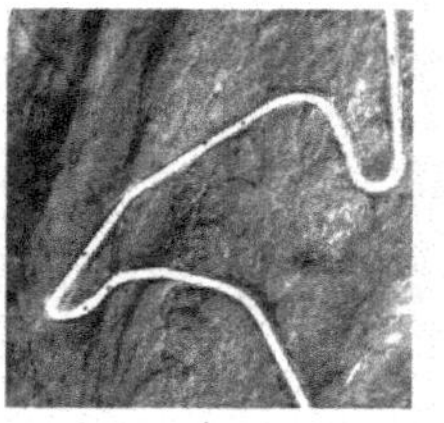	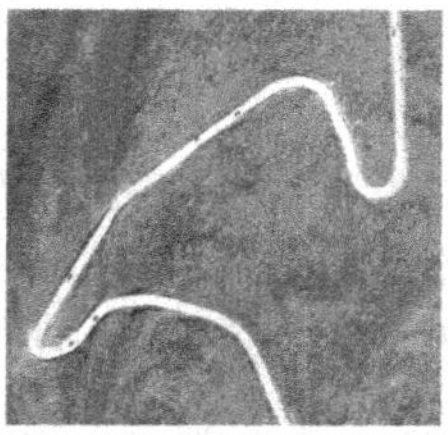	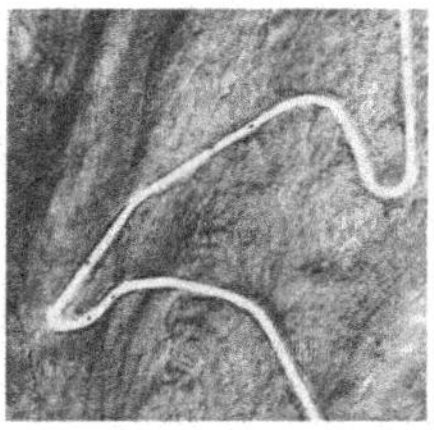

根据上述评价指标，得到以下结果（见表 2）：

表 2 定量分析结果

	主成分变换	小波变换	ISH 变换	小波与主成分
熵均值	4.680 0	5.491 1	4.796 9	7.487 5
相关系数	0.630 9	0.843 5	0.829 0	0.861 9

八、结　　论

从表 1 可以看出，主成分变换的融合其色彩比小波变换和 ISH 变换丰富，但其空间分辨相对较小，而小波变换和主成分变换的结果不仅其空间分辨率有很大提高，光谱分辨率也比较高。从定量的角度看，按照信息量大小进行排序是：小波变换与主成分结合＞小波变换＞ISH 变换＞主成分变换；按照光谱量排序是：小波变换与主成分结合＞小波变换＞ISH 变换＞主成分变换。定量分析的结论和目视解译的结果相符，说明本文的融合方法是可行的。

但是基于主成分和小波变换相结合的不足之处在于，其光谱分辨率依赖于主成分变换，而主成分变换后的颜色空间已经发生了改变，因此和实际地物的颜色有很大出入，虽然视觉效果多有提高，有利于目视解译，但给地物反演带来了一定的难度。

从以上的分析过程及其结论可以看出，小波变换和主成分结合的融合方式在信息量上优于其他融合方法，光谱信息损失比较少，虽然还是有不足之处，但相对单一的融合方法有效性更高。随着遥感数据越来越丰富，只有通过一定的融合算法将各种数据进行有效融合，才可以充分挖掘影像的信息。而单一的融合算法都有其不足之处，因此需要将多种融合方法按照不同的层次进行组合，本文利用主成分和小波变换的融合方法改进了各自的不足，可以预见，将来的遥感数据融合会向着多种数据融合方法相结合的方向发展。

参 考 文 献

[1] 戴昌达，等．遥感图像应用处理与分析．北京：清华大学出版社，2004.

[2] 徐青，等．遥感影像融合与分辨率增强技术．北京：科学出版社，2007.

[3] 魏明果．使用小波分析．北京：北京理工大学出版社，2005.

[4] 张永生，等．高分辨率遥感卫星应用：成像模型、处理算法及应用技术．北京：科学出版社，2004.

[5] 田养军，薛春纪．基于小波变换的遥感数据融合技术与边缘检测．地球科学与环境学报，2007，29（1).

[6] 於时才，吕艳琼．一种基于小波变换的图像融合新算法．计算机应用研究，2009，26（1).

[7] 王智均，李德仁，李清泉．基于小波理论的 IKONOS 卫星全色影像和多光谱影像的融合．测绘学报，2001，30（2).

[8] 孙丹峰．IKONOS 全色与多光谱数据融合方法的比较研究．遥感技术与应用，2000，17（1).

[9] 牟凤云，朱博勤，贺华中．基于小波变换的多源遥感数据融合方法研究．国土资源遥感，2003（4）.

[10] 胡子付，曾忘远，张振龙，王文姬．小波和 HIS 变换结合实现 ETM 图像波段融合．地球信息科学，2005，7（4）.

[11] 范文婷，傅平．一种基于小波变换的遥感图像融合方法．国土资源遥感，2008（3）.

Fusion of Remote Sensing Data of the Changbai Mountain Area Based on the Principal Component and Wavelet Transformation

Zhu Feng，Liu Zhiming

Abstract：The resource of remote sensing data is rich，their formats and resolution are very different，it is necessary to take some approach to fuse the data. The technique of Principal Components Transform fuses data by replacing the first principal components with the high resolution image after the principal component analysis of multi-spectrum image and then carry on the Principal Components Inverse Transformation to obtain the fusion image；The Wavelet Transformation chooses high-frequency and low-frequency to carry on the inverse transformation after decomposing the panchromatic image and multi-spectra image with some wavelet. In this paper，combine the 2 ways to fuse data，the first step is to get the principal components of the IKONOS's multi-spectral image of Changbai Mountain Area，By the way of Wavelet Decomposition，it is easy to get the high-frequency and low-frequency of the principal components and by taking the method of Wavelet Reconstruction，it is useful to reconstruct the principal components with high-frequency of the panchromatic image of IKONOS and the low-frequency of Multi-spectral image；Then obtain the final fusion image by taking the method of Principal Component Inverse Transform；Combining with the way of visual interpretation and the rule of information entropy and spectral correlation coefficient，we get a good result，the amount of fusion image's information is 7.487 5，and the correlation coefficient is 0.861 9. Compared to a single method，the spectral information and resolution have been improved；the result shows that，the method of combining with Wavelet Transform and Principal Component Transform merge their own advantages and make up the disadvantages，the fusion image not only improves the spatial resolution of the original image，but also retains the relatively high spectral resolution，it will be propitious to the further extraction and processing of the remote sensing data.

Key words：ImageFusion；Changbai Mountain；IKONOS；Principal Components Transformation；Wavelet Transformation，fusion appraisal

延边朝鲜族自治州农作物虚拟水时空分异特征研究

秦丽杰　张　辉　王树生　宗盛伟　李　明
（东北师范大学城市与环境科学学院，长春，130024）

【摘要】延边朝鲜族自治州为长白山腹地，其水资源安全对保障长白山生态安全具有重要作用。通过对 1995～2008 年延边朝鲜族自治州各县市农作物虚拟水含量的计算及分析，延边朝鲜族自治州农作物虚拟水含量随时间的变化趋势基本与粮食作物的变化趋势保持一致。粮食作物的虚拟水，1995～2000 年处于相对稳定状态，变化趋势不明显，2001 年突然增高，随后恢复常态并呈增长趋势。经济作物、蔬菜以及瓜果的虚拟水含量一直处于相对稳定状态。对比分析 1995 年和 2008 年延边朝鲜族自治州各县市农作物虚拟水含量的空间分布，其总体分布格局变化不大，敦化市农作物虚拟水含量最高，而延吉市和图们市依然位居最末，处于中间水平的珲春市和龙井市在级别上略有调整。

【关键词】农作物虚拟水　延边朝鲜族自治州　时空分异

一、引　言

延边朝鲜族自治州位于 41°59′～44°30′N，127°27′～131°18′E，地处吉林省东部，中、俄、朝三国交界，面临日本海，是长白山腹地（长白山坐落于安图县境内），区位独特。全州总面积 4.27×10^4 km^2，占吉林省总面积的 1/4。现有耕地面积 21.8×10^4 hm^2，占土地总面积的 5.1%，其中水田 4.3×10^4 hm^2，旱田 17.5×10^4 hm^2。人均拥有耕地 0.100 05 hm^2，高于全国和全省的平均水平。延边地形基本上是“八山一水半草半分田”，整体地势西高东低，自西南、西北、东北三面向东南倾斜，以珲春一带为最低。延边地处北半球中温带，不仅受亚洲大陆和太平洋高低气压季节变化的影响，而且处于各种气团势力消长以及锋带季节移动的过渡带。因此自治州气候属于中温带湿润季风气候。区内有大小河流 487 条，年平均径流总量 130×10^8 m^3，地下水资源总储量 27.4×10^8 m^3。独特的自然资源为农业生产提供了有利条件，为保证粮食安全和水资源安全提供了可能。

虚拟水（virtual water）是 Tony Allan 于 20 世纪 90 年代提出的新概念，指生产商品和服务所需要的水资源数量[1,2]。农作物虚拟水含量实质上就是农作物为产出农产品所需要的水资源量，主要取决于农作物的类型、生长区的自然地理条件、灌溉条件和管理方式等。虚拟水概念的提出为保证粮食安全和水资源安全提供了新的思路[1~6]。虚拟水作为连接农作物与水资源的一个重要纽带，具有十分重要的研究价值和意义[7~10]。本文通过计算农作物虚拟水，分析延边朝鲜族自治州农作物虚拟水的时空变化特征，为保证延边朝鲜族自治州粮食安全和水资源安全提供依据。

二、数据来源与研究方法

1. 数据来源

本文研究所需的数据主要来源以下几个方面：气象数据来源于中国气象局国家气象信息中心；计算公式中的参数借助于联合国粮农组织提供的 Cropwat 软件中携带的数据；农作物的产量及播种面积等来源于《吉林省统计年鉴》、《延边朝鲜族自治州统计年鉴》。

2. 研究方法

本文所指农产品类型和统计年鉴中的农作物相同，并进一步将其分成 4 类：①粮食作物，包括水稻、小麦、玉米、豆类、薯类；②经济作物，包括油料（葵花籽、苏籽）、麻类、甜菜、烟叶、园参；③蔬菜；④瓜果。单一农作物虚拟水含量的具体计算步骤如下[11~15]：

首先，采用联合国粮农组织 FAO 推荐的标准彭曼公式计算气候因素影响下的参考作物需水 ET_0：

$$ET_0=\frac{0.408\Delta(R_n-G)+\gamma\frac{900}{T+273}U_2(e_s-e_a)}{\Delta+\gamma(1+0.34U_2)} \quad (1)$$

式中：R_n 为作物表面的净辐射量（MJ/m^2 · 天）；G 为土壤热通量（MJ/m^2 · 天）；T 为平均气温（℃）；U_2 为离地面 2 m 高处的风速（m/s）；e_s 为饱和水气压（kPa）；e_a 为实测水气压（kPa）；e_s-e_a 为饱和水气压与实际水气压的差额（kPa）；Δ 为饱和水气压与温度相关曲线的斜率（kPa/℃）；γ 为湿度计常数（kPa/℃）。

然后，用作物系数 Kc 对 ET_0 进行调整，获得具体农作物生长需水 ETc：

$$ET_C=K_C ET_0 \quad (2)$$

单位质量农作物初级产品的虚拟水含量 SWD（m^3/kg）：

$$SWD=\frac{\frac{ET_C\times 10\,000}{1\,000}}{CY\times 1\,000} \quad (3)$$

式中：CY 为农作物初级产品的单位面积产量，单位是 t/hm^2。

农作物虚拟水含量 F（m^3）：

$$F=SWD\times Q$$

式中：Q 为农作物产量。

农作物虚拟水空间分布图是基于 Arcgis 软件制作的一种专题图，它具体、形象地将农作物虚拟水含量的空间分布表现出来。

三、结果与分析

1. 农作物虚拟水含量的时间特征

通过计算延边朝鲜族自治州各县市 1995～2008 年不同农产品的虚拟水含量（表 1）可以看出，就粮食作物而言，1995～2000 年，虚拟水含量处于动态稳定阶段，即没有明显的增加或减少趋势；2001 年由于某些县市农作物播种类型、播种面积等农业生产结构的调整，尤其是播种面积的增加，产量猛增，使虚拟水含量迅速增加；2002 年恢复到正常水平，2002～2008 年，虚拟水含量呈波动增长趋势。经济作物与蔬菜的虚拟水含量变化趋势一直处于动态稳定状态。瓜果虚拟水含量在1995～2004年基本保持不变，2005、2006年增加，随后两年又恢复到增长前的状态。从农作物总体来看，由于粮食播种面积占农作物播种面积的90%左右，虚拟水含量变化趋势基本与粮食作物的变化趋势一致。

表1　农作物虚拟水含量（$\times 10^8\ m^3$）

年份	农作物	粮食作物	经济作物	蔬菜	瓜果
1995	8.67	7.38	0.86	0.37	0.06
1996	8.99	7.71	0.84	0.40	0.04
1997	9.80	8.44	0.93	0.41	0.03
1998	9.12	7.58	0.53	0.37	0.60
1999	9.61	8.46	0.74	0.36	0.04
2000	9.66	7.66	0.91	0.41	0.70
2001	16.4	1.39	1.40	0.41	0.70
2002	9.16	7.37	0.76	0.40	0.60
2003	8.86	7.31	0.64	0.36	0.50
2004	1.07	9.08	0.68	0.41	0.60
2005	13.3	8.97	0.81	0.36	3.00
2006	15.0	10.4	0.86	0.40	3.00
2007	13.4	11.6	0.97	0.46	0.40
2008	13.9	12.3	0.71	0.44	0.40

延边朝鲜族自治州农作物虚拟水随时间变化的趋势与各县市农作物虚拟水的变化密切相关。延吉市、图们市、珲春市、和龙市、汪清县、安图县、龙井市、敦化市8个县市的农作物虚拟水含量随时间变化的特征如图1所示。

图们市（图1-a）和安图县（图1-b）在2001年粮食作物虚拟水含量异常增加，其他年份均处于动态稳定状态；经济作物与蔬菜保持相对稳定趋势，农作物虚拟水含量变化与粮食作物虚拟水含量变化一致。

延吉市（图1-c）、珲春市（图1-d）、和龙市（图1-e）、汪清县（图1-f）四县市农作物虚拟水含量年际变化相对一致。2001年，粮食作物虚拟水含量异常增加，其他年份均处于动态稳定状态；2005，2006年，瓜果呈现增涨趋势，随后又恢复到2005年以前的稳定状态；经济作物与蔬菜则一直保持相对稳定趋势。农作物虚拟水含量分别受2001年粮食作物和2005、2006年瓜果虚拟水含量变化影响，呈现出较为明显的双峰态势。

敦化市（图1-h）粮食作物虚拟水含量在1995～2000年处于稳定态势，2001年突增，出现一个峰值，之后又恢复到正常水平，并呈现明显增长趋势；其他三类农作物均表现为动态稳定的变化趋势。就农作物总体而言，虚拟水变化趋势近似于粮食作物。

总之，由于农作物播种面积、种植结构等因素的影响，延边朝鲜族自治州各县市农作物虚拟水含量随时间的变化趋势不尽相同，但绝大多数县市虚拟水含量变化稳定，这对保证粮食安全和水资源安全具有重要意义。

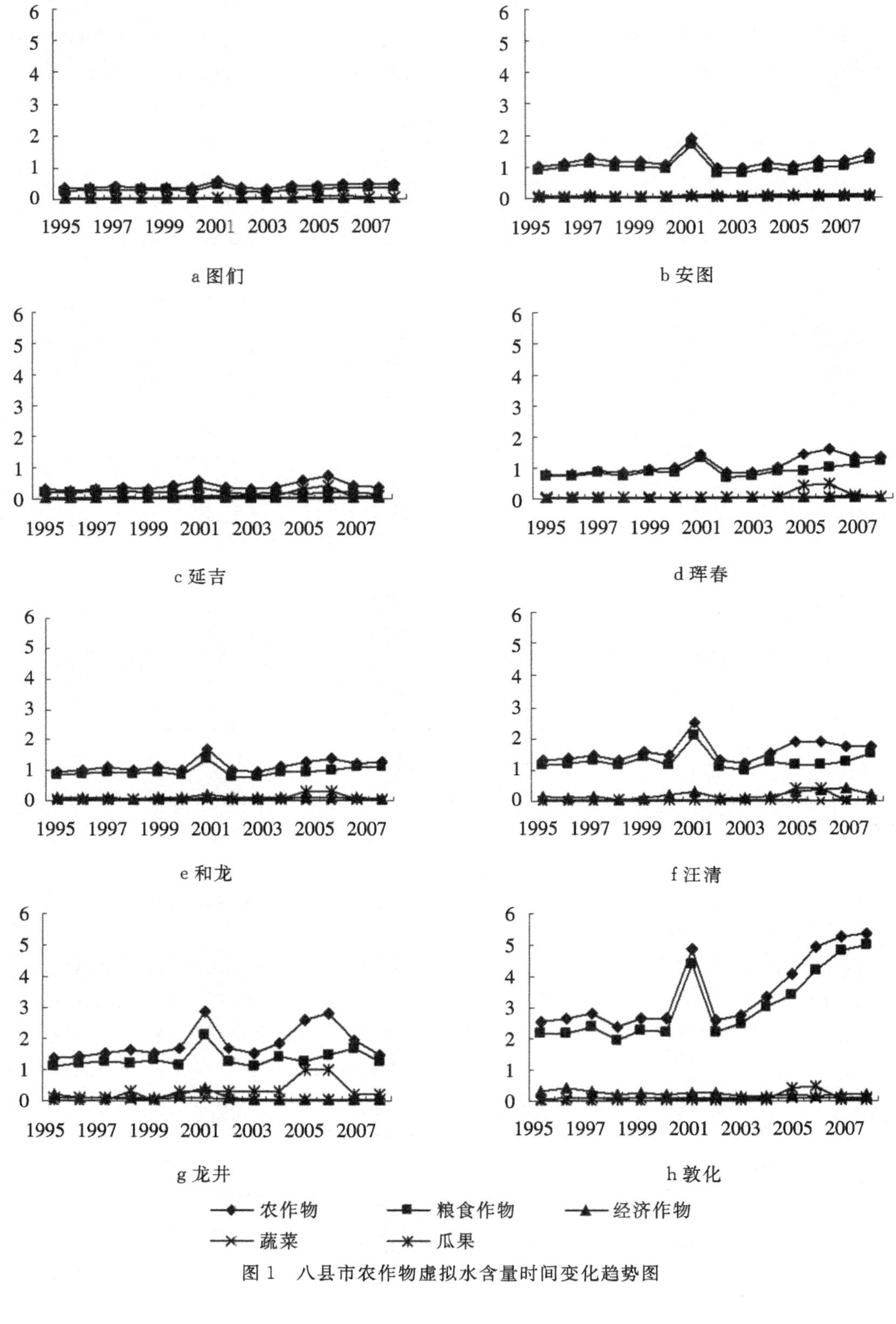

图 1　八县市农作物虚拟水含量时间变化趋势图

2. 农作物虚拟水含量的空间特征

在计算农作物虚拟水的基础上，运用 Arcgis 软件，选取延边朝鲜族自治州各县市农作物虚拟水作为分类标准，将延边各县市进行分类，得出延边朝鲜族自治州农作物虚拟水含量的空间分布特征，如图 2 所示。

1995 年（图 2 - a）延边朝鲜族自治州农作物虚拟水含量在空间上分为 4 个等级。敦化市农作物播种面积最大，粮食作物播种面积高达 90%，农作物虚拟水含量最高；汪清县和龙井市，其农作物的播种面积低于敦化市但高于其他县市，农作物虚拟水含量处于第二类；安图县、和龙市和珲春市位居第三类；延吉市与图们市虚拟水含量最低，这与它们的播种面积和种植结构密不可分。到 2008 年（图 2 - b），延边朝鲜族自治州农作物虚拟水含量在空间上发生一定变化，将其分为 5 个等级。敦化市农作物的播种面积始终保持最大，虚拟水含量依然最高；汪清县处在第二类；受退耕还林还草等生态补偿政策的影响，龙井市与图们市农作物的播种面积和种植结构发生调整，龙井市、珲春市、安图县及和龙市共同处在第三类；延吉市位居第五类；图们市位居第五类。

通过以上分析可以看出，从 1995 年到 2008 年，延边朝鲜族自治州各县市农作物虚拟水含量总体分布格局变化不大，敦化市农作物虚拟水含量最高，而延吉市和图们市依然位居最末，处于中间水平的珲春市和龙井市在级别上略有调整。

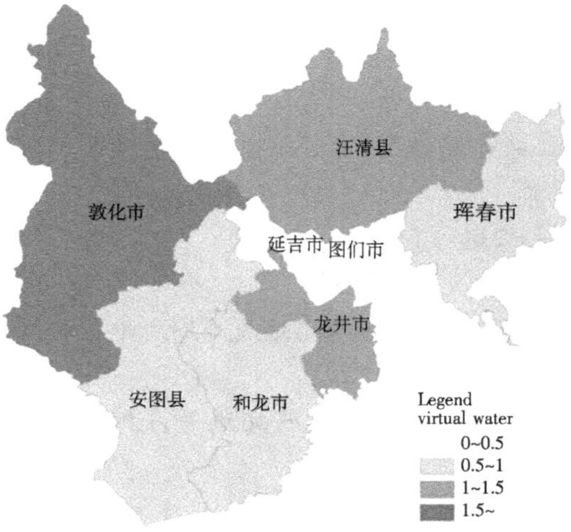

a 1995

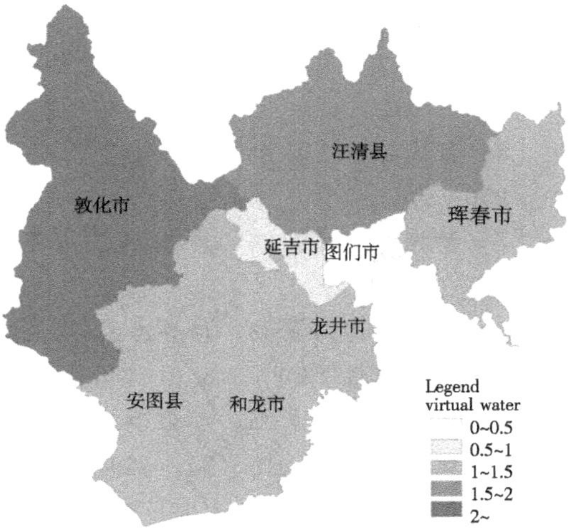

b 2008

图 2 农作物虚拟水含量空间分布

四、结 论

（1）延边朝鲜族自治州近 14 年来的农作物虚拟水含量随时间的变化趋势基本与粮食作物的变化趋势保持一致。以 2001 年突增为转折点，1995～2000 年变化趋势不明显，2001 年以后恢复常态并有明显的增加趋势。经济作物、蔬菜以及瓜果的虚拟水含量一直处于相对稳定状态。延边朝鲜族自治州各县市农作物虚拟水含量随时间的变化趋势不尽相同，但多数县市虚拟水含量变化稳定。

（2）对比分析 1995 年和 2008 年延边朝鲜族自治州各县市农作物虚拟水含量空间分布，总体格局变化不大，敦化市农作物虚拟水含量最高，而延吉市和图们市依然位居最末，处于中间水平的珲春市和龙井市在级别上略有调整。

(3) 研究延边朝鲜族自治州农作物虚拟水含量的时空变化规律，可以更加清楚地认识农作物对长白山腹地水资源时空格局的影响，从而为长白山水资源安全及生态安全提供理论与数据支持。

参考文献

[1] Allan J A. *Fortunately there are substitutes for water otherwise our hydro political futures would be impossible* [A]. In: ODA, Priorities for Water Resources Allocation and Management [C]. ODA, London, 1993: 13－26.

[2] Allan J A. *Overall perspectives on countries and regions* [A]. In: Rogers P, Lydon P. Water in the Arab world: perspectives and prognoses [C]. Massachusetts: Harvard University press, 1994: 65－100.

[3] Chanpagain A K, Hoekstra A Y. *Water footprints of nations: Value Water Research Report Series* [Z]. Delft, The Netherlands, IHE, 2004: 1－80.

[4] Zimmer D, Renault D. *Virtual water in food production and global trade: review of method ological issues and preliminary results* [C] // A Y Hoekstra. *Virtual WaterTrade*. Delft, The Netherlands, IHE, 2003: 93－107.

[5] 李新文，陈强强. 国内外虚拟水研究的发展动向评述 [J]. 开发研究，2005 (2): 110－114.

[6] 程国栋. 虚拟水：中国水资源安全战略的新思路 [J]. 中国科学院院刊，2003 (4): 260－265.

[7] 童桂才. 虚拟水、虚拟水贸易理论研究综述 [J]. 技术经济，2007，26 (4): 85－89.

[8] 王红瑞，韩兆兴，韩鲁杰，等. 虚拟水理论与方法的研究进展 [J]. 中国水利水电科学研究院学报，2008，6 (1): 66－73.

[9] 柳文华，赵景柱，邓红兵，等. 水：粮食贸易：虚拟水研究进展 [J]. 中国人口·资源环境，2005，15 (3): 129－134.

[10] 周姣，史安娜. 我国区域间虚拟水贸易的前瞻思考 [J]. 华东经济管理，2009，23 (6): 37－40.

[11] Pedro Gavilan, Joaquin Berengena, Richard G Allen. *Measuring Versus Estimating Net Radiation and Soil Heat Flux: Impact on Penman - Monteith Reference ET Estimates in Semiarid Regions*. Agricultural Water Management, 2007 (89): 275－286.

[12] Richard G Allen, William O Pruitt, James L Wright, et al. *A Recommendation on Standardized Surface Resistance for Hourly Calculation of Reference ETo by the FAO56 Penman-Monteith Method*. Agricultural Water Management, 2006 (81): 1－22.

[13] 周姣，史安娜. 区域虚拟水贸易计算方法及实证 [J]. 中国人口·资源与环境，2008，18 (4): 184－188.

[14] 牛树海. 虚拟水分析理论与方法 [J]. 华侨大学学报，2004 (7): 332－334.

[15] Allen R G, Pereira L S, Raes D, et al. *Crop evapotranspiration: guidelines for computing crop water requirements* [R]. Rome: FAO irrigation and drainage paper 56, 1998.

Study on Spatial-temporal distribution Characteristics of crop virtual water in Yanbian Korean Autonomous Prefecture

Qin Lijie, Zhang Hui, Wang Shusheng, Zong Shengwei, Li Ming
(College of Urban and Environmental Sciences,
Northeast Normal University, Changchun, 130024)

Abstract: Yanbian Korean Autonomous Prefecture is the hinterland of Changbai Mountain which water resource safety has an important role in Changbai Mountain ecological security. By calculating and analysing the virtual water content in every county and town of Yanbian Korean Autonomous Prefecture in 1995—2008 agricultural, and the trend of crop virtual water content keeps consistent with which of food crops in Yanbian Korean Autonomous Prefecture. The virtual water content was in the dynamic stability of phase in terms of 1995—2000, increased rapidly in some cities in 2001, and returned to normal level in 2002 and showed a trend of increasing with fluctuation in 2002—2008, at the same time, the virtual water content of economic crop and vegetable has been in a dynamic steady state. Compared with the spatial distribution of crop virtual water content in 1995 and 2008 in counties and cities, it is of little change. Dunhua crop virtual water content is the highest, and Yanji and Tumen still come last, however, Hunchun and Longjing slightly adjust their levels.

Key words: crop virtual water; Yanbian Korean Autonomous Prefecture; Spatial-temporal distribution

基于景观格局指数的小流域非点源污染研究

刘　特　王　宁*　袁　星
（东北师范大学城市与环境科学学院，长春，130024）

【摘要】非点源污染是当前科学界关注的重点环境问题。其研究的关键问题主要是关键区识别、负荷量计算、污染控制等。本文在分析流域景观格局指数的基础上，以图们江支流—烟集河流域为例，探究了景观异质性对非点源污染的贡献识别，研究表明：流域的土地利用基础类型差异显著时，其非点源污染取决于该流域中的土地利用类型；流域的土地利用类型相似情况下，景观异质性差异对于非点源污染的作用显著。

【关键词】非点源污染　景观格局指数　烟集河流域

非点源是指与区域自然地理环境密切相关的，受人类活动影响极大，时间上和空间上随机性很强的一种污染来源，它可对大气环境、土壤环境和水环境直接或间接构成威胁[1]。小流域往往是一些河流、湖泊、水库的源头，其径流携带的养分会造成河流湖泊、水库水质恶化甚至水体富营养化，因此控制小流域非点源污染输出具有重要意义[2~3]。

一、研究区域概况

图们江支流—烟集河流域位于吉林省东部，长白山脉北麓。地理坐标处42°53′52″～43°10′2″N，129°15′2″～129°32′59″E 之间。研究区域东西长约 25 km，南北宽约 29 km，研究区面积约 318 km^2。由于地处高纬度地带的山林盆地，故呈大陆性气候特点。春季干燥多风，夏季温热多雨，秋季凉爽少雨，冬季漫长寒冷，属中温带半湿润气候区。年平均气温 5.8℃，极端低气温－27.9℃，全年无霜期 146 天，年平均降水量583 mm，平均日照 2 294 h，结冰日平均达 175 天左右。

二、研 究 方 法

1. 采样点布设

根据烟集河流域土地利用和水系特征将该区划分为两个小流域，并在流域内设置了 6 个采样点，流域内各个水质监测点的位置分布如图 1 所示。

* 通讯作者：王宁，E-mail：nwang@nenu. edu. cn。

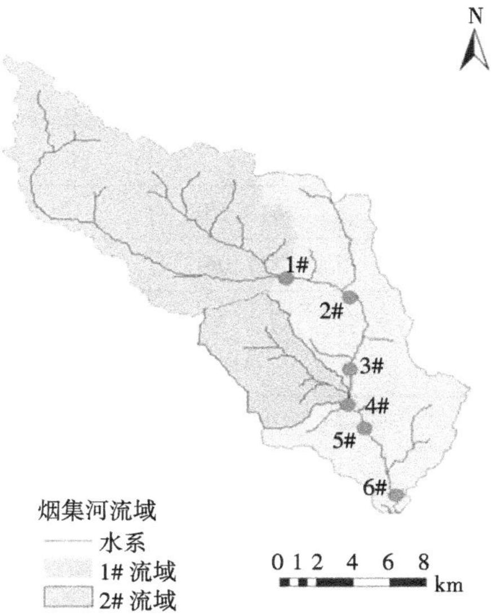

图 1　流域内水质监测点分布图

2. 土地利用图的获取

土地利用图采自东北师范大学中国东北区域开发信息工程实验室的吉林地区土地利用类型矢量图，该图是由 1∶25 万航片，利用 ERDAS 进行遥感影像解译处理获得的。为适合研究，重新将土地利用类型划分为 14 类，主要为林地、草地、旱地及农村居民点。

3. 水样采集及分析

2010 年的雨季，即 6～7 月，雨前和雨后每次每点取样，用聚乙烯塑料瓶密封带回实验室及时进行总磷的测定。

4. 景观格局指数的提取

利用 FRAGATATS 景观指标计算软件（栅格板）计算类型及景观水平等 11 项指标。主要指标有景观面积、斑块数量、破碎度、香农多样性指数、香农均匀度指数、斑块类型面积、斑块占景观面积比例、分维数及形状指数等。

三、结果与讨论

为了更好地研究景观异质性对非点源污染物的贡献识别，本文引用前人的同类研究[4]，选取双阳河流域中杜家及蒋家小流域的分析结果，与本实验结果进行对比。

1. 土地利用结构分析

烟集河流域土地利用类型及数量统计见表 1。从前人研究结果中提取的双阳河流域土地利用类型及数量统计见表 2。

表 1　烟集河流域土地利用类型及其数量统计表

土地利用类型	1# 小流域		2# 小流域	
	占流域总面积的百分比	总面积（hm^2）	占流域总面积的百分比	总面积（hm^2）
有林地	75.97	10 013.04	8.49	323.28

续 表

土地利用类型	1#小流域		2#小流域	
	占流域总面积的百分比	总面积（hm^2）	占流域总面积的百分比	总面积（hm^2）
山地旱地	3.897	513.18	2.51	95.58
灌木林	3.167	417.06	12.25	466.29
平原旱地	—	—	47.03	1 789.83
山地水田	—	—	2.58	98.10
丘陵旱地	9.57	1 260.81	8.81	335.25
沼泽地	—	—	8.33	316.98
农村居民点	0.11	14.22	0.90	34.20
高覆盖度草地	6.59	868.68	7.84	298.44
疏林地	0.005	0.63	1.25	47.61
水体	0.70	92.70	—	—

注："—"表示流域内没有出现该种土地利用类型

由表1可以看出，1#小流域的土地利用类型以林地为主，占总流域景观面积的75.97%，其次为丘陵旱地和高覆盖度草地，分别占景观面积的9.57%和6.59%；2#小流域的土地利用类型以平原旱地为主，占总流域景观面积的47.03%，其次依次为灌木林、丘陵旱地、沼泽地及高覆盖度草地，分别占总流域景观面积的12.25%，8.81%，8.33%及7.84%。可见1#小流域土地利用类型比较单一，以林地为主，而2#小流域土地利用类型比较复杂，除平原旱地占的比例比较大以外，其他类型都比较小，且土地类型较多。总之，两个小流域的土地利用类型相差比较大。

表2 双阳河流域土地利用类型及其数量统计表

土地利用类型	杜家小流域		蒋家小流域	
	占流域总面积的百分比	总面积（hm^2）	占流域总面积的百分比	总面积（hm^2）
水田	3.85	79.2	9.38	114.67
旱地	34.62	57.72	37.5	79.20
林地	42.3	22.76	31.26	32.53
灌木林	3.85	10.98	28.13	1.04
农村居民点	11.54	11.07	12.5	12.6

由表2可以看出，杜家小流域的主要土地利用类型以林地和旱地为主，分别占流域总面积的42.3%和34.62%，其次为农村居民地，占总面积的11.54%；蒋家小流域的主要土地利用类型为旱地、林地和灌木林，分别占流域总面积的37.5%，31.26%和28.13%。可见，这两个小流域中，旱地所占的面积都比较大，而且比较接近（杜家34.62%，蒋家

37.5%），两个流域的土地利用类型相差不大。

2. 景观异质性的提取

利用 FRAGATATS 景观指标计算软件（栅格板）计算类型及景观水平等 11 项指标。主要指标有景观面积、斑块数量、破碎度、香农多样性指数、香农均匀度指数、斑块类型面积、斑块占景观面积比例、分维数及形状指数等。烟集河流域景观水平指标详见表 3，1＃及 2＃小流域类型水平指标详见表 4 及表 5。

表 3　烟集河小流域景观水平指标

	TA	NP	DIVISION	SHDI	SHEI
上游流域 1＃	13 180.320 0	34	0.561 6	0.890 9	0.428 4
下游流域 2＃	3 805.560 0	28	0.746 0	1.726 1	0.749 7

表 4　烟集河 1＃小流域类型水平指标

	山地旱地	丘陵旱地	有林地	灌木林	河渠	农村居民地
CA	513.180 0	1 260.810 0	10 013.040 0	417.060 0	92.700 0	14.220 0
PLAND	3.893 5	9.565 9	75.969 6	3.164 3	0.703 3	0.107 9
NP	5	3	3	5	1	1
SHAPE	1.883 3	4.389 9	3.814 1	2.140 4	1.430 8	1.153 8
FRAC	1.094 0	1.180 5	1.150 7	1.106 3	1.054 0	1.029 8

表 5　烟集河 2＃小流域类型水平指标

	水田	平原旱地	有林地	灌木林	疏林地	农村居民地
CA	98.100 0	1 789.830 0	323.280 0	466.290 0	47.610 0	34.200 0
PLAND	2.577 8	47.032 0	8.494 9	12.252 9	1.251 1	0.898 7
NP	2	3	3	6	1	3
SHAPE	1.478 0	2.139 5	2.275 0	1.574 0	1.630 4	1.430 2
FRAC	1.061 2	1.082 2	1.110 6	1.086 4	1.074 8	1.062 3

由表 3～表 5 可以看出，烟集河流域 1＃小流域面积 131.8 km^2，共有 34 个斑块，景观破碎度指数 0.561 6，香农多样性指数 0.890 9，香农均匀度指数 0.428 4；2＃小流域面积38 km^2，共有 28 个斑块，景观破碎度指数 0.746 0，香农多样性指数 1.726 1，香农均匀度指数 0.749 7。2＃小流域较 1＃小流域的土地利用类型丰富，破碎化程度高，景观异质性大。

双阳河流域中杜家小流域面积 7.73 km^2，共有 26 个斑块，景观破碎度指数 0.297 2，香农多样性指数 2.063 0，香农均匀度指数 0.241 6，说明该区景观异质性程度低，景观均质；蒋家小流域位于河流下游，地势平缓，面积比杜家小流域大，共有 32 个斑块，景观破碎度指数 0.498 8，香农多样性指数 2.290 9，香农均匀度指数 0.296 4，说明该区景观异质性程度比杜家小流域高，破碎化程度高，空间异质性较大。

以烟集河流域和双阳河流域比较可见，双阳河的杜家和蒋家两个小流域虽然在景观异质性和斑块破碎化程度上有所差异，但总体上比较接近，香农多样性指数和均匀度指数差异不大，说明两个流域在土地利用类型上比较接近；烟集河的两个小流域则表现出较大的景观异质性，香农多样性指数和均匀度指数差异比较大，说明其土地利用类型的差异较大，2＃小流域土地利用类型丰富，破碎化程度高，1＃小流域土地利用类型比较单一，破碎化程度比较低。

3. *磷营养物非点源污染的估算*

烟集河流域两个小流域单位面积磷流失量如表 6 所示。双阳河流域杜家、蒋家小流域单位面积磷流失量如表 7。

表 6　烟集河流域单位面积磷流失量

	磷流失量 kg/年	磷单位面积流失量 kg/年・hm^2
1＃小流域	193.177	0.143
2＃小流域	2 304.953	6.031

表 7　双阳河流域单位面积磷流失量

	磷流失量 kg/年	磷单位面积流失量 kg/年・hm^2
杜家小流域	3 450.245	4.464
蒋家小流域	5 821.326	3.647

4. *景观异质性对非点源污染的贡献识别*

通过运用景观指标分析可见，烟集河流域中 1＃小流域和 2＃小流域土地利用基础类型差异显著，2＃流域较 1＃流域的土地利用类型丰富，破碎化程度高，景观异质性大。而通过降雨径流的采样分析实验可见，2＃小流域的单位面积磷流失量远远大于 1＃小流域。实验证明：流域中土地利用基础类型差异显著，则景观异质性越大，单位面积磷的流失量也越大。可见，在土地利用基础类型差异比较显著的情况下，流域的非点源污染流失取决于该流域中的土地利用类型。

双阳河流域中蒋家和杜家小流域的土地利用类型比较接近，虽然蒋家小流域较杜家小流域破碎化程度高，空间异质性大，但总体上均属于土地利用类型比较丰富的流域。径流实验可见，蒋家小流域的单位面积磷流失量低于杜家小流域的单位面积磷流失量。说明流域中的土地利用基础类型相似时，景观异质性越大，斑块越多，破碎化程度越高，单位面积磷流失量越小；说明在流域土地利用类型相似的情况下，景观异质性差异对于非点源污染的作用显著。

四、结　　论

通过应用 FRAGSTATS 软件提取图们江支流烟集河流域两个土地利用类型差异显著的小流域的 11 个景观指数，以此分析了小流域的景观格局，并在雨前和雨后采集了流域出口处的水样，分析其营养物磷的含量，计算了磷的流失量和流失模数。

以前人在双阳河流域中小流域的计算结果作为对比，探讨了景观异质性对流域非点源污染的作用。得出初步结论：

(1) 流域的土地利用基础类型差异显著时，其非点源污染取决于该流域中的土地利用类型。

(2) 流域土地利用基础类型相似的情况下，景观异质性差异对于非点源污染的作用显著。

因此，规范土地利用类型，调整流域中的景观格局，是控制流域非点源污染的措施之一。

参考文献

[1] 王宁. 松花湖流域非点源污染研究. 中科院长春地理所博士学位论文，2001，6.

[2] 袁东海，王兆骞，陈欣，等. 红壤小流域不同土地利用方式氮磷流失特征研究[J]. 生态学报，2003，23 (1)：188—198.

[3] 宋泽芬，王克勤，杨石华，等. 澄江尖山河小流域不同土地利用类型面源污染输出特征 [J]. 水土保持学报，2008，22 (2)：98—101.

[4] 孟丹. 基于GIS的石头口门水库流域农业非点源污染研究. 东北师范大学硕士学位论文，2006，6.

图们江干、支流沉积物重金属污染调查与风险分析

曾　滔　柏建雯　王　宁*　袁　星
（东北师范大学城市与环境科学学院，长春 130024）

【摘要】 对图们江干支流沉积物中的主要重金属进行了监测分析，采用地累积指数、潜在危害风险指数对沉积物中重金属的污染状况进行了评价。结果表明：Cu，Pb，Zn，Hg 和 As 污染较轻，Cd 的平均值略高于吉林省土壤背景值。上下游河段沉积物中重金属含量沿程分布比较平缓，在中游嘎呀河河段沉积物中重金属含量偏高；地累积指数表明，Cd 的累积程度最高达到 3 级，即污染程度属于中度。以吉林省土壤环境重金属背景值为参比进行评价，除红旗河外，嘎呀河采样点 RI 值分别为中等强度和强外，其余各点 *RI* 值危害性均为很轻微，6 种重金属的危害顺序为 Cd＞Hg＞Cu＞Pb＞Zn＞As。

【关键词】 图们江　沉积物　重金属　污染评价

Investigation and Evaluation of Heavy Metal Pollution in Sediment of Tumen River

Zeng Tao, Bai Jianwen, Wang Ning, Yuan Xing
(College of Urban and Environmental Sciences,
Northeast Normal University, Changchun, 130024, China)

Abstract: This paper analysed and evaluated the contamination status of heavy metals in sediment of Tumen river based on the geoaccumulation index and potential ecological risk index. The results showed that the experimental sediment was rarely polluted by Cu, Pb, Zn, Hg and As, the average content of Cd were a litter higher than the background soil values in Jilin Province.

Key words: Tumen river; sediment; heavy metal; pollution evaluation

图们江是中朝两国的界河，下游地区是中、朝、俄三国的贸易通关地带，其水环境质

* 通讯作者：王宁，E-mail：nwang@nenu. edu. cn。

量的好坏，对我国边境地区投资环境以及三国的经济发展都有很大影响。通过查阅图们江流域20世纪80年代和90年代的水质监测报告发现，图们江干、支流的水环境状况不容乐观，尤其是中游和支流嘎呀河已出现污染，水质呈Ⅳ类或Ⅴ类。并发现从未有人对河流沉积物进行过详细的监测和评价。为了进一步了解图们江水体环境，作者在图们江干流和主要支流进行了沉积物实地采样，测定其重金属含量。并用地累积指数和潜在生态风险指数等方法评价了河流沉积物污染的情况，最后分析原因并提出建议。

一、研究区概况[1]

1. 研究区域自然概况

图们江是中朝两国界河，发源于长白山主峰之东麓，流向东北至密江折向东南，经珲春市防川以下土字界碑出境。出境后为俄朝界河，经15 km注入日本海。图们江全长505.4 km，我国境内长490.4 km，流域面积33 168.4 km^2，我国境内流域面积22 861 km^2，主要支流右岸有西头水，左岸有嘎呀。流域处于温带北部，河水以降雨补给为主，春季有少量冰雪融水，洪枯水量变化大。流域平均年降水量600 mm，平均年径流量75.2亿。

(1) 图们江主要支流

我国侧：红旗河：河长63.8 km，比降5.1%，流域面积1 200 m；嘎呀河：河长216 km，比降1.4%，流域面积13 654 m^2；密江：河长54.2 km，比降6.9%，流域面积767 m^2；珲春河：河长183 km，比降3.1%，流域面积4 080 m^2；布尔哈通河：河长242 km，比降0.6%，流域面积7 141 m^2；海兰河：河长132 km，比降4.4%，流域面积2 936 m^2。朝鲜侧：面头水、延面水、城川江、会宁江、王龙川等。

(2) 图们江干流

图们江河长505.4 km，河道比降0.64%，流域面积33 168.4 km^2。

分为三段：上游：源头至南坪，平均坡降7.2%，水流湍急，水量充足。江入口支流有红旗河。朝方有面头水、延面水、城川江。深林郁苍，杂草丛林。人烟稀少，交通不便。

中游：支流嘎呀河水系：支流河道长212.6 km，坡降1.78%，特大洪水水面宽为190～250 m，水深7.5～13 m，流速5.0 m，平地多已开为耕地。人口密集，城市有图们市、开山屯等。朝方：会宁市、南阳市等。支流：嘎呀河、密江。

下游：主干流长146.5 km，支流为珲春河、王龙川等。一般河宽400～1 000 m，水深1.0 m。河道流经朝鲜山脉。图们江水量丰沛，多年平均流量为225.3 m/s，多年平均径流量为71.1亿 m^2。

(3) 图们江流域主要工业分布

主要污染：工业污水、废渣；主要城市：延吉、图们、和龙县，延吉县、汪清县、珲春；主要工业企业来源：造纸、制浆、化工、化肥、印染、皮革、电镀、火电、橡胶、采矿等788个企业。

2. 按图们江水系干支流污染源分布

(1) 干　流

①开山屯上游272 km区域，主要污染源来自朝鲜方面的茂山铁矿，每年排入图们江的污水约15 000万t以上，含尾矿砂约1 000万t以上。

②开山屯化纤厂：化纤系统和纸系统。主要产品为胶版纸、纸浆、酒精等。有大量木质排入图们江。废水排放量为 10.7 万 t/天。

③图们市污水：主要工矿 28 个，针织、化工、建材等，排入的污水 547.7 万 t/年。

（2）嘎呀河水系主要工业分布

嘎呀河自上游到下游工业企业分布不多，主要包括人造板厂、浆板厂、石岘造纸厂、图们化工厂、啤酒厂、酒精厂等。污水排放量 2 182 万 t/年。其中石岘造纸厂为主要污染源。

石岘造纸厂：亚硫酸法制浆造纸。主要产品：化学木浆 5.5 万 t/年，新闻纸 2.98 t/年，胶版纸 7 000 t/年。废水中主要污染物：亚硫酸蒸煮废液。废水量 9.0 万 t/天，硫铁矿渍5 100 t/年。

（3）布尔哈通河主要污染源分布

安图县化工厂、天宝山铜矿、延吉针织厂，每年排入废水 1 924.7 万 t/年，占图们江水系总排放量的 22.6%，污染较轻。主要污染物为铬、氰、酚、有机物、悬浮物。

（4）海兰河：主要污染源：龙川造纸厂、皮革厂、棉织厂。污水量 799.6 万 t/年，占图们江水系总排放量的 9.39%。主要污染物：有机物、铬。

（5）支流珲春河：主要污染源：造纸。污水量 5.4 万 t/年，占图们江水系总污水量的 0.64%。

二、实　　验

为了了解图们江流域的重金属污染状况，对图们江干流和支流进行了采样分析和研究。

1. 采　样

本次实验在图们江干流采集沉积物样品 4 个，红旗河、海兰河、布尔哈通河、嘎呀河和珲春河河口处各采集沉积物样品一个，共 12 个。具体采样点见表 1。

表 1　图们江及支流沉积物采样点位

Tab. 1 Sampling sites of heavy metals in sediment

序号	河流	采样点	序号	河流	采样点
1	图们江	崇善	6	海兰河	河口
2		八叶桥（布尔哈通、嘎呀河汇合后）	7	布尔哈通河	河口（海兰河汇合后）
3		凉水镇	8	嘎呀河	河口
4		板石乡	9	珲春河	河口
5	红旗河	河口	10		

2. 前处理

准确称取沉积物样品 0.10 g，置于聚四氟乙烯坩埚中，加浓硝酸 5 mL，加热煮沸 10 min，取下冷却。加入高氯酸 1 mL，蒸发至近干再加氢氟酸 1 mL。在电热板上加热 8～10 h 至蒸发至近干，取下冷却，移入 50 mL 容量瓶中，以去离子水定容，同时用去离子水代替时样，制备全程序空白溶液，做空白实验。每批样品至少制备两个以上的空白溶液[2][3]。

3. 测定方法

AA－6300型原子吸收分析仪测定沉积物中的Cu，Pb，Zn，Cd含量，AFS－2202型原子荧光光度计测定沉积物中的Hg，As含量。

三、结果与讨论

1. 沉积物中重金属的含量与分布

(1) 沉积物中重金属的含量状况

表2为图们江干流和支流沉积物中重金属的含量情况。由表中可知，Cu，Pb，Zn，Hg和As的各采样点平均值均低于吉林省土壤背景值[4]，所以从总体上来看，图们江干支流沉积物中Cu，Pb和Zn的污染程度较轻，但是嘎呀河采样点Cu，Pb和Zn含量均明显高于其他采样点，分别为各平均值的4.7，1.6，2.4倍，说明在嘎呀河附近可能有一些含大量Cu，Pb和Zn的污染源污染着河流。Cd的平均值均远远高于吉林省土壤背景值，为背景值的3.3倍，说明图们江干支流沉积物中，Cd累计程度已经比较严重。Hg和As的平均值均未超过吉林省土壤环境背景值，说明没有受到明显的污染。以土壤环境质量标准（GB15618－1995）来评价，沉积物中Cu，Pb和Zn的平均含量甚至没有超过其一级标准，而Cd超过其二级标准，同样反映出图们江干支流沉积物中Cd相对较严重。

表2 沉积物中重金属含量监测结果

Tab. 2 Concentration of heavy metals in sediment

采样点		Cu	Pb	Zn	Cd	Hg	As
		单位：mg/kg				单位：μg/kg	
图们江干流	崇善	16.42	16.1	49.18	0.34	5.25	352.51
	八叶桥	15.265	12.26	61.255	0.15	29.03	930.84
	凉水	11.755	5.425	56.94	0.05	5.66	343.59
	板石	7.03	11.8	49.88	0.055	2.63	95.57
图们江支流	红旗河	2.825	14.19	76.36	0.435	9.96	382.1
	海兰河	1.725	9.36	34.97	0.235	9.67	374.14
	布尔哈通河	4.03	7.35	56.635	0.05	3.77	113.09
	嘎呀河	69.755	19.13	151.86	1.085	7.22	241.14
	珲春河	4.915	10.765	35.24	0.405	4.42	134.79
平均值		14.858	11.82	63.591	0.312	8.62	329.75
吉林省土壤背景值（mg/kg）		16.5	27	82.3	0.094	0.027	6.7
土壤质量二级标准（mg/kg）		100	300	250	0.3	0.5	30

(2) 沉积物中重金属的沿程分布

图们江流域沉积物重金属含量沿程分布见图1。图中可见，沉积物中重金属Cu，Pb，Zn，Cd和As的含量在图们江干流中表现得比较平稳；Hg含量在八叶桥出现高峰，从上游到下游表现为先上升后下降的趋势，其中Zn，Cd，Pb，Cu在嘎呀河采样点达到最大值，Hg 和 As 含量在八叶桥处达到最大值，原因可能是在嘎呀河支流汇入图们江的入河口处存在重金属污染源，如造纸厂等排入的大量废水由此汇集到图们江，从而造成此河段重金属含量偏高。从总体上来看，整个图们江流域在上下游河段沉积物中重金属含量变化比较平缓，在中游嘎呀河河段沉积物中重金属含量偏高，应着重对这一地区加强管理。

从重金属元素的环境质量分析，Pb，Hg 和 As 在各采样点沉积物中的含量均不超过吉林省土壤环境背景值和国家土壤质量标准中的二级标准限值。Cu 和 Zn 在嘎呀河河口沉积物中的含量超过吉林省土壤环境背景值，Cd 在干流的崇善、八叶桥采样点、支流红旗河、海兰河、嘎呀河和珲春河河口采样点沉积物中的含量均超过吉林省土壤背景值，在崇善、红旗河、嘎呀河和珲春河河口沉积物中的含量超过国家土壤环境质量标准中二级标准的限值。

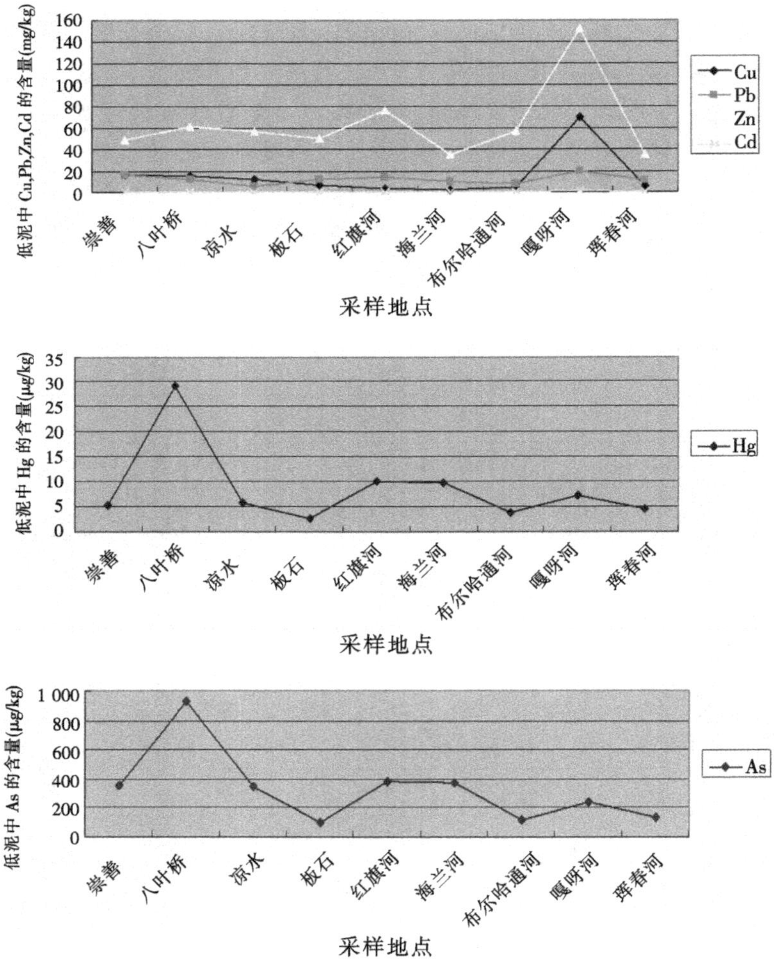

图 1　图们江流域沉积物重金属含量沿程分布

Fig. 1　Contents of heavy metals in sediment of Tumen River

2. *沉积物中重金属的污染评价*

(1) 地累积指数评价

地累积指数 I_{geo} (Index of Geoaccumulation) 是德国学者 Muller[5] 于 1979 年提出的

用来定量评价沉淀物中金属地质累积的指标，在欧洲被广泛采用，在我国也被部分学者采用过。计算公式为：

$$I_{geo}=\log_2 [C_n/K*B_n]$$

式中：C_n 为所分析元素在沉积物中的含量；B_n 为当地岩石中该元素的地球化学背景值；K 为考虑当地岩石差异可能会引起的背景值的变动而取的系数（一般取值为 1.5）。地积累指数可分为几个级别，如 Föstner 等[6]将其分为 7 级，分级情况和污染程度分类见表 3。

表 3 重金属污染级别、地积累指数（I_{geo}）和分级的比较

Tab. 3 Comparison of polluted level of heavy metal, Geoaccumulation index（I_{geo}）and its classification

项目	污染程度分类						
	清洁	轻度污染	偏中度污染	中度污染	偏重污染	重污染	严重污染
$Igeo$	≤0	0～1	1～2	2～3	3～4	4～5	>5
级别	0	1	2	3	4	5	6

计算中采用吉林省土壤环境重金属背景值作为 B_n，表 4 为图们江干支流各采样点重金属含量的测定值和地累积指数公式计算出的各采样点的地累积指数。由表可知，从总体上看，除嘎呀河沉积物中 Cu 的污染级别属于偏中度污染外，图们江干支流沉积物中 Cu，Pb 和 Zn 未构成污染，属于清洁范畴；Cd 的污染级别分别为 2，1，0，0，2，1，0，3，2。各采样点差异性较大，尤以嘎呀河污染最为严重；Hg 和 As 在各干支流的地累积指数都小于零，说明均未受污染。

表 4 沉积物中重金属的地累积指数

Tab. 4 I_{geo} of heavy metals in sediment

采样点	Cu	Pb	Zn	Cd	Hg	As
崇善	−0.574 1	−1.331	−1.328	1.270	−2.948	−4.834
八叶桥	−0.697 3	−1.724	−1.011	0.089 28	−0.480 4	−3.433
凉水	−1.074	−2.901	−1.117	−1.496	−2.839	−4.871
板石	−1.816	−1.779	−1.308	−1.358	−3.945	−6.717
红旗河	−3.131	−1.513	−0.693 1	1.625	−2.024	−4.717
海兰河	−3.843	−2.114	−1.820	0.737 0	−2.067	−4.748
布尔哈通河	−2.619	−2.462	−1.124	−1.496	−3.426	−6.474
嘎呀河	1.495	−1.082	0.298 8	2.944	−2.488	−5.382
珲春河	−2.332	−1.912	−1.809	1.522	−3.196	−6.221

（2）潜在生态风险指数评价

潜在生态风险指数评价方法[7]是瑞典科学家 Hakanson 提出的研究沉积物中重金属对环境的影响评价方案；它不仅反映了某一特定环境中各种污染物的影响，而且反映了多种污染物的综合影响，其计算公式如下：

$$C_f^i = C_{表}^i / C_n^i$$

$$E_r^i = T_r^i \times C_f^i$$

$$\mathrm{RI} = \sum_{i=1}^{n} E_r^i = \sum_{i=1}^{n} T_r^i \times C_f^i = \sum_{i=1}^{n} T_r^i \times C_{表}^i / C_n^i$$

式中：C_f^i 为某一金属污染参数；$C_{表}^i$ 为沉积物中重金属的实测含量；C_n^i 为计算所需的参比值；E_r^i 为潜在生态风险参数；T_r^i 为单个污染物的毒性响应参数，Cu，Pb，Zn，Cd，Hg 和 As 的 T_r^i 值分别为 5，5，1，30，40 和 10，RI 为多种金属潜在生态风险指数。潜在生态危害系数（E_r^i）、潜在生态危害指数（RI）与污染程度的关系见表 5[8]。

表 5　生态危害指数、系数与危害程度分级

Tab. 5　Logical risk degrees corresponding to the potential ecological risk index and factor

危害程度	E_r^i	RI
轻微	<40	<150
中等	40～80	150～300
强	80～160	300～600
很强	160～320	≥600
极强	≥320	

应用潜在生态风险指数法对各采样点河道沉积物中重金属元素的污染程度及潜在生态风险进行分析。计算中的参比值采用上述吉林省土壤环境重金属背景值，即 Cu，Pb，Zn，Cd，Hg 和 As 分别取 16.5 mg/kg，27 mg/kg，82.3 mg/kg，0.094 mg/kg，0.027 μg/kg 和 6.7 μg/kg，分析出潜在生态危害系数 E_r^i 和潜在生态危害指数 RI，如表 6。

表 6　图们江流域沉积物中重金属生态风险参数和潜在生态风险指数

Tab. 6　Eeological risk factor and the potential ecological risk index of heavy metals in sedimenl of the Tumen River

采样地点	E_r^i						RI
	Cu	Pb	Zn	Cd	Hg	As	
崇善	4.976	2.981	0.597 6	108.5	7.778	0.526 1	125.4
八叶桥	4.626	2.270	0.744 3	47.87	43.01	1.389	99.91
凉水	3.562	1.005	0.691 9	15.96	8.385	0.512 8	30.12
板石	2.130	2.185	0.606 0	17.55	3.896	0.142 6	26.51
红旗河	0.857 0	2.628	0.927 8	138.8	14.76	0.570 3	158.5
海兰河	0.522 7	1.733	0.424 9	75.00	14.34	0.558 4	92.58
布尔哈通河	1.221	1.361	0.688 2	15.96	5.585	0.168 8	24.98
嘎呀河	21.14	3.543	1.845	346.3	10.70	0.359 9	383.89
珲春河	1.489	1.994	0.428 2	129.3	6.548	0.201 2	140.00

以表6对照表5可初步得出结论：从多种金属潜在的生态风险危害RI分析，图们江及其支流中，除红旗河、嘎呀河采样点RI值分别存在中等强度和强的生态危害性外，其余各点RI值危害性均为轻微，说明该河流总体上看，重金属的污染主要发生在嘎呀河河口，其他支流和干流还不严重。从潜在生态危害系数 E_r^i 分析，6种重金属生态危害性从大到小的顺序为Cd>Hg>Cu>Pb>Zn>As。Cd的生态危害性最为严重：所有采样点的分析结果均为Cd的 E_r^i 最大，尤其嘎呀河河口处的 E_r^i 大于320，危害性为极强；图们江干流的崇善采样点、支流红旗河与珲春河河口处均表现出强的生态风险，而干流八叶桥采样点和海兰河河口处表现出中等程度的生态危害性。其他重金属的生态风险在各采样点有一定差异性。重金属Hg在八叶桥采样点出现中等程度的生态风险和危害性，其他地方表现得比较轻微；Cu，Pb，Zn和As的贡献率几乎可以忽略。

综上所述，图们江干流和主要支流沉积物中的重金属污染表现为：支流上嘎呀河河口重金属污染比较严重，主要是Cd的污染较重，其次是红旗河；干流上八叶桥采样点重金属污染比较严重，主要污染物为Cd和Hg。因此，必须引起足够的重视。

四、结论及建议

1. 结　论

（1）图们江干、支流沉积物中Pb，Hg和As含量不超过吉林省土壤环境背景值和国家土壤质量标准中的二级标准限值，嘎呀河河口沉积物中Cu和Zn含量超过吉林省土壤环境背景值，而Cd在干流和多个支流沉积物中的含量均超过吉林省土壤背景值和国家土壤质量标准中二级标准的限值。

（2）从沿程分布来看，整个图们江流域在上下游河段沉积物中重金属含量变化比较平缓，在中游嘎呀河处河段沉积物中重金属含量偏高，应着重对这一地区加强管理。

（3）地累积指数表明，图们江干、支流沉积物中，除嘎呀河的Cu为中度污染，Zn为轻度污染外，Cu，Pb，Zn，Hg和As均未构成污染；Cd的污染级别差异较大，嘎呀河污染最为严重。

（4）以吉林省土壤环境的重金属背景值为参比进行生态风险评价，红旗河和嘎呀河生态危害性指数（RI值）分别为中等强度和强，其余各点危害性均为很轻微，6种重金属的危害性指数顺序为Cd>Hg>Cu>Pb>Zn>As。重金属污染主要发生在嘎呀河河口处，必须引起足够的重视。

2. 建　议

（1）加大环保投资力度，削减污染物排放量。加紧图们江流域各大中城市污水处理厂的建设，对生产废水和生活污水实施二级生化处理和中水回用技术，削减污染物的排放量。

（2）加强生态环境管理，控制水土流失。加强对图们江流域内森林资源、动植物资源的保护工作，限制森林采伐，控制水土流失，减轻对图们江流域干、支流的面源污染。

（3）搞好产业结构调整，发展高新技术。作为多国合作、联合开发的新兴经济开发区，其经济发展的宏观布局及产业结构必须与区域环境承受能力相协调。因此，必须严格限制能源消耗高、资源浪费大、污染排放重的企业发展，大力发展质量效益型、科技先导型、资源节约型工业。

（4）中朝双方共同协商，解决图们江污染[9]。图们江是中、朝两国界河，水质污染双方都负有责任。中、朝双方要尽快建立统一的河流管理机构，制定统一的水质标准，签订国际河流保护条约。

参考文献

［1］李惠明．图们江环境质量评价［M］．图们江环境保护科研协作组，1980：67—148.

［2］史啸勇，郁建桥．子吸收光度法测定土壤中铜锌铅镉镍铬［J］．环境监测与技术，2003，15（1）：32—33.

［3］潘海燕，张鑫．原子吸收法测定土壤中铜锌铅镉［J］．环境工程，2005，23（1）：68—69.

［4］王云，魏复盛．土壤环境元素化学［M］．北京：中国环境科学出版社，1995.

［5］Müller G. *Index of geoaccumulation in sediments of the Rhine River*［J］. Geojournal，1969，2（3）：108—118.

［6］Forstner U. *Contaminated sediments*：*Lectures on environmental aspects of particle — asso ciated chemicals in aquatic systems*. *Lecture Notes in Earth Sciences*（Vol. 21）. Berlin：Springer—Verlag，1989：107—109.

［7］Hakanson L. *An ecological risk index for aquatic pollution control of sediment*［J］. Water Research，1980，14（8）：975—1 001.

［8］杨卓，李贵宝，王殿武，等．白洋淀沉积物重金属的污染及其潜在生态危害评价［J］．农业环境科学学报，2005，24（5）：945—951.

［9］李为，朱颜明，何岩．图们江地区资源开发、建设布局与环境整治研究［M］．北京：科学出版社，1997：126—130.

长白山北坡林线岳桦种群与土壤关系的研究

王晓东　刘惠清*
（东北师范大学城市与环境科学学院，长春，130024）

【摘要】 本文以长白山北坡林线为研究区，选择4块样地（83个样方）进行岳桦种群径级结构与土壤理化性质关系的研究。采用单因子方差等方法分析土壤理化性质（有机质、全氮、全磷、砾石含量）和岳桦种群（灌丛和乔木）径级结构的关系，采用相关分析法作岳桦种群与土壤性质的动态变化分析。结果表明，土壤因子对岳桦种群的扩张有一定的制约作用，但不足以决定林线的进退，岳桦通过不断调整生长型克服土壤约束以应对气候的变化。岳桦种群的扩张与土壤理化性质的空间差异较明显。

【关键词】 长白山北坡　林线变动　种群扩张　土壤性质

从山地郁闭森林到树种线之间的整个过渡带被称为高山林线交错带[1,2]，长白山岳桦—苔原过渡带（林线）是研究树种对环境变化响应的理想地段[3]，土壤因子对林线变动的研究已成为热点之一[4～6]。石培礼等认为，土壤的发育程度是林线入侵的先决条件[7]；邓坤枚等认为，林线岳桦的生长与土壤养分有关[8]；周晓峰等研究了林线、气候与土壤的变化关系[9]；于大炮等阐述了林线土壤对岳桦生长的影响[10]；王淼等分析了林线土壤的温度和水分对岳桦的影响[11]。这些研究丰富了林线土壤与气候、植被关系的研究内容，但林线土壤是如何影响岳桦生长的研究尚欠深入[12]。本文以长白山北坡林线土壤理化性质［砾石含量、养分含量（有机质、全氮、全磷）］与岳桦种群径级结构为切入点，揭示土壤因子对林线变化的影响。

一、研究区概况

长白山北坡林线海拔为1 900～2 000 m左右[13]，局部地区可以上升至2 100 m以上[14]，林线之上为高山苔原带。林线生境风大寒冷，不适于其他树种生长，遂使岳桦成为优势种，少见其他乔木[15]。林线土壤为母质为火山灰和砾石的山地生草森林土，土壤发育较弱[16]。

研究区（见图1）位于长白山北坡岳桦林与苔原的交错带，地理位置为42°2′27″～42°3′14″N，128°2′12″～128°6′13″E，海拔为1 930～2 050 m，是长白山北坡林线最典型的地段。

二、资料与方法

1. 岳桦的调查内容与方法

2008 年 9 月采用样方调查法在长白山北坡林线最典型的地段选择 4 个样地（见图 1），在每一样地内水平方向上每间隔 20～40 m 设置一样带，在样带内按垂直方向自高而低从林线边缘（树岛）连续取样直到谷底的郁闭林（郁闭度＞0.2），共采集 83 个样方，样方的大小为 10 m×10 m。用 GPS 测定样方的经纬度和海拔，用坡度仪测定坡度，调查内容为样方内岳桦（灌丛与乔木）的个体数量、胸径（距地面 1.2 m）、基径（地表）的大小。胸径和基径用卷尺测量（精确到 0.1 cm），树高小于 2 m 用测绳，大于 2 m 用平板仪测算；树高大于 1.5 m 精确到 0.1 m，小于 1.5 m 精确到 0.01 m。

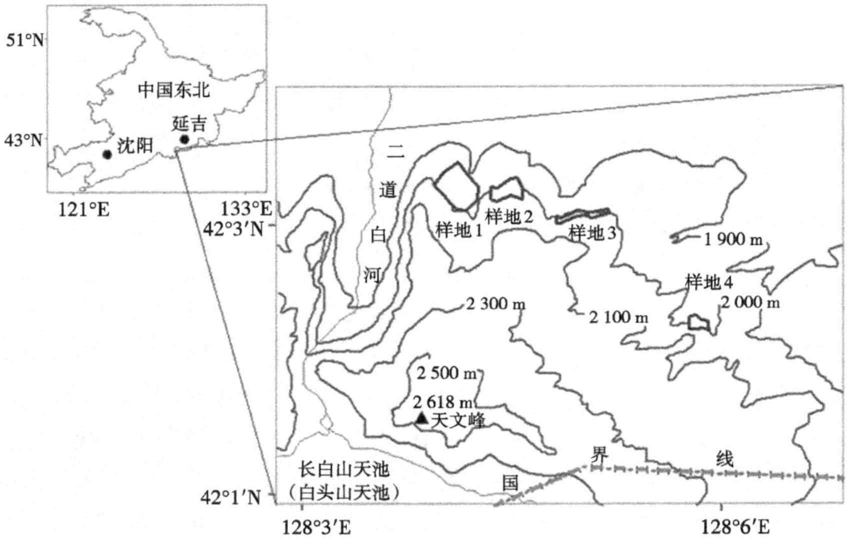

图 1 长白山北坡采样点位置图

Fig. 1 Sampling plots within the treeline on the north-facing slope of Changbai Mountains

2. 土壤样品的采集与测定

在每一样方内采用对角线法选取 5 个样点，各取表层土壤样品 0.5 kg，将 5 个样点的土壤充分混合后取 1 kg 作为一个土壤样品。将采集后的土壤样品装入黑色塑料袋中封好带回实验室，干燥通风除杂后称重，将砾石（粒径＞2 mm）[17] 挑出测重，得到砾土比（砾石重量/土壤全重）。研磨剩余土壤样品，全部通过 1 mm 孔筛后取 1/4 样品进一步研磨，通过 0.1 mm 孔筛后的样品测土壤有机质、全氮、全磷含量。土壤有机质采用重铬酸钾一硫酸法，全氮含量采用重铬酸钾—硫酸消化法，全磷采用硫酸一高氯酸消煮法[18]测定。

3. 数据分析方法

首先，对样方内岳桦种群（灌丛与乔木）的个体数（棵）进行统计；其次，对径级大小进行统计分析，采用公式（1）[19] 计算岳桦基径的占地面积（m^2），分析岳桦种群的扩张程度。

$$M = \sum \left(\pi \left(\frac{D}{2} \right)^2 \right) \quad (1)$$

M：占地面积（cm^2），D：岳桦基径（cm）。

再次，利用公式（2，3，4，5，6）计算聚集度（$M^* I$，M/M^*，C_A，C），分析岳桦的径级结构，以反映生物种群的动态特征。

$$M^* = \sum_{i=1}^{n} X_i / N \quad (2)$$

$$I = S^2 / \overline{X} - 1 \quad (3)$$

$$M/M^* = M^* / \overline{X} \quad (4)$$

$$C_A = (S^2 / \overline{X} - 1) / \overline{X} \quad (5)$$

$$C = S^2 / \overline{X} \quad (6)$$

式中，M^* 为平均拥挤度，I 为丛生度，M/M^* 为聚块度，C_A 为 Cassie 指标，C 为扩散指标，S^2 为径级分布的方差，$\overline{X}$ 是径级分布的均值。

这些指标既能表征岳桦径级分布的聚集程度，也能提示径级结构中蕴涵的种群动态[22]。计算结果的数值越大，不同径级间的个体数量差异越明显；小径级数量越多，种群扩张越明显。

最后，采用单因子方差、相关分析和常规统计方法对样方内的种群指标｛岳桦个体数（棵）（x_1）、岳桦基径面积（m^2）（x_2）、岳桦聚集度［M^*（x_3），I（x_4），M/M^*（x_5），C_A（x_6），C（x_7）］｝与土壤性质指标［有机质（y_1）、全氮（y_2）、全磷（y_3）、砾石含量（y_4）］作统计分析，揭示土壤发育程度和养分状况对岳桦种群扩张的影响。

三、结果与分析

1. 岳桦种群径级结构分析

为适应林线处恶劣的生境，长白山北坡岳桦种群的生长型有灌丛和乔木两种，当岳桦通过地下分根（无性繁殖）生成的幼苗以母体为中心向周边扩展时，为灌丛式生长型，它保证后代在发育、生长期间既可从外界环境又可从母体获得养分；岳桦种子成熟（9 月）后，向四周散布，次年 5 月异地萌发，成为新的独立个体，为乔木式生长型，它的后代只能靠自身从外界获取养分完成生命过程。不同生长型的养分吸收渠道不同，对土壤变化的响应不同。径级结构的统计分析表明：径级≤2 cm 的灌丛占 54%，乔木占 75%，岳桦种群径级结构显示明显的倒 J 型[23]，以小径级为主，近期林线处岳桦种群呈扩张之势。

（1）岳桦种群扩张的特点。岳桦种群径级结构（表 1）显示不同样方内种群径级结构差异大（标准差大，变异系数在 0.76～3.21 之间，单个样本 K-S 检验：$P<0.05$），种群变动的差异明显。岳桦种群的空间变异程度不同，在有利的生境小径级个体数量增加迅速。偏度（>0）显示种群变动大的样方少，虽然林线岳桦呈整体上侵之势，但大部分样方内，扩张程度较缓，仅部分样方呈强劲的扩张之势；大部分地段岳桦种群对近期气候变暖［年均温增加 0.047℃/年（1953～2008）］的响应较滞缓，仅在局部地段种群对气候变化作出快速的响应。

表1 岳桦种群变动统计表

Tab. 1 The statistics of population dynamics of *Betula ermanii*

生长型	指标	均值	标准差	偏度	峰度	变异系数	P
灌丛	x_1	31.16	36.96	2.25	7.03	1.19	0.000
	x_2	0.10	2 436.56	3.8	18.57	1.80	0.000
	x_3	7.03	10.74	3.43	14.17	1.53	0.000
	x_4	6.03	9.63	3.53	14.74	1.60	0.000
	x_5	5.27	3.99	0.99	0.94	0.76	0.000
	x_6	4.27	3.99	0.99	0.94	0.93	0.000
	x_7	7.03	9.63	3.53	14.74	1.37	0.000
乔木	x_1	17.47	19.21	6.25	46.15	3.21	0.000
	x_2	0.04	1 135.29	1.83	4.58	1.10	0.000
	x_3	8.21	7.88	0.62	−0.79	0.96	0.000
	x_4	7.66	7.42	0.64	−0.75	0.97	0.000
	x_5	13.58	11.01	0.34	−1.46	0.81	0.000
	x_6	12.58	11.01	0.34	−1.46	0.88	0.000
	x_7	8.66	7.42	0.64	−0.75	0.86	0.000

注：x_1，x_2，x_3，x_4，x_5，x_6，x_7 分别表示岳桦的个体数（棵）、基径面积（m^2），M^*，I，M^*/M，C_A，C 指标；单个样本 K-S 检验：$P<0.05$，数据间差异达到显著水平

（2）两种生长型径级结构的对比分析。独立样本 T 检验结果表明，两种生长型存在显著差异（$P<0.01$），灌丛生长型的岳桦个体数和基径面积大于乔木生长型［表1 灌丛（31.16，0.10）＞乔木（17.47，0.04）］，灌丛个体数量多，对领地的扩张早于乔木。变异系数［个体数：乔木（3.21）＞灌丛（1.19）；基径面积：灌丛（1.80）＞乔木（1.10）］显示乔木岳桦个体数的空间变异高于灌木，而基径面积的变异系数是灌木高于乔木。即乔木以小径级为主，扩张历时短，波动大，其对领地的占领弱于灌木。两种生长型的对比分析显示岳桦以灌丛生长型先对气候变化作出响应，随着生境条件的改善，以两种生长型共同响应气候的变化。

2. 土壤性质分析

（1）养分指标分析。样方土壤性质的统计分析（表2）显示：样方间养分含量差异明显（标准差大，变异系数＞0.25，单个样本 K-S 检验：$P<0.05$），生境质量的空间梯度大；土壤发育程度明显不同：局部有利生境土壤发育好，养分含量高。偏度（＞0）与峰度（＞0）显示高质量的土壤仅出现在少数样方；多数样方养分含量较低。总体看，林线生境不利于土壤有机质和养分的富积，养分含量低；但在局部有利生境，土壤的发育程度高于整体水平。质量较高的土壤在空间上呈斑点状分布，这一现象说明气候变化对土壤发育有影响，但这种影响仅在林线的局部生境上表现明显，这与岳桦种群的地域扩张特点有相似之处。

表 2 土壤性质指标统计表

Tab. 2 The statistics of soil character indices

指标	均值	标准差	偏度	峰度	变异系数	P
y_1 (g/kg)	189.42	103.99	1.69	3.00	0.55	0.000
y_2 (g/kg)	5.92	2.44	1.09	0.77	0.41	0.000
y_3 (g/kg)	0.60	0.16	0.43	0.20	0.26	0.000
y_4 (%)	10.00	0.12	1.93	3.25	1.28	0.000

注：y_1，y_2，y_3，y_4 分别代表有机质、全氮、全磷和砾石含量；单个样本 K-S 检验：$P<0.05$，数据间差异达到显著水平

(2) 砾石含量和养分的差异分析。单因数方差分析结果表明：土壤养分指标间的差异大（$P<0.01$），林线环境恶劣，土壤发育水平低，有机质分解慢，养分释放缓［养分均值：有机质（189.42 g/kg）＞全氮（5.92 g/kg）＞全磷（0.60 g/kg）］。土壤养分指标（表 3）的相关分析表明：土壤有机质、全氮和全磷为正相关，（相关系数：0.95，0.73），与砾石含量为负相关，反映土壤发育越好，养分含量越高，砾石含量越少。土壤养分（氮、磷）的富积明显依赖有机质的分解释放，和土壤的发育程度正相关。有机质、氮、磷的含量与砾石含量虽为负相关关系（$P<0.05$），但相关系数偏低（−0.22，−0.17，−0.16），表明林线处土壤的发育随着气候条件的改善［年均温增加 0.047℃/年（1953～2008)］，生化过程日趋活跃，母质对土壤的影响呈减弱的态势。

表 3 土壤性质指标的相关分析

Tab. 3 Correlation analysis among soil character indices

	y_1 (g/kg)	y_2 (g/kg)	y_3 (g/kg)
y_2 (g/kg)	0.95＊＊		
y_3 (g/kg)	0.73＊＊	0.82＊＊	
y_4 (%)	−0.22＊	−0.17	−0.16

注：＊$P<0.05$：显著性水平在 0.5 以下，达到显著相关；＊＊$P<0.01$：显著性水平在 0.01 以下，达到极显著相关

3. 种群变动与土壤性质关系分析

在气候变暖的大背景下[24]，采用相关分析与典型相关分析法作岳桦种群径级结构与土壤性质[25]关系的分析。

(1) 相关分析。将灌丛生长型和乔木生长型的岳桦种群变动指数（x_1，x_2，x_3，x_4，x_5，x_6，x_7）与土壤性质指标（y_1，y_2，y_3，y_4）作相关分析（表 4），结果显示：土壤养分含量对种群扩张起一定的制约作用（正相关系数占 76.78%），但制约力不强［相关系数低（＜0.23），显著性差（只有 3 个为 $P<0.05$）］。土壤发育程度越好（砾石含量越低），越有利于种群扩张（相关系数均值：−0.007）。两种生长型（灌丛与乔木）的扩张对土壤性质变化的响应为：灌丛生长型岳桦对土壤养分的敏感度依次为有机质、全氮、全磷［相关系数均值：有机质（0.15）＞全氮（0.10）＞全磷（0.08）］，以无性繁殖产生的后代对长效养分（有机质）需求强。乔木生长型岳桦对土壤养分的敏感度依次是全氮、有机质、全磷［相关系数均值：全氮（0.09）＞有机质（0.07）＞全磷（−0.02）］，说明以

有性繁殖产生的后代对速效养分（全氮）的依赖性强。

对土壤性质和种群扩张的相关分析说明，土壤性质的变化对种群扩张虽不起根本作用，但有一定的制约作用。两种生长型的岳桦对土壤变化响应的反应速度不同。大径级岳桦母体的地下根系发达，只要有机质释放养分，即可有效吸收。当土壤发育加快，土壤中有机质增加时，大径级母体得到的养分就大量增多，开始通过地下分枝加速繁育后代，以保证幼苗从土壤中吸收养分不足时，可从母体中直接获取养分，在时间上表现为灌木生长型首先响应土壤性质的变化。随着有机质大量释放养分，土壤中速效养分（氮、磷）增加时，以种子繁殖方式产生的幼苗可以直接从土壤中获得繁殖发育过程中所需的足够养分，岳桦就转为以乔木生长型繁殖后代为主，以减轻母体承载的养分释放压力并对土壤性质变化作出积极响应，表现在形态上乔木生长型对土壤性质的变化响应延迟。即土壤有机质含量增加时，灌丛生长型岳桦种群开始扩张；当后期有机质大量释放养分时，乔木生长型岳桦才开始种群扩张。

表 4　土壤性质指标和径级结构的相关分析

Tab. 4　Correlation analysis between soil indices and diameter-class structure

相关系数		x_1	x_2	x_3	x_4	x_5	x_6	x_7
灌丛	y_1	0.18	0.02	0.22 *	0.22 *	0.10	0.10	0.22 *
	y_2	0.12	−0.02	0.15	0.15	0.08	0.08	0.15
	y_3	0.15	0.00	0.14	0.13	0.00	0.00	0.13
	y_4	−0.07	−0.01	−0.06	−0.06	0.05	0.05	−0.06
乔木	y_1	0.05	0.03	0.09	0.09	0.10	0.10	0.09
	y_2	0.10	0.07	0.09	0.09	0.09	0.09	0.09
	y_3	−0.05	−0.05	−0.05	−0.05	0.04	0.04	−0.05
	y_4	0.04	−0.09	0.06	0.06	−0.03	−0.03	0.07

注：* $P<0.05$：显著性水平在 0.05 以下，达到显著相关

（2）典型相关分析。典型相关分析结果见表 5。先对指数说明，然后再阐述生态意义土壤性质对种群扩张有一定影响［第一典型相关系数分别是 0.366 2（灌丛）和 0.358 0（乔木）］，土壤肥力越高，越有利于种群的扩张。但是这种关系显著性差（显著的典型相关系数个数为 0），表明土壤理化性质不是林线进退，种群扩张的控制因子，只是次要影响因子。按照气候控制林线的观点[26]，长白山北坡林线处岳桦种群扩张主要是对气候变化的积极响应[27]。从两种生长型响应的差异看，灌丛岳桦对土壤的依赖性大于乔木岳桦（相关系数：灌丛＞乔木）。

分析结果表明，当气温缓慢上升时［年均温增加 0.007℃/年（1953～1988)］，土壤中有机质含量增加，但还没有大量释放，岳桦只有径级粗大，根系发达的个体能够得到足够养分，利用地下分枝来作出响应，土壤因子尚起一定的抑制作用，限制岳桦种群的扩张；随气温的迅速上升［年均温增加 0.12℃/年（1988～2008)］，土壤的生化过程活跃，速效养分大量释放，以种子繁殖的后代可以直接从土壤中得到足够养分。岳桦转向以扩散面积大，个体多的乔木方式实现种群扩张，扩张能力进一步增强。这样，随着土壤养分积累和释放加强，对种群扩张的控制能力越来越小。

表 5 典型相关分析

Tab. 5 Representative correlation analysis

生长型	顺序	相关系数	Wilk's	卡方值	df	P 值
灌丛状	1	0.366 2	0.799 1	17.042 5	28	0.947 7
	2	0.293 5	0.887 9	9.038 2	18	0.958 9
	3	0.150 3	0.971 6	2.190 6	10	0.994 7
	4	0.077 3	0.994 0	0.455 0	4	0.977 7
乔木状	1	0.358 0	0.824 8	14.636 7	28	0.982 0
	2	0.197 3	0.946 0	4.215 7	18	0.999 7
	3	0.106 7	0.984 3	1.198 9	10	0.999 6
	4	0.065 7	0.995 7	0.328 7	4	0.987 9

注：* $P<0.05$：显著性水平在 0.05 以下，达到显著相关

四、结论与讨论

1. 结　论

（1）岳桦种群径级结构为倒 J 型，且以两种生长型（乔木和灌丛）延续种群的扩张，应对环境的变化。灌木的个体总量高于乔木，乔木的小径级数量明显高于灌木，反映近年的种群扩张以乔木为主，岳桦种群扩张先以灌木生长型为主，后以乔木生长型加速种群的扩张。

（2）林线处环境恶劣，土壤发育程度低（砾石含量均值为 10 %），土壤有机质分解慢，养分含量低［养分均值：有机质（189.42 g/kg）＞全氮（5.92 g/kg）＞全磷（0.60 g/kg）］，随着气候变暖［年均温增加 0.007℃/年（1953～1988）］，土壤发育过程加快，有机质积累增加，逐渐摆脱对母质的依赖，且随着变暖趋势加速［0.12℃/年（1988～2008）］，速效养分开始大量释放。

（3）岳桦种群径级结构和土壤养分在林线内空间分异明显，岳桦种群在局部生境中显示强大的扩张态势，但在整体上扩张潜力没有得到有效释放。土壤养分在局部生境有效积累，但整体上还处于低层次的发育阶段。岳桦种群和土壤养分对气候变化均作出积极响应，但没有达到较佳水平，尚在不断调整中。土壤因子对种群变动有一定的制约作用，但两者的典型相关分析证明制约作用不强。土壤变化不是林线进退与种群变动的决定性因子。

（4）岳桦两种不同的生长型对土壤性质变化的反应各异，从时间历程上表现为气候变暖初期（1953～1988），有机质含量增加使大径级岳桦得到充足的养分，主要以无性繁殖的地下分枝形式加速繁育后代，同时以灌丛方式对气候变暖作出响应，但这种繁殖方式产生的后代数量有限，土壤的制约作用有所显现（3 个显著相关系数）；在 80 年代末，随着气候条件的大幅改善［$\sum t \geqslant 0$℃ 增加 0.77℃/年（1953～1988），18.81℃/年（1988～2008）］，土壤生化活跃，速效养分大量释放，使以种子繁殖产生的幼苗能够在发育中摆脱对母体的依赖直接从土壤中获得足够的养分，岳桦以繁殖量大，地域散布广的有性繁殖方式实现种群的快速扩张，乔木生长型岳桦越居主导，克服土壤约束的能力增强（无显著相关系数），土壤发育程度的高低和养分含量的多少相对气候因子控制林线的作用越来越低。岳桦通过不断调整生长型降低土壤限制，积极应对气候变化。

2. 讨　论

本文在样方调查时，除延续使用每木检尺测量胸径[28]，根据岳桦径级结构推测年龄结构[29]，分析种群动态[30]，探讨林线变化外[9]，更强调土壤因子的作用。虽然以往研究也考虑土壤的影响[8~11]，并对土壤对林线上升的作用进行研究，但是从土壤养分变化角度对岳桦种群扩张的制约机理研究较少。本文定量分析土壤性质变化对岳桦种群扩张的机理，深入揭示了气候变暖，土壤发育，养分释放和岳桦种群扩张的关系，从生理生态原理认识林线变化的驱动机制，加深了对长白山林线变动影响因子的认识。

由于林线处土壤发育程度低，增加采样的困难，采样时侧重于土壤表层，测得结果显示土壤养分含量偏高。林线环境复杂，仅通过对角线取样法可能影响样方土壤养分的性，可能对分析结果的精度有影响。

林线变动是对各种影响因素的综合响应[31]，本文仅对土壤养分进行了分析，没有考虑土壤深度、土壤水分、土壤粒度等其他理化性质[32]。更没有对气候[33]、地形[34]等因子进行深入剖析，这对分析结果的准确性可能造成影响。

参 考 文 献

[1] Korner C h. *Alpine Plant Life: Functional Plant Ecology of High Mountain Ecosystems*. Springer— Verlag, Germany, 2003: 344.

[2] Korner C h, Paulsen J A. *world 2 wide study of high altitude treeline temperatures*. Journal of Biogeography, 2004, 31: 713—732.

[3] Noble I R. *A model of the responses of ecotones to climate change*. Ecological Applications, 1993, 3 (3): 396—403.

[4] Tripathi S K, Sumida A, Shibata H. *Growth and substrate quality of fine root and soil nitrogen availability in a young Betula ermanii forest of northern Japan: Effects of the removal of understory dwarf bamboo (Sasa kurilensis)*. Forest Ecology and Management, 2005, 212: 278—290.

[5] Withington C L, Sanford R L. *Decomposition rates of buried substrates increase with altitude in the forest-alpine tundra ecotone*. Soil Biology & Biochemistry, 2007, 39: 68—75.

[6] Holtmeier F K. *Sensitivity and response of northern hemisphere altitudinal and polar treelines to environmental change at landscape and local scales*. Global Ecology and Biogeography, 2005, 14: 395—410.

[7] 石培礼，李文华．长白山林线交错带形状与木本植物向苔原侵展和林线动态的关系．生态学报，2000，20 (4): 227—231.

[8] 邓坤枚，石培礼，杨振林．长白山树线交错带的生物量分配和净生产力．自然资源学报，2006，21 (6): 942—948.

[9] 周晓峰，王晓春，韩士杰，等．长白山岳桦苔原过渡带动态与气候变化．地学前缘，2002，9 (1): 227—231.

[10] Yu D P, Wang G G, Dai L M, et al. *Dendroclimatic analysis of Betula ermanii forests at their upper limit of distribution in Changbai Mountain, Northeast China*. Forest Ecology and Management, 2007, 240: 105—113.

[11] Wang M, Li Q R, Xiao D M, et al. *Effects of soil temperature and soil water content on soil respiration in three forest types in Changbai Mountain*. Journal of Forestry Research, 2004, 15 (2): 113—118.

[12] 齐泽民，王开运．川西亚高山林线过渡带土壤特性研究．水土保持学报，2009，23 (3): 158—162.

[13] 王培娟，谢东辉，张佳华，等．长白山森林植被 NPP 主要影响因子的敏感性分析．地理研究，2008，27 (2): 323—331.

[14] 王晓春，韩士杰，邹春静，等．长白山岳桦种群格局的地统计学分析．应用生态学报，2002，13 (7): 781—784.

[15] 石培礼，李文华．长白山林线交错带形状与木本植物向苔原侵展和林线动态的关系．生态学报，2000，20 (4): 573—580.

[16] Bai J H, Cui B S, Deng W, et al. *Plant Pb Contents in Elevation Zones of the Changbai Mountain National Nature Reserve, China*. Pedusphere, 2007, 17 (2): 229—234.

[17] 张时煌，彭公炳，黄玫．基于地理信息系统技术的土壤质地分类特征提取与数据融合．气候与环境研究，2004，9 (1): 65—79.

[18] 中国科学院南京土壤研究所编．土壤理化分析．北京：科学技术出版社，1977，123—156.

[19] 温达志．酸与酸肥混合处理对瑞典中部里兹堡松林地上部分的影响．生态科学，1999，18 (1): 12—18.

[20] Yu D P, Guu H Y, Wang J D. *Relationships of climate change and tree ring of Betula ermanii tree line forest in Changbai Mountain*. Journal of Forestry Research, 2005, 16 (3): 187—192.

[21] 褚胜利，李登武，李景侠．陕西府谷自然保护区杜松种群的空间分布格局及其动态植物．资源与环境学报，2007，16 (4): 34—37.

[22] 张秀梅，刘小京．绿盲蝽越冬卵在枣树上的空间分布型研究．中国生态农业学报，2006，14 (3): 157—159.

[23] Ren Q S, Yang X L, Cui G F. *Fir population structure and dynamics in the timberline ecotone of the Sejila Mountain, Tibet, China*. Acta Ecologica Sinica, 2007, 27 (7): 2 669—2 677.

[24] 缪启龙，丁园圆，王勇．气候变暖对中国亚热带北界位置的影响．地理研究，2009，28 (3): 634—642.

[25] Cairns D M. *Simulating carbon balance at treeline for krummholz and dwarf tree growth forms*. Ecological Modelling, 2005, 187: 314—328.

[26] Wilmking M, Juday G P. *Longitudinal variation of radial growth at Alaska's northern treeline-recent changes and possible scenarios for the 21st century*. Global and Planetary Change, 2005, 47: 282—300.

[27] Zhang Y J, Dai L M. *The trend of tree line on the northern slope of Changbai Mountain*. Journal of Forestry Research, 2001, 12 (2): 97—100.

[28] 常禹，布仁仓，胡远满，等．长白山北坡苔原/岳桦景观边界的定量检测．地理科学，2003，23 (4): 478—483.

[29] 邹春静，王晓春，韩士杰．长白山岳桦种群过渡带位置的研究应用．生态学报，2004，15 (12)：2 217—2 220.

[30] 于大炮，周莉，董百丽，等．长白山北坡岳桦种群结构及动态分析．生态学杂志，2004，23 (5)：30—34.

[31] Zeng Y，Malanson J. *Endogenous fractal dynamics at alpine treeline ecotones*. Georaphical Analysis，2006，38 (3)：271—287.

[32] Butler D R，Malanson G P，Resler L M. *Turf-banked terrace treads and risers，turf exfoliation and possible relationships with advancing treeline*. Catena，2004，58：259—274.

[33] Camarero J J，Gutiérrez E，Fortin M J. *Spatial pattern of subalpine forest—alpine grassland ecotones in the Spanish Central Pyrenees*. Forest Ecology and Management，2000，134 (1—3)：1—16.

[34] Herder M D，Virtanen R，Roininen H. *Reindeer herbivory reduces willow growth and grouse forage in a forest—tundra ecotone*. Basic and Applied Ecology，2008，9 (3)：324—331.

Population dynamics of Betula ermanii associated with soil change on treeline of north slope Changbai Mountains

Wang Xiaodong，Liu Huiqing*

(College of Urban and Environmental Sciences，

Northeast Normal University，Changchun，130024)

Abstract：In this study，taking the treeline of north slope Changbai Mountains as the research object. 4 plots (83 quadrats) were selected to understand diameter-class structure of Betula ermanii population and soil physical and chemical properties. 4 indices of soil properties (SOM，TN，AN，Gravel content) and diameter-class structure of two growth-forms (shrub and single-trunk) were analyzed by ANOVA，correlation analysis and other statistical analysis. The relationships between population dynamics and soil change were investigated by correlation analyses. The results showed soil physical and chemical properties on different quadrats had obvious difference following with the different expansion of Betula ermanii population. Soil factor had a certain restrictive function to population dynamics. However，soil factor did not play a crucial role in treeline shifts and population expansion. The gradual weakening of soil properties affect on treeline shifts with the passage of time. The Betula ermanii population tended to continuously adjust its growth-forms to adapt air temperature change in order to overcome soil restrictions.

Key words：north slope Changbai Mountains；treeline change；population expansion；soil properties

长白山红景天不同类型迁地保护地土壤理化性质对比分析

张　丽[1]　许嘉巍[1]　王绍先[2]
（1 东北师范大学城市与环境科学学院，长春，130024；
2 长白山科学研究院，白河，133600）

【摘要】 对长白山红景天不同类型迁地保护地土壤理化性质进行了对比分析。结果表明：不同类型迁地保护地的土壤质地不同，容重值均低于 1 g/cm^3；土壤 pH 在 5.11～5.83 之间变化，土壤均呈酸性；土壤有机质含量差异较大，其中，杨桦林达到了 205.85 g/kg，基地和园地较低；土壤全氮、全磷、速效氮、速效磷含量分别在 4.68～11.56 g/kg，1.86～4.78 g/kg，50.2～328.71 mg/kg，2.19～36.17 mg/kg 之间变化。红景天迁地保护对土壤化学性质的影响大于对物理性质的影响。其中，对土壤磷素含量的影响最为显著，对有机质和氮素含量有一定影响，对质地、容重以及 pH 影响很小。

【关键词】 珍稀濒危植物　迁地保护　土壤理化性质　红景天

Comparison and Analysis of Soil Physical and Chemical Properties in Different Types of Rhodiola Ex-situ Conservation in The Changbai Mountain

Zhang Li，Xu Jiawei，Wang Shaoxian

Abstract: Soil physical and chemical properties in different types of ex-situ conservation in Changbai Mountain were analyzed. The results showed that: there're differences on soil texture among different types of ex-situ conservation, and bulk density values were lower than 1 g/cm^3; soil pH values varied between 5.11—5.83, so they are all acidic soil; there're differences in soil organic matter content among different types of ex-situ conservation, in which the Populus davidiana and Betula platyphylla's is the highest, reaching 205.85 g/kg, while the base's and the graden's are a little lower; soil total nitrogen, total phosphorus, available nitrogen and available phosphorus content are changing between 4.68—11.56 g/kg, 1.86—4.78 g/kg, 50.2—328.71 mg/kg, 2.19—

36. 17 mg/kg in different types of ex-situ conservation. Rhodiola ex-situ conservation have greater impact on soil chemical properties than the physical ones. Among them, the effects on soil phosphorus is the most significant, and there're less effects on organic matter and nitrogen, while little effects on texture, bulk density and pH value.

Key words: rare and endangered plants; ex-situ conversation; soil physical and chemical properties; Rhodiola

目前，珍稀濒危植物的迁地保护研究已成为热点问题。大多数研究侧重于生物方面，研究迁地保护对植物产生的影响并总结经验，为保护生物多样性作出贡献，而关于珍稀濒危植物迁地保护对自然环境产生影响的研究还很少。本文选择长白山红景天迁地保护地为研究对象，研究植物迁地保护对土壤产生的影响。以大量野外和室内测定数据为基础，通过对比分析，得出红景天不同类型迁地保护地之间、红景天迁地保护前后土壤理化性质的差异，以及迁地保护对土壤不同性质的不同影响程度等结论，以期对日后红景天迁地保护地的选择提供参考，并可以为更好地保护珍稀濒危植物以及迁地保护地环境提供理论依据。

一、研究区自然概况

研究区位于吉林省长白山自然保护区的实验区内（128°0′41″～128°6′28″E，42°22′30″N～42°24′34″N），属于受季风影响的温带大陆性山地气候，年平均气温 3℃左右，一月平均气温可低至－15 ～－17℃，七月平均气温 17～19℃；$\sum \geq 10$℃在 1 500℃以上；无霜期 100～120 天；太阳辐射 519～523 kJ/cm²，全年日照时数 2 271～2 503 h；年降水量 700～800 mm；年平均相对湿度 71%～72%；年平均风速小于 3.9 m/s；雾日 38～90 天[1,2]。该区位于海拔 700～1 100 m 范围的玄武岩台地上，土壤类型为白浆土。研究区内主要组成树种有红松（*Pinus koraiensis*）、紫椴（*Tilia amurensis*）、水曲柳（*Fraxinus mandshurica*）、蒙古栎（*Quercus mongolica*）等；灌木层主要有毛榛子（*Corysus mandshurica*）、东北溲疏（*Deutzia amurensis*）、刺五加（*Acanthopanax senticosus*）等；草本层有黑水银莲花（*Anemone amurensis*）、山茄子（*Brachybotrys paridiformis*）、蕨类、苔草等[3～5]。

二、研究内容与方法

1. 样地选择

2008 年 7 月，在考虑坡度、坡向、海拔、人为影响以及迁地保护地典型性等因素后，在长白山自然保护区的实验区内，选择四种类型的红景天迁地保护地作为采样地点：(1) 阔叶红松林；(2) 山杨＋白桦混交林（简称杨桦林）；(3) 红景天种植基地（简称基地）；(4) 长白山科学院后园的红景天迁地保护地（简称园地）。各迁地保护地基本情况见表 1，位置见图 1。同时，为了研究各迁地保护地在土壤理化性质上存在的差异是否与移植红景天有直接关系，还要在与各迁地保护地立地条件基本一致，且未移植红景天处分别设置采样点，作为对照组。

表 1　各迁地保护地基本情况

Tab. 1　Basic information in different plots

采样地点	阔叶红松林	杨桦林	基　地	园　地
坡度	<15°	<10°	<10°	<10°
坡向	NE	S	S	S
坡位	中下	上	中下	下
海拔	808 m	740 m	746 m	717 m
经度	128°5′25″E	128°2′35″E	128°0′41″E	128°6′28″E
纬度	42°23′02″N	42°23′46″N	42°22′30″N	42°24′34″N
红景天种植年限	4 年	4 年	4 年	6～7 年
红景天繁殖方式	种子繁殖	种子繁殖	根茎繁殖	根茎繁殖

图 1　样地位置图

Fig. 1　Position of the plots

2. 室内实验方法

室内土壤样品分析方法依据《土壤地理实验实习》[4]的操作步骤进行：土壤质地用比重计法测定，土壤容重用环刀法测定，土壤 pH 用酸度计法测定，土壤有机质用丘林法测定，土壤全氮用蒸馏法测定，土壤全磷用钼锑抗比色法测定，土壤速效氮用碱解扩散法测定，土壤速效磷用碳酸氢钠法测定。

三、结果与分析

1. 长白山红景天不同类型迁地保护地土壤性质测定结果

表 2　长白山红景天不同类型迁地保护地土壤性质测定结果一览表

Tab. 2　Results of soil properties in different types of Rhodiola ex-situ conservation in the Changbai Mountain

测定项目	数据组	样地名称			
		阔叶红松林	杨桦林	基地	园地
质地	A	黏壤土	黏土	壤土	砂壤土
	B	黏壤土	黏土	壤土	砂壤土

续　表

测定项目	数据组	样地名称			
		阔叶红松林	杨桦林	基地	园地
容重 (g/cm^3)	A	0.51	0.36	0.78	0.91
	B	0.47	0.31	0.73	0.89
pH	A	5.80	5.45	5.11	5.28
	B	5.83	5.40	5.16	5.31
有机质 (g/kg)	A	181.68	204.07	81.68	92.12
	B	183.09	205.85	84.10	97.64
全氮 (g/kg)	A	9.60	10.97	4.62	4.65
	B	9.77	11.56	5.09	4.68
全磷 (g/kg)	A	3.89	5.25	2.34	2.78
	B	3.05	4.78	1.86	2.23
速效氮 (mg/kg)	A	331.34	72.29	163.70	53.83
	B	328.71	69.31	159.50	50.20
速效磷 (mg/kg)	A	20.83	17.93	43.92	25.92
	B	12.42	11.19	39.17	23.55

注：A 为对照组测定值的平均值；B 为实验组测定值的平均值，下同。

2. 红景天不同类型迁地保护地土壤物理性质对比分析

(1) 土壤质地对比分析

测定结果如表 3 和图 2 所示，根据中国土壤质地分类标准[6]判断，阔叶红松林为黏壤土，杨桦林为黏土，基地为壤土，园地为砂壤土。研究区内土壤类型为白浆土，各样地土壤形成的母质、气候、地形、时间等因素不存在差异，因此，可以确定使各样地土壤质地产生差异的主要是生物因素以及人类干扰。图 3 表明，实验组中<0.001 mm 黏粒含量均低于对照组，其他颗粒含量也与对照组有差异，因此红景天迁地保护改变了土壤颗粒组成，使土壤质地变得疏松。

表 3　不同样地土壤颗粒组成

Tab. 3　Composition of soil particles in different plots

(%)

样地名称	数据组	颗粒组成 (mm)				
		1～0.25	0.25～0.05	0.05～0.01	0.01～0.005	<0.001
阔叶红松林	A	11.26	18.20	14.69	20.97	34.88
	B	8.62	22.38	15.14	20.27	33.59
杨桦林	A	9.98	21.09	7.27	10.92	50.74
	B	10.72	15.92	11.50	16.83	45.03

续 表

基　地	A	11.92	16.47	33.17	20.45	17.99
	B	12.58	21.55	31.29	19.76	14.82
园　地	A	12.65	28.83	23.88	20.12	14.52
	B	29.17	20.46	30.41	10.85	9.11

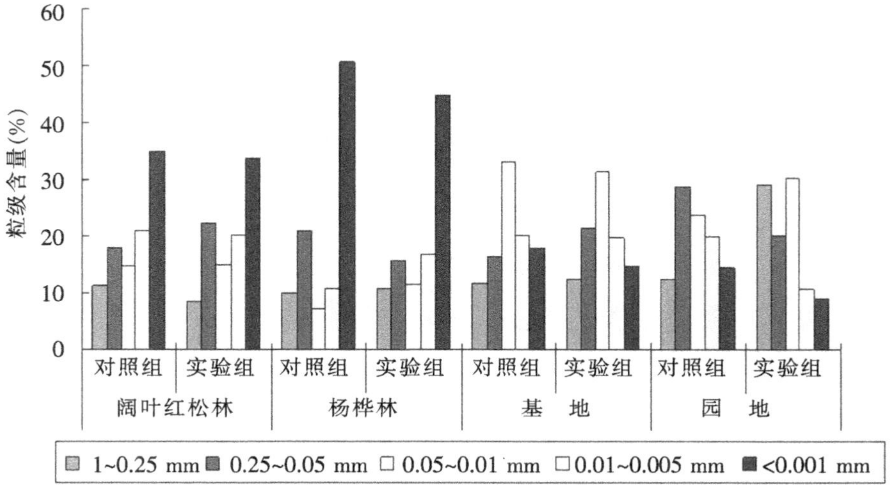

图 2　不同样地土壤颗粒组成

Fig. 2　Composition of soil particles in different plots

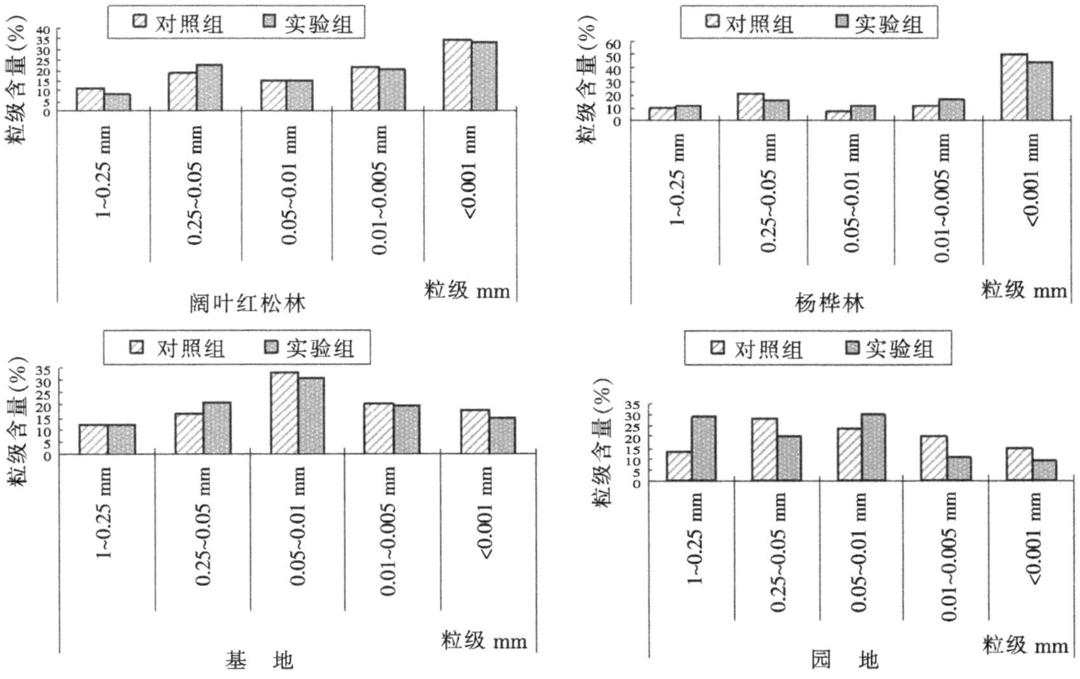

图 3　不同样地土壤粒级含量变化

Fig. 3　Changes of soil particles content in different plots

（2）土壤容重对比分析

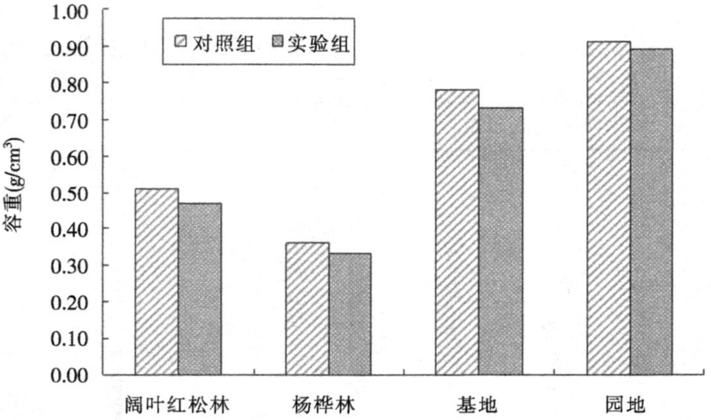

图 4　不同样地土壤容重

Fig. 4　Bulk density in different plots

实验组的土壤容重在 0.31～0.89 g/cm^3 之间变化，其中，阔叶红松林和杨桦林较低，基地和园地较高。这是因为，在杨桦林和阔叶红松林这类混交林中，地表植被种类多，数量大，使地表枯枝落叶大量积累，凋落物的分解增加了土壤有机质含量。一般土壤有机质含量越高，团粒结构越多，土壤单粒排列越疏松，孔隙度越大，通气性能越好，土壤容重也就越低[7]。而在基地和园地中，由于只种植了红景天一种植物，土壤能够获取的来自植物残体的有机质数量非常有限，从而土壤的容重也较大。实验组的土壤容重均较对照组低，红景天迁地保护使当地的土壤容重变小，但变化幅度并不大，这与土壤质地的变化趋势是一致的。

3. 红景天不同类型迁地保护地土壤化学性质对比分析

（1）土壤 pH 对比分析

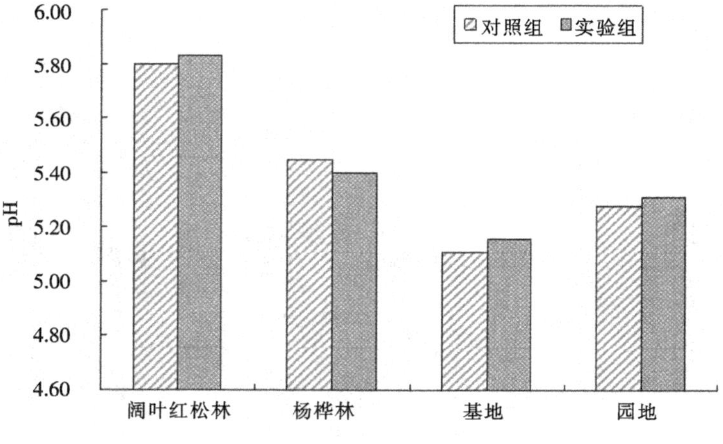

图 5　不同样地土壤 pH

Fig. 5　Value of pH in different plots

实验组和对照组的土壤 pH 在 5.11～5.83 之间变化，土壤均呈酸性。由于长白山地区降水充沛，淋溶作用强烈，盐基饱和度较低，因此土壤酸度普遍较高，这是最适宜红景天生长的土壤环境，迁地保护对土壤 pH 产生的影响极其微弱。

（2）土壤有机质对比分析

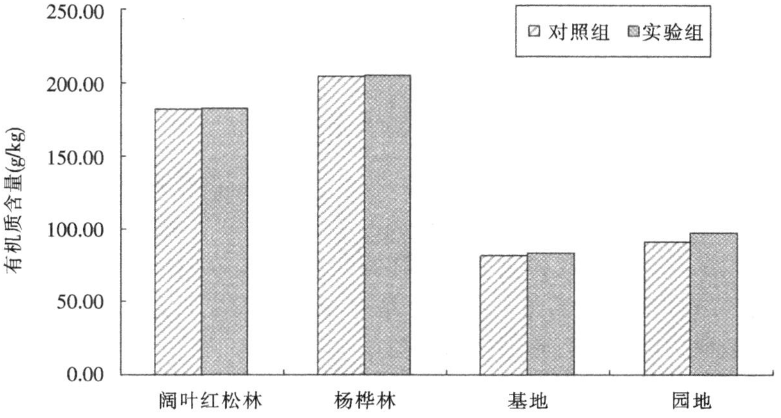

图 6 不同样地土壤有机质含量

Fig. 6 Content of soil organic matter in different plots

实验组的土壤有机质含量在 84.10 ～205.85 g/kg 之间变化，其中，杨桦林最高，基地和园地较低。林内土壤有机质含量大大高于林外，是林内枯枝落叶以及动物残体等形成有机质的原料较为丰富，有机质形成量大于分解量造成的。阔叶红松林和杨桦林存在差异，与不同林型凋落物数量与组成，不同树种对养分的吸收，不同林分条件下微生物的数量、种类以及活动情况有关。基地和园地存在差异与红景天的生长年限有关，随着时间的增长，红景天根系对土壤的作用日益增大，导致土壤有机质含量随之发生变化。实验组的土壤有机质含量比对照组略高，说明红景天迁地保护有利于土壤有机质的积累，但对不同类型迁地保护地的作用大小不同，迁移时间长的红景天对土壤有机质积累作用较大。

（3）土壤氮素对比分析

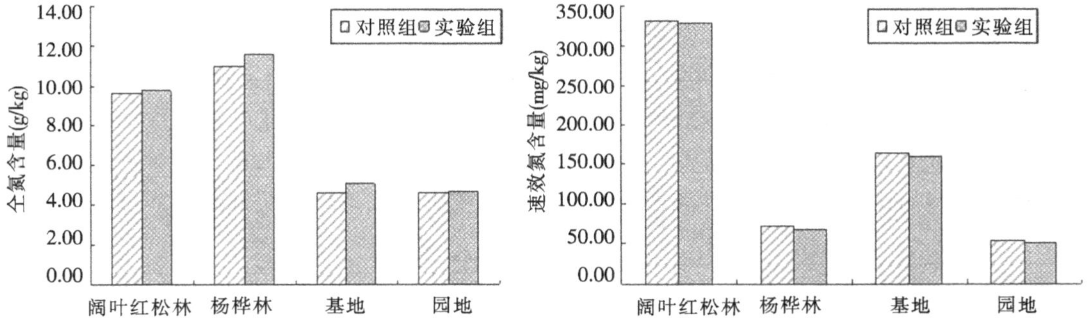

图 7 不同样地土壤氮素含量

Fig. 7 Content of soil N in different plots

实验组的土壤全氮含量在4.68～11.56 g/kg之间变化。研究区内土壤肥沃，故全氮含量很高。各样地间数值存在差异，是受有机质含量影响的结果。实验组全氮含量比对照组略高，说明红景天的迁地保护有利于当地土壤全氮的累积。

实验组的土壤速效氮含量在50.2～328.71 mg/kg之间变化，各样地差异较大。土壤中速效养分主要来自于有机质的分解和转化，林内土壤有机质含量较高，且具备有机质转化过程所需的良好物理条件，因此其表层土壤速效养分含量明显高于林外[8]。但是本组数据没有完全遵循这一规律。实验组数值略低于对照组，说明红景天迁地保护对当地速效氮含量影响不大。

（4）土壤磷素对比分析

实验组的全磷含量在1.86～4.78 g/kg之间变化，杨桦林最高。杨桦林是长白山地区阔叶红松林经皆伐和火烧等破坏后恢复形成的主要次生林类型之一，皆伐和火烧都会对土壤性质产生一定影响，因而无论是实验组还是对照组，杨桦林土壤中全磷含量都明显高于其他样地。实验组数值比对照组低很多，是由于红景天生长过程中对磷素的需求量较大，红景天的迁地保护降低了当地的全磷含量。

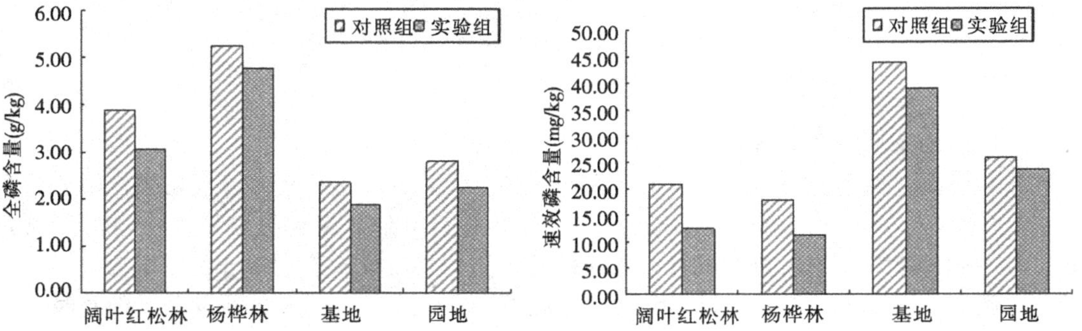

图8 不同样地土壤全磷含量

Fig. 8 Content of soil P in different plots

实验组的土壤速效磷含量相差较大。基地和园地高于阔叶红松林和杨桦林，可能与人工施肥有关。实验组的土壤速效磷含量较对照组低很多，说明红景天迁地保护对当地磷素含量有很大影响。另外，从图8可以看出，红景天迁地保护后，阔叶红松林和杨桦林中土壤速效磷减少量较大，而基地和园地较小。这与红景天迁地保护时采取的繁殖方式有关。阔叶红松林和杨桦林中红景天的繁殖方式均为种子繁殖，种子的萌发过程需要大量的磷素，所以红景天对当地土壤中速效磷的消耗量较大，导致土壤中磷素含量大大减少；基地和园地中的红景天是由根茎繁殖的，它们在迁移至此地之前，根茎内就保存了一定量的磷素，所以在日后的生长过程中对磷素的需求量相对较少，迁地保护对其改变程度小。

四、结 论

（1）不同类型迁地保护地土壤质地不同：阔叶红松林为黏壤土，杨桦林为黏土，基地为壤土，园地为砂壤土，主要影响因素是生物因素以及人类干扰。另外，红景天迁地保护改变了土壤的颗粒组成，使土壤质地变得疏松。各样地土壤容重值均低于1 g/cm³。其中，阔叶红松林和杨桦林的土壤容重较低，而基地和园地较高。红景天迁地保护使当地的土壤容重变小，但是变化幅度并不大。

(2) 不同类型迁地保护地土壤 pH 在 5.11～5.83 之间变化，土壤均呈酸性，红景天迁地保护对土壤酸碱性的影响很小。

(3) 不同类型迁地保护地土壤有机质含量相差较大，其中，杨桦林的土壤有机质含量最高，达到了 205.85 g/kg，而基地和园地较低。红景天迁地保护有利于土壤有机质的积累，但对不同类型迁地保护地的作用大小不同。阔叶红松林和杨桦林之间存在差异主要与不同林型凋落物数量与组成、不同树种对养分吸收、不同林分条件下微生物数量和种类等因素有关，红景天迁地保护对其作用较小；基地和园地之间存在差异，则主要与红景天迁地保护有关，迁移时间长的红景天对土壤有机质积累作用大。

(4) 不同类型迁地保护地的土壤全氮、全磷、速效氮、速效磷含量分别在 4.68～11.56 g/kg，1.86 ～4.78 g/kg，50.2 ～328.71 mg/kg，2.19 ～36.17 mg/kg 之间变化。红景天迁地保护有利于土壤氮素的积累，但由于红景天生长过程中对磷素消耗量大，致使土壤磷素含量大幅降低。

综上所述，红景天迁地保护对土壤化学性质的影响大于对物理性质的影响。其中，对土壤磷素含量的影响最为显著，对有机质和氮素含量有一定影响，对质地、容重以及 pH 影响很小。

参考文献

[1] 张凤山，等. 长白山地区气候分析及其初步评价 [J]. 森林生态系统研究，1980，1：193—214.

[2] 杨美华. 长白山气候特征及北坡垂直气候带 [J]. 气象学报，1981，39 (3)：25—29.

[3] 王战，等. 长白山北坡主要森林类型及其群落结构特点森林生态系统研究 [J]. 森林生态系统研究，1980，1：25—42.

[4] 杨清福，薄景山，等. 长白山天池火山的研究现状与展望 [J]. 自然灾害学报，2007，12：133—139.

[5] 杨清福，王佳蕾，刘志平，等. 第二松花江断裂带地质特征及第四纪活动性研究 [J]. 中国地震，2010，3：34—45.

[6] 霍亚贞，李天杰，等. 土壤地理实验实习 [M]. 北京：高等教育出版社，1987，3：14—80.

[7] 庞学勇，刘世全，刘庆，等. 川西亚高山针叶林人工重建过程中植物群落演替对土壤性质的影响 [J]. 水土保持学报，2003，17 (4)：42—45，50.

[8] 刘文利，罗广军. 不同林型下土壤理化性质的差异研究 [J]. 吉林林业科技，2006，35 (1)：26—28，34.

长白山自然地理研究的几个主要问题

许嘉巍　张飞虎
（东北师范大学城市与环境科学学院，长春市，130024）

【摘要】 中国长白山是世界著名的活火山之一，地处中朝两国边界，以长白山天池（白头山天池）为主火山口，结合周围若干小火山口，最近一次大规模喷发距今约800～1 000年，拥有温带地区完整的植被分布带。本文通过近些年来对长白山的野外调查、植被演替研究及RS、GIS技术分析，提出今后长白山自然地理问题研究的四个主要问题：1. 长白山植被（景观）垂直分布规律问题，包括两方面：I. 长白山各坡向热量条件相似，但植被分布规律差异明显；II. 以北坡为代表的长白山植被垂直带谱相对于同纬度的其他山峰具有独特性。2. 火山干扰下的植被（景观）演替问题：I. 长白山植被演替时间与火山活动时期不吻合问题；II. 植被演替的地质基础问题。3. 岳桦林带地位问题，包括岳桦的先锋性问题和岳桦形态差异问题。4. 长白山自然地理过程问题，根据长白山地理环境的变化状况，提出假说：长白山自然地理过程初始环境应多为火山灰裸地；受风向影响，不同坡向上火山灰沉降数量存在差异，地质基础变化阶段持续时间存在差异，由此说明长白山各坡向植被分布规律差异的实质，是植被演替的阶段性差异。

【关键词】 长白山　植被演替　火山干扰　自然地理过程

Abstract: Changbai Mountain, locating on the border between China and North Korea, is one of the famous volcanos in the world. Having Tianchi as its main crater, it is surrounded by dozens of small vents. Its most recent large-scaled eruption is about 800—1 000 years ago. Moreover, Differences in altitude vary from mixed broadleaf-conifer forest to inhospitable desert, which reveals a complete vegetation zonation in the temperate zone. Based on recent research on vegetation succession, results of filed work and Geo-informatics analysis of Changbai Mountain, this paper aims at rising following four research issues. First one is about Changbai Mountain vegetation (landscape) vertical distribution. This focus also lies in twofold: (1) significant differences exist in vertical distribution of vegetation in each ridge, although their conditions of temperature exhibit in a similar pattern; and (2) comparing with other northern hillsides in the same region, which stands for the same humidity and heat condition, the vertical distribution of vegetation in northern hillside of Changbai Mountain displays a distinct spectrum. Second issue is related to the vegetation (landscape) succession under the disturbance of volcano. That is to say, (1) the mismatch between vegetation succession and volcanic action in time series; and (2) questions rose up from geological-base perspective. Third issue is regarding to Betula ermanii zonation, including the discussion on its pioneer plant role in the succession and the particular variety of its morphologies in Changbai Mountain. Fourth issue concerns about Changbai Mountain geography process. According to the geographical environment of changes in status of Changbai Mountain, we make a hypothesis: the initial process of Changbai Mountain natural geographical environment should be mostly bare volcanic ash, and the physical geography of the possible changes in the geological foundation stage; affected by wind direction, different slope up differences in the number of volcanic ash deposition, geological changes in the duration of the basic differences, illustrating that the real difference in vegetation distribution of each slope of Changbai Mountain is the different stages of vegetation succession.

Key words: Changbai Mountain; vegetation succession; volcanic interference; physical geographical processes

一、长白山植被（景观）垂直分布规律问题

长白山植被垂直分布规律研究是我国自然地理学的经典研究之一。该项研究始于20世纪30年代的竹内亮（日本）。50年代，黄锡畴发表了《长白山北坡的自然景观带》，确定了长白山北坡植被垂直带谱，其后，赵大昌（1980）、徐文铎（1981）等对长白山植被垂直分布规律进行了更为全面的描述，分析了水热条件，强调热量条件的决定性作用。至此，长白山植被垂直带谱成为温带湿润山地垂直带谱的经典范式。

然而，这一研究没有解决以下问题：

一是长白山各坡向热量条件相似，但植被分布规律差异明显。火山锥体可分为四个坡向。各坡向植被分布各有不同。东坡、北坡的差异尤为显著。北坡植被带状分布，东坡斑块特征明显；西坡和南坡总体上体现为带状分布，但带内镶嵌大量斑块，带间过渡带发育。

二是以北坡为代表的长白山植被垂直带谱独特：缺失偃松矮曲林，岳桦林带极度发育。与长白山区的其他山峰及大、小兴安岭等的垂直带谱有差异。这种差异与水热条件无关。

因此，全面分析长白山植被（景观）垂直分布机理，确定统一的长白山景观垂直带谱，不仅是长白山自然地理研究的基础工作，也是深入理解长白山自然地理问题的关键。

二、火山干扰下的植被（景观）演替问题

植被对火山干扰的响应研究为国内外专家瞩目，主要工作集中在火山喷发后植被演替过程研究上。国外科学家对几座近期喷发的火山进行了植被演替的跟踪观测，详细记录了短期的植被演替过程，特别是种群、群落和生物多样性变化过程，如美国的Helens火山（del Moral，Wood，1993；Virginia，Wendy，2003；Weber，et al，2006），日本的Usu火山（Masahiro，Shiro，2001），冰岛的Surtsey火山（Boigtuor，2009），总结出火山喷发后早期植被演替一般模型，论证了植被演替机理。另外，对植被演替过程中元素迁移、生态效益变化也作了详细研究。

在我国，虽然缺少近期火山喷发导致的植被演替的观测条件，但植被演替过程研究特别是长白山火山植被演替过程研究也取得了较大进展。赵大昌（1981）不仅确定了长白山低山植被演替规律，而且根据林木胸径分析，推测出植被演替时间表，认为喜光的落叶松在200多年前得以生长成林，100年后，开始发生落叶松林向混交林的演替。目前因成林年代不久，尚未被完全更替 。

刘琪景等（1992）研究了高山和亚高山植被演替规律，认为高山苔原植被遭受破坏后，在熔岩裸地上需要经过地衣—苔藓—苔原植被演替过程，在火山灰、浮石上则可直接被苔原植被所侵占。亚高山森林植被遭破坏后在火山灰、浮石上直接发育成岳桦林或落叶松林，在熔岩裸地上苔原植被下侵，后逐渐被岳桦林所代替，目前这一过程还在进行。

林线研究也是对植被的火山干扰响应研究的补充。长白山火山爆发前林线比目前要高，对炭化木的分析证明了这一观点。徐文铎根据水热指数计算的潜在林线（海拔2 100 m）也比现实林线高，由此说明火山爆发导致的林线下移，还未得到全面恢复。

长白山火山干扰下的植被演替研究存在以下未解决的问题：

一是长白山植被演替时间与火山活动时期不吻合问题。通过对生态系统形态的观测，确认长白山植被处于演替过程中，并推断，演替应始于长白山火山的最近一次大规模喷发。长白山火山在全新世发生过两次爆炸式大喷发和多次小规模喷发，最近一次大规模喷发距今约800～1 000年，是全球近2 000年来最大的爆炸式大喷发之一，毁灭了长白山区5 000 km^2 以上的原始森林，而其后的三次小规模火山活动对植被没有产生明显的影响。可见，长白山火山喷发后，植被演替至少应有800年，按传统理解，演替早应结束，火山干扰似乎应消除。

二是植被演替的地质基础问题。目前，长白山的山地土壤和植被主要发育在熔岩（凝灰岩、粗面岩等）和火山灰上。因此，植被演替的地质基础被假定为熔岩裸地和火山灰裸地，在演替过程中，地质基础不变。由于火山灰可直接发育土壤和植被，而熔岩需先风化出细粒物质，才可能发育植被和土壤，因此，认定熔岩上植被和土壤发育程度要低于火山灰上。这一观点得到了野外观测的支持。可是，熔岩一般形成于早期喷发，而火山灰形成时间要晚得多，其上植被与土壤发育时间是否一致?

三、岳桦林带地位问题

长白山北坡垂直带中拥有极度发育的岳桦林带（海拔1 700～2 100 m），通常认为，岳桦林带同针阔混交林带（1 100 m以下）、针叶林带（1 100～1 700 m）以及苔原带（2 100 m以上）共同组成长白山植被垂直带谱。

这一结论也存在问题：

其一是岳桦的先锋性问题。

岳桦同长白落叶松、长白松一样，具有先锋性。先锋性植被稳定性差，是非地带性植被。钱家驹在野外进行的样方调查中支持了这一观点：针叶林带上部混有岳桦，岳桦的树龄较大；岳桦林下部混有针叶树，针叶树树龄较小。

同时，长白山北坡岳桦林中混有长白落叶松。混生的长白落叶松树龄较大，缺失幼苗，将逐步退出群落。东坡的长白落叶松可形成纯林，但其中已开始侵入岳桦。如果在演替顺序中长白落叶松先于岳桦，而岳桦先于云冷杉，那么，岳桦林是否演替为鱼鳞云杉林，或者说岳桦林和落叶松林是否实质属于云冷杉针叶林带，需进一步研究。

其二，岳桦形态差异问题。

一般地说，同带中的同种植物形态应是一致的。但长白山岳桦的形态差异明显，常见有稀疏的单株岳桦和多干的灌丛岳桦。在北坡，多干的灌丛岳桦较多，且多在岳桦林带中、下部。其间的大径枯立木或倒木多为单株岳桦的残体，而西坡、南坡多为单株岳桦。

岳桦为桦木科桦木属树种，借助风传播成熟的种子，岳桦萌芽能力强，能从基部生枝形成多干的灌木丛，呈基部分叉散生状态。稀疏的单株是种子繁殖的产物，多干的灌丛是营养繁殖的产物。

是否可将岳桦林分为两代，稀疏的单株为主的岳桦林为第一代，多干的灌丛岳桦林为第二代。岳桦一代林的出现，极大地改善了立地条件，林下草本植物逐步茂盛，影响了岳桦种子着床，种子繁殖受到限制，岳桦繁殖转为营养繁殖，岳桦二代林逐步取代岳桦一代林。长白山岳桦林带目前正处于一代林向二代林转化阶段的假设，不仅说明了岳桦林的不稳定性，也解释了岳桦林形态差异，值得深入研究。

但是，又不能简单把岳桦林作为火山的产物，这是因为在非火山地区岳桦林也较为常见，除长白山地外，在小兴安岭南段、张广才岭、大兴安岭、俄罗斯锡霍特阿林等山地也有分布，这是因为岳桦与一般的针叶树种相比更耐干旱、瘠薄和严寒，在土质贫瘠、岩石裸露、风力强劲的地方，常与鱼鳞云杉、偃松、小叶章混生。一旦发生干扰，植被重新演替，岳桦易形成纯林。长白山之所以形成大面积的岳桦纯林，可能与火山强烈干扰密不可分，这也需进一步论证。

四、长白山自然地理过程问题

长白山自然地理环境处于变化之中，主要体现在林线上侵、苔原带湿生植物侵入、岳桦林变化、沟谷火山灰侵蚀以及风灾迹地的演化等多方面。

长白山最近一次大规模喷发为普林尼式喷发，当时喷出巨量火山灰和浮岩，基本上没形成熔岩流。因此，长白山自然地理过程初始环境应多为火山灰裸地。由于火山灰疏松，除平坦地面外，侵蚀严重，其下的火山熔岩逐步出露，才形成近期喷发的火山灰和早期喷发的熔岩共同成为地质基础的局面。长白山自然地理过程可能存在地质基础变化阶段（或称火山灰侵蚀、熔岩出露阶段），目前，在鸭绿江大峡谷（南坡）、锦江大峡谷（西坡）、浮石林（北坡）堆积了大量的火山灰可证明这一点。这一假说的提出，不仅解决了长白山植被演替时间与火山活动时期不吻合问题和植被演替的地质基础问题，进而说明岳桦林带地位问题，而且补充了长白山植被（景观）垂直分布机理，为确定统一的长白山景观垂直带谱提供了可能。同时，可将长白山自然地理环境变化原因归为景观（植被）演替。

由于受风向影响，不同坡向上火山灰沉降数量存在差异，地质基础变化阶段持续时间存在差异。北坡率先完成这一阶段，植被演替程度最高，其次为西坡及南坡。由此说明了长白山各坡向植被分布规律差异的实质，是植被演替的阶段性差异。

受高空西风影响，东坡沉降了较厚的火山灰，目前还处于地质基础变化阶段。因此这一假说的证实，有赖于未来中朝地理学工作者对东坡的观测。目前相关工作只能依据遥感资料，是远远不够的。

另外，长白山自然地理过程数字模拟工作，是证实这一假说的关键。相关基础数据的收集，已是刻不容缓的工作。

参考文献

[1] 黄锡畴，等．长白山北坡的自然景观带［J］．地理学报，25（6），1959.

[2] 赵大昌．长白山的植被垂直分布带．［M］．森林生态系统研究．中国科学院长白山森林生态系统定位站．北京：中国林业出版社，1980：65—70.

[3] 徐文铎，林长清．长白山植被垂直分布与热量指数关系：初步研究．［M］．森林生态系统研究 中国科学院长白山森林生态系统定位站．北京：中国林业出版社，1981：88—95.

[4] Jiawei x. *The effects of volcanic activities on landscape pattern and landscape change in changbai mountain*. lale conference，2009：66—68.

[5] 张博，孙晓怡．老秃顶子植物分带与中山地区植物特点［J］．辽宁城乡环境科技，2007，27（3）：14—16.

[6] 邹春静，王晓春，韩士杰．长白山岳桦种群过渡带位置的研究［J］．应用生态学报，2004，15（12）：2 217—2 220.

[7] 石培礼，李文华．长白山林线交错带形状与木本植物向苔原侵展和林线动态的关系［J］．生态学报，2000，20（4）：573—580.

[8] Roger del Moral，David M. *Dynamics of herbaceous vegetation recovery on Mount St. Helens，Washington，USA，after a volcanic eruption*. Vegetatio，1988（74）：11—27.

[9] Tsuyuzaki S. *Origin of plants recovering on the volcano Usu，nothern Japan，since the eruptions of 1977 and 1978.* Vegetatio，1987（73）：53—58.

[10] Boigtuor M，et al. *Developments in plant colonization and succession on Surtsey during 1999～2008.* Surtsey research，2009：57—76.

[11] Suyuzaki Shiro. *Causes of plant community divergence in the early stages of volcanic succession*. Journal of Vegeyation Science，2009（5）：959—969.

[12] Ting T，Jopony M. *Geochemical distribution of elements at Lipad and Tabin Mud Volcanoes，Sabah. Malaysian.* Journal of Soil Science，2008（12）：1—18.

[13] Teixeira A. *Effect of forest vegetation at two mud volcanoes in north-east Borneo*. Journal of Ecologist Science，2009（2）：33—38.

[14] 赵大昌．长白山火山爆发对植被发展演替关系的初步探讨［M］．森林生态系统研究，中国科学院长白山森林生态系统定位站．北京：中国林业出版社，1981：81—86.

[15] 刘琪璟，王战．长白山近期火山爆发与高山亚高山植被历史［M］．森林生态系统研究，中国科学院长白山森林生态系统定位站．北京：中国林业出版社，1992：57—62.

[16] 尹金辉，郑勇刚，刘粤霞．长白山天池火山炭化木的14C年代及其意义［J］．地震地质，2005，27（1）：83—88.

[17] 徐文铎．吉良的热量指数及其在中国植被中的应用［J］．生态学杂志，1985（3）：35—39.

[18] 刘祥，隋维国，向天元，等. 长白山天池地区全新世以来火山活动及其特征 [J]. 第四纪研究，2004：24（6）：638－644.

[19] 刘若新，魏海泉，李继泰，等. 长白山天池火山近代喷发 [M]. 北京：科学出版社，1998：1－159.

[20] 崔钟燮，金东淳，李霓. 长白山天池火山公元 1199～1200 年大喷发历史记载的发现 [J]. 岩石学报，2000，16（2）.

[21] Zielinski G，Mayewski P，Meeker L，et al. *Record of volcanism since 7000B. C. from the GISP Greenland ice core and implications for the volcano-climate system*. Science，1994，264：948－952.

[22] 刘若新，仇士华，蔡莲珍，等. 长白山天池火山最近一次大喷发年代研究及其意义 [J]. 中国科学：D 辑，1997，27（5）：437～441 [J]. 岩石学报，2000，16（2）：191－193.

[23] 魏海泉，刘若新，李晓东. 长白山天池火山造伊格尼姆岩喷发及气候效应 [J]. 地学前缘（中国地质大学，北京），1997，4（1～2）：263－266.

[24] 戴璐，武耀祥，韩士杰，李玉文. 火山大爆发对长白山东坡历史植被演替的影响 [J]. 生态学杂志，2008，27（10）：1 771－1 778.

[25] Lise Cary，Anne Aleandre，et al. *Contribution of phytoliths to the suspended load of biogenic silica in the Nyong basin rivers（Cameroon）*. Biogeochemistry，2005，74：101－114.

[26] Q J Liu，et al. *Mapping of boreal vegetation of a temperate mountain in China by multitemporal Landsat TM imagery*. Remote sensing，2002，vol. 23，No. 17，3 385－3 405.

[27] Rand R，Evett，et al. Phytolith evidence for the absence of a prehistoric grass understory in a Jeffrey pine mixed conifer forest in the Sierra San Pedro. Can. J. For. Res. Vol. 37，2007.

[28] M Horrocks. *A short note on banana（Musa）phytoliths in Lapita，immediately post－Lapita and modern period archaeological deposits from Vanuatu*. Journal of Archaeological Science，2009，36：2 048－2 054.

[29] Gary P Ellrod. *Impact on volcanic ash detection caused by the loss of the 12. 0 Am "Split Window" band on GOES Imagers*. Journal of Volcanology and Geothermal Research，2004，135：91－103.

[30] K M A Hossain，M Lachemi. *Strength，durability and micro-structural aspects of high performance volcanic ash concrete*. Cement and Concrete Research，2007，37：759－766.

[31] D Andronico，C Spinetti. *Observations of Mt. Etna volcanic ash plumes in 2006：An integrated approach from ground-based and polar satellite NOAA - AVHRR monitoring system*. Journal of Volcanology and Geothermal Research，2009，180：135－147.

长白山针阔混交林带退化生态系统土壤呼吸变异特征研究

梁　宇[1]　许嘉巍[1]　王绍先[2]
（1 东北师范大学城市与环境科学学院，长春，130024
2 长白山科学研究院，白河，133600）

【摘要】 研究区选择在全球变化中国东北样带东部最典型的生态系统——长白山针阔混交林带，以长白山针阔混交林带退化生态系统为研究对象，采用动态气室——CO_2 红外分析法对土壤总呼吸及各组分呼吸进行精准、连续的测定，从而准确地掌握森林各退化阶段土壤总呼吸及各组分呼吸的变异特征，进一步丰富我国森林生态系统土壤呼吸的碳排放量数据库。不同退化阶段土壤总呼吸及各组分呼吸的日变化趋势基本相同，但最值出现的时间及变化幅度不同。与对照样地（原始阔叶红松林）相比，不同退化阶段土壤呼吸日变化最值出现的时间均有不同程度的提前。不同退化阶段土壤总呼吸的季节动态变化也比较明显，呈单峰型曲线，分别在 7 月或 8 月达到最大值。

【关键词】 退化生态系统　土壤总呼吸　土壤呼吸组分　动态变化

一、引　言

森林生态系统土壤呼吸是陆地生态系统土壤呼吸的重要组成部分，其动态变化会对全球碳平衡产生深远影响，北半球温带森林生态系统与大气之间存在着较大的 CO_2 负通量，精确测定北半球温带森林土壤呼吸及其各组分呼吸的贡献，是目前全球变化研究中最基础和最迫切需要解决的问题。干扰作为外在变量影响土壤 CO_2 产生和传输的各个环节，这些变量包括大气 CO_2 浓度升高，气候变暖，底物的增减，氮沉降以及土地利用方式改变等等。由于全球森林过度采伐和土地利用变化，土壤 CO_2 释放的增加量占过去两个世纪来因人类活动释放的 CO_2 总量的一半。植物覆盖变化改变了土壤温度和湿度条件，从而影响了根呼吸对总土壤呼吸的贡献率，并且不同的植被类型对土壤温度和湿度产生的影响也经常是不同的。森林采伐对土壤呼吸的影响结果差异较大。有些研究结果表明，采伐使土壤呼吸速率明显减少，但也有研究得出相反的结果。原始森林遭受干扰，进行自然更新和恢复过程中，植被类型以及生境条件发生动态演替，严重影响了森林碳循环收支评估的准确性。天然次生林的土壤呼吸显著小于人工林，而天然次生林的有机碳含量却明显大于人工林。因此，保护天然次生林可控制土壤 CO_2 的排放，对维持全球碳平衡及稳定全球气候变化起着十分重要的作用。同时，对土壤有机碳总量的控制有一定的作用。

二、研究区概况与研究方法

1. 研究区概况

研究区选择在长白山自然保护区的实验区内，属于受季风影响的温带大陆性山地气候。土壤主要为白浆土，土质肥沃，腐殖质含量高，适于各种树木生长。土壤剖面发育完全，层次明显，具有 A_0，A_1，AB，B，C 层，特征是有饱和暗腐殖质表层和饱和棕色的 B 层，整个剖面终年处于湿润状态。土体较厚，一般可厚达 70～100 cm 左右，土壤有机质含量较高，持水性强，有潜育和生草化特征。

研究区原生植被为阔叶红松林，组成树种有红松（*Pinus koraiensis*）、水曲柳（*Fraxinus mandshurica*）、蒙古栎（*Quercus mongolica*）、紫椴（*Tilia amurensis*）、糠椴（*Tilia mandshurica*）、春榆（*Ulmus japonica*）、枫桦（*Betula costata*）、大青杨（*Populus ussuriensis*）、胡桃楸（*Juglans mandshurica*）等，立木通常有 2～3 层林冠，上层主要为红松、椴树，其他树种往往构成第 2 和第 3 层林冠，林分总蓄积量为 400～500 $m^3 \cdot hm^{-2}$。混生的树种也有很大不同，位于山腹以下的缓坡地、山麓、河流两岸平坦地或阴坡溪谷中，土层较厚而湿润，则水曲柳、白皮榆、大青杨等阔叶树种增多；而在山脊或向阳陡坡上部，坡度较大，土层瘠薄而干燥，多数阔叶树种无法适应，常形成蒙古栎红松林。

在长白山针阔混交林带天然次生林中，由于原始林破坏程度和时间长短不同而出现不同次生林分。阔叶红松林经择伐后，多成为以水曲柳、胡桃楸、黄菠萝为主的硬阔叶林，若经大面积皆伐和火烧后则成为以杨、桦为主的软阔叶林、硬阔叶林，再经反复严重破坏，立地条件更趋于干旱恶劣，则成为以蒙古栎、黑桦（*Betula davurica*）为主的蒙古栎林。杨、桦林还可以恢复成阔叶红松林，但经过多次干扰或强烈的干扰，缺乏种源，则混交林难以恢复。所以，本文以原始阔叶红松林作为对照样地，选择以水曲柳、胡桃楸、黄菠萝为主的硬阔叶林（简称水一胡林），杨桦林，蒙古栎林，裸地为研究样地。

2. 研究方法

本研究采用便携式红外气体分析仪（Li-6400P，LI-COR InC.）配备的土壤呼吸室（Li-6400P-9，LI-COR InC.）测定样地土壤呼吸速率。在 5 块样地中各随机选择 5 个小区，在每个小区内作 4 种处理：断根，去除枯枝落叶层；断根，保留枯枝落叶层；去除枯枝落叶层；保留枯枝落叶层。在断根后定期测定断根样方内外的呼吸速率，当二者出现明显差异且断根样方内呼吸速率相对稳定后，于 2008 年 6 月（断根 7 个月后）开始全面观测。土壤呼吸季节动态测量在 2008 年 6～9 月间进行。监测得到的土壤 CO_2 通量数据由 Li-Cor-6400（Li-Cor，Inc.，USA）便携式光合作用分析系统主机进行采集与储存，每个数值重复 3 次。因 Li-6400 便携式 CO_2/H_2O 分析系统在低温下难以运行，所以土温低于 0℃的非生长季未能进行测定。

在测量土壤呼吸的同时，利用 Li-6400 便携式光合作用分析系统附带的温度探针及土壤温度速测仪在样点附近同步测定样地气温（地上 1 m 处）及地下 0，5，10，15，20 cm 的土壤温度，利用土壤湿度速测仪同步测定地下 5，10，20 cm 的土壤湿度。所有这些测定，基本涵盖了本地区土壤温度和含水量的季节变化范围。

三、结果与分析

1．土壤总呼吸日变化特征

太阳辐射的日变化引起气温的日变化，相应引起土壤温度、根系和土壤生物（尤其是土壤微生物）活动强度的变化，进而引起土壤总呼吸及其各组分呼吸的日变化。7月份各样地的土壤总呼吸日变化动态均为单峰型曲线，但极值出现的时间与变化幅度不同，且白天波动幅度一般大于夜间。原始阔叶红松林（K）一日的土壤呼吸速率变化范围为3.46～6.33 μmol·m^{-2}·s^{-1}，峰值出现在18：00～20：00，谷值出现在次日9：00～10：00之间，土壤呼吸速率日平均值为4.82 μmol·m^{-2}·s^{-1}，这一动态变化规律与国内外关于森林土壤呼吸作用的研究结果相近；杨桦林（Y）的土壤呼吸速率在18：00达到最大值7.06 μmol·m^{-2}·s^{-1}，在次日8：00左右达到最小值3.82 μmol·m^{-2}·s^{-1}，日平均值5.21 μmol·m^{-2}·s^{-1}，达到最值的时间均比对照样地提前约1～2 h，与王旭研究所得结果一致；水一胡林（S）土壤呼吸速率达到最值的时间比对照样地提前约3～4 h；蒙古栎林（M）和裸地（L）均在14：00左右达到日变化最大值，在次日6：00左右达到最小值。通过对五个样地的土壤呼吸速率日平均值进行比较，可以得出如下顺序：Y＞K＞M＞S＞L。蒙古栎林和裸地的土壤呼吸日变化变异系数（CV）较大，分别为0.285，0.340，其余样地的变异系数较小，K（CV）：0.202，Y（CV）：0.199，S（CV）：0.217，这是由于蒙古栎林和裸地的植被类型较为简单，结构单一，与植被类型多样、结构复杂且高度郁闭的对照样地——原始森林生态系统相比，更容易受到外界环境的影响；同时，森林冠层和复杂的结构以及凋落物层对土壤呼吸速率日动态的“时滞效应”也起了一定作用。

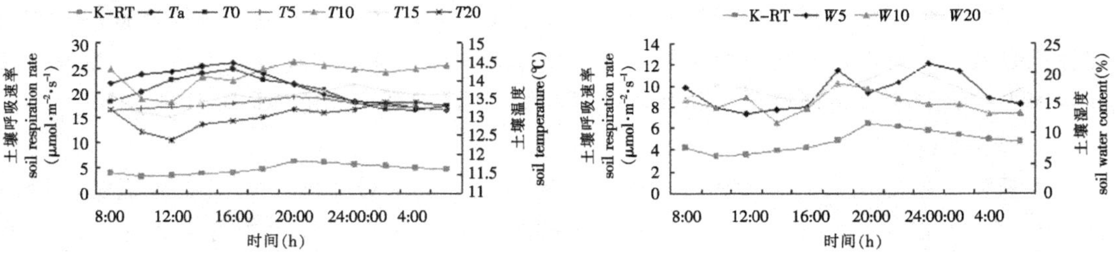

图1　原始阔叶红松林土壤呼吸与温度、湿度日动态

Fig. 1　Diel variations of soil respiration, soil temperature and water content in K sample plot

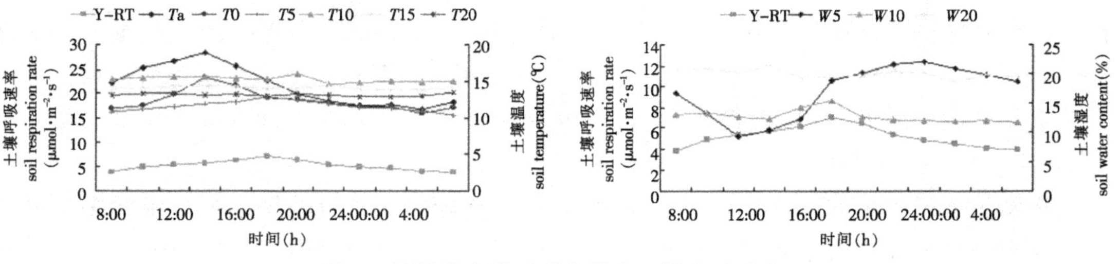

图2　杨桦林土壤呼吸与温度、湿度日动态

Fig. 2　Diel variations of soil respiration, soil temperature and water content in Y sample plot

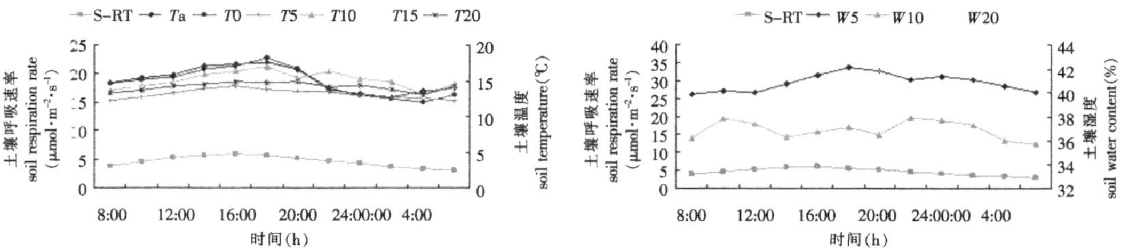

图 3　水一胡林土壤呼吸与温度、湿度日动态

Fig. 3　Diel variations of soil respiration, soil temperature and water content in S sample plot

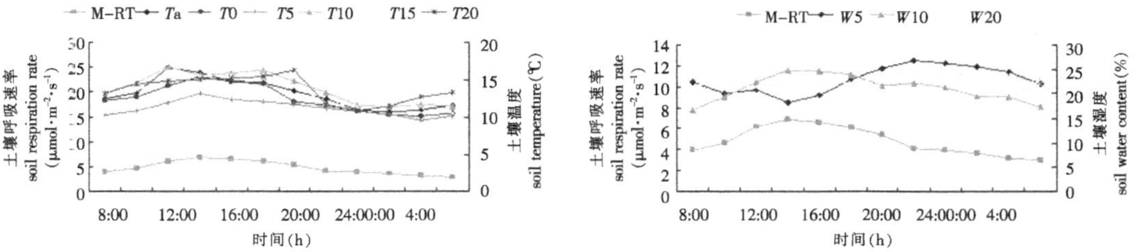

图 4　蒙古栎林土壤呼吸与温度、湿度日动态

Fig. 4　Diel variations of soil respiration, soil temperature and water content in M sample plot

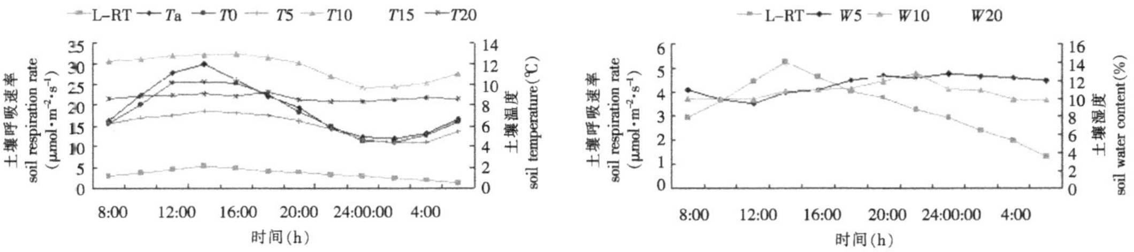

图 5　裸地土壤呼吸与温度、湿度日动态

Fig. 5　Diel variations of soil respiration, soil temperature and water content in L sample plot

K-RT：原始阔叶红松林样地土壤总呼吸速率 the total soil respiration rate in K plot；Y-RT：杨桦林样地土壤总呼吸速率 the total soil respiration rate in Y plot；S-RT：水一胡林样地土壤总呼吸速率 the total soil respiration rate in S plot；M-RT：蒙古栎林样地土壤总呼吸速率 the total soil respiration rate in M plot；L-RT：裸地土壤总呼吸速率 the total soil respiration rate in L plot. *Ta*：气温 Air temperature（℃）；*T*0：地表温度 Surface temperature（℃）；*T*5，*T*10，*T*15，*T*20：地下 5，10，15，20 cm 深度土壤温度 soil temperature at 5，10，15，20 cm depths（℃）. *W*5，*W*10，*W*20：地下 5，10，20 cm 深度土壤湿度 soil water content at 5，10，20 cm depths（%）.

不同样地的气温、土壤温、湿度的日变化特征存在着差异，主要表现为温度、湿度日变化幅度和极值出现的时间不同，这可能与不同样地植被冠层特点和土壤性状不同有关。不同梯度土壤温度的最大值在日变化中出现的时间也存在差异，深层土壤温度最大值出现的时间一般滞后于表层土壤温度；不同梯度土壤湿度的变化趋势大致为白天下降，夜晚因受土壤深层水分的补充略有回升。原始阔叶红松林的土壤温度低于杨桦林，而前者的土壤湿度高于后者；地处山坡中下部土壤干旱瘠薄的蒙古栎林，虽然土壤温度较高，但土壤湿度相对较低；而水一胡林的土壤湿度最大，但土壤温度较低；裸地由于植被覆盖小，接受太阳辐射较林地多，蒸发量大，导致土壤湿度要显著低于其他样地。这些环境因子在一定程度上影响着土壤呼吸的动态变化。

由土壤呼吸与环境因子日变化动态曲线可以看出，土壤呼吸作用与土壤温度变化的相关性要好于与土壤湿度的相关性。随着温度的升高，土壤微生物活动旺盛，分解作用增强，因而土壤呼吸作用增强。这在一定程度上说明土壤呼吸作用的这种规律性的日变化动态主要受土壤温度的影响。而土壤呼吸作用的日变化滞后于气温的日变化，这是由于土壤温度的变化滞后于气温的变化，气温对土壤呼吸的作用是间接的，是通过改变土壤温度间接影响土壤呼吸作用的。

2. 土壤呼吸组分日变化特征

土壤自养微生物同化二氧化碳的速度一般要低于土壤排放二氧化碳的速度。因此，除特殊情况外，土壤呼吸都表现为土壤向大气净释放二氧化碳。土壤呼吸释放的二氧化碳主要由土壤微生物氧化有机物和根系呼吸产生，而土壤动物呼吸和土壤含碳物质的化学氧化作用很弱，对土壤呼吸的贡献很小，因此，有研究已表明，后两者往往可以忽略。

各样地土壤异养呼吸、枯枝落叶层呼吸的日变化动态与土壤总呼吸的日变化动态大致相同，根呼吸的日变化动态略有滞后，均为单峰型曲线（图 6～8）。比较各样地土壤根呼吸速率日平均值，原始阔叶红松林的根呼吸日平均值最大，2.50 μmol・m^{-2}・s^{-1}，最小的是裸地 0.78 μmol・m^{-2}・s^{-1}，杨桦林、水一胡林、蒙古栎林的根呼吸日平均值分别为 2.28 μmol・m^{-2}・s^{-1}，1.88 μmol・m^{-2}・s^{-1}，1.82 μmol・m^{-2}・s^{-1}；到达最大值的先后顺序为：M＞L＞S＞Y＞K。比较土壤异养呼吸速率日平均值：L＞M＞Y＞S＞K。凋落物对森林生态系统 CO_2 释放通量的变化有显著影响[182]。林地的枯枝落叶层呼吸显著大于裸地 0.58 μmol・m^{-2}・s^{-1}，阔叶林的枯枝落叶层呼吸大于针阔混交林（K：1.15 μmol・m^{-2}・s^{-1}），这是由于林下的凋落物数量明显多于裸地，而阔叶林的凋落物比针叶林的凋落物更易于分解，也可能与不同样地的水热条件和土壤微生物的种类及数量有关。

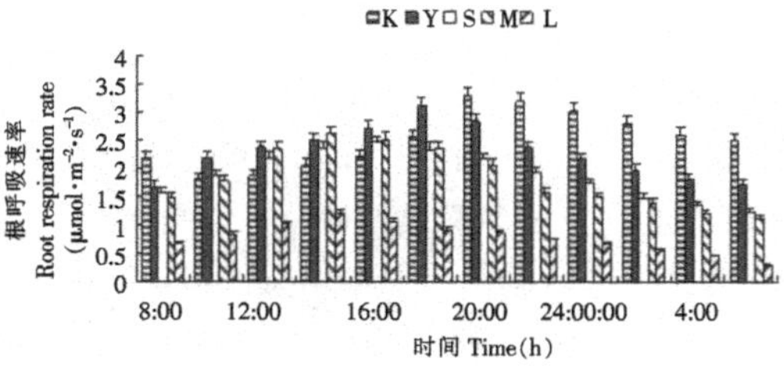

图 6 土壤根呼吸日变化动态

Fig. 6 Diel variations of root respiration

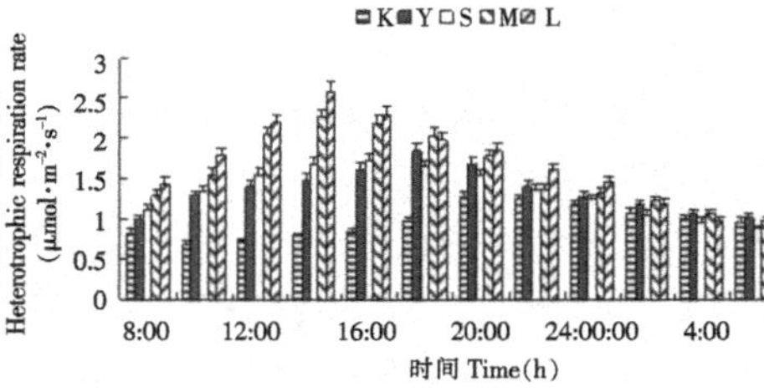

图 7 土壤异养呼吸日变化动态

Fig. 7 Diel variations of heterotrophic respiration

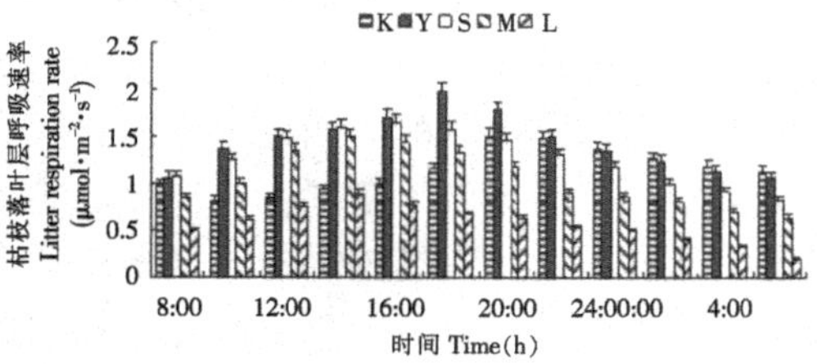

图 8 枯枝落叶层呼吸日变化动态

Fig. 8 Diel variations of litter respiration

3. 土壤总呼吸季变化特征

各样地土壤总呼吸在生长季的动态变化比较明显，均为单峰型曲线（图 9）。土壤温度也有明显的季节性变化，不同样地同一层次的土壤温度差异不显著，而土壤湿度的差异显著。原始阔叶红松林与杨桦林变化趋势基本一致，在生长季初期（6 月初）由于温度较低，各个样地间土壤呼吸速率差异较小，从生长季初随着温度升高而逐渐上升，但略有波动，原始阔叶红松林在 7 月下旬达到最大值 8.59 μmol • m^{-2} • s^{-1}，杨桦林在 8 月中下旬达到最大值 9.63 μmol • m^{-2} • s^{-1}，此后又随温度的降低而下降；蒙古栎林和裸地的变化趋势较为相似，总趋势也是随温度升高而升高，但波动较大，在 7 月初出现了一个低谷，而后随温度升高而大幅度上升，在 7 月中旬达到最大值，分别为 10.47 μmol • m^{-2} • s^{-1}，8.93 μmol • m^{-2} • s^{-1}，在 8 月中下旬出现了又一个较高值，分别为 9.36 μmol • m^{-2} • s^{-1}，8.39 μmol • m^{-2} • s^{-1}；水一胡林土壤呼吸在生长季初期随温度升高大幅度上升，在 6 月下旬达到第一个较高值 7.24 μmol • m^{-2} • s^{-1}后，变化趋于平缓，但也同样在 8 月中下旬达到最大值 8.73 μmol • m^{-2} • s^{-1}。各样地均在 7～8 月达到最大值。

土壤总呼吸随季节的变化趋势与各样地降水量及样地植被类型、所处地形有关。降雨量大时，导致土壤湿度过大，不利于土壤微生物和根系的活动，从而使土壤呼吸速率在一段时间内维持在较低水平（7 月下旬），当土壤湿度到达一个适宜范围，而土壤温度也较高时（8 月中旬），土壤总呼吸能达到峰值。原始阔叶红松林和杨桦林郁闭度较高，受降雨量的影响要小于其他样地；蒙古栎林和裸地的季节变化趋势可能与植物群落类型和土壤质地有关；水一胡林的季节变化动态可能与较高的土壤含水量有关，生长季的丰沛降水不仅在一定程度上抑制了土壤呼吸速率，也使水一胡林土壤呼吸的季节变化较为平缓。

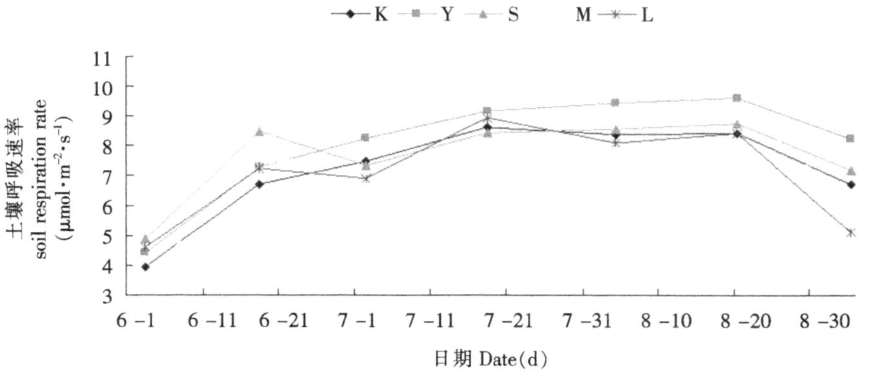

图 9 土壤总呼吸速率季变化

Fig. 9 Seasonal variations of total soil respiration rate

许多研究也表明，土壤 CO_2 通量年变化具有明显的季节差异，由于土壤水热条件的驱动，土壤呼吸作用在生长季中的动态变化呈单峰曲线，其变化趋势大致与土壤温度的变化相吻合，7 月份达到最大值。林丽莎对长白山阔叶红松林土壤呼吸研究的结果表明，在一年中温度最高的 7，8 月份，土壤 CO_2 释放通量值最大，而在最冷的 1，2 月份土壤 CO_2 释放通量最小；王旭的研究也表明，原始阔叶红松林和次生杨桦混交林两者的土壤呼吸具有明显的季节动态，其中 8 月土壤呼吸速率最大。

原始阔叶红松林、杨桦林、水一胡林、蒙古栎林和裸地在生长季土壤总呼吸的变化范围分别为 3.93～8.59 μmol・m^{-2}・s^{-1}，4.39～9.63 μmol・m^{-2}・s^{-1}，4.88～8.73 μmol・m^{-2}・s^{-1}，3.65～10.47 μmol・m^{-2}・s^{-1}，4.58～8.93 μmol・m^{-2}・s^{-1}；CV 分别为 0.228，0.226，0.178，0.296，0.234。其中，杨桦林与蒙古栎林土壤总呼吸季节变化范围大于杨金艳的研究结果，这可能是由于测量的时间、空间差异造成的。

4. 土壤呼吸组分季变化特征

随着季节的变化，森林生态系统的植物群落特征会发生变化，对应着群落生物量、碳素和分配同化能力、根系的数量和活性以及由此引起的根系分泌物数量和性质、土壤动物和根际微生物区系及活性也发生变化，导致根系的生长和维持呼吸速率产生差异。另一方面，凋落物对土壤呼吸的影响并不是简单的叠加的作用，而是通过调节温度和水分协调作用于土壤，凋落物的质量和数量随季节变化，凋落物分解速率也出现明显的季节动态，这些都加剧了土壤呼吸的季相变异。

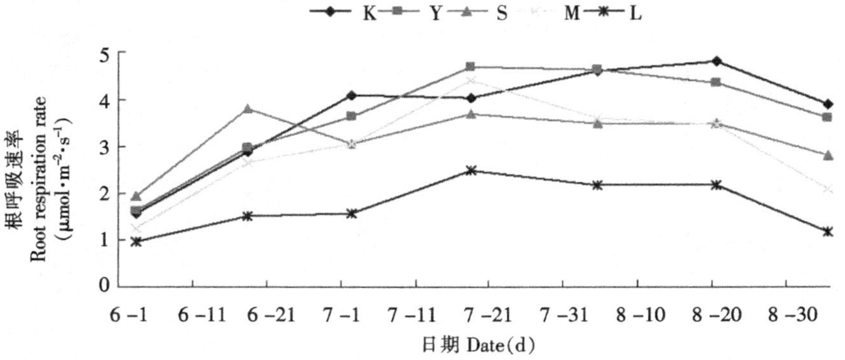

图 10 土壤根呼吸速率季变化

Fig. 10 Seasonal variations of root respiration rate

根呼吸的季节动态主要受土壤温度和植被根系物候的驱动[188,190]。各样地根呼吸季节动态基本上呈现一致的单峰曲线格局（图 10）。各生态系统在测定初期（6 月初）根呼吸速率较低，因而根呼吸占土壤总呼吸的比例也较小，变化范围为 21.05%～40.63%；随着温度的升高，根呼吸速率逐渐增大，在 7 月或 8 月份达到峰值，但不同样地峰值出现时间存在差异；而后，根呼吸速率逐渐下降。多数森林生态系统根呼吸随温度升高指数增加。也有研究表明，阔叶红松林在整个测定期间波动非常小，变化范围为33.78%～37.02%，峰值出现在 10 月初。原因是除了阔叶红松林的根呼吸本身比较稳定外，还由于在 10 月初总土壤呼吸下降的幅度大于根呼吸，从而使根系呼吸在土壤呼吸中占的比例增大。有学者认为，根呼吸的季节性变化主要受控于最新光合产物向根系供应的季节性变化，或受控于凋落物分解、叶面积指数与叶生物量的季节性变化；还有学者认为，根呼吸季节性变化的控制变量为土壤温度。虽然影响根呼吸的因子有许多，但根呼吸利用植物的同化物作为呼吸基质，因此根呼吸对光合作用与光合产物向根系的分配模式有非常大的依赖性。

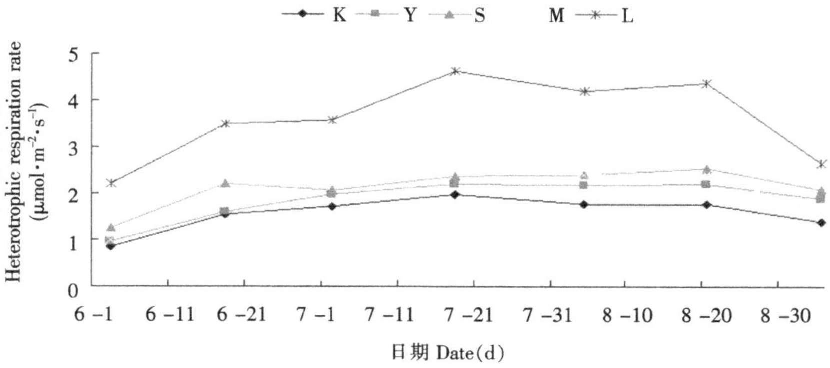

图 11 土壤异养呼吸速率季变化

Fig. 11 Seasonal variations of heterotrophic respiration rate

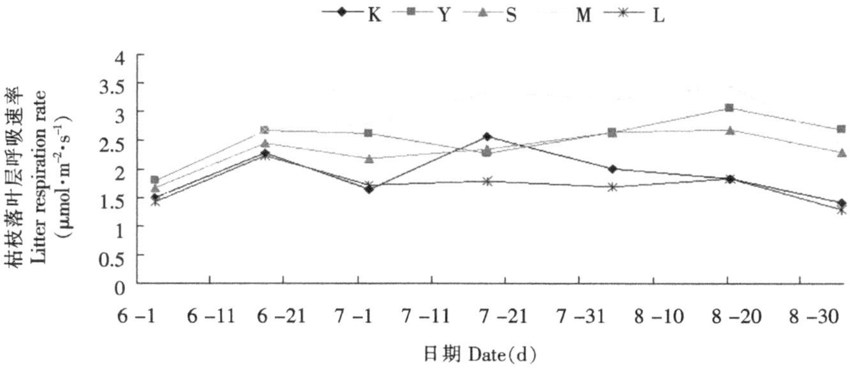

图 12 枯枝落叶层呼吸速率季变化

Fig. 12 Seasonal variations of litter respiration rate

土壤异养呼吸在一定的温度范围内随温度的升高而升高，这是由于微生物生活的适宜温度为 25～35℃，以 27℃最佳，在其他条件不成为限制因子时，随温度升高，微生物群落组成发生改变，且活性增强，使低温下不能利用的基质在升温后得到利用。如图 11 所示，各样地土壤异养呼吸在生长季的动态变化与土壤总呼吸的季节变化趋势基本一致，但变化幅度较小。裸地的土壤异养呼吸明显大于其他样地，这可能是由于裸地的凋落物数量和地下根系量较小，从而导致土壤异养呼吸所占比例较大。由于不同样地凋落物的性质、数量不同，但都随季节发生变化，而且不同样地的水热条件对凋落物分解所起的作用大小不同，因而枯枝落叶层呼吸呈现出明显的季节变化，大致与土壤总呼吸季变化趋势一致，并且不同样地间差异明显（$N=24$，$p<0.01$）（图 12）。这与多数研究结果相同，阔叶红松林土壤 CO_2 排放与表层无凋落物的土壤 CO_2 排放速率在测定年度内具有相同的季节变化趋势，在不同的月份中，以 7 月份最高，2 月份最低。Bond-Lamberty 等学者对全球范围内 54 个森林立地的土壤异养呼吸和土壤自养呼吸与土壤呼吸的关系进行综合分析后发现，土壤呼吸与土壤异养呼吸和自养呼吸均呈显著相关，且这种关系并不受生物群落类型、测定方法、年均温、纬度、降水、土壤排水状况和叶片习性等的显著影响。可见，影响土壤呼吸的环境因子也会相应地影响土壤异养呼吸和自养呼吸。

四、结论与讨论

长白山针阔混交林带森林生态系统的退化是由于其组成与结构发生不良变化，导致生态系统的功能退化和生态学过程的弱化，植被、环境和土壤之间通过相互作用，共同形成了一个“植被一环境一土壤”系统，它在不同演替阶段可能表现出不同的特征，并且对土壤呼吸作用产生重要影响。不同退化阶段土壤总呼吸及各组分呼吸的日变化趋势基本相同，但最值出现的时间及变化幅度不同。与对照样地（原始阔叶红松林）相比，不同退化阶段土壤呼吸日变化最值出现的时间均有不同程度的提前。不同退化阶段土壤总呼吸的季节动态变化也比较明显，呈单峰型曲线，分别在 7 月或 8 月达到最大值。

由于土壤呼吸作用主要受温度和水分的影响，阔叶红松林皆伐后微环境变化特别是土壤水热状况改变，对土壤呼吸作用的强度和特征也有重要影响。表现为土壤呼吸作用日动态特征的变化，裸地全天土壤呼吸速率极值出现时间较阔叶红松林提前 4～6 h，其原因在于土壤温度日变化特征不同。另外，在生长季节裸地土壤水分含量高于林地，土壤水分过大抑制了土壤呼吸作用对温度的敏感性，也可能是裸地土壤呼吸作用强度小于林地的一个重要原因[197]。杨桦林和蒙古栎林处于演替更新阶段，系统代谢旺盛，林型结构简单，冠层郁闭度较低，林内的水热条件（与对照样地相比有较高的温度和较低的土壤含水量）和土壤理化性质更利于微生物分解活动和根系呼吸。次生林无论是生物量或土壤有机碳氮含量均低于原始成熟林，但杨桦林和蒙古栎林主要由阔叶树种组成，凋落物和土壤中的有机质 C/N 较小，有利于微生物代谢活动和有机质分解，这在一定程度上弥补了次生林土壤呼吸作用的底物——土壤有机质含量少的不足，所以杨桦林和蒙古栎林的土壤呼吸强度大。水一胡林土壤呼吸速率由于易受土壤高含水量的抑制，所以整个生长季碳释放量低于其他次生林。裸地的环境因子最不稳定，最易受到干扰，地表枯枝落叶层的数量与质量及根系的数量是导致其碳释放量较低的主要原因。由此可见，土壤呼吸动态变化是众多因子协同作用的结果，但其中的主要限制因子因森林生态系统而异。

长白山火山灰土壤地理发生特征研究

许林书　曹龄月
（东北师范大学城市与环境科学学院）

【摘要】火山灰土壤是在土壤内生性因素影响下形成的初育性土壤。火山灰土壤的发生学研究对揭示火山活动区土壤的地理发生过程、土壤演化规律、土壤与生物群落的关系及生物群落演替的规律具有理论意义。

1. 长白山火山灰土的土壤质地粗，分异大，孔隙度在46%～70%之间，既显示初育性特征，又显示出良好的透水性能；火山灰土的酸碱反应总体显示中性，但火山灰土表层呈偏酸性，显示了酸性环境中基性母质的影响；在植被覆盖良好的情况下，长白山火山灰土表层腐殖质含量较高，全氮量丰富，全磷量缺少，这与传统上对火山灰土的认识并不完全一致。

2. 从土壤理化性质相关分析和主成分分析中得出，长白山火山灰土的各种化学性质相互影响。土壤酸度与土壤的速效氮成此消彼长的关系；全氮的含量与腐殖质的组成比例相关。在众多的影响因素中，有机大分子因子、酸度因子、化学元素因子是影响土壤质量的主要因素，反映了火山灰土理化性质与植被覆盖情况以及元素的迁移有着密切关系。

3. 湿润的季风气候，特殊的地貌形态，全新世大喷发的基性空落火山灰、运积性火山灰母质，成土年龄的短暂性，规定了长白山火山灰土的发展方向和发育强度。在植被覆盖较好的条件下，台地和河谷高阶地的火山灰土壤亚表层可明显表现出黏粒增多的现象。在环境稳定的情况下，随着土壤年龄的增加，必将显示黏化过程，其地球化学特征向着暗棕壤的方向演化。

4. 火山灰土成土年龄较轻，发育程度低，黏土形成数量少，土壤孔隙度高，质地较粗，保留火山灰原来的粗骨性、通透性，所产生的黏土颗粒不易保存而发生机械迁移。耕作火山灰土的不稳定性在长白山火山区是影响区域生态安全的土壤因素之一。

【关键词】长白山　火山灰土　发生学特征

历史上长白山的火山活动为本区现代土壤的形成演化规定了地貌格局、母岩类型、水文特征，影响了区域气候与植被演替，制约着长白山火山区土壤的类型分化和土壤组合，对现代土壤的形成与演化具有直接而持久的影响。

为了将长白山火山区域土壤内生性因素对现代土壤形成过程的影响系统地作出发生学上的研究，须要通过不同时期火山喷发物造就的土壤母质类型及土壤的形成年龄进行研究，揭示现代土壤的某些特殊形成过程的地理发生机制；需要对长白山现代土壤的形成与演化规律作出理论总结；需要对现代土壤的空间分布格局作出正确的发生学解释。

火山灰土壤是在土壤内生性因素主导下形成的土壤，是典型的火山活动后产生的初育性土壤。火山灰土壤的发生学研究对揭示火山活动区土壤的地理发生过程、土壤演化规律、土壤与生物群落的关系及生物群落演替的规律具有理论意义。

火山灰土壤的研究在我国是一个较冷的研究方向，因此火山灰土壤的地理研究相对缺乏。关于吉林省长白山火山灰土的空间分布、类型分化等研究同样存在不足，对火山灰土壤理化性质的相关研究较少。笔者多年的长白山土壤地理考察研究表明，长白山火山灰土壤现实的空间分布、类型分化、理化性质、发育程度等与火山地质过程、地貌过程及地表水文过程关系密切，并在一定条件下显示出火山灰土壤与生物群落间生态联系的特殊性。长白山火山灰土壤地理发生特征的研究将为长白山生态系统的稳定以及生态安全研究提供基础性依据。

一、长白山火山灰土壤自然背景与研究区的选择

长白山火山灰土壤研究区的选择

研究区选择在长白山火山锥体北侧，研究样地主要集中在安图县境内。样地均分布在海拔小于 1 300 m 的火山锥体下部和熔岩高原、熔岩台地和河谷阶地上。火山灰土壤的发生母质有浮石空降火山灰堆积、洪积性火山泥流沉积、冲积火山泥流沉积。其植被有针阔混交林地、纯长白松林地，也有灌丛草地、农耕地。样品采集地点和地貌、母质类型如图 1、表 1 所示。

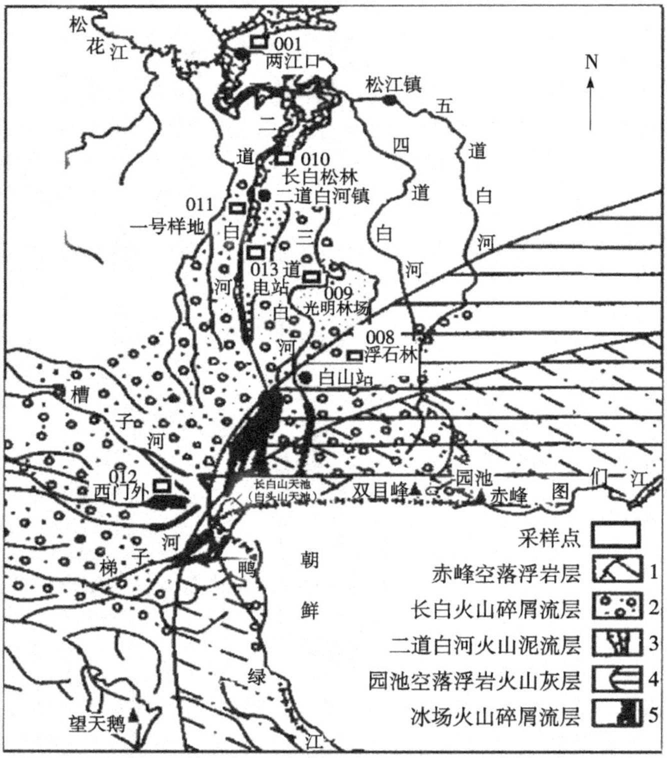

图 1　研究区及采样点布局图

表 1　研究区火山灰土壤采样点的基本情况

剖面编号	地点	海拔(m)	地貌类型	母质类型	植被类型	土壤
001	两江口一金城	485	富尔河河谷阶地	冲积性火山灰	农田	火山灰土
008	针叶林带下缘次生林	1 300	平缓中山坡麓	浮石火山灰	针叶林	火山灰土
009	光明林场东 2 km	850	玄武岩台地	浮石空降火山灰	次生针阔混交林	火山灰土
010	二道白河镇北 2 km	680	河谷二级阶地	含卵石的冲积性火山灰	美人松纯林	火山灰土
012	长白山西门外 2 km	940	河谷二级阶地	冲积性火山灰	针阔混交林	火山灰土
013	二道白河镇北电站	710	河谷	砾质火山灰	灌丛草地	火山灰土
014	敦化（对比样）	640	玄武岩残丘	白金玄武岩风化物	农田　灌丛	暗棕壤
011	一号样地（对比样）	740	玄武岩台地	军舰山玄武岩风化物	原始针阔混交林	白浆土

注：以下文中及图表的土壤编号皆与该表相同

二、研究区自然背景

1. *地质地貌*

研究区属中、低山区，境内群山起伏，沟壑纵横。地形大致为东南部高，西北部低。长白山火山区以长白山火山锥体、山麓倾斜熔岩高原和熔岩台地三大地貌单元构成其宏观地貌格局。长白熔岩高原和熔岩台地位于长白山火山锥体的周围，海拔 600～1 000 m，南北长约 130 km，东西宽约 100 km。台地面由火山锥体下部向周围缓缓倾斜，呈同心环状分布。长白山火山锥体中部，海拔 1 800～2 400 m；火山锥体底部半径 20 km 左右，为海拔 1 100～1 800 m 的盾状基础地面，地势呈台阶状向下倾斜，高度渐低，坡度渐缓，坡度一般在 6°～10°。

平缓波状熔岩台地宏观上保留了原始面貌，台面基本完整，坡度 1°～2°，越向外围坡度越缓。台地上森林繁茂，农田肥沃。但由于地形平缓再加之土质黏重，并受季节性冻土的隔水作用，不易透水。台地面上的低洼处形成草甸沼泽环境。广阔的熔岩台地上星罗着未被熔岩覆盖的、更早时期花岗岩及变质岩组成的剥蚀中、低山以及小型残丘。

长白山火山新生代的大喷发影响到玄武岩台地的地表形态和物质组成，使台地土壤形成的物质条件发生分异。长白山火山赤峰期和园池期的普林尼式喷发，相继产生空落浮岩层、火山碎屑流层、火山泥流层，空落浮岩火山灰和火山碎屑流都先后对玄武岩台地部分地区产生覆盖作用。特别是玄武岩台地的低洼处、河谷地区都有火山碎屑流、火山泥流的覆盖。目前在海拔 600～1 100 m 的熔岩高原与台地上所覆盖的凝灰角砾岩、空落浮岩火山灰、河谷阶地冲积性火山灰等均是近代火山活动的结果，因此改变了玄武岩台地土壤母质的单调性，并由此使土壤发育产生分化。赤峰期火山泥流在二道白河两岸堆积宽达 3.5～5.5 km，构成了今天的一级阶地和二级阶地，洪泛作用于二级阶地表面堆积了粒度细、分选好的火山灰。河谷阶地的火山灰沉积成为火山灰土壤发育的主要地段。

安图盆地位于长白熔岩台地北缘。其西北侧为二道江河谷盆地，由中生代断陷而成，接受大面积熔岩覆盖，其间发育二道江及其支流古洞河，河流阶地由深厚的冲积性火山灰构成。河谷南部为长白熔岩台地的北缘，台地面海拔 600～700 m。

自火山锥体中下部，始有水系发育，经由熔岩台则发育多条放射状水系，均汇入松花江各支流，其中二道白河切过熔岩台地，形成河谷地貌，其一、二级阶地均为冲积性火山灰沉积。在火山锥体东侧山麓倾斜熔岩高原和熔岩台地交界处及二道白河与三道白河的河间地有部分空降浮石火山灰分布。因此熔岩台地经众多流水切割，形成台谷相间的地貌格局。

2. 气候特征

长白山火山区属于受温带季风气候影响的大陆山地气候，受地势起伏影响大。总体上冬季漫长寒冷，夏季较短，温暖湿润。年平均温度 3～7℃，日照时间每年 2 300 h；无霜期一般 100 天，在海拔较高的地方仅 60 天；降水丰富，年平均降水量700～1 400 mm，其中 60%～70%集中在 6～9 月份，在海拔较高的山峰，降水主要以雪的形式存在，冬天积雪厚度一般为 50 cm，有的地方超过 70 cm。但是，山地的海拔与坡向对气温和降水的分异明显。（见表 2，3，4）

表 2 研究区各月气候平均状况（引自吉林省志．卷四 1992.4）

	1月	2月	3月	4月	5月	6月	7月	8月	9月	10月	11月	12月	多年
气温（℃）	−18.5	−14.9	−5.3	4.3	11.6	15.9	19.8	18.5	11.4	3.7	−5.6	−14.6	2.2
降水量（mm）	7.3	8.8	13.9	39.6	67	105	146	143	72.9	35	22	9.4	670
风速（m/s）	2.3	2.5	3.2	3.5	3.1	2.1	1.8	1.5	1.8	2.4	3	2.5	2.5
相对湿度（%）	72	69	66	61	62	78	84	86	81	71	72	73	73
日照时数（h）	170.0	185.6	218.2	215.8	242.7	214.5	209.0	196.0	200.1	203.5	165.5	153.6	

表 3 长白山火山降水过程的垂直变异

地　点	海拔（m）	年雨量（mm）	6～9 月雨量（mm）	占全年量（%）	资料（年份）
长白山天池（白头山天池）	2 623.5	1 340.4	979.3	73.1	59～78
温泉	1 845	1 012.9	723.2	71.4	76～78
和平营子	1 250	807.8	545.5	67.5	65～78
奶头山	820	680.1	492.6	72.4	71～78
二道白河镇	710	697.9	500.8	71.8	59～78
松江	591.4	670.8	475.1	70.8	58～78
明月镇	369.0	600.1	436.4	72.7	60～78

表 4 研究区太阳辐射四季分布（MJ/m²·年）

	春	夏	秋	冬
有效辐射	466.7	367.5	465.5	395.5
辐射平衡	745.9	956.4	290.3	−38.3

3. 植被特征

研究区内的地带性植被为红松阔叶混交林和针叶林。红松阔叶混交林分布在海拔 1 100 m 以下的熔岩高原、熔岩台地和各中低山上。森林生长茂密，树木种类繁多，形成"长白林海"的壮丽景观。植物群落结构、组成复杂。乔木层中针叶树以红松（*pinus koraiensis*）为主；阔叶树有蒙古栎（*Quercus mongolica*）、水曲柳（*F. mandsharica*）、色木槭（*Acer mono*）、紫椴（*Tilia amurensis*）和春榆（*Ulmus propinqua*）等等；灌木层比较发达，一般高达 1.5 m 左右，总的覆盖度在 35%以上，郁闭度较大。常见种有暴马子（*Syringa amurensis*）、三花槭（*Acer triflorum*）、毛榛（*Corylus mandshurica*）、檩槐（*Maackia amurensis*）、瘤枝卫矛（*Evonymus pauciflorum*）、小花溲疏（*Deutizia parviflora*）、东北山梅花（*Philadelphus schrenkii*）、刺五加（*Eleutherococcus senticosus*）等。草本层植物种类也比较丰富，总覆盖度在 40%左右，株高一般都在 40 cm 以上，分布较广的有山茄子（*Brachybotrus paridiformis*）、美汉草（*Meehania urticifolia*）等。在长白山北坡局部地带还生长有长白松（美人松）（*Pinus sylvestrisL. var. sylvestriformis*）的小片纯林。山路两侧，早在伪满时期日寇对大面积原始林进行清伐，如今演化为次生杨桦林。

海拔 1 100～1 800 m 之间的植被为山地针叶林，植物种类较针阔混交林贫乏，针叶树占绝对优势，建群种为鱼鳞松、红皮松及臭松，阔叶树只有极少量的硕桦零星分布。海拔1 100～1 600 m，红松、长白落叶松亚带（或称为明针叶林亚带），建群种为红松、臭松（*Abies nephrolepis*）、落叶松、鱼鳞松（*Picea komarovii*）；阔叶树有青楷槭（*Acer tegmentosum*）、花楷槭（*A. ukurundiense*）和一枝黄花（*Solidago virga − aurea var. dahurica*）、牛鹤草（*Maianthemum dilatatum*）等等，林下草本缺乏，苔藓发育。

海拔 1 600～1 800 m 为云冷杉亚带（或称暗针叶林亚带）。植物群落主要为由鱼鳞松（*Picea komarovii*）、臭松（*Abies nephrolepis*）、红皮臭构成的针叶树纯林，有少数花楸和岳桦等阔叶小乔木分布在林中。灌木发育很差，只有零星分布的茶藨属植物和呈块状分布的高山桧、宽叶杜香、花楷子、忍冬、蔷薇和铁线莲等灌木。草本植物主要是耐阴湿大鳞毛蕨、木贼、尖齿蹄盖蕨、午鹤草和石松等。

台地低洼地段和河谷低阶地可见草甸植被和沼生植被。

4. 水文特征

由于环境、地势、气候的影响，在长白山火山锥体和熔岩高原上发育了很多河流、瀑布和湖泊。长白山是松花江、图们江和鸭绿江三江之源，三江源头发源长白山天池（白头山天池）周围的就有 5 条：北坡是松花江正源二道白河；西坡是松花江西源头头道松花江、漫江、锦江；东南坡是图们江的正源红丹水，鸭绿江的南源虚川江。发源于长白山天池（白头山天池）周围的河流还有老黑河、槽子河、松江河、头道白河、露水河等，它们都分别流入三江。

5. 主要土壤

本研究区的土壤随气候、地势、海拔的不同而不同，海拔 600～1 000 m 的中低山是暗棕壤的主要分布区，海拔 600～800 m 左右的熔岩台地上，发育大面积白浆土，海拔 800～1 100 m 山地垂直带最下部，发育了山地暗棕色森林土。海拔 1 100～1 800 m，山体升至中山段，发育了山地棕色针叶林土。海拔 1 800～2 100 m，岳桦林带下发育亚高山森林草甸土。海拔 2 100～2 500 m 处，在冰缘环境下发育了高山苔原土。海拔 2 500 m 以上，基岩裸露，发育了高山寒漠土。

三、研究方法

1. 野外考察与样品采集

依据土壤地理发生理论，采取野外监测、采样和室内化验分析、数理统计相结合的研究方法。

2009 年 6 月至 8 月，先后 3 次在研究区及相关区域选择具有代表意义的观测点进行土壤发生环境调查研究，论证剖面选择，确定位置，进行剖面描述；利用电导仪、土壤硬度仪、水分测定仪进行野外监测与记录；按照土壤发生层采集环刀样品和理化分析样品，理化分析样品每个采样点样品重复采样三次，充分混合。样品依据测定项目要求进行室内处理，用于土壤室内理化分析、数理统计等。

2. 实验室理化分析

(1) 样品处理

将从野外采回来的土壤样品放在干净的纸上，摊成薄层，于阴凉干燥通风、无污染的室内风干，拣出树枝落叶、植物根系、虫体等。

将风干土样用木棒碾碎，使之通过 1 mm 孔径（18 号筛），并将大于 1 mm 矿物颗粒单独保存。然后将过筛后的土壤样品充分混合均匀后放入样品袋中，贴上标签，并注明土壤样号、土类名称、采样地点、采样深度等。

将 1/4 已通过 18 目筛的土壤样品放在瓷器研磨钵中进一步研磨，全部通过 0.1 mm 的筛子（100 目）。将过 100 目筛的土壤样品充分均匀混合后放入另一样品袋中，并贴上标签，待测。

(2) 理化分析

在实验室内对土壤样品进行理化性质分析，主要测定火山灰土的土壤水分，pH，土壤的质地；土壤有机质、全 N、速效 N、全 P、速效 P、腐殖酸等。

① 土壤机械分析——筛选法

依据火山灰土土壤样品颗粒较粗的物理特点，选用筛分法测定土壤的机械组成。

具体为：取土样，初略称取 100 g，与适量的分散剂（六偏磷酸钠）放入烧杯中，加蒸馏水搅拌，破坏土壤样品的自然团聚结构，使之高度分散。静置 24 h 后进行烘干。之后再精确称取 100.00 g，选用不同型号筛子进行筛分。粒径范围分别为 0.065 mm，0.076 mm，0.088 mm，0.097 mm，0.105 mm，0.15 mm，0.20 mm，0.30 mm，0.45 mm，1.00 mm。其中，粒径＞1 mm 的矿质土粒，为砂砾；粒径 1～0.2 mm 为粗砂；粒径 0.2～0.065 mm 为细砂；粒径＜0.065 mm 为粉砂粒。最后将不同粒径范围的土壤含量分别称重，记录。

② 土壤容重分析——环刀法

利用 100 cm^3 环刀在野外按土壤发生层采集环刀样品，并密封在铝盒中，带回实验室进行测量。称取湿土重量之后，将编号的土样放入 105±2℃的烘箱中烘干 24 h 达恒重，测量烘干前后的重量变化，减少的质量就是含水量，计算土壤容重（d）。用容重（d）通过公式计算出土壤总孔度（$Pt\%$）。

③ 土壤酸度测定

按土壤发生层精确称取土样 30.00 g 。在枯枝落叶表层精确称取 10.00 g 样品。将土样装于烧杯之中。然后将 30.00 g 的土样按照 1∶2.5 的土水比例（用量筒精确量取 75 mL 的蒸馏水）制成水浸样；将 10.00 g 的土样按照 1∶10 的土水比例（用量筒精确量取100 mL的蒸馏水）制成水浸样。水浸样搅匀后静置一个小时。最后用酸度计测量土壤的活性酸度。利用 1 mol/L 的 KCl 溶液按上述比例制成盐浸样，用酸度计测量土壤的代换酸度。

④土壤腐殖酸总量测定

利用重铬酸钾氧化—容量分析方法测定土壤腐殖酸总量，称取样品约 0.200 0 g 放入 250 mL三角瓶中，加碱性焦磷酸钠溶液 70 mL，摇匀，放在沸水浴中 30 min，取下冷却至室温。将提取液全部通过小漏斗洗入 100 mL 容量瓶内定容。分别准确吸取滤液 5.00 mL和 0.8 mol·L^{-1}（$1/6K_2Cr_2O_7$）溶液 5.00 mL 放入 250 mL 三角瓶中，加入浓硫酸15 mL，迅速摇匀，放在沸水浴中加热 30 min。冷却至室温，然后加入 80 mL 水，加 3 滴邻啡罗啉指示剂，用 $FeSO_4$ 溶液滴定至溶液由黄绿色突变为砖红色为终点，记录 $FeSO_4$ 的用量。同时做空白试验。计算结果：总腐殖酸（%）＝（V_0-V）×c×0.003×分取倍数×100/（0.51 m）。式中：V_0，V——分别为空白测定和样品测定所消耗的 $FeSO_4$ 的体积；c——$FeSO_4$ 的浓度；分取倍数——样品提取液的总体积/测定时所用提取液的体积；0.003——（1/4C）原子的摩尔质量；m——称取干样品的质量；0.51——腐殖酸的含碳量系数（泥炭）。

⑤ 土壤有机质（重铬酸钾容量法——外加热法），土壤全氮（半微量开氏法），土壤全磷（$HClO_4$—H_2SO_4 法），土壤速效磷（0.5 mol·L^{-1} $NaHCO_3$ 法）等常用的实验方法，至于土壤化学测定的具体过程这里将不再赘述。

3. 土壤数学分析法

土壤是一个复杂的物质、能量系统，土壤的形成过程具有继承性和叠加性，其形态特征各不相同，土壤的理化性质复杂多样，因而对土壤的观测数据也是多指标、多变量的，以致于一般的、简单的数学方法无法处理、分析这些土壤数据。应用多元数理统计（如回归分析、辨别分析、因子分析等方法）来分析研究环境条件、土壤形态、土壤类型间的内在联系，可以实现定量关系的研究。

（1）相关分析

相关分析是研究不同变量之间密切程度的一种常用的统计方法，通常用相关系数来描述两个变量间线性关系的程度和方向。相关系数都是利用样本数据计算的，也称为样本相关系数，用 r 表示（$-1\leqslant r\leqslant 1$）。当 r 为正数时，表示两变量正相关；当 r 为负数时，表示两变量负相关；而若 r 越接近±1，则表示两变量之间的相关程度就越大。

相关分析可以用 SPSS（Statistical Pakage for Social Science）软件来完成。本文中相关分析主要用来判断长白山火山灰土的样本中各化学性质是否存在相关性。若某几种化学性质之间相关系数接近于 1 或－1，则可以初步判断它们存在显著的相关性；若某些元素之间相关系数接近于 0，则它们可能不相关或相关性不显著。

（2）主成分分析

土壤中理化性质指标较多，并且指标之间彼此存在一定的相关性，因而所得的统计数据反映的信息在一定程度上有重叠，在分析问题时不能很好地抓住事物的主要矛盾，将带来不必要的麻烦，还可能存在主观片面性。

主成分分析方法（Principal Component Analysis，PCA）是一种以量测数据表征的多因素多变量问题的统计分析方法，又称主分量分析。它将原始变量进行转换，使少数几个新变量为原变量的线性组合且各个主成分相互之间不相关，同时又使这些变量尽可能多地表征原变量的数据结构特征而不丢失信息。根据样品和变量在主成分上的得分或权系数，得分相近的样品应视为同类，权系数相近的变量视为相关，对主成分贡献大的变量其影响程度也大。从数学角度来看，亦是一种降维技术。主成分分析方法具有能够减少原始数据信息损失、简化数据结构、避免主观随意性等优点。

主成分分析首先是由 K. 皮尔森对非随机变量引入的，尔后 H. 霍特林将此方法推广到随机向量的情形。信息的大小通常用离差平方和或方差来衡量。

四、火山灰土壤地理发生性状分析

1. 火山灰土壤的物理性质分析

①火山灰土壤的机械分析

自然界中的土壤均是多种粒级土粒的混合体。我们将土壤中的各粒级矿物颗粒的相对含量或所占的百分含量，称为土壤的机械组成。土壤质地是土壤重要的物理性质之一，它显示土壤形成的地方因素特征和矿物转化的地球化学进程，直接影响着土壤的水分迁移和物质转化，也是土壤分类和评价土壤肥力的指标之一。表 5 是样品分析结果。

表 5 长白山火山灰土颗粒组成（%）

序号	地点	层次（cm）	颗粒组成（mm）				土壤质地
			≤0.065	0.065～0.2	0.2～1.0	>1.0	
001-1	两江口一金城	0～15	32.61	55.59	8.95	2.10	细砂粉砂
001-2		15～40	15.46	81.04	1.94	0.35	
001-3		40～100	12.28	83.55	2.96	0.54	
008-1	浮石林	3～12	4.37	55.71	35.60	3.87	砂质
008-2		12 以下	12.77	29.50	30.04	26.88	
009-1	光明林场东 2 km 左右	2～10	7.43	32.81	44.67	14.38	砂质
009-2		10～30	7.21	33.20	50.98	8.16	
009-3		30 以下	19.61	37.53	26.42	15.35	

续　表

010 - 2	二道白河镇 2 km 美人松纯林	4～13	5.45	20.59	57.22	16.46	砂质
010 - 3		13 以下	0.58	7.21	50.40	41.60	
012 - 1	长白山西门外 2 km	0～10	7.59	28.81	46.32	16.42	砂质
012 - 2		10～25	6.42	13.59	39.90	39.51	
012 - 3		35 以下	9.82	42.96	43.44	2.99	
013 - 1	二道白河镇上游	0～10	1.34	10.51	46.20	41.61	粗砂 含砾石
013 - 2		10～20	0.11	5.54	43.08	51.10	
013 - 3		20～30	0.32	5.70	39.72	53.94	

表 5 显示了长白山火山灰土壤样地的土壤颗粒组成状况。从表中我们可以看到，将颗粒粒级划分为四级：≤0.065 mm，0.065～0.2 mm，0.2～1 mm，≥1 mm。其中粒径>1 mm 的矿质土粒，均为砂砾；粒径 1～0.2 mm 为粗砂；粒径 0.2～0.065 mm 为细砂；粒径<0.065 mm 为粉砂粒。从表中不难看出，除了两江口样地火山灰土和二道白河上游火山灰土外，其余样地火山灰土的颗粒组成都集中在 0.065～0.2 mm 和 0.2～1 mm 这两个粒级之间，其质地属于砂质土壤。两江口火山灰土的颗粒集中在 0.065～0.2 mm 和≤0.065 mm粒级之间，土壤质地为细砂粉砂质；二道白河上游火山灰土的颗粒集中在 0.2～1 mm和≥1 mm 的粒级之间，土壤质地为粗砂含砾石。不难得出两江口处火山灰土的颗粒明显细于其他火山灰土；二道白河上游火山灰土的颗粒最粗。显示流域内出随海拔降低火山灰土壤质地变细的规律。

两江口处位于二道白河的下游地段，富尔河的中上游部分，其原始母质火山灰在河流的冲积搬运和堆积后形成更细的冲积性火山灰母质，因此这里发育的火山灰土几乎不含≥1 mm 粒径的矿物颗粒。二道白河上游火山灰土的颗粒粗，主要原因是处于二道白河的上游，河流冲积分选的结果使这里的火山灰母质主要是火山碎屑与火山砂砾。长白山火山灰土的颗粒较粗的原因之二在于火山灰土是发育在火山灰母质上的初育土壤，形成年龄短，土壤发育不成熟，强烈显示母质特征。最后，长白山火山灰土受到区域气候的影响。这里的气候是夏季降水丰沛但短暂，冬季寒冷漫长。一般风化层较薄，且多呈粗骨性，因此土壤矿物分解缓慢，黏土形成数量少，质地较粗。

在二道白河流域不同采样点土壤样品的粒度分异，显示出土壤粒度明显的空间分布规律。从上游至下游的河流阶地上发育的火山灰土壤粒度递减。表明经过流水搬运、堆积作用的冲积性火山灰母质机械组成在空间上的分选作用，明显地影响着土壤的发育过程。

② 火山灰土壤的紧实度分析

土壤紧实度也称土壤的硬度，是土壤物质组成、质地、结构、结持性、孔隙性及土壤湿度等性状的综合性反映。土壤紧实度是衡量土壤土体致密强度的一个参数，既可以通过测定土壤的容重间接了解土壤的紧实度，也可以用专门测定仪器来测定土壤紧实度。土壤紧实度越大则耐压和承重能力越大，透水透气性越差。

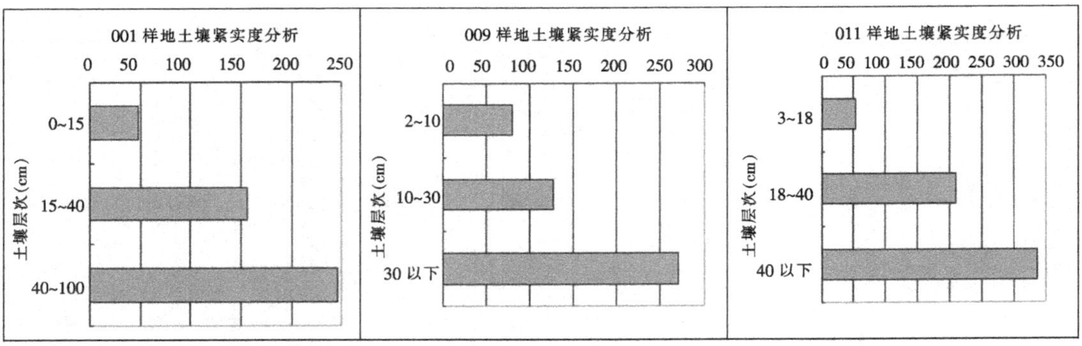

图 2　长白山火山灰土与白浆土的紧实度对比

实测结果可由图 2 中的三幅图来反映。所测土壤的紧实度均随土壤深度的增加而不断增大。其中，表层土壤紧实度都是较小的，这是由土壤表层生物过程决定的。表层土壤在生物累积过程中积累了较多的腐殖质物质，物质组成的差别明显改善了土壤的结持性，降低了土壤表层的紧实度。与白浆土对比可以知道，火山灰土的表层土壤紧实度均大于白浆土的表层土壤紧实度，这是由生物累积过程的差别和土壤质地的差别造成的。白浆土样地是原始针阔混交林下的土壤，有机质累积明显，且土壤湿度大，土壤紧实度较低，所有供试土壤样品土体下层的紧实度均高于上层，并趋于相似。其中 001 样地为耕作火山灰土，其下层更显紧实，既与犁底层的存在有关，又与粒度过细有关。

③ 火山灰土壤的容重分析

单位体积原状土体的干土重，称为土壤容重。表示单位为 g/cm³。土壤容重是土壤物质组成、质地类型、结构特征、空隙状态的综合反映。不同的土壤，容重的差别亦较大。

土壤容重是了解土壤发生学特性的必要参数，是计算土壤孔隙度、水分、盐分和养分含量、土层重量必需的指标，也是评价土壤物理性质与肥力水平的重要依据之一。

容重的大小，取决于土壤的物质组成、质地、结构以及固体颗粒排列疏密的程度等多种因素。一般随着土壤中矿物的增多，容重随之增大；有机质含量高，疏松多孔的土壤容重就小；有机质含量低，比较紧实的土壤容重就高。而质地较轻的土壤，土壤颗粒通常排列不紧实，容重较小。

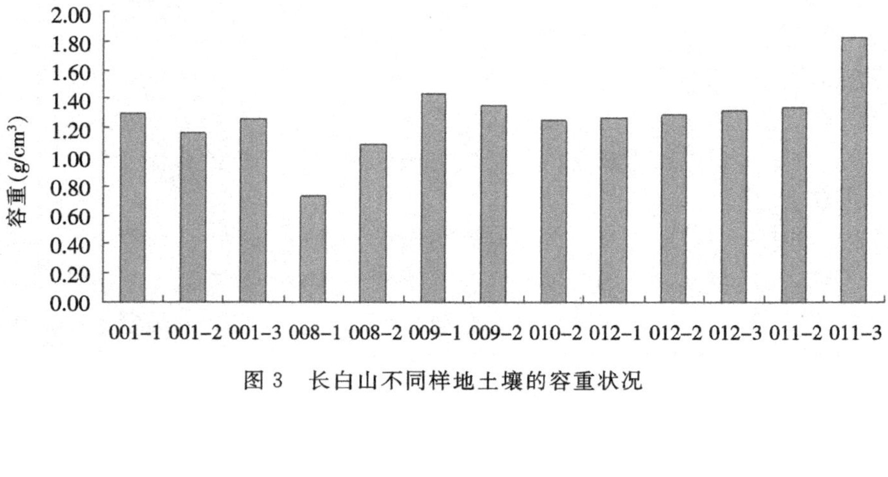

图 3　长白山不同样地土壤的容重状况

图 3 表明，长白山火山灰土的土壤容重在 0.733～1.430 g/cm³ 之间变化，其中浮石林附近的火山灰土壤容重较低，而光明林场下的土壤容重较高。而位于台地与阶地火山灰土的土壤容重则介于两者之间。这主要是因为，在阔叶红松林这类混交林中，地表植被种类多，数量大，使地表枯枝落叶大量积累，凋落物的分解增加了土壤有机质含量。一般土壤有机质含量越高，团粒结构越多，土壤颗粒排列越疏松，孔隙度越大，通气性能越好，土壤容重也就越低。土壤的母质类型也影响土壤容重。因而浮石林下的火山灰土容重最低的原因还在于母质中含有浮石颗粒。

与白浆土对比可以得出：长白山火山灰土的土壤容重远小于白浆土的土壤容重 1.814 g/cm³。这是因为在土壤白浆层中土壤次生黏土含量高，土壤质地黏重，因而土壤容重相对较高。冲积性火山灰母质上发育的土壤容重则相对较低。

④ 火山灰土壤的孔隙度分析

从图 4 中我们可以看出，土壤孔隙度与容重呈负相关。孔隙度越大，土壤容重就越低。而火山灰土的孔隙度在 46%～70%之间。土壤孔隙度的影响因素是多种多样的，主要取决于土壤本身性状和地理环境两个方面。土壤本身性状是决定土壤孔隙的主导因素，包括土壤结构、质地、有机质以及土粒排列方式等。有机质含量多的土壤，孔隙度较高。不同质地的土壤，孔隙度差别较大。地理环境要素及其综合作用，是影响土壤有机质含量、土壤质地、土壤结构等性质的外部因素，从而影响土壤的孔隙度。

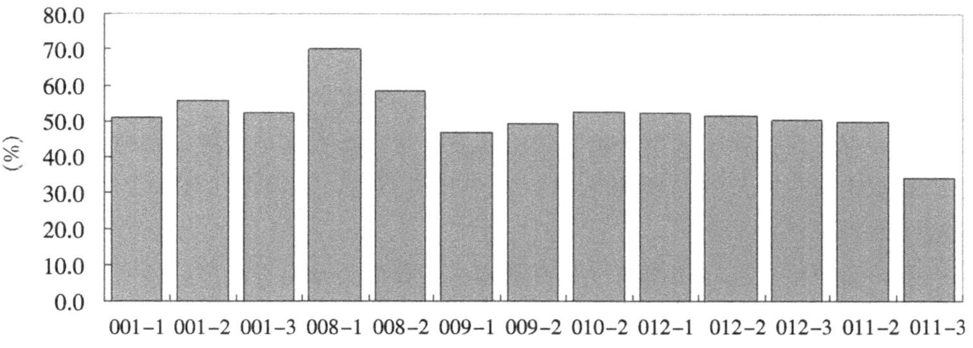

图 4　长白山土壤的孔隙度状况

2. 火山灰土壤的化学分析

① 火山灰土壤有机质分析

土壤有机质是指土壤中的各种含碳有机化合物，包括动植物残体、微生物体以及这些生物残体不同分解阶段的产物和有机合成物。

土壤有机质是土壤的重要组成成分，有机质具有发生学意义。有机质数量与种类直接影响着土壤营养状况。它与土壤矿物质共同构成土壤固相部分。土壤有机质是植物生长所需养分的主要来源，是土壤微生物所需养分与能量的主要来源，是土壤肥力产生的物质基础。因此，土壤有机质是土壤形成的主要标志。生物是土壤有机物质的来源，土壤形成过程中最活跃的因素，土壤肥力的高低主要取决于有机质含量的多少。本文中的火山灰土土壤只进行了土壤表层（0～30 cm）有机质含量的测量。

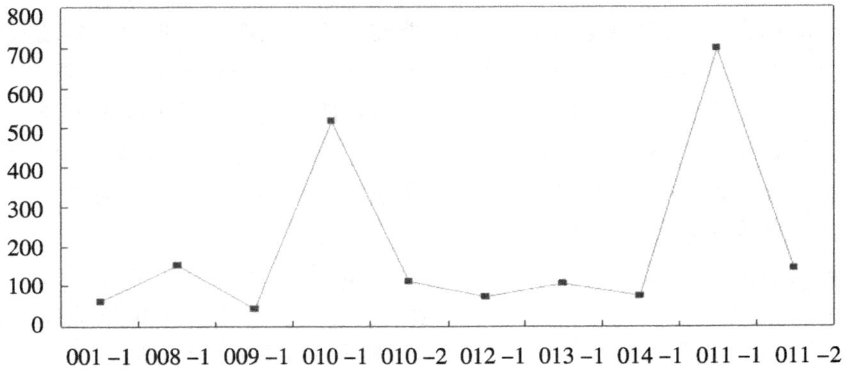

图 5　不同样地土壤的表层有机质状况（g・kg^{-1}）

从图 5 中可以看出，火山灰土有机质的范围在 42～152 g・kg^{-1}之间。其中浮石林下的火山灰土土壤有机质含量最高，光明林场和两江口火山灰土的有机质含量则相对较低。美人松纯林样地的表层有机质含量超过 500 g・kg^{-1}，其原因是植被覆盖好，枯枝落叶层厚，半腐殖化的植物残体丰富，因此土壤有机质含量高。显然，林内土壤有机质含量高于林外，有机质贮存量大于分解量。而农田下火山灰土的有机质含量相对低一些，主要原因是农田的群落单一，植被（作物）种类少，农田的生物多样性低。而光明林场下的土壤有机质低的原因可能是有机质的表聚性太强，而在土壤采样的时候表层去掉得太多造成。

有机质的积累是一个缓慢的过程，长白山火山近代喷发活动使火山周围超过 2 000 km^2的原始森林主要被火山碎屑流、空落火山碎屑和火山泥流毁坏或掩埋，原始植被的毁灭性破坏，无疑对现代植被演替和土壤发育带来重大影响。因此长白山火山区的现代土壤，是火山近代喷发后从裸岩上开始发育和演替的，土壤有机质含量的积累时间不长，且在不断的累积中。

有机质含量的多少还与当地的气候有着密不可分的关系，当地气候适宜于有机质的累积。长白山火山灰土发育在夏季短暂冬季漫长的气候背景下，因此，一年中只有不到一半的时间适应于有机质的分解，其余大半年都处于有机质分解的休眠期，易于有机质累积而不被微生物所分解。

② 火山灰土壤腐殖质分析

土壤腐殖质是目前尚未全面了解其形成过程和化学结构的一类土壤有机质，通常认为是动植物残体分解后的产物经再合成所形成的复杂的高分子有机化合物，亦称土壤特异性有机质，一般地说，腐殖质是土壤有机质的主要组分。其中，胡敏酸和富里酸是两种性质不同的有机酸，它们不仅是土壤营养元素的来源，而且胡/富影响土壤矿物的转化与迁移，具有重要的地理发生意义。

表 6 长白山土壤腐殖质状况

土壤编号	地 点	土壤类型	总腐殖酸 $g \cdot kg^{-1}$	富里酸 $g \cdot kg^{-1}$	胡敏酸 $g \cdot kg^{-1}$	胡/富
001-1	两江口—金城	火山灰土	21.985	8.487	13.498	1.59
008-1	浮石林	火山灰土	68.432	24.888	43.544	1.75
009-1	光明林场东 2 km	火山灰土	17.457	12.529	4.928	0.39
010-1	道镇北美人松纯林	火山灰土	245.560	171.862	73.698	0.43
010-2			51.714	37.407	14.307	0.38
012-1	长白山西门外 2 km	火山灰土	36.560	12.726	23.833	1.87
013-1	二道白河镇上游	火山灰土	51.998	26.691	25.308	0.95
014-1	敦化	暗棕壤	29.203	11.719	17.483	1.49
011-1	一号样地	白浆土	268.239	179.662	88.576	0.49
011-2			77.359	51.168	26.191	0.51

从表中得出长白山火山灰土土壤的总腐殖酸含量在 17～69 $g \cdot kg^{-1}$之间。其中光明林场下的土壤总腐殖酸含量最低，只有 17.457 $g \cdot kg^{-1}$；而浮石林的最高，为 68.432 $g \cdot kg^{-1}$。火山灰土的总腐殖酸含量小于白浆土的腐殖酸含量。但十分明显的是不同火山灰土的腐殖酸含量与腐殖酸组成亦不同。两江口、浮石林和长白山西门的火山灰土腐殖质是以胡敏酸为主，H/F 即胡敏酸（HA）/富里酸（FA）均大于 1.5；而光明林场、美人松纯林和二道白河上游的火山灰土腐殖质是以富里酸为主，H/F 小于 0.5。由于腐殖质以富里酸为主，火山灰土的土壤偏于酸性。

地理环境条件的差异，使有机质转化的差异性在空间分布上具有一定的地理规律。这种规律也体现在腐殖质的组成比例、腐殖质的要素组成和性质特征等方面。影响 H/F 的因素很多，其中植物群落的构成及微生物的类群，是决定 H/F 的主要因素。光明林场、美人松纯林和二道白河上游土壤的原生植被中针叶树所占比重大，特别是美人松纯林下的土壤，其 H/F 明显偏低，给土壤带来酸性反应。

③ 火山灰土壤营养元素分析

氮素是植物必需元素之一，也是土壤养分中最重要的元素之一。磷素是生命活动必需的营养元素之一，它参与物质、能量的合成与运转，因而，土壤磷含量是重要的研究内容。土壤中磷的原始来源是成土母岩，经过风化作用释放出磷。土壤全磷包括有机态磷和无机态磷，大部分磷在土壤中是以有机态形式存在的，尤其是森林土壤。

表 7　长白山土壤的元素分析

土壤编号	地点	土壤类型	全氮 g·kg^{-1}	全磷 g·kg^{-1}	速效氮 mg·kg^{-1}	速效磷 mg·kg^{-1}
001 - 1	两江口一金城	火山灰土	1.756	0.604 1	32.947	217.647
001 - 2			0.127	0.261 4	14.583	28.354
001 - 3			0.105	0.303 9	11.649	62.782
008 - 1	石林	火山灰土	2.999	0.402 4	26.225	155.789
008 - 2			0.542	0.187 7	11.805	22.959
009 - 1	光明林场东 2 km	火山灰土	1.254	0.422 2	19.679	78.296
009 - 2			0.431	0.299 6	10.752	39.34
009 - 3			0.223	0.136 6	11.948	4.952
010 - 2	二道白河镇北 2 km 美人松纯林	火山灰土	2.53	0.582 7	25.93	92.722
010 - 3			0.402	0.444	8.145	4.945
012 - 1	长白山西门外 2 km	火山灰土	2.069	0.286 1	35.509	103.776
012 - 2			0.406	0.230 8	13.085	22.154
012 - 3			0.179	0.162 8	8.61	23.466
013 - 1	二道白河镇上游	火山灰土	3.705	0.52	20.96	98.437
013 - 2			0.206	0.336 3	5.026	33.699
013 - 3			0.148	0.332 2	6.488	51.554
014 - 1	敦化	暗棕壤	2.72	0.821 9	21.612	94.482
014 - 2			0.872	0.775 8	11.515	85.258
014 - 3			0.307	0.804 7	6.863	112.434
011 - 2	一号样地	白浆土	6.787	1.362 9	57.949	113.918
011 - 3			0.512	0.268	20.224	7.837
011 - 4			0.547	0.2745	16.754	28.479

从表 7 中可以看出，长白山火山灰土的全氮量（*N*）为 0.105 9～3.705 g·kg^{-1}，速效氮为 5.026～35.509 mg·kg^{-1}。全磷量（*P*）为 0.136 6～0.604 1 g·kg^{-1}，速效磷含量为 4.945～217.647 mg·kg^{-1}。氮磷含量都呈现随着土壤深度的增加而元素含量减少的规律。其中两江口样地火山灰土的磷含量最多，且明显比其他土壤磷含量高出许多，这可能是人工施肥导致的。根据我国第二次土壤普查土壤氮磷量分级标准，长白山火山灰土表层土壤的全氮量处于一级，由此可知，长白山火山灰土的表层全氮量较为丰富。而长白山火山灰土表层全磷含量的级别只能达到四五级，因此，长白山火山灰土的磷含量处于偏低级水平。因此可以说明长白山火山灰土表层是全氮丰富，全磷缺少。这与对火山灰土的原有知识——火山灰土的全磷含量高存在一定的矛盾。速效磷丰富，速效氮缺少。

土壤中氮素绝大多数为有机质的结合形态。无机形态的氮一般占全氮的 1%～5%。土壤氮素的消长，主要决定于生物积累和分解作用的相对强弱、气候、植被、耕作制度诸因素，特别是水热条件，对土壤氮素含量有显著影响。

土壤中的磷只有以 $H_2PO_4^-$ 或 HPO_4^{2-} 的形式存在时才可被植物吸收利用，成为土壤速效磷。但土壤中的速效磷往往转化为难溶性磷，导致土壤速效磷缺乏。只有土壤呈中性或微酸性反应时，磷的有效性才最高。火山灰土壤呈中性或酸性，因此土壤速效磷含量较高。

④ 火山灰土壤的酸度分析

土壤酸度是由土壤中 H^+ 的存在而引起的。根据 H^+ 存在形式的不同，可将土壤的酸度分为活性酸度和潜在酸度两大类。

土壤酸碱性是多种因素共同作用的结果，这些因素包括气候、母质、水分、生物以及人为作用等。一般来说，气候的干湿差异、生物因素的影响、土壤母质的矿物类型、土壤水分状况的变异、土壤的物质迁移转化等综合地影响酸度。

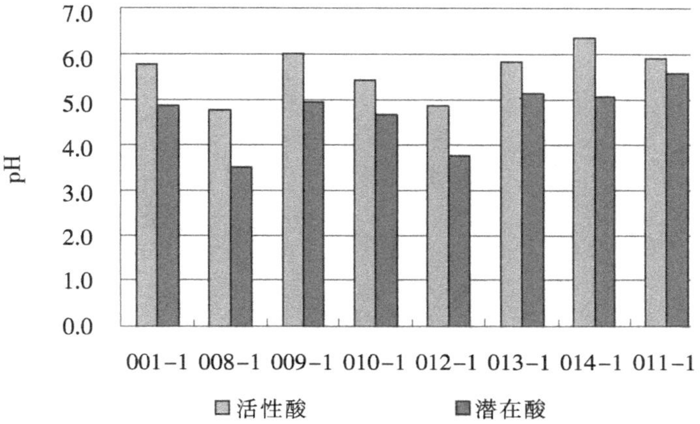

图 6　长白山火山灰土表层土壤的酸度状况

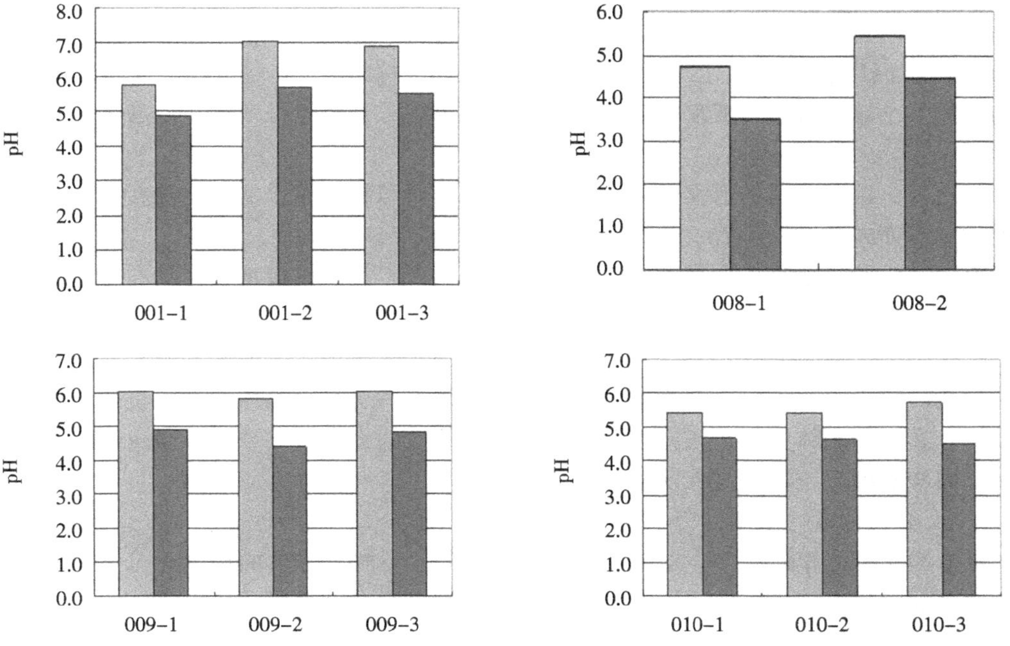

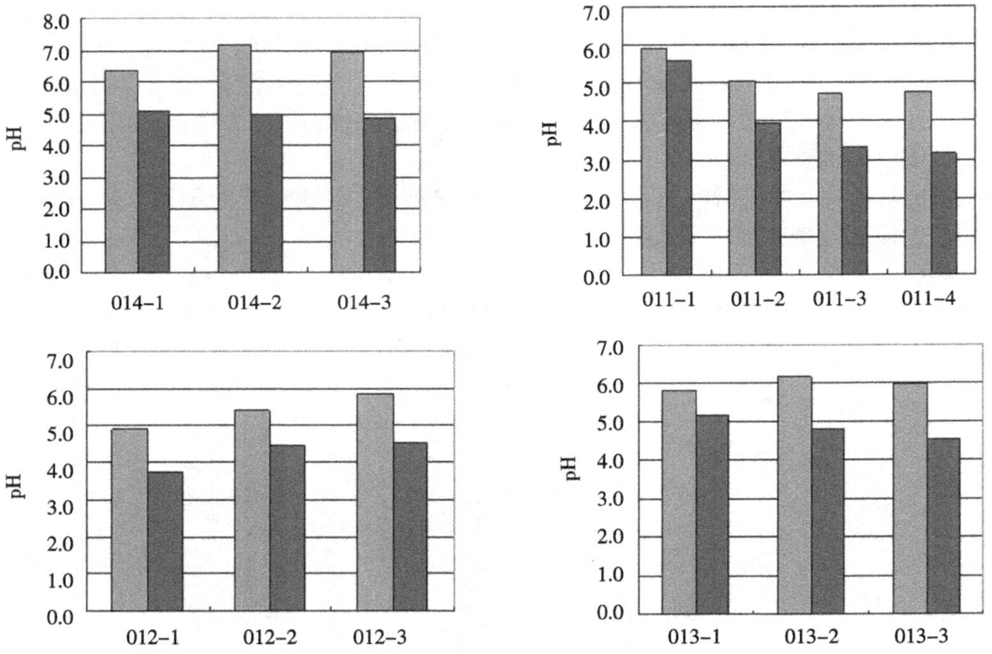

图 7 不同样地的土壤酸度状况（图例同图 6）

从图 6 中我们可以清晰地看到，不论哪个土壤样品，土壤表层的活性酸度 pH（H_2O）都是高于土壤的潜在酸度 pH（KCl）。反映各类土壤均具有潜在的至酸因素。且表层土壤反应显示偏酸性。

从图 7 中得出：就活性酸度而言，火山灰土的 pH 范围是 4.76～7.06。其 pH 中最低的是浮石林附近的火山灰土，只有 4.76。最高的 pH 为两江口的火山灰土，达到了 7.06。其余土壤的 pH 均在 5～7 之间。因此火山灰土具有中性和微酸性反应。而且随着土壤深度的增加，土壤亚表层的酸度高于表层，除光明林场；而接近母质层土壤酸度的变化规律不显著。

长白山火山灰土壤的潜在酸度规律不显著。而对照样白浆土的土壤潜在酸度随着土壤深度的加深而减小。

火山灰土的成土母质多基性岩，无论凝灰角砾岩、火山碎屑堆积，均在分解过程中释放盐基成分，对缓解土壤的酸性淋溶发挥作用，因此影响了下层土壤酸度的 pH。

长白山地区降水充沛，淋溶作用强烈，盐基饱和度较低，因此表层土壤酸度普遍偏于酸性。火山灰土土壤不仅接受大气降水，而且土体接纳着来自锥体上部的土壤潜水流和地表径流，在这些水体中已经溶入上部山体基性岩释放的大量盐基和温泉溢出所携带的盐基离子，同样对缓解土壤的酸性淋溶发挥了作用。

⑤ 火山灰土壤电导率分析

电导率是电阻率的倒数。电导率的物理意义是表示物质导电的性能。电导率越大则导电性能越强，反之越小。在国际单位制中，电导率的单位是西门子/米（S/m），土壤的电导率（EC）是衡量土壤中可溶盐含量或盐基存在量的重要指标。

表 8 长白山土壤的电导率

编　号	地　点	土壤类型	深度（cm）	电导率（EC）	温度（℃）	总固体溶解度（TDS）（μS/cm）	温度（℃）
009 - 1	光明林场 2 km 左右	火山灰土	2～10	27.3	17.8	56	17.1
009 - 2			10～30	24.4	16.5	49.8	15.7
010 - 2	二道白河镇北 2 km 美人松纯林	火山灰土	4～13	70.2	17.8	137.8	17.2
010 - 3			13 以下	32.6	16.8	67.2	16.7
011 - 2	一号样地	白浆土	3～18	115	17.7	219	16
011 - 2			18～40	78.5	14.9	154.9	13.9

研究区内林地下土壤电导率的规律变化如下：EC 与 TDS 之间存在相关性，并可进行换算，因而存在的规律是相同的。从表 8 可见，在火山灰土及白浆土中，土壤表层的 EC 与 TDS 均高于底层。

在湿润地区，EC 与 TDS 可以间接反映土壤中盐基离子的富集状况。在白浆土中，土壤表层生物累积明显，生物循环中释放的盐基成分丰富，同时土壤湿度大，EC 与 TDS 均表现为高值。白浆土的 EC 与 TDS 值均高于火山灰土，反映了火山灰土的生物累积过程、元素生物循环过程不同于白浆土，火山灰土的质地粗松，淋溶作用强烈，不利于盐基的存留。电导率与温度具有很大相关性。电导率随着深度的加深，土壤温度的降低而减少。在一段温度值域内，电导率可以被近似为与温度成正比。

五、火山灰土发生特性的相关分析

1. 相关分析

土壤组成物质的机械组合，是一个有机的整体。土壤本身的一系列理化性质具有内在的关联性。研究生曹龄月根据两种不同的分析方法对长白山火山灰土进行土壤化学性质相关关系的研究，旨在找出长白山火山灰土壤发生特性的内在联系。

表 9 皮尔森相关分析系数

	活性酸	潜在酸	全 N	全 P	速效氮	速效磷	有机质	腐殖酸	富里酸	胡敏酸	胡/富
活性酸	1	.830**	−.359	.120	−.482*	−.027	.065	−.002	.042	−.108	−.258
潜在酸	.830**	1	−.190	.065	−.323	.038	.382	.314	.358	.192	−.450
全 N	−.359	−.190	1	.744**	.878**	.565**	.742*	.818*	.843**	.444	−.290
全 P	.120	.065	.744**	1	.603**	.557**	.409	.456	.650	.015	−.390
速效氮	−.482*	−.323	.878**	.603**	1	.581**	.441	.538	.599	.233	−.088
速效磷	−.027	.038	.565**	.557**	.581**	1	.068	−.036	−.229	.229	.516
有机质	.065	.382	.742*	.409	.441	.068	1	.989**	.979**	.963**	−.434
腐殖酸	−.002	.314	.818*	.456	.538	−.036	.989**	1	.994**	.964**	−.460

续 表

	活性酸	潜在酸	全 N	全 P	速效氮	速效磷	有机质	腐殖酸	富里酸	胡敏酸	胡/富
富里酸	.042	.358	.843**	.650	.599	—.229	.979**	.994**	1	.929**	—.539
胡敏酸	—.108	.192	.444	.015	.233	.229	.963**	.964**	.929**	1	—.249
胡/富	—.258	—.450	—.290	—.390	—.088	.516	—.434	—.460	—.539	—.249	1

** Correlation is significant at the 0.01 level (2—tailed).

* Correlation is significant at the 0.05 level (2—tailed).（以下同上）

表 10 斯皮尔曼相关分析系数

	活性酸	潜在酸	全 N	全 P	速效氮	速效磷	有机质	腐殖酸	富里酸	胡敏酸	胡/富
活性酸	1.000	.823**	—.468*	.196	—.511*	.019	—.309	—.358	—.236	—.358	—.382
潜在酸	.823**	1.000	—.218	.291	—.164	.145	—.030	—.018	.055	—.018	—.333
全 N	—.468*	—.218	1.000	.544**	.790**	.615**	.833*	.905**	.690	.857**	—.024
全 P	.196	.291	.544**	1.000	.246	.726**	.143	.119	.095	—.071	—.429
速效氮	—.511*	—.164	.790**	.246	1.000	.521*	.333	.452	.238	.429	.429
速效磷	.019	.145	.615**	.726**	.521*	1.000	.286	.357	—.095	.476	.667
有机质	—.309	—.030	.833*	.143	.333	.286	1.000	.964**	.867**	.915**	—.200
腐殖酸	—.358	—.018	.905**	.119	.452	.357	.964**	1.000	.915**	.952**	—.152
富里酸	—.236	.055	.690	.095	.238	—.095	.867**	.915**	1.000	.782**	—.479
胡敏酸	—.358	—.018	.857**	—.071	.429	.476	.915**	.952**	.782**	1.000	.079
胡/富	—.382	—.333	—.024	—.429	.429	.667	—.200	—.152	—.479	.079	1.000

根据表 9 可以得出，活性酸与潜在酸的相关性显著，呈现正相关性，并且与速效氮存在负相关；潜在酸只与活性酸的正相关显著，与其他指标无关。全氮与全磷、速效氮、速效磷、富里酸存在高相关，即相关性显著，与有机质、腐殖酸相关，且都是正相关；全磷与全氮、速效氮、速效磷之间都显著相关，与其他无关。有机质与腐殖酸、富里酸、胡敏酸非常相关，与全氮也存在相关性；富里酸与有机质、腐殖酸、胡敏酸、全氮非常相关；反而胡敏酸只与有机质、腐殖酸、富里酸非常相关。

从皮尔森相关系数的分析得出长白山火山灰土的酸度只与土壤的速效氮存在负相关，土壤的氮磷元素之间存在显著的正相关性。且全氮与富里酸的相关性显著，与有机质总腐植酸存在相关。有机质与总腐植酸以及腐植酸的组成都存在显著相关性。

从表 10 得出：活性酸与潜在酸非常正相关，与全氮和速效氮存在负相关性。潜在酸只与活性酸非常相关，与其他无关。全氮与全磷、速效氮磷、腐殖酸、胡敏酸非常相关，与活性酸存在负相关性，与有机质存在正相关。全磷只与全氮和速效磷非常相关。速效氮与全氮的相关性非常高，与速效磷相关，与活性酸存在负相关。速效磷与全氮、全磷非常相关，与速效氮相关。有机质与腐殖酸、富里酸、胡敏酸都存在非常高的相关性，与全氮具有相关性。

从斯皮尔曼相关分析系数得出：长白山火山灰土土壤酸度与氮素存在负相关；土壤氮

磷元素之间具有高相关性，但是，土壤的速效氮与全磷无关。且全氮还与总腐植酸与胡敏酸存在高相关性；有机质与总腐植酸及其组成之间的相关性显著。

不同的相关分析方法得出的结论是不同的。两种方法都可以看出：活性酸与潜在酸的相关度高，且都与速效氮呈现负相关。潜在酸度只与活性酸度有高相关性，与其他无关。而 Pearson 方法还得出活性酸与全氮有负相关关系。氮磷无论是速效的还是全氮磷都存在相关性，区别在于 Pearson 方法得出的全氮还与富里酸存在高相关，而 Spearman 方法则得出与胡敏酸存在高相关，而且全磷与速效氮无相关性。腐殖酸包括富里酸与胡敏酸都与有机质存在高相关性。

从相关分析中可以看出，土壤酸度与土壤的速效氮成此消彼长的关系，由此可以得出长白山火山灰土速效氮含量低与土壤酸度关系密切。土壤元素之间的相关性显著，有机质与腐植酸及其组成存在高的相关性。全氮与腐殖质的组成有关。

2. *主成分分析*

主成分分析（principal component analysis）是将多个变量通过线性变换以选出较少个数重要变量的一种多元统计分析方法，又称主分量分析。主成分分析是对于原先提出的所有变量，建立尽可能少的新变量，使这些新变量是两两不相关的，而且这些新变量在反映课题的信息方面尽可能保持原有的信息。

表 11 相关系数矩阵

	活性酸	潜在酸	全 N	全 P	速效氮	速效磷	有机质	腐殖酸	富里酸	胡敏酸	胡/富
活性酸	1.000										
潜在酸	.945	1.000									
全 N	−.325	−.293	1.000								
全 P	.062	.022	.832	1.000							
速效氮	−.538	−.519	.747	.707	1.000						
速效磷	−.202	−.167	−.094	−.020	.209	1.000					
有机质	−.630	−.583	.742	.409	.441	.068	1.000				
腐殖酸	−.661	−.593	.818	.456	.538	−.037	.978	1.000			
富里酸	−.426	−.307	.843	.649	.599	−.229	.794	.864	1.000		
胡敏酸	−.690	−.715	.444	.015	.233	.229	.808	.758	.327	1.000	
胡/富	−.242	−.360	−.290	−.390	−.088	.516	−.057	−.147	−.579	.474	1.000

表 12 可解释的总方差

component	Initial Eigenvalues			Extraction Sums of Squared Loadings		
	Total	% of Variance	Cumulative%	Total	% of Variance	Cumulative%
1	5.608	50.981	50.981	5.608	50.981	50.981
2	2.747	24.972	75.953	2.747	24.972	75.953
3	1.238	11.252	87.205	1.238	11.252	87.205

续 表

component	Initial Eigenvalues			Extraction Sums of Squared Loadings		
	Total	% of Variance	Cumulative%	Total	% of Variance	Cumulative%
4	.787	7.159	94.364			
5	.481	4.374	98.738			
6	9.361E−02	.851	99.589			
7	4.516E−02	.411	100.000			
8	6.178E−16	5.616E−15	100.000			
9	6.705E−17	6.095E−16	100.000			
10	−1.11E−16	−1.007E−15	100.000			
11	−1.77E−16	−1.611E−15	100.000			

首先，从相关矩阵出发，进行主成分分析，求出特征值、贡献率和累积贡献率。前五个的特征值为 5.608，2.747，1.238，0.787，0.481，其余的特征值很小。而特征值贡献率为：50.981%，24.972%，11.252%，7.159%，4.374%。由于前 3 个特征值累积贡献率达 87.2% ，故可取 3 个主成分，得到因子载荷阵如下：

表 13 因子载荷阵

	Component		
	1	2	3
活性酸	−.726	.531	.140
潜在酸	−.686	.583	9.895E−02
全氮	.863	.392	.162
全磷	.562	.624	.474
速效氮	.739	.137	.512
速效磷	5.905E−02	−.523	.699
有机质	.922	−6.96E−02	−.188
总腐殖酸	.961	1.992E−	−.205
富里酸	.844	.464	−.160
胡敏酸	.711	−.565	−.178
胡/富	−9.27E−02	−.866	.267

其中，在第一主成分对以上 11 个变量的因子载荷中，比较大的有第 3、第 7、第 8、第 9 分量，分别是 0.863，0.922，0.964，0.844，因此第一主成分主要反映了全氮、有机质、总腐殖酸、富里酸 4 个变量，我们称之为有机大分子因子。在第二主成分对以上 11 个变量的因子载荷中，比较大的有第 11 分量，是−0.866，因此第二主成分主要反映了胡敏酸与富里酸的比值，我们称之为酸度因子。在第三主成分对 11 个变量的因子载荷

中，比较大的有第 5、第 6 分量，分别是 0.512，0.699，因此第三个主成分主要反映了速效氮和速效磷这两个变量，但更主要是反映了元素变量，我们称之为元素因子。

用 Y_1，Y_2，Y_3 分别表示三个主成分，则第一、第二、第三主成分的表达式分别为：

$Y_1=0.863X_3+0.922X_7+0.964X_8+0.844X_9$

$Y_2=-0.866X_{11}$

$Y_3=0.512X_5+0.699X_6$

对于两个主成分的线性组合，线性方程各变量系数的大小和正负对解释分析结果有重要作用，各变量系数绝对值大者表明该主成分主要综合了绝对值大的变量，如有几个变量系数大小相当时，表明这一主成分是这几个变量的综合土壤。

通过以上分析我们知道，主成分分析就是让在土壤的众多化学性质中，找出几个对土壤性质起决定性作用的因子。因此，我们说在众多的影响因素中，有机大分子因子、酸度因子、元素因子是影响长白山火山灰土壤质量主要的共同的因素。由此我们可以说土壤的酸度、有机大分子物质以及土壤元素是影响长白山火山灰土发育的重要因子。

六、长白山火山灰土壤理化性质的空间变异

从土地利用类型上可以看出：农田位于河流阶地，母质为冲积性火山灰。经过河流对母质的搬运堆积之后，使母质颗粒进一步变细。因此农田火山灰土的颗粒比林地的火山灰土细。而且农田的土壤有机质较林地少。这是由于林地的生物多样性高，植被覆盖率高，层次分明，因此土壤的表聚性显著。农田火山灰土的氮磷元素多于林下土壤氮磷的平均值。这可能是因为人工施肥的原因。

从土壤层次上看：枯枝落叶层的土壤有机质含量高于土壤表层。电导率随着深度的加深，土壤温度的降低而减少。氮磷含量也呈现随着土壤深度的增加而元素含量减少的规律；随着土壤深度的增加，土壤硬度不断增大。表层土壤是偏酸性。总体而言，随着土壤深度的增加，土壤亚表层的酸度高于表层。

从土壤类型上看：长白山火山灰土的容重远小于白浆土的土壤容重。火山灰土的表层（A）土壤紧实度均大于白浆土的表层（A）土壤紧实度，这是由生物累积过程的差别和土壤质地的差别造成的。白浆土样地是原始针阔混交林下的土壤，有机质累积明显，且土壤湿度大，土壤紧实度较低。火山灰土的总腐殖酸小于白浆土的腐殖酸含量。白浆土的EC 值均远高于火山灰土。白浆土的富里酸含量远高于火山灰土的富里酸含量。

七、长白山火山灰土壤的地理发生机理分析

环境背景对长白山火山灰土土壤发育的影响

（1）火山喷发物对火山灰土发育的影响

成土母质是土壤形成的物质基础。母质因素在土壤形成上具有极重要的作用，它直接影响土壤的矿物组成和土壤颗粒组成，并在很大程度上支配着土壤的物理、化学性质以及土壤生产力的高低。

赤峰期二道白河火山泥流和后期喷发的园池空落浮岩火山灰在高山融雪和降水的作用下均发生后期搬运与再沉积过程，并大部分覆盖与沉积在玄武岩台地的低洼处和河流谷地中。

海拔 550～800 m 间的玄武岩台地，是长白山火山山体地貌上的水平基带，岩石多为致密块状、隐晶质结构，失去了发育地带性土壤暗棕壤的自成型条件。玄武岩台地覆盖的火山灰和浮石火山灰，为台地发育地带性土壤提供了母质条件。虽然目前是火山灰土壤分布的地貌部位，但随着时间的推移，该地貌部位的火山灰土壤将向着地带性土壤暗棕壤方向发展。

赤峰期火山泥流堆积物主要沿二道白河两岸分布，二道白河两岸火山泥流堆积宽达 3.5～5.5 km。分布在一级阶地上的，相当于火山泥流的沟床相堆积，粒度粗，砂砾石混杂，分选差。披盖在二级阶地表面的火山泥流，相当于火山泥流的洪泛平原相，粒度细，分选好，出现粗、细交替但不太清晰的层次。

二道白河比降大，河谷深切同时由于火山灰机械组成粗，毛细作用差，因此，绝大部分阶地火山灰上发育的土壤受到地下水的影响较弱，很少发育为草甸土壤，而发育了长白山火山北坡分布面积较大，地势平坦的火山灰土，成为火山灰土壤发育的主要地段。

（2）时间对火山灰土壤发育的影响

公元 1200 年的火山爆发导致原始植被毁灭，在火山喷出物上恢复植被和土壤是从裸岩上开始的演替过程。植物群落要完成地衣—苔藓—草本—灌木—乔木的演替过程，而土壤发育相对于植被具有一定的滞后性，火山爆发，导致长白山火山区一定区域内现代土壤形成的年龄很轻，甚至仅处在幼年阶段。因此，火山灰土所具有的初育性和粗骨性等特性与时间因素是密不可分的。

（3）水文环境对火山灰土壤发育的影响

从土壤颗粒的组成可以清楚地看出，本研究在二道白河流域的上、中、下游分别采取样品，得出水文条件对于火山灰土的影响。上游的火山灰土（013 样品）颗粒组成很粗；中游（010 样品）的颗粒较粗；而到了下游火山灰土（001 样品）颗粒组成就十分细。由此可以知道水文状况（流速、水量等）造成了土壤颗粒组成的空间分异。

基性岩的化学组成及地下热水富含盐基离子导致长白山水体 pH 高，这种水化学环境在一定程度上影响了长白山火山灰土土壤的发育。

（4）气候条件对火山灰土壤发育的影响

气候因素在土壤形成上的作用，主要表现为水热条件对土壤形成的方向、强度所发生的影响。水热条件组合直接、间接地影响岩石的风化过程，影响植物和微生物的活动，影响有机质、土壤溶液和土壤空气的迁移和转化过程。

气候条件决定长白山火山区土壤发育的方向，每年温暖季节十分短暂，无霜期只有 100 天，土壤形成中的有效活跃期短暂，制约了土壤元素的地球化学过程，因此长白山火山灰土壤发育缓慢。

长白山地区是以湿润的山地气候为主。因此，在此气候条件下的土壤应该是以淋溶型为主，显酸性。由于火山灰土的母质（基性或中性的火山碎屑物）在土壤发育过程中起到了阻碍作用，土壤的微酸性变得滞后。

（5）地形条件对火山灰土壤发育的影响

河谷一、二级阶地上火山灰土的母质主要是洪积、冲积性火山泥流母质；台地面上的火山灰母质既有空降火山灰也有流水运积的火山灰。

地形对大气降水具有重新分配的作用。地形支配着地表径流。地面形状和坡度既影响降水的再分配，又影响水文地貌过程，影响火山灰母质的粒度分选。流域自上游到下游火山灰母质由粗变细。

（6）植被对火山灰土壤发育的影响

植物在土壤形成中的作用，主要表现在土壤与植物之间的物质和能量交换上，因此，植物在土壤形成中的作用与气候、母质等因素协同进行。植物在土壤形成中的主要作用是在母质、土壤表层以有机质累积的方式积累营养元素和能量，改造母质，产生肥力，形成土壤。

长白山玄武岩台地中河谷阶地上发育的火山灰土大多植被发育良好，尤其在二道白河中下游的二级阶地平原火山灰土壤上生长了大面积长白山特有的长白松（美人松）纯林，反映了火山灰土的理化特性与长白松要求的生境间的必然联系。一级阶地上的火山灰土多有灌丛与草本植物生长。

长白山玄武岩台地上由园池空落浮岩火山灰发育的火山灰土多分布在台地白浆土区内，生长针阔混交林，向着暗棕壤的方向发展。

（7）人类活动对火山灰土壤发育的影响

耕作火山灰土在长白山火山区的不稳定性是影响区域生态安全的土壤因素之一。

人类活动作为一个成土因素，与其他自然因素有着本质的不同。为了农业收成，人类辛勤地耕翻土壤，改变着土壤自然形成的结构，改变着土壤原有的通气透水性状，改变着土壤物质原来的转化方向和转化速度。人类通过施肥，向土壤施用各种有机肥料，并造出了品种多样的化肥，提高土壤的肥力。但是随着人类不合理的垦殖土壤，破坏了原有的成土条件，导致土壤退化。

火山灰土壤作为幼年土壤，其发育和演化具有不稳定性，极易受人为因素的影响。目前，长白山地区部分火山灰土上发育了森林植被。加之对于火山灰上发育的土壤有着高肥力一说的传统认识，人类已将部分地区开发为农田。因此，人类活动对于长白山火山灰土的演化有着不可忽视的作用，如不合理利用，可能会减缓火山灰土的发育，使之长期处于初育性土壤或更加恶化。

八、火山灰土壤地理发生过程的概括

1. 火山灰土形成的地球化学特征

长白山玄武岩台地河谷阶地上发育的火山灰土受到湿润气候的影响，土壤发育中主要地球化学过程是淋溶过程，同时伴随土壤矿物的分解与黏土矿物的形成。

由于成土年龄较轻，发育程度低，矿物分解缓慢，黏土形成数量少。火山灰土壤孔隙度高，质地较粗，含有大量火山起源的矿物，如火山玻璃、火山碎屑等，仍保留火山灰原来的粗骨性、通透性，所产生的黏土颗粒不易保存而发生机械迁移。在植被覆盖较好的条件下，在土壤亚表层可明显表现出黏粒增多的现象。在环境稳定的条件下，随着土壤年龄的增加，必将显示黏化过程，其地球化学特征向着暗棕壤的方向演化。

2. 火山灰土形成的生物累积特征

长白山玄武岩台地中河谷阶地上发育的火山灰土大多植被发育良好，尤其在二道白河中下游的二级阶地平原火山灰土壤上生长了大面积长白山特有的长白松（美人松）纯林，反映了火山灰土的理化特性与长白松要求的生境间的必然联系。一级阶地上的火山灰土多有灌丛与草本植物生长。

长白山玄武岩台地上由园池空落浮岩火山灰发育的火山灰土多分布在台地白浆土区内，生长针阔混交林，向着暗棕壤的方向发展。

在植被完好的条件下，本区火山灰土有较明显的腐殖质累积，形成10～20 cm的灰色有机层次。表层有机质含量可达5%以上。土壤呈中性至微酸性反应。由于火山灰土矿物性养分较丰富，肥力颇高。

长白山火山灰土的代表剖面可从形态学上综合显示土壤的形成特点。

在二道白河镇火车站东北的长白松林下，地形为火山灰构成的二级阶地，土壤剖面特征如下：

O 0～3 cm 枯枝落叶层；

Ah 3～8 cm 暗灰色腐殖质层，有根系，砂壤质；

AB 8～12 cm 灰棕色，有根系，砾质砂土；

BC 12～24 cm 灰色火山灰，砾质砂土

C 24～80 cm 灰色火山灰，砾质砂土，含有大石块；

R 80～140 cm 灰色火山灰，砾质砂土。

依据剖面分化特征，显示了该地火山灰土已经有了一定的黏化特征，正在向地带性土壤方向发展。

九、结　　论

火山灰土壤是在土壤内生性因素影响下形成的初育性土壤。火山灰土壤的发生学研究对揭示火山活动区土壤的地理发生过程、土壤演化规律、土壤与生物群落的关系及生物群落演替的规律具有理论意义。

① 长白山火山灰土的土壤质地粗，分异大，孔隙度在46%～70%之间，既显示了初育性特征，又显示出了良好的透水性能；火山灰土的酸碱反应总体显示中性，但火山灰土表层呈偏酸性，显示了酸性环境中基性母质的影响；在植被覆盖良好的情况下，长白山火山灰土表层腐殖质含量较高，全氮量丰富，全磷量缺少，这与传统上对火山灰土的认识并不完全一致。

② 从土壤理化性质相关分析和主成分分析中得出，长白山火山灰土的各种化学性质相互影响。土壤酸度与土壤的速效氮成此消彼长的关系；全氮的含量与腐殖质的组成比例相关。在众多的影响因素中，有机大分子因子、酸度因子、化学元素因子是影响土壤质量的主要因素，反映了火山灰土理化性质与植被覆盖情况、多样性情况和土壤酸度以及元素的迁移有着密切的关系。

③ 湿润的季风气候，特殊的地貌形态，全新世大喷发的基性空落火山灰、运积性火山灰母质，成土年龄短暂，规定了长白山火山灰土的发展方向和发育强度。在植被覆盖较好的条件下，台地和河谷高阶地的火山灰土壤亚表层可明显表现出黏粒增多的现象。在环境稳定的情况下，随着土壤年龄的增加，必将显示黏化过程，其地球化学特征向着暗棕壤的方向演化。

④ 长白松种群与河谷阶地火山灰土壤存在特定的发生联系，这种发生关系的生物地理机制还有待进一步研究。长白山火山灰土的形成是一个长期缓慢、复杂的过程。对于长白山火山灰土的系统研究及其在区域生态安全中的地位尚需要加强基础研究。

参考文献

[1] 刘若新，魏海泉，李继泰，等．长白山天池火山近代喷发 [M]．北京：科学出版社，1998.

[2] 刘强，盘晓东，魏海泉，等．长白山天池火山喷发序列研究 [J]．中国地震，2008，24 (3)：235—246.

[3] 尹金辉，郑勇刚，刘粤霞．长白山天池火山炭化木的 14C 年代及其意义 [J]．地震地质，2005，27 (1)：83—88.

[4] 杨清福，史兰斌，陈孝德，等．长白山天池火山一次近代喷发物的特征 [J]．地震地质，2006，28 (1)：71—83.

[5] 刘祥，隋维国，王锡魁．长白山火山 1 000 年前火山泥流堆积及其灾害 [J]．长春科技大学学报，2000，30 (1)：14—17.

[6] 史兰斌，陈孝德，杨清福，等．长白山天池火山千年大喷发不同颜色浮岩的岩石化学特征 [J]．地震地质，2005，27 (1)：73—82.

[7] 刘祥．长白山火山历史上最大火山爆发火山碎屑物层序与分布 [J]．吉林大学学报：地球科学版，2006：313—318.

[8] 刘祥，隋维国，向天元，等．长白山天池地区全新世以来火山活动及其特征 [J]. 第四纪研究，2004，24 (6)：638—644.

[9] 杨清福，史兰斌，张羽，等．长白山天池火山千年大喷发火山碎屑流堆积的粒度特征及地质意义 [J]．地震地质，2007：480—491.

[10] 单新建，叶洪，等．利用 ERS—2 SAR 图像纹理分析方法揭示长白山天池火山近代喷发物空间分布特征 [J]．第四纪研究，2002 (3)：123—130.

[11] 仲秀珍，吴江，赵良超．吉林省主要土类矿物组成的研究 I. 长白山几种土壤的矿物组成 [J]．吉林农业大学学报，1989，11 (2)：57—65.

[12] 许林书．长白山火山活动对现代土壤发育环境的塑造．见：长白山地理系统研究：第三辑. 长春：东北师范大学出版社，2010.

[13] 许林书，曹龄月. 长白山火山活动对现代土壤形成与发育的影响．见：长白山地理系统研究：第三辑. 长春：东北师范大学出版社，2010.

[14] 许林书，曹龄月. 长白山火山活动与现代土壤垂直带谱的构成. 见：长白山地理系统研究：第三辑. 长春：东北师范大学出版社，2010.

[15] 马玉露，轻部重太郎．日本火山灰土壤的黏土矿物质特征 [J]．内蒙古民族大学学报：自然科学版，2008，23 (3)：297—300.

[16] 赵兰坡，杨学明，等．长白山及五大连池火山灰土基本特性的研究 [J]．吉林农业大学学报，1992，14 (2)：47—54.

[17] 潘继花，张甘霖．土垫旱耕人为土中磷的分布特征及其土壤发生学意义 [J]．第四纪研究，2008，28 (1)：43—49.

[18] 彭锐，王爱平，等．不同产地川党参土壤养分主成分分析和聚类分析 [J]．西南农业学报，2008，21 (2)：420—424.

[19] 王冠丽，刘廷玺，孙铁军，等．基于主成分分析法的土壤蒸发能力影响因子研究 [J]．安徽农业科学，2008，36 (11)：4 369—4 370，4 398.

[20] 张东方，吴以中，等．主成分分析方法在农田土壤环境评价中的应用 [J]．江西农业学报，2008，20 (7)：36—38.

长白山区森林资源的对应分析研究

张　霞　杨令宾*

【摘要】本文运用对应分析方法，将吉林省长白山区吉林森工集团的各林业局与其相应的森林资源发展指标有机地联系起来，对吉林森工集团各林业局的森林资源发展水平进行了有效的分类与评价，为决策部门制定符合各林业局未来的发展规划提供了参考依据。

【关键词】长白山区　吉林森工集团　森林资源　对应分析

森林作为长白山生态系统的顶级群落，是发展长白山生态经济的主要依托。吉林森工集团以经营长白山区森林资源为主业，集生态、社会和经济效益于一身，是发展长白山生态经济的主力军。本文源于长白山区吉林森工集团在森林资源开发过程中出现的问题，如林分质量不高、林种结构不合理等，根据森工集团的统计资料（篇幅原因略），运用对应分析法，综合地评价了森工集团下属的八个林业局森林资源发展的特点，为吉林森工集团制定适合各林业局发展的战略规划提供了依据。

一、对应分析理论概述

1. 对应分析基本原理

对应分析，又称为相应分析，是由法国人 Jean Paul Benzerci 于 1970 年提出的。从某种意义上讲，对应分析既是主分量分析的特殊情况，又是主分量分析的推广，其理论基础是因子分析。它将对变量的因子分析（R 型）和对样品的因子分析（Q 型）统一起来。把变量和样品同时反映在有相同坐标轴（因子轴）的图形上，使图上相邻变量在所有样品上的取值分布具有相似性，相邻样品点属于同一类，且同一类样品点被邻近的变量所表征。

对应分析的基本思想是将一个联列表的行和列中各元素的比例结构以点的形式在较低维的空间中表示出来。它的最大特点是能把众多样品和众多变量同时作到同一张图解上，将样品的大类及其属性在图上直观而又明了地表示出来。

2. 对应分析的计算步骤

设有 $R\times C$ 列联表，行、列分别表示两个不同因素的 R 个水平和 C 个水平，表中的频数记为 $X=\{x_{ij}\}$。

（1）数据变换

首先对原列联表数据进行变换。

* 作者单位：东北师范大学城市与环境科学学院。

$$Z_{ij}=\frac{A_{ij}-R_iC_j/N}{\sqrt{R_iC_j/N}}=\frac{A_{ij}-T_{ij}}{\sqrt{T_{ij}}},\ i=1,\ 2,\ \cdots,\ R;\ j=1,\ 2,\ \cdots,\ C$$

其中，R_i 表示第 i 行的合计，C_j 表示第 j 列的合计，N 表示总合计。A_{ij} 就是观察频数，R_iC_j/N 就是假定行因素与列因素互相独立时的理论频数，Z_{ij} 相当于

$$标准化残差=\frac{观察频数-理论论频}{\sqrt{心理论频}}。$$

(2) 计算两个“相关矩阵”

利用变换后的 R 行 C 列数据阵 Z，计算每两行的“相关系数”，可得一个“相关系数矩阵”RA；再计算每两列的“相关系数”，可得另一个 R 行 V 列的“相关系数矩阵”RB。可以证明，RA 和 RB 有相同的非零特征根，但特征向量不同。

(3) 基于 RA 作一次因子分析，得到行因素各类别的因子负荷。

(4) 基于 RB 再作一次因子分析，得到列因素各类别的因子负荷。

(5) 对对应分析的结果进行合理的解释。

二、研究区概况

长白山区位于我国东北东部，吉林省内面积为 95 758 km^2。长白山区包括：延吉市、图们市、敦化市、龙井市、珲春市、和龙市、安图县、汪清县、通化市、梅河口市、集安市、通化县、辉南县、柳河县、白山市、临江市、靖宇县、抚松县、长白朝鲜族自治县、磐石市、蛟河市、桦甸市、东丰县等市县。

本文的研究对象是吉林森工集团的八个分局，分别是临江、三岔子、湾沟、泉阳、露水河、红石、白石山和松江河林业局。

上述八个林业局的施业区，属长白山熔岩台地，低山丘陵地貌，坡度较缓，平均海拔 800 m 左右，无霜期在 110～130 天，地带性土壤为暗棕色森林地，土壤养分水分状况良好，土质肥沃，生产力高，各种环境因子适宜营建短周期杨树工业原料林。

三、指标选取

针对长白山区特殊的气候、地形、土壤、经济等特点，结合各类森林资源评价模型及其重要的特征指标，由资深专家筛选出了具有代表性的关键评判指标。

变量（15 个）：

活立木蓄积量（$C1$），林业用地面积（$C2$），森林面积（$C3$），森林覆盖率（$C4$），用材林面积比重（$C5$），经济林面积比重（$C6$），天然林面积比重（$C7$），灌木林面积比重（$C8$），针叶树蓄积比重（$C9$），人工林蓄积比重（$C10$），林分蓄积比重（$C11$），成、过熟用材林蓄积比重（$C12$），活立木生长量（$C13$），木材消耗量占蓄积量比重（$C14$），有林地面积净增量（$C15$）。

样品（8 个）：

临江（R1）、三岔子（R2）、湾沟（R3）、松江河（R4）、泉阳（R5）、露水河（R6）、红石（R7）、白石山（R8）。

长白山区森林资源发展的特点可以从森林资源总量水平、结构状况和消长状况三方面来表征。其中总量水平反映了森林资源的数量水平，是衡量森林资源丰富程度的一项重要

指标，直接决定林业局的发展规模，具体包括 C1，C2 和 C3。结构状况能反映森林质量水平，包括面积结构状况、蓄积结构状况、森林覆被状况（C4）。其中，面积结构状况通过 C5，C6，C7，C8 来反映，而蓄积结构状况可通过 C9，C 10，C 11，C 12来反映。消长状况能反映森林资源消耗和增长的变化动态，具体包括 C 13，C 14，C 15，直接影响森林资源的可持续利用。

四、长白山区森林资源的对应分析

1. 数据预处理

由于参评指标通常具有不同的量纲，因而需进行无量纲化处理。鉴于森林资源本身的特殊性，常规的无量纲化处理的结果在 [0，1] 之间，不符合对应分析的要求，因此我们采用 SPSS 软件，建立特定的数学模型，将各指标数据值确定在 [1，10] 之间。由于对应分析的使用条件要求行变量与列变量相互独立且行列变量构成的交叉列表中数据为整数，且不能含有 0 值或负数，故将上述 8 个区中 C1～C 15的值作取整运算。

2. 对应分析过程

本文应用统计分析软件 SPSS13.0 实现对应分析，具体步骤如下：

（1）输入原始数据；

（2）调用 Correspondence analysis 模块中的 optional scaling 过程；

（3）选择要分析的变量并定义取值范围，其中，统计单位的取值范围是（1，8），森林发展指标的取值范围为（1，15）；

（4）选择结果输出形式；

（5）运行。

五、结果分析

根据上述步骤，得到对应分析的结果如下：

（1）交叉汇总表

对应分析的第一步是对行变量类别与列变量类别进行交叉汇总，形成一个对应分析表，即按照原始数据整理成行×列表形式，以反映不同林业局和森林发展指标在不同组合下的实际例数，本文得到的汇总数据如表 1：

表 1　交互汇总表

统计单位	森林发展															
	C1	C2	C3	C4	C5	C6	C7	C8	C9	C10	C11	C12	C13	C14	C15	合计
临江	4	5	4	9	9	4	1	2	10	10	1	2	4	4	3	72
三岔子	5	7	6	8	7	7	5	5	6	6	10	2	7	8	10	99
湾沟	1	1	1	4	2	10	5	10	5	6	1	1	7	1	5	60
松江河	4	4	3	9	9	2	8	6	10	5	8	2	2	6	7	85
泉阳	2	2	2	6	5	4	9	10	2	3	9	2	1	1	1	59

续 表

露水河	4	2	2	10	3	1	10	1	8	2	10	10	10	10	4	87
红石	10	10	10	1	1	2	9	5	1	1	8	5	9	5	2	79
白石山	3	3	3	10	10	1	7	3	4	6	8	4	2	3	3	70
合计	33	34	31	57	46	31	54	42	46	39	55	28	42	38	35	611

从表 1 可以看出，没有数据是零或负数的单元格，符合对应分析的要求。这次样本量为 611。总体上看，森林发展大多集中在森林覆盖率（*C*4）、天然林面积比重（*C*7）和林分蓄积比重（*C* 11）上，三项共计 166；在统计单位中，三岔子、松江河和露水河所占比重最大，共计 262。

（2）汇总统计量

表 2 汇总统计量

维度	单一值	特征根	卡方值	*P* 值	所能解释的特征量		置信奇异值	
					解释量	累计贡献率	标准差	决定系数
1	0.338	0.114			0.547	0.547	0.036	0.064
2	0.290	0.084			0.255	0.802	0.039	
3	0.239	0.057			0.073	0.875		
4	0.215	0.046			0.050	0.925		
5	0.137	0.019			0.047	0.972		
6	0.086	0.007			0.022	0.994		
7	0.043	0.002			0.006	1.000		
合计		0.329	21.150	0.000a	1.000	1.000		
自由度：98								

表 2 是对应分析的主要结果——汇总统计量。由卡方值 21.150，自由度为 98，$P=0.000<0.01$ 可知，这 8 个林业局与 15 个森林评价指标之间有显著的依赖关系。表 2 同时给出了各维度所能解释两个变量关系的百分比，第一公因子（Dim1）的方差贡献率达到 54.7%，第二公因子（Dim2）的方差贡献率达到 25.5%，累积贡献率达到 80.2%，表明仅这两个维度能够解释总信息量的 80.2%，即由前两个因子轴构成的投影图已包含了原向量信息的 80.2%，这个结果应该还是比较满意的。

（3）行变量与列变量的对应分析图

对应分析的突出特点就是能用图形直观地反映行变量与列变量之间的关系，特别是当变量的类别数多时，图形既直观又具解释力，优势更加突出。根据对应分析的原理，将各统计单位样本和森林发展指标分别标在以公因子 Dim1 与 Dim2 所确定的坐标轴上，可以得到各统计单位与森林发展指标的关系，如图 1：

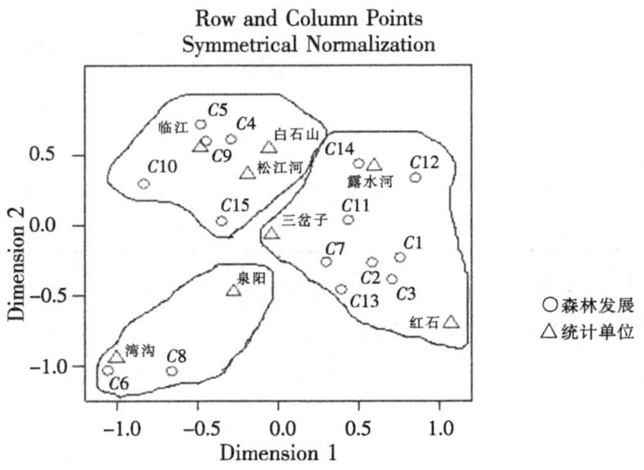

图 1　对应分析图

这是对应分析最主要的结果——对应分析图，它类似于因子分析的因子负荷图，分别以第一因子和第二因子为横轴与纵轴，以因子负荷为坐标值，在直角坐标系中，分别标出了行因素（统计单位）的各类别与列因素（森林发展指标）的各类别的位置。应用对应分析可以达到两个目的：一是解释变量间的关系；二是帮助分析变量分类的合理性。从上图中我们可以看出两个变量不同类别之间的关系，因为分值的距离表示变量间的差异，有相似分布的变量在距离上靠得近一些。我们可以从两个方面来阅读对应分析图：首先，分别从横坐标和纵坐标方向考察不同类别之间的稀疏，如果靠得近，则说明在该维度上这些类别区别不大。其次，比较不同变量各个类别之间的关系，以坐标点（0，0）为中心，可以将平面划分成不同的区域，位于相同区域内不同变量分类点之间的关联性较强。“相邻的变量点关系密切，相邻的样品点具有相似的性质，同一点群族的样品点将由同族邻近的变量点来表征”，这是对应分析的基本思想。

按照上述规则，通过识图了解到，三角形表示各统计单位（行因素）的各类别，圆形表示森林发展指标（列因素）的各类别。依据各样品点和变量点的簇集情况，可将其分成三个点群：

1．经营区：三岔子、露水河、红石

变量：活立木蓄积量（*C*1），林业用地面积（*C*2），森林面积（*C*3），天然林面积比重（*C*7），林分蓄积比重（*C*11），成、过熟用材林蓄积比重（*C*12），活立木生长量（*C*13），木材消耗量占蓄积量比重（*C*14）。

2．经营区：松江河、临江、白石山

变量：森林覆盖率（*C*4）、用材林面积比重（*C*5）、针叶树蓄积比重（*C*9）、人工林蓄积比重（*C*10）、有林地面积净增量（*C*15）。

3．经营区：泉阳、湾沟

变量：经济林面积比重（*C*6）、灌木林面积比重（*C*8）。

根据对应分析图可作如下解释：

点群簇 1 经营区中三岔子、露水河、红石与变量活立木蓄积量（*C*1），林业用地面积

(C2)，森林面积（C3），天然林面积比重（C7），林分蓄积比重（C11），成、过熟用材林蓄积比重（C12），活立木生长量（C13），木材消耗量占蓄积量比重（C14）呈现出显著的正相关。此结果说明，三岔子、露水河和红石区森林资源之所以发展水平高，主要原因是其森林资源总量水平极高；在蓄积方面，该区的成、过熟用材林蓄积比重较大，当前可采的森林资源极为丰富；在森林资源消长状况方面，该区出现了明显的长大于消，这一现象对维持该区森林资源的可持续开采和经营极为有利。

点群簇 2 经营区中松江河、临江、白石山与变量森林覆盖率（C4）、用材林面积比重（C5）、针叶树蓄积比重（C9）、人工林蓄积比重（C10）、有林地面积净增量（C15）呈典型负相关，说明这些变量在一定程度上抑制了这三个经营区森林资源的发展。虽然这几个区的森林资源总量较大，但较差的森林覆被状况以及蓄积方面的失衡是导致其相对落后的主要原因。

点群簇 3 经营区中包括泉阳和湾沟，这两个经营区与变量经济林面积比重（C6）、灌木林面积比重（C8）呈现出典型负相关，且相关程度极高，说明经济林和灌木林面积比重是阻碍这两个经营区森林资源发展的关键，即该区的森林面积结构很不合理，经济林、灌木林比重过高，限制了对可采林的培育，所以改善森林的面积结构状况对于泉阳和湾沟林业局的发展至关重要。

当然，以上的分析结论较为直白，要想得出更为理想的结论，还需要运用其他方法对数据进行深层次的挖掘。不过，以上结论在大体上得出了较为满意的探索性结果，也由此可以看到对应分析在统计数据分析应用中的魅力。

六、结　　语

本文借助于对应分析法，简单、清晰、直观地表述了各林业局森林资源的分布特征。从对应分析的结果可以看出，森工集团 8 个林业局的森林资源发展呈现出不同的特点。结合各类报表及统计资料，我们不难发现，该结果与实际情况达到了很好的吻合，说明运用对应分析法分析长白山区森林资源的开发特点是合理的，也是可行的。

通过对应分析结果，我们可以对长白山区不同林业局森林资源的发展水平有一个初步的了解。因此，吉林森工集团应结合不同林业局自身的森林资源特点推行更适合各区的开发战略。如针对白石山等发展相对落后的林业，应在鼓励其发展特色的基础上，努力为其创造更好的条件，如适当扩大该区林业面积或改善林分的树种结构以提高活立木蓄积量等。而对泉阳和湾沟这两个发展最落后的林业区，应对其森林种植和采伐措施重新规划，稳定经济林，合理开发用材林，逐步强化对该区天然林的保护力度，丰富人工林的树种结构；还要加快对中幼龄林的抚育工作，提高林分质量等。

利用对应分析较好地揭示了指标与指标，样品与样品，指标与样品之间的内在联系，能够以较小的代价从原始数据中提取较多的信息，较好地反映客观情况的全面信息，因而对应分析法是值得推广的一种有现实应用价值的方法。

参考文献

[1] 施莹，刘生冬，王鸿钧．森林资源及其生态与社会效益研究进展［J］．吉林农业科技，2008，37（1）：38—42.

[2] 李会芳．森林资源评价研究 [D]：[硕士学位论文]．北京林业大学，2005.

[3] 邵永强．温州市成人行为危险因素的对应分析 [D]：[硕士学位论文]．浙江大学，2005.

[4] 张守攻，朱春全，肖文发，等．森林可持续经营导论 [M]．北京：中国林业出版社，2001.

[5] 王洪波．国有林区可持续林业评价指标体系研究 [D]：[硕士学位论文]．北京林业大学，1995.

[6] 王燕．天山中部林区森林可持续经营评价指标体系的研究 [D]：[硕士学位论文]．新疆农业大学，1996.

[7] 吉林省环境保护研究所．长白山地区自然资源开发与生态环境保护 [M]．长春：吉林科学技术出版社，1988.

[8] 杨清培，郝占庆．长白山林区森林资源变化及其社会效应．东北林业大学学报，2006，34 (6)：92—96.

[9] 苏喜友．森林资源可持续发展综述 [J]．林业资源管理，1994 (2)：1—9.

[10] 陆文明．森林可持续经营的标准和指标体系及其国际进展 [J]．中国林业，1999 (5)：37—38.

[11] 王琳娜，张国燕．对应分析在综合评价中的应用 [J]．上海预防医学，1995，7 (2)．

[12] 张红兵．Spss 宝典 [M]．北京：电子工业出版社，2007：420—433.

[13] 王晓鹏．水质评价的对应分析方法及在湟水流域的应用 [J]．青海师范大学学报：自然科学版，2001，01：66—70.

The Correspondence Analysis of Forest Resources in Changbai Mountain Areas

Zhang Xia, Yang Lingbin *

Abstract: The method of correspondence analysis is used in this paper to link the eight forestry bureaus of JiLin forest industry group in Changbai Mountain Areas organically to fifteen corresponding Indicators of forest development and make effective classification and evaluation to the forest development level of each forestry bureau of JiLin forest industry group, providing reference basis for decision-making department to make plans for the future development of the forestry bureaus.

Key words: Changbai Mountain Areas; JiLin forest industry group; forest resources; correspondence analysis

长白山地区生态安全诊断及多空间尺度生态安全评价*

伊坤朋　张继权**　佟志军　刘兴朋
（东北师范大学城市与环境科学学院，
东北师范大学自然灾害研究所，吉林 长春 130024）

【摘要】 本文简要介绍了长白山生态安全的现状，通过对长白山生态环境各胁迫因子的分析，基于DPSIR概念框架提出了长白山地区生态安全综合评价指标体系，并进一步构建了长白山地区生态安全的评价模型，同时以白山市为典型研究区，从行政区和网格两种尺度进行生态安全评价。研究结果表明，白山市生态安全的空间差异十分显著，整体生态安全状况呈现出一种恶化趋势，空间上呈现出向西向南的递减趋势，人为活动对地表景观格局和物种栖息地分布产生了深刻的影响，并已成为生态安全格局变化的主要驱动力因子。

【关键词】 DPSIR　长白山地区　生态安全　生态安全诊断　生态安全评价模型

Ecological security diagnosis and assessment on multiple spatial-scale in ChangBai Mountain area

Yi Kunpeng, Zhang Jiquan, Tong Zhijun, Liu Xingpeng
(College of Urban and Environmental Sciences,
Natural Disaster Research Institute, Northeast Normal University,
Changchun 130024, China)

Abstract: This paper introduced the present situation of ecological security in ChangBai Mountain, through the analysis of each coercion factors of ecological environment, we propose a indicator system which is used in the ecological security assessment of the ChangBai Mountain area. Furthermore, the ecological security assessment model was constructed. Then, We choose BaiShan as the study area, the ecological security assessment was made in both administrative scale and grid scale. The

* 基金项目：973计划前期研究专项课题（2009CB426305）。

** 通讯作者：张继权（1965～），男，吉林九台人，教授，博士，博士生导师。E-mail：zhangjq022@nenu.edu.cn。

results indicate that there are remarkable spatial differences of ecological security in BaiShan, the tendency of deterioration of the ecological security has appeared in BaiShan, The ecological security index (ESI) decrease progressively to the west and the south in BaiShan, and human activity has had the profound influence in the surface landscape pattern and the species habitat distribution, and it also become the main driving factor of the ecological security pattern changing.

Key words: DPSIR; ChangBai Mountain area; ecological security; ecological security diagnosis; ecological security evaluation model

引　言

长白山绵延于吉林省东南部，位于127°40′～128°16′E，41°35′～42°25′N之间的地带，即张广才岭一龙岗山脉连线以东均属此区。包括延边朝鲜族自治州、白山市、通化市和吉林市的一部分，共23个县（市），总土地面积约8万多km^2。长白山地区具有跨国界的森林生态系统，也是多条国际河流的发源地。垂直景观带的跨国分布、景观生态廊道的跨国延展、动物种群的跨国迁徙以及植物群落的跨国分布，是长白山生态环境的主要特点。长白山地区大部分为森林生态系统，在各自然生态系统中具有最重要的功能。长白山锥体拥有我国温带乃至东北亚地区谱系最多的山地植被垂直带，与其周围广大中山、低山地生态系统一起构成我国东北地区和东北亚地区最重要的生态屏障。然而，当前全球变暖，极端气候事件和重大灾害频发，引发的生态问题也日益严重，在这个大的背景下，长白山地区的生态环境也发生了深刻的变化。此外，由于长白山地区人口增长和旅游业、工业、交通运输业等产业的迅速发展，加之资源开发过程中的不合理性，导致土地利用/覆被状况产生巨大变化，使生态破坏的速度和累积效应也日益扩大。在自然干扰和人为干扰的双重驱动力作用下，长白山地区的生态脆弱性增强，生态承载力日益减弱，进而导致生态系统的稳定性下降，生态服务的功能降低，严重威胁着长白山地区的生态系统健康和生态安全。因此，重新审视长白山的生态安全现状以及对其进行生态安全评价，制定相应对策，对我国东北地区乃至东北亚地区生态环境保护和生态安全具有至关重要的意义。

一、生态安全的形成机制和评价方法概述

1. 基本概念

关于生态安全（Eological security）的概念，目前国内外的学者还没有达成一个统一的认识。从生态安全内涵和外延的认识来看，我们认为生态安全是指一个地区或区域的生态环境条件以及所面临生态环境问题不对其生存和发展造成威胁，即该地区自然生态环境能满足人类和群落的持续生存与发展需求，而不损害自然生态环境的潜力[1]。生态安全评价（Ecological security assessment，ESA）是对生态系统完整性以及各种风险下维持其健康的可持续能力的识别与判断研究。生态安全评价内容涉及生态系统健康、生态系统功能、生态风险、生态承载力及生态功能环境效应等。通过对这些内容的考查，揭示生态安全系统结构及其构成要素的相互影响关系，并最终达到区域的协调发展。生态系统健康是将“健康”概念引入生态学的产物，如果一个生态系统是稳定的和可持续的，也就可以说它是活跃的，能够维持它的组织结构，并能够在一段时间后自动从被胁迫状态恢复过来。

生态系统服务功能是指生态系统与生态过程所形成及所维持的人类赖以生存的自然环境条件与效用，它强调生态系统尤其是对人类社会经济系统的支持作用，即自然生态系统的输出作用，所表达的是一种单向的、由生态系统指向人类社会经济系统的不可逆关系，是自然生态系统的属性。生态风险是指特定生态系统中所发生的非期望事件的概率和后果，如干扰、灾害对生态系统结构所造成的损害[2]。生态风险强调的是生态系统及其组分所受到的外界影响和潜在的胁迫程度。

2. 生态安全的形成机制

生态系统是多因素相互影响相互作用的复杂系统，在研究生态安全的形成和演变机制时，也应该将这些因子作为综合指标来考虑。联合国经济开发合作署提出压力—状态—响应（P—S—R）概念模型[3]，被国内学者广泛应用。但是，P—S—R 模型的一个明显缺陷是：人类活动对环境的影响只能通过环境状态指标随时间的变化而间接地反映出来。P—S—R 的一个有力变形是由欧洲环境署提出的驱动力—压力—状态—影响—响应（DPSIR）概念模型[4]。因此，我们认为应用 DPSIR 来刻画生态安全的形成和演进机制更为科学准确，图 1 描述了人类活动与环境之间相互作用的各因子之间的关系。

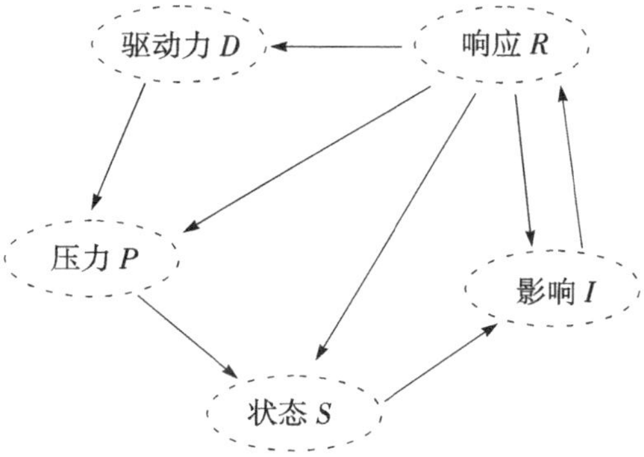

图 1 区域生态安全的形成和演变机制

在这五个生态安全的影响因子中，驱动力（D）指的是引起生态环境变化的潜在原因，包括人类社会经济活动（如旅游业发展、工业生产和农业生产）和自然灾害（如泥石流、风灾等）。压力（P）指的是各驱动力因子中对生态资源的需求和作用（如木材加工业发展对林木需求，游客数量增多对生态环境的作用）。状态（S）是指生态系统中各成分的背景值或底值（如原有生物量和生物多样性）。背景值或底值越大，生态系统相对的生态安全指数越高，生态系统越安全。影响（I）是指生态系统原有状态指标在压力作用下的负向演化（如生物量减少、物种灭绝等）。响应（R）是指人类系统在感知影响后采取的正向弥补措施，如生态环境恢复与建设（如防护林建设、园地绿地建设、湿地修复等）或法律法规的完善。响应措施是多层面的且作用于不同的对象，可作用于驱动力、压力、状态或影响上，如规范和限制人类经济活动以降低对生态环境的干扰和资源的破坏。

区域生态安全的形成和演变机制，就是这五个因子相互作用，此消彼长的过程。人类的社会经济活动和自然灾变驱动力（D）导致废物排放量或对生态系统干扰增加，产生压力（P）迫使生态系统状态（S）发生改变，状态的改变对人类或生态系统产生影响，影响促使人类作出直接或间接响应（R），响应反作用于驱动力、压力、状态或直接作用于影响，以使此反馈保持稳定与平衡[5]，此五部分之间的关系见图 1。

DPSIR 概念模型的重要意义在于，能表达影响生态安全各因素之间的信息耦合关系，说明生态安全的演进变化具有动力学特点，如联结驱动力和压力指标的是生态效率，生态效率越高，由驱动力产生的压力越小。与此相类似，人类和生态系统的压力与状态之间的关系取决于系统的承载力，人类社会的响应取决于影响是否被感知和如何被评价，响应的结果则由响应的有效性决定。

二、长白山地区生态安全诊断及主要驱动力因子

1. 长白山生态安全诊断

长白山地大部分为森林生态系统，在各自然生态系统中具有最重要的功能。长白山锥体拥有我国温带乃至东北亚地区谱系最多的山地植被垂直带，与其周围广大中山、低山地生态系统一起构成我国东北地区和东北亚地区最重要的生态屏障。因其良好的生态环境，长白山地区成为大量珍稀植物和野生动物的栖息地。然而，一个多世纪以来，在自然和人文双重驱动力下，长白山的生态环境已经严重恶化，并且愈演愈烈。生态环境恶化的显性特征体现在动植物数量的减少和质量的下降两个方面。

长白山地区森林植被面积逐渐减少，森林质量逐渐下降。主要表现为针叶林、水体、苔原面积减少，而耕地、草地、岳桦林的面积显著扩张。林地面积从 1977 年的 707 969.3 hm^2减少到 1999 年的 621 945.3 hm^2，22 年累计减少 86 024 hm^2，年平均减少 3 910.2 hm^2。其中针叶林、针阔混交林、阔叶林、苔原的面积分别减少 25 349.4 hm^2，54 843.3 hm^2，11 402.3 hm^2，5 028.48 hm^2。其间，由于森林砍伐，针叶林减少近 22 850 hm^2；针阔混交林减少 67 677.54 hm^2；阔叶林变化幅度不大；因岳桦林向苔原入侵，岳桦林在这 22 年间增加了 9 370.52 hm^2，使森林质量下降；因游客的大量踩踏使苔原沦为裸地，苔原的面积共减少 5 028.48 hm^2。耕地面积每年以 10%的速度持续增加，因大量砍伐森林，原森林覆盖面转变为草地覆盖，草地总面积在近 30 年间增加了 10 000 hm^2[7]。

2. 自然驱动力因子对生态安全的影响

自然灾害使生态系统结构遭到破坏。长白山火山是其生态环境最大的潜在风险源，火山喷发不但会一次性地摧毁原有的生态系统，并且会对气候和生态环境有长久的后效作用。首先，火山喷发产生的 HF 气体吸附在火山灰表面，形成迅速扩散的剧毒 HF 气体云，沉降后污染植被和水质，使动物窒息、死亡。其次，火山 HCl 气体破坏大气圈臭氧层，甚至形成“臭氧空洞”，严重破坏环境和生态平衡，使动植物因接受过量紫外线辐射而损坏和死亡。此外，火山硫化物气体导致地表温度下降，形成酸雨和剧毒的火山灰云幕，损坏动物的皮肤、眼睛和呼吸系统、水循环、植被及土地肥力。硫化物气体形成大规模酸雨和剧毒的火山灰云幕，严重影响动植物的生长。这类火山喷发形成炽热的火山灰云迅速横向扩散，呈蘑菇状快速上升，导致被火山灰云笼罩的鸟类突然死亡，并污染和毁灭地面的动植物。长白山地区土壤主要由火山灰发育而成，土质疏松，植被根系难以固定。区内海拔高差近 2 000 m，地形坡度较大，山地型地质灾害发生频率较高，对生态系统破坏程度十分严重。如在白山、通化、延边等境内的长白山中低山地区，滑坡、崩塌、泥石流等灾害频繁发生，多造成乔木被毁，低矮的灌丛和草本植物被掩埋。1998 年 8 月 1 日，位于瀑布西侧的观光长廊段边坡发生崩塌，崩塌体积近 200 m^3，砸毁登山防护廊道 16 m，造成游客 6 人死亡、6 人重伤、1 人轻伤的重大事故，在破坏了该地区的自然生态环境的同时也使长白山天池（白头山天池）地区旅游业遭到重创。2000 年 8 月，长白山天池（白头山天池）顶部停车场东侧发生泥石流灾害，不仅摧毁了其影响范围内的森林、建筑物及公路设施，还致使 2 人死亡，多人受伤。[8]此外，由于本区处于大气环流西风带的下方，西坡正位于迎风坡，非常容易受到强劲西风的毁坏。长白山地区大风灾害频繁，一年之中大约有 269 天刮 8 级以上大风，以冬、春季为主。如 1986 年 8 月，长白山自然保护区的南坡和西坡遭遇 15 号台风的自然干扰，导致 9 924.5 hm^2 的原始森林的活立木发生

大面积倒伏[9]。风倒区共有林木蓄积 170.3 万 m^3，其中倒木蓄积 121.5 万 m^3，风倒强度 71.2%，平均每公顷有风倒木 213 株，计 122.5 m^3。大面积的森林倾倒，致使原有的稳定状态遭到破坏。加之保护区在清理风倒木时采取的一些措施不甚合理，也进一步扩大了对生态系统的干扰效应。由于近年来长白山地区气候干旱化，降水稀少，水面蒸散量大于补给量，致使河流萎缩，水面干涸，在 1977～1999 年这 22 年间，水体面积减少了 5 898 hm^2。另外，森林病虫害对长白山森林生态系统危害严重。1995 年，云杉八齿小蠹开始在长白山零星出现，至 2005 年云杉八齿小蠹等枝干害虫在延边朝鲜族自治州部分天然针叶林内猖獗，成灾面积达 3. 335 多万 hm^2，造成天然林区大面积云杉、冷杉林枯死。每年发生的林木病虫害有 40 多种，主要有栗山天牛、杨树病虫害、云杉八齿小蠹灾害等，林木病虫害的大面积发生，造成严重的森林资源损失。

3. 人为驱动力因子影响

(1) 旅游活动

长白山旅游区自开发以来，旅游产业快速发展。旅游行为产生的大量废弃物污染，对生态环境产生了很大压力。尽管景区内分布设立了一些垃圾桶，但由于游客及旅游从业人员素质不高，在保护区内塑料瓶、垃圾袋、烟头等生活垃圾被随意丢弃，靠近道路、楼堂馆所附近的垃圾成堆，这些难于被环境消化的垃圾影响了周围的水体、植被、生物的正常演替。旅游人口增长迅速，据统计资料显示，2002 年景区共接待游客 20 万 / 人次，2008 年景区接待游客量达到了 110 万 / 人次，预期到 2011 年这一数字将增加到 500 万 / 人次。大量游客高频率地出现给长白山核心区的生态承载力带来了很大压力。

地表结构受旅游行为损坏严重。长白山山顶的岩石为火山浮石，属非致密性结构，岩石极为疏松。因旅游行为而导致的汽车碾压痕迹以及人类的足迹随处可见，对地表结构破坏较大，加之自然的风化剥蚀，长白山峰顶消失的速度就会加快。此外，旅行者对野生动植物的影响力也很大。旅游者践踏草地，会影响草本植物的生长，并会不同程度地改变地貌。旅游活动和旅游交通工具所产生的噪声会影响动物的生活习性，使动植物种群和生态位发生了变化。

(2) 基础设施建设

基础设施建筑项目对生态环境的破坏强度加大。观瀑桥、廊道、机场、停车场、饭店等设施的修建，占用了大量的林地，较大范围地破坏了植被，其产生的生态后效性也对周围生态环境产生深刻影响。如高山公路兴建，使原本统一的生态系统被公路人为切断，动物被隔绝，基因信息无法交流。在海拔 2 590 m 的高山公路一侧，1983 年植被覆盖度为 30%，植物种属 7 种，1996 年植被覆盖度降至 10%，种属降至 5 种，植物的种群结构和植被盖度发生了明显的变化[10]。再如，电站引水渠道工程兴建时，仅选线不合理就造成 6 359 m^2 的绿地破坏，破坏国家三类保护植物牛皮杜鹃 1 150 m^2。国家二类保护植物瓶尔小草、对开蕨因温泉区扩建而被拔除，在长白山已处于濒临灭绝的境地。

(3) 居民区扩张

随着长白山地区社会经济的快速发展，外来迁入人口不断增加，加之原有居民的自然增长，居民区不断扩张，对林地的占有面积不断扩大，进一步挤压野生动物的生活空间。另一方面，旅游度假区和别墅区面积也在不断扩张。如白山市 2006 年拟定在核心开发区建设度假区占地约 50 m^2，包含海拔超过 1 000 m 的山峰 5 座（抚松县东岗山脉主峰全部）。此外，2008 年建设的别墅区砍伐 1 400 多棵原始林木，大大破坏了原有生态系统的结构。随着经济和社会的发展以及旅游资源的开发，居民点和道路呈增加趋势，居民点动态度为 2.6%/年，道路增加速度飞快，以每年 90%的速度持续增长。

（4）经济活动

长白山所包括的白山市、安图市以及通化市的工业比重显著增加。这些工业的发展多是依赖着长白山地区各种优质的天然资源的存在，对生态资源产生巨大压力，各种资源消耗流失严重。目前，矿泉水、造纸、复合地板、人参硅藻土加工工业都是对生态资源依赖度很大的工业类型。如矿泉水加工对地下水开采量巨大，造纸行业使生态系统内的水环境质量下降。原本在小长白山天池（白头山天池）栖息的一种极度濒危的鱼类——极北小鲵，因保护区人员在小长白山天池（白头山天池）中放养了价值几千元的鲤鱼和鲫鱼苗，产生生物入侵，而使其灭绝。此外，如白腰雨燕、高山鼠兔的数量明显减少，梅花鹿、紫貂、水獭野生种群十分有限，个别动物已处于濒临灭绝的边缘。据抽样调查，长白山区属国家一级保护动物东北虎的野生种群，70 年代有 150 只，至 80 年代初减少至 30 只，现在保护区内已很难见到。

（5）居民对生态资源的利用

长期以来，由于受陈旧观念的影响，很多人还存在"靠山吃山"的思想。人们对生产、经济的发展以及眼前的实效考虑、关注得更多，而且认为长白山地区的资源似乎是取之不尽，用之不竭的，也因此给长白山的生态资源压力加上了一个重重的砝码。因当地居民的狩猎历史长期存在，甚至形成了捕猎文化，所以尽管禁捕法令存在，但偷猎和滥捕现象依然存在，熊掌、虎骨等私下的野生动物交易仍然层出不穷。此外，受经济利益驱使，当地居民大量采摘松子，使其贮藏量为 1 582～2 640 粒・hm^2，仅为 20 世纪 70 年代的 0.3%～0.5%[11]。一方面给松树的正常繁殖带来困难，另一方面直接对以松子为食的松鼠的生存产生威胁，由此而引起的生态系统的扰动更是难以预测和衡量。再如近年来，大规模的人参养殖尽管给当地参农带来了一定的经济利益，同时，因人参生长环境的特殊性，也产生了土壤板结退化、物种减少等多种生态环境问题。

三、长白山地区生态安全评价模型构想

1. 评价指标体系建立

生态安全评价的准确性和科学性取决于评价指标的选取，因此，评价指标的选取要求具有代表性、实用性、空间性、可获取性和可比较性的特征。不仅包括生物与资源环境方面的，还包括生命支持系统对社会经济及人类健康作用的指标，指标体系的建立是在一系列概念框架下展开的。长白山地区的生态安全是驱动力、压力、状态、影响和响应五个因素共同作用的结果，在此基础上这五个因素又被分解为详细的子因素（见图 2）。

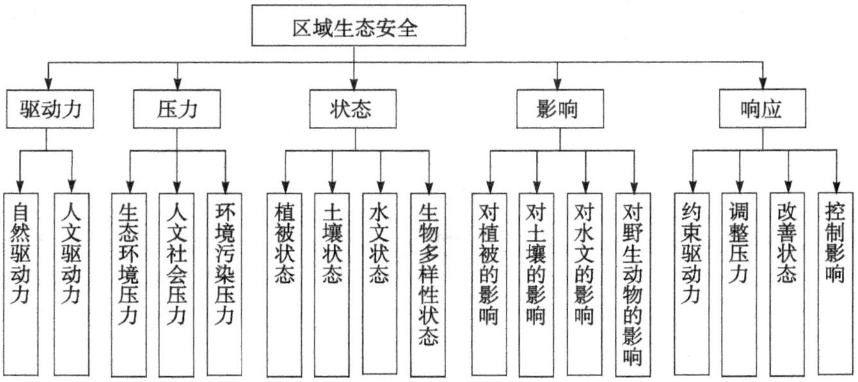

图 2 区域生态安全概念框架

在长白山的生态安全评价过程中，我们构建生态安全指数（ESI，Ecological security index）来定量地描述生态安全状况。那么，根据对影响生态安全的各因子的描述，这个生态安全指数应与驱动力因子指标（D）、压力因子指标（P）、影响因子指标（I）负相关，而与状态因子指标（S）、响应（R）因子指标正相关[12]。故可以得出如下生态安全定量描述公式：

$$\text{生态安全指数（ESI）}=\frac{\text{状态（}S\text{）}\times\text{响应（}R\text{）}}{\text{驱动力（}D\text{）}\times\text{压力（}P\text{）}\times\text{影响（}I\text{）}}$$

根据以上对生态安全影响因子的分析，建立生态安全评价指标体系（见表1）。

表1　长白山地区生态安全评价指标体系

目标层	因子层	指标层	权重
生态安全指数	驱动力（D）	X_{D1} GDP年增长率（%）	0.079 4
		X_{D2} 人口自然增长率（%）	0.050 5
		X_{D3} 城镇化率（%）	0.091 5
		X_{D4} 自然灾害灾变率	0.084 2
	压力（P）	X_{P1} 人口密度（人/km^2）	0.043 4
		X_{P2} 工业污染指数	0.052 7
		X_{P3} 道路网密度（km/km^2）	0.032 7
		X_{P4} 人类干扰指数	0.085 6
	状态（S）	X_{S1} 森林覆盖度（%）	0.061 5
		X_{S2} 河网密度（km/km^2）	0.047 6
		X_{S3} 年降水量距平百分率（%）	0.031 8
		X_{S4} 年平均温度距平百分率（℃）	0.033 4
	影响（I）	X_{I1} 植被覆盖动态度（%）	0.067 6
		X_{I2} 景观破碎度	0.031
		X_{I3} 生物丰富度指数	0.050 5
		X_{I4} 林木蓄积量减少率（m^3/年）	0.060 5
	响应（R）	X_{R1} 年育林面积（km^2）	0.040 5
		X_{R2} 保护区面积比重（%）	0.034 3
		X_{R3} 生态与环保投入占GDP比重（%）	0.021 3

2. 生态安全评价模型

根据DPSIR模型中生态安全各因子的影响机制，结合生态安全评价的概念框架，利用加权综合评分法和层次分析法，建立如下生态安全指数模型：

$$\mathrm{ESI}=\frac{S^{\mathrm{WS}}\times R^{\mathrm{WR}}}{D^{\mathrm{WD}}\times P^{\mathrm{WP}}\times I^{\mathrm{WI}}}$$

其中：ESI为生态安全指数，用于表示区域生态安全程度的高低，其值越大，长白山地区的生态越安全，反之，越不安全。D，P，S，I，R 分别表示驱动力、压力、状态、影响和响应五个因子指数。

$$D=\sum_{i=1}^{n}W_{Di}X_{Di},P=\sum_{i=1}^{n}W_{Pi}X_{Pi},S=\sum_{i=1}^{n}W_{Si}X_{Si},I=\sum_{i=1}^{n}W_{Ii}X_{Ii},R=\sum_{i=1}^{n}W_{Ri}X_{Ri}$$

其中，X_i 是指标 i 量化后的值，W_i 为指标 i 的权重，表示各指标对生态安全指数主要因子的相对重要性。参照国内外各种生态安全等级划分方法，我们将生态安全指数值与生态安全水平等级作出如下关联，划定生态安全水平的分级临界值，将生态安全水平划分为四个等级，见表 2。

表 2 生态安全评价指数分级标准

	生态安全指数			
	0～1	1～3	4～6	6～10
生态安全等级	不安全	欠安全	较安全	安全

四、典型研究区

白山市位于长白山区的南部，126°7′～128°18′E，41°21′～42°48′N。行政区划上包括临江市、靖宇县、抚松县、长白朝鲜族自治县、江源区和八道江区。白山市海拔高差达 2 000 m，地形坡度较大，山地型地质灾害发生频率高，对生态系统破坏较为严重。气候属北温带大陆性季风气候，长白山东北—西南的山脉走向，与东亚季风风向垂直相交，使本区水热交换强烈，水热变率时间差异性和空间差异性均较大。

1. 基于行政区尺度生态安全评价

为了详细分析白山市生态安全因子的地域分异特征和生态安全指数时空动态分布特征，分别以八道江区、临江市、江源区、抚松县、靖宇县、长白朝鲜族自治县六个地区为评价对象，对应分析 1989 年，1999 年，2006 年三个年份的生态安全因子值和生态安全指数值。根据本文建立的生态安全模型，以及 D，P，S，I，R 五个生态安全因子的计算方法，计算出白山市各区县三个年份的生态安全因子值和生态安全指数。从 1989 至 2006 年这 17 年间，驱动力因子、压力因子、影响因子均有增加，而状态因子相对降低很多，同时每个区县的响应能力也有相应的增加，见图 3，图 4，图 5，图 6，图 7。

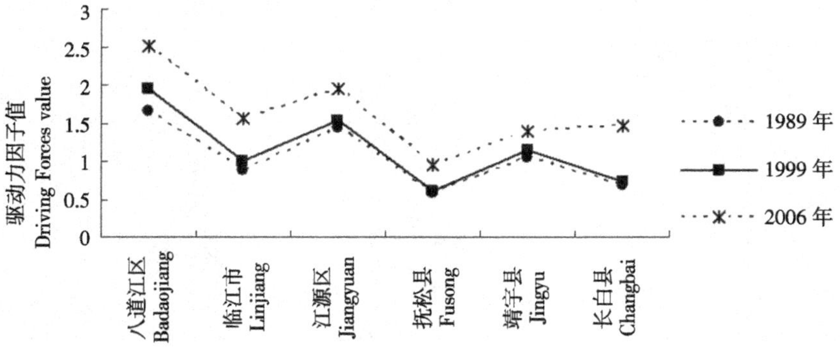

图 3 白山市驱动力因子时空对比变化图

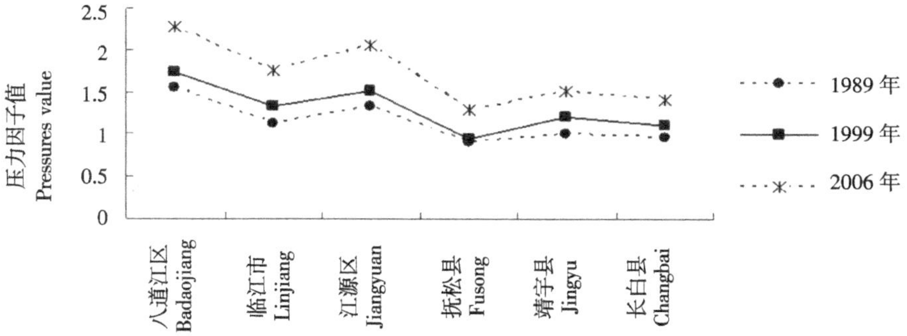

图 4　白山市压力因子时空对比变化图

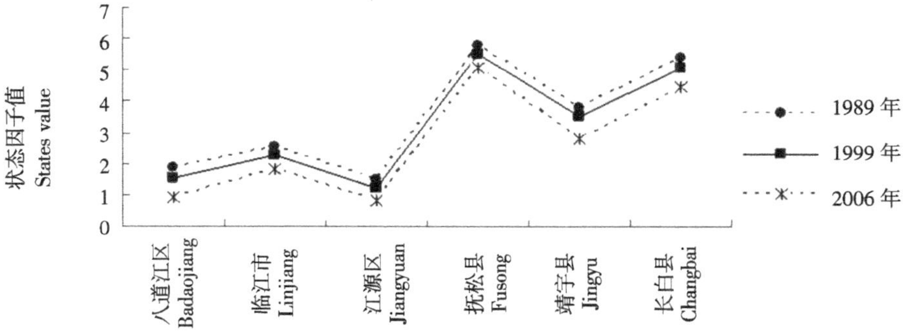

图 5　白山市状态因子时空对比变化图

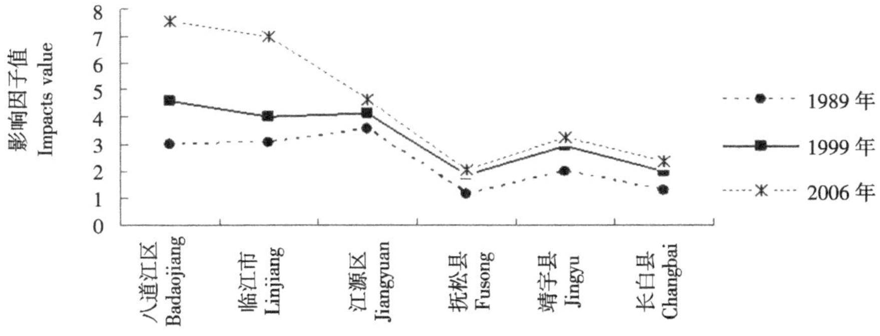

图 6　白山市影响因子时空对比变化图

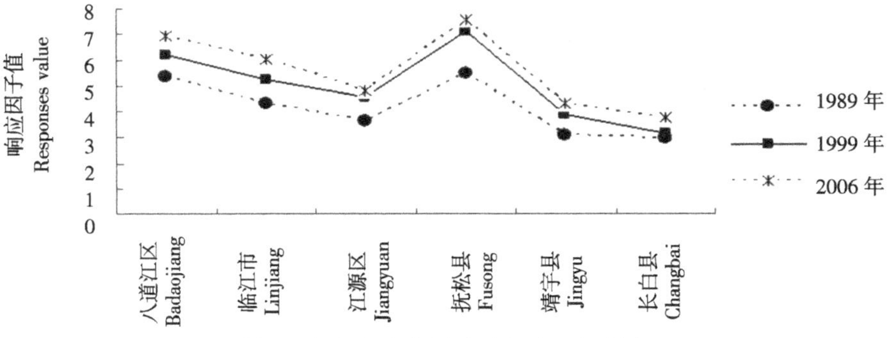

图 7　白山市响应因子时空对比变化图

通过三个年份的对比可以看出，白山市这六个区县各生态安全因子均发生了不同程度的变化。在这 17 年间，各地区的驱动力因子值均呈现出一种上升趋势，八道江区驱动力因子值最高，由 1.949 增加至 2.513。同时，其压力因子值和影响因子值分别由 1.749 和 4.553 激增至 2.273 和 7.564，居于各区县的首位。其主要原因在于，近 30 年来白山市正处于经济发展和城市发展的高峰期，各产业的发展在不同程度上驱使着生态环境的改变。此外，八道江区也是白山市人口最多城市化水平最高的地区，作为白山市的政府所在地，各种依托长白山自然资源的企业先后进驻八道江区，进一步加大了生态环境的退化，使八道江区成为白山市生态环境变化最大的地区。另外，临江市、江源区、靖宇县以及长白朝鲜族自治县的各项生态安全因子也有不同程度的变化，但是，其变化幅度不大。值得注意的是，江源区是继八道江区之后，各项生态因子变化最强烈的地区。抚松县的驱动力因子值、压力因子值以及影响因子值最小，生态环境状态最好，人类的响应能力也较大。其原因主要可归纳为以下几点：其一，抚松县位于长白山自然保护区内，国家以及地方的各项保护政策对人类活动限制作用很大；其二，从白山市居民点分布图中不难发现，抚松县的人口与其他区县相比较为集中，境内无人区和少人区面积比例较大，人类对生态环境的影响半径较小。另外，抚松县的原始生态环境保存较好，林分结构中天然林比重仍占主要部分，次生林及人工林比重相对较小。

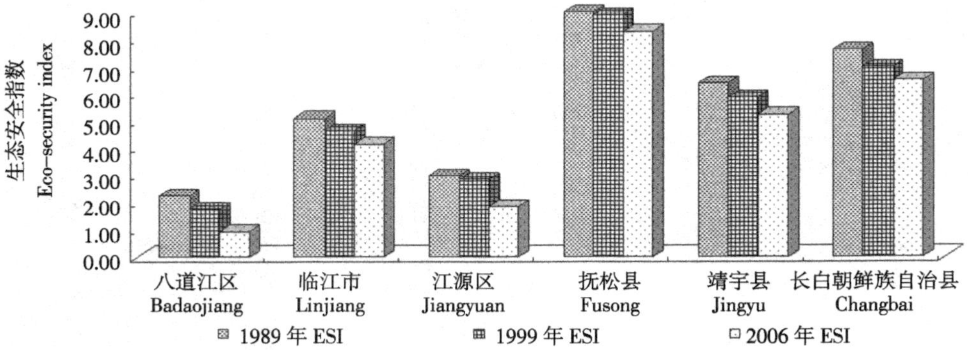

图 8　白山市生态安全指数动态变化图

图 8 明确地反映出白山市各区县生态安全指数的变化情况。生态安全指数值从高到低的排列依次为：抚松＞长白＞靖宇＞临江＞江源＞八道江。其中，抚松县在 1989 年，1999 年和 2006 年的生态安全指数均最高，三个年度的 ESI 值分别为 8.94，8.85 和 8.25；长白朝鲜族自治县的生态安全值也较高，分别为 7.58，6.95 和 6.45，二者同属于生态安全区（6～10）。这两个地区的生态安全指数值较高，一方面有其良好的天然原始生态环境原因，状态因子值较高，即有良好的生态环境本底值；另一方面，抚松县和长白朝鲜族自治县大部分位于长白山自然保护区内，这种正向的人类行为也客观地影响了生态安全的发展。从 1989 至 2006 年，尽管靖宇县和临江市的 ESI 值均有下降趋势，但仍在 4 至 6 之间，均属生态较安全区。

图 9 白山市各区县生态安全水平对比变化图

根据 3 个年份的白山市各区县生态安全水平对比（图 9），我们不难看出，在这六个区县中，抚松县和长白朝鲜族自治县生态安全值较高，而八道江区之所以生态安全水平最低，其原因主要在于八道江区城市化水平较高，人口密集、高污染高耗能企业较多，矿区数量柞对较多，矿区开采对植被破坏严重，交通网络相对密集，对原始天然景观斑块切割，使其斑块向破碎化趋势发展。随着社会经济的发展，八道江区的开放程度也均比其他市县高，对其境内的野生动植物资源和矿产能源利用强度也更大，因此，八道江区的生态安全水平较低，属于生态不安全区。此外，值得注意的是，在白山市的六个区县中江源区的 ESI 值虽然不是最低，但降幅是最大的，这一结果的产生与其不利的自然条件有关，也与该地区的人类活动给其生态环境带来的巨大压力密不可分。近 20 年来，由于经济的高速发展和城市化进程加快所带来的强大驱动力，八道江区的生态 ESI 值从 2.24 下降到 0.94，生态安全等级也从生态欠安全区下降至生态不安全区；靖宇县的生态安全等级由生态安全下降为生态较安全等级。

2. 基于网格尺度的评价结果

生态安全具有综合性和区域性的特征，在每个区县内各种地理环境和条件存在着地域分异的现象[10]。为了进一步研究每个区县内部生态安全的空间分布特征，本文将评价单元细化为比行政区更小的网格。将白山市划分成 220 个网格，选择空间分辨率为 4 km×4 km 的基本评价单元。在 GIS 技术的支持下经过格网化处理的数据结果，可以以不同单元为基础进行空间分异规律研究，同时数据的格网化也是图形绘制和空间模型实现的基础工作。将各项生态安全评价指标进行格网插值，插值后的每个网格中具有对应的指标和属性值。运用本文所建立的生态安全评价模型以及相应生态安全因子的计算方法，计算出每个格网的生态安全指数（ESI）。

如图 10 所示，白山市的生态安全区主要分布于抚松县和长白朝鲜族自治县境内，从 1989 至 2006 这 17 年间，处于生态安全区的网格数由 47 个下降为 28 个。1989 年生态较安全区面积最大，约占 43%，到 1999 年较安全区面积比例下降为 38%，至 2006 年，欠安全区面积超越生态较安全区，比重达到最大。白山市的生态安全区，主要分布于抚松县南部和东部、长白朝鲜族自治县的东北部山地以及靖宇县西南部部分地区，其生态安全水平较高的主要原因在于这些地区大部分位于长白山自然保护区范围内并且多是无人区和少人区，因此，植被及野生动物保护较好，生态破坏较轻，除少数旅游景区外，人为干扰较少，正向的人为保护和修复也起了很大作用。其中，处于二级较安全区域在每个区县都有广泛分布，这部分地区以原始天然林区为主，近几十年的大规模开发，林地结构质量下降，天然林比重明显减少，人工林次生林比重增大。处于欠安全区域的网格主要分布于头道松花江河谷地区以及鸭绿江谷底平原地区，这些区域耕地景观比重较大，人类干扰强度较大，林地景观大多非连续分布，呈斑块或岛屿状点缀其中。2006 年，在 220 个网格中共有 20 个网格处于生态不安全区，约占总面积的 9%，主要分布于山间谷底人口密集的平原区以及坡度较大的峡谷和裸地，其中八道江区中部、江源区东部生态破坏较严重，这些区域的人口密度较大，矿区分布较多，工业、农业较发达，对土地的利用强度很大，通过遥感解译的图像显示，耕地扩张林地缩减现象较为显著。生态安全指数较高的地区主要分布于白山市的东部地区，相比之下，中部西部的生态安全指数较低，其中白山市西南部地区以及抚松县的北部地区生态退化速度最快。

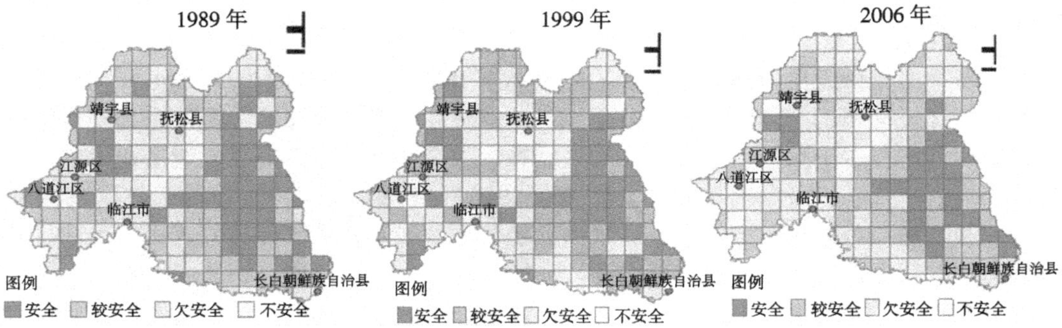

图 10 网格尺度生态安全等级对比图

五、结论与讨论

1. *主要原因分析*

从白山市 1989～2006 年生态安全指数动态分析中可以看出，白山市总体生态水平较高，但各区县的生态安全指数差异性十分显著，空间上呈现出向西向南的递减趋势，从纵向的时间角度分析，各个地区的生态安全指数均发生了不同程度的降低，尤其是八道江区从生态欠安全区下降为不安全区，靖宇县从生态安全区下降为较安全区。其原因主要可以归纳为以下几个方面：

(1) 城镇化给生态环境带来巨大压力。城镇化进程中建成区对周边景观的挤占、公路网对森林景观的切割，以及工矿区的开发过程对生态结构以及野生动物栖息的分布干扰程度较大。如浑江两岸的工厂废水使浑江污染严重，水质下降为四级。

(2) 自然灾害增多带来了一系列生态安全问题。如 1986 年的风灾致使白山市大面积森林被毁，生态系统结构遭到严重破坏。此外，白山市地形起伏度较大，土壤多由火山灰发育而成，土质疏散，植被难以固定，泥石流滑坡灾害逐年增多，生态安全隐患不断加大。

(3) 人类不合理开发活动影响。白山市的产业结构中工业比重很大，这些工业的发展多是依赖着白山市各种优质天然资源的存在，对生态资源产生巨大压力，各种资源消耗流失严重。农业方面，耕地不断压缩林地，毁林开荒现象仍旧存在，地表景观改变直接压缩寄生于此的野生动物生存空间，生态结构产生深刻变化。

2. *保护建议*

(1) 根据生态安全评价结果，科学地进行生态功能区划，依托本地资源优势，有重点地开展生态环境的恢复和建设，在保证区域生态安全的基础上制定城市规划和执行经济开发战略。

（2）加强生态安全教育和法律意识。在大山中生活了多年的人们，存在“靠山吃山”的陈旧思想，应在社区和学校加强生态安全教育，使人们树立生态保护意识。进一步完善生态保护、封山育林等法律法规政策，并强化贯彻执行的效果。

（3）明确白山市的限制开发区和禁止开发区范围，禁止林木采伐，加强植树造林，提高水源涵养，防止水土流失。

3. 讨 论

本文在总结前人生态安全评价研究的基础上，提出了基于DPSIR概念框架的生态安全评价指标体系，进一步构建了适用于山地地区的生态安全定量评价模型，是对区域生态安全研究的一项有力填补。借助GIS技术对评价结果的等级特征进行制图，客观表达了白山市生态安全指数的时间和空间演化特征。我们通过走访白山市林业局、长白山管理委员会等相关部门，咨询专家，对评价过程及结果进行验证，评价结果基本符合白山市生态环境状况，得到了专家的认可和肯定。该评价模型和方法具有一定的潜在实用价值，可应用于其他区域的生态安全评价研究中。需要指出的是，区域生态安全是一个受多因子影响的动态过程，蕴涵了大量的人类活动信息，对于揭示区域人地关系演变规律具有重要意义，值得在今后的研究中进一步探索。

参考文献

[1] 杨京平，卢剑波．生态安全的系统分析［M］．北京：化学工业出版社，2002.

[2] 陈星，周成虎．生态安全：国内外研究综述［J］．地理科学进展，2005，6（24）：8－20.

[3] [4] 左伟，周慧珍，王桥．区域生态安全评价指标体系选取的概念框架研究［J］．土壤，2003（5）：2－7.

[5] 杨美霞．风景名胜区的生态安全评价研究：以张家界国家森林公园为例［J］．云南地理环境研究，2007，19（5）：106－113.

[6] 刘红，王慧，刘康．我国生态安全评价方法研究述评［J］．自然生态保护，2005（5）：34－37.

[7] 孟涛，王明常，梁立恒，何月．长白山生态景观格局动态变化分析［J］．世界地质，2008，27（3）：338－344.

[8] 孙平，王钢城，曹炳兰．长白山旅游区泥石流灾害研究［J］．世界地质，2002，21（2）：167－188.

[9] 侯向阳，韩进轩．长白山西坡风灾干扰区的恢复和保护［J］．自然资源学报，1997，12（1）：29－33.

[10] 朱颜明，王宁．长白山自然保护区旅游资源开发的生态环境影响及其保护［J］．山地学报，1999，17（4）：353－357.

[11] 刘足根，姬兰柱，郝占庆，朱教君，康宏樟．松果采摘对长白山自然保护区红松天然更新的影响［J］．应用生态学报，2004，15（6）：958－962.

[12] 邵超峰，鞠美庭．基于DPSIR模型的天津滨海新区生态环境安全评价研究［J］．安全与环境学报，2008，8（5）：87－92.

长白山北坡垂直带土壤动物群落特征

赵　杰　殷秀琴*　蒋云峰　王星丽　王富斌　张丹丹
（东北师范大学城市与环境科学学院，长春 130024）

【摘要】 2009 年 7 月对长白山北坡 6 个垂直带（高山半荒漠亚带、高山苔原亚带、岳桦林带、云冷杉针叶林亚带、红松云冷杉针叶林亚带和针阔混交林带）的土壤动物群落特征进行了研究。结果表明，大型土壤动物优势类群为线蚓科；常见类群为马陆、正蚓科、石蜈蚣科、地蜈蚣科、隐翅虫科成虫和幼虫、长角亚目和芒角亚目。中小型土壤动物优势类群为甲螨亚目、辐螨亚目、节跳虫科和山跳科；常见类群为革螨亚目、球角跳虫科。研究区内 6 个垂直带土壤动物群落组成存在差异，其中针阔混交林带土壤动物群落具有最高的多样性和均匀度，优势度最低；而岳桦林带土壤动物群落的多样性和均匀度最低，优势度最高。在低海拔地区土壤动物表聚现象明显，高山半荒漠亚带和高山苔原亚带土壤动物则趋向土层深部分布。

【关键词】 土壤动物　群落特征　长白山垂直带

Characteristics of soil faunal community among belts on the northern slope of Changbai Mountains

Zhao Jie, Yin Xiuqin*, Jiang Yunfeng,
Wang Xingli, Wang Fubin, Zhang Dandan
(College of Urban and Environmental Sciences,
Northeast Normal University, Changchun, 130024)

Abstract: The research which is about the characteristics of soil fauna community in six vertical belts (respectively is Alpine semidesert belt, Alpine tundra belt, *Betula ermanii* forest belt, the Fir－Spruce belt, the *Pinus koraiensis*-Fir-Spruce belt, and conifer and broad leaf integrated forestry belt) of Changbai Mountain was carried out in

* 通讯作者：殷秀琴，教授，主要从事土壤动物生态学和生物地理学研究。

July, 2009. The results showed that the dominant group of macrofauna was Line Lumbricidae; Diplopod, Lumbricidae, Lithobiidae, Geophilidae, Staphylinidae, Nematocera and Aristocera were common groups. In meso-microfauna aspect, we found the dominant groups included Oribatida, Radiation mite suborder, Isotomidae and Pseudachorutidae while Gamasida and Hypogastrura viatica were included in common groups. We could also conclude that there were differences on the composition of soil fauna community among six vertical belts. The soil fauna community of conifer and broadleaf integrated forestry belt had the highest diversity index and uniformity index but the lowest dominance index; in *Betula ermanii* forest belt both the diversity index and the uniformity index of soil fauna community were the lowest while the dominance index was opposite. It was significant that the soil fauna mainly distributed in the surface soil, if the research locations were lower altitudes. When the altitude was higher, as in Alpine semidesert belt and Alpine tundra belt, the soil fauna would be accumulated in deeper soil.

Key words: soil fauna; community characteristics; vertical belts of Changbai Mountain

长白山脉（41°23′～42°36′N，126°55′～128°8′E）是我国著名山地，自北向南横亘在吉林省东部，为中朝两国的界山。主峰白云峰海拔 2 691 m，为东北最高峰。因山体较高存在着明显水热因子组合的垂直梯度变化，随海拔高度的变化，土壤和植被都发生了明显的垂直变化，这必然影响土壤动物的群落结构和变化。土壤动物是陆地生态系统的重要组成部分之一，其数量巨大，种类丰富，土壤动物活动使土壤的物理性质、化学性质以及生物化学性质均发生变化，对土壤形成及土壤肥力发展有重要作用[1~4]。因此，为深入了解植被类型变化对土壤动物群落的影响，本文对长白山北坡典型植被带，即高山半荒漠亚带、高山苔原亚带、岳桦林带、云冷杉针叶林亚带、红松云冷杉针叶林亚带和针阔混交林带土壤动物群落特征进行研究，探讨土壤动物在组成、数量、垂直分布及多样性等沿海拔高度的变化，为长白山森林生态系统的保护提供科学依据。

一、研究区自然概况

本研究样地设在吉林省长白山自然保护区北坡，6 个垂直带的环境特征[5,6]如下：

高山半荒漠亚带（A）：位于海拔 2 300 m 以上，是火山锥体的顶部，是长白山最冷的气候带，以寒冷多雾、降水多、风速大为主要特征。一月平均气温＜－20℃，七月 8～10℃，≥10℃活动积温＜200℃，无霜期不足 60 天，地表裸露。样地选择在海拔 2 480 m（42°04′N，128°03′E）的地段。植物主要为珠芽拳蓼（*Bistorta vivipara*）、萝蒂草（*Lloydia serotina*）、轮叶马先蒿（*Pedicularsi verticillat*）等。

高山苔原亚带（B）：位于海拔 2 100～2 300 m，属火山锥体上部，寒而多大风为本带主要气候特征，≥10℃活动积温为 300～500℃，年降水量 1 100～1 300 mm，土壤为高山苔原土。样地选在海拔 2 226 m（42°02′N，128°03′E）的地段。植物主要为牛皮茶（*Rhondodendron aureum*）、仙女木（*Dryas octopetala varasiatica*）、笃斯越桔（*Vaccinium uliginosum*）、毛毡杜鹃（*Rhondodendron confertissimum*）等。

岳桦林带（C）：位于海拔 1 800～2 000 m，冷而多强风为本带主要气候特征，一月平均气温－19～－20℃，七月 10～14℃，≥10℃活动积温为 500～1 000℃，年降水量 1 000～1 100 mm，土壤为山地泥炭化生草灰化森林土。样地选在海拔 2 003 m（42°03′N，128°04′E）的地段。乔木以岳桦（*Betula ermanii*）为主，林下伴生有毛毡杜鹃、松毛翠（*Phyllodoce caerulea*）、高山芹（*Coelopeurum saxatile*）、小白花地榆（*Sanguisorba parviflora*）等。

针叶林带（包括云冷杉针叶林亚带和红松云冷杉针叶林亚带）（D 和 E）：位于海拔 1 100～1 800 m，阴湿冷凉为本带的主要气候特征，≥10℃活动积温为 1 000～1 500℃，无霜期为 80～100 天，年降水量 800～1 000 mm，土壤为山地针叶林土。样地分别选择在海拔 1 268 m（42°08′N，128°07′E）和 1 630 m（42°04′N，128°03′E）的地段。乔木主要为红松（*Pinus koraiensis*）、长白落叶松（*Larix gmelinii*）、红皮臭（*Picea koraiensis*）、臭松（*Abies nephrolepis*）、鱼鳞松（*Picea jezoensis*），灌木和草本主要有兰靛果（*Lonicera caerulearar. edulis*）、肾叶鹿蹄草（*Pyrola renifolia*）、东方草莓（*Fragaria orientalis*）、午鹤草（*Maianthemum dilatatum*）、小叶章（*Calamagrostis angustifolia*）等。

针阔混交林带（F）：位于海拔 600～1 100 m，是山地垂直气候带的下部，年平均气温 3℃左右，一月－15～－17℃，七月 17～19℃，≥10℃活动积温＞1 500℃，无霜期为 100～120 天，年降水量为 700～800 mm，土壤为山地暗棕壤。样地选择在海拔 780 m 的地段（42°24′N，128°5′E）。植物组成丰富，乔木主要为红松、紫椴（*Tilia amurensis*）、蒙古栎（*Quercus mongolica*）、水曲柳（*Fraxinus manshurica*）及槭属（*Acer*）植物，灌木和草本主要有刺五加（*Eleutherococcus senticosus*）、疣枝卫矛（*Evonymus pauciflorum*）、小花溲疏（*Deutzia parviflora*）、山茄子（*Brachybotris paridiformis*）、透骨草（*Phryma leptostachys*）等。

二、研究方法

1. 样品采集与处理方法

在每个垂直带（亚带）按凋落物层、0～5 cm、5～10 cm、10～15 cm 取样。大型土壤动物取样面积为 25 cm×25 cm，中小型土壤动物的取样面积为 10 cm×10 cm，各取 6 个重复样，大型土壤动物采用野外直接手捡法，将手捡的土壤动物放置在 75%酒精中保存。中小型土壤动物样品带回室内采用 Tullgren 法进行分离。所有的土壤动物在体视显微镜下鉴定和数量统计，一般鉴定到科[7,8]。

2. 数据处理方法

主要采用 DG 多样性指数、Shannon－Wiener 多样性指数（H'）、Pielou 均匀度指数、Simpson 优势度指数和 Margalef 丰富度指数计算各植被垂直带中土壤动物群落多样性。

（1）Shannon－Wiener 多样性指数（H'）[9]：

$$H' = -\sum n_i/N \times \ln(n_i/N)$$

式中：n_i 为第 i 个类群的个体数，N 为群落中所有类群的个体总数。

（2）Pielou 均匀度指数[10]：

$$E = H'/\ln S$$

式中 S 为类群个数。

(3) Simpson 优势度指数[11]：

$C = \sum P_i^2$

式中：$P_i = n_i / N$

(4) Margalef 丰富度指数：

$D = (S-1) / \ln N$

式中 S 为类群个数，N 为群落中所有类群的个体总数。

数据统计分析使用 SPSS18.0 分析软件完成，各植被带间土壤动物之间差异用 ANOVA 分析。

三、结果与分析

1. 不同垂直带土壤动物的群落组成

长白山北坡六垂直带共获得土壤动物 41 类，10 077 只，隶属 2 门 6 纲 15 目 41 科。其中大型土壤动物 26 类，3 145 只，占总个体数的 31.21%，优势类群为线蚓（Enchytraeidae），占大型动物总个体数的 78.92%；常见类群有 7 类，为石蜈蚣科（Lithobiidae）、马陆（Millipede）、正蚓科（Lumbricidae）、地蜈蚣科（Geophilomorpha）等（表 1）。获得中小型土壤动物共 41 类，6 932 只，占总个体数的 68.79%，其中优势类群有 4 类，为甲螨亚目（Oribatida）、辐螨亚目（Actinedida）、节跳虫科（Isotomidae）和山跳科（Pseudachorutidae），占中小型土壤动物总个体数的 79.13%；常见类群有 2 类，包括革螨亚目（Gamasida）和球角跳虫科（Hypogastruridae），占总个体数的 14.93%（表 2）。这些类群分布广，对环境变化适应能力强，为长白山北坡土壤动物主要组成部分。

表 1 长白山垂直带大型土壤动物密度统计（只/m²）

动物名称	A 密度（只/m²）	%	B 密度（只/m²）	%	C 密度（只/m²）	%	D 密度（只/m²）	%	E 密度（只/m²）	%	F 密度（只/m²）	%	多度
线蚓 Enchytraeidae	240	74.30	613	87.95	2 875	92.18	2 101	88.46	317	47.46	472	39.04	+++
石蜈蚣科 Lithobiomorpha	16	4.95	8	1.15	24	0.77	96	4.04	75	11.23	88	7.28	++
马陆 Juliformia					11	0.35	51	2.15	48	7.19	83	6.87	++
芒角亚目 Muscidae	5	1.55	29	4.16	35	1.12	51	2.15	21	3.14	27	2.23	++
地蜈蚣目 Geophilomorpha					5	0.16	5	0.21	16	2.40	123	10.17	++
隐翅虫科幼虫 Staphylinidae larva					27	0.87	27	1.14	11	1.65	27	2.23	++

续 表

动物名称	A 密度（只/m²）	%	B 密度（只/m²）	%	C 密度（只/m²）	%	D 密度（只/m²）	%	E 密度（只/m²）	%	F 密度（只/m²）	%	多度
隐翅虫科 Staphylinidae			8	1.15	32	1.03			21	3.14	27	2.23	++
正蚓科 Lumbricidae					11	0.35	11	0.46	3	0.45	61	5.05	++
长角亚目 Cerapotogonidae	5	1.55	3	0.43	8	0.26	8	0.34	3	0.45	56	4.63	+
蚁科 Formicidae									8	1.20	75	6.20	+
叩头虫科幼虫 Elateridae larva					45	1.44	8	0.34	19	2.84	5	0.41	+
步甲科 Carabidae	8	2.48			11	0.35					48	3.97	+
步甲科幼虫 Carabidae larva	11	3.41	3	0.43	16	0.51	3	0.13	8	1.20	11	0.91	+
蟹蛛科 Thomisidae	8	2.48							24	3.59	3	0.25	+
叶甲科幼虫 Chrysomelidae			8	1.15	3	0.10	11	0.46	5	0.75	3	0.25	+
金龟子科幼虫 Scarabaeidae larva									13	1.95	11	0.91	+
漏斗蛛科 Agelenidae									11	1.65	11	0.91	+
萤科 Lampyridae			3	0.43	5	0.16			13	1.95		+	
鳞翅目幼虫 Lepidoptera larva	3	0.93							5	0.75	8	0.66	+
双翅目幼虫 Diptera larva	8	2.48											+
红萤科 Lycidae	8	0.66											+
辐螨亚目 Actinedida	3	0.93											±
象甲科 Curculionidae	3	0.43									3	0.25	±

续 表

圆跳科 Sminthuridae									5	0.75			±
蠋䗴纲 Pauropoda									5	0.75			±
甲螨亚目 Oribatida						3	0.10						±
类群数合计		12		8		15		11		20		19	

+++优势类群，个体数占总个体数的10%以上；++常见类群，个体数占总个体数的1%～10%；+稀有类群，个体数占总个体数的1%～0.1%以下，±极稀有类群个体数占总个体数<0.1%。(下同)

A：高山半荒漠亚带；B：高山苔原亚带；C：岳桦林带；D：云冷杉针叶林亚带；E：红松云冷杉针叶林亚带；F：针阔混交林带

表2 长白山北坡垂直带中小型土壤动物密度统计（只/m²）

动物名称	A 密度（只/m²）	%	B 密度（只/m²）	%	C 密度（只/m²）	%	D 密度（只/m²）	%	E 密度（只/m²）	%	F 密度（只/m²）	%	多度
节跳虫科 Isotomidae	3 533	32.56	5 917	43.50	7 050	30.78	6 067	37.21	10 500	37.95	5 667	23.40	+++
甲螨亚目 Oribatida	350	3.23	1 150	8.46	6 383	27.87	2 117	12.98	8 300	30.00	3 217	13.28	+++
山跳科 Pseudachorutidae	3 250	29.95	1 933	14.21	4 433	19.36	3 733	22.90	1 383	5.00	4 650	19.20	+++
辐螨亚目 Actinedida	1 867	17.21	1 667	12.26	1 617	7.06	1 667	10.22	3 183	11.50	1 783	7.36	+++
球角跳虫科 Hypogastrura	1 017	9.37	2 133	15.68	1 267	5.53	567	3.48	750	2.71	5 333	22.02	++
革螨亚目 Gamasoidea	400	3.69	500	3.68	1 150	5.02	717	4.40	1 883	6.81	1 533	6.33	++
线蚓科 Enchytraeidae	83	0.76	33	0.24	450	1.96	183	1.12	50	0.18	167	0.69	+
石蜈蚣目 Lithobiomorpha	67	0.62	17	0.12			183	1.12	150	0.54	117	0.48	+
长角长跳科 Orchesellidae	67	0.62			83	0.36	17	0.10			367	1.52	+
圆跳科 Sminthuridae	33	0.30			17	0.07	17	0.10	217	0.78	133	0.55	+

续 表

动物名称	A 密度(只/m²)	%	B 密度(只/m²)	%	C 密度(只/m²)	%	D 密度(只/m²)	%	E 密度(只/m²)	%	F 密度(只/m²)	%	多度
芒角亚目 Muscidae	67	0.62	33	0.24	50	0.22	67	0.41	67	0.24	100	0.41	+
马陆目 Juliformia					50	0.22	200	1.23	17	0.06	117	0.48	+
鳞跳虫科 Tomoceridae							67	0.41	267	0.97	33	0.14	+
短角跳科 Neelidae							183	1.12	150	0.54	17	0.07	+
管蓟马科 Phloeothripoidea	50	0.46	67	0.49	17	0.07	33	0.20	17	0.06	117	0.48	+
红萤科 Lycidae					17	0.07	17	0.10	233	0.84	17	0.07	+
地蜈蚣目 Geophilomorpha											267	1.10	+
萤科 Lampyridae					133	0.58	100	0.61	33	0.12			+
隐翅虫科幼虫 Staphylinidae larva							17	0.10	33	0.12	217	0.90	+
长角亚目 Cerapotogonidae							167	1.02			33	0.14	+
隐翅虫科 Staphylinidae larva					83	0.36	67	0.41	17	0.06	33	0.14	+
步甲科幼虫 Carabidae larva							33	0.20	133	0.48	17	0.07	+
毛蠓科 Psychodidae			83	0.61					100	0.36			+
步甲科 Carabidae					17	0.07	17			0.10	150	0.62	+
漏斗蛛科 Agelenidae			17	0.12					67	0.24	33	0.14	+
叩头虫科幼虫 Elateridae larva			17	0.12	50	0.22			17	0.06			+
短角亚目 Brachycer	17	0.16	17	0.12					17	0.06			+

续 表

螟蛾科 Pypalididae									50	0.18			+
瘿蚊科 Cecidomyiidae	33	0.30											+
象甲科 Curculionidae							17	0.10	17	0.06			+
叶甲科幼虫 Chrysomelidae larva					17	0.07	17	0.10					+
扁甲科 Cucujidae											33	0.14	+
正蚓科 Lumbricidae											33	0.14	+
蕈蚊科 Mycetophilidae					17	0.07							+
摇蚊科 Chironomidae	17	0.16											+
夜蛾科 Noctuidae											17	0.07	+
蚁甲科 Pselaphidae											17	0.07	+
蟹蛛科 Thomisidae									17	0.06			+
拟扁蛛科 Selenopidae							17	0.10					+
蚧科 Goccidae			17	0.12									+
蚁科 Formicidae							17	0.10					+
类群数合计		15		15		19		26		26		27	

不同垂直带土壤动物优势类群和常见类群组成存在一定差异。6个垂直带大型土壤动物的优势类群基本一致，均为线蚓，而红松云冷杉针叶林亚带为线蚓和石蜈蚣科，针阔混交林带为线蚓和地蜈蚣目。各带常见类群组成和数量不尽相同，常见类群数最高为红松云冷杉针叶林亚带（14类），最低为岳桦林带（3类）。对于中小型土壤动物，节跳虫科为6个垂直带共有优势类群；山跳虫科为5个垂直带（除红松云冷针叶林亚带）的共有优势类群；甲螨亚目为4个垂直带（除高山半荒漠亚带和高山苔原亚带）的共有优势类群；辐螨亚目为4个垂直带（除岳桦林带和针阔混交林带）的共有优势类群；球角跳虫为高山苔原

亚带和针阔混交林带的共有优势类群。常见类群数量以云冷杉针叶林亚带最高（7 类），高山半荒漠亚带和红松云冷杉针叶林亚带最低（3 类）。此外，不同垂直带稀有类群的种类和数量组成都存在很大差异。稀有类群对环境变化反应比较敏感，它们的差异在一定程度上反映了沿海拔环境梯度变化特征[12~13]。

2. 不同垂直带土壤动物群落的多样性分布

群落多样性可以由多项指标表示，如类群数、群落的优势度指数、均匀性指数和 Shannon－Wiener 指数等，它们是反映群落多样性最常用的指标。本文采用 Shannon－Wiener 多样性指数、Pielou 均匀度指数、Simpson 优势度指数和 Margalef 丰富度指数对长白山北坡六个垂直带的土壤动物结构进行计算，结果见表 3。

表 3 土壤动物群落结构的主要指标

带谱名称		高山半荒漠亚带	高山苔原亚带	岳桦林带	云冷杉针叶林亚带	红松云冷杉针叶林亚带	针阔混交林带
丰富度指数（D）	大型	2.294	1.617	2.265	1.767	4.163	3.762
	中小型	2.161	2.088	2.491	3.631	3.372	3.571
优势度指数（C）	大型	0.561	0.780	0.851	0.785	0.250	0.187
	中小型	0.237	0.258	0.221	0.222	0.255	0.168
多样性指数（H'）	大型	1.143	0.581	0.463	0.576	2.138	2.271
	中小型	1.695	1.645	1.754	1.898	1.733	1.733
均匀度指数（E）	大型	0.460	0.252	0.163	0.225	0.673	0.715
	中小型	0.626	0.608	0.596	0.582	0.532	0.623
个体数（N）	大型	121	261	1 169	891	251	452
	中小型	651	816	1 374	978	1 660	1 453

从表 3 和图 1 可以看出，随着带谱的变化，大型和中小土壤动物的丰富度指数及个体数的变化规律都不一致。大型土壤动物丰富度指数的变化趋势为：红松云冷杉针叶林亚带＞针阔混交林带＞高山半荒漠亚带＞岳桦林带＞云冷杉针叶林亚带＞高山苔原亚带，中小型土壤动物丰富度指数的变化趋势为：云冷杉针叶林亚带＞针阔混交林带＞红松云冷杉针叶林亚带＞岳桦林带＞高山半荒漠亚带＞高山苔原亚带。

从图 2 可以看出，随着带谱的变化，大型土壤动物的多样性指数变化较大，而中小型土壤动物的多样性指数变化不大，较为平稳。大型土壤动物多样性和丰富度的变化趋势基本一致，都是在红松云冷杉针叶林亚带和针阔混交林带最高，在高山半荒漠亚带、高山苔原亚带和岳桦林带较低，多样性指数的排列顺序为：针阔混交林带＞红松云冷杉针叶林亚带＞高山半荒漠亚带＞高山苔原亚带＞云冷杉针叶林亚带＞岳桦林带；中小型土壤动物多样性指数的变化不大，排列顺序为：云冷杉针叶林亚带＞红松云冷杉针叶林亚带、针阔混交林带＞岳桦林带＞高山半荒漠亚带＞高山苔原亚带。由上可以看出，多样性指数的变化规律与丰富度指数的变化规律基本一致，即丰富度指数高则多样性指数也高。反之亦然。

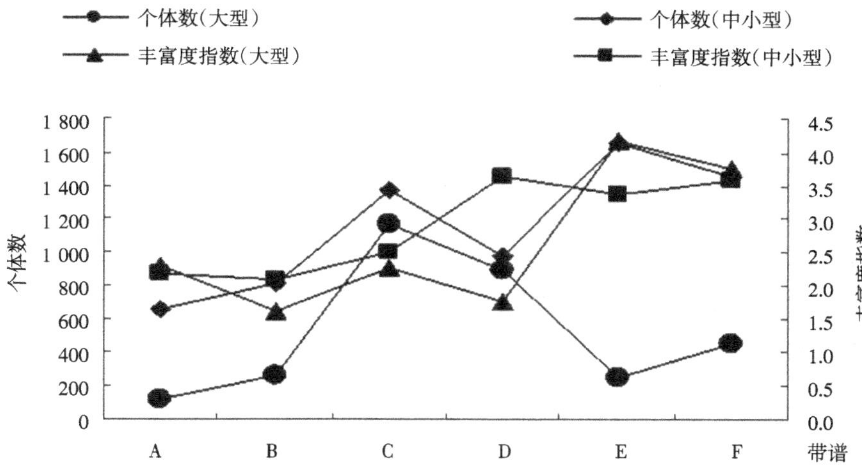

A：高山半荒漠亚带；B：高山苔原亚带；C：岳桦林带；D：云冷杉针叶林亚带；
E：红松云冷杉针叶林亚带；F：针阔混交林带

图 1　土壤动物丰富度与个体数量的关系

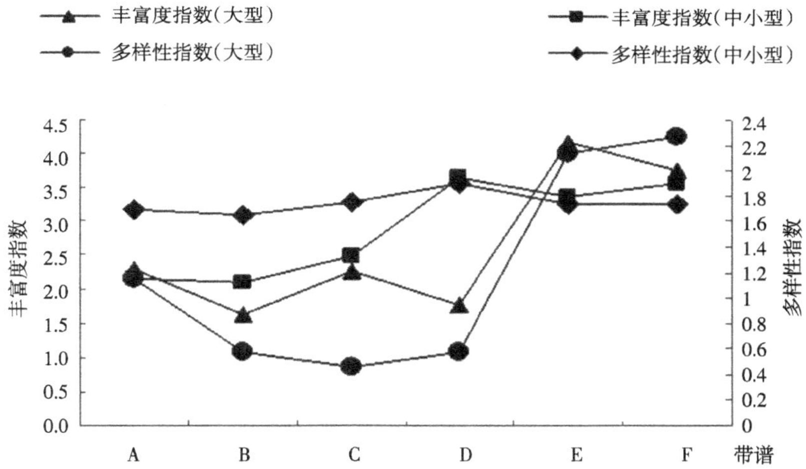

A：高山半荒漠亚带；B：高山苔原亚带；C：岳桦林带；D：云冷杉针叶林亚带；
E：红松云冷杉针叶林亚带；F：针阔混交林带

图 2　土壤动物多样性与丰富度的关系

由表 3 可以看出，针阔混交林带的丰富度指数、多样性指数和均匀度指数都较高；高山半荒漠亚带和高山苔原亚带丰富度指数和多样性指数都较低，个体数量也很少。这种现象与它们所处的环境条件有关，针阔混交林带为原始红松针阔混交林，群落结构复杂，植物种类丰富，每年产生大量凋落物，土壤中养分含量较高，因此土壤动物群落所处的生境条件较为优越，十分有利于土壤动物的生存[14]。云冷杉针叶林亚带植被盖度也较大，地面有厚的凋落物层，热量和水分条件好，也很适合土壤动物栖息，因此，丰富度指数和多样性指数也都较高[15～16]。

3. 不同垂直带土壤动物群落的垂直分布

土壤动物的垂直分布具有明显的表聚性，6 个垂直带中土壤动物的垂直分布基本符合如下规律：从地表向下，随着深度增加土壤动物的类群数和个体数逐渐减少（图 3 和图 4）。所有垂直带的生境，都是凋落物层和 0～5 cm 土层类群丰富，其中大型土壤动物在凋落物层类群最为丰富的是针阔混交林带（20 类），最少的是高山苔原亚带（5 类）；大型土壤动物在 0～5 cm 土层中类群最为丰富的是针阔混交林带和红松云冷杉针叶林亚带（都为 15 类），最少的是高山半荒漠亚带和高山苔原亚带（8 类）。中小型土壤动物凋落物层类群最多的是云冷杉针叶林亚带和针阔混交林带（22 类），最少的是高山苔原亚带（11 类）。表明在低海拔地区土壤动物表聚现象明显，而高山半荒漠带和高山苔原亚带土壤动物趋向土层深部分布。这可能是高海拔地带气候条件相对恶劣，一些土壤动物为避开不利的气候条件而向较深土层栖息。

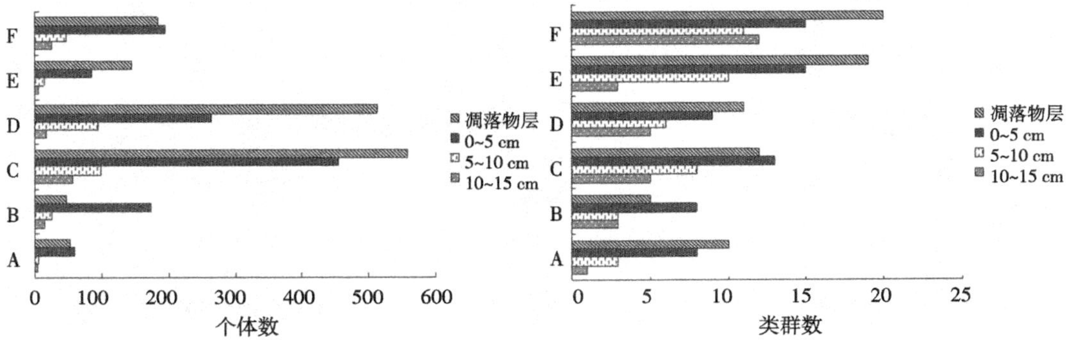

A：高山半荒漠亚带；B：高山苔原亚带；C：岳桦林带；D：云冷杉针叶林亚带；E：红松云冷杉针叶林亚带；F：针阔混交林带

图 3　不同垂直带大型土壤动物的垂直分布

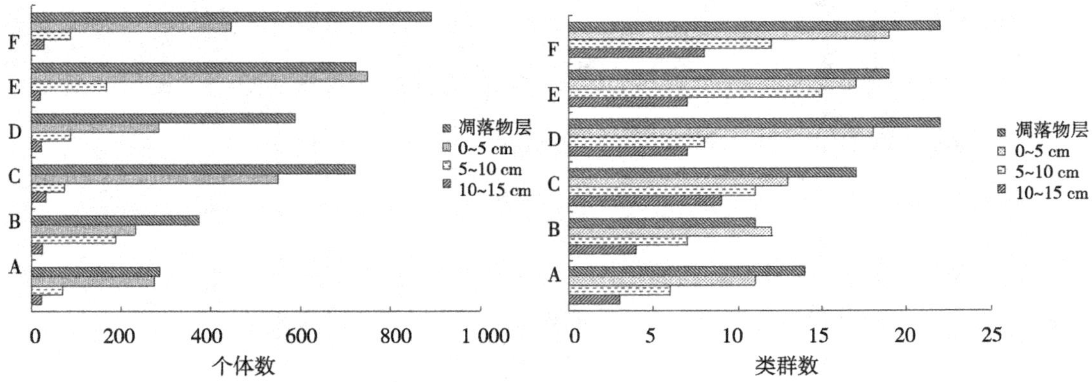

A：高山半荒漠亚带；B：高山苔原亚带；C：岳桦林带；D：云冷杉针叶林亚带；E：红松云冷杉针叶林亚带；F：针阔混交林带

图 4　不同垂直带中小型土壤动物的垂直分布

四、结　　论

（1）长白山北坡各垂直带土壤动物群落组成十分丰富。研究期间共捕获大、中型土壤动物 41 类，10 077 只，隶属 2 门 6 纲 15 目 41 科。其中大型土壤动物优势类群为线蚓，占大型动物总个体数的 78.92%；常见类群有 7 类，为石蜈蚣科、马陆、正蚓科、地蜈蚣科等。获得的中小型土壤动物优势类群有 4 类，为甲螨亚目、辐螨亚目、节跳虫科和山跳科，占中小型土壤动物总个体数的79.13%；常见类群有2类，包括革螨亚目和球角跳虫科，不同垂直带中，土壤动物群落优势类群和常见类群组成存在差异。

(2) 沿着海拔高度的升高，土壤动物多样性指数和丰富度指数呈现下降的趋势，大型土壤动物为：针阔混交林带>红松云冷杉针叶林亚带>高山半荒漠亚带>高山苔原亚带>云冷杉针叶林亚带>岳桦林带，中小型土壤动物为：云冷杉针叶林亚带>红松云冷杉针叶林亚带、针阔混交林带>岳桦林带>高山半荒漠亚带>高山苔原亚带。

(3) 土壤动物分布具有明显的表聚性。在低海拔地区土壤动物表聚现象明显，而高山半荒漠带和高山苔原亚带土壤动物趋向土层深部分布。

参考文献

[1] Coleman D C, Crossley Jr D A, Hendrix P F. *Fundamentals of Soil Ecology (seconded)* [M]. San Diego: Elsevier Academic Press, 2004: 79—184.

[2] David C, Coleman. *From pods to paradoxes: Linkages beween soil biota and their influences on ecological processes* [J]. Soil Biology & Biochemistry, 2008, 40: 271—289.

[3] Yin Xiuqin, Song Bo, Dong Weihua, et al. *A review on the eco-geography of soil fauna in China*. Journal of Geographical Science, 2010, 20 (3): 333—346.

[4] 尹文英. 土壤动物学研究的回顾与展望 [J]. 生物学通报, 2001, 36 (8): 1—3.

[5] 杨美华. 长白山的气候特征及北坡垂直气候带 [J]. 气象学报, 1981, 39 (3): 311—320.

[6] 王野乔, 吴正方, 等. 长白山地理系统论文集Ⅰ [M]. 长春: 东北师范大学出版社, 2010: 89—115.

[7] 青木淳一. 土壤动物学 [M]. 东京: 北隆馆, 1973: 1—22.

[8] 尹文英, 等. 中国土壤动物检索图鉴 [M]. 北京: 科学出版社, 1998: 38—322.

[9] Weaver W, Shannon C E. *The Mathematical Theory of Communication*. Urbana, Illinois: University of Illinois, 1949: 117.

[10] Pielou E C. *Mathematical Ecology*. New York: John Wiley & Sons Inc, 1975.

[11] Simpson E H. *Measurement of diversity*. Nature, 1949, 163: 68.

[12] 尹文英, 等. 中国土壤动物 [M]. 北京: 科学出版社, 2000: 1—290.

[13] 佟富春, 金哲东, 王庆礼, 等. 长白山北坡土壤动物群落物种共有度的海拔梯度变化 [J]. 应用生态学报, 2003, 14 (10): 1 723—1 728.

[14] 殷秀琴. 东北森林土壤动物研究 [M]. 长春: 东北师范大学出版社, 2001: 29—53.

[15] 辛未冬, 殷秀琴, 秦丽杰, 等. 小兴安岭森林生态系统中小型土壤动物生态地理分布特征 [J]. 地理科学, 2009, 29 (1): 129—133.

[16] 黄旭, 张健, 杨万勤, 等. 川西亚高山林牧交错区土壤动物多样性 [J]. 生态学报, 2010, 30 (19): 5 161—5 173.

对长白山火山成因的考证*

张洪岩
(东北师范大学城市与环境科学学院，吉林 长春)

探究长白山火山的历史，要追溯到地质年代中去考察它的形成与演化。人类发现长白山，从夏周的不咸山至今，至少有 3 000 年以上。不过按照现已发现的历史记载，真正亲临长白山，并留有记载的应当首推穆克登于 1672 年夏的登顶，并留下潭水“深不可测，泉鸣似鼓，石触如雷，常蒙蒙有云雾之气”的记载。1677 年，清宫大臣觉罗武木纳首次率队对长白山进行了系统的考察，并对这里的山川草木进行了较为详细的描述。

从火山地质的角度对长白山进行系统的科学考察始于 19 世纪末。在 20 世纪上半叶有关长白山的各类考察报告多为外国人所为。1894 至 1899 年间，俄国人在长白山进行了地质调查，并发现了炭化木。从 1927 年至 1945 年间，渡边武男、川崎太郎、小仓勉和浅野五郎等先后有几批日本人对长白山进行了比较全面的综合考察，确定了火山的喷发年代为第三纪末至第四纪初，提出火山锥体是由碱性流纹岩和粗面岩组成的层状火山锥，经历了由玄武岩到粗面岩，直至最后的碱性流纹岩喷发的形成过程，并划分出 7 期喷发顺序，分析了火山岩的化学成分。他们还首次提出了诸如白头山的海拔高度为 2 745 m，水深 375 m，长白温泉温度为 80℃，这样一些基本参数。德国地理学家劳腾萨赫在 40 年代初从朝鲜一侧登上长白山，在其 1945 年出版的著作《朝鲜—基于作者的资料和经历的地理论述》中介绍了欧洲人的考察工作，论述了长白山的地质地貌特征。

中国人对长白山的系统科学考察始于 20 世纪 50～60 年代。1961～1973 年，吉林省地质局区域地质测量大队 1∶20 万白头山幅的区域地质测量工作，系统划分了火山的喷发期次。进入 80 年代后，不仅对火山活动的期次划分得更加具体，而且借助现代技术手段，对长白山火山的年代学和岩石学进行了专题研究。其中，成果和业绩较为突出的科学家包括刘嘉麒、刘祥、向天元、汤得平、宋海远、金伯禄等。从 90 年代以来，中外科学家对长白山从火山学、岩石学、地球物理学、地球化学、地震学等方面开展了更全面的研究，刘若新倡导的长白山火山近代喷发的研究方向，使其未来喷发的潜在危险性及其影响备受关注，推动了长白山火山灾害的风险评价和预测研究。

上述几代科学家们的努力探索，使我们今天能够对长白山火山形成和演化有所认识和了解。

一、长白山形成的区域地质背景

长白山火山属大型复式火山。在区域地质背景上，这里是中朝克拉通北缘，欧亚大陆

---

* 本文系根据 1996 年前后的读书笔记整理而成，恕不能逐一列出参考文献，特向所有相关作者致歉。

东部华北板块北东缘与中新生代北东向滨太平洋火山造山带交接处。在本区基底岩系的剖面图中可以找到除志留系、泥盆系之外所有地质时代的地层。这其中包括古太古代的龙岗群，新太古代及早元古代的变质岩系，以及分布于鸭绿江、浑江、两江等地的新元古界青白口系和震旦系。在新元古代的沉积之上发育有寒武系、下奥陶统、中上石炭统、二叠系等，这与华北大陆其他地区的地层系统是相似的。在这些古老的岩系中，太古界和元古界主要是结晶片岩、片麻岩与花岗片麻岩等。古生界的岩系属继承性浅海相碎屑——碳酸盐、海陆交互相——陆相碎屑沉积岩。在寒武系的岩层中会有大量的小壳化石、三叶虫化石等。下奥陶统的岩层中，含有丰富的腕足类、头足类、毛石、三叶虫、形刺化石等。中石炭统中盛产蜓科类动物化石和植物化石。

进入中生代，火山断陷盆地十分发育，并沉积了上三叠统至白垩系的火山岩、碎屑岩及含煤岩系。其中，上三叠统的地层由火山岩、砾岩、砂岩、页岩夹煤层组成。侏罗系是这个时代在本区分布最广的地层，由火山岩及其碎屑岩和含煤岩系组成。吉林省东部和朝鲜的煤矿主要是这一时代的地层。白垩系地层在长白山地区不甚发育，主要由砂砾岩、夹砂质泥岩、煤层、安山岩和凝灰岩、砂页岩夹油页岩组成。其中还富含介形虫、腹足类、双壳类、鱼类、叶肢介等动物化石及一些植物化石。

自白垩纪开始，长白山地区进入了一个相对平静的构造环境。在第三纪初期，由于受喜马拉雅运动的影响，长白山地区发生了明显的断裂上升，并相继遭受强烈的外力破坏。经过长期的几代剥蚀作用，使复杂凸起的山丘、山岭逐渐剥蚀成较平坦的夷平面地形，地表显现为一片准平原状态。

从地质构造上看，长白山位于亚洲东部由朱格米尔山、锡霍特山、长白山、辽东半岛和山东半岛等沿北北东向排列的山地构成的新华夏系第二隆起带上。除新华夏系构造之外，长白山还位于历史悠久的阴山—天山巨型纬向构造体系的东端，并有北东向的华夏式构造与其交接的多种构造体系的复合部位。不同方向构造体系的复合，使长白山一带的地壳十分薄弱。这里断裂活动强烈，火山活动频繁，正是这种活动性构造基础的反映。

从中生代开始，长白山地区的构造以断裂构造为主，主要为北东向断裂和北西向断裂，次之为东西向断裂和南北向断裂。这些断裂均由多个断层组成，而且成带产出。在断裂带的交会处形成断陷盆地。这种断裂及断陷盆地的形成以及钙碱性火山岩浆的活动，说明了长白山区曾经是欧亚大陆的边缘。经伊佐奈木板块向北西向俯冲形成了北东向火山造山带。

随着第三纪地壳上升运动，出现了北东东向的断陷带或拗陷带。渐新世末，长白山区构造活动又重新开始，形成了两条北北东向的断陷带，两者在长白山天池附近很可能连成一个断陷盆地。因此，从第三纪开始，长白山地区的区域构造格架基本为北东东向与北北东向断裂网构成，其次为东西向、南北向及北西向等断裂。这些断裂带均为超岩石圈级的断陷或拗陷断裂带，影响深度大，可将上地幔深源包体大量带至地表。长白山火山群恰好处在图们江断陷带西南端北西一侧，马鞍山——三道白河北北东向断裂与白山镇——金策北西向断裂带的交会处。这些断裂带规模大，影响深，形成了火山岩带，从而拉开了长白山“造山”活动的序幕。

二、长白山地区的火山活动与长白山的形成

长白山火山濒临太平洋西部的日本海。距离日本海岸仅有 150 km，因此，基本上属于环太平洋火山带上的火山。

长白山正是在新生代火山活动下拔地而起的。长白山新生代火山活动区位于松辽盆地与日本海盆地之间的隆起带上，并且偏向日本海盆地一侧。这两大盆地分别是在中生代和早—中生代时期伸展——裂陷形成的。由于日本岛弧海沟向西俯冲的西太平洋俯冲带的前缘已经到达图们江—珲春裂谷带地下约 600 km 处，因此，前述中—新生代时期北东向构造方向的形成和岩浆——火山活动的发育，以及一系列盆地或地堑的形成，都是在这种弧后、向西的深俯冲带背景引张体制下发生的。实际上，长白山火山的形成及演化和发展也是在裂谷环境和引张体制下的火山活动的结果。

从地球进化的历程来看，在它的青壮年直至晚年的早期，长白山地区一直处在海洋环境下，从太古代至中生代，这一地区主要经历了四次规模较大的火山活动。它们分别是距今 29.5～30 亿年的早太古火山活动，距今 25.85～24.86 亿年的晚太古火山活动，距今 19.00～19.18 亿年的早元古火山活动和晚三叠纪和侏罗纪的中生代火山活动。这期间的火山活动归结起来有以下四个特点：

①长白山区在地壳形成初期火山活动十分强烈，主要是海底火山喷发，先是大陆边缘岛弧型钙碱性火山岩系喷发，火山岩浆分异作用明显，促进了硅铝壳的加厚，并形成了火山沉积变质型矿床。

②在中上元古代至古生代这一漫长的地质时期里，本区地表相对稳定，经历了地台发展时期，只形成了浅海拗陷盆地。

③从中生代开始，本区处在欧亚大陆东缘，受伊佐奈木板块向西俯冲作用的影响，使稳定的地表又重新活化，发生许多小型断陷盆地，喷出大量的陆相中酸性火山岩，火山岩浆分异作用明显，并向富硅、碱演化。

④白垩纪——老第三纪本区又处于相对稳定时期，受强烈剥蚀作用，形成地形夷平面化，地壳相对稳定。

到了始新世或渐新世，由于受强烈太平洋板块的俯冲及印度板块向欧亚板块的碰撞，欧亚大陆东缘发生分离，出现日本岛弧，并形成日本海盆地。从渐新世末至中新世初，在岩石圈伸张分离的条件下，形成北北东向裂谷或小型拗陷山间盆地，其中，马鞍山湖泊裂谷盆地断裂较深，喷出湖底玄武岩，并以每年 0.23 cm 的速度扩张。盆地沉积过程中由于多次发生断裂，至少喷出了三层以上的玄武岩。至此，整个长白山地区的火山活动还处在海洋当中。

在距今大约 2 000 万年的早中新世前后，裂谷盆地开始逐渐上升为陆地，从而开始了今天我们所看到的长白山的形成阶段。按照刘若新等学者的观点，长白山的形成可以划分为三个阶段，即早期的造盾阶段，中期的造锥阶段和晚期的造伊格尼姆岩阶段。各阶段的火山活动特征具有明显的差异，而其共性是沿着早期喷发主通道相继发生多期次大规模喷发。属于岩浆补给速率相当高的高产火山。

长白山火山是我国境内保存最为完整的新生代多成因复式火山。该火山的喷发活动始于第三纪（严格地说，是新第三纪的上新世，即距今 1 200 万年左右），并持续了整个第四纪。

长白山火山的造盾喷发阶段发生于上新世至早更新世。进入新第三纪以后，本地区的构造运动再次活跃起来，断裂复活，并出现了强烈的火山活动。在造盾活动之前的中新世，地球内部灼热而黏稠的玄武岩流就开始沿着长长的裂隙溢出，形成了广泛而深厚的

“熔岩被”。在长白山地区，熔岩的厚度达500～600 m，覆盖了除少数孤立山峰之外的范围广大的大片准平原地面。这是一个以裂隙式喷发为主的，规模较大的火山活动。

分布广阔的熔岩地面，由于后来的地壳抬升作用而遭到了强烈的剥蚀破坏。目前主要见于南岗山和长虹岭一带的山顶。玄武岩披盖的山顶，高度一般在1 100 m以上，顶面平坦，四周陡峻，成为一个个孤立的方山，也常称其为桌状山。位于长白山东北部的南岗山，海拔高度在1 500 m左右，其顶面宽达3～4 km。根据金伯禄的总结研究，在这一阶段至少有三期的玄武岩喷发。它们分别是马鞍山期玄武岩（$\beta E_3 \sim \beta N_1 m$，13.5～10.39±1百万年），奶头山期玄武岩（$\beta N_1 n$，20.58±1.2～16.40±1.49百万年）和望天鹅期玄武岩（$\beta N_1 W$，13～12.5百万年）。上述三期玄武岩以奶头山期厚度最大，分布最广，现今在本地区的东北部、东部和西南部都有出露的剖面，厚度在330～500 m之间。以甑峰山玄武岩为例，其代表剖面位于吉林省和龙市境内的南岗山脉东南端，实测厚度为495 m。下伏厚约5 m的土门子组沉积地层，并夹劣质煤层。巨厚的玄武岩基本上属一次喷发形成，具体包含7个层序。底部有25 m厚的黑色与黄褐色玄武集块岩，集块成分为玄武岩，砾径为15～20 cm，似火山弹，其间为中细粒火山灰所胶结。这层玄武集块岩可能属早期爆炸喷发的产物。上部其他各层以黑色致密块状玄武岩为主，只是结构、构造和含斑多少略有差别，没有明显的喷发间断所留下的侵蚀面。岩浆成分主要是碱性橄榄玄武岩、碱性玄武岩和橄榄拉斑玄武岩。玄武岩的多层性，与时强时弱的阵发性喷发以及多裂隙的喷发有关。

此后长白山经过了一段较长的稳定时期。从上新世末又开始了一次激烈的火山活动，即造盾喷发阶段。这次熔岩喷发主要是通过地下的一条圆而长的火山颈喷出来的，即所谓的中心式喷发。喷发的中心大致相当于今天长白山天池的中心，形成了一个底座很大，而坡度平缓的盾状熔岩台地。它以长白山天池火山为中心向四周缓慢降低，地表坡度一般小于4°，展布面积在中国境内达7 200 km²。在朝鲜境内，与该期玄武岩相当的层位也有大面积分布。

当时，除长白山的中心式喷发之外，周围也有一些小规模的裂隙式喷发。在鸭绿江北岸沿江煤矿村和图们江上游及黑石河一带，玄武质岩墙大量出现，形成了多股玄武岩流。可见当时在以长白山天池主通道频繁发生造盾喷发的同时，熔岩盾的南部和东部却发生过岩墙传导式裂隙喷发。它们相互交汇，再次造成了一个广阔而深厚的熔岩被，并且掩覆了一部分古老的熔岩。因此，以长白山火山为主喷发通道的造盾喷发体现了多旋回、多期次的喷发特点。正是这个广阔而深厚的熔岩被，构成了今日长白山火山盾状熔岩台地的主体。

根据现阶段的研究成果，有7期玄武岩喷发属于这一阶段。它们是红头山期安相岩——碱流岩（$\tau N_{1-2} h$，5.56±0.22百万年）、泉阳期玄武岩（$\beta N_2 q$，4.5百万年）、头西期安粗岩——碱流岩（$\tau N_2 t$±，2.85±0.05百万年）、沿江村期玄武岩（$\beta N_2 y$，3.75±0.85～3.54±0.57百万年）、军舰山期玄武岩（$\beta N_2 j$，2.77±0.2～2.34±0.62百万年）、白山期玄武岩（$\beta Q_1 b$，1.48～1.66百万年）。其中，军舰山期和白山期是盾状熔岩台地的主体，也就是今天的长白山熔岩高原。称为熔岩台地或高原主要反映了面积上的差别，并无绝对的量化指标，有人认为长白山熔岩高原的面积不够广阔，故称之为熔岩台地。

构成熔岩高原的岩性各处并不一致。在长白山北坡，主要为橄榄玄武岩及斜长石斑晶玄武岩；在望天鹅峰一带主要为粗面玄武岩、安山岩及普通玄武岩；在长白山的西北坡主要为灰色或深灰色致密块状玄武岩与气孔状玄武岩。玄武岩的厚度也各地不一，一般在100～300 m左右。熔岩厚度的差异，与原始地面的起伏程度有关。

一般认为，这次火山喷发具有阵发性，中间并没有明显的喷发间断。只是在喷发强烈时，熔岩的涌出量较大，覆盖面积也大；反之，在喷发微弱时，熔岩的流量较小，覆盖面积也小。喷发再由弱变强时，又形成一层新的玄武岩流。因此，熔岩高原由多层玄武岩组成，各层玄武岩的岩性也有不同程度的差异。

造盾喷发阶段的典型剖面是位于吉林省和龙市崇善的军舰山剖面。该剖面位于图们江的北岸，其顶部的海拔高度为755 m，剖面总厚度为188 m。整个剖面覆盖在一薄层河相砂砾和数十米厚的燕山期花岗岩上。剖面的下部4个流动单元为青黑色致密块状橄榄玄武岩，厚度为55 m，顶部有近1 m的紫红色风化壳，代表了与其上部玄武岩有较长的时间间隔。风化壳之上的7个流动单元，一般都以致密块状碱性橄榄玄武岩向上过渡为气孔状碱性橄榄玄武岩为代表。这7个流动单元的总厚度为150 m，代表了7次喷发产物。

在火山熔岩台地形成之后，长白山火山再一次进入了一个相对短暂的宁静时期。从中更新世开始，火山再一次活跃起来。开始了其造锥喷发阶段。这一阶段几乎持续了整个更新世的大部分时间。这一阶段的喷发，岩浆成分以粗面岩质、碱流岩质为主。喷发形式主要是自长白山天池火山口的中心式溢流。这一阶段喷发的产物在地层表中均划归白头山期。它们以长白山天池为中心，以北西向为长轴方向呈椭圆形分布。根据测量的喷发年代数据和喷发间歇形成的黏土风化层，它们又被进一步划分为四个喷发阶段：第一喷发阶段（$\tau Q_1 b$，1.00±0.03百万年）、第二喷发阶段（$\tau Q_2 b$，0.611±0.015～0.551±0.0024百万年）、第三喷发阶段（$\tau Q_{2-3} b$，0.44±0.015～0.25±0.005百万年）和第四喷发阶段（$\tau Q_3 b$，0.20±0.04～0.10±0.0064百万年）。

第一阶段喷出的粗面岩、碱长粗面岩分布比较局限，主要在长白山天池锥体南侧的底层部位，北部也有零星出露，海拔高度一般在1 700～2 000 m之间，产状接近水平方向，因此，有人将之划入造盾阶段。

第二阶段喷发产物分布比较稳定，主要在火山锥体中下部呈环状分布。出露海拔标高为1 600～1 900 m之间，代表剖面为天文峰——冰场公路剖面。与第一喷发阶段相比，其岩浆成分酸性成分增强，堆积物中火山碎屑岩的比例有所增加。这表明火山作用既有宁静式熔岩的溢流，也有强烈的爆发性火山喷发的过程。

第三阶段的喷发产物在火山锥的外侧分布于火山锥中部层位，出露的海拔标高为1 700～2 200 m；在破火山口内壁则分布于火山锥的中上层位，海拔标高达到2 200～2 600 m。在这一阶段喷发物的剖面中，火山碎屑岩的比例明显增加，反映了爆破式火山作用的加强。与第二喷发阶段石英粗面岩的岩浆成分相比，本阶段出现了大量的碱流岩。按照火山碎屑岩占火山岩总厚度的百分数所确定的爆发指数也由第二阶段的10上升到30。

第四喷发阶段的喷发物分布于火山锥体的上部层位接近锥顶的部分，海拔标高在2 200～2 600 m之间。主要岩性是碱流岩、碱流质熔结凝灰岩、黑曜岩状熔岩凝灰岩、石英碱长粗面岩。熔岩类主要集中分布在火山口附近，构成火口缘周围的主要山峰。晶屑凝灰岩的存在表明在岩浆房内的晶体有过充分的结晶作用，随后的喷发作用则是挥发成分逐步富集的结果。在天文峰——冰场长白山天池公路的剖面中，靠上部分就是该阶段的以石英碱长粗面岩为主的喷发物，它覆盖在第三阶段后期喷发物的风化壳之上。这表明了两者之间有着明显的喷发间断期。目前测年样品中有关这一阶段喷发产物最年轻的年龄值是 4 万年左右。

白头山期的碱性粗面岩，叠置在以军舰山期玄武岩为主构成的盾形火山台地上，两者具有大致同一的喷发中心，共同构成了长白山这个庞大的复式火山锥体。

在长白山火山主通道造锥喷发的同时，主通道周围一些寄生火山口也相继喷发。寄生火山口寄生于已形成的火山锥体，将喷发物覆盖在火山锥体之上，构成锥体的一部分。玄武质岩渣及熔岩流覆盖在粗面岩锥的中上部，离长白山天池火山主通道的距离一般都在 5 km 以上。这是由长白山天池火山下部岩浆房的体积决定的。分布于长白山天池北、西侧的老虎洞碱性玄武岩就是这种寄生火山活动的产物。它的年代为 34 万年左右，属于第三喷发阶段的产物，因而穿过了第二阶段火山喷发物。在火山锥东北侧的黑石河一带还有一次大约在 18 万年前发生的寄生火山喷发活动发育更为普遍。这反映了长白山火山地下高位岩浆房与地幔岩浆库相互作用、共同喷发的火山作用。

长白山的周围，还有 100 多座小的火山锥体，其中大部分集中在长白山火山锥体的西北部。这些小火山从机理上与长白山火山的关系并不明显。它们多呈北东方向排列。这一排列方向可能与北东向的华夏式断裂构造有关，其形成年代大体上与军舰山期玄武岩相当。

在长白山火山的东侧还有两个比较引人注目的小火山锥——赤峰和双目峰。它们的形成年代比较晚，一般认为在晚更新世。其代表剖面在和龙市广坪的红旗河桥头北部，故称这一时期的玄武岩为广坪期玄武岩（$\beta Q_3 g$，0.131±0.064 百万年），其岩性以灰黑色气孔状玄武岩和拉斑玄武岩为主。

广坪玄武岩充填了图们江及其支流的河谷，后经河流切割，沿河出现了宽阔的熔岩台地。玄武岩厚度一般在 20～40 m 左右。在广坪一带厚约 42 m，上部为具有水平层理的气孔状玄武岩，下部为多斑玄武岩，柱状节理比较发育。广坪玄武岩的背后就是军舰山期玄武岩构成的高地。

至此，长白山地区的地质地貌格局基本形成。

从全新世以来，长白山地区仍有火山活动，但主要集中在长白山天池火山口地区。其活动程度和喷发量都较以往大大减弱。喷发物质也发生了变化，由过去的玄武岩、粗面岩、碱流岩为主，转变为以火山碎屑和气体为主。

有关长白山火山全新世以来的活动是 20 世纪 90 年代以来的研究热点，也有很多最新的研究成果。有人将之视为长白山火山形成的第三阶段，魏海泉等称之为造伊格尼姆岩喷发阶段。“伊格尼姆岩（ignimbrite）”过去一直被译为“熔结凝灰岩”。它是指喷发柱塌陷时自火山口向四周泛滥的火山碎屑流堆积物及固结所成的岩石。从物质组分上有较大比例的浮岩碎屑，岩浆成分往往偏酸性。火山喷发以猛烈、高速、大体积连续喷发为特征。伊格尼姆岩在地表流动时具有很高的活性和速度，常常可以越过地表的一些障碍物（如上百米的山丘）而超覆之。伊格尼姆岩代表了一种最为强烈的火山作用。在伊格尼姆岩堆积之前，一般都有一个布里尼空降物堆积。在长白山地区，伊格尼姆岩堆积物多分布在长白山天池火山周围 40 km 的范围内，最大距离可达 70 km。

按照人们传统的认识，长白山火山在这一阶段的喷发主要包括三期：冰场期熔结凝灰岩及火山灰（τQ_4^1，距今 7 854±180 年），白云峰期碱流质浮岩及火山灰（τQ_4^2，年代划分为三部分：距今 5 100±100 年，3 450±200 年和 1 489～1 153 年），八卦庙熔岩凝灰岩及火山灰（τQ_4^3，距今 875～825 年）。

刘若新等将全新世以来划分出两期大的造伊格尼姆岩喷发活动。喷发物主要为（纳闪）碱流质浮岩，堆积物的成因类型以布里尼空降堆积和伊格尼姆岩堆积为主。空降浮岩堆积由于受到喷发时风力的影响，多集中分布于长白山天池火山以东及东南方向。进入平流层搬运的细粒火山灰飘至远在千里之外的日本青森北部和北海道石符南部小苫目等地。我国境内厚度超过 1 m 的空降物多分布于距火山口 30 km 以内的范围，而超过 60 km 后，空降物的厚度明显降低。

长白山火山的第一期造伊格尼姆岩的喷发发生在大约 5 000 年前。对黑风口滞后角砾岩所获得的测年结果为 4 105±90 年。由于风化剥蚀强烈，这期喷发物在地表保存很少。火口缘附近仅见于天文峰、5 号界碑等地，主要表现为中强熔结的粗粒浮岩空降堆积，含有大粒径粗面岩岩块。最大岩屑平均粒度为 177 cm，最大浮岩平均粒度为 44 cm。锥体之下开阔地带仅见于圆池、二道白河谷底森林等地。在圆池钻孔岩芯里，玄武质砾石层之上见到一层褐黄色的浮岩质空降堆积及伊格尼姆岩堆积。沿着二道白河谷底森林大峡谷附近出露的紫红色熔结角砾凝灰岩，可能代表了本期喷发的伊格尼姆岩堆积。堆积物的岩屑比例较高，岩屑及浮岩的正反粒序性比较发育，堆积物最厚达近百米。在火山堆体之上则仅在黑风口一带可见到本期喷发物的残留。朝鲜境内也有本期喷发物的残留。

长白山火山的第二期造伊格尼姆岩的喷发发生在 1 000 年前左右，也是人类历史上最大的喷发之一。根据刘若新的测年结果，其喷发时间发生在公元 1215±15 年。这次喷发的产物分布在长白山天池火山周围的广大地区，现在在地表所能看到的近代伊格尼姆岩及对应的空降堆积物主要为本期喷发的产物。从产状上分伊格尼姆岩流、伊格尼姆岩席和空降火山灰层三大类。

致密的伊格尼姆岩岩流主要发育于火山锥体四周辐射状沟谷中。堆积物一般呈暗灰色。受熔结作用的影响，往往都显示出一定的成岩作用，有时已完全成岩。熔结作用较强部位常见于流动单元中下部，热冷却节理也比较发育，而粗粒浮岩集中于剖面的上部。堆积物厚度一般均在 10 m 以上，在鸭绿江上游——二道白河谷及锥体西北侧，厚度可达 100 m。

松散的伊格尼姆岩岩席多为浅黄色、浅灰色，浮岩含量多在 30%以上，而岩屑的含量较少。流动单元靠上部往往见到一层浮岩富集带。堆积物厚度一般在 5 m 左右，最大厚度可超过 10 m。堆积物一般不具熔结现象，热冷却节理也很难见到。

浅灰白色的空降火山灰则大部分散落在 128°E 线以东，呈抛物线状向东延续的广大地区，其中包括大量的浮岩。

根据魏海泉等的理论推算，长白山火山第二阶段造伊格尼姆岩喷发时，一共持续了 4.5～14 天的时间，早期布里尼喷发柱持续了 3～9.5 天的时间，晚期的喷发柱塌陷作用则发生于 1.5～4 天的时间内。这远远高于历史记录中世界上其他火山喷发所持续的时间。其伞状云的高度达 33.6 km，对应的体积喷发率为 $10^{4.95}$ m^3/s。

我们可以根据魏海泉等的研究成果来描述一下这次喷发的过程。在公元 1215 年前后，长白山火山在经过一段稳定时期后发生爆炸式喷发。喷发开始时，岩浆气体及被加热的空气中分散的固态、液态碎屑以一个基本稳定的速率持续性喷出火山口，形成一个基本上稳定的喷发柱。喷发物在重力作用下，自持续性喷发柱伞状云内以一定的速率不间断性地降下浮岩碎屑。有时这些浮岩降落到地表时还保持一定的温度，可以发生初始熔结作用。当喷发柱边缘部分塌陷时，大体积的火山碎屑流高速流过，堆积成一个流动单元。这种瞬间流动堆积的伊格尼姆岩隔断了自喷发柱伞状云的连续降落堆积，而使伊格尼姆岩流动单元覆盖于下部的布里尼空降堆积单元之上。伊格尼姆岩定位之后，其上部又为连续性布里尼空降物所覆盖，形成新的空降堆积单元。当喷发柱再次部分塌陷时，伊格尼姆岩再次覆盖于空降堆积单元之上。如此反复十余次，从而形成了现在我们见到的分布于火山锥体周围的堆积序列。由此可见，在火山喷发高峰时，在喷发柱持续的近 10 天的时间里，先后发生过多次部分塌陷作用。与此相伴的还有火山碎屑流、火山泥石流、地浪、灰云浪和火山灰等在火山周围的堆积。

长白山火山在造伊格尼姆岩喷发期间，在火口缘附近或破火山口内还伴有规模不大的寄生火山喷发活动，喷发物夹于造伊格尼姆岩喷发物层间。岩浆成分多为碱流质，分布范围较造锥阶段寄生火山范围明显变小。气象站所在的小山包就是这样一座小的寄生火山。

至此，长白山火山基本上完成了它的造山阶段。

三、长白山火山的喷发历史

长白山火山喷发的历史划分为三个阶段，即以玄武质岩浆喷发为主的造盾阶段，以粗面岩、碱流岩熔岩喷发为主的造锥阶段和以布里尼式造伊格尼姆岩喷发（爆炸式喷发）为主的近代喷发和历史喷发阶段。从时间上来看，造盾阶段发生于上新世至早更新世（1 200～150 万年）之间，造锥阶段发生于早更新世至晚更新世（150 万～1 万年）之间，而造伊格尼姆岩喷发发生在全新世（1 万年以来）的时间里。三个阶段喷发的岩性也有明显的差别。造盾阶段主要是玄武质的岩浆，造锥阶段则以粗面岩、碱流岩质熔岩为主，而近代的爆炸喷发是以碎屑构成的伊格尼姆岩为主。从今天人类生存的角度来看，这种变化趋势对人类生存的危险性越来越大。

长白山地区新生代火山岩分布的面积超过 3 万 km^2。对整个造盾阶段长白山火山喷发的历史，概括地说，玄武质的火山活动始于早第三纪，是以拉斑质玄武岩浆喷发为主。中新世时期，龙岗山脉的老爷岭和张广才岭以及沿抚顺—密山断裂及其两侧，有强烈的碱性玄武质火山喷发活动。刘嘉麒将这一时期的火山活动按其年龄划分为甑峰山期(24～19 百万年)，奶头山期（16.7～12.0 百万年）和船底山期（11～7 百万年）。上新世时期为弱碱性到拉斑质的玄武岩岩浆喷发，即军舰山期玄武岩（5.3～2.1 百万年）。这一时期的玄武岩广泛分布于吉林省东部地区。覆盖于军舰山期玄武岩之上的是广坪玄武岩或白云玄武岩（1.66～1.48 百万年）。除了一系列玄武质火山渣锥之外，主要是面型分布的玄武岩。上新世和第四纪的玄武岩在以长白山火山为中心的广大地区分布有 7 200 km^2 以上。它们形成了作为长白山火山锥体底盘的长白山玄武岩盾。以长白山火山为中心的地带是长白山主峰地带，其海拔最高，玄武岩的厚度也最大。

长白山火山的造锥阶段似乎断断续续地发生在整个更新世时期，即从 1.12～1.00 百万年的早更新世，经 0.55～0.20 百万年的中更新世到 0.10～0.04 百万年的晚更新世。形成锥体的粗面岩和碱流岩浆，都是以现今长白山天池火山口或其附近为喷出口，有时夹有少量玄武岩浆的喷出。在长白山火山锥体形成的时期内，在锥体四周附近，也有多期次的碱性玄武岩质火山渣锥（其中，有时会有地幔橄榄岩包体）和玄武质熔岩的喷发。例如：长白山火山东侧，年龄在 1.17±0.16 百万年的双目峰火山渣锥及碱性玄武岩流，长白山西南的火山渣锥（1.17＋0.16 百万年）等。可见，当长白山火山在更新世时期不断喷出可能源于地表岩浆房的粗面岩和碱流岩浆时，其四周附近也一直有源于上地幔的玄武岩浆喷出。

进入全新世以来，长白山火山仍有过几次大规模的喷发。为了辨别这些喷发，首先区分出全新世以来的喷发物是碱流岩质浮岩和熔结凝灰岩，以别于已往的喷发产物。刘嘉麒、郑祥身对长白山火山岩作了较系统的年代学研究，并于 1983 年发表。与此同时，日本的町田（Machida）等也对此进行了研究，他们将产于日本北海道南部和九州岛北部的一个火山灰层（厚 2～5 cm）和在日本海中的一系列钻孔资料中见到的火山灰层（最厚达 16 cm）命名为 B—Tm 火山灰层（白头山—小苫目火山灰层）。他们根据这一火山灰层的物质组成及其厚度自日本北部向西经日本海至长白山方向逐渐增厚等事实判定，B—Tm 火山灰层是来自长白山火山一次强烈喷发的火山灰降落。其喷发年代被限制在公元 915～1 334 年之间。在此之后，陆续有一些中外火山学家对长白山火山进行考察研究，并认为该火山在近代所发生的一次大喷发，是地球上近 2 000 年以来最大的爆炸式喷发之一，并且该火山具有潜在的喷发危险性。经过十几年来的研究，迄今已经积累了近 50 个单个碳化木样品的年龄，其范围多数介于 915～1 435 年之间。

有关长白山火山全新世以来的喷发历史，根据刘若新等的观点，在历史文献记录之前，长白山火山有过两次较大规模的喷发。其直接的证据就是天文峰东侧空降浮岩堆积物的剖面。在该剖面中，粗面岩之上覆盖着浅褐黄色碱流岩质浮岩堆积（有时其下部为灰色浮岩），其厚度因在不同山峰的剥蚀程度不同而有所差异，但大都介于 20～35 m 之间。其上又覆盖了灰白色碱流岩质浮岩堆积。这种浮岩在火山锥体东北坡及东侧的赤峰、圆池一带，南侧的鸭绿江沿岸地带都可以见到。在天文峰火口缘其东的凹兜部位，其厚度仅约 5 m，而再向其北约 200 m 的斜坡上，这种灰白色浮岩的厚度可达 30 余米。可见，天文峰一带的灰白色浮岩已被剥蚀殆尽，只在一些凹兜处有少量残留。在朝鲜一侧，这种浮岩比较普遍地覆盖在火口缘的诸山峰上，其最大厚度估计在 70～100 m 之间。在这层灰白色浮岩之间还分别覆盖着较薄的紫红色熔浆饼和灰黑的浮岩。

在剖面的四个层面中，前两层尚未见到历史记录，而后两层在历史文献中有所记载。根据在圆池—赤峰一带钻孔取样的结果发现，在浅黄色浮岩与灰白色浮岩之间有一层约 20 cm 的黏土质淤泥层，这说明两种浮岩来自于两次喷发。经过对淤泥层进行 C14 年代测定，其年龄为距今 2 040＋90 年，而淤泥层顶部，灰白色浮岩底部碳化木屑的 C14 年龄为距今 1 065＋95 年。这说明在淤泥层上下两期浮岩之间的喷发间隔至少有 959 年。

再通过对存于浅黄色浮岩与灰白色浮岩中的碳化木进行年代测定，得出的结论是：浅褐黄色浮岩可能代表了距今 4 105＋80 年长白山火山所发生的一次大喷发；碱流岩质灰白色的浮岩堆积则代表着公元 1 215＋15 年所发生的大喷发的产物。

对上述剖面中的后两个层面，可以从历史文献中找到解释。过去，人们普遍接受的观点是，长白山火山在人类历史上共发生过三次喷发，即公元 1597 年 8 月，1668 年 4 月和 1702 年 4 月。此外，个别文献中还提及 1413 年、1898 年、1900 年、1903 年也有过喷发的记载，有的甚至引述原文为佐证，并指出其出处。但是，由于历史文献多以文字简练，且以描述现象为主，加之当时的科技条件有限，单凭这些文字很难令人信服，必须对之进一步考证。

1995 年崔钟燮等对朝鲜“李朝实录”中有关火山喷发的记述进行了考证。该书为记录李氏王朝自 1392 年～1910 年间发生事件的日志。刘若新对考证结果的分析认为，公元 1597 年 10 月 7 日记述的现象，与三水郡的地震相联系更为可信，而不能肯定为长白山天池火山喷发的表现。“显宗九年四月（相当于清康熙七年四月，即公元 1668 年 6 月），咸镜道镜城府雨灰，富宁同日雨灰”。文中的镜城府系指今朝鲜咸境北道滨海之古城，而富宁在镜城以西约 50 km 处。两地均在长白山天池火山近于正东方向约 70～140 km。两地同日“雨灰”，而未记述有其他火山喷发现象。这有可能解释为富宁以西较远处一次火山喷发形成的火山灰，随西向风飘落至富宁、镜城一带。将这次“雨灰”事件看成长白山火山一次中小规模的爆炸式喷发形成的火山灰似无不可。更令人信服的是“李朝实录”第 40 册，肃宗实录卷之三十六中所记述的 1702 年 6 月 9 日（清康熙四十一年 5 月 14 日）的事件。卷中写道：“咸镜道富宁府本月十四日午时，天地忽然晦瞑，时或黄赤，有同烟焰，腥臭满室，若在烘炉中，人不堪熏热，四更后消止。而至朝视之，则遍野雨灰，恰似焚蛤壳者。然镜城府同月同日稍晚后，烟雾之气忽自西北，天昏地暗，腥膻之臭袭人衣裙，熏梁之气如在烘炉，人皆去衣，汗流成浆，飞灰散落如雪，至于寸许，比而视之，则皆是树皮之余烬，江边诸邑也皆如是，或有特甚处。”上述记述表明，镜城与富宁两地现象相似，但镜城所见现象晚于富宁，说明事件是自西向东发展的。伴随“雨灰”降落，温度增高并有硫磺或硫化氢的气味，但又未达人们难以忍受的程度。未出现火灾说明“雨灰”至少来自西北方向 50 km 之外。镜城所见“飞灰散落如雪，至于寸许”，表明飘落灰白色火山灰的厚度在 3～5 cm 以上。在距长白山火山 140 km 之外达到这样一个厚度，说明其喷发规模及猛烈程度可达到中等程度。无疑，这是一次具有一定规模的火山喷发事件。

目前，包括朝鲜一些学者在内的科学家们对于 1668 年及 1702 年历史记载的上述现象，作为长白山火山喷发的表现是认同的。刘若新等将前文提到的天文峰剖面中覆盖于白色浮岩之上的浅紫红色碱流岩质熔岩及碎屑岩、灰色—黑色浮岩，看作历史记载的公元 1668 年和 1702 年喷发的产物。至于一些文献中提及的其他年代，目前还难以找到经得起推敲的原始记载。

这样，根据目前科学界的研究成果推断，长白山火山自全新世以来发生过多次大规模的喷发，其中包括距今 4 105＋80 年，即公元前 2155 年左右的一次大喷发。最近一次大喷发的年代为公元 1215＋15 年。之后，在公元 1668～1702 年曾发生过多次中—小规模的喷发。

长白山火山喷发的历史和活动规律与全球的火山活动规律一脉相承。它是一座近代的活动火山，而且曾经发生过灾难性的大喷发。这就不能不引起我们高度的警觉和关注。现今的长白山已经被列入国际生物圈保护区网，作为著名的旅游胜地和自然保护区，一旦重现历史上的灾害，势必将给当地的人民生命财产造成不可估量的损失。这一切都要求科学家们对长白山给予更深入的研究和探索。

长白山植被垂直带谱的数字识别及分析

孙　瑜　张洪岩　焦　刚
（东北师范大学城市与环境科学学院，长春，130024）

【摘要】 山地作为景观多样性和生物多样性的集中地，地理内容极为丰富，山地垂直带的研究对山地利用、生态变化等研究具有十分重要的意义。本文采用张百平等的山地垂直带谱数字识别模式，基于山体多峰360°全方位的数字识别算法，在Matlab计算环境中，利用DEM、植被类型图和坡向图建立了长白山自然保护区的植被垂直带谱，该植被垂直带谱以矩阵的形式表达，将植被分布与高程和坡向联系起来，使其加入了空间地理位置的信息。文章对建成的垂直带谱矩阵进行了分析，首先对带谱矩阵中的异常区域进行了分析；其次又将植被分布与高程、坡度、坡向等地形因子分别进行相关性分析，最后得出每种植被类型集中生长的高程、坡度和坡向，并对一些特殊的植被覆被区进行了原因分析。

【关键词】 长白山自然保护区　地学信息图谱　山地垂直带谱　数字识别　相关性分析

The Digital Recognition and Analysis of Vegetation Vertical Zone Spectrum in Changbai Mountain

Sun Yu, Zhang Hongyan, Jiao Gang
(Northeast Normal University)

Abstract: Mountain is an intensive place for landscapes, flora and fauna. Therefore, research on mountain altitudinal belts became enormously significant in respect of mountain land use, ecology system. This paper based on mountain altitudinal belts recognition system, the multi-peaks all round digital recognition algorithm of Zhang Baiping. Working in the computing environment of Matlab, apply DEM, vegetation map and direction maps together, further, draw vegetation vertical zone spectrum of Changbai Mountain natural reserve areas, express in matrix, then link the distribution of vegetation with direction, in the aim of putting location item into the system. Moreover, analyzing the established matrix in the order of abnormal region research, correlative analysis of vegetation distribution, height, direction, slope etc. Finally, draw the conclusion of geo-feature of intensive growth area of certain kind of vegetations and the caus-effect research in special vegetation area.

Key words: Changbai Mountain Nature Reserve; Geo-info-spectrum; Digital Mountain Vertical Zone Spectrum; Digital Recognition; Correlative Analysis

一、绪　论

1. 研究背景与意义

地学信息图谱是数字化的地学图谱。它沿袭了图谱的图形思维方式，又通过计算机加入了定量化和模拟分析的功能[1]。由于不同山地形成的地质时期不同，所处的地理环境不同，其形成因素与物质组成也截然不同，因此山体在垂直方向上会形成不同的外貌形态和地表覆被，出现垂直方向上有规律的带状更迭现象，形成了山地垂直带。垂直带间相互配置的形式和次序则构成了山地垂直带谱[2]。

当地学图谱上升到地学信息图谱阶段，进行山地垂直带谱研究时，就必须先解决带谱的数字化问题，要构建出垂直带谱的数据结构及建立垂直带谱数据表，还要确定各垂直带的排序问题。

所以山地垂直带谱的数字识别能够实现图形自动化，瞬间成图，建立空间地理位置与垂直带谱之间的直接衔接。山地垂直带谱的研究已经完全进入了数字化时代。

2. 山地垂直带谱研究现状

张百平等从 2002 年开始提出并完善了数字山地垂直带谱的概念及方法，特别是实现了垂直带谱数据的融合及与带谱图的动态联系，并提出了垂直带的标准化定义及垂直带谱的等级体系，将自然地带作为我国山地垂直带谱标准基带，建立了我国山地数字垂直带谱体系（31 个基本谱系，若干特殊谱系），还论述了带谱的 5 种生态类型和 7 种空间变化模式[3]。从建立山地基本地理信息单元开始，提出了基于山地基本地理信息单元的景观空间结构变化图谱，首次归纳出我国 63 类垂直带，将我国约 239 个山地垂直带谱进行了数字集成，建立了中国山地垂直带数字识别系统，为我国山地垂直带谱规律的数字分析提供了强大的手段[4]，使我国山地垂直带谱研究实现了经典地理学理论与现代技术方法的有机结合。

在此基础上将研究区域扩大到欧亚大陆，这是数字垂直带谱走出国门，实现世界山地垂直带谱数字集成的关键一步[5]。

本文基于地学信息图谱的方法理论，以计算机自动识别的方式建立了长白山自然保护区植被垂直带谱，并对不同覆被类型与地形因子的关系进行了分析。区别于利用遥感图像对植被进行简单的分类而不关注植被是怎样随着高程的变化而变化和其变化是受哪些因素的影响。同时区别于一般的专题植被图，将植被的分布与高程和方位结合起来，加入了空间地理位置的属性，符合了地学信息图谱的思想。

二、研究方法与数据处理

长白山植被垂直带谱的数字识别是利用 DEM、植被图与坡度坡向图，通过信息技术对长白山垂直带景观信息进行定位、定量和可视化，通过一定的判别规则和数学模型自动提取垂直带信息，以构建长白山自然保护区的格局与发现规律。

本文以长白山自然保护区为研究区域。根据数字识别的算法，采用的数据是长白山自然保护区的植被图、DEM 和坡向图。DEM 由 1∶5 万地形图生成，先由等高线生成 TIN，再由 TIN 转化为栅格数据。为计算方便，输出栅格大小为 80 m；植被图根据1∶1 万林相图矢量化，并转换为栅格数据而成。为与 DEM 栅格大小一致，同样设置栅格大小为 80 m；坡向图则由 DEM 推算得到。

众所周知，长白山有着垂直分布明显的四大景观带：针阔混交林带、暗针叶林带、岳桦林景观带和高山苔原景观带。在此基础上，我们将长白山自然保护区的覆被类型再进一步细分为 11 类：阔叶林、针阔混交林、落叶松林、草甸、灌丛、针叶林、岳桦林、风倒区、高山苔原、裸地和其他。“其他”中包含居民点、果园、参地、农田和水体。因其他类总面积很小，对长白山垂直带谱的研究影响不大，故而忽略不计。

首先将所用数据即 DEM、植被图、坡向图通过 ArcGIS 定义为相同的投影系统，生成栅格单元大小一致具有相同行列数的图像。将这些图像通 ArcGIS 的 Toolbox 工具箱转换为文本文件，再将 . txt 文件导入 Matlab 中保存为 . mat 文件，便于在 Matlab 中进行下一步的计算。

三、长白山植被垂直带谱的建立

1. 植被垂直带谱的数字识别

通过对传统研究方法和数字识别方法的比较及对数字识别方法的描述，本文将采用数字识别方法对长白山植被垂直带谱进行构建。为获得完整的长白山植被垂直带信息图谱，本文采用了山体 360°多峰的带谱数字识别算法（如图 1）[6]。

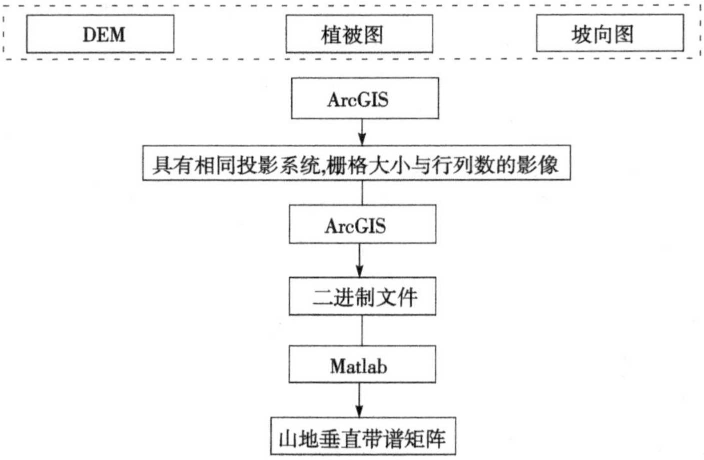

图 1 植被垂直带谱数字识别流程

2. 垂直带谱数字识别的程序设计

假设研究区中某一个点，即栅格图像中的某一个栅格为 P（X，Y，h，v，a），则该点具有经度 X、纬度 Y、高程 h、植被类型 v 和坡向 a 等属性，这些属性由不同的栅格图像得出。我们要将这些不同栅格图像的属性进行融合计算，得到该点 P 对应带谱中的点 P'（a，h，v'），P' 在带谱矩阵中的横坐标即为坡向 a，纵坐标为高程 h，它的属性由所有高程为 h、坡向为 a 的 P 点的植被类型属性 v 来统计，分布频率最高的植被类型作为新生成的带谱点 P' 的属性 v'。

我们要从 DEM 中提取栅格的高程属性值 H，对 DEM 进行表面分析，得到坡向属性值 A。以上两个属性便是带谱矩阵的坐标属性。另外，我们还要考虑每个栅格另一重要的权重属性。由于山体有坡度，所以每个栅格单元所代表的地表面积不同，坡度越大栅格所代表的地表面积越大，那么该栅格植被类型的权重值就越高，简言之，栅格坡度值越大，则该栅格的权重值就越高。这个栅格权重值 S 用计算坡度余弦的倒数来得到。具体算法如图 2。

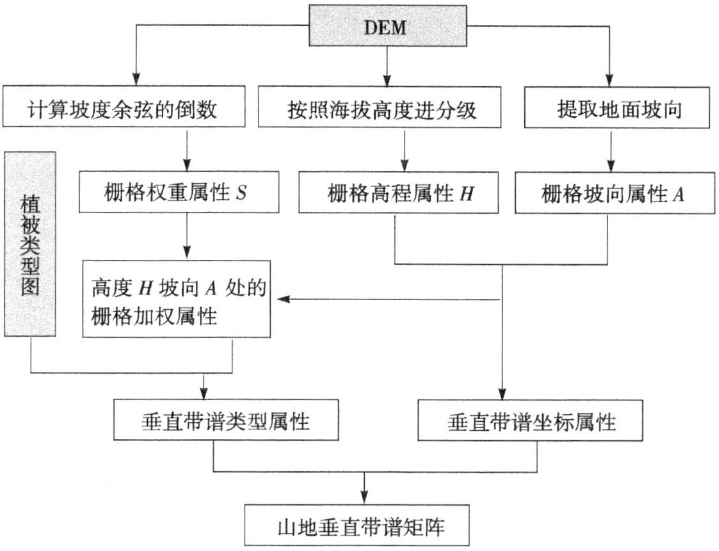

图 2　植被垂直带谱数字识别算法

利用 M 编程计算得出了一个植被垂直带谱矩阵（如图 3），该带谱矩阵图横坐标为坡向，纵坐标为高程，每种颜色代表一种覆被类型。图谱中每个点代表该点在相应的高程与坡向上的覆被类型。

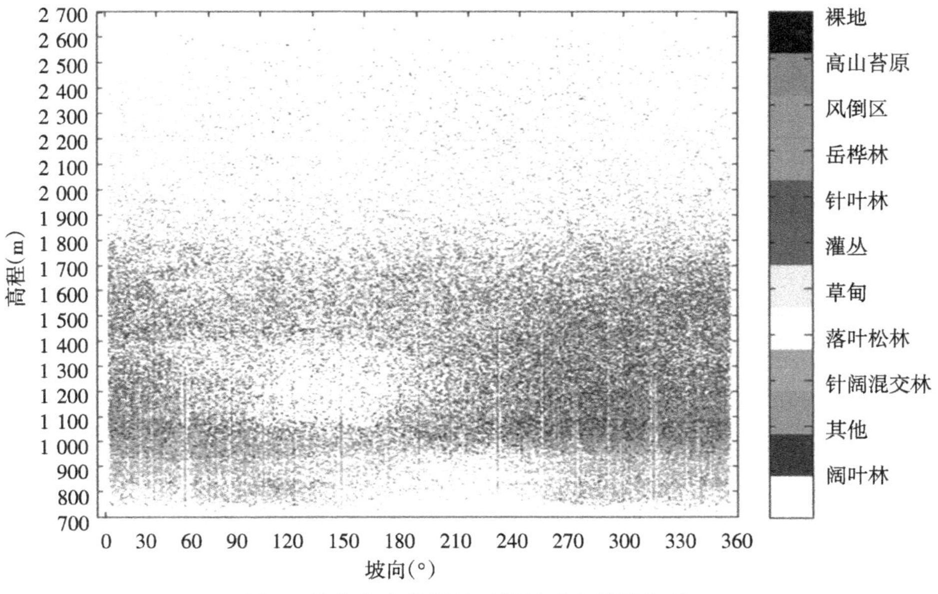

图 3　长白山自然保护区植被垂直带谱矩阵

四、结　论

本文通过对地学信息图谱的概念以及发展过程的学习，认识到地学信息图谱方法与理论在地学研究中的重要作用。作为地学信息图谱的一个分支——山地垂直带谱由传统的手工绘制发展到数字识别，实现了山地垂直带谱的全数字化。利用山地垂直带谱的数字识别模式对长白山自然保护区的植被垂直带进行识别，建立了360°多峰模式的长白山自然保护区植被垂直带谱。

长白山植被垂直带谱只是长白山垂直带谱研究的一个侧面，依此类推还可以建立土壤垂直带谱和其他资源的垂直带谱。通过一系列垂直带谱的建立，对长白山的研究将变得生动、详细、具体。长白山是一个巨大的资源库，我们可以为长白山丰富的资源和完整的生态系统建立一个数据库，真正实现“数字长白山”。

参考文献

[1] 陈述彭. 地学信息图谱探索研究 [M]. 北京：商务印书馆，2001.

[2] 罗勇，张百平. 基于山地垂直带谱的秦岭土地利用空间分异 [J]. 地理科学，2006，26 (5).

[3] 张百平，周成虎，陈述彭. 中国山地垂直带信息图谱的探讨 [J]. 地理学报，2003，58 (2) .

[4] 张百平，许娟，武红智，肖飞，朱运海. 中国山地垂直带的数字集成与基本规律分析 [J]. 山地学报，2006，24 (2) .

[5] 谭靖，张百平，孙然好，杨阿强，朱运海. 欧亚大陆山地垂直带谱数字集成框架 [J]. 山地学报，2008，26 (6) .

[6] 孙然好，张百平. 山地垂直带谱数字识别的技术实现和图谱构建 [J]. 地球信息科学，2008，10 (6) .

[7] 张百平. 数字山地垂直带谱研究进展 [J]. 山地学报，2008，26 (1) .

[8] 常禹，布仁仓，等. 利用GIS和RS确定长白山自然保护区森林景观分布的环境范围. 应用生态学报，2003，14 (5) .

[9] 戴璐，武耀祥，等. 火山大爆发对长白山东坡历史植被演替的影响 [J]. 生态学杂志，2008，27 (10) .

[10] 薛俊刚. 吉林长白山国家级自然保护区风灾区植被恢复情况调查. 国土与自然资源研究，2009，1.

长白山区中朝边界土地利用/覆被变化及生态安全研究

张　强　张洪岩
（东北师范大学中国东北资源与环境研究
吉林省高等学校重点实验室，吉林 长春，130024）

【摘要】 本文以长白山地区的两个典型区域为研究区，对研究区的土地利用/覆被变化以及生态安全状况进行分析。从总体上看，两个研究区内的土地利用/覆被变化呈现林地逐渐减少，耕地和其他用地明显增加的趋势。朝鲜一侧变化的剧烈程度大于中国一侧。研究区的整体生态安全状况在各时间段内处于安全到较安全的状态，生态风险指数呈现逐渐增加的态势；在各时间段内，研究区一的生态安全状况好于研究区二，中国一侧的生态安全状况好于朝鲜一侧。

【关键词】 长白山　中朝边界　土地利用/覆被变化　生态安全

Abstract: There are two typical regions of Changbai Mountain's area for the study area in this paper, to analysis the LUCC and the level of ecological security. In general, the forest was reducing, the farmland and other landuse showed a trend of significant increase. The extent of the changes in DPRK's side is greater than Chinese side. The status of ecological security is a safer state in overall study area in every period. But the ecological risk index showed a gradual increase. The status of ecological security is better in the first study area than the second study area. The better in Chinese side than DPRK's side.

Key words: Changbai Mountain; International border between China and DPR Korea; LUCC; Ecological Security

一、引　言

20世纪90年代以来，土地利用/覆被变化成为全球环境变化研究的热点之一。[1]长白山区地处中朝边界，地理位置独特，中朝边界两侧土地利用/覆被差异明显，对整个长白山地区产生了不同的生态影响，土地利用/覆被变化是全球环境变化的重要影响因素[2]，与生态安全密切相关。国内有许多学者对土地利用覆被变化及生态安全进行研究[3]，目前国内对生态安全评价的研究主要集中在理论与评价的方法上[4]。本文从长白山区中朝边界的土地利用/覆被变化入手，对区域地缘生态安全进行评价。通过中朝的对比可以加强两国对土地利用整改的合作，为全球的生态保护提供必要的依据。

二、研究区概况及数据来源

1. 研究区概况

长白山区地理位置独特[5]，是中朝边界乃至东北亚地区的生态敏感区域，长白山锥体为整个长白山区的中心。长白山位于吉林省东南部安图县、抚松县和长白朝鲜族自治县境内，与朝鲜接壤，是我国东北最高的山地，最高峰白云峰海拔 2 691 m。从山上至山下，形成十分明显的植被垂直带谱：高山苔原（2 000 m 以上）、亚高山岳桦林（1 800～2 000 m）、暗针叶林（1 100～1 800 m）和阔叶红松林（1 100 m 以下）。中国建立了长白山自然保护区，对其生态环境加以保护[7]；朝鲜尊长白山为“圣山”，也采取了适当的措施加以保护；长白山锥体所在的区域是一个具有代表性的区域，因此本文确定以长白山锥体为中心包括中国的抚松县、安图县以及和龙市的部分地区，朝鲜的两道江部分地区，为其中一个研究区域。另外图们江流域也包含在整个长白山区当中，其生态环境受到人为因素的干扰比较强烈，因此确定另一个研究区域为沿图们江中段，包括中国的龙井市、延吉市、汪清县、图们市和珲春市的部分地区，朝鲜的咸镜北道部分地区（如图 1 所示）。

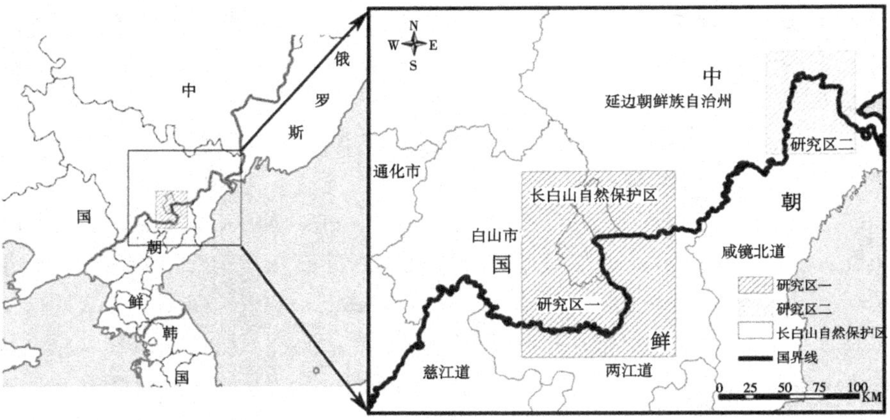

图 1 研究区位置图

Fig. 1 Location of the study area

2. 数据来源

研究区一内有五期的影像数据，分别为 1977 年 MSS，1993 年、1996 年、1999 年 ETM 数据，2007 年 TM 数据；研究区二内有四期数据 1976 年 MSS，1992 年 TM 数据，1999 年 ETM 数据，2007 年 TM 数据。这些遥感影像数据作为土地利用/覆被变化分析的基础数据。[8]

三、数 据 处 理

研究区一内海拔相对较高，存在植被的垂直地带性分布，将研究区一的土地覆被类型分为 8 个类别：水域、其他土地、针叶林、针阔混交林、阔叶林、其他林地、草地、耕地[9]。研究区二的土地利用类型分为林地、耕地、水域、其他土地 4 个类别。

采用基于专家知识系统分类方法进行分类[10]。利用随机抽样的方法对研究区一、二几期分类结果分别进行精度评价。研究区一五个时期（1977，1993，1996，1999，2007）

的分类总体精度分别为 76.78%，85.98%，84.76%，88.64%，87.88%，Kappa 系数为 0.756 5，0.847 3，0.838 6，0.875 4，0.867 8。研究区二四个时期的（1976，1992，1999，2007）分类总体精度分别为 85.88%，93.56%，95.96%，97.66%，Kappa 系数为 0.847 6，0.925 4，0.948 4，0.966 4。总体来看分类精度较高，能够满足后续工作的要求。其中 1977 年的分类精度相对较差，这是该期影像分辨率较低所致。分类精度较高，是研究区二分类较少的缘故。分别制作研究区一、二的土地利用类型图，如图 2 为研究区一五期的土地利用分类图，图 3 为研究区二四期的土地利用分类图。

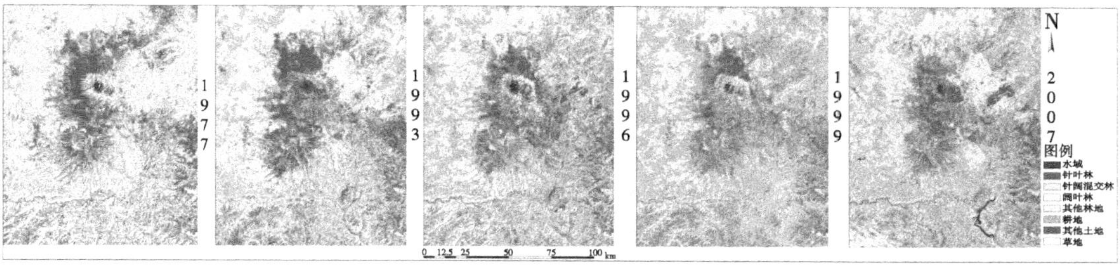

图 2 研究区一土地利用分类图

Fig. 2 Land use in the first study area

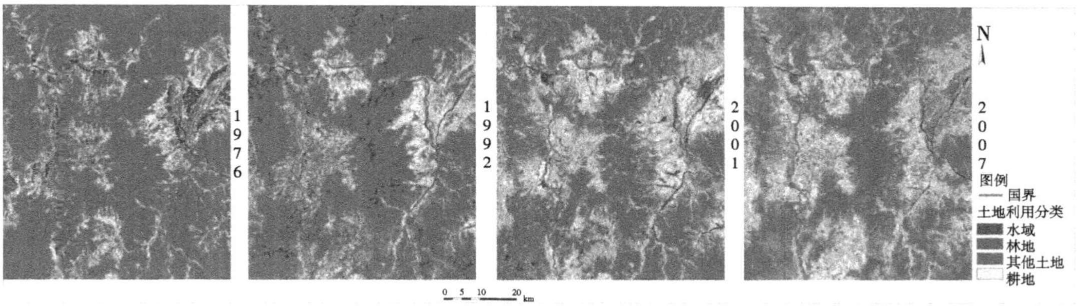

图 3 研究区二土地利用分类图

Fig. 3 Land use in the second study area

四、土地利用/覆被变化及区域差异分析

1. 土地利用/覆被变化分析

(1) 土地利用/覆被数量变化分析

通过分析研究区内土地利用/覆被类型的总量变化，可以掌握土地利用/覆被变化的总体趋势及结构变化特征[11]。本文对两个研究区的土地利用/覆被情况分别进行了统计，详见表 1，2。

表 1 研究区一土地利用/覆被类型面积统计表（hm^2）

Tab. 1 Area statistics of LUCC types in the first study area（hm^2）

年份 土地利用类型	1977	1993	1996	1999	2007
针叶林	473 524.14	417 493.09	396 720.48	378 351.65	368 537.71
水域	46 827.51	5 792.11	11 737.89	18 111.52	12 504.80

续 表

年份 土地利用类型	1977	1993	1996	1999	2007
针阔混交林	780 628.46	669 285.51	644 035.08	636 817.63	616 874.28
其他林地	83 097.40	111 655.24	118 373.49	134 424.50	144 451.73
耕地	108 968.86	318 897.17	345 435.48	369 791.28	386 969.81
阔叶林	90 184.12	81 406.17	92 267.91	64 347.18	66 278.34
其他土地	29 248.34	36 585.13	40 645.59	43 874.04	50 672.95
草地	108 590.03	79 954.44	71 852.94	75 351.06	74 779.24

表 2 研究区二土地利用/覆被类型面积统计表（hm^2）

Tab. 2 Area statistics of LUCC types in the second study area（hm^2）

年份 土地利用类型	1976	1992	2001	2007
水域	16 840.99	17 159.5	15 853.04	17 906.01
其他土地	28 736.25	32 375.71	54 999.51	62 372.66
林地	386 458.18	359 332.37	323 001.83	252 967.74
耕地	60 822.35	83 990.19	99 003.39	159 611.36

（2）土地利用综合程度变化分析

土地利用程度主要反映了土地系统中人类因素的影响程度，而土地系统本身是一个复杂的自然社会综合体，任何时段的土地利用情况都是自然与社会因素综合作用的结果。为了充分利用遥感和地理信息系统技术来研究土地利用/覆被变化，刘纪远等提出了土地利用程度的分级原则（表 3）。根据刘纪远先生等提出的土地利用程度的综合分析方法，将土地利用程度按照土地自然综合体在社会因素影响下的自然平衡状态分为若干级，并赋予分级指数，从而给出了土地利用程度综合指数及土地利用程度变化模型的定量化表达式。

表 3 土地利用程度分级赋值表

Tab. 3 Grades of land use degree classification

项 目	未利用地级	林、草、水用地级	农业用地级	城镇聚落用地级
利用类型	未利用地或难利用地	林地、草地、水域	耕地、园地、人工草地	城镇、居民点、工矿用地、交通用地、其他土地
分级指数	1	2	3	4

① 土地利用程度综合指数模型

某研究区土地利用程度综合指数的定量化表达为：

$$L_a = 100 \times \sum_{i=1}^{n} A_i \times C_i \qquad (1)$$

式中，L_a 为某研究区土地利用程度综合指数；A_i 为研究区域内第 i 级土地利用程度分级指数；C_i 为研究区域内第 i 级土地利用程度分级面积百分比；n 为土地利用程度分级数。

② 土地利用程度变化模型

土地利用程度变化模型是一个通过土地利用程度及其变化和变化率，反映区域土地利用综合水平和变化趋势的模型。土地利用程度变化量和土地利用程度变化率可表达为：

$$\Delta L_{b-a} = L_b - L_a = 100 \times \left(\sum_{i=1}^{n} A_i \times C_{ib} - \sum_{i=1}^{n} A_i \times C_{ia} \right) \qquad (2)$$

$$R_e = \frac{\sum_{i=1}^{n} A_1 \times C_{ib} - \sum_{i=1}^{n} A_i \times C_{ia}}{\sum_{i=1}^{n} A_i \times C_{ia}} \times 100\% \qquad (3)$$

式中，L_a 和 L_b 分别是 a 时间和 b 时间的区域土地利用程度综合指数；A_i 为第 i 级的土地利用程度分级指数；C_{ib} 和 C_{ia} 分别为某区域 b 时间和 a 时间第 i 级土地利用程度面积百分比。如 $\Delta L_{b-a}>0$，或 $R_e>0$，则该区域土地利用处于发展时期，否则处于调整期或衰退期。

根据公式 1 分别计算两个研究区的土地利用程度综合指数，详见表 4，6，为两个研究区的土地利用综合指数；根据公式 2，3 分别计算出两个研究区的土地利用程度变化量和土地利用程度变化率，见表 5，7。

表 4　研究区一土地利用程度综合指数

Tab. 4　Land use degree synthetic index of the first study area

土地利用程度综合指数 \ 年份	1977	1993	1996	1999	2007
L_a	209.73	222.78	224.78	226.58	228.37

表 5　研究区一土地利用程度变化模型表

Tab. 5　The model of land use change in the first study area

土地利用程度 \ 年份	1977～1993	1993～1996	1996～1999	1999～2007
ΔL_{b-a}	13.05	2	1.8	1.79
R_e（%）	6.22	0.90	0.80	0.79

表 6　研究区二土地利用程度综合指数

Tab. 6　Land use degree synthetic index of the second study area

土地利用程度综合指数 \ 年份	1976	1992	2001	2007
L_a	224.00	230.18	242.41	257.70

表 7　研究区二土地利用程度变化模型表

Tab. 7　The model of land use change in the second study area

土地利用程度 \ 年份	1976～1992	1992～2001	2001～2007
ΔL_{b-a}	6.18	12.23	15.29
R_e（%）	2.76	5.31	6.31

表 4，5 表明，研究区一土地利用程度综合指数呈现逐年增加的趋势，各时段内 $\Delta L_{b-a}>0$，$R_e>0$，表明研究区一土地利用处于发展期；表 6，7 表明，研究区二土地利用程度综合指数同样呈现逐年增加的趋势，各时段内 $\Delta L_{b-a}>0$，$R_e>0$，表明研究区二土地利用处于发展期。

2. 区域土地利用/覆被变化差异分析

（1）区域土地利用/覆被数据获取

研究区一包含长白山天池锥体，土地利用类型受到海拔高度的影响，呈现垂直地带性分布，并且研究区一的范围相对较大，因此研究区一内沿国界建立 20 km 缓冲区域；研究区二内地形起伏相对较小，受到地形影响不大，因此建立 10 km 缓冲区。利用已经提取的土地利用/覆被图裁切出需要进行对比分析的区域范围，然后进行土地利用/覆被变化的对比分析，并获得中朝边界两侧土地利用/覆被变化数据。

（2）土地利用/覆被变化分析

① 土地利用/覆被数量变化分析

表 8 研究区一中朝边界 20 km 缓冲区中国一侧土地利用/覆被变化统计表（hm^2）

Tab. 8 Area statistics of LUCC types of China-DPRK's boundary 20 kilometers buffer in side of China in the first study area（hm^2）

土地利用类型 \ 年份	1977	1993	1996	1999	2007
水域	3 827.07	1 808.61	1 588.68	1 254.20	1 302.31
针叶林	122 088.42	121 327.13	120 893.46	115 267.05	98 345.60
针阔混交林	231 080.63	193 280.46	181 089.22	176 756.71	164 443.49
其他林地	31 159.12	43 918.97	50 074.56	52 867.35	62 674.92
耕地	17 293.59	46 036.09	52 081.95	59 451.25	68 236.83
阔叶林	26 521.92	12 337.96	12 195.89	12 180.52	13 881.42
其他土地	12 106.98	24 866.83	25 287.03	26 205.21	36 438.21
草地	19 517.22	20 018.89	20 384.16	19 612.65	18 272.17

表 9 研究区一中朝边界 20 km 缓冲区朝鲜一侧土地利用/覆被变化统计表（hm^2）

Tab. 9 Area statistics of LUCC types of China-DPRK's boundary 20 kilometers buffer in side of DPRK in the first study area（hm^2）

土地利用类型 \ 年份	1977	1993	1996	1999	2007
水域	7 843.14	7 883.48	7 116.16	7 639.04	7 143.30
针叶林	100 681.61	90 620.37	86 095.89	68 968.95	51 001.38
针阔混交林	167 616.90	130 942.72	121 264.56	121 028.65	98 803.31
其他林地	66 787.36	70 903.55	73 635.01	89 955.40	113 884.68

续 表

耕地	23 564.16	54 928.37	66 259.62	63 370.10	67 913.19
阔叶林	31 004.55	28 923.64	22 217.02	18 501.54	18 955.24
其他土地	30 162.15	44 946.64	53 916.39	58 549.76	69 856.41
草地	30 903.09	29 414.19	28 058.31	30 549.54	31 005.45

表 10 研究区一中国和朝鲜侧 20 km 缓冲区土地利用/覆被类型的百分比表（%）

Tab. 10 The percentage of land use/cover types of 20 kilometers buffer in side of China and DPRK in the first study area (%)

年份 / 土地利用类型	1977		1993		1996		1999		2007	
	中国	朝鲜	中国	朝鲜	中国	朝鲜	中国	朝鲜	中国	朝鲜
水域	0.83	1.71	0.39	1.72	0.34	1.55	0.27	1.67	0.28	1.56
针叶林	26.34	21.96	26.17	19.76	26.08	18.78	24.86	15.04	21.21	11.12
针阔混交林	49.85	36.55	41.69	28.56	39.06	26.44	38.13	26.39	35.47	21.55
其他林地	6.72	14.56	9.47	15.46	10.80	16.06	11.40	19.62	13.52	24.84
耕地	3.73	5.14	9.93	11.98	11.23	14.45	12.82	13.82	14.72	14.81
阔叶林	5.72	6.76	2.66	6.31	2.63	4.84	2.63	4.03	2.99	4.13
其他土地	2.61	6.58	5.36	9.80	5.45	11.76	5.65	12.77	7.86	15.23
草地	4.21	6.74	4.32	6.41	4.40	6.12	4.23	6.66	3.94	6.76

通过对表 8，9 的分析可以看出，研究区一中朝边界 20 km 缓冲区中国一侧总面积为 463 594.95 hm^2，1977 年到 2007 年期间，针叶林面积减少 23 742.82 hm^2，减少了 19.45%；针阔混交林面积减少 66 637.14 hm^2，减少了 28.84%；耕地面积增加 50 943.24 hm^2，增加了 294.58%；其他土地面积增加 24 331.23 hm^2，增加了 200.97%。研究区一中朝边界 20 km 缓冲区朝鲜一侧总面积为 458 562.96 hm^2，1977 年到 2007 年期间，针叶林面积减少 49 680.23 hm^2，减少了 49.34%；针阔混交林面积减少 68 813.59 hm^2，减少了 41.05%；耕地面积增加 44 349.03 hm^2，增加了 188.21%；其他土地面积增加 39 694.26 hm^2，增加了 131.60%。从表 10 中可以发现，各年份的土地利用类型所占比重存在差异，针叶林、针阔混交林所占比重较大，其他土地利用类型所占比重相对较小。通过对表 5，6，7，8 和 9 主要的土地利用类型的比重变化及中朝两侧对比分析发现，各个时期，针叶林在中国一侧所占比重大于朝鲜一侧，中朝两侧均呈现逐年减少的趋势；针阔混交林中国一侧所占的比重较大，中朝两侧均呈现逐年减少的趋势；耕地朝鲜一侧所占的比重较大，中朝两侧均呈现逐年增加的趋势；其他土地朝鲜一侧所占的比重较大，中朝两侧均呈现逐年增加的趋势。

表 11　研究区二中朝边界 10 km 缓冲区中国一侧土地利用/覆被变化统计表（hm^2）

Tab. 11　Area statistics of LUCC types of China-DPRK's boundary 10 kilometers buffer in side of China in the second study area（hm^2）

年份 土地利用类型	1976	1992	2001	2007
水域	5 815.75	5 565.75	5 318	4 476.38
林地	117 585.6	110 444.5	107 086.1	105 154.96
耕地	21 446.9	29 214.45	31 561.49	32 154.39
其他土地	12 473.57	12 097.1	13 356.17	15 536.07

表 12　研究区二中朝边界 10 km 缓冲区朝鲜一侧土地利用/覆被变化统计表（hm^2）

Tab. 12　Area statistics of LUCC types of China-DPRK's boundary 10 kilometers buffer in side of DPRK in the second study area（hm^2）

年份 土地利用类型	1976	1992	2001	2007
水域	5 228.28	5 019.03	5 583.18	5 796.3
林地	98 711.75	78 531.27	64 798.67	61 336.7
耕地	13 863.64	32 761.68	40 280.19	40 304.09
其他土地	11 463.89	12 955.58	18 605.52	21 830.47

表 13　研究区二中朝边界 10 km 缓冲区中朝两侧土地利用/覆被类型百分比表（%）

Tab. 13　The percentage of land use/cover types of 10 kilometers buffer in side of China and DPRK in the second study area（%）

年份 土地利用类型	1976		1992		2001		2007	
	中国	朝鲜	中国	朝鲜	中国	朝鲜	中国	朝鲜
水域	3.70	4.04	3.54	3.88	3.38	4.32	2.85	4.48
林地	74.74	76.36	70.20	60.75	68.07	50.13	66.84	47.45
耕地	13.63	10.72	18.57	25.34	20.06	31.16	20.44	31.18
其他土地	7.93	8.87	7.69	10.02	8.49	14.39	9.88	16.89

根据表 11，12 可以看出，研究区二中朝边界 10 km 缓冲区中国一侧总面积为 157 321.80 hm^2，1977 年到 2007 年期间，林地面积减少 12 430.62 hm^2，减少了 10.57%；耕地面积增加 10 707.49 hm^2，增加了 49.93%；其他土地面积增加 3 062.50 hm^2，增加了 24.55%。研究区二中朝边界 10 km 缓冲区朝鲜一侧总面积为 129 267.56 hm^2，1976 年到 2007 年期间，林地面积减少 37 375.05 hm^2，减少了 37.86%；耕地面积增加 26 440.45 hm^2，增加了 190.72%；其他土地面积增加 10 366.58 hm^2，增加了 90.43%。通过对表 13 的分析发现，中朝边界两侧主要的土地利用/覆被类型为林地，林地所占的比重较大，其次为耕地。通过对表 11，12，13 主要土地利用/覆被类型中朝两侧所占比重对比分析发现，在各时期，林地除 1976 年朝鲜一侧所占的比重较大外，其他时期均为中国

一侧所占的比重较大，中朝两侧均呈现逐年减少的趋势；耕地除1976年朝鲜一侧所占的比重较大外，其他各时期，均为中国一侧所占的比重较大，中朝边界两侧均呈现逐年增加的趋势；其他土地朝鲜一侧所占比重较大，中朝边界两侧均呈现逐年增加的趋势。

② 土地利用相对变化分析

土地利用相对变化模型能够很好地反映不同区域内土地利用的相对变化。土地利用相对变化率指数能够反映某一特定土地类型数量变化的区域差异。土地利用相对变化率指数表达式为：

$$R = \frac{K_{bi} - K_{ai}}{\sum_{i=1}^{n} | K_{bi} - K_{ai} |} \times 100\% \qquad (4)$$

R 为 i 区域某一特定土地利用类型面积变化量占全研究区该土地利用类型变化总面积的百分比。K_{ai}，K_{bi} 分别为区域土地利用/覆被类型在研究初期、末期的面积，n 为区域代码。

采用土地利用相对变化度可以对某种类型土地变化进行区域内各子区域间的横向比较，也可以对区域内部各类型土地变化进行纵向比较，因此还应用土地利用相对变化度来反映土地利用数量变化的区域差异。其表达式为：

$$R = \frac{\frac{| K_{bi} - K_{ai} |}{K_{ai}}}{\frac{| C_b - C_a |}{C_a}} \times \frac{| K_{bi} - K_{ai} |}{\sum_{i=1}^{n} | K_{bi} - K_{ai} |} \qquad (5)$$

i 为区域代码，K_{ai}，K_{bi} 分别为 i 区域某一特定土地利用类型在研究初期和研究末期的面积，C_a，C_b 分别代表全研究区某一特定土地利用类型在研究初期和研究末期的面积；R_i 为 i 区域某一特定土地利用类型的相对变化度。

根据公式4，5分别计算中朝边界两侧的土地利用相对变化率指数和土地利用相对变化度，求得研究区一中朝边界20 km缓冲区、研究区二中朝边界10 km缓冲区土地利用相对变化率与相对变化度，详见表14，15，16，17。

表14 研究区一中国与朝鲜土地利用相对变化率指数（%）

Tab. 14 The relative change rate of land-use in the parts of China and DPKR in the first study area (%)

土地＼年份	1977～1993		1993～1996		1996～1999		1999～2007		1977～2007	
	中国	朝鲜	中国	朝鲜	中国	朝鲜	中国	朝鲜	中国	朝鲜
水域	−98.04	1.96	−22.28	−77.72	−39.01	60.99	8.85	−91.15	−78.30	−21.70
针叶林	−7.03	−92.97	−8.75	−91.25	−24.73	−75.27	−48.50	−51.50	−32.34	−67.66
针阔混交林	−50.76	−49.24	−55.75	−44.25	−94.84	−5.16	−35.65	−64.35	−49.20	−50.80
其他林地	75.61	24.39	69.26	30.74	14.61	85.39	29.07	70.93	40.09	59.91
耕地	47.82	52.18	34.79	65.21	71.83	−28.17	65.91	34.09	53.46	46.54
阔叶林	−87.21	−12.79	−2.07	−97.93	−0.41	−99.59	78.94	21.06	−51.20	−48.80
其他土地	46.32	53.68	4.47	95.53	16.54	83.46	47.51	52.49	38.00	62.00
草地	25.20	−74.80	21.22	−78.78	−23.65	76.35	−74.62	25.38	−92.40	7.60

表 15 研究区一中国与朝鲜土地利用相对变化度（%）

Tab. 15 The relative change degree of land-use in the parts of China and DPKR in the second study area（%）

年份 土地	1977～1993		1993～1996		1996～1999		1999～2007		1977～2007	
	中国	朝鲜	中国	朝鲜	中国	朝鲜	中国	朝鲜	中国	朝鲜
水域	305.06	0.06	26.60	74.26	379.46	207.05	6.74	117.52	186.95	7.01
针叶林	0.90	191.24	1.34	194.75	10.47	136.21	37.60	70.85	19.08	101.30
针阔混交林	44.45	57.68	52.13	48.49	150.17	0.66	21.41	101.88	41.76	61.39
其他林地	179.70	8.72	125.42	15.30	5.27	122.50	22.83	79.88	50.52	52.64
耕地	54.03	47.21	26.55	78.16	268.49	32.45	89.75	22.52	67.52	37.56
阔叶林	164.96	3.04	0.14	136.81	0.00	153.62	156.97	7.35	56.86	44.19
其他土地	74.92	40.38	0.56	141.74	8.57	102.33	73.00	39.89	50.42	53.87
草地	33.08	184.06	19.32	181.22	25.21	190.95	289.22	21.48	260.09	1.11

表 16 研究区二中国与朝鲜土地利用相对变化率指数（%）

Tab. 16 The relative change rate of land-use in the parts of China and DPKR in the second study area（%）

年　份 土地利用类型	1976～1992		1992～2001		2001～2007		1976～2007	
	中国	朝鲜	中国	朝鲜	中国	朝鲜	中国	朝鲜
水域	−54.44	−45.56	−30.51	69.49	−79.79	20.21	−70.22	29.78
林地	−26.14	−73.86	−19.65	−80.35	−35.81	−64.19	−24.96	−75.04
耕地	29.13	70.87	23.79	76.21	96.13	3.87	28.82	71.18
其他土地	−20.15	79.85	18.22	81.78	40.33	59.67	22.80	77.20

表 17 研究区二中国与朝鲜土地利用/覆被相对变化度（%）

Tab. 17 The relative change degree of land-use in the parts of China and DPKR in the second study area（%）

年　份 土地利用类型	1976～1992		1992～2001		2001～2007		1976～2007	
	中国	朝鲜	中国	朝鲜	中国	朝鲜	中国	朝鲜
水域	56.28	43.85	45.43	261.30	219.02	13.38	231.54	46.32
林地	12.57	119.54	6.61	155.36	20.58	109.30	11.46	123.39
耕地	13.97	127.92	12.01	109.87	210.34	0.27	13.68	129.04
其他土地	13.05	223.02	6.88	129.32	38.93	61.16	9.98	124.44

通过对表 14，15 研究区的土地利用相对变化率与相对变化度的分析表明，研究区一朝鲜一侧针叶林相对变化率的绝对值大于中国一侧相对变化率的绝对值，表明朝鲜一侧在一定的时间段内，变化程度比中国一侧的剧烈；针阔混交林中国一侧的变化率绝对值大于朝鲜一侧，表明在一定时间段内，中国一侧的变化程度比朝鲜剧烈；耕地、其他土地朝鲜

一侧变化程度比中国一侧剧烈。从土地利用相对变化度来看，整体上朝鲜一侧的变化程度比中国剧烈；针叶林在各时间段内朝鲜一侧变化度均大于中国一侧，表明朝鲜一侧变化比中国一侧剧烈；其他土地利用类型变化程度在各时间段内中朝两侧呈现交错的状态，从整个时间段内，朝鲜一侧的变化程度大于中国一侧，变化比较剧烈。从表16，17可以看出，研究区二朝鲜一侧在各时间段内，耕地、林地、其他土地的土地利用变化率绝对值均大于中国一侧，土地利用变化程度均比中国一侧变化剧烈。

五、长白山区中朝边界生态安全评价及对比分析

1. 生态安全评价

根据研究区域的特点，能够更好地利用土地利用/覆被变化的相关数据，本文采用第三种方法，生态风险指数法。这里参考韦仕川等采用层次分析的指标度法来确定生态风险强度参数[12]，见表18。根据公式6分别计算研究区一、研究区二的生态风险指数，见表19，20；根据生态风险指数的变化将生态安全的状况分为五个等级，见表21。

生态风险指数（Ecological Risk Index，ERI）能够描述区域内综合生态风险相对大小，生态风险指数模型是通过各土地利用类型的面积比重乘以生态风险强度参数来构建的，其表达式如下：

$$ERI=\sum_{i=1}^{n}\frac{A_iW_i}{A} \qquad (6)$$

式中：i 为各土地利用类型的编号；A_i 为 i 种土地利用类型的面积；A 为区域的总面积；W_i 第 i 种土地利用类型反映的生态风险强度参数。

表18 土地利用类型生态风险强度参数值

Tab. 18 The parameters of ecological risk intensity of land use types

土地利用类型	针叶林	针阔混交林	阔叶林	其他林地	耕地	草地	其他土地	水域
W_i	0.051 4	0.071 5	0.076 8	0.081 1	0.222 7	0.111 8	0.315 6	0.069 1

表19 研究区一生态风险指数表

Tab. 19 Ecological risk index of the first study area

年份	1977	1993	1996	1999	2007
ERI	0.082 9	0.102 6	0.105 6	0.108 5	0.111 1

表20 研究区二生态风险指数表

Tab. 20 Ecological risk index of the second study area

年份	1976	1992	2001	2007
ERI	0.103 4	0.111 9	0.127 4	0.148 4

表21 生态安全级别表

Tab. 21 The grade of the ecological security

生态安全级别	Ⅰ	Ⅱ	Ⅲ	Ⅳ	Ⅴ
生态安全阈值	0.087 1≤ERI<0.109 4	0.109 4≤ERI<0.131 6	0.131 6≤ERI<0.153 9	0.153 9≤ERI<0.176 1	0.176 1≤ERI<0.198 4
生态安全状况	安全	较安全	预警	中度预警	重度预警

通过对表的分析表明，长白山区整体处于Ⅰ和Ⅱ两级，安全到较安全的状态，研究区二的生态风险指数大于研究区一的生态风险指数，表明研究区一的生态安全状况好于研究区二，这主要是因为研究区一为长白山锥体所在地，海拔相对较高，并且长白山自然保护区也在其内，森林生态系统受到了人为的部分保护，除旅游旺季外，人类对生态系统的负面影响较小，因此生态安全状况相对较好；研究区二 2007 年生态风险指数为 0.148 4，生态安全处于预警状态，表明研究区二受到人为干扰较严重，产生了对生态安全的负面影响。从时间变化上看，生态安全指数逐年增大，表明生态系统正在遭受破坏，生态安全状况的发展趋势不容乐观。

2. 中朝边界生态安全差异分析

根据前文的土地利用变化数据以及生态安全评价模型，分别求得研究区一、二中朝边界 20 km 和 10 km 缓冲区范围内的生态风险指数，见表 22，23。

表 22　研究区一中朝边界生态风险指数对比表

Tab. 22　The comparison of ecological risk index of China—DPRK's boundary in the first study area

年份 生态风险指数	1977		1993		1996		1999		2007	
	中国	朝鲜	中国	朝鲜	中国	朝鲜	中国	朝鲜	中国	朝鲜
ERI	0.080 8	0.095 4	0.097 1	0.113 9	0.099 5	0.122 5	0.102 6	0.125 3	0.111 7	0.134 1

表 23　研究区二中朝边界生态风险指数对比表

Tab. 23　The comparison of ecological risk index of China—DPRK's boundary in the second study area

年份 生态风险指数	1976		1992		2001		2007	
	中国	朝鲜	中国	朝鲜	中国	朝鲜	中国	朝鲜
ERI	0.111 4	0.109 3	0.118 3	0.134 2	0.122 5	0.153 6	0.126 5	0.159 8

通过表 22，23 的分析，长白山区中朝边界的生态安全状况处于较安全的状态，但是从 1976 年以来生态风险指数逐渐增加，已经存在生态安全问题，并且不难看出朝鲜一侧的生态风险指数高于中国一侧，表明朝鲜一侧存在更高的生态风险，生态系统遭到破坏的程度比较严重。研究区一中国一侧 1999 年以前均处于安全状态，2007 年生态风险指数为 0.111 7，处于较安全的状态；研究区一朝鲜一侧在 1977 年生态安全状况处于安全状态，1993 年到 1999 年处于较安全的状态，2007 年生态风险指数为 0.134 1，处于预警状态。研究区二中朝边界在 1976 年中国一侧生态风险指数为 0.111 4，处于较安全的状态，朝鲜一侧的生态风险指数为 0.109 3，处于安全状态；从 1992 年到 2007 年期间，朝鲜一侧的生态风险指数均高于中国一侧的生态风险指数，中国一侧在这期间处于较安全的状态，朝鲜一侧 1992 年，2001 年生态风险指数分别为 0.134 2，0.153 6，处于预警状态，到 2007 年生态风险指数为 0.159 8，处于中度预警状态。

六、结　　论

通过对两个研究区土地利用/覆被变化整体趋势的分析表明，林地呈现逐渐减少的趋势，耕地、其他土地呈现增加的趋势。研究区一在1977到2007的30年间，林地减少了22.17%，针阔混交林减少了20.98%，耕地增加了255.12%，其他土地增加了73.25%。研究区二在1976年到2007年的近30年间，林地减少了34.54%，耕地增加了162.42%，其他土地增加了117.05%。从土地利用程度来看，两个研究区的土地利用均处于发展期。通过对中朝边界土地利用相对变化状况分析来看，朝鲜一侧变化比中国一侧的变化剧烈。通过对整个研究区生态安全状况的综合分析以及中朝边界生态安全状况的差异分析表明，长白山区的整体生态安全状况在各时间段内处于安全到较安全的状态，生态风险指数呈现逐渐增加的态势，研究区一的生态安全状况好于研究区二，两个研究区中国一侧的生态安全状况在各时间段内总体上好于朝鲜一侧。地缘生态安全的研究，对全球生态环境监测及保护有着重要意义，能够为生态决策的制定以及国际间的生态保护合作提供依据。

参考文献

[1] 史培军，宫鹏，李晓兵，等. 土地利用/覆被变化研究的方法与实践［M］. 北京：科学出版社，2000：1—2.

[2] 李秀彬. 全球环境变化的核心领域：土地利用/覆盖变化的国际研究动向［J］. 地理学报，1996，51（6）：553—557.

[3] 刘硕. 国际土地利用与覆被变化对生态环境影响的研究［J］. 世界林业研究，2002，15（6）：38—45.

[4] 马克明，傅伯杰，黎晓亚，等. 区域生态安全格局：概念与理论基础［J］. 2004，24（4）：761—768.

[5] 朴基炳，等. 长白山区天然资源保护与开发研究动态. 延边大学农学学报，2002，24（2）：122—129.

[6] 常禹，等. 长白山森林景观边界的定量判别及动态变化［D］. 优秀博士论文，2001：24—26.

[7] 梁金花. 长白山国家级自然保护区生态地位及其保护对策［J］. 林业资源管理，2003，5：45—48.

[8] 吴建平. 区域土地利用土地覆盖遥感调查［M］. 上海：华东师范大学出版社，1999：3—4.

[9] 何月. 长白山地区景观格局与过程遥感研究［D］. 优秀硕士论文，2006.

[10] 党安荣，等. ERDAS IMAGING 遥感图像处理方法［M］. 北京：清华大学出版社，2003.

[11] Eric F L，Turner B L，Helmut J G. *The cause of land-use and land-cover change：moving beyond the myths*［J］. Global Environmental Change，2001，1：11.

[12] 韦仕川，吴次芳，等. 基于RS和GIS的黄河三角洲土地利用变化及生态安全研究：以东营市为例［J］. 水土保持学报，2008，22（1）：185—188.

基于决策树的长白山地区土地利用/覆被分类研究*

赵建军**，张洪岩***①　乔志和①②
（①东北师范大学中国东北资源与环境研究吉林省高等学校重点实验室，
吉林 长春，130024　②大庆师范学院，黑龙江 大庆，163712）

【摘要】 遥感影像分类是土地利用/覆被变化和景观生态学等研究的基础，是获取资源环境信息的重要手段。本文选取长白山 11 521 km^2 大尺度范围为实验区域，综合 TM 遥感影像、数字高程模型、NDVI、野外考察资料等数据，分析了长白山地区各地物的光谱信息特征和空间信息特征，确定判别规则，利用决策树方法进行计算机自动分类，分类精度达到 91.28%。研究表明，结合高程、NDVI 等信息，利用决策树分类可以较好地解决直接利用监督分类和非监督分类精度无法保证的问题。该方法适用于东北地区山地土地覆被分类。

【关键词】 决策树　长白山　土地利用/土地覆被　分类

一、引　　言

目前传统的人工解译方式虽能够获得较高的分类精度，但存在若干弊端：如解译标准不统一、重复性工作多、耗费人力物力大、解译人员水平差异导致人工解译成果质量参差不齐、信息共享性差等。为了克服传统的人工解译方式存在的弊端，许多学者对地物分类进行了探讨[1~7]。目前的分类大多数是研究平原地区，对山区分类研究相对较少，很多分类研究都是探讨性研究，实验于较小区域时精度较高[8~11]，在大范围使用时存在很多问题。

长白山地区地形复杂，受非地带性因素影响比较大，同时又受自然和人文等因素双重影响。由于本研究区跨越中国和朝鲜，两国的人类活动差异很大（如森林砍伐、农作物种植、建筑物结构等均存在差异），研究区情况的复杂性致使传统方法难以解决地物分类提取问题，需要根据特点建立长白山地物提取模型。长白山地区土地覆被分类可以为该地区的土地覆被变化研究、景观格局、生态安全等研究提供数据支持。

本研究探讨了长白山地区大尺度范围土地利用/土地覆被分类信息研究的理论和方法，并取得了较好的分类效果。

---

* 基金项目：东北师范大学“十一五”科技创新平台建设计划和国家重点基础研究发展规划（973）项目“长白山国际地缘生态安全研究与数据集成”（2009CB426305）。

** 第一作者简介：赵建军（1982～），男，吉林敦化人，硕士研究生，主要从事地理信息系统和遥感应用方面研究。E-mail：zhaojj662@nenu. edu. cn。

*** 通讯作者简介：张洪岩，E-mail：zhy@nenu. edu. cn。

二、研究区及数据

1. 研究区概况

长白山是中国东北地区最高的山体，是松花江、鸭绿江和图们江等国际河流的源头，拥有我国温带乃至东北亚地区谱系最多的山地垂直带系统，是一个高度敏感的地区。其独特的地质地貌过程，季风气候的影响，山体屏障的作用，地形因素制约等对长白山自然景观的形成起了主导作用。长白山火山锥体与其周围广大中山、低山山地生态系统一起构成我国东北地区和东北亚地区最重要的生态屏障，其景观特征和环境地位，多年来一直为科学界和社会各界所特别关注。

以长白山火山锥体周围地区 11 521 km^2 的范围为研究区域，利用多时相 TM 遥感影像生成的 NDVI 和其光谱信息特征结合数字高程模型，采用决策树分类算法进行分类，达到高精度地物分类的目的。

2. 数据及预处理

本研究采用的数据为 2007 年 30 m 分辨率 TM1－TM7 多波段影像。多波段影像经过辐射校正后，对所得图像进行配准和几何精纠正，经验证，误差小于 0.5 个像元。然后用线性拉伸和直方图均衡化对 TM 各波段进行处理，结合长白山地区 1∶5 万地形图和 DEM 数据进行分类。

首先对长白山地区影像进行波段组合，通过 7 个波段标准差 TM5＞TM4＞TM7＞TM1＞TM6＞TM3＞TM2，说明 5，4，7 三个波段信息量最丰富，因此进行 5，4，7 组合。根据研究区特点将地物类型划分为耕地、建设用地、水体、针叶林、针阔混交林、阔叶林、难以利用土地（包括裸地，低密度植被覆盖地等）、草地、高山苔原。同时将影像上的阴影也作为单独类型进行划分。对图像进行采样，并对样本精度进行训练学习，使样本学习精度达到 98.63％。

三、典型地物光谱分析

1. 地物的光谱特征分析

TM 图像的不同波段反映了不同地物在该波段内的反射辐射特性，由于 TM6 的信息量少，分析时忽略 TM6 波段信息对结果的影响。测定每种地物类型的样本光谱值，并进行均值统计和 NDVI 均值统计（如表 1 所示）。

表 1　各地物类型采样波谱灰度值的均值

	TM1	TM2	TM3	TM4	TM5	TM7	NDVI
建设用地	69.79	33.5	40.9	45.38	72.4	47.81	0.04
耕地	54.89	23.63	25.93	43.68	62.57	29.18	0.19
草地	45.11	20.48	22.46	44.55	54.93	22.19	0.33
水体	45.48	15.83	11.15	7.29	5.32	3.07	－0.21
针叶林	41.11	16.94	14.38	39.86	32.83	12.48	0.44

续 表

	TM1	TM2	TM3	TM4	TM5	TM7	NDVI
针阔混交林	46.44	21.02	18.11	54.68	51.1	18.02	0.45
阔叶林	47.51	21.41	18.52	54.88	50.8	17.85	0.47
难利用土地	46.24	23.29	28.26	41.45	62.14	26.9	0.17
高山苔原	75.26	38.5	46.87	45.46	84.42	58.15	0.02
阴影	37.92	12.28	9.1	6.24	6.52	4.3	−0.19

根据这些统计值，做出各种地物的波谱响应曲线图（如图 1 所示）。

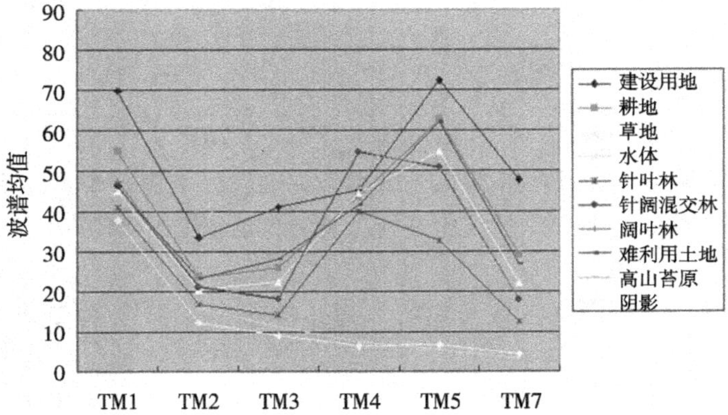

图 1　地物的波谱响应曲线

2. 典型地物的光谱谱间结构特征分析

根据表 1，分别对各地物的波段进行排序，结果如下：

建设用地：TM5＞TM1＞TM7＞TM4＞TM3＞TM2，TM3、TM4、TM7 亮度值相近。耕地：TM5＞TM1＞TM4＞TM7＞TM3＞TM2，TM2、TM3、TM7 亮度值接近。草地：TM5＞TM1＞TM4＞TM3＞TM7＞TM2。水体：TM1＞TM2＞TM3＞TM4＞TM5＞TM7。针叶林：TM1＞TM4＞TM5＞TM2＞TM3＞TM7。针阔混交林：TM4＞TM5＞TM1＞TM2＞TM3＞TM7。阔叶林：TM4＞TM5＞TM1＞TM2＞TM3＞TM7。难以利用土地：TM5＞TM1＞TM4＞TM3＞TM7＞TM2。高山苔原：TM5＞TM1＞TM7＞TM3＞TM4＞TM2。阴影：TM1＞TM2＞TM3＞TM5＞TM4＞TM7。

通过上面典型地物波段值分析可以看出，只有水体、针叶林、针阔混交林和阔叶林为 TM2＞TM3，其他各种地物类型都是 TM3＞TM2。根据这一特征可以把水体和林地提取出来。对水体和林地光谱曲线进行分析（如图 2 所示）发现：只有水体是 TM5＞TM2，其他都是 TM5＜TM2。

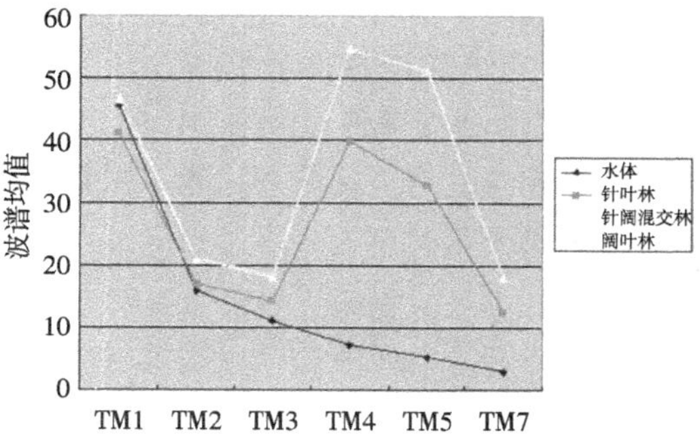

图 2　地物的波谱响应曲线图

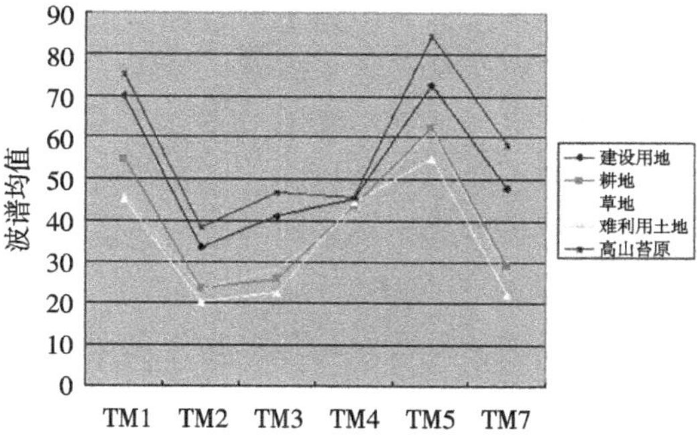

图 3　地物的波谱响应曲线

因此，可以通过 TM2＜TM5 将水体提取出来，然后对剩下的 5 种地物类型波谱曲线进行分析，如图 3 所示：

波段光谱均值在 TM4 的很接近，几乎重合，但是在 TM3 波段差异很大，建设用地和高山苔原明显大于其他地物。因此可以通过计算 NDVI 值来区分地物。同时加上 DEM 来区分建设用地和高山苔原。

3. 典型地物的光谱灰度均值特征分析

根据表 1 对典型地物的光谱亮度相应值（灰度值）进行排序，来分析地物之间在各波段上的光谱差异。在 TM1 上，高山苔原＞建设用地＞耕地＞阔叶林＞针阔混交林＞难以利用土地＞水体＞草地＞针叶林。其中阔叶林、针阔混交林、难以利用土地、水体、草地灰度值接近，容易混淆。但针叶林和针阔混交林以及阔叶林差值比较大，可以把它们区分开来。

在 TM2 上：高山苔原＞建设用地＞耕地＞难以利用土地＞阔叶林＞针阔混交林＞草地＞针叶林＞水体。其中耕地、难以利用土、阔叶林、针阔混交林、草地、灰度值接近，容易混淆。

在 TM3 上：高山苔原＞建设用地＞难以利用土地＞耕地＞草地＞针阔混交林＞针叶林＞水体＞阴影。其中草地、阔叶林、针阔混交林灰度值接近，容易混淆。

在 TM4 上：阔叶林＞针阔混交林＞高山苔原＞建设用地＞草地＞耕地＞难以利用土地＞针叶林＞水体。其中高山苔原、建设用地、草地、耕地、难以利用土地灰度值接近，容易混淆。

在 TM5 上：高山苔原＞建设用地＞耕地＞难以利用土地＞草地＞针阔混交林＞阔叶林＞针叶林＞水体。其中草地、针阔混交林、阔叶林灰度值接近，容易混淆。

在 TM7 上：高山苔原＞建设用地＞耕地＞难以利用土地＞草地＞针阔混交林＞阔叶林＞针叶林＞水体。其中草地、针阔混交林、阔叶林灰度值接近，容易混淆。

NDVI 均值阔叶林＞针阔混交林＞针叶林＞草地＞耕地＞难以利用土地＞建设用地＞高山苔原＞水体。

通过上面的地物光谱均值特征分析，针阔混交林和阔叶林值很接近很难区分，通过反复测试在 TM1 上划分效果最佳。

四、提取地物信息的决策树方法

决策树作为遥感图像分类的一种方法，具有简单、灵活、高效等特点。其基本思路是通过一些判读条件对原始数据集逐步进行二分和细化。其中，每一个分叉点代表一个决策判断条件，每个分叉点下有两个叶节点，分别代表满足和不满足条件的类别[1,3,8]。这种方法不仅不需要依赖先验概率等假设条件，而且可以利用除亮度值以外如 NDVI、DEM 等其他知识。所以决策树在遥感影像分类和专题信息提取中已有广泛应用。本文根据上述分析，提出以下利用决策树方法进行长白山地物分类的基本思路。

1. 决策树判别规则的建立

根据上面的分析，构建地物信息决策树提取方法如下：

(1) 通过 TM2 和 TM3 把地物分成两部分。TM3≥TM2 是水体和林地。TM3<TM2 为剩下的地物类型。

(2) 直接用 TM2－TM5≥0 提取水体，可以取得很好的精度。当然里面有一部分阴影，通过反复测试在坡度值大于 12 处最佳，此时阴影部分可以提出，大于此值则少提，小于此值则多提。同时 TM1 波段在小于等于 43 可以将针叶林很好分开，剩下的针阔混交林和阔叶林 TM1＝48 时可以分开。其中阔叶林受阴影影响，有些会误提为针叶林或针阔混交林。这时使用坡度信息可以减少误差。

(3) 在剩下的地物类型中，通过 NDVI≥0.17 将部分建设用地和高山苔原提出，再用 DEM 在 1 200 处将两者分开。

(4) 由于影像时间为 10 月份，耕地 NDVI 介于植被和居民地之间，提取耕地时值取太小会将建设用地提取出来，值取太大会将植被提取出来，因此需要结合其他条件。剩下的几种地物只有耕地 TM2＜TM7，这里也有部分高山苔原和建设用地被提出。通过 DEM<1 200以及 TM1<TM5 将耕地和部分居民地分开。

(5) 最后剩下草地和难以利用地，用 NDVI≥0.25 能较好地将两者分开。

依据上面建立的判别规则，基于 TM1～TM7 特征波段、NDVI 和 DEM，建立决策树，最终得到长白山土地覆被类型图 4：A（决策树分类），B（监督分类）：

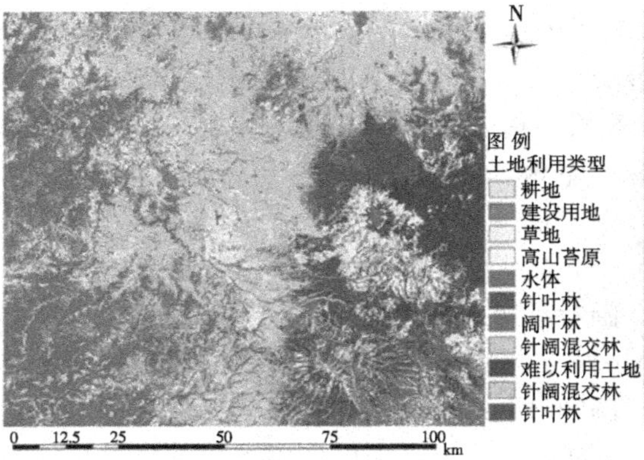

A. 决策树分类图

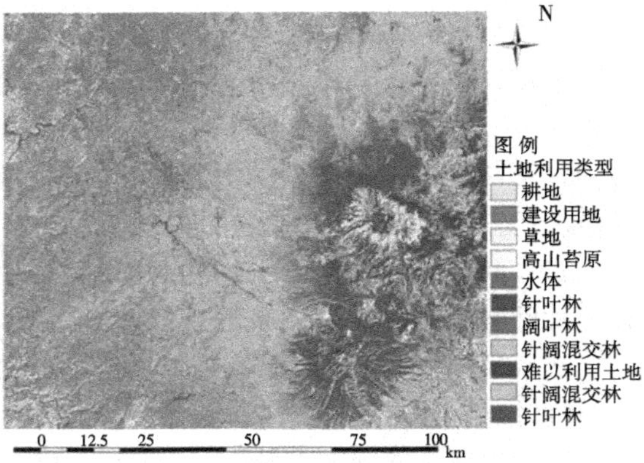

B. 监督分类图

图 4　长白山土地覆被类型图

2. 精度评价

精度评价是评价分类结果优劣的标准，评价方式不当将直接影响评价精度。通常的精度验证都是采用随机生成样本的方式[1,2,6,10]，这种方式的优点是生成验证样本简单，缺点是样本太少，很难说明分类精度，样本太多，工作量非常大，并且在判别样本精度时主观因素影响较大，有时很难判别某个样本属于哪种类型。另一种方法是将样本分为两类：一类作为分类样本；一类作为验证样本来对分类精度进行评价。还有一种方法是利用已有的解译现状图进行验证，这类方法的优点是可以让所有试验区参与验证，缺点是并非所有分类地区都能得到这样的数据，并且对已有解译图的要求较高，如果现状图本身精度不高，并且目视解译中很难区分的小图斑都参与了验证，这些将会对评价结果精度产生影响。

本文将以上几个方面综合考虑，通过长白山地区实地考察资料与目视判读结合起来，对试验区容易目视判读的地方进行精度验证样本采样，使每种地物类型样本尽可能均匀分布在整个实验区上，并且做到每种地物类型保证足够数量的样本和精度。选取 301 761 个样本数据，并通过这些样本数据与分类结果进行一致性比较，建立分类混淆矩阵，其总体精度达到 91.28%，Kappa 系数为 0.881 6。

表 2 长白山决策树分类评价结果

样本 分类	草地	水体	建设用地	高山苔原	难利用土地	耕地	针叶林	阔叶林	针阔混交林
草地	8 081	0	21	26	1 259	90	236	777	1 806
水体	0	7 790	0	0	0	0	0	0	0
建设用地	0	0	14 586	0	1 625	34	0	0	81
高山苔原	0	0	0	11 245	16	0	0	0	0
难利用土地	56	4	0	86	31 248	35	0	0	32
耕地	0	0	1 348	1	1 857	7 561	0	104	12
针叶林	53	0	0	0	0	0	49 599	0	2 055
阔叶林	0	0	0	0	31	423	0	17 830	8 327
针阔混交林	280	0	0	0	0	0	3 979	1 651	127 516
样本数量	8 470	7 794	15 955	11 358	36 036	8 143	53 814	20 362	139 829
产生精度	0.954 1	0.999 5	0.914 2	0.990 1	0.867 1	0.928 5	0.921 7	0.875 7	0.912
总体精度—91.282 8% Kappa 系数—0.881 6									

为了验证分类的有效性，通过训练样本进行最大似然法监督分类，并选取同样的验证样本进行精度验证。所得的精度对比如表 3 所示：

表 3 决策树分类与监督分类精度对比表

分类方法	样本数量	总精度	Kappa 系数
监督分类	301 761	84.045 9%	0.801 2
决策树分类	301 761	91.282 8%	0.881 6

五、结果与讨论

通过分类结果分析发现，长白山地区海拔在 1 200 m 以上的植被垂直分布规律明显，主要以针叶林、难利用土地、草地和高山苔原为主。长白山东坡因火山灰覆盖有大面积的难利用土地和草地。而建设用地、耕地、阔叶林和针阔混交林分布在海拔 1 200 m 以下的地区。决策树分类对可以加入决策信息的对地类判别明显优于监督分类，如阴影可以通过坡度来区分，通过海拔可以将高山中非建筑用地去除，通过 NDVI 可以对植被和非植被进行区分等。阔叶林受阴影影响误判为针叶林或者针阔混交林。朝鲜耕地容易混淆为建设用地和难利用土地。长白山天池阴影容易误判为水体。针阔混交林和阔叶林无论是波谱关系还是 NDVI 等都很相似，难以区分。

由于遥感影像具有同谱异物和同物异谱等现象，并且不同来源、不同时相的数据有很大差异，所以目前还没有通用的模型来提取地物。但可以从分析地物的特点出发，结合实际影像特点（如噪声等问题）对模型进行反复测试，以取得较好的精度。耕地和建设用地提取效果较差，有待进一步研究，较多选择典型区域进行对比分析在一定程度上可以提高精度。由于时间和条件限制，对于长白山地区复杂的地物特点分析得不够完全，对朝鲜的一些地物缺乏实地考察资料，一定程度上影响了分类精度，下一步工作就是需要对不明确的地方进行实地考察，确定地物类型和特征，提高分类精度。

参考文献

[1] 赵萍，冯学智，林广发．SPOT 卫星影像居民地信息自动提取的决策树方法研究 [J]．遥感学报，2003，7（4）：309—314.

[2] 杨存建，周成虎．TM 影像的居民地信息提取方法研究 [J]．遥感学报，2000，4（2）：146—150.

[3] 韩丛丛，逄杰武，吴泉源，李轶平．TM 影像中居民地提取的决策树方法研究：以烟台市为例 [J]．遥感信息，2007，3—76.

[4] 赵乃卓，赵云升，刘珊珊．东北平原城镇居民地 TM 图像自动提取模型研究 [J]．国土与自然资源研究，2007，1：26—28.

[5] 苏俊英，曹辉，张剑清．高分辨率遥感影像上居民地半自动提取研究 [J]．武汉大学学报：信息科学版，2007，29（9）：791—795.

[6] 杨存建，周成虎．基于知识发现的 TM 图像居民地自动提取研究 [J]．遥感技术与应用，2001，16（1）：1—6.

[7] 安如，赵萍，王慧麟，冯学智，何凯．遥感影像中居民地信息的自动提取与制图 [J]．地理科学，2005，25（1）：74—80.

[8] 马丽，徐新刚，刘良云，黄文江，贾建华，程一沛．基于多时相 NDVI 及特征波段的作物分类研究 [J]．遥感技术与应用，2008，23（5）：520—524.

[9] 陈华丽，陈植华，丁国平．用基于知识的决策树方法分层提取矿区土地类型：以湖北大冶为例 [J]．国土资源遥感，2004，3（61）：49—53.

[10] 赵萍，傅云飞，郑刘根，冯学智，B Satyanarayana. 基于分类回归树分析的遥感影像土地利用/覆被分类研究 [J]．遥感学报，2005，9（6）：708—716.

[11] 李彤，吴骅．采用决策树分类技术对北京市土地覆盖现状进行研究 [J]．遥感技术与应用，2004，19（6）：485—487.

[12] R C FROHN. *The use of landscape pattern metrics in remote sensing image classification* [J]. International Journal of Remote Sensing, 2006, 27 (10): 2 025—2 032.

[13] L Zhang, Y Zhong, B Huang, P Li. *A resource limited artificial immune system algorithm for supervised classification of multi/hyper-spectral remote sensing imagery* [J] . International Journal of Remote Sensing, 2007, 28 (7): 1 665—1 686.

The study on land use /land cover classification of Changbai Mountain based on decision tree

Zhao Jianjun[①], Zhang Hongyan[①], Qiao Zhihe[①②]

(①The High Educational Key Lab of Jilin Province for Resources and Environmental Research of Northeast China, Northeast Normal University, Changchun, Jilin, 130024

②Daqing Normal College, Daqing, Heilongjiang, 163712)

Abstract: The classification of remote sensing image is one of the most important ways to capture information of resource and environment, and the basis for studies of land use/land cover change and landscape ecology. In this paper 115 21 km^2 area around the Changbai Mountain is divided for classified experiment of TM image. The characteristics of spectral and spatial information are analyzed and distinguished rules are defined based on digital elevation model (DEM), vegetation index and field investigating data, by using Geographical information system (GIS), remote sensing (RS) and statistical method of mathematics in study area. A decision tree is designed for automatic classification. The accuracy of the result reaches 91. 28% by the decision tree. The experiment shows that the elevation and vegetation index can be conveniently combined using decision tree. It can improve the precise of results which are directly achieved by supervised classification and the unsupervised classification. This method is applicable for landuse/land cover classification within mountainous areas of Northeast China.

Key words: The decision tree; Changbai Mountain; Land use/land cover; Classification

图们江流域土壤侵蚀的定量分析

范萌萌　张洪岩　何当当
（东北师范大学城市与环境科学学院，长春，130024）

【摘要】土壤侵蚀已经成为一个全球性的环境问题，我国也面临着严重的土壤侵蚀。土壤侵蚀的频繁发生，使土地逐渐呈现出荒漠化和沙漠化，耕地面积减少，粮食产量下降，使人类的生存环境面临着巨大威胁。

本文以我国吉林省东部的图们江流域（中国一侧）为研究区域，运用地理信息系统技术并结合通用土壤流失方程，根据研究区现状合理选择方程中土壤侵蚀各因子的计算方法，求算出图们江流域2007年的土壤侵蚀量，分析流域的土壤侵蚀现状以及不同坡度下土壤侵蚀特征、不同土地利用类型土壤侵蚀状况，以期为图们江流域土壤侵蚀的预防和治理提供科学的依据。

【关键词】土壤侵蚀　地理信息系统　通用土壤流失方程　图们江流域

一、引　言

土壤侵蚀已成为全球性的环境问题之一，严重威胁着人类的生存和发展，引起了世界各国的广泛关注。我国是世界上土壤侵蚀问题最严重的国家之一，其范围遍及全国各地。位于吉林省东部的图们江流域由于森林、植被覆盖率较高，一直以生态环境完整而著称。但是该地区地貌特征复杂，山峦起伏，沟壑纵横，侵蚀作用强烈，再加上森林、植被覆盖的空间分布不均，具备水土流失形成的自然条件。随着图们江地区的开发，人类活动增强，垦殖指数不断增高，它已成为水土流失比较严重的地区，并给图们江流域的生态安全带来威胁。

土壤侵蚀模型是进行土壤流失监测、预报以及评价水土保持措施的重要工具[1]，它的研究是土壤侵蚀学科的前沿领域。

国外土壤侵蚀模型的研究以美国通用土壤流失方程USLE（Universal Soil Loss Equation）的建立为标志，可划分为三个阶段：第一个阶段是通用土壤流失方程建立以前的时期，这一时期为通用土壤流失方程的建立奠定了坚实基础；第二个阶段是通用土壤流失方程建立、发展的时期。方程综合考虑了降雨侵蚀力、土壤可蚀性、地形、植被覆盖与作物管理和水土保持措施六大因子[2]，是土壤侵蚀研究过程中的一个伟大里程碑[3]。第三个阶段是从20世纪80年代初期到现在，是土壤侵蚀模型百家争鸣、百花齐放的时期。随着计算机技术飞速发展，各种土壤侵蚀模型的研究逐渐引入GIS技术，大大提高了土壤侵蚀过程机理方面的合理性[4]。

与国外相比，我国土壤侵蚀模型的研究起步较晚，以应用为主，很多侵蚀模型是借鉴国外经验发展而来的。

20 世纪 80 年代以前，我国学者主要研究土壤侵蚀的类型及分布、土壤侵蚀与单因子之间的关系。80 年代以后，我国学者以 USLE 为蓝本对方程中一些因子进行重新量化和统计分析，根据研究区现状建立了多个地区性的坡面产沙经验模型和流域侵蚀产沙经验模型。

本文以图们江流域（中国一侧）为研究区域，利用 GIS 技术和通用土壤流失方程计算流域的土壤侵蚀量，并分析流域土壤侵蚀现状及不同坡度下土壤侵蚀特征、不同土地利用类型土壤侵蚀状况，以期为图们江流域的土壤侵蚀治理、水土保持规划提供合理依据。根据研究目标，研究内容主要分为三个方面：USLE 模型中各个因子的计算；土壤侵蚀量的计算与侵蚀现状分析；不同坡度下土壤侵蚀特征及不同土地利用类型侵蚀现状分析。本文研究的技术路线图如图 1 所示。

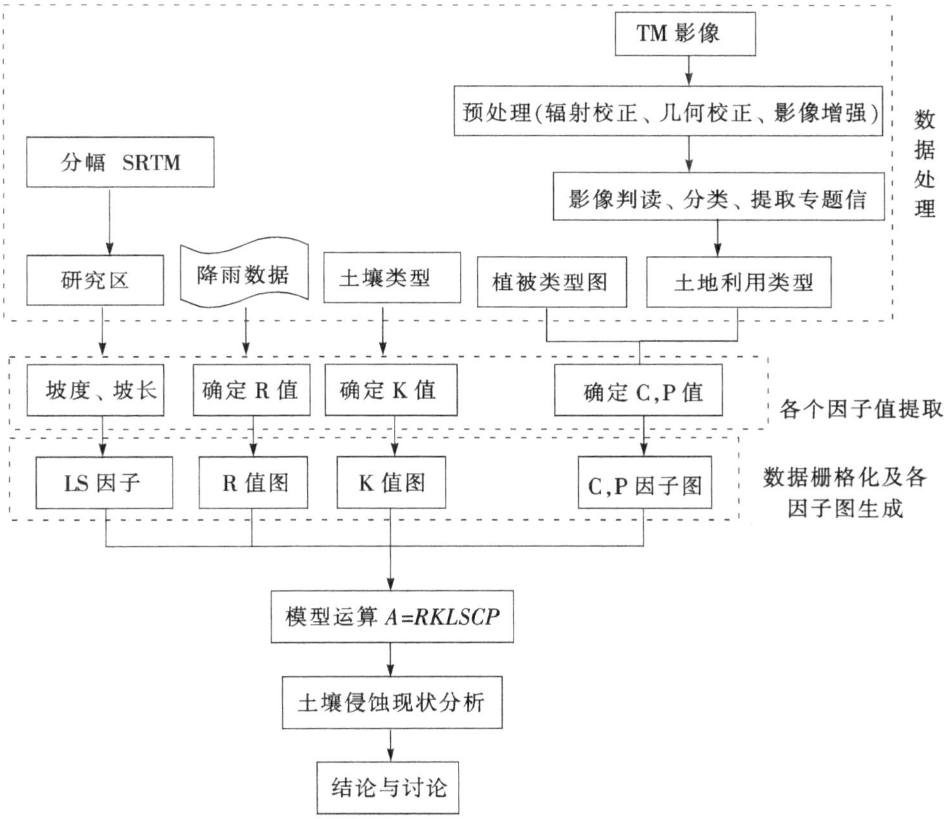

图 1　研究技术路线图

二、研究区概况

图们江流域位于 128°17′～131°12′E、41°14′～44°01′N 之间，处于亚洲大陆东端中纬度地带，春季干旱多风，夏季温热多雨，秋季晴朗多风，冬季寒冷期长。图们江流域的植被属于长白山植物区系，暗棕壤和白浆土是分布最广泛的土壤。流域内地貌类型复杂，地势陡峻多峭壁，河道坡降大造成河流下切严重，这些都为土壤侵蚀等自然灾害的发生创造了条件。

图们江流域地处吉林省东部延边朝鲜族自治州境内，是我国朝鲜族的聚居地[5]。近几年来，图们江流域的经济正处于一个飞速发展的阶段，现在图们江流域已经发展成为延边朝鲜族自治州的政治、经济和文化中心，也是中朝俄三国开展国际交流与合作的重要通道之一。同时图们江开发以来，人口密度、耕地面积逐渐增加，植被覆盖率降低，造成土壤侵蚀渐渐严重。

本文选取图们江流域在中国境内的部分，在行政区域上包括吉林省延边朝鲜族自治州的首府延吉市以及龙井市、珲春市、图们市和和龙市、汪清县、安图县的部分地区。

三、模型选择与数据处理

通用土壤流失方程模型传入我国后，我国学者根据研究区域现状，对 USLE 进行汉化，并形成多种形式的 USLE，但模型的核心仍是方程中六个因子的连乘，重点是各个因子的合理计算。表达式如下[6]：

$$A=R\times K\times L\times S\times C\times P \qquad (1)$$

式中：A 为土壤侵蚀模数，t/（hm^2 · 年），是单位时间（年）单位面积（hm^2）的土壤侵蚀量。

R 为降雨侵蚀力因子，MJ · mm/（hm^2 · h · 年）。

K 为土壤可蚀性因子，t · h/（MJ · mm）。

L 和 S 分别为坡度因子和坡长因子，统称为地形因子，无量纲。

C 为植被覆盖与经营管理因子，无量纲。

P 为水土保持措施因子，无量纲。

GIS 与 USLE 模型结合的优点是形式简单明了，所需的参数相对来说容易获得，比较适合目前我国土壤侵蚀研究资料短缺的情况。W. H. Wischmeier 曾经指出：USLE 不是能否应用的问题，而是能否取得适当因子值的问题[7]。因此应用 USLE 模型的关键是选用适合研究区的因子计算方法以得到各个因子值，利用 GIS 和 USLE 相结合的方式来评价土壤侵蚀量的关键是各个因子图的生成。

本次研究采用的数据包括覆盖研究区的 2007 年 Landsat/TM 影像，SRTM DEM 数据，吉林省 1∶100 万土壤类型图，吉林省 1∶100 万植被类型图，研究区内及其周围共 11 个气象观测站点的 1957～1980 年的逐月降雨量数据以及每个气象站点的经纬度信息。本研究要进行流域土壤侵蚀量的计算，流域的许多特征都要用面积来描述，故选用投影后面积变形最小的 Albers 等积圆锥投影。本研究所做的数据转换与处理等工作主要在 ArcGIS9.3、ERDAS IMAGING9.1、MATLAB7.0 等软件中进行。

四、图们江流域土壤侵蚀量计算与分析

作为水文过程的输入项，降雨引起土壤的分离、剥蚀和搬运，降雨侵蚀力反映了降雨引起土壤侵蚀的潜在能力。本文采用 1980 年 FAO 建立的通过修订 Fournier 指数（MFI）求算 R 值的方法[8]，公式为：

$$\mathrm{MFI}=\sum_{i=1}^{n}P_i^{\,2}/P \qquad (2)$$

式中：i 是月份；P_i 是月降雨量；P 是年降雨量。

然后建立降雨侵蚀力因子 R 值与 MFI 之间的关系：

$$R=a\times \mathrm{MFI}+b \qquad (3)$$

根据各个气象站点的月降雨量数据，统计出年降雨总量，代入公式（2）（3），求算出各个气象站点的 R 值，再利用 ArcGIS9.3 空间分析模块中 IDW 方法同时设置分析掩膜以实现 R 因子值在流域内的空间化，生成网格大小为 90 m 的栅格图层。

坡度和坡长是地貌特征中对土壤侵蚀影响最大的两个因子，它们共同决定了坡面水流能量的大小，直接影响坡面径流冲刷的能力，本文采用张宪奎提出的 LS 因子计算方法。

$$\mathrm{LS}=\left(\frac{\lambda}{20}\right)^{0.18}\left\{\frac{\alpha}{8.75}\right\}^{1.3} \qquad (4)$$

得到流域的坡度和坡长后，根据公式计算出 LS 因子的分布图。

土壤作为被侵蚀的对象，自身的可侵蚀性是土壤侵蚀发生的内在因素[9]。在 USLE 中，土壤可蚀性因子是指在裸土状态下，单位降雨侵蚀力在标准小区上造成的土壤流失量，是由实验确定的一个定量数值。本文利用 MATLAB7.0 进行土壤机械组成的转换。经过多种插值方法的比较，采用稳定性较好的分段三次埃尔米特插值法，确定 K 值，将 K 值赋给每种土壤类型得到研究区 K 值图，利用 ArcGIS9.3 的 Polygon to Raster 工具将 K 因子分布图生成网格大小为 90 m 的栅格图层。

植被覆盖与经营管理因子 C 反映的是有关植被覆盖和管理对土壤侵蚀的综合作用，C 值的大小取决于具体的作物覆盖、轮作顺序及管理措施的综合作用等[10]。本文中 C 值是依据前人的研究[11]，结合蔡崇法以及张宪奎等人[12]针对东北黑土区的基于不同土地利用方式提出的 C 因子值，并参考流域植被类型图来确定的，最后同样是生成网格大小为 90 m 栅格的 C 值分布图。

水土保持措施因子 P 值指的是采取专门的水土保持措施后的土壤流失量与顺坡种植时的土壤流失量的比值[13]。国内对 P 值的确定研究较少，本文 P 值主要是依据国内游松财[14]、田静毅[15]和袁克勤[16]等人的研究并结合研究区相关文献[17]来确定。得到水土保持措施因子 P 值分布图后，仍转换为网格大小 90 m 的栅格图层。

在上文中已将模型中各个因子分布图转换为网格大小 90 m 的栅格图层，都有相同的坐标和投影体系。在 ArcGIS9.3 中，利用栅格计算器将 R，K，LS，C，P 各个因子的栅格层进行连乘，并乘以系数 224.2，将计算结果由英制单位转换为公制单位［t/（km^2·年)］，运算后得到一个新的栅格图层，每个栅格的值就是相对应的地面土壤侵蚀模数，即单位面积上的年土壤侵蚀量。再利用 ArcGIS9.3 的重分类功能得到图们江流域土壤侵蚀强度分级图，如图 2 所示。

用每个栅格单元的土壤侵蚀模数乘以栅格单元的面积（90 m×90 m）得到图们江流域的 2007 年土壤侵蚀量，如图 3 所示。

利用 ArcGIS9.3 的分类区统计工具，对各个侵蚀等级的土壤侵蚀量及面积等特征进行统计，分析研究区内土壤侵蚀的现状，结果表明，流域内土壤侵蚀量贡献率最大的是轻度侵蚀，约占侵蚀量的 36.36%；其次是极强度侵蚀、中度侵蚀，占侵蚀量的 16.87%，14.40%；最小的是占 8.48%的剧烈侵蚀。从微度侵蚀到剧烈侵蚀，各侵蚀等级面积随着侵蚀强度的增加而减少，目前整个流域遭受土壤侵蚀的面积为 50.82%，流域内处于微度

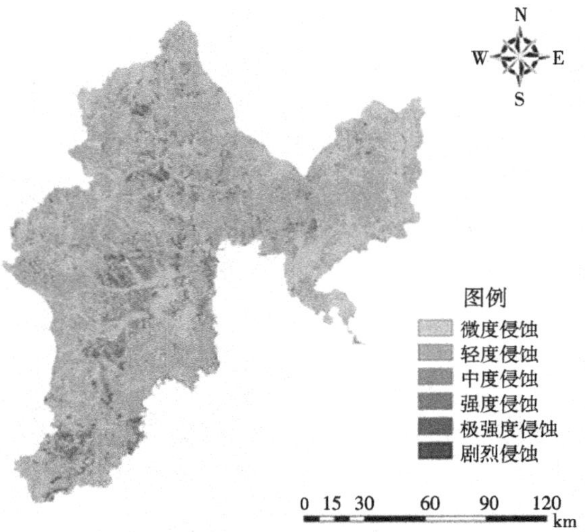

图 2　图们江流域土壤侵蚀强度分级图

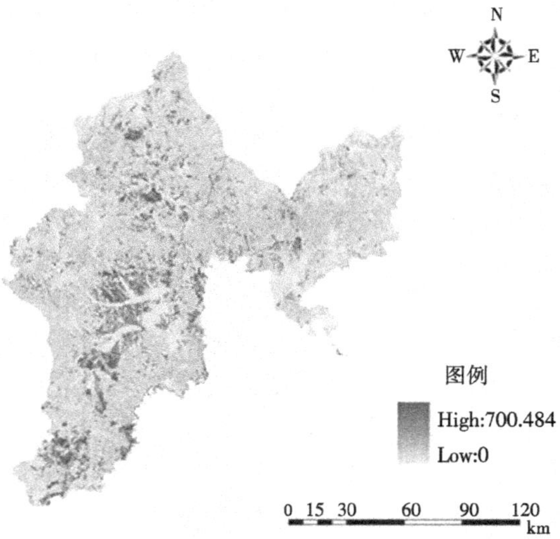

图 3　图们江流域土壤侵蚀量

侵蚀和轻度侵蚀的区域占流域面积的 90.91%，而侵蚀量占 46.03%，中度及其以上强度的侵蚀面积占流域面积的 9.10%，侵蚀量占流域侵蚀量的 53.97%，是 1 315.08 万 t，侵蚀量的比重远大于面积比重，这部分区域主要集中在流域的丘陵地带，多由坡耕地的土壤侵蚀引起，是预防和防治土壤侵蚀的重点区域。

坡度是影响土壤侵蚀的重要因素，对流域土壤侵蚀的坡度格局进行分析能够更准确地了解流域土壤侵蚀规律。所以我们将坡度分级图与土壤侵蚀图作叠加分析，得到图们江流域不同坡度下不同侵蚀强度的侵蚀面积和侵蚀量。从各个坡度带对流域土壤侵蚀量的贡献率上看，斜坡＞陡坡＞中等斜坡＞缓倾斜坡＞急坡＞急陡坡。斜坡的侵蚀量和侵蚀面积在流域中比重都是最大的，其次是陡坡；斜坡与陡坡的极强度侵蚀和剧烈侵蚀的面积也相对较大，因此在流域 8°到 25°坡的土地利用类型是土壤侵蚀的关键源区，应该加强治理。

为研究不同土地利用类型的土壤侵蚀现状，用分类区工具统计土地利用图和侵蚀量图，得出流域内平均土壤侵蚀模数按大小排列依次是低覆盖度草地＞中覆盖度草地＞山区旱地＞疏林地＞灌木林＞丘陵旱地＞平原旱地＞高覆盖度草地＞其他林地＞有林地＞沙地＞丘陵水田＞山区水田＞平原水田，各地类的侵蚀能力依次降低，水土保持能力依次增强。

五、结　论

本文结合GIS技术和USLE模型计算了图们江流域的土壤侵蚀量，并在此基础上分析了流域内土壤侵蚀现状、不同坡度下的土壤侵蚀特征和不同土地利用类型的土壤侵蚀现状，得到以下结论：在图们江流域内影响土壤侵蚀的各个因子值的计算过程中采用的各种公式以及参数，都是根据流域现状来确定的，结果表明USLE模型在图们江流域有较好的适用性。其次，图们江流域2007年土壤以微度侵蚀和轻度侵蚀为主。流域内土壤侵蚀量贡献率最大的是轻度侵蚀，随后是极强度侵蚀、中度侵蚀，这些区域主要集中在丘陵山区，是加强土壤侵蚀治理的重点区域。然后，流域内土壤侵蚀强度随着坡度的增大而增大，流域土壤侵蚀的关键源区主要在流域8°到25°的坡上。故25°以上的坡地应该坚决执行退耕还林以降低土壤侵蚀强度。最后，低覆盖度草地是最需治理的土地利用类型，林地、高覆盖度草地和水田有良好的水保功能，需要加强养护；裸岩裸地属于高危侵蚀地类，应该防止其他地类退化为裸岩裸地，同时要加强对疏林地和低覆盖度草地的生态恢复。

参考文献

[1] 罗志军，张俊．土壤侵蚀模型的研究现状与展望［J］．安徽农业科学，2007，35（27）：8 574—8 576.

[2] Wischmeier W H，Smith D D. *Predicting rainfall erosion losses a guide to conservation planning*. Agriculture Handbook，USDA，1978：537.

[3] 牛世军，郭向红，孙西欢，等．土壤侵蚀模型研究进展［J］．山西水利，2008（2）.

[4] 张小文．祖厉河流域土壤侵蚀与水文—地貌过程变化的GIS辅助模拟［D］．兰州大学，2006.

[5] 王又丰．中国东北图们江流域社会经济发展现状及其前景分析［J］．世界地理研究，2001，10（3）：44—50.

[6] Wischmeier W H，et al. *A soil erodibility nom orgraph farm land and Construction sites* ［J］. Journal of Soil and Water Conservation，1971，26：189—193.

[7] 洪华生，杨远，黄金良．基于GIS和USLE的下庄小流域土壤侵蚀量预测研究［J］．厦门大学学报：自然科学版，2005，44（5）：675—679.

[8] Arnoldus HMM. *An approximation of the rainfall factor in the universal soil loss equation* ［A］. In：Deboodt M，Gabriels D. *Assessment of Erosion* ［M］. JohnWiley and Sons，Chichester，1980.

[9] 李玉泉．USLE和GIS在湖北省土壤侵蚀预报中的应用和研究［D］．华中科技大学，2007.

[10] 王文娟，张树文，李颖，等．基于 GIS 和 USLE 的三江平原土壤侵蚀定量评价 [J]．干旱区资源与环境，2008，22 (9)：112—117.

[11] 许月卿，邵晓梅．基于 GIS 和 RUSLE 的土壤侵蚀量计算：以贵州省猫跳河流域为例 [J]．北京林业大学学报，2006，28 (4)：67—71.

[12] 张宪奎，许靖华，卢秀芹，等．黑龙江省土壤流失方程的研究 [J]．水土保持通报，1992，12 (4)：1—1.

[13] 魏兴萍，赵纯勇，杨华．基于 GIS 的小流域土壤侵蚀评价研究 [J]．重庆师范大学学报：自然科学版，2005，22 (4)：62—65.

[14] 游松财，李文卿．GIS 支持下的土壤侵蚀量估算：以江西省泰和县灌溪乡为例 [J]．自然资源学报，1999，14 (1)：62—68.

[15] 田静毅，李月芬，王立新，等．基于 RS 和 GIS 的土壤侵蚀量预测应用研究 [J]．吉林农业大学学报，2007，29 (1)：78—82.

[16] 袁克勤．基于 GIS 岩溶山地小流域土壤侵蚀量计算：以重庆市南川区木渡河小流域为例 [D]．西南大学，2009.

[17] 金华．图们江下游地区坡耕地水土流失现状及其保护措施 [D]．延边大学，2004.

Quantitative Assessment of Soil Erosion in Tumen River Basin by USLE

Fan Mengmeng, Zhang Hongyan, He Dangdang
(Northeast Normal University)

Abstract: At present, china still faces serious soil erosion which has become a global environmental problem. The frequent occurrence of soil erosion makes the land show gradual desertification, the area of cultivated land become less and grain production fall. As a result, the survival environment of human faces a huge threat.

Based on GIS and USLE, according to the actual state in Tumen River Basin, choosing the reasonable methods to calculate R, K, LS, C, P factors in the USLE, the soil erosion of Tumen River Basin in 2007 was evaluated. The status of soil erosion within the watershed was analyzed, and analyzed the characteristic of soil erosion of different grade, the status of soil erosion of different land use. These analysis could provide a scientific basis to control and govern soil erosion in Tumen River Basin.

Key words: Soil Erosion; Geographic Information System; Universal Soil Loss Equation; Tumen River Basin

P—S—R 模型下的延边朝鲜族自治州生态安全评价研究

曲家媛　张洪岩　钱建军
（东北师范大学城市与环境科学学院，吉林 长春）

【摘要】 立足于可持续发展的目标，追求人类社会与自然环境的协调发展，生态安全的研究逐渐成为当今世界的热点研究问题。区域性的生态安全问题更成为研究的重点领域。本文在学习和吸引国内外相关研究成果的基础上，从影响生态安全稳定与平衡的因素出发，运用“压力—状态—响应”框架模型，结合延边朝鲜族自治州的自然情况、生态问题、经济社会发展水平等方面，选取 21 个代表性评价指标，建立区域生态安全评价指标体系。运用层次分析（AHP）方法，确定评价指标的权重值。根据准则层的各指标权重值和标准化值，运用加权模型分别计算出压力、状态和响应三个准则层的指数值和生态安全综合指数值。根据计算结果，定量与定性相结合分析自然情况和人类经济活动对生态环境的影响，研究区的生态安全现状以及生态安全评价结果在各个县域的空间差异性。

【关键词】 P—S—R 模型　层次分析法（AHP）　生态安全评价

Abstract: Based on the object of sustainable development, human society always pursue the coordinated development with the natural environment. Study of the ecological security has become the focus, especially in some special regions. Based on the research at home and abroad, and the impact of security and stability of ecological factors, in this paper. "the pressure-state-response" framework model is used for establishment of regional ecological security assessment index system. The natural conditions, ecological problem, economic and social development level of Yanbian are very important for the selection of 21 representative evaluation index. Then, the values of evaluation index weights have been calculated be the method of AHP. Through the calculation of pressure index and response index, human social activities and the impact of environmental pollution on the situation of the study area have been analyzed. The spatial differences also have been found. Finally, according to the criteria layer weight values and standardized values , the ecological security composite index has been calculated by the weighted model. Quantitative and qualitative analysis have been done for the natural conditions and human economic activities on the environment and the status and spatial differences of ecological security base on the ESI. At the same time, evaluation of the standard value will be implemented in the study area administrative divisions of each data unit on a grid by using of remote sensing and GIS technology in this paper. Eventually, the final outcome of ecological security assessment have been shown through graphs, charts and text , which are intuitive and comprehensive. The main conclusion is as follows:

Composite index of ecological security evaluation results show that the current state of ecological safety of Yanbian region differences exist, the west is better than the east. The main focus of ecological safety problems are Yanji, Tumen and Hunchun. The spatial distribution of ecological safety with more significant spatial autocorrelation in Yanbian in 2007, showing characteristics of a good clustering

Key words: P-S-R model; AHP; Ecological Security Assessment

一、引　言

近几十年来，随着全球环境问题日趋严重，有学者提出生态安全的概念，并将其与国家安全、军事安全放入同等重要的位置[1]，结合多学科与多领域的知识，共同研究这一现实的热点问题。从可持续发展的角度，生态安全是指区域内人类生存和发展的生态系统不受破坏和威胁，而且生态环境能够满足人类和生物群落可持续生存与发展的需要，保证生态系统与人类社会的良性关系。但是近年来，区域经济的快速发展和资源环境开发带来的压力不断上升，生态环境问题与经济、社会因素的矛盾逐渐显现。区域生态安全逐渐成为当今地理学、生态学以及社会科学研究的热点问题和重要领域。

国际上，生态安全的研究起源于 20 世纪 70 年代，从 90 年代引起了各国和学术界的广泛关注。Brown 在 1977 年提出对安全的威胁来自人与自然间关系的可能性会增多，如土壤侵蚀、石油储量的减少和地球基本生物系统的退化等，正在威胁着国家的安全[2]。1989 年，国际应用系统分析研究所（IASA）在建立优化的全球生态安全监测系统时，首次定义生态安全的内涵，即生态安全是指在人的生活、健康、安乐、基本权利、生活保障来源、必要资源、社会秩序和人类适应环境变化的能力等方面不受威胁的状态，包括自然生态安全、经济生态安全、社会生态安全，组成一个复合人工生态安全系统。

国内在 20 世纪 90 年代后期首次提出生态安全这一概念。2000 年国务院发布的《全国生态环境保护纲要》中，首次明确提出将生态安全作为环境保护的目标，纳入国家安全的范畴。并强调生态保护必须“以实施可持续发展战略和促进经济增长方式转变为中心，以改善生态环境质量和维护国家生态环境安全为目标”。曲格平提出了生态安全的两层含义：一是防止由于生态环境的退化对经济基础构成威胁，主要是指环境质量状况低劣和自然资源的减少与退化削弱了经济可持续发展的支撑能力；二是防止由于环境破坏和自然资源短缺引起人民群众的不满，特别是环境难民的大量产生影响社会安全，从而导致国家的动荡[3]。生态安全评价系统包括评价目的、评价主体、评价对象、评价标准和评价方法、评价指标、评价成果等七个要素[4]。

国外的生态安全评价（Ecological Security Assessment）是随着生态风险评价（Ecological Risk Assessment）和生态系统健康评价（Eco-System Health Assessment）发展起来的[3]。我国生态安全评价研究的重点主要侧重于典型区域的生态系统评价，主要集中在寻求科学的区域生态安全评价指标体系上。生态安全评价方法主要有四大类型：数学模型、生态模型、景观生态模型、数字地面模型[11]。

本文以延边朝鲜族自治州目前生态安全面临的压力，为生态安全评价提供基础背景，构建了基于“压力一状态一响应（P－S－R）”框架模型的延边朝鲜族自治州生态安全评价指标体系。运用层次分析法，确定生态安全评价指标的权重值，分析与展示延边朝鲜族自治州的生态安全现状和影响生态安全的主要因素，以及生态安全空间布局情况。根据分析结果，提出适合的生态安全保护措施和调控手段。

二、研究区概况

延边朝鲜族自治州地处吉林省东部长白山区，中、朝、俄三国交界处，临近日本海，在41°59′～44°30′N，127°27′～131°18′E之间。延边朝鲜族自治州地处中温带湿润季风气候区，由于东邻日本海，西部、北部又有高山做天然屏障，与省内的同纬度地区相比，具有冬暖夏凉的特点。全州土地总面积约4.35万km^2，约占全省土地总面积的四分之一，山地占全州总面积的54.8％，高原占6.4％，谷地占13.2％，河谷平原占12.3％，丘陵占12.3％，形成了“八山一水半草半分田”的地形特点。延边朝鲜族自治州水资源丰富，河网密集，河系发达，境内有图们江、松花江、绥芬河三大水系。延边朝鲜族自治州是吉林东部地区社会经济发展重要的支撑点，也是吉林省生态环境保护的重点区域。全州的资源总量与能源总量占全省总量的一半以上。从周边环境看，延边朝鲜族自治州在东北亚经济圈中也处于核心地带，与邻国地区经济有较强的互补性。延边朝鲜族自治州依托长白山丰富的自然资源，形成了以食品、医药、林产和能源矿产四大支柱产业为主的工业发展格局。近年来，延边朝鲜族自治州不断发挥区域优势，即其是东北亚区域经济、人口、地理三个重心的交会点，在连接亚、欧、美海陆运输格局中处于重要的枢纽地位。

由于土地资源开发程度不高，对土地资源的保护意识不强，延边朝鲜族自治州部分土地资源质量下降和水土流失加重。全州植被种类繁多，包括许多珍稀树种，森林覆盖率达到79％，远高于全国平均水平，是最主要的资源，但由于对森林资源长期过度开发，忽视保护，导致森林资源的采育失调和数量的不断减少，林种和林龄结构比例失调，森林生态系统的生物多样性受到影响，生态安全受到威胁。延边朝鲜族自治州水资源比较丰富，现有大小河流共计487条，大中小型水库90座。但对水资源的保护程度和水资源利用程度不够，水体受到不同程度的污染。加上生态和文化旅游产业的发展，导致了一系列生态环境问题的出现。

三、压力一状态一响应框架模型与评价指标因子的提取

1. 压力一状态一响应框架模型

目前，在国内外指标体系设计上应用最为广泛的指标模型是压力一状态一响应框架模型（P－S－R模型）[6]。该模型由联合国经济合作开发署（OECD）与联合国环境规划署（UNEP）共同提出。P－S－R模型具有综合性、灵活性和逻辑因果关系的特点，有利于建立逻辑响应关系。该模型通过回答“发生了什么，为什么发生以及人类采取什么措施来面对”三个问题来帮助人类建立相应的指标体系[7]。因为这一框架模型具有非常清晰的因果关系，即人类活动对环境施加了一定的压力，导致环境状态发生了一定的变化，从而社会应当对环境的变化作出响应，以恢复环境质量或防止环境退化。这三个环节是决策和制定对策措施的主要内容，因此，通过对以上三个环境的评价，为决策和制定措施提供科

学、合理的依据。本文运用P—S—R框架模型的原理，综合分析影响延边朝鲜族自治州区域生态安全的因子和反映生态安全现状的评价指标，构建基于P—S—R框架模型的延边朝鲜族自治州生态安全评价指标体系。根据P—S—R框架模型的逻辑模式，建立三层构架，即目标层（生态安全综合指数），准则层（包括压力、状态、响应）和选取了20个评价指标的指标层。层次分析方法（AHP）有效地将指标体系的层次结构建立起来，逐层分析评价指标的关联性和重要程度，将定性问题转变成定量计算问题，实现生态安全评价指标权重值的确定。

2. 数据的收集与整理

基于P—S—R模型的生态安全评价涉及自然环境、人类社会、经济发展等方面的统计数据、图表及文字资料，能否获得翔实准确的数据是建立模型和评价结果准确性的关键。考虑研究需要，以及数据的可获取性、数据的质量等方面因素，本研究采用的资料主要有：吉林省行政区划图、2007年吉林省土地利用现状图、吉林省土壤分布图和植被类型图、延边朝鲜族自治州主要居民点分布图、吉林省主要交通道路图等；吉林省DEM数据，2007年SPOT VEGETATION NDVI数据（空间分辨率为1 km，时间分辨率为逐旬）；2007年吉林省和延边统计年鉴等；延边朝鲜族自治州主要气象站点的多年降水量数据。对获取的数据进行预处理，完成坐标转换，统计数据的空间化处理，转换成统一的30 m * 30 m的GRID格式。

3. 指标提取

本研究对于生态安全评价状态压力指标，选用的人口压力指标包括人口密度、人均粮食产量和人均耕地面积。主要是以市（县）域为单元进行空间化。人类干扰指标中的工业分布密度指标是利用各县市的工业总产值及各县市的土地总面积而获得的。另一个人类干扰指标本研究选用主要道路作为代表性指标，分析交通压力对生态环境安全的影响程度，从全州主干道路的缓冲区获得。环境污染压力指标主要选取化肥使用强度，即平均每公顷耕地化肥施用量，体现农业发展给自然生态环境带来的压力情况。

对于生态安全评价状态指标提取，土地利用情况通过对2007年土地利用分类图的进一步修正获得。延边朝鲜族自治州的土地利用空间格局以林地（81%）、耕地（14.1%）两大地类为主，其他地类相镶其中。根据延边朝鲜族自治州各气象站点地理坐标，利用反距离加权插值法（IDW），估算出延边朝鲜族自治州的面状降水量分布情况，从而求得多年平均降水量。土壤有机质是土壤肥力的标志性物质。根据调查，延边朝鲜族自治州的土壤有机质含量在（0%～11.88%）之间。参考全国第二次土壤普查的分级标准（如表1）。

表1 全国第二次土壤普查分级标准（有机质含量）

一级	二级	三级	四级	五级	六级
很高	高	中等	低	很低	极低
>4%	4%～3%	3%～2%	2%～1%	1%～0.6%	<0.6%

综合考虑延边朝鲜族自治州的土壤有机质含量小于1%的区域面积仅占0.3%，所以本文将延边朝鲜族自治州的土壤有机质含量划分为五级。将土壤有机质含量小于1%的定为第五级。景观多样性用来衡量生态系统的复杂程度，可以作为生态安全评价的代表性指标。地形特征的评价指标参考了喻红的方法[12]，将坡度与高程两个地形因子组合成地形

位指数，高程越高、坡度越大的单元，地形位指数越大，生态安全脆弱性越强，所以，地形位指数与生态安全为负相关。归一化植被指数（NDVI）作为生态安全评价体系中反映植被覆盖程度的指标。数据是基于 2007 年 1 月至 2007 年 12 月的 SPOT—VEGETATION 逐旬的 NDVI 产品数据，计算出全年 36 期的 NDVI 平均值。延边朝鲜族自治州全年 NDVI 的平均值在 0.114 1～0.671 2 之间。水土流失是延边朝鲜族自治州生态环境存在的主要问题之一，也是影响生态不安全的因素之一。本文参考左伟的水土流失计算方法，通过植被覆盖度、土地利用分类数据、地形坡度数据、土壤分类、海拔高程等间接指标，参照“全国土壤侵蚀遥感调查技术规程”，利用权重叠加的方式，提取水土流失强度的分级指标。

四、延边朝鲜族自治州区域生态安全评价

1. 生态安全评价体系的建立

评价一个区域的生态安全问题，是将问题具体落实到实际的区域评价单元上。评价单元则是由一些影响生态安全的因素构成的，反映的是一定的空间及其实体的区域生态安全的空间差异。本文选择以延边朝鲜族自治州县域行政单元和 30 m＊30 m 栅格数据相结合的评价单元作为延边朝鲜族自治州生态安全评价研究的基础单元。将自然、社会和经济等属性数据落实到每一个栅格上，在很大程度上，提高了生态安全评价结果与区域实际情况的符合程度。

本文在完成研究区生态安全评价指标的建立工作，即评价目标的确定，基于 P—S—R 模型的评价指标的筛选，指标数据的无量纲化处理，运用层次分析法计算出评价指标的权重等几项内容的基础上，结合相关研究文献[8][9]，通过分析与总结评价模型的适用性，决定采用多层加权求和模型，来实现研究区生态安全的定量化评价。具体的表达公式如下：

$$R_{ESi} = \sum_{i=1}^{n} W_i \times S_i \qquad (1)$$

R_{ESi} 为生态安全评价指数。W_i 为第 i 个评价指标的权重值，S_i 为第 i 个评价指标的标准值，（i=1，2，…，n），n 为评价指标的个数。

2. 生态安全指标评价结果与分析

生态安全综合评价运用层次分析法（AHP），得到生态安全综合指数层的指标权重值，这个指标层是基于准则层，即压力指标、状态指标和响应指标三个准则层。根据已经算出的压力、状态、响应三个准则层的权重值和标准值，通过运用公式 1 线性加权模型，计算出生态安全评价综合指数（ESCI）。

表 2 生态安全评价综合指数层权重

生态安全综合指数	压力指标	状态指标	响应指标	权重
压力指标	1.000 0	1.491 8	1.491 8	0.426 7
状态指标	0.670 3	1.000 0	13.221 4	0.305 7
响应指标	0.670 3	0.818 7	1.000 0	0.267 6

生态安全是一个相对概念，是区域生态系统的存在状态[10]，这种状态是区域内各组成部门不断相互作用和相互影响的结果，不同区域的指标选取有所区分，所以生态安全的阈值也是一个相对的值。本文关于生态安全的阈值问题，在运用 ArcGIS 中 Natural Breaks (Jenks) 分类方法的同时，参考压力指标层、响应指标层的标准值（吉林省的均值），适当调整临界点值（阈值）。最终将生态安全状态指数值划分为五个相对等级，分别为恶劣、较差、预警、良好、理想五个状态。全州各县域的生态安全指数值在 0.38～0.71 之间，延边朝鲜族自治州生态安全综合指数的平均值为 0.51。最终确定临界点值为 0.49。小于 0.49 的区域定义为生态安全状态为较差和恶劣状态。

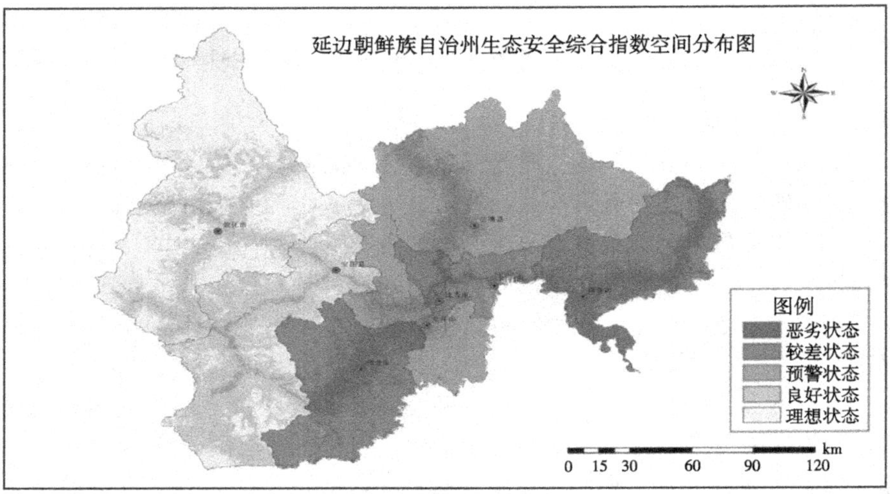

图 1　延边朝鲜族自治州生态安全综合指数空间分布图

表 3　延边朝鲜族自治州生态安全评价结果表

状态分级	综合指数	面积（km^2）	面积百分比（%）	出现频率	集中区域
恶劣	0.38～0.44	4 414.77	12	4 905 295	东部、南部
较差	0.44～0.49	9 278.95	27	10 309 946	中部
预警	0.49～0.59	10 898.95	31	12 109 955	北部、中部
良好	0.59～0.65	8 546.23	2	9 495 808	西部
理想	0.65～0.71	10 086.56	28	11 207 286	西部

3. 生态安全调控措施

通过研究与结论分析，现提出几点维护生态安全的调控对策：

（1）提高区域经济发展水平，加大科技、教育投入力度。努力建设现代生态文化，在全社会树立爱护生态环境的思想意识和道德观念，营造发展生态环保型的社会氛围。

（2）加强生态环境监测力度和环境污染治理力度，做到保护与治理相结合。

（3）发展延边朝鲜族自治州以及长白山地区经济发展的支柱产业之一——生态旅游业。

（4）优化林业生态结构，努力改善生态环境，发展优势产业——林业生态经济。

（5）保护水源，禁止采伐保护林，禁止水源地周边放牧和开荒种地，禁止往水源地排放污水和生活垃圾。同时制定水源的合理开发方案。

（6） 优化土地利用结构。

五、结论与展望

基于P—S—R模型，得到延边朝鲜族自治州2007年的生态安全综合指数值，并参考吉林省的相关资料，对结果进行分级。目前延边朝鲜族自治州内生态安全存在着地区的差异性，西部生态安全状况明显好于东部地区。主要生态安全问题集中在延吉市、图们市和珲春市等。生态安全状况较好的地区为延边朝鲜族自治州的西部和南部地区，分别为敦化县和安图县。本文结合县域行政区和栅格两种评价单元的评价方式，既有利于从宏观上了解县域行政单元的空间布局，又可在一定程度上揭示行政单元内部的生态安全状况。

由于生态安全涉及多方面的领域，范围广，内容深，因此在选取指标的时候，考虑数据的获取性，有些典型性的指标无法得到，加上本文的研究尺度是县级区域，所以需要对指标体系作进一步的研究和分析。

参考文献

［1］ 肖笃宁，陈文波，郭福良．论生态安全的基本概念和研究内容［J］．应用生态学报，2002，13（3）：354—358.

［2］ 莱斯特R布朗．建设一个持续发展的社会［M］. 北京：科学技术出版社，1984.

［3］ 王朝科. 建立生态安全评价指标体系的几个理论问题［J］. 统计研究，2003，9：17—20.

［4］ 周旭. 我国生态安全评价研究综述［J］. 西华师范大学学报：自然科学版，2007，28（3）.

［5］ 左伟，王桥，王文杰，等．区域生态安全评价指标与标准研究［J］．地理学与国土研究，2002，18（1）：67—71.

［6］ 刘红，王慧，等．我国生态安全评价方法研究述评［J］．环境保护，2005（8）．

［7］ 刘勇，刘友兆，徐萍．区域土地资源生态安全评价：以浙江嘉兴市为例［J］．资源科学，2004，26（3）：69—75.

［8］ 肖荣波，欧阳志云，韩芸师，等. 海南岛生态安全评价．自然资源学报，2004，19（6）：769—775.

［9］ 王清印．预测与决策的不确定性数学模型［M］．北京：冶金工业出版社，2001.

［10］ 张百平，等．区域生态安全研究的科学基础与初步框架［J］．地理科学进展，2005，24（6）：1—7.

［11］ 刘红，王慧，刘康. 我国生态安全评价方法研究述评［J］．环境保护，2005，8：34—37.

［12］ 邬建国．景观生态学：格局、过程、尺度与等级［M］．北京：高等教育出版社，2000.

情景驱动的长白山火山灾害风险评价与区划*

张继权** 佟志军 刘兴朋 张 琪 龚文婷
（东北师范大学城市与环境科学学院，
东北师范大学自然灾害研究所，吉林 长春 130024）

【摘要】 本文选取了长白山火山1 000年前大喷发时所波及影响的5个地区为研究对象，基于自然灾害风险形成原理，综合考虑吉林省自然、社会经济现状，从致灾因子的危险性、承灾体的暴露性和脆弱性及防灾减灾能力四个方面选取指标。借助自然灾害风险指数法、AHP、加权综合评分法等技术与方法构建了长白山火山灾害风险评价模型，进行了长白山火山灾害风险评价与区划，评价了各风险因子的贡献率，运用GIS技术生成长白山火山灾害风险区划图。评价结果成为山区进行火山灾害防灾减灾以及抗灾决策的重要科学依据。

【关键词】 情景驱动　长白山　火山灾害　风险评价与区划　GIS

Scenario-driven the risk assessment and regionalization of volcanic disaster in Changbai mountain region

Zhang Jiquan，Tong Zhijun，Liu Xingpeng，Zhang Qi，Gong Wenting
(College of Urban and Environmental Sciences，Natural Disaster Research Institute，
Northeast Normal University，Changchun 130024，China)

Abstract: Based on formation principle of natural disaster risk，considering the natural and social features of Changbai Mountain，risk assessment indicators of volcanic disaster are selected from four factors：hazard，exposure，vulnerability and emergency response and recovery capability，taking the affected 5 regions during ca. 1 000 AD eruption as study area. The risk assessment model for the volcanic disaster of Changbai

---

* 基金项目：973计划前期研究专项课题（2009CB426305）；国家自然科学基金（41071326）；公益性行业（农业）科研专项（200903041）；国家自然科学基金项目（40871236）；高等学校博士学科点专项科研基金项目。

** 作者简介：张继权（1965～），男，吉林九台人，教授，博士，博士生导师。E-mail：zhangjq022@nenu.edu.cn。

Mountain is structured by using Natural Disaster Risk Index method, Weighted Comprehensive Analysis and Analytic Hierarchy Process. The risk assessment and regionalization of volcanic disaster in Changbai mountain region were made, the contribution rate of each factor to the volcanic disaster risk in different districts is assessed, and the regionalization map of the ecological risk in Jilin Province is drawn based on GIS. The result is an important scientific basis for mountain ability in volcanic disaster prevention and reduction.

Key words: Scenario-driven; Changbai Mountain; volcanic disaster; risk assessment and regionalization; GIS

一、引　　言

火山喷发是地下岩浆活动的一种方式，是地球中能量均衡的一种表现，是一种自然地质现象。千百年来，火山活动受到了人们的广泛关注是因为许多火山喷发造成严重的火山灾害和次生灾害，对气候环境和生态造成一定的影响，给人类的生命和财产造成了巨大危害。1987 年 12 月，第 42 届联合国大会通过一项决议，把 1991～2000 年的 10 年定名为“国际减轻自然灾害十年”，减轻火山灾害是其中一项重要的内容，它在主要自然灾害中排第六位[1]。

中国地域辽阔，火山广布，根据研究的内容和深度大体可分三个阶段，即火山地理、地质调查阶段，火山基础地质研究阶段和火山综合研究阶段。长白山是我国北方最重要的休眠火山，在长白山领域已取得了很多研究成果，但大多是在地质研究、稳定性研究、灾害类型、灾害制图、防灾减灾、预警模型建立等方面的研究，虽然张学霞基于 RS 和 GIS 对长白山火山灾害风险评估进行过研究[2]，但是对长白山火山灾害风险评价与应急管理的综合研究还没有，在火山灾害风险评价方面还没有统一的标准和指标体系，在这一方面仍有待我们的研究。

本文选取了长白山火山 1 000 年前大喷发时所波及影响的 5 个地区为研究对象，根据火山灾害风险的形成机制与概念框架，借鉴自然灾害风险评价理论，本着代表性和可操作性原则建立了火山灾害风险评价指标体系并进行了区划。可以为火山灾害的预防，火山灾害的应急预案提供客观依据，为政府制定火山灾害管理对策、减灾规划，部署防灾、抗灾、救灾工作提供理论依据和技术支撑。

一、研究区概况

长白山位于吉林省东南部地区，127°40′～128°16′E，41°35′～42°25′N 之间的地带。它是国家 5A 级风景区，闻名中外的美景，一望无际的林海，以及栖息其间的珍禽异兽，使它于 1980 年列入联合国国际生物圈保护区。根据历史上的记载，长白山天池（白头山天池）火山一万年以来曾有过多次喷发，据刘若新等的研究结果表明[3]，至目前为止，长白山天池（白头山天池）火山至少有 5 次以上的喷发，其中发生在大约 1 000 年前的大规模爆炸式的喷发，就其规模和猛烈程度属于全球近 2 000 年来最大喷发之一，根据这次大规模喷发预测的最大受灾害范围是以长白山天池（白头山天池）为中心，半径60 km的圆形区域，灾害面积 12 000 km^2，这一区域包括延边朝鲜族自治州的安图县、和龙市，白山市的抚松县、长白朝鲜族自治县、临江市等5个县的部分或大部分地区。所以本文选取了位于吉林省东南部的延边朝鲜族自治州的安图县、和龙市，白山市的抚松县、长白朝鲜族自治县、临江市5个县级市为研究区域。在1 000年前的长白山火山大喷发时，长白山天池（白头山天池）一带属于人迹罕至的未被开发地区，未造成实际灾害。但是今天的长白山区，已聚居数以十万计的人口，每年吸引大批国内外游客来访，并建立了长白山自然保护区，风景名胜及文物保护区，又是我国的重要林业基地，研究区范围内各县森林覆盖率达80%左右，各县市还包含了上百平方千米的耕地资源。如果再次发生类似距今1 000年前那样的大规模喷发，事先不作出预报并采取相应措施的情况下，其所造成的生命财产损失将是十分巨大的。因此对长白山火山灾害进行风险评价，可以保护其原始生态环境，更好地为人类服务。

二、研究方法、数据来源和技术路线

1. *研究方法*

（1）自然灾害风险指数法

自然灾害是指由于自然变异因子对人类和社会经济造成损失的事件。自然灾害风险指未来若干年内由于自然因子变异的可能性及其造成损失的程度。张继权等教授认为一定区域自然灾害风险是由自然灾害危险性（hazard）、暴露性（exposure）或承灾体、承灾体的脆弱性（vulnerability）、防灾减灾能力（emergency response&recovery capability）四个因素相互综合作用而形成的[4]，自然灾害风险度的函数为：

自然灾害风险度＝f（危险性，暴露性，脆弱性，防灾减灾能力）

（2）层次分析法

层次分析法（analytic hierarchy process，简称AHP）是对一些较为复杂、模糊的问题作出决策的建议方法，它特别适用于那些难于完全定量分析的问题[5]。它是美国运筹学家、匹兹堡大学萨第（T. L. Saaty）教授于20世纪70年代初期提出的一种简便、灵活而实用的多准则决策方法。本文应用此方法的基本思路是：采用专家咨询基础上的AHP方法评价指标的权重，通过将每个因子的组成指标成对地进行简单的比较、判断和计算，得出每个指标的权重，以确定不同指标对同一因子的相对重要性。它是对指标进行一对一的比较，可以连续进行并能随时改进，比较方便有效。

（3）加权综合评价法

加权综合评价法是假设由于指标 i 量化值的不同，而使每个指标 i 对于特定因子 j 的影响程度存在差别，用公式表达为[6]：

$$C_{vj} = \sum_{i=1}^{m} Q_{vij} W_{ci} \tag{1}$$

其中 C_{vj} 是评价因子的总值，Q_{vij} 是对于因子 j 的指标 i（$Q_{vij} \geqslant 0$），W_{ci} 是指标 i 的权重值（$0 \leqslant W_{ci} \leqslant 1$），通过层次分析法（AHP）计算得出，$m$ 是评价指标个数。

加权综合评价法综合考虑了各个因子对总体对象的影响程度，是把各个具体指标的优劣综合起来，用一个数量化指标加以集中，表示整个评价对象的优劣。因此，这种方法特别适合于对技术、决策或方案进行综合分析评价和优选，是目前最为常用的计算方法之一。

2. 数据来源

本文所需社会经济数据主要是从《吉林统计年鉴2007》[7]、《吉林统计年鉴2006》[8]、《延边统计年鉴2002》[9]、《延边统计年鉴2001》[10]以及《白山统计年鉴2001》[11]中获得的；危险性中的数据主要来自长春市地震局。数据经重新整合、分析、分类建立数据库。

3. 技术路线

本文基于GIS技术，根据自然灾害风险评价机制及火山灾害风险评价与管理基本理论，建立了长白山地区火山灾害风险评价技术路线图（图1所示），总体来讲，长白山地区火山灾害风险评价与应急管理可分为以下四步：(1) 数据收集与处理；(2) 火山灾害风险信息管理系统；(3) 火山灾害风险评价与区划图；(4) 火山灾害综合区划图与应急管理对策。

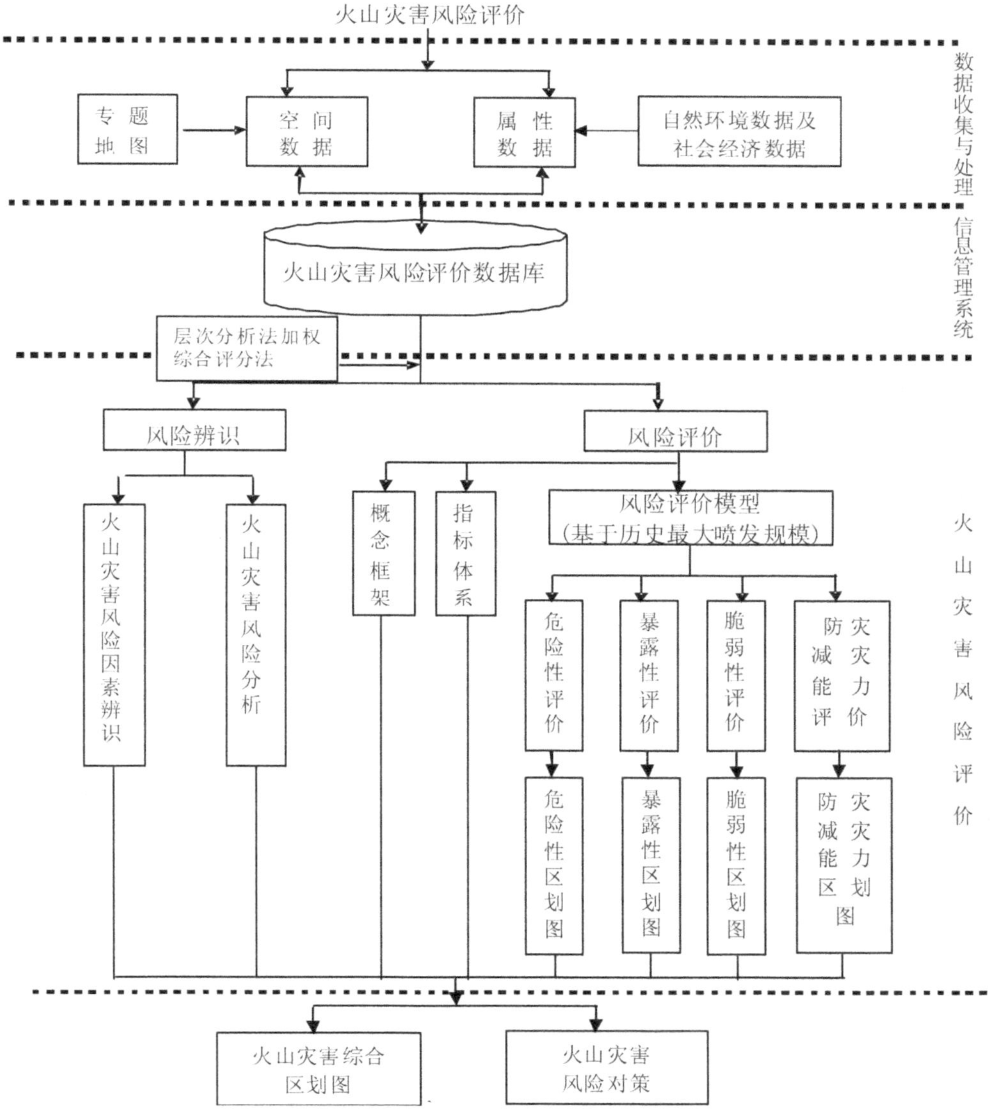

图1 长白山火山灾害风险评价技术路线图

三、长白山火山灾害风险分析

1. 火山灾害风险形成机制理论依据

火山喷发可以造成巨大的火山灾害，包括大量人员伤亡、财产的损失、生产的破坏、生态环境破坏和基础设施的破坏等。一次火山喷发是否会导致发生火山灾害及灾害的大小与轻重程度，既取决于火山喷发的地点（人口稠密区，有人居住区或偏远无人区），也取决于火山喷发的类型及其引发的火山灾害类型。当然，更取决于是否对该火山进行检测与研究，并在事前做出该火山的灾害区划图及减灾对策。不同的火山灾害类型所波及的范围和灾害程度是不同的[12]。根据目前比较公认的自然灾害风险形成机制和构成要素，火山灾害风险主要取决于四个因素（图 2）：火山灾害的危险性、暴露性（承灾体）、承灾体的脆弱性（易损性）和防灾减灾能力（火山灾害管理水平）。

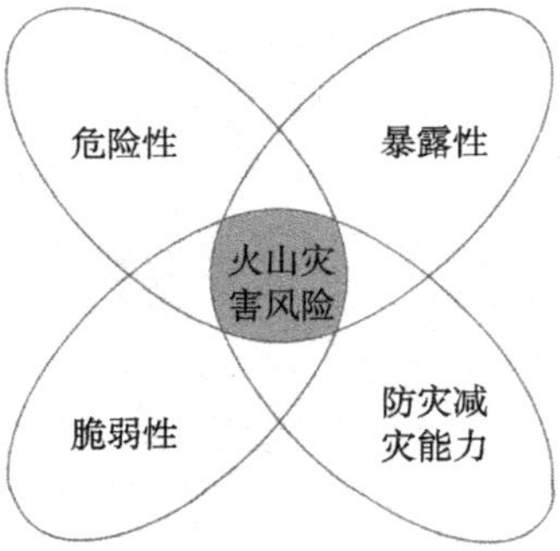

图 2　火山灾害风险形成机制

2. 长白山火山灾害风险因素辨识

长白山火山灾害风险因子辨识又称灾害风险识别，就是着重找出火山灾害风险的所在和引起火山灾害风险的主要因素。火山喷发的控制因素很多，主要取决于地质构造背景、历史喷发背景、空中降落火山碎屑物、火山碎屑流、火山泥石流等方面。

（1）地质构造背景

长白山火山区的地质构造背景是决定火山能否喷发最重要的因素，火山区以火山锥体为中心，向周围大体呈同心环状节节下降，构成以中心山锥体、中部山麓倾斜熔岩高原和外围熔岩台地的南西高、北东低的地貌特征[13]。中心锥体海拔 1 700 m 以上，坡度为 30°左右；锥体底部平面呈椭圆形，长轴沿北西南东展布，长轴 27 km，短轴 15 km；火山锥体顶部中心为蓄水 20×10 m 的火山口湖，即长白山天池（白头山天池）。大地断裂带是地壳运动活跃的部位，控制着研究区内的火山作用，它是火山灾害孕灾环境稳定性的重要指标之一。长白山天池（白头山天池）火山区存在一系列断裂构造，它们与火山活动密切相关。其中六道沟—长白山天池（白头山天池）甑峰山断裂和白山镇—长白山天池（白头山天池）—金策断裂为两条超岩石圈断裂，是长白山天池（白头山天池）火山区的主断裂，前者走向北东，倾向南东，长 180 km；后者走向北西，近直立，长 320 km。考察和研究表明，晚于 0.28 Ma 以来六道沟—长白山天池（白头山天池）—甑峰山断裂北西和南东两盘差异性抬升运动达 110 m；早于 0.28 Ma 以来，白山镇—长白山天池（白头山天池）—金策断裂的北东和南西两盘差异性抬升运动达 70 m。这些断裂的存在、活动和作用对中心式喷发的长白山天池（白头山天池）火山起着重要的作用，控制了晚第三纪以来玄武岩和粗面岩的分布，甚至控制着该区未来的火山活动。

（2）历史喷发背景

长白山天池（白头山天池）火山历史上曾有过多次喷发（一万年以来）（图 3）。刘若新等的（1997，1998）研究结果表明[3]，至目前为止，长白山天池（白头山天池）火山至少有 5 次以上的喷发，其喷发序列为：距今约 5 000 年（大规模爆炸式喷发）；距今约 4 000 年（中小规模喷发）；距今约 935～1 000 年的千年大喷发（大规模爆炸式喷发）；距今 300 年左右两次中等规模的喷发（即公元 1668 年，1702 年）；最近的一次小规模喷发是 1903 年。其中发生在大约 1 000 年前的大规模爆炸式的喷发，就其规模和猛烈程度属于全球近 2 000 年来的最大喷发之一。长白山火山 1 000 年前大喷发，火山灰向东一直飘过日本海，到达日本，超过 1 000 km，是世界上有史以来最大的火山喷发之一。火山灾害研究多用历史反演的方法，一般认为火山喷发期次距今越近，火山喷发的危险性越高。

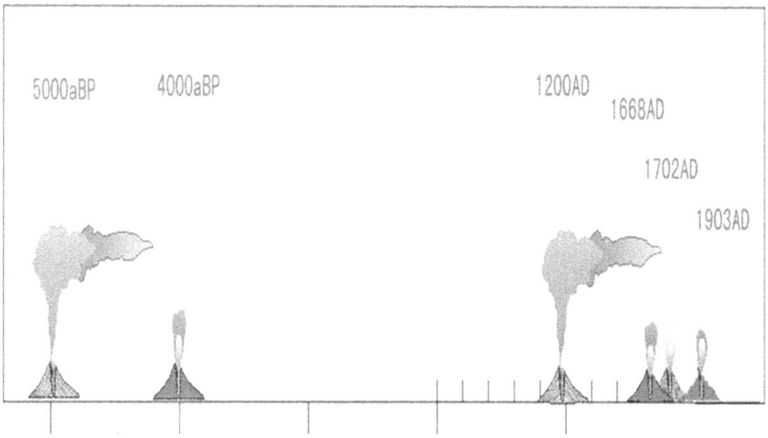

图 3 长白山火山历史喷发年代

（3）空中降落火山碎屑物

火山喷发空中降落碎屑堆积物是指火山爆发时，从火山口喷向空中的所有产物，而后在强劲单向风的吹拂下降落下来[14～15]。空落火山碎屑可以造成屋顶坍塌；甚至造成建筑物、森林、庄稼、蔬菜等被掩埋，交通破坏，供电、供水中断；火山灰使人、畜呼吸困难以及有毒气体毒害人、畜等。公元 1215 年空降浮岩堆积以长白山天池（白头山天池）火山口为中心，呈扇形分布，长轴为北西—南东向。火山口北西侧堆积物面积小，南东侧面积大，呈壳层状覆盖在先存地形之上。在火口边缘，空降浮岩具弱熔结，向火口一侧陡倾，向外侧缓倾，在地表流水冲刷下，形成各种尖峰，如鹰嘴峰。在火口缘凹口处，空降浮岩平缓外倾。锥体外缘，空降浮岩披盖在平缓的山脊、小山包以及玄武岩台地上。近火口缘以浮岩为主，占 70%～90%，远离火山口浮岩含量达 90%以上，浮岩成分为碱流岩质。此外为少量的围岩碎屑，主要是粗面岩和玄武岩，偶见花岗闪长岩。空降浮岩堆积物总体上呈细粒亏损。

（4）火山碎屑流

火山碎屑流是大规模火山喷发比较常见的产物，常常形成巨大的火山碎屑流，其能量大，流速快，平均速度可达每秒几十米，它们从火山口喷出后以迅猛的速度沿山坡向下流动，在相当短的时间可摧毁火山口周围的方圆几公里甚至上百公里范围内的森林、城市、村庄、桥梁及建筑物等，同时对火山口附近居民的生命安全和活动场所造成严重的威胁与破坏。火山碎屑流是高温的充满气体的火山物质的碎片沿地表的流动，特别是沿低地和河谷流动。火山喷发柱垮塌是其主要形成方式。火山碎屑流温度高达 715～1 000℃，可以每小时 200 km 的速度前进。较大的火山碎屑流可前进距火山口 100 km。

(5) 火山泥石流

泥石流是火山爆发引发的一种破坏力极大的流体，可以给流经地区造成严重的破坏。长白山火山一旦再次爆发，极有可能引发火山泥流，火山泥石流主要指火山碎屑流及熔岩流在高速流动过程中，与水或积雪融合形成的高密度流体，其流速快，能量大，成分复杂，以紊流流动为主。据初步研究，长白山火山 800 年前的大爆发，火山泥流沿松花江而下，越过丰满电站和吉林市，距火山口超过 300 km，火山泥流最深＞30 m，沿江两岸最宽＞10 km。长白山天池（白头山天池）蓄水量 20.4 亿 m^3，而且长白山火山每年积雪、积冰巨厚，长达 9 个月，因此，火山爆发时极有可能引发火山泥流。

(6) 长白山火山爆发时常伴有大量气体喷出

有些火山喷发释放出的有毒气体足以致人于死地。长白山天池（白头山天池）火山历史时期大喷发喷出的 S，F 和 Cl 的含量相对较高。按照空落浮岩样品在野外剖面的位置，郭正府绘制了长白山天池（白头山天池）火山喷出气体（S，F，Cl 和 H_2O）百分含量变化特征图[16]。

3. 长白山火山灾害风险分析

在 1 000 年前的长白山火山大喷发时，长白山天池（白头山天池）一带属于人迹罕至的未被开发地区，未造成实际灾害。但是今天的长白山区，已聚居数以十万计的人口，并建立了长白山自然保护区，又是我国重要的林业基地。如果再次发生类似距今 1 000 年前那样的大规模喷发，事先不作出预报并采取相应措施的情况下，其所造成的生命财产损失将是十分巨大的。对长白山火山空中降落火山碎屑物、火山碎屑流、火山泥石流三个因子所造成的灾害情况专家预测如下[17]：(1) 空落火山碎屑可以造成屋顶坍塌；甚至造成建筑物、森林、庄稼、蔬菜等被掩埋，交通破坏，供电、供水中断；火山灰使人、畜呼吸困难以及有毒气体毒害人、畜等。根据长白山火山未来爆发空落火山碎屑堆积物灾害范围，预测长白山火山一旦再次发生大规模爆发，必将对延边地区、珲春东北亚经济开发区的工农业生产建设造成巨大的影响和破坏。(2) 长白山火山 800 年前的大爆发，富含火山灰的浮岩流状堆积物环绕长白山火山分布，面积约 2 100 km^2，流的前锋最远越过二道白河镇，距火山口长白山天池（白头山天池）＞50 km。该火山碎屑流中含大量炭化木，标志大量原始森林被毁。长白山火山再次喷发火山碎屑流对生命和财产的主要危险可能涉及长白山火山 50 km 的二道白河镇的居民、房屋和建筑以及建筑在长白山脚下、二道白河源头的宾馆、饭店。(3) 由于火山泥石流流速较高，且比重较大，可摧毁和掩埋其前进途中的所有人，车辆和建筑，沿松花江上的丰满、白山等梯级电站将受到火山泥流的巨大冲击，如果发生连锁性破坏，将造成洪水泛滥，沿江两岸城镇和田园遭到破坏，其结果不堪设想。长白山天池（白头山天池）蓄水量 20.4 亿 m^3，而且长白山火山每年积雪、积冰巨厚，长达 9 个月，因此，火山爆发时极有可能引发火山泥石流。依据长白山火山 800 年前爆发火山泥石流分布绘制的长白山火山泥石流灾害图可见，最大危险区是二道白河镇，出现稍小规模的火山泥石流，二道白河镇也将最先遭到危及；如果发生800年前那样大的火山泥石流，二道白河镇将大部分遭到破坏。当引松入长时火山泥石流有可能堵塞水的引入，而且极细的火山灰漂浮在水中，江水中溶解有毒物质，含强碱或强酸，无法饮用。

长白山天池（白头山天池）火山喷出的火山气体对周围环境也产生了很大的影响，以卤化物气体为主的喷发对周围环境的影响主要体现在两个方面[18]：一是HF气体吸附在火山灰（尘）表面，形成迅速扩散的剧毒HF气体云，沉降后污染植被和水质，使动物窒息、死亡。二是火山HCl气体破坏大气圈臭氧层，甚至形成“臭氧空洞”，严重破坏环境和生态平衡，使动植物因接受过量紫外线辐射而损坏和死亡。此外，火山硫化物气体导致地表温度下降，形成酸雨和剧毒的火山灰云幕，损坏动物的皮肤、眼睛和呼吸系统、水循环、植被及土地肥力。喷发旋回早期HF含量较高的大量火山气体造成周围地区动物窒息，甚至集群死亡；晚期喷出的硫化物气体形成大规模酸雨和剧毒的火山灰云幕，严重影响动植物的生长。火山HCl气体则导致大气圈臭氧层减薄，破坏臭氧层。

火山喷发造成了大面积的森林被烧毁，依据火山喷发炭化木C14的年代分析及分布地域的分析[19]，长白山全新世以来的6期火山活动中，有3次造成了大规模的火山林火灾害，即园池期、小沙河期和奶头山期。各期的受灾面积为：园池期：30 km^2；小沙河期：32 km^2；奶头山期：70 km^2。依据1 km^2内火烧林的材积量为30 000 m^3，可确定各受灾期的林火灾害程度为：园池期：90万m^3，小沙河期：96万m^3；奶头山期：210万m^3。其评估结果可见，奶头山期是最严重的1次，其火烧面积、火烧木材、火灾规模均远远超过前两期。

四、长白山火山灾害风险评价指标体系与评价模型

1. 长白山火山灾害风险评价概念框架

根据自然灾害风险形成机制和灾害风险的定义，可以得出火山灾害风险评价的概念框架，某一地区的火山灾害风险是危险性、暴露性、脆弱性和防灾减灾能力四个因素共同作用的结果（图4），这些因素都是相互独立的，在此基础上这四个因素又被分解为详细的子因素。以此为基础可以得出如下火山灾害风险的定量描述公式：

火山灾害风险＝危险性（H）×暴露性（E）×脆弱性（V）×防灾减灾能力（R）

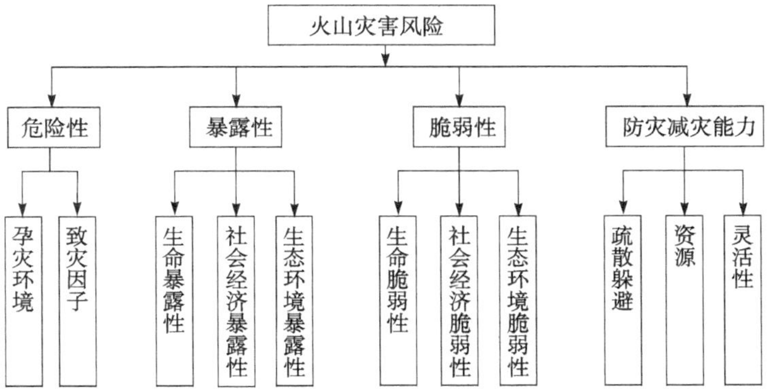

图4 火山灾害风险概念框架

2. 长白山火山灾害风险评价指标的选取与量化

根据上述火山灾害风险的形成机制与概念框架，借鉴自然灾害风险评价理论，本着代表性和可操作性原则建立了火山灾害风险评价指标体系。此指标体系分为目标层、因子层、子因子层和指标层，并选取了39个指标来描述火山灾害风险（表1）。

由于所选指标的单位不同，为了便于计算，选用以下公式，把各指标量化成可计算的0～10之间的无向量指标来表示所有因子：

$$X'_{ij}=\frac{X_{ij}\times 10}{X_{imaxj}}$$

其中，X'_{ij}与X_{ij}相应表示县（市、区）j中指数i的量化值和原始值，X_{imaxj}表示指数i在所有县（市、区）中的最大值。

表1 长白山火山灾害风险评价指标体系及权重值

目标层	因子层	子因子层	指标层	权重
长白山火山灾害风险指数	危险性	孕灾环境	X_{H1}历史喷发频度（次）	0.034 2
			X_{H2}地形因素（m）	0.057 5
		致灾因子	X_{H3}空中降落火山碎屑物（km^2）	0.076 0
			X_{H4}火山碎屑流范围（km^2）	0.100 6
			X_{H5}火山泥石流范围（km^2）	0.092 9
	暴露性	生命暴露性	X_{E1}居民总人数（人）	0.014 6
			X_{E2}旅游人口数（人）	0.012 5
			X_{E3}大牲畜总头数（头）	0.012 0
		经济暴露性	X_{E4}工业总产值（万元）	0.020 2
			X_{E5}建筑总产值（万元）	0.015 6
			X_{E6}农业总产值（万元）	0.017 4
			X_{E7}林业总产值（万元）	0.016 5
			X_{E8}牧业总产值（万元）	0.017 6
			X_{E9}渔业总产值（万元）	0.015 2
			X_{E10}旅游业总产值（万元）	0.015 6
		生态环境暴露性	X_{E11}耕地面积（km^2）	0.034 8
			X_{E12}森林面积（km^2）	0.034 8
			X_{E13}自然保护区面积（km^2）	0.037 2
			X_{E14}各名胜风景区和文物保护区个数	0.031 3
			X_{E15}自然保护区个数	0.031 3

续 表

长白山火山灾害风险指数	脆弱性	生命脆弱性	X_{V1} 0～17 岁和大于 60 岁人口百分数	0.023 3
			X_{V2} 受教育程度	0.011 9
			X_{V3} 女性人口百分数	0.014 3
			X_{V4} 在校学生所占百分比	0.018 6
		经济脆弱性	X_{V5} 小企业（<20 人）所占百分比	0.014 0
			X_{V6} 财政收入占财政支出的百分比	0.017 0
		生态环境脆弱性	X_{V7} 森林覆盖率	0.026 0
			X_{V8} 耕地面积占国土面积百分比	0.023 8
			X_{V9} 自然保护区面积占国土面积百分比	0.030 4
	防灾减灾能力	疏散躲避	X_{R1} 躲避所数量（学校＋体育场数）（所）	0.021 1
		资　源	X_{R2} 人均国内生产总值（万元）	0.007 3
			X_{R3} 医院、卫生院床位数（张）	0.009 9
			X_{R4} 医院、卫生院卫生技术人员数（人）	0.010 3
			X_{R5} 卫生防疫人员数（人）	0.010 5
			X_{R6} 各种社会福利收养性单位数（个）	0.009 9
			X_{R7} 各种社会福利收养性单位床位数（张）	0.011 2
		灵活性	X_{R8} 境内公路里程数（公里）	0.017 7
			X_{R9} 铁路里程数（公里）	0.017 7
			X_{R10} 民用汽车拥有量（辆）	0.017 3

3. 长白山火山灾害风险评价模型

根据标准自然灾害风险数学公式，结合火山灾害风险概念框架，利用加权综合评分法和层次分析法，建立如下火山灾害风险指数模型：

$$\mathrm{VDRI}=(H^{WH})(E^{WE})(V^{WV})(R^{WR})[0.1(1-a)R+a] \quad (2)$$

$$H=W_{H1}X_{H1}+W_{H2}X_{H2}+W_{H3}X_{H3}+W_{H4}X_{H4}+W_{H5}X_{H} \quad (2\text{-}1)$$

$$E=W_{E1}X_{E1}+W_{E2}X_{E2}+W_{E3}X_{E3}+W_{E4}X_{E4}+W_{E5}X_{E5}+W_{E6}X_{E6}+W_{E7}X_{E7}+W_{E8}X_{E8}+W_{E9}X_{E9}+W_{E10}X_{E10}+W_{E11}X_{E11}+W_{E12}X_{E12}+W_{E13}X_{E13}+W_{E14}X_{E14}+W_{E15}X_{E15} \quad (2\text{-}2)$$

$$V=W_{V1}X_{V1}+W_{V2}X_{V2}+W_{V3}X_{V3}+W_{V4}X_{V4}+W_{V5}X_{V5}+W_{V6}X_{V6}+W_{V7}X_{V7}+W_{V8}X_{V8}+W_{V9}X_{V9} \quad (2\text{-}3)$$

$$R=W_{R1}X_{R1}+W_{R2}X_{R2}+W_{R3}X_{R3}+W_{R4}X_{R4}+W_{R5}X_{R5}+W_{R6}X_{R6}+W_{R7}X_{R7}+W_{R8}X_{R8}+W_{R9}X_{R9}+W_{R10}X_{R10} \quad (2\text{-}4)$$

其中，VDRI 是火山灾害风险指数，用于表示火山灾害风险程度，其值越大，表示火山灾害风险程度越大；H，E，V，R 分别表示火山灾害的危险性、暴露性、脆弱性和防灾减灾能力因子指数，在（2-1）～（2-4）中，X_i 表示 i 量化后的权重，W_i 为指标 i 的权重，表示各指标对形成火山灾害风险的主要因子的相对重要性。变量 a 是常数（$0\leqslant a\leqslant 1$），用来描述防灾减灾能力对于减少的总的 VDRI 所起的作用。

五、长白山火山灾害风险评价与区划

1. 长白山火山灾害危险性评价与区划

危险性评价是研究地区遭受火山喷发影响的强度和频度。目前国内外临近期喷发预测技术尚不成熟，难以用具体的火山灾害喷发强度来标定火山危险性。火山灾害的危险性是指火山喷发造成的对生命、经济财产、生态系统和功能的损害威胁。火山灾害危险性，主要是由火山危险因子活动规模（强度）和活动频次（概率）决定的。经过专家征询，选取火山喷发频度、地形条件、长白山天池（白头山天池）火山空中降落火山碎屑物、长白山火山碎屑流、长白山火山泥石流 5 个指标描述火山灾害危险性，也就是对其孕灾环境和致灾因子两方面加以分析。

对于长白山火山而言，影响灾害形成的孕灾环境主要考虑了历史上长白山火山喷发的频次以及它的地形条件：(1) 历史上喷发的频次越多危险性越大，根据前面提及历史资料曾记载的长白山火山的六次爆发不同的规模描述，以及吉林省地震局对预测喷发规模的描述，预测的最大喷发范围 60 km，中等规模 40 km，小规模 20 km 的范围，估测的 5 个县级市所经历的喷发次数，结果表明安图县、抚松县和长白朝鲜族自治县经历 6 次，和龙 4 次，临江 2 次；(2) 地形对火山灾害的影响主要表现在地形高程上（图 5）：高程越低，变化越小，火山危险性越小；相反，高程越高，变化越大，火山危险性越大，研究统计结果表明其高程，长白朝鲜族自治县＞抚松县＞临江市＞和龙市＞安图县。

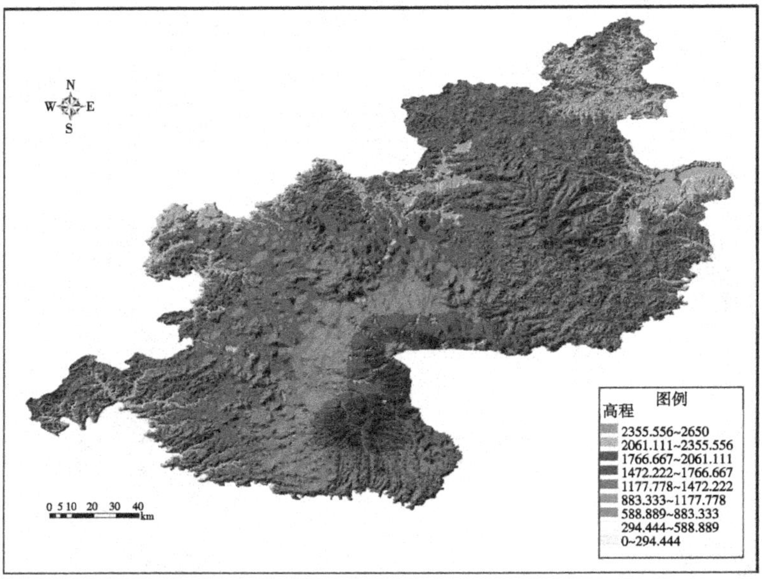

图 5 研究区数字地形高程图

致灾因子方面根据长白山已有的喷发历史状况，有关专家讨论了长白山天池（白头山天池）火山未来可能出现的火山灾害类型，包括空降火山碎屑物灾害、火山碎屑流灾害和火山泥石流灾害（图 4），以上 3 种因子将其称为长白山火山灾害的致灾因子。根据上述研究得出（图 6）将空降火山碎屑物分为重、中、轻灾区，火山碎屑流分为重、中灾区，火山泥石流分为重、中灾区，然后依次对5个县级市受灾情况进行分级，随之再计算，得出的结果（图7）表明，受3种灾害严重的地区依次为安图县＞抚松县＞长白朝鲜族自治县＞和龙市＞临江市。

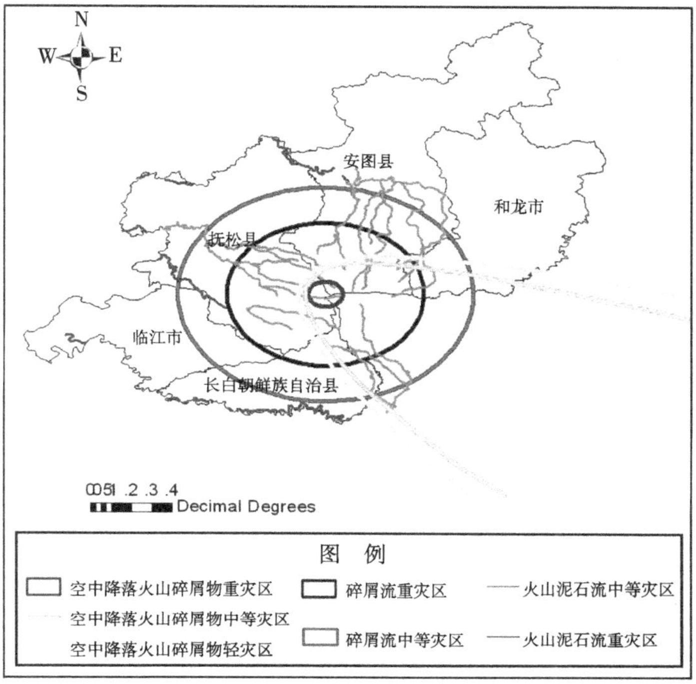

图6 长白山火山灾害致灾因子类型分布图

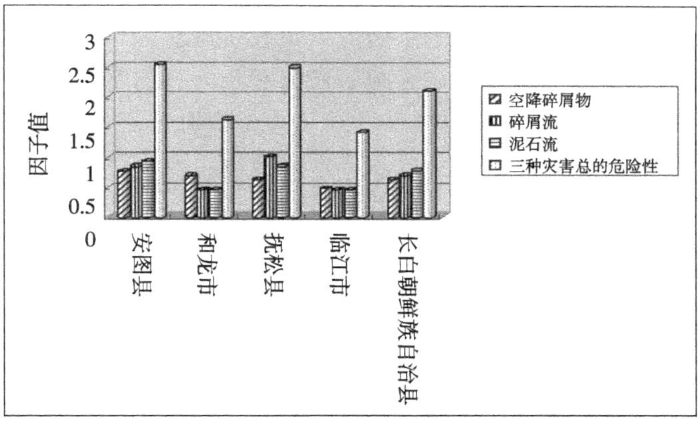

图7 长白山火山灾害不同致灾因子分析结果图

综合以上5种危险性因子，我们作出了长白山火山灾害危险性的区划等级，进而得出了长白山火山灾害危险性区划图（图8），从图中可以发现，危险性从大到小依次是抚松县、安图县、长白朝鲜族自治县、和龙市、临江市。其中危险性最高的是抚松县，主要是因为它受到3种火山灾害的面积较大，再加上它的高程比较高。近火山口：危险性最低的是临江市，主要是因为它远离火山口，受到三种灾害影响的面积也最小。而从行政区的位置买看，抚松县、安图县、长白朝鲜族自治区离长白山火山口的位置也是最近的，所以它们的危险性比临江市和和龙市高是符合客观规律的。

表 2 长白山火山灾害危险性区划的等级标准

	<1.973 7	1.973 7～2.302 9	2.302 9～3.020 9	3.020 9～3.269 3	3.269 3～3.311 1
危险性	轻微	轻	低	中	高

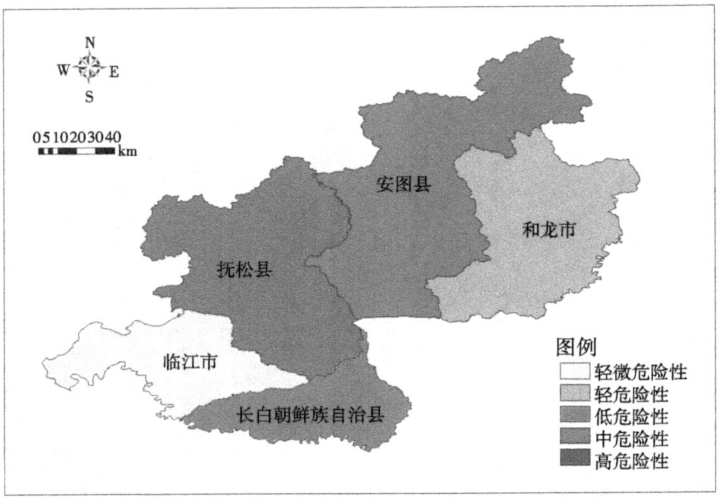

图 8 长白山火山灾害危险性区划图

2. 长白山火山灾害暴露性评价与区划

暴露性或承灾体，是指可能受到火山灾害危险因子威胁的所有生命、财产以及生态环境，如人员、牲畜、经济产值、森林、耕地等。一个地区暴露于火山危险因子的承灾体越多，可能遭受潜在损失就越大，火山灾害风险就越大。

本文对生命暴露性的研究主要选取了居民人口数、旅游人口数、牲畜数三个指标。由于长白山火山地区又是著名的风景旅游胜地，所以对于人口的暴露性，不仅要考虑当地的居民数量，还要考虑旅游旺季流动性的旅游人口数量。对于经济暴露性描述主要是从工业、农、林、牧、渔、建筑业、旅游业收入方面来考虑。对于生态环境方面主要考虑了耕地森林以及保护区面积，另外还考虑了名胜风景区、文物保护区和自然保护区的个数。长白山地区森林茂密，是中国重要林区。长白山自然保护区建于 1960 年，该保护区在全国自然保护领域具有十分重要的地位，在国际上也有重要影响。对长白山火山灾害暴露性因子进行分析发现（图 9），生命暴露性 5 个地区差不多，最高的为抚松县，因为抚松的居民人口数、旅游人口数比较多，最低的为长白朝鲜族自治县，因为该地区海拔比较高，居民、旅游人口数都比较少；经济暴露性 5 个地区中最高的为抚松县，最低的为长白朝鲜族自治县，这主要是因为，在经济暴露性中工业总产值占了很大的比重，抚松县工业总产值最高；生态环境暴露性 5 个地区最高的为安图县，最低的为临江市，主要是因为安图县森林面积和自然保护区面积大，而临江市没有自然保护区。

根据生命暴露性、经济暴露性、生态环境暴露性子因子层的分析以及暴露性区划的等级标准（表 3），绘制了长白山火山灾害暴露性区划图（图 10）。在图中可以发现，暴露性从高到低的顺序依次是：抚松县、安图县、临江市、和龙市、长白朝鲜族自治县。抚松县的生命和经济暴露性均为最高，而长白朝鲜族自治县生命和经济暴露性均为最低。

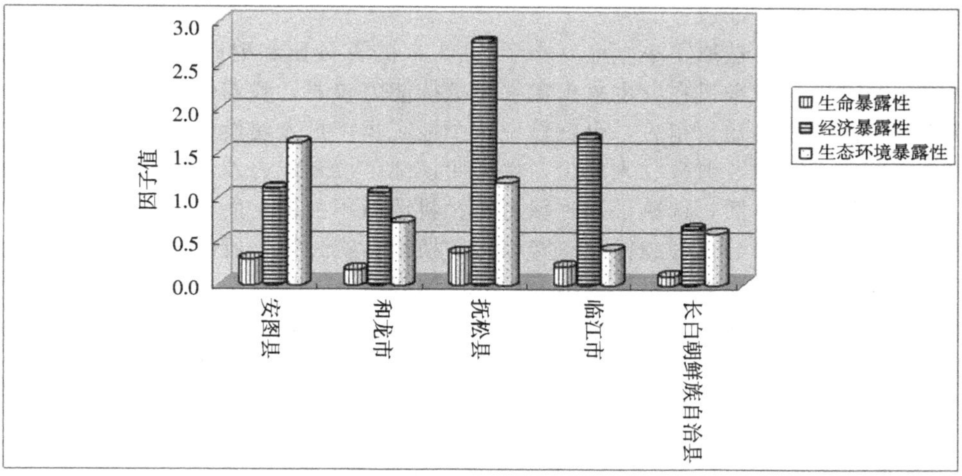

图 9　长白山火山灾害暴露性因子分析结果图

表 3　长白山火山灾害暴露性区划的等级标准

	<1.361 5	1.361 5～1.928 3	1.928 3～2.289 7	2.289 7～3.015 1	3.015 1～4.299 8
暴露性	轻微	轻	低	中	高

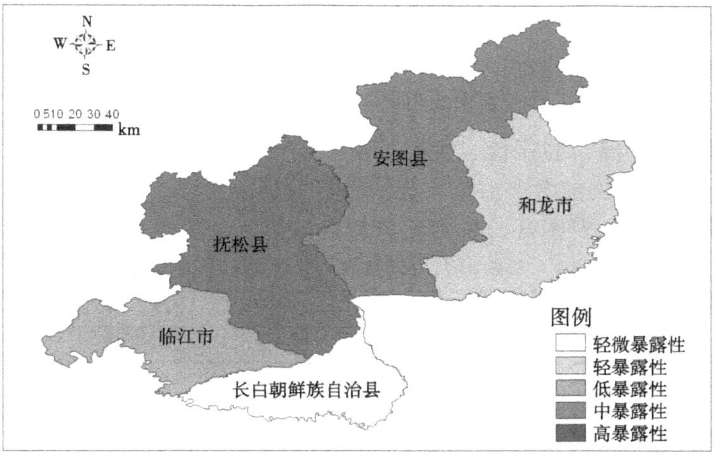

图 10　长白山火山灾害暴露性区划图

3. 长白山火山灾害脆弱性评价与区划

脆弱性描述了长白山火山地区存在的所有生命、财产以及生态环境由于潜在的火山喷发威胁而造成的伤害或损失程度。一般承灾体的脆弱性越低，火山灾害损失越小，火山灾害风险也越小，反之亦然。针对长白山地区，本文从生命、经济和生态环境三个方面来作脆弱性评价。生命脆弱性描述个体或群体特性，这些特征会使他们可能或多或少地遭受伤亡、转移。本文选取了 0～17 岁和大于 60 岁的人口百分比、人口的受教育程度、女性人口百分数、在校学生数 4 个指标来描述，0～17 岁和大于 60 岁的人口百分比越大说明其脆弱性越大，反之亦然；人口受教育程度是以人口完成 9 年义务教育为标准，受教育程度越高，人的防灾逃难意识可能会越强，其脆弱性越小，反之亦然；女性相对男性来讲是灾害发生时的弱势群体，在校学生同样是灾害发生时的弱势群体，他们的百分比越大，该地区脆弱性就越大，反之亦然。

经济脆弱性方面，选取了小企业（小于 20 人）的百分比和财政支出占财政收入的比例为指标，小企业相对来讲在发生火山灾害时抵抗能力较弱，脆弱性相对越大；一个地方财政支出与财政收入的比例越大，也就是说这个地区每年投入建设的资金越多，灾害发生时其损失就越大，其中若财政收入越少，也说明该地区抵御能力差，脆弱性大。

生态环境脆弱性方面，选取了森林覆盖率、耕地面积占国土面积的百分比、自然保护区面积占国土面积的百分比为指标。有着珍贵的植物动物种类，所以发生火山灾害时，这些地区的损失越大，越脆弱。对长白山火山地区脆弱性因子进行分析发现（图 11）：生命脆弱性最高的地区是抚松县，脆弱性最低的是和龙市；经济脆弱性最高的是和龙市，脆弱性最低的是抚松县；生态环境脆弱性最高的是安图县，最低的是临江市。

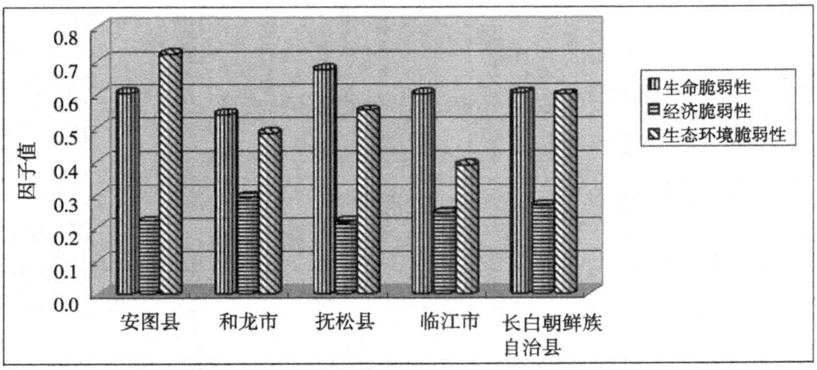

图 11　长白山火山灾害脆弱性因子分析结果图

根据生命脆弱性、经济脆弱性、生态环境脆弱性子因子层的分析以及脆弱性区划的等级标准（表 4），绘制了长白山火山灾害脆弱性区划图（图 12）。从图中可以发现，脆弱性从高到低的顺序依次是：安图县、长白朝鲜族自治县、抚松县、和龙市、临江市。

表 4　长白山火山灾害脆弱性区划的等级标准

	<1.229 3	1.229 3～1.313 4	1.313 4～1.441 1	1.441 1～1.465 1	1.465 1～1.546 0
脆弱性	轻微	轻	低	中	高

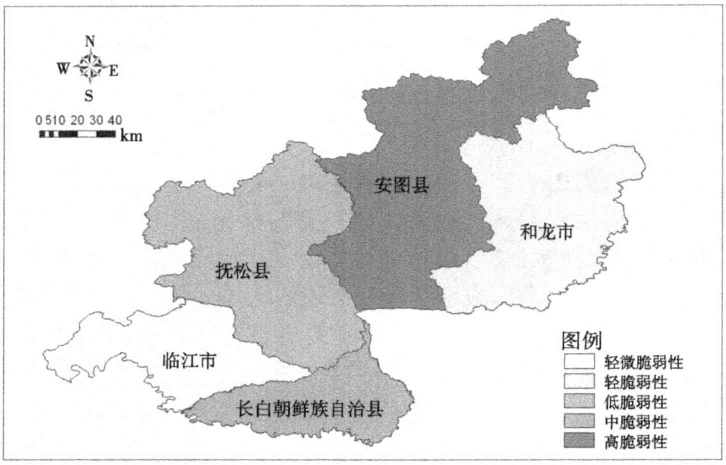

图 12　长白山火山灾害脆弱性区划图

4. 长白山火山灾害防灾减灾能力评价与区划

防灾减灾能力表示受灾区在短期和长期内能够从火山灾害中恢复的程度。防灾减灾能力越高，可能受潜在损失就越小。本文主要考虑的防灾减灾能力指标有：(1) 疏散躲避场所，如本文中选用的避难场所是学校数量和体育场数量，避难场所越多，其防灾减灾能力就越强；(2) 当地为应对火山灾害造成的损失所拥有的资源，如本文选用的人均国民生产总值、医生、卫生院床位数，医院、卫生院卫生技术人员数，卫生防疫人员数，各种社会福利收养性单位数，各种社会福利收养性单位床位数等指标，这些资源越多，说明当灾害发生后，救援工作会更好地进行，它们为灾后救援提供了物质保障；(3) 灾害发生时紧急转移的灵活性，如境内公路铁路的里程数及民用汽车拥有量，里程数越多，汽车拥有量越多，可以疏散转移、输送和调度的生命和财产就越多，防灾减灾能力就越强。对长白山火山灾害防灾减灾能力各因子进行分析发现（图 13），疏散躲避能力最强的是临江市，最低的是长白朝鲜族自治县；从灾后救援资源方面看，最强的是抚松县，最弱的是长白朝鲜族自治县；在灵活性方面，最强的是抚松县，最弱的是长白朝鲜族自治县。

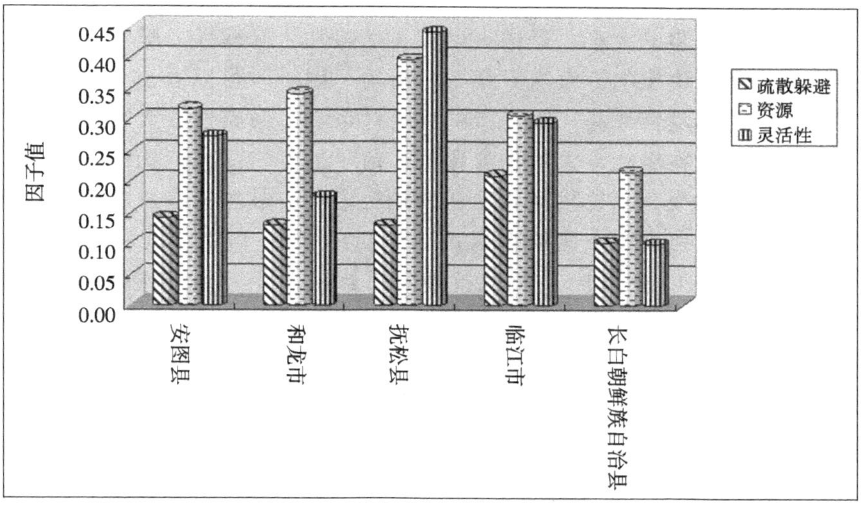

图 13 长白山火山灾害防灾减灾能力因子分析结果图

根据防灾减灾能力中的疏散躲避、资源、灵活性 3 个因子层的分析以及防灾减灾能力区划的等级标准（表 5），绘制了长白山火山灾害研究区防灾减灾能力区划图（图 14）。从图中可以发现，防灾减灾能力从高到低的顺序依次是：抚松县、安图县、临江市、和龙市、长白朝鲜族自治县。

表 5 长白山火山灾害防灾减灾能力区划的等级标准

	<1.888 4	1.888 4～1.960 8	1.960 8～2.045 0	2.045 0～2.280 4	2.280 4～2.411 0
防灾减灾能力	轻微	轻	低	中	高

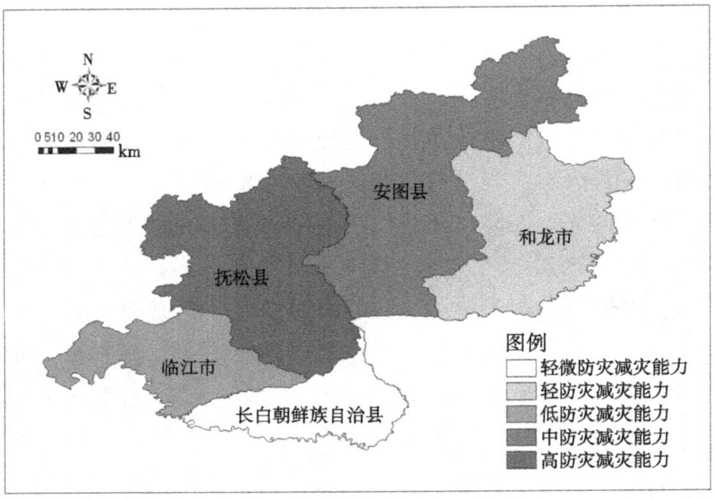

图 14 长白山火山灾害防灾减灾能力区划图

5. 长白山火山灾害综合评价与区划

长白山火山灾害风险的大小，是由火山灾害危险性、暴露性、脆弱性以及防灾减灾能力这四个因子相互作用决定的。每次只集中分析单一因子时可以看出（图 15），长白山火山地区中，抚松县的危险性最高，临江市的危险性最小；暴露性最大的是抚松县，最小的是长白朝鲜族自治县；脆弱性最大的是安图县，最小的是临江市；抚松县、安图县、临江市的防灾减灾能力相对而言都比较高，最强的是抚松县，最弱的是长白朝鲜族自治县。当综合分析四个因子，长白火山灾害研究区风险分析结果图（图 16）表明，抚松县遭受火山灾害风险的可能性最大，超过 6，其他各县安图县超过了 5，其余各县风险值还不到 4。

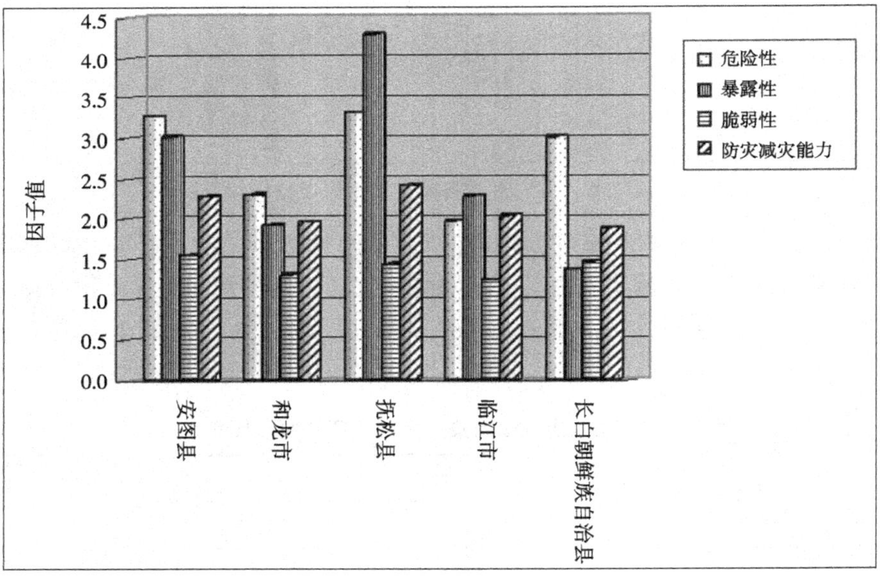

图 15 长白山火山灾害风险分析结果图

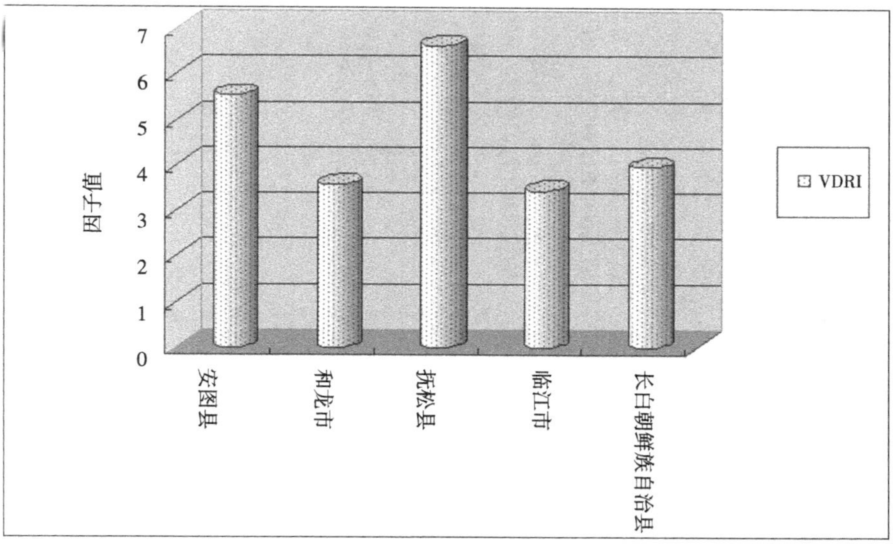

图 16　长白山火山灾害风险因子分析结果图

根据危险性、暴露性、脆弱性、防灾减灾能力 4 个因子层的风险分析以及综合风险区划的等级标准（表 6），绘制了长白山火山灾害风险区划图（图 17），图中表明各县市风险性从大到小依次是：抚松县、安图县、长白朝鲜族自治县、和龙市、临江市。

表 6　长白山火山灾害综合风险区划的等级标准

	<3.447 8	3.447 8～3.583 9	3.583 9～3.959 2	3.959 2～5.550 1	5.550 1～6.641 1
综合风险	轻微	轻	低	中	高

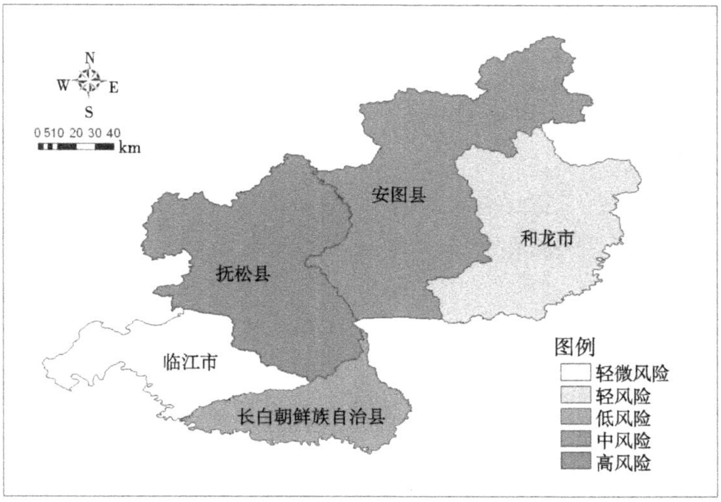

图 17　长白山火山灾害综合风险区划图

参 考 文 献

[1] 刘嘉麒．中国火山 [M]．北京：科学出版社，1999：1—219.

[2] 刘若新，魏海泉，等．长白山天池（白头山天池）火山近代喷发 [M]．北京：科学出版社，1998：1—159.

[3] 张学霞，等．火山信息系统建立方法研究：以长白山火山区为例 [J]．地质灾害与环境保护，2000，9（3）：226—229.

[4] Zhang Jiquan. *Risk assessment of drought disaster in the maize-growing region of Songliao Plain，China* [J]．Agriculture Ecosystems&Environment，2004，102（2）：133—153.

[5] 孙建军，成颖．定量分析方法 [M]．南京：南京大学出版社，2005：212—240.

[6] 张继权，魏民．加权综合评分法在区域玉米生产水平综合评价与等级分区中的应用 [J]．经济地理，1994，14（5）：19—21.

[7] 吉林省统计局．吉林统计年鉴 2007 [M]．北京：中国统计出版社，2007.

[8] 吉林省统计局．吉林统计年鉴 2006 [M]．北京：中国统计出版社，2006.

[9] 延边统计局．延边统计年鉴 2002 年 [M]．延吉：延边人民出版社，2002.

[10] 延边统计局．延边统计年鉴 2001 年 [M]．延吉：延边人民出版社，2001.

[11] 白山市统计局．白山统计年鉴 2001 年 [M]．吉林省白山市鹏达印刷厂，2002.

[12] 刘若新．中国的活火山 [M]．北京：地震出版社，2000.

[13] 潘纪顺，梦林．白山天池火山区浅部构造特征研究 [J]．地震学报，2006，7（4）：399—407.

[14] Fisher RV，SchmincheHU. Pyroclasticrocks [M]．Ber-lin：Springer-Verlag，1984：1—472.

[15] 杨清福，等．长白山天池（白头山天池）火山减灾对策初探 [J]．地震研究，2003，4（2）．

[16] 郭正府，等．长白山天池（白头山天池）火山气体对环境的影响及潜在火山灾害研究 [J]．中国科学 D 辑地球科学，2005，35（8）：781—789.

[17] 刘松雪，刘祥．长白山火山灾害及其对大型工程建设的影响 [J]．世界地质，2005，9（3）：289—292.

[18] 郭正府，陈晓雨，等．中国大陆火山活动对气候与环境影响的研究进展 [J]．矿物岩石地球化学通报，2007，10（4）：319—322.

[19] 崔钟燮．长白山 1997 全新世以来火山喷发活动与森林火灾地理研究 [J]. 地理研究，1997，3（1）：92—96.

2010年松花江南源暴雨洪水分析

苏明涛　张　郁
（东北师范大学城市与环境科学学院　长春130024）

【摘要】2010年汛期，松辽流域连降暴雨，致使松花江南源、辽河干流发生了历史上罕见的特大洪水。洪水特点是暴雨迅猛，强度大，持续时间长。本文对松花江南源暴雨洪水的特点、成因和发展过程进行了分析。

【关键词】暴雨　洪水特点　松花江南源

松花江流域是我国重要的商品粮生产基地之一，在东北地区国民经济发展中占有非常重要的地位。近年来，随着松花江流域经济的高速发展和城市化进程的加快，水资源短缺、水体污染、水土流失、洪涝灾害等问题日益突出。2010年夏，松花江上游南支（以下简称南源）遭遇了百年一遇的洪水灾害，严重危及人民的生命财产与生态安全。

一、流域概况

松花江南源源于长白山的白头山，经吉林省东、中部，至扶余县的三岔河口与北来的嫩江汇合后为松花江，松花江南源全长795 km，流域面积78 180 km^2，占松花江流域面积的14.33%，其流量占松花江水量的39%。松花江干流流经吉林省的安图、敦化、吉林、长春、扶余等26个市、县，整个流域地势东南高、西北低，河水由东南流向西北。松花江南源年平均降水量充沛，水资源丰富，特别是上游山区，山高河陡，水资源丰富[1]。

松花江南源的干流河长608 km，流域面积77 885 km^2，呈椭圆型。吉林市以上为上游段，河网发育，河道曲折，比降为4‰到0.6‰。吉林至松花江铁路大桥为中游段，属丘陵区，地势300～400 m，河谷宽浅，河流平稳，比降为0.7‰。铁路大桥至河口为下游段，属平原区，地势在100 m左右，河流宽而浅，多沙滩，河流比降在0.04‰以下。白山水电站与下游38 km处及750 km处的红石、丰满水电站呈梯级衔接，形成了松花江南源上游特有的“三湖一池”的自然风光[2]。

松花江南源的中上游，地势相对高差大，每遇暴雨，多发生洪水，尤以7月下旬至8月下旬为甚[3~4]。2010年7月28日至8月30日，松花江南源中上游连续发生多次强降雨，遭遇百年一遇的洪水。洪水受灾范围大，桦甸、舒兰、蛟河、延吉等多县市受灾，其中最严重的是永吉县，洪水肆虐，大量房屋被夷为平地，整个县城交通、供水、供电、通信全部瘫痪，28.5万人受灾，农作物受灾面积5.6万 hm^2，转移安置灾民17.5万人，洪水造成的直接经济损失46.4亿元。

本文以丰满水库控制站为例，分析2010年汛期松花江南源暴雨洪水特点。

二、暴雨分析

自2010年7月下旬至8月中下旬以来，松花江南源接连遭受多次特大暴雨袭击，形成历史罕见的洪涝灾害，降雨区主要集中在南源的东南部。与常年相比，整个流域降雨量偏多28%，白山、丰满水库降雨量偏多39%～65%（降雨过程见图1）。

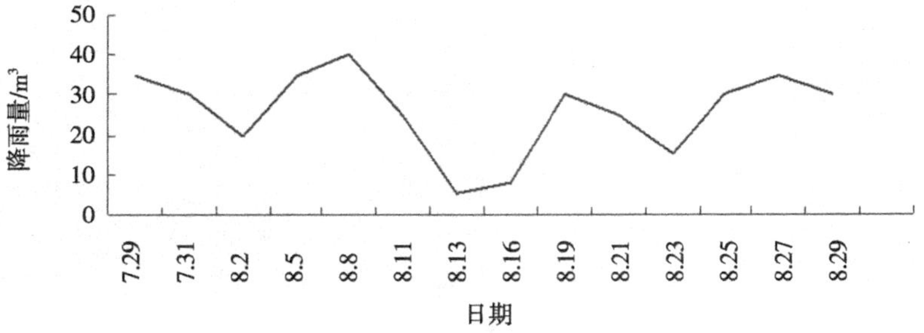

图1　2010年汛期丰满水库站降雨量分布

1. 暴雨发展过程

从图1中可以看出，7月28日至8月30日，由于出现持续降雨，松花江南源共经历了四次降水高峰期。受资料所限，以遭受暴雨灾害最严重的丰满水库站为例，据统计测算，丰满水库站在这四次降水高峰期间的累计降雨量分布情况是：

（1）7月28日至30日，松花江南源经历了一次持续的强降雨过程，丰满水库共累计降雨量106 mm。

（2）8月4日至5日，松花江南源上游至下游出现了中到大雨，局部暴雨过程。丰满水库共累计降雨量70 mm。

（3）8月19日至22日，松花江南源中游再次出现强降雨过程，局部地区暴雨。丰满水库共累计降雨量75 mm。

（4）8月26日至30日，松花江南源降中到大雨，局部降暴雨。丰满水库共累计降雨量80 mm。

2. 暴雨特点及成因

此次暴雨的特点是：暴雨强度高，历时长，落点重复。最典型的是永吉县的朝阳站，两小时突降164 mm超强特大暴雨，这在吉林省气象记录史上是从来没有过的。

造成7月末至8月末松花江南源地区暴雨的主要原因是，持续维持的组合式大气环流异常，并且多年罕见。西太平洋副热带高压异常偏强西伸使位于副热带高压西北侧的暖湿气流源源不断从西南方向我国东北输送水汽，不仅如此，受鄂霍次克海暖高压的阻挡作用，东移的冷空气在中国东北地区迟滞，与暖空气交汇相遇形成明显降水。

三、洪水发展过程

1. 洪水的水位特征

从7月28日至8月30日，松辽流域发生连续强降雨过程，受降雨影响，松花江南源多条河流水位全线上涨，多次出现超过警戒水位的危险现象，多座大型水库超过防汛限度，超过历史记录洪水。丰满水库站在此期间也多次出现超警戒水位的现象，其水位过程线如图2所示。

图2　2010年汛期丰满水库站水位过程线

此次丰满水库站洪水水位变化过程是：

(1) 7月25日至28日，松花江南源发生强降雨过程，受强降水影响，28日白山、丰满水库水位迅速上涨至257.77 m，29日丰满水库水位达到260.04 m。由于在8月5日后的一段时间里不再出现强降雨，丰满水库的水位从8月5日的262.88 m降至262.57 m，并继续回落。

(2) 8月7日至9日，松花江南源再次出现降雨过程，丰满水库调洪最高洪水位263.69 m出现在8月11日，此后水库水位逐步回落，至8月13日，松花江南源全线退到警戒水位以下。

(3) 松花江南源在8月26日至30日降中到大雨，受强降雨影响，丰满水库8月26日出现2010年以来最高库水位263.95 m，此后水库加大径流量，截至8月28日，丰满水库水位263.78 m；8月30日，丰满转入电力调度运行状态，水库水位降至263.29 m，在以后几天的时间里，水库水位逐步回落，至此松花江南源的洪水调度结束。本次通过联合调度，将丰满水库以上百年一遇的洪水消减为下游堤防安全泄量以内的洪水，同时两库的水量被合理利用起来发电，收到了防洪和兴利双赢的效果。

2. 洪水的流量特征

从7月末至8月末，松花江南源经历了连续几天的强降雨过程，受其影响，丰满水库水位迅速上涨，自7月29日起丰满水库开始泄洪，到8月30日期间，水库流量经历几次增减，其流量过程线见图3。

图3　2010年汛期丰满水库站流量过程线

此次丰满水库站洪水的径流变化过程是：

(1) 7月28日至29日，松花江南源经历了第一次暴雨过程，丰满水库水位迅速上涨，29日起开始泄洪，丰满水库放流3 000 m^3/s。之后，根据流域汛情变化情况，加大丰满水库泄流量，出库流量由3 000 m^3/s加大到4 500 m^3/s，此后几天水库流量有所减少。

(2) 8月2日至5日，丰满水库水位又迅速回升，泄洪量进一步加大，8月4日至8月6日，丰满水库最大放流量为4 500 m^3/s。经科学调度，使丰满水库出流量保持3 500 m^3/s，以减轻下游防洪压力。

(3) 8月7日至9日，松花江南源又出现一次降雨过程，自8月9日起，丰满水库总出库流量由2 500 m^3/s减少至2 100 m^3/s。8月11日之后，丰满水库的总出库流量仍维持在2 500 m^3/s。

(4) 8月19日至21日，松花江南源的强降雨过程使丰满水库的出库流量再次上升，从2 500 m^3/s增加至2 800 m^3/s。此流量一直持续到下一次强降雨的出现。

(5) 8月26日至30日，松花江南源再一次出现强降雨，丰满水库水位迅速上升，出库流量进一步加大，从8月27日起，丰满水库出库流量由2 800 m^3/s增加至4 000 m^3/s。由于降雨过程结束，8月29日，丰满水库出库流量减少至3 500 m^3/s，此后几天一直持续这个水平。

四、洪水分析

松花江南源径流具有时空分布不均匀的特点。从空间分布看，多年平均径流量大，总的趋势是从东南向西北递减。从时间分布看，径流的年内、年际变化均较大。暴雨洪水主要发生在6～9月份，其中7～9月径流量就占全年径流量的60%。

2010年，松花江南源的暴雨洪水径流特点概括起来有两点：

1. 洪水迅猛，有的城镇内涝与外洪并发。这次暴雨使松花江南源多条河流同时发生超历史记录洪水。

2. 丰满水库上下游洪水同时发生，使松花江南源暴发全流域大洪水。

松花江南源在解放后发生几次大洪水的年份是1953，1957，1960，1964年。其中1953年松花江南源暴发全流域大型洪水，具有典型的代表性。从洪水发生时间、洪峰流量、洪峰水位及洪水组成来看，松花江南源2010年的洪水与1953年相比，具有以下四个特点（见表1）：

一是在洪水发生时间上早于1953年，2010年第一场洪水开始于7月下旬，比1953年早将近一个月。

二是洪峰流量大于1953年。2010年松花江南源丰满水库入库洪峰流量21 000 m^3/s，1953年洪峰流量16 100 m^3/s。

三是洪峰水位高于1953年。2010年丰满水库最高水位达263.95 m，超过1953年最高水位263.5 m。

四是从洪水组成情况看，1953年松花江南源洪水，主要来自丰满水库以上流域，而2010年洪水主要来自松花江南源中上游及支流饮马河、伊通河，白山水库以上，白丰区间和丰满水库以上。

表 1 松花江南源 2010 年洪水与 1953 年洪水特征比较

特征 年份	发生时间	洪峰流量	洪峰水位	洪水组成
1953 年	8 月 22 日	16 100 m^3/s	263.5 m	丰满水库以上流域
2010 年	7 月 28 日	21 000 m^3/s	263.95 m	松花江南源上中游及支流

五、小　　结

2010 年汛期，自 7 月 28 日至 8 月 30 日，多次持续的强降雨过程，导致松花江南源上游出现百年一遇特大洪水，多个水文观测站水位超警戒，支流多条河流发生超历史纪录洪水，对松花江南源地区造成了不可估量的社会经济损失。值得指出的是，为抵御这次百年一遇的洪水，将洪水造成的损失降至最低限度，通过科学的成功调度，白山水库、丰满水库都发挥了重要的削峰错峰等防洪作用，为洪水管理提供了重要支撑。

* 特别感谢刘惠清教授、吴计生工程师、赵峰高级工程师为本文提供的大力支持。

参 考 文 献

[1] 吕宪国，张为中．嫩江、松花江洪水与流域综合管理．地理科学，1999，19(1)：10－12.

[2] 王蕴芳，陈丽芳，靳宏伟．1998 年嫩江、松花江暴雨洪水特性分析．东北水利水电，1999，3：3－6.

[3] 王艳男，陈明．第二松花江洪水特性分析．吉林水利，2007，3：3－5.

[4] 于德万，谢洪伟，李萍．吉林省第二松花江暴雨洪水特性及防洪对策．水利规划与设计，2008，5：16－17.

泥炭记录的古环境半定量—定量重建的若干问题

赵红艳 李鸿凯 王升忠 卜兆君 韩 毅 马云艳 焦文建
（东北师范大学泥炭沼泽研究所，长春，130024）

【摘要】 本文阐述了泥炭发育与环境气候的关系，并从研究地点和剖面的选择、泥炭古气候重建的待用指标、年代序列的确定，以及泥炭记录的古气候定量重建中有待改进的一些问题、发展趋势等方面，论述了重建全新世古气候应考虑的若干问题，并重点讨论了植物大化石、腐殖化度和有壳变形虫代用指标的环境意义。

【关键词】 泥炭地 全新世 古气候 腐殖化度 植物大化石 变形虫

泥炭地有各种各样的类型，按照水分和养分的补给类型可分为矿养泥炭沼泽（minerotrophic fen）和雨养泥炭沼泽（ombrotrophic bog）两种。欧洲还有一种披盖式（blanket mire）泥炭沼泽，即在矿质的基底上形成一层像地毯式的泥炭藓泥炭。不论哪种类型，它们都是在嫌气的环境下形成的，即植物的生产超过了分解，从而堆积成泥炭（Turunen，1996）。泥炭地的形成与气候息息相关。早在 1876 年，挪威科学家 A. Blytt 根据泥炭地层，提出了北方期（干燥期）和大西洋期（湿润期），1908 年瑞典 R. Sernander 丰富了全新世气候变化的各个时段。这一结论揭示出泥炭是古环境变化良好的信息载体。

与冰芯、深海沉积物相比，泥炭地更容易接近；在取样方面，也比冰芯、深海沉积物和湖泊沉积物更易得且经济；与树轮相比，泥炭地有更多的环境代用指标，也有比黄土更广泛的分布和更高的分辨率。另外，绝大多数的泥炭地是原位沉积的，避免了一些再沉积现象（Chambers，2004）。因此，以泥炭为信息载体的古环境古气候研究一直是过去环境变化（PAGES）的一个研究重点。

以泥炭为信息载体的古环境重建从定性逐步发展为半定量、定量，凝聚着世界各国数代泥炭研究者的心血。目前研究泥炭古气候重建最好的区域是欧洲，特别是在大不列颠岛、荷兰、芬兰、挪威、瑞典、丹麦等地，在研究方法方面，如气候一响应模型的建立、图分析工具的使用、年代确定以及主要地层的认定都取得了较大的进步，使以泥炭为信息载体的环境变化数据在全新世气候变化方面很有说服力。本文综述了泥炭发育的气候环境，并重点讨论泥炭记录的古环境定量重建。

一、泥炭发育与环境气候的关系

全球共有泥炭地约 4×10^6 km^2，占陆地面积的 3%左右。其分布范围遍布全球的各个纬度带，但是很不平衡。总的来说，泥炭地集中分布于北温带和赤道附近（Maltby，

1996)。这种地带性分布规律主要是受控于全球性气候因素的制约。泥炭地的分布与气候的关系，苏联学者 C. H. Тлормнов 和我国学者都有研究，并证明气候是全球性泥炭分布的控制因素（白光润，1995)。由此可见，泥炭的广泛发育与区域气候存在密切关系。

泥炭作为环境信息载体已经被广泛认可，特别是在 1981 年 Barber 针对循环再生理论的试验之后，泥炭专家在英格兰、爱尔兰、苏格兰以及欧洲各地开展多项研究，都证实泥炭地中包含着古环境古气候的信息（Dupont，1986；Svensson，1988；Blackford，Chambers，1991，1995；Barber，1994；Chambers，1997；Charman，1999；Ellis，Tallis，2000；Chiverrell，2001)。

检验泥炭地中是否包含气候信息的方法之一是进行多点比较。如果从各点推出来的主要气候变化的模式、时间一致，就足以证明存在气候变化（Barber，2000)。一般来说，区域范围沼泽发育是与大的气候相联系的，局部水文变化则引起个别沼泽的发育。

二、泥炭记录的古环境重建研究

从泥炭地层中进行区域古气候重建包含了如下前提假设：第一，沼泽植被群落的演替与水位有关，而水位变化又是对气候变化的响应；第二，保留在沼泽中的各种植物残体是对原始植被的真实记录；第三，更强的分解发生在沼泽表面变干的时候，因而导致更多的腐殖化度、更高的吸光度和较少的植物残体；第四，剖面连续，且剖面年代的确定是可信的。在这些假设前提下，沼泽表面湿度的变化是由气候因素，即有效降水决定的，而有效降水是由温度和降水两方面引起的（Blackford，2000)。

目前古气候古环境的重建寻求高分辨率定量研究，以指导未来的环境变化。泥炭反映的环境变化精度取决于一系列问题，包括研究样地的选择、剖面的选取、代用指标的精度、定年的精度等。

1. 研究地点和剖面的选择

对于以泥炭为信息载体高分辨率古气候重建，泥炭样地和典型剖面的选择至关重要。首先研究区域应位于环境变化的敏感地带，最好能够进行区域间的比较，如同位于北半球温带区域的中国东北和欧洲，两个区域泥炭沼泽广泛分布，便于样地的选择和区域比较。

泥炭剖面直接关系着研究结论的真实、全面、可靠。其选取的基本原则应该是基于最大的信号/噪声比，即地层剖面应包含所有主要的气候变化，同时含较少的无用信息。典型剖面的特征是：沉积连续，速率大，未曾扰动，贯穿整个全新世，甚至更长，易于取样等。若要获得典型的、有代表性的钻孔，应该在全面的区域和地层等野外考察基础上、实验室内预分析基础上进行。即使在同一块泥炭地，剖面的选择不同，也可能带来不同的研究结果。

通过距离较远的两个独立的泥炭地的分析，得到一致的气候变化趋势，说明反映的是区域气候因素，而非个体因素。

泥炭剖面类型不同，揭示的环境变化的敏感程度也可能有很大的区别。雨养型泥炭仅仅靠降水补给，地表水和地下水对它的影响可以忽略不计，所以，这类泥炭剖面更能很好地反映区域气候。矿养型泥炭除了接受大气降水外，还收到地表水和地下水的补给，所以它对环境变化的敏感度还有待深入研究。披盖式泥炭沼泽也已经被证明能够提供区域范围内可重复、高分辨率的古环境重建证据（Mauquoy，2002）。

2. 泥炭地中的环境指标

泥炭中反映环境信息的指标很多，如生物方面，包括孢粉、植物大化石、碳屑、非孢粉微化石、有壳变形虫、树木年轮生态学和树木年轮气候学、甲虫类等；在物理和化学方面的分析方法有烧失量、C∶N、磁化率、容重、泥炭分解度的测定、无机元素、生物分子化石、稳定同位素分析等。这些指标中，有的分辨率能达到年际一十年水平，如树轮、有壳变形虫等；有的指标能实现几十年一百年分辨率，如孢粉（Huntley，1990；MacDonald，Edwards，1991）、植物大化石分析、稳定同位素分析（洪业汤，1997；洪冰，2009）、生物分子化石（谢树成，2003）；其他的指标基本都能实现百年一千年分辨率（Barber，1999）。

这里重点介绍目前国外可以用于定量重建古环境的三个指标：植物大化石、腐殖化度和有壳变形虫的环境意义。

（1）植物大化石

按照水分条件，植物可分为旱生、中生、湿生等类型。泥炭沼泽中的植物多数是湿生植物，也有少量的中生植物。即使是湿生植物，最适应的水位埋深也因不同植物种类而不同。根据欧洲和我国学者的研究，同样是泥炭藓类植物，不同种泥炭藓的水位埋深也有区别，据此可以分成指示更湿的狭叶组（*Sphagnum* section *Cuspidata*）和指示较干的尖叶组（*Sphagnum* section *Acutifolia*）（Daniels，1985；陈旭，2009）。

植物大化石（plant macrofossils），在我国被称为植物残体，它是指植物遗体在过湿缺氧的环境中难以完全分解，而是呈半分解状态保存于泥炭之中。因此，在显微镜下，仍能观察到植物体部分细胞的形态，并通过对泥炭中植物残体细胞形态特征的识别，来判断造炭植物的种类及其组合。根据植物种类与水位埋深的关系，来解译当时的成炭环境。

早在1842年丹麦的Steenstrup J. S. 就曾进行了植物大化石的定性分析，1916年德国的Weber C. A. 确立了孢粉的分析方法，当时主要用于泥炭，这对植物大化石的研究也起了重大的促进作用。自从世界能源危机以来，各国对泥炭资源调查和应用的研究工作更加迅速和全面展开，也使泥炭植物大化石的研究更加深入，代表国有欧洲的苏联、瑞典、丹麦、芬兰等，亚洲的日本、中国也先后开展了泥炭植物大化石的研究工作。随着孢粉分析的逐渐成熟，植物大化石的分析技术进展较慢。直到1981年，出现了植物大化石的定量分析技术，它由英国Southampton University古生态实验室的Barber K. E. 先生首创，具体的做法类似于生态学家使用同样方法测量植物群落组成，植物大化石分析（Quadrat and Leaf Count Macrofossil Analysis）统计多个视野中植物残体的种类及其组成比例，又称为QLCMA法。它的最大优势在于可以进行多变量的分析，特别是除趋势分析（DCA），以消除数据中潜在的背景因素。

这种方法首先在研究英格兰北部的Bolton Fell Moss沼泽地时使用，得到气候变化的转折点和变化周期（Barber，1994），这一结论被后人证实（Barber，1998；Mauquoy，2002；Booth，2004；Blackfold，1993）。目前，植物大化石分析技术在欧洲得到广泛使用，结果表明，该技术是一种可以进行半定量一定量重建全新世气候的方法。

（2）腐殖化度

腐殖化度是一种测量泥炭分解程度的方法（Blackfold，1993），已经被国内外学者证明，能够提供有关环境气候的有效数据。其基本原理是，在干旱的气候条件下，水位较低，植物残体需要花费更长的时间，从活跃层（好氧层）到惰性层（厌氧层），导致其分解更彻底，腐殖化度高；反之，在潮湿的气候期，腐殖化度低（Payne，Blackford，2008）。因此，腐殖化度可以作为沼泽表面湿度的代用指标。通过沼泽表面湿度重建区域水文状况，进而推出区域气候变化。在此方面，仅接受大气降水的雨养泥炭沼泽，包括隆起的泥炭藓泥炭沼泽和披盖式泥炭沼泽是最好的古环境重建载体。

但是，腐殖化度除了受湿度影响外，还与温度、微生物活动、土壤酸碱度、成炭植物类型等有关。一般来说，在微生物活动适宜的气候条件下，温度升高，腐殖化度增强；湿度增加，腐殖化度减弱。反过来，腐殖化度增强，可能是沼泽湿度变小，或者温度升高，或者二者同时起作用（Aaby，1976）。另一种可能是在稳定的气候条件下，随着时间的推移，腐殖化度增强。还有可能是二次分解的情况。另外，物种对腐殖化度有一定的影响，具体的情况还不太清楚（Payne，Blackford，2008）。

除了自然因素外，还有人为因素，也可能引起腐殖化度的变化，如沼泽排水、泥炭开采、植被燃烧、大气污染和放牧等。局部地区的排水，可能引起沼泽水文情况的变化，这种变化也可能引起腐殖化度的变化。排除人为因素的方法是，在选取剖面重建古环境时，事先进行区域考察，最少完成3～4个纵向以及横向的剖面研究。尽管泥炭腐植化度的环境意义还有待于明晰，但是，该指标在定量地反映区域古环境方面还是得到了国内外大多数人的肯定。实际使用时，采用去趋势分析消除时间因素等对其的影响。

我国学者解译泥炭腐殖化度的古气候意义时，在不同地区得出的结论不同，如在青藏高原地区，腐殖化度（吸光度）高值对应着气候暖湿，低值对应着气候干冷（王华，2004）；在浙江天目山地区泥炭腐殖化度（吸光度）较高，指示气候较冷干；泥炭腐殖化度较低，指示气候较暖湿（尹茜，2006）；雷州半岛北部的结果表明，腐殖化度（吸光度）高，指示气候暖湿（马巧红，2008）。马春梅研究神农架大九湖和天目山大亩田泥炭腐殖化度时，发现在东亚季风区山间盆地，气候越干冷时泥炭的分解就越强烈，以吸光度表征的腐殖化度就越高；相反，当气候较温暖潮湿时泥炭主要处于还原状态，分解较慢，腐殖化度较低（马春梅，2008）。基于上述分析，腐殖化度的解释应该慎重。

（3）有壳变形虫

有壳变形虫是一组陆生淡水生境下的成壳单细胞原生动物，其个体大小在20～200 μm，在泥炭地中主要附着生长于泥炭植物表面并伴随这些植物原地堆积。与植物相比，有壳变形虫对泥炭地的环境因子，特别是对湿度状况的反应更为敏感。它们因具有耐分解的壳体和相对明确且稳定的生态偏好特征，成为重要的生物代用指标，在欧洲泥炭古环境研究中得到越来越广泛的应用。目前有壳变形虫分析方法已经趋于成熟。一般来讲，首先在系统而广泛的生态调查基础上，研究有壳变形虫与泥炭沼泽的水位埋深、泥炭湿度、pH等环境因子的关系，建立有壳变形虫组合与这些环境因子的转换函数，然后利用转换函数可以定量地重建泥炭地的古水文状况。在构建和利用转换函数时值得注意的是：①由于不同地区自然条件的差异，每个转换函数往往只适用一定的区域，泥炭古环境定量重建时最好选用基于该区域现代生态学研究建立的转换函数。②建立转换函数时，样品尽可能包括研究区内现代泥炭沼泽的各种生境条件。③利用转换函数进行剖面定量重建是基于两个假设前提：第一，有壳变形虫的生态偏好在一定地质历史时期保持稳定；第二，剖面有壳变形虫的组合与现代训练样本集相同。研究实践中，后者假设一般可以满足，但前者假设难以在时间尺度上进行验证。不过从目前全球尺度上的对比来看，许多有壳变形虫种类在不同区域表现出相似的生态偏好特征，这使我们有理由相信第一个假设是能够成立的。

Charman 和 Hendon（2000）根据英国北部 Butterburn Flow 和 Coom Rigg Moss 两个泥炭地样芯的有壳变形虫组合，利用 Woodland 等（1998）构建的转换函数，定量重建了过去约 4 500 年的水位变化过程。从短时间尺度上来看，它与文献记录的夏季湿润指数和冬季严寒指数密切相关；长时间尺度上看可以与 GISP2 冰芯的冰量积累速率很好的对比。Schoning 等（2005）根据瑞典 Ältabergsmossen 和 Gullbergbymossen 两个雨养型泥炭样芯，利用同样的转换函数重建了过去 125 年来水位变化的历史，与器测气候记录对比发现，该区泥炭地水位变化与年平均温度呈显著相关。

3. 年代的确定

年代学研究是古环境重建必需的环节。它不仅可为重建的气候环境变化提供时间坐标，也是不同变化序列对比的前提。只有基于可靠年代标尺，我们才能正确地揭示环境变化的时空规律。以泥炭为对象的古环境重建多集中于全新世时期，这种相对短尺度的研究更需要分辨率高且准确可靠的年代学研究。泥炭古环境研究中可利用的年代测定方法很多，Turetsky 等（2004）对此进行了详细的评述。由于泥炭含碳物质丰富，因此放射性碳法是最常用的测年方法，特别是近年来 AMS 技术越来越广泛的应用，使测年的效率和精度都有很大的提高。为了获得准确的年代框架，多种测年方法综合应用显然是必要的。在欧洲，许多研究将火山灰年代学与^{14}C年代学相结合，不仅建立了可靠的剖面年代，而且为剖面对比提供了有力的支持。对于研究最近几百年环境变化，^{210}Pb、^{137}Cs等短周期的人工放射性核素测定也非常有效。除了测年方法外，剖面的选择、样品的钻取（变化敏感的）、分样间距的大小和测年材料的选择等都影响到年代测定的精准度。

三、以泥炭为信息载体的古气候重建的未来发展

每一种气候载体都有其局限性。目前泥炭古环境重建还有两个问题亟待解决：一是高精度的年代断定；二是代用指标的精度提高。前者是所有气候载体都面临的一个问题，这涉及测年仪器、方法和所用材料等，随着测年仪器开发的深入、测量方法的标准化以及测年材料的细微化，年代断定的精度会越来越高，数据之间相互可比性越来越强。而且，与其他载体比较，使用泥炭孢粉或植物大化石等材料所得的测年结果更具优势。针对第二个问题，解决的方法之一是气候响应模型的开发，包括大化石、腐殖化度能否应用转换函数等问题；其二是有壳变形虫等环境敏感代用指标的深入开发。

未来一段时间内，高分辨率定量重建古气候仍是古环境研究的重点。泥炭古环境研究除了应解决上述问题外，还应综合应用各种方法，包括定年方法的相互校验、指标的综合应用（泥炭中的植物大化石、有壳变形虫、腐殖化度等相互校验；泥炭、湖泊、树轮、冰芯等各种载体之间的比较），各种方法的标准化是未来发展趋势之一。趋势之二在于区域间对比，海洋性气候区与大陆性气候区的结论进行比较，同一个气候区内不同地点间的结果对比，因为科学的结果是可以重复的。趋势之三，样品分割的间隔越来越小，分辨率越来越高，可靠性越来越好。另外，应该加强草本泥炭古环境古气候研究，期待发现新的草本泥炭中的代用指标。

参考文献

[1] Turunen J, TolonenK. *Rate of carbon accumulation in boreal peatlands and climate change*. Lapplanin: International Peat Society and Geological Survey of Finland, Jysk, 1996: 21—22.

[2] Chambers F M, Charman D J. *Holocene environmental change contribution from the peatland archive*. The Holocene, 2004, (14): 1—6.

[3] Maltby E, Proctor M C F. *Peatlands: their nature and role in the biosphere. Global Peat Resources* [M]. Lapplanin: International Peat Society and Geological Survey of Finland, Jysk, 1996: 11—19.

[4] 白光润．泥炭形成的水热系统指数．地理学报，1986，41 (2)：168—176.

[5] Dupont, L M. *Temperature and rainfall variations in the Holocene based on comparative palaeoecology and isotope geology of a hummock and a hollow (Bourtangerveen, The Netherlands)*. Review of Palaeobotany and Palynology, 1986, 48: 71—159.

[6] Svensson, G. *Bog development and environmental conditions as shown by the stratigraphy of Store Mosse mire in southern Sweden*. Boreas, 1988, 17: 89—111.

[7] Blackford J J, Chambers F M. *Proxy records of climate from blanket mires: evidence for a dark age (1 400 BP) climatic deterioration in the British Isles*. The Holocene, 1991, 1: 63—67.

[8] Blackford J J, Chambers F M. *Proxy climate record for the last 1 000 years from Irishblanket peat and a possible link to solar variability*. Earthand Planetary Science Letters, 1995, 133: 145—150.

[9] Barber K E. *Deriving Holocene palaeoclimates from peat stratigraphy: some misconceptions regarding the sensitivity and continuity of the record*. Quaternary Newsletter, 1994, 72: 1—9.

[10] Chambers F M, Barber K E, Maddy D, Brew J. *A 5 500-year proxy-climate and vegetation record from blanket mire at Talla Moss, Borders, Scotland*. The Holocene, 1997, 7: 391—399.

[11] Charman D J, Hendon D, Packman S. *Multi-proxy surface wetness records from replicate cores on an ombrotrophic mire: implications for Holocene palaeoclimate records*. Journal of Quaternary Science, 1999, 14: 451—463.

[12] Ellis C J, Tallis J H. *Climatic control of blanket mire development at Kentra Moss, north-west Scotland*. Journal of Ecology, 2000, 88: 869—889.

[13] Chiverrell R C. *A proxy record of late Holocene climate change from May Moss, northeast England*. Journal of Quaternary Science, 2001, 16: 9—29.

[14] Barber K E, Maddy D, Rose N, et al. *Replicated proxy-climate signals over the last 2 000 yr from two distant UK peat bogs: New evidence for regional*

palaeoclimate teleconnections [J] . Quaternary Science Reviews, 2000, 19 (6): 481—487.

[15] Blakford J. *Palaeoclimatic records from peat bogs* [J] . Trends in Ecology & Evolution, 2000, 15 (5): 193—198.

[16] Mauquoy D, Barber K E. *Testing the sensitivity of the palaeoclimatic signal from ombrotrophic peat bogs in northern England and the Scottish Borders* [J] . Review of palaeobotany and palynology, 2002, 119 (3—4): 219—240.

[17] Huntley B. *Studying global change: the contribution of quaternary palynology*. Palaeogeography, Palaeoclimatology, Palaeoecology, 1990, 82: 53—61.

[18] MacDonald G M, Edwards K J. Holocene palynology Ⅰ. Principles, population and community ecology, Palaeoclimatology, Progress in physical geography, 1991, 15: 261—289.

[19] 洪业汤，姜洪波，陶发祥．近 5ka 温度的金川泥炭 $\delta^{18}O$ 记录．中国科学：D 辑，1997，27 (6)：525—530.

[20] 洪冰，刘丛强，林庆华，等．哈尼泥炭 $\delta^{18}O$ 记录的过去 14 000 年温度演变．中国科学 D 辑：地球科学，2009，39 (5)：626—637.

[21] 谢树成，易轶，梁斌，等．泥炭分子化石单体碳氢同位素的古气候意义．矿物岩石地球化学通报，2003，12 (1)：8—13.

[22] Daniels R E, Eddy A. *Handbook of European Sphagna*. Cambridge News Ltd, 1985: 30—65.

[23] 陈旭，卜兆君，王升忠，等．长白山哈尼泥炭地七种苔藓植物生态位．应用生态学报，2009，20 (3)：574—578.

[24] Barber K E, Dumayne-Peaty L, Hughes, P D M, Mauquoy D, Scaife R G. *Replicability and variability of the recent macrofossil and proxy—climate record from raised bogs: field stratigraphy and macrofossil data from Bolton Fell Moss and Walton Moss, Cumbria, UK*. Journal of Quaternary Science , 1998, 13: 515—528.

[25] Mauquoy D, Barber K. *Testing the sensitivity of the palaeoclimatic signal from ombrotrophic peat bogs in northern England and the Scottish Borders* [J] . Review of Palaeobotany and Palynology, 2002, 119: 219—240.

[26] Booth R K, Jackson S T, Gray C E D. *Paleoecology and high-resolution paleohydrology of a kettle peatland in upper Michigan*. Quaternary research, 2004, 61: 1—13.

[27] Blundell A, Charman D J, Barber K. *Multiproxy late Holocene peat records from Ireland: towards a regional palaeoclimate curve*. Journal of Quaternary Science, 2008, 23 (1): 59—71.

[28] Blackfold, J J, Chambers F M. *Determing the degree of peat decomposition for peat-based palaeoclimatic studies*. International Peat Journal, 1993, 5: 7—24.

[29] Payne R J, Blackford J J. *Peat humification and climate change: a multi-site comparison from mires in south-east Alaska*. Mires and Peat, 2008, 3: 1—11.

[30] Aaby B. *Cyclic climatic veriations in climate over the past 5 500 yr reflected in raised bogs*. Nature，1976，263：281—284.

[31] 王华，洪业汤，朱咏煊，等．青藏高原泥炭腐殖化度的古气候意义．科学通报，2004，49（7）：686—691.

[32] 尹茜，朱诚，马春梅，等．天目山千亩田泥炭腐殖化度记录的中全新世气候变化. 海洋地质与第四纪地质，2006，26（6）：117—122.

[33] 马巧红，钟巍，薛积彬，等．晚更新世晚期以来雷州半岛北部泥炭腐殖化度的古气候意义．热带地理，2008，28（6）：498—503.

[34] 马春梅，朱诚，郑朝贵，等．中国东部山地泥炭高分辨率腐殖化度记录的晚冰期以来气候变化．中国科学D辑：地球科学，2008，38（9）：1 078—1 091.

[35] Charman D J，Hendon D. *Long-term changes in soil water tables over the past 4 500 years：relationshipswith climate and north Atlantic atmospheric circulation and sea surface temperature*. Climatic Change，2000，47：45—59.

[36] Turetsky R，Manning S W，Wieder R K. *Dating recent peat deposits*. Wetlands，2004，24（2）：324—356.

[37] Schoning K，Charman D J，Stefan Wastega. *Reconstructed water tables from two ombrotrophic mires in eastern central Sweden compared with instrumental meteorological data*. The Holocene ，2005，15（1）：111—118.

Semi-quantitive or Quantitive Paleoenvironment Reconstruction Based on Peat

Zhao Hongyan，Li Hongkai，Wang Shengzhong，Bu Zhaojun，Han Yi，
Ma Yunyan，Jiao Wenjian
（Institute for Peat & Mire，Northeast Normal University，
Changchun，130024）

Abstract：The document is a brief evaluative summary on the peat-based palaeoclimate reconstructions，including the relationship between peat growth and climate，choice of sites，profiles and proxy climate indices，chronology，several problems limiting the interpretation of high-quality data，trends in the palaeoclimate reconstructions in peat-bog records. A special stress is laid on analysing the significance of plant macrofossil，humification and testate amoebae in the palaeoenvirnment reconstructions in this paper.

Key words：peatlands，Holocene，palaeoclimate，peat humification，plant macrofossil，testate amoebae

偏振遥感的回顾与展望

孙仲秋　赵云升　李少平
（东北师范大学城市与环境科学学院，长春，130024）

【摘要】本文主要回顾了偏振遥感的产生与发展历程及其在植被、岩矿、土壤、水体等方面的研究成果，并展望了偏振遥感发展的未来。众所周知，传统遥感是将地球视为朗伯体，故采取垂直方式获取地表的二维信息，其目的是为了更有利于对遥感信息进行计算机处理。事实证明，把地球视为朗伯体颇欠合理，来自地球表面的信息具有明显的三维空间分布特征。李小文院士对BRDF进行了深入研究，并取得了令人瞩目的成果。偏振反射与二向性反射是一对孪生姊妹，BRDF主要反映的是光谱的角度信息，而偏振反射不但反映光谱的角度信息，也反映光谱的偏振信息。当地表某个部分为朗伯面时，其光谱的角度信息与偏振信息均为零。

【关键词】偏振遥感　BRDF　多角度　高光谱遥感

The review and outlook of polarized remote sensing

Sun Zhongqiu, Zhao Yunsheng, Li Shaoping
(College of Urban and Environmental Sciences,
Northeast Normal University,
Changchun, 130024)

Abstract: In this paper, we reviewed the generation and development of polarized remote sensing, and its results of research on vegetation, soil and body of water. At last, we forecasted the future development of polarized remote sensing. As is well known, the traditional remote sensing treated the earth as a lambertian, which takes vertical observation to get the two-dimensional signal of surface, in order to get better remote sensing information processed by computer. The result shows that, it is not quite reasonable to treate the earth as a lambertian, the information from surface shows obvious three-dimensional features. Li xiaowen is a academician of CAS, who did the intensive study on BRDF and had achieved significant results. Polarized reflectance is the twin sister of bi-directional reflectance. BRDF meanly shows the angle information of spectrum while polarized reflectance shows both the angle information and the polarization information of spectrum. When a part of earth surface is treated as a lambertian, its angle information and polarization information are both zero.

Key words: polarized remote sensing; BRDF; multi-angle; hyperspectral remote sensing

一、引　　言

早期的遥感主要采取垂直收集对地观测数据，以获得地面的二维信息。遥感解译的主要依据是根据不同的地物具有不同的吸收、反射和发射电磁波的能力，来分辨地球表层的地物分布，并假定目标地物的反射光谱在 2π 空间内分布是一致的，即所谓的朗伯体[1]。实践证明，地表的大部分物体处在朗伯体与非朗伯体之间。随着遥感应用的深入研究，人们逐渐意识到目标的三维信息的重要性，因此 20 世纪 70 年代末，美国科学家 G. Suits，N. S. Goel，A. H. Strahler 以及中国的李小文等对二向性反射作了分布函数（BRDF）的研究，以期实现对目标地物空间分布结构的反演[2~4]。

光是电磁波，而且是横波，因此光具有偏振特性。在光与地物相互作用的过程中，随着地物的表面结构、内部特征及观测角度的改变，光的偏振特性也会发生相应的变化。光的这种改变会使地物的某些信息得到增强，从而可以更有效地鉴别地物[5]。在自然界当中，如水体表面、冰雪、沙漠、植被，经反射后的光具有一定程度的偏振性，太阳光经过大气层时，会发生散射偏振，故在实际的对地遥感过程中，大部分情况下进入传感器中的光是部分偏振光。因此，从地物反射信息中获取的偏振信息可以更真实地反映地物自身性质。法国空间研究中心（CNES）在轨的 PARASOL 卫星上的 POLDER（Polarization and Directionality of the Earth's Reflectances）传感器可以通过全球观测，从空间收集地气系统反射太阳辐射的偏振性和方向性数据，是目前将多角度与偏振结合得最好的例子之一[6~7]。

二、偏振遥感的回顾

通过对国内外偏振光遥感的研究来看，偏振遥感技术在世界上许多国家已经进行了一定的研究与应用。

1. 仪器平台

1977 年 8，9 月份美国先后发射了“旅行者”1 号和 2 号，并在这两个遥感平台上装有光度偏振计 PPS，翌年 5 月美国又发射了由先锋金星轨道器携带的光度偏振计 OCPP，其目的都是为了进一步研究行星的表面与云层。1978 年美国 NASA 发射的“雨云”7 号海岸带水色扫描仪 CZCS 带偏振镜头。1985 年美国航天飞机对地偏振摄影。

1987 年 11 月在美国约翰逊飞行中心召开了关于偏振光遥感的学术讨论会，大会分四个组，就目标表面反射和辐射转输，偏振遥感仪器，农业、地理、海洋、水文等领域对遥感的要求及天文遥感等进行了专门讨论。以后数年间又有多次偏振与遥感的国际会议召开，使偏振遥感成为一个热点。

1990 年底，美国研制的地球观测扫描偏振计（EOSP）有 12 个探测通道，全部具有偏振分析功能。主要目的在于利用偏振光研究云的特性（包括光学厚度、粒子大小、相与云顶气压），平流层和对流层大气的气溶胶光学厚度；探索气溶胶粒径大小和光学性质的变化等。

1991年美国NASA，Wbrakke设计了室内单叶的偏振光二向性反射测量装置，并进行了地面目标的测量与研究。1996年法国CNES国家空间研究中心研制，搭载在ADEOS上的POLDER（地球反射比的偏振化和方向性辐射计），具有8个通道，其中3个为偏振测量通道，主要探测云和大气气溶胶、陆地表面和海洋表面情况。POLDER能够从13个不同的视角观测一个目标，对于每一个视角，在8个窄的光谱波段中对目标成像，其中的3个通道处在三个不同偏振角下。该仪器能够取得二向性反射分布函数（BRDF）和偏振分布函数（BPDF）。

1998年美国犹他州立大学空间动力实验室研制出红外超光谱成像偏振仪（HIP），装载在空军KC－135型“飞翔红外信号技术（FISTA)”号飞机平台上。用偏振法测定云顶2.7 nm水吸收带的后向散射太阳光光谱，带回400多幅对地观测的偏振图像。

在我国，安徽光学精密机械研究所研制出一种航空光谱偏振CCD相机，具有0°，45°和90°三个偏振角。

2．偏振遥感图像特征研究

乔延利等基于安光所自主研制的CCD成像仪，举例说明了偏振遥感信息在表达暗目标（或低照度）和人工建筑目标方面有更丰富的内涵[8]；曹汉军等基于实验型偏振CCD相机，在自然光照条件下，进行了自然目标和人工目标的偏振图像数据获取实验[9]。结果显示，偏振探测的特殊性质使其在军事侦察及伪装识别等方面有着广阔的应用前景。

近期，叶松等提出了一种采用IHS柱形彩色空间表征偏振遥感图像偏振信息的方法，研究表明对通IHS颜色空间能完整地表征偏振遥感图像偏振信息，提高了偏振遥感图像的识别能力；同时对航空偏振图像数据进行图像大气散射校正实验，实验结果表明，该方法能有效地进行航空遥感图像的大气散射校正，从而提高了航空遥感图像的识别能力[10~11]。

3．对地观测偏振遥感信息的研究

偏振遥感的一个重要目的就是要通过偏振测量，利用大气气溶胶的散射偏振光数据来反演大气气溶胶厚度（大气气溶胶厚度对于定量化遥感是一个非常重要的参数）。但如果对地物偏振光谱没有仔细研究，要高精度地将大气与地物的偏振效应分开也是很困难的。因此对于应用偏振测量本身进行大气测量而言，开展地表主要地物偏振特性测量很有必要。

在1987年，Lois Grant就指出树叶不是单纯的散射更不是单纯的镜面反射，而是两者都有，镜面反射发生于叶子表面，并探讨了如何利用偏振特性将镜面反射与散射分离的技术问题。同年，Paul Woessner等也探讨了影响植被偏振特性的因素。研究表明，偏振强度的大小受入射角及目标反射率的影响，并且偏振强度的大小与目标反射率的大小成反比。董国权等讨论了近年来最新发展的高分辨率微分光谱、偏振光、激光、荧光光谱和远红外细分光谱等几种新型的植被光学遥感方法。从这些方法的物理基础出发，分析了利用高分辨微分光谱技术探测植被反射光谱的“红缘”及冠层反射偏振度指数、植被冠层荧光指数等具体的遥感应用方法。

1987年，Paul Woessner在研究植被偏振的同时也研究了土壤的偏振特性，同样表明偏振强度的大小与目标反射率的大小成反比。1998年开始，东北师范大学赵云升教授及其课题组成员全面系统地对地面偏振目标进行了深入研究。与中国科学院长春光学精密机械与物理研究所、北京大学遥感所、中国科学院遥感应用研究所等单位合作，并取得了一些研究成果，如：

(1) 植被偏振反射研究

在对植物偏振特性的研究中大量的研究都集中在叶片上，叶片表面的镜面反射与漫反射是同时发生的[12]。而偏振光是由镜面反射产生的[13]。为了将多角度信息与偏振信息相结合，赵云升对植物单叶的偏振反射特性进行了研究[14]。结果发现，植物叶片的偏振反射特性与本身的性质、测量波长、观测角度有很大的关系。在随后对不同物候期玉米单叶和东北主要高大乔木单叶的偏振反射和双向性反射的测量中发现，相对探测方位角在140°～220°内属于偏振反射研究的重点区域[15～16]。

在随后的研究中[17]，又通过对不同物候期杨树单叶的偏振反射与二向反射进行测量，得出了杨树单叶的偏振反射特征与二向反射特征之间的关系及其对物候变化的响应，为偏振光遥感、多角度遥感的深入研究与应用提供了依据，并且对森林遥感也作出了一种新的尝试。在对植物叶片叶绿素含量与偏振反射建立关系的同时[18]，发现模型中的偏振信息和叶绿素含量之间存在显著的相关关系，为植被遥感监测和应用提供了理论基础，也将多角度遥感、偏振遥感和高光谱遥感相结合，发挥各自的优势，可以提高现有植被遥感监测方法的多样性，对现有遥感传感器在植被遥感进行可行性判断并为未来传感器的设计提供了理论依据。

(2) 岩矿偏振反射研究

赵云升、赵虎[19～20]等人对橄榄岩、花岗岩等岩石表面的偏振反射进行了测量，发现光线入射角对岩石的反射、偏振反射影响很大。在空间水平方向，方位角对光谱具有极化特征，且呈现椭圆分布规律。在空间垂直方向，竖直探测角的影响是随着光线入射角的不同而显著地影响着岩石的反射特征。Zhao Hongying[21]解释了产生反射能量水平方向呈椭圆分布的机理：主要是由于岩石表面镜面反射和漫反射的共同作用。

为了对比岩石表面的镜面反射和漫反射分量，赵乃卓[22]进行了比较深入的研究，结果表明光线入射天顶角会对这两种反射起到一定的影响，且影响的强弱受岩石表面光滑程度和相对探测方位角的控制。目前仍然没有成熟的岩石偏振反射模型，当岩石水平面积大，且表面起伏较小时，建立模型是可行的。在自然界，岩石的表面起伏可能会很大，但在城市中大量的岩石建筑或者路面比较适合建立模型。

(3) 土壤偏振反射研究

起初对土壤偏振反射特性的研究[23]是在干燥土壤的基础上展开的，发现各类干燥土壤都具有朗伯体反射特征，当改变光线入射天顶角、探测天顶角和波段时，各类干燥土壤同样没有偏振反射特征，这说明干土近似漫反射体，并不发生偏振反射，但一些土壤的反射比值差异较大。

在实验过程中发现土壤中含有一定水分时，土壤表面表现出偏振反射特性[24]。Wu Taixia[25]等经过对 Hapke 模型的变换，建立了土壤的 BPDF 模型，真正实现了偏振反射和双向性反射定量转换的关系，使遥感技术可以获取更多的地物反射信息。

偏振度可以用来表征偏振光在全部反射光中所占的比例。土壤的偏振度随着土壤湿度的增加而增加，那么一定存在一个让偏振度等于 0 的土壤湿度，这个湿度是土壤表现为朗伯体和非朗伯体的临界值。随后利用偏振度与土壤含水量的关系建立了简单的回归模型来确定土壤表现为朗伯体含水量的临界值[26]，研究含水土壤表现为朗伯体的湿度临界值，将多角度遥感与偏振遥感相结合，发挥二者各自的优势，可以提高现有土壤遥感监测方法的多样性，对于土壤遥感分类、土壤湿度的遥感监测都是有很大作用的。

已有的一些观测研究表明，土壤含水量与土壤反射光偏振度之间存在着关系，即含水量越大偏振度越高，这可解释为液态水充满土壤空隙，使界面变得光滑；土壤颗粒尺度与偏振度之间存在关系，尺度越小，表面越光滑，偏振度越大。土壤表面的光滑程度直接影响土壤的偏振度。据此，当土壤的致密程度改变时，土壤表面的光滑程度也会随之发生变化，从而影响土壤的偏振度。我们对影响土壤偏振反射因子间的交互作用作了分析[27]。

伴随着高光谱遥感的发展，逐渐将多角度信息、高光谱信息和偏振信息结合起来研究地物。并对土壤多角度高光谱偏振反射进行了测量，确定了几个主要影响偏振反射的因子，结果发现这些因子对森林土壤光谱曲线均有影响，但主要影响森林土壤反射比值，对森林土壤光谱谱形影响不大[28]。

（4）水体偏振反射研究

水体偏振研究起初是对不同液体表面的偏振反射测量开始的，赵云升[29]等简明地阐述了水、油等平静液体表面的偏振反射特征，分析得到影响液体表面偏振反射的主要因素有液体的种类、波段、方位角、探测角以及光线入射角，同时得出凡是入射角不等于探测角时，其反射比基本为零。

而通过对不同浓度 LAS、不同污染水体与水面溢油[30~32]的多角度偏振反射测量得出偏振特性是水体的一个固有特征。在研究中又发现，水面镜面反射会产生太阳耀光，直接影响水体遥感信息的提取和利用。光在与物体相互作用的过程中，不仅强度会发生变化，偏振状态也会发生变化。结合这两种情况，利用偏振反射的变化来消除太阳耀光。从理论上推导了偏振反射消除太阳耀光的可能性，通过实验证明，当太阳处在一定的天顶角时，通过设置偏振角可以成功消除太阳耀光的影响[33~34]。通过对菲涅耳反射折射公式的进一步推导，建立了可以在任意情况下进行耀斑剥离的模型[35]。

在随后的研究中，建立了偏振度与折射率之间的关系，通过折射率与液体密度之间的关系来计算液体密度[36]，该研究扩展了现有遥感应用的领域，同时为海洋基本参数反演开拓了新思路。

三、结论与展望

偏振遥感不仅可以获取来自地物的偏振反射信息，也可以将偏振反射转换为所需要的双向反射信息。与传统遥感相比，偏振遥感可以获取某些地物更丰富的反射信息。然而，并不是所有地物都适合用偏振遥感来监测，在真实自然界当中，许多地物还是呈现朗伯特性的，如果盲目地利用偏振信息，就会给反演结果造成较大误差。因此，偏振遥感与常规遥感结合来对地物进行分析与反演是很有必要的。

偏振遥感与传统遥感相比，有自己得天独厚的优势。第一，对遥感目标进行偏振测量时，不需标准板便可以获得所需的信息——偏振度，为遥感信息的快速、同步、准确测量带来了极大的方便。偏振度与光谱一样，均是遥感目标的信息使者。第二，在偏振测量时不需准确的辐射量校准就可以达到相对较高的精度。第三，在获得目标偏振信息的同时，还可获得辐射量的数据。第四，偏振遥感在解决云与汽溶胶的粒径大小及其分布规律上是传统光学遥感方法无法比拟的。第五，对于低反射目标的识别，偏振遥感有着特殊意义。

总之，偏振遥感在植被、岩矿、土壤、水体、大气、军事等领域有着越来越广泛的应用前景，显示了偏振遥感与众不同的优长之处。

参考文献

[1] 赵云升，吴太夏，胡新礼，等．多角度偏振反射与二向性反射定量关系初探[J]．红外与毫米波学报，2005，24 (6)：441—444.

[2] Li Xiaowen，Strahler A H. *Geometric op tical modeling of a coniferous forest canopy* [J]．IEEE Trans. Geosc. Remote Sensing，1985，GE—23 (5)：705—721.

[3] Lucht W，Schaaf C B，Strahler A H. *An algorithm for the retrieval of albedo from space using sem iemp irical BRDF models* [J]．IEEE Transactions on Geoscience and Remote Sensing，2000，38，977—998.

[4] 汪骏发，高晓萍，陈志峰，等．多角度遥感及其航空成像仪 [J]．红外与毫米波学报，2001，20 (5)：329—334.

[5] 曹汉军，乔延利，杨伟锋，等．偏振遥感图像特性表征分析 [J]．量子电子学报，2002，19 (4)：373—378.

[6] I Csiszar，G Gutman，P Romanov，et al. *Using ADEOS/POLDER data to reduce angular variability of NOAA/AVHRR reflectances* [J]．Remote Sensing of Environment，2001，76 (3)：399—409.

[7] Marc Leroy，F M. Bréon. *Angular signatures of surface reflectances from airborne POLDER data* [J]．Remote Sensing of Environment，1996，57 (2)：97—98.

[8] 乔延利，杨世植，罗睿智，王乐意，等．对地遥感中的光谱偏振探测方法研究 [J]．高技术通讯，2001，7：36—39.

[9] 曹汉军，乔延利，杨伟锋，王乐意，洪津，罗睿智，原育凯．偏振遥感图像特性表征及分析 [J]．量子电子学报，2002，19 (4)：373—378.

[10] 叶松，汤伟平，孙晓兵，等．一种采用 HIS 空间表征偏振遥感图像的方法 [J]．遥感信息，2006，2：11—14.

[11] 叶松，方勇华，孙晓兵，等．基于偏振信息的遥感图像大气散射校正 [J]．光学学报，2007，27 (6)：999—1 003.

[12] Bousquet L，Lacherade S，Jacquemoud S，et al. *Lesf BRDF measurement and model for specular and diffuse components differentation* [J]．Remote Sensing of Environment，2005，98：201—211.

[13] Breon F M，Tanre D，Lecomte P，et al. *Plarized reflectance of Bare soils and Vegetation：Mesurenments and Models* [J]．IEEE Transactions on Geoscience and Remote Sensing，1995，33 (2)：487—499.

[14] 赵云升，黄芳，金伦．植物单叶偏振反射特征研究 [J]．遥感学报，2004，4 (2)：131—135.

[15] 宋开山，赵云升，金伦．不同物候期的玉米单叶偏振反射特征分析 [J]．东北师大学报：自然科学版，2000，32 (4)：112—115.

[16] 宋开山，张柏，赵云升．东北主要高大落叶乔木单叶的偏振特性研究 [J]．东北师大学报：自然科学版，2004，36 (1)：88—94.

[17] 宋开山，赵云升，张柏．偏振反射与二向性反射的关系：以不同物候期杨树单叶的室内光谱测量为例 [J]．中国科学院研究生院学报，2005，22 (2)：164—169.

[18] 韩阳，赵云升，赵丽丽，等．丁香叶片叶绿素含量偏振高光谱数学模型反演研究 [J]．光谱学与光谱分析，2009，29 (6)：1 595—1 598.

[19] 赵云升，吴太夏，宋开山，等．橄榄岩的多角度偏振与二向反射定量关系研究 [J]．矿业研究与开发，2005，25 (3)：63—66.

[20] 赵虎，晏磊，赵云升．花岗岩的多角度偏振反射光谱研究 [J]．矿物岩石，2004，24 (2)：9—13.

[21] Zhao H Y，Zhao H，Yan L，et al. *Model of reflection spectra of rock surface in 2π space* [J]．Acta geologica sinica，2004，78 (3)：284—288.

[22] 赵乃卓，赵云升，晏磊，等．花岗岩表面二向性镜面反射分量和漫反射分量的比较研究 [J]．红外与毫米波学报，2007，26 (4)：284—288.

[23] 宋开山，张柏，赵云升．土壤偏振反射特性研究 [J]．地理科学，2004，24 (3)：352—357.

[24] 赵虎，晏磊，赵云升．土壤的多角度偏振反射光谱研究 [J]．土壤学报，2004，41 (3)：476—479.

[25] Wu Taixia，Zhao Yunsheng. *The bidirectional polarized reflectance model of soil* [J]．IEEE Trans. Geosc. Remote Sensing，2005，43 (12)：2 854—2 859.

[26] 杜嘉，赵云升，吴太夏，等．土壤表现为朗伯体的土壤湿度临界值的确定方法初探：以黑土为例 [J]．土壤通报，2007，38 (2)：220—224.

[27] 赵乃卓，张景奇，赵云升，等．黄土偏振反射影响因子交互作用试验分析 [J]．土壤学报，45 (2)：380—383.

[28] 韩阳，赵云升，赵乃卓，等．森林土壤多角度高光谱偏振反射影响研究初探 [J]．光谱学与光谱分析，2009，29 (3)：702—706.

[29] 赵云升，金伦，宋开山，等．液体表面偏振反射特征研究 [J]．东北师大学报：自然科学版，2000，32 (4)：103—106.

[30] 黄猛，杜嘉，赵云升，等．不同浓度的LAS的多角度偏振反射光谱研究 [J]．红外，2007，28 (1)：1—5.

[31] 赵丽丽，赵云升，杜嘉，等．不同污染水体的多角度偏振光谱研究 [J]．水科学进展，2007，18 (1)：118—122.

[32] 赵云升，吴太夏，罗杨洁，等．水面溢油的多角度偏振与二向性反射定量关系研究 [J]．遥感学报，2006，10 (3)：294—298.

[33] 罗杨洁，赵云升，胡新礼，等．偏振与多角度遥感中的太阳耀光剥离 [J]．光学技术，2006，32 (2)：205—208.

[34] Luo Y J，Zhao Y S，Wu T X，et al. *Research and application of muti—angle polarization characteristics of water bodu mirror reflection* [J]．Science in China Series D：Earth Sciences，2007，50 (6)：946—952.

[35] 赵乃卓，赵云升．多角度偏振遥感中太阳耀光剥离的深入研究 [J]．光学技术，2007，33 (6)：932—935.

[36] 杜嘉，赵云升，吕云峰，等．利用多角度偏振信息计算海水密度研究初探 [J]．红外与毫米波学报，2007，26 (4)：307—310.

洗衣粉溶液偏振反射特性研究
——以模拟长白山地区水环境为例

李少平　赵云升*　孙仲秋
（东北师范大学城市与环境科学学院，长春 130024）

【摘要】洗衣粉是常见的水体环境污染源之一，本文用在长白山所采水样配置的不同浓度洗衣粉溶液作为主要实验样品，应用高光谱仪实测其偏振反射光谱特性与入射天顶角、探测天顶角、方位角、偏振角、波长等因子间的关系。结果表明，洗衣粉溶液的偏振反射特性除随溶液浓度的改变发生明显变化之外，还与观测几何条件和波段等有密切关系。

【关键词】洗涤剂　偏振度　高光谱　多角度

一、引　　言

洗衣粉引起水体污染的化学物质主要是表面活性剂，用于配制洗衣粉表面活性剂的主要是阴离子型烷基苯磺酸钠，按照分子中烷基是带支链的或是直链的，这类表面活性剂又可分为 ABS（烷基苯磺酸钠）和 LAS（直链烷基苯磺酸钠）两类。我国常用的阴离子合成洗涤剂的主要成分是阴离子表面活性剂直链烷基苯磺酸钠（LAS），阴离子合成洗涤剂的毒性尚无定论，但它是证明水体是否受到生活污水污染的重要指标[1]。

光在与物体相互作用的过程中，由于物体表面结构、内部构成以及入射角度的不同，不仅其强度发生变化，偏振状态也往往发生变化。同非偏振测量相比，偏振测量更能提供易于区分目标的特征信息。[2]水体中的污染物质（包括悬浮物、可溶性有机物及浮游植物等）会极大地影响水体的反射波谱特征。[3]

高光谱遥感具有窄波段、多通道、图像与光谱合二为一的优点，它以 nm 级的超高光谱分辨率和几十或几百个波段同时对地表地物成像，能够获得地物的连续光谱信息。当前水质遥感监测的一个重要发展趋势就是高光谱遥感图像数据越来越广泛的应用。水体光谱特性复杂多变，只有高光谱分辨率的遥感数据才能更加有效地捕捉这些光谱信息，从而提高水质监测的精度。[4]

偏振遥感在表达低反射率目标时具有明显的优势，因此本文以偏振度为测量指标，结合多角度高光谱信息对洗衣粉溶液进行分析，得到 400～1 000 nm 波段内不同浓度洗衣粉溶液的偏振度，并对偏振度与洗衣粉溶液浓度之间的关系进行了讨论。

长白山作为我国著名生态旅游胜地，具有重要的生态研究价值，长白山地区的生态环

* 联系人，E-mail：zhaoys975@nenu. edu. cn。

境监测和保护问题受到国内外学者的重点关注，其中又以水体环境变化问题最为敏感。本研究从长白山二道白河采集水样，在实验室内用家用洗衣粉配置不同浓度洗衣粉溶液作为模拟长白山水质污染研究对象，为利用高光谱多角度偏振方法研究水体污染提供科学依据，对水环境污染监测具有重要的现实意义。

二、样本与数据采集

1. 实验样本

实验所用溶液均由实验室配制而成，实验用水为在长白山二道白河中取得的水样，水质澄清，透明无杂质。实验原料为家用洗衣粉（上海产，主要成分为阴离子表面活性剂等）。

在常温下，用水样将家用洗衣粉配制成浓度为500 mg/L，1 000 mg/L，2 000 mg/L，5 000 mg/L的溶液，静置，液面周围均有少量泡沫存在。另准备蒸馏水作为第五组样本，便于对比分析。

2. 实验数据采集与偏振度计算

实验中采用中国科学院长春光学精密机械研究所研制的二向反射光度计[5]和Ocean Optics公司生产的USB2000系列高光谱仪进行光谱测量。二向反射光度计以镍钨灯作为光源，在0°～70°范围内每隔10°为一个光源入射天顶角；在探测架上设有0°～60°七个探测头，间隔为10°。光源与探测器之间从0°～360°每隔10°为一个探测方位（180°是镜面反射方向）。该设备还配有偏振镜头，能够任意旋转角度。高光谱的波长探测范围是300～1 100 nm，探测光纤的视场角为25°，积分时间为3～65 ms，每13 ms数据传输速率刷新内存一次，启动USB2000型光谱仪时将自动读取波长校准参数及00IBase32TM操作软件数据。

偏振度是描述偏振光偏振程度的物理量，它定量表示了线偏振光占全部光的比例，其原始定义为：

$$P=(I_{90}-I_0)/(I_{90}+I_0)$$

式中，I_{90}为反射光中电矢量垂直于入射面的光强，I_0为反射光中电矢量平行于入射面的光强。

三、不同浓度洗衣粉溶液的偏振反射特性分析

一切镜面反射均遵循反射定律，即入射光线、法线、反射光线位于同一平面内，且入射角与反射角相等。水面（尤其是静水面）可以被近似地看作光滑的表面，当光线入射到水面时，在与入射线方向关于法线对称的反射线方向上形成强烈的反射辐射，这就是水体的镜面反射。对于光滑平面，反射峰值都会出现在入射角等于探测角，探测方位角为180°处[6]。由于洗衣粉溶液液面可以近似看作光滑表面，满足反射定律，我们在分析其镜面反射光谱时，只需考虑光谱中入射角等于探测角、探测方位角为180°时的情况。

在高光谱仪的两端存在一定的噪声，故数据分析处理时舍去两端的数据，主要分析区域选取458.16～956.861 nm，每间隔0.37或0.38 nm取一个值，这样每一次测量数据达到1 484个值。

本实验所用的五个样品分别为浓度500 mg/L（以下简称为L1），1 000 mg/L（以下

简称为 L2)，2 000 mg/L（以下简称为 L3)，5 000 mg/L（以下简称为 L4）的洗衣粉溶液和纯长白山水样（以下简称为纯水样)。

1. 洗衣粉溶液高光谱偏振度曲线与溶液浓度的关系

图 1 是入射角、探测角分别为 20°，30°，40°，50°时，相同入射角、探测角条件下，各种溶液的高光谱偏振度曲线，其中纵坐标表示溶液的偏振度，横坐标表示波长变化。a，b，c，d 分别为入射角、探测角等于 20°，30°，40°和 50°时溶液的高光谱偏振度曲线。

从图 1 中可以看出，同一入射角和探测角情况下，各洗衣粉溶液的偏振度均小于纯水样。洗衣粉溶液的偏振度从大到小依次为 L1，L2，L3，L4，即随着洗衣粉浓度的增加，偏振度逐渐减小。

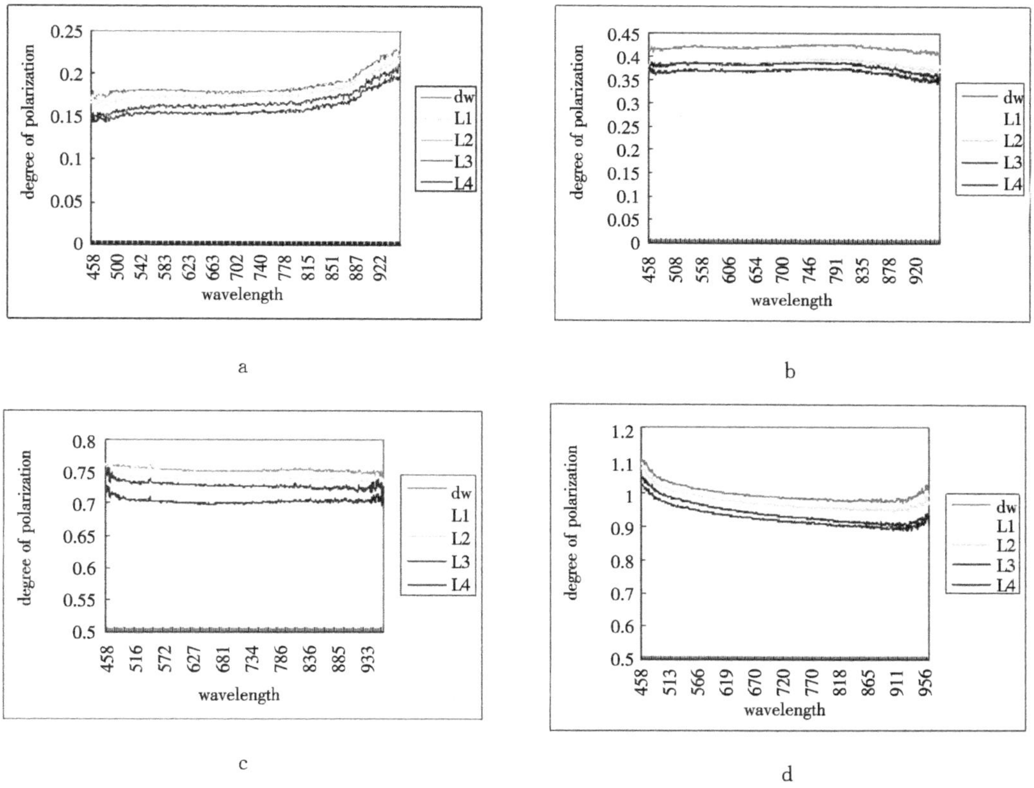

图 1　入射角、探测角分别为 20°，30°，40°，50°时各种溶液的高光谱偏振度曲线

2. 洗衣粉溶液高光谱偏振度曲线与波长的关系

从图 a 中可以看出，在入射角、探测角为 20°时，在近红外波段，随着波长的增加，洗衣粉溶液的偏振度曲线也随之上升。

从图 b、图 c 中可以看出，在入射角、探测角分别为 30°和 40°时，洗衣粉溶液的偏振度曲线随波长变化没有明显波动，逐步趋于平稳。

从图 d 中可以看出，在入射角、探测角为 50°时，随着波长的增加，洗衣粉溶液的偏振度逐渐减小。

3. 洗衣粉溶液高光谱偏振度曲线与入射角、探测角的关系

图 2 是探测角、入射角分别为 20°，30°，40°，50°，方位角为 180°时，同种溶液在不

同入射角、探测角条件下的高光谱偏振度曲线，其中纵坐标表示溶液的偏振度，横坐标表示波长变化。a，b，c，d，e 分别为 dw，L1，L2，L3，L4 溶液随入射角、探测角变化的偏振度曲线。

从图 a 中可以看出，在入射角、探测角等于 20°时，纯水样的偏振度最小，随着入射角和探测角的增大，偏振度也随之增加。

从图 b，c，d，e 中可以看出，随着入射角、探测角变化，洗衣粉溶液偏振度从小到大依次为 20°，30°，40°，50°，即洗衣粉溶液的偏振度随着入射角和探测角的增大而增加。

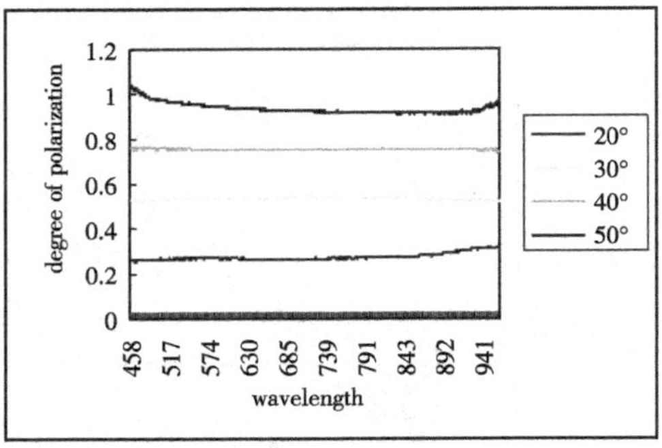

a

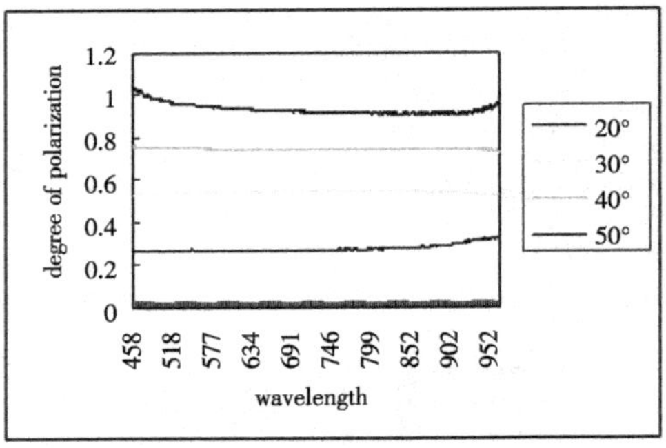

b

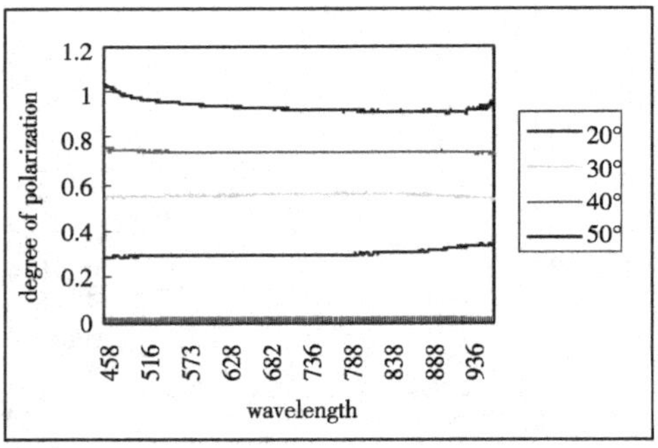

c

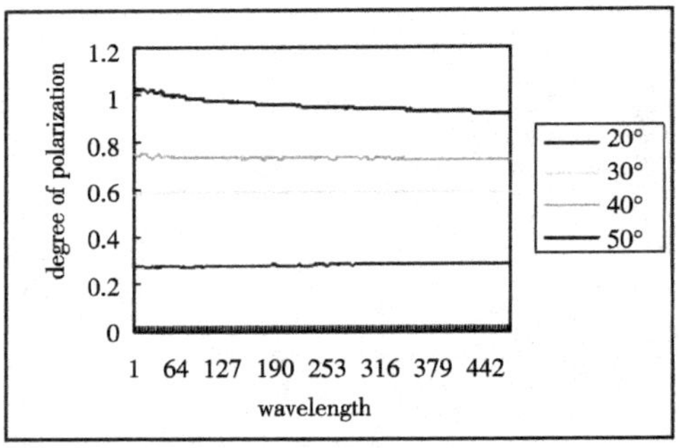

d

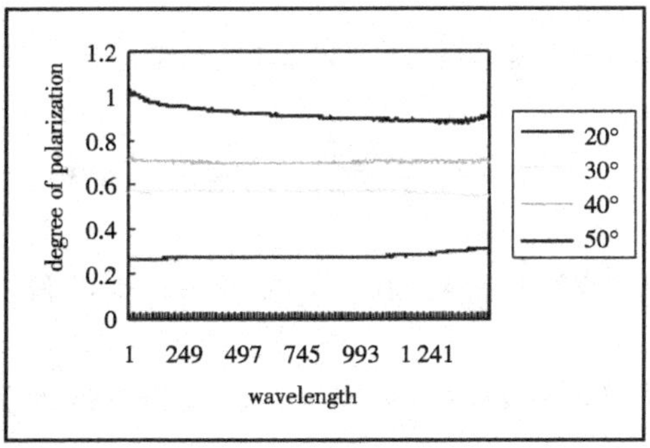

e

图 2　探测角、入射角分别为 20°，30°，40°，50°，方位角为 180°时，溶液的高光谱偏振度曲线

三、结　论

通过以上实验数据的处理和分析，我们可以得出：

（1）在相同入射角和探测角条件下，洗衣粉溶液的偏振度都小于纯水样；随着洗衣粉浓度的增加，偏振度逐渐减小。

（2）在相同入射角和探测角条件下，随着波长的变化，不同洗衣粉溶液的偏振度曲线谱形相似。

（3）当洗衣粉溶液浓度一定时，溶液的偏振度随着入射角和探测角的增大而增加。说明入射角和探测角的变化对洗衣粉溶液在 2π 空间的偏振光谱特征有强烈的影响。

本文将多角度信息、偏振信息和高光谱信息相结合，获得了更加丰富的水体污染信息。被污染的水体偏振度均小于纯水样，可以作为判别水体是否被污染的标志；通过同一角度信息条件下不同浓度的溶液偏振度不同，可以尝试建立数学模型，用污染水体的偏振度来定量反演水体的受污染程度；对于多角度遥感在水质监测的应用上，同一浓度溶液随角度信息变化的特征可以为入射角和探测角的选择提供理论依据。

参 考 文 献

[1] Department of Health Legality and Supervision, WHO Guidelines for Drinking Water Quality (2001) [S].

[2] 曹汉军，乔延利，杨伟锋，等．偏振遥感图像特性表征及分析 [J]．量子电子学报，2002，19 (4)：373—378.

[3] 赵冬至．海洋环境污染与灾害卫星遥感业务化监测系统研究 [J]. 遥感信息，1999，(2)：22—24.

[4] 张兵，李俊生，郑兰芬，等．高光谱遥感内陆水质监测研究．第六届成像光谱技术与应用研讨会文集，2006，中国云南丽江.

[5] 金锡锋，乔德林，周素香．中国专利，96239489.0，Mar4th，1998-03-04.

[6] 张之翔．光的偏振．北京：高等教育出版社，1985.

[7] 罗杨洁，赵云升，吴太夏，等．水体镜面反射的多角度偏振特性研究及应用．中国科学 D 辑，2007，50 (6).

长白山红松阔叶林不同林隙土壤性质对比研究

宗盛伟　秦丽杰　靳英华　王树生
（东北师范大学城市与环境科学学院）

【摘要】 林隙是森林景观格局中一种广泛存在的干扰现象，是森林生态系统维持与发展的驱动力之一。本文通过对长白山阔叶红松林不同面积大小林隙土壤性质的对比分析，探讨土壤温度、含水量、有机质、pH、N、P在不同林隙下的变化规律；并对不同林隙的土壤性质进行主成分分析，得出从大林隙到小林隙演变的过程中土壤变化的主导因素，从林隙面积逐渐变小的演变过程来看，有机质、土壤含水量在林隙发展早期土壤变化中作用非常明显，在林隙演变的后期氮元素起着重要作用，其次是磷元素以及pH，在林隙逐渐消亡过程中土壤性质总体上逐渐趋于稳定，接近于郁闭林特征。

【关键词】 林隙　微生境　主成分分析

Comparative Study on Soil Properties in different Size Forest Gaps in Broad-leaved *Pinus koriensis* Forest of Changbai Mountain

Zong Shengwei, Qin Lijie, Jin Yinghua, Wang Shusheng
(College of Urban and Environmental Sciences
Northeast Normal University, Changchun, 130024)

Abstract: Forest gap is one of wide range interference phenomena in forest landscape pattern and the driving force of the maintenance and development of forest ecosystem. In this paper, through the comparative study on soil properties in different size forest gaps in broad－leaved *Pinus koriensis* Forest of Changbai Mountain, we analyse the law of different forest gaps in the temperature, moisture content, organic matter, pH value, N, P of the soil. Then through the principal component analysis on different soil－gap nature, we find the dominant factors to identify the evolution of soil with gaps from big to small. Conclusions are as follows. Organic matter, soil moisture content in the early stages of development of the gap is very obvious, and in the latter part of the evolution nitrogen plays an important role, followed by P and the pH value. The gradual disappearance of the forest gap of the process of soil properties in general becomes more and more stable, close to feature of closed forest.

Key words: forest gap; microhabitat; principal component analysis

长白山森林资源经过多年的过度采伐，原始天然林资源锐减，森林呈破碎化状态，生态环境趋于恶化，森林生态安全受到严重威胁。而林隙演变过程对于森林生态系统的恢复能够起到十分积极的推动作用，这个过程对未来森林群落的结构及其生物多样性影响深远，对于加快长白山森林更新，提高林分质量，提升森林生态系统的整体功能具有重要的现实意义。

研究区位于中国科学院长白山森林生态系统定位站 1 号标准地阔叶红松林内，地理位置 42°24′N，128°6′E，海拔 770 m 左右。属于温带大陆季风性气候，年降水量在 700 mm 以上，长白山北坡气候要素有明显的垂直变化，气温随高度的增加而降低，自下而上可分为 5 个气候带：山地针阔混交林气候带、山地针叶林气候带、山地岳桦林气候带、高山灌丛气候带、高山苔原气候带。研究区属于山地针阔混交林气候带，气候特点是冬长寒，夏温暖。年平均气温在 3℃左右，≥10℃活动积温大于 1 500℃。自然植被为针阔混交林带，针叶树以红松（*Pinus koraiensis*）、沙松（*Abies holopHylla*）为主，阔叶树以白桦（*Betula platypHylla*）、香杨（*Populus koreana*）为主[1~3]，土壤以白浆土为主。

一、林 隙 概 况

在中国科学院长白山森林生态系统定位站 1 号标准地阔叶红松林范围内，利用 GPS 导航仪在林内进行踩点调查，记录林隙的位置并测量长短轴，同时确定林隙内树木的种类、胸径和树高等；根据林隙中倒木的腐烂程度估测林隙的形成年龄；最后综合林隙大小、倒木情况等因素选出三个不同大小的林隙作为样地，并选出一块郁闭程度较好的林下样地作为对照样地。样地树种分布如图 1 所示：

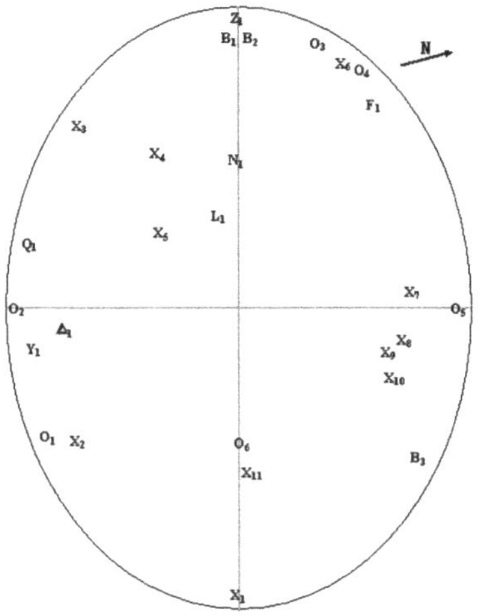

the general situation of trees in sample plot 1

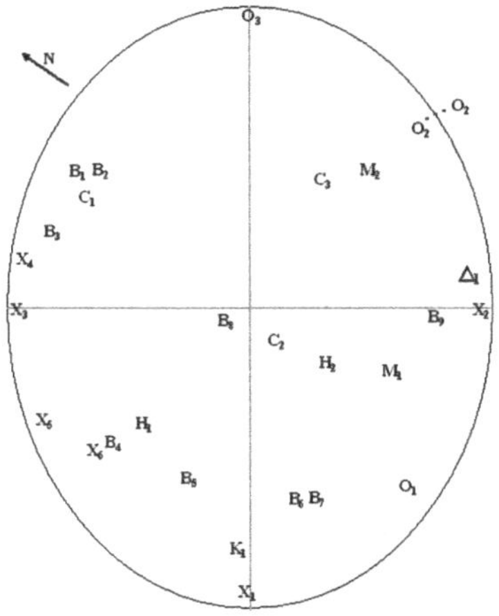

the general situation of trees in sample plot 2

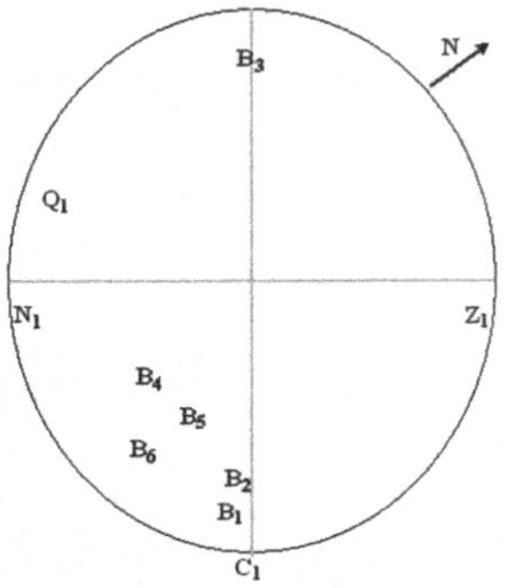

the general situation of trees in sample plot 3

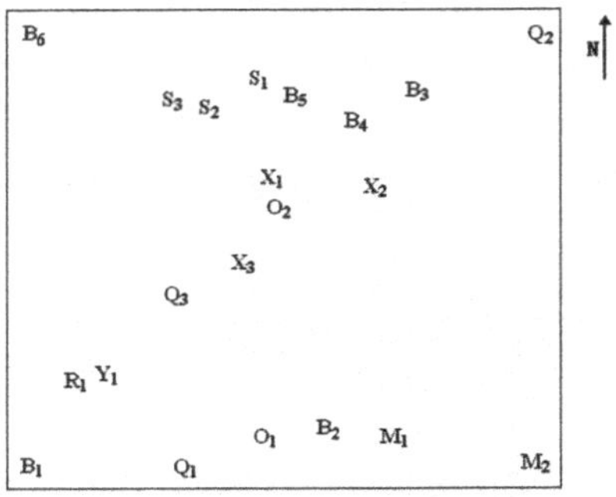

the general situation of trees in sample plot 4

图 1　各样地树种分布

注：X 代表红松；O 代表紫椴；B 代表色木槭；Q 代表青楷槭；Z 代表蒙古栎；N 代表拧筋槭；F 代表糖槭树；L 代表鹅尔栎木；Y 代表榆树；D 代表水曲柳；C 代表康椴；M 代表山槐；K 代表茶条槭；H 代表榛子；S 代表青杆子；R 代表未知槭树。

二、研 究 方 法

实验时间为 2009 年 8 月，每日 6：00～16：00 之间观测，测量间隔为 2 h。在所选样地架设仪器，进行小气候及土壤温度、土壤含水量等数据的测量：使用自动气象站观测记录林内气温及降水状况；安置自动土壤温水仪，并辅以曲管地温表测量地表及5 cm，10 cm，15 cm，20 cm 深度的土壤温度；利用 TDR300 土壤水分监测仪每两小时即时测量 4 块样地 0～20 cm 土壤的体积含水量；在上午 9 时～下午 3 时之间利用 ASD 光谱仪分别测量 4 块样地的土壤光谱曲线；最后利用环刀法在每个样点上分三次重复进行取样，带回实验室测定土壤性质，并进行分析。

三、不同林隙及郁闭林土壤性质对比分析

不同大小林隙的土壤性质存在着差异，随林隙面积、年龄的不同而显著不同[4]。随着林隙面积的增大，林隙的射入阳光增多，导致林隙内温度差异显著，这些差异对林隙内的种子萌发亦造成了重要影响。在林隙形成初期，灌木幼苗在林隙更新中占绝对优势，但随着林隙形成年龄的增加，灌木将逐渐丧失其优势，乔木的优势则逐渐上升[5]。在温水变化及林木更新过程中，对土壤性质的影响是十分巨大的。

1. 不同林隙下及郁闭林下土壤温度特征

林隙内及郁闭林下的土壤温度变化主要集中于地表，变化范围从 14～22.5℃，并在午后 14：00 左右达到最大值，5 cm，10 cm，15 cm，20 cm 的地温变化相对不明显，集中在 14～16℃之间，温度呈先上升后下降的趋势。

森林生态系统的能量输入主要来自太阳能，因此地温的变化主要受日照变化影响，随着进入林隙太阳能的增加，土壤吸收热量开始增温，地表受到直接影响，增幅最大，但由于林隙面积的差异，林隙内阳光射入量导致地表温度变化不同。地表受热升温后通过热传递将热量传至土壤深层，引起深层土壤温度的升高，但在传热的过程中伴随有热量的散失，导致土层越深，温度升高值越小，因此在 20 cm 处土壤温度变化极为不明显。

2. 不同林隙下及郁闭林下土壤水分特征

林隙的林冠层是缺失的，在降水过程中林隙内的土壤接受了大量的水分，并蓄积在土壤内部，而郁闭林下由于林冠层及干支的截留导致土壤接受的水分较之林隙内土壤少，同时，林隙形成以后，同周围的林下相比，林木活根极少[6]，从而林隙内土壤由于植物根系吸收的土壤水分损失较少。从不同样地的对比来看，郁闭林样地的土壤体积含水量及变化幅度明显远远小于其他三块林隙样地；而对于三块林隙样地，在正午 12：00 左右达到最小值 40%，这主要是因为正午太阳辐射较强，土壤水分大量蒸发。不同样地的土壤含水量在变化趋势上没有明显的规律性。

3. 不同林隙下及郁闭林下土壤有机质、pH 特征

不同林隙样地以及郁闭林样地枯枝落叶层的有机质含量远远大于土壤 0～10 cm，10～20 cm 中的有机质含量，土壤有机质对土壤养分的构成极为重要，林隙土壤养分的变化与林隙枯枝落叶层的特征紧密相关[7]。由此可见，有机质主要来自枯枝落叶的腐烂分解，阔叶红松林林隙及郁闭林下的枯枝落叶层较厚，集中于表层。

在枯枝落叶层，从样地 1 到样地 4，随着林隙面积减小，有机质含量呈现逐渐上升趋势，而土壤 0～10 cm 层呈下降趋势。随着林隙面积的减小，光照射入减小，土壤含水量减小，分解枯枝落叶需要的温度水分越来越少。又因为凋落物的分解速率与温度、湿度呈正相关[8]，所以随着时间的积累，有机质在枯枝落叶层就呈现了变小的趋势；从林隙到郁闭林，树木逐渐增多，根系也越来越多，在土壤 0～10 cm 层，由于树木根系的吸收作用，有机质的分解呈现随着林隙面积减小而减少的趋势。

土壤 pH 与土壤中的有机质含量、微生物的活动、植物的生长关系密切。林隙样地及郁闭林样地的土壤 pH 均在 7 以下，呈酸性。原因在于红松阔叶混交林中，蒙古栎等阔叶树的叶片中含较多的灰分，归还土壤后使土壤保持微酸性至中性反应。而红松等针叶树的叶片归还土壤后土壤呈酸性反应[7]。不同样地的 pH 基本呈现从样地 1 到样地 4 的下降趋势，但在样地 2 有所变动。由此可见，林隙土壤的 pH 略高于郁闭林下的土壤 pH，说明林隙有利于改善土壤的酸环境[9]。

4. 不同林隙下及郁闭林下土壤 N，P 特征

土壤中的 N，P 主要来自于土壤中有机质的分解，土壤中的 N 元素数量和分布与土壤有机质密切相关[10]。因此与土壤的微生物活动以及植物吸收有着密切联系。土壤各层中的 N 相差较大，呈土层越深含量逐渐减少的趋势；不同的样地含量各不相同，在枯枝落叶层与土壤 0～10 cm 层起伏较大，而在 10～20 cm 层基本一致，这主要是由于 N 与微生物分解有机质有关，而不同林隙的微生物活动不尽相同。P 主要在土壤的表层聚集，枯枝落叶层与 0～10 cm 层含量接近，皆大于 10～20 cm 土层中的含量，由于土壤中的磷化合物不易呈速效态供植物吸收利用[9]，因此 P 主要在土壤表层集聚。不同的样地含量亦各不相同，没有必然的规律性。

5. 不同林隙下及郁闭林下土壤光谱特征

土壤光谱特征是土壤理化性质的综合反映，土壤的有机质含量、含水量、氧化铁含量、机械组成、母质等是影响土壤光谱特性的主要理化性状[11]。由于土壤是固相、液相、

气相三相共存的复杂而异质的体系，因此光谱特征极其复杂[12]。但总体曲线趋势为随波长增加而逐渐升高。通常土壤水分的遥感监测主要从可见光—近红外、热红外及微波波段进行[13]。

利用 ASD 高光谱仪测定并得出以下 4 条不同样地的土壤光谱曲线，并对大气水汽通量等噪声进行消除处理。

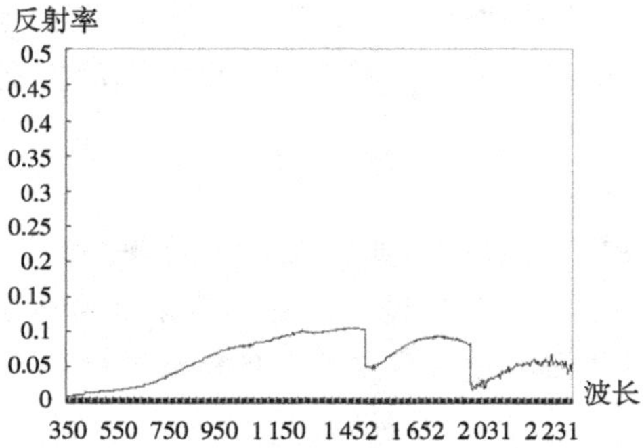

图 2　样地 1 土壤光谱曲线

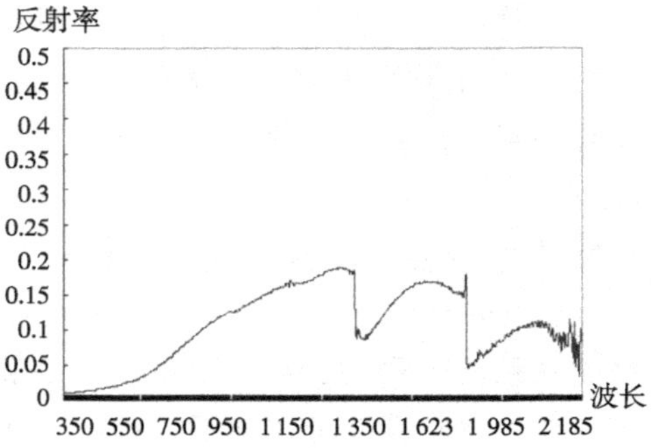

图 3　样地 2 土壤光谱曲线

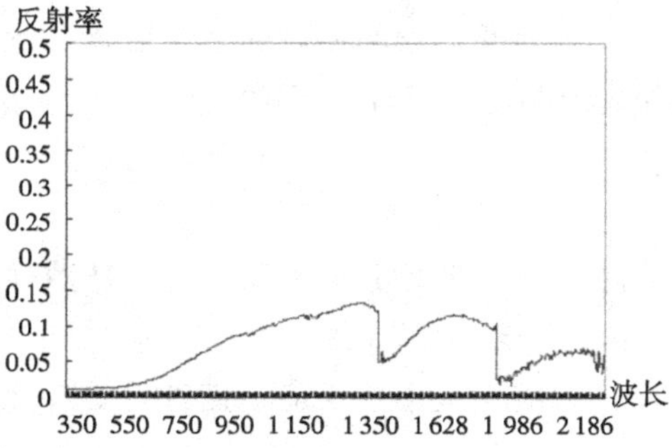

图 4　样地 3 土壤光谱曲线

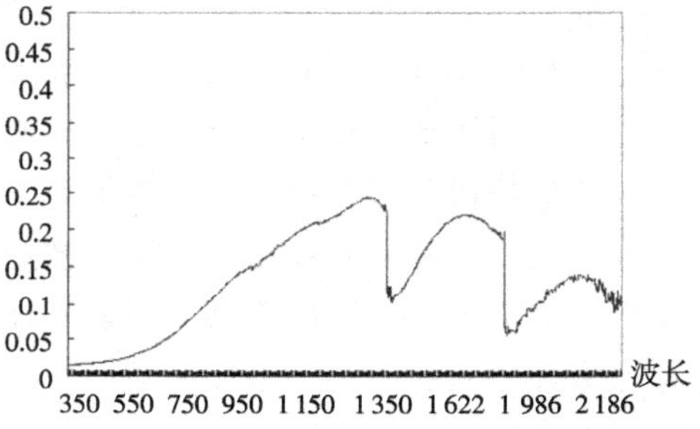

图 5　样地 4 土壤光谱曲线

研究表明，土壤有机质含量增加会导致土壤反射率下降，从以下光谱曲线可以看出符合之前所述 0～10 cm 层有机质含量减少的分析[14～15]。土壤含水量与土壤反射率基本呈负相关[15～16]，土壤在 1.40 μm 和 1.90 μm 附近对水分有吸收峰，不过这一波段又受到大气水汽通量的影响较大，但仍可以看出样地 4 即郁闭林样地在这一波段的反射率较大，同前面分析的含水量减小有着密切的关系。

四、不同林隙下土壤性质主成分分析

对不同样地的土壤 pH、有机质、全氮、全磷及土壤含水量数据进行预处理，然后在 SPSS 中实现主成分分析，通过提取主成分因子，联系因子载荷矩阵及旋转后因子载荷矩阵综合分析，可以看出决定不同样地土壤性质的因素不尽相同，其中氮元素是起着重要作用的，其次是磷元素以及 pH；从样地 1 到样地 2 的过渡来看，有机质、土壤含水量在林隙发展早期土壤变化中作用非常明显；从样地 3 到郁闭林样地的过渡来看，在林隙演变的后期逐渐趋于稳定，在土壤性质上接近于郁闭林特征（如表 1）。

表 1 各样地土壤性质决定因素

样地 变量	1	2	3	4
pH	√		√	√
有机质	√			
全氮	√	√	√	√
全磷		√	√	√
土壤含水量		√		

五、结　　论

林隙的产生改变了森林生境的光照及水热条件，导致了林隙内与林隙外微生境的差异，从而引起了土壤性质的改变。

（1）地温变化：从样地 1 到样地 3，随着林隙面积的减小，地表温度逐渐减小，土层越深，温度升高值越小，在 20 cm 处四块样地土壤温度变化极为不明显。

（2）土壤含水量变化：三块林隙样地土壤含水量在正午 12：00 左右为最小值 40%，样地 4 即郁闭林样地的土壤含水量及变化幅度明显小于其他三块林隙样地。

（3）土壤有机质、pH 变化：不同林隙样地以及郁闭林样地枯枝落叶层的有机质含量远远大于土壤 0～10 cm，10～20 cm 中的有机质含量；在枯枝落叶层从样地 1 到样地 4 有机质含量是呈现逐渐上升趋势的，而土壤 0～10 cm 层呈下降趋势。

林隙样地及郁闭林样地的土壤 pH 均在 7 以下，呈酸性。呈现出随林隙面积减小而下降趋势，但在样地 2 有所变动；不同深度的土壤 pH 亦呈现由表层向深层减小的趋势。

（4）土壤 N，P 变化：土壤各层中的 N 含量相差较大，呈土层越深含量逐渐减少的趋势；且含量各不相同，在枯枝落叶层与土壤 0～10 cm 层起伏较大，而在 10～20 cm 层基本一致。P 主要在土壤的表层聚集，枯枝落叶层与 0～10 cm 层含量接近，皆大于 10～20 cm土层中的含量；不同样地的 N，P 含量亦各不相同，没有必然的规律性。

（5）土壤光谱特征：土壤光谱特征是土壤理化性质的综合反映，在预测土壤有机质含量时，0～10 cm 层有机质含量减小，光谱特征从样地 1 到样地 4 反射率逐渐增大，符合分析。样地 2 由于采样时土样稍有混合，受枯枝落叶的影响，呈现了植物光谱的大体特征。土壤在 1.40 μm 和 1.90 μm 附近对水分有吸收峰，对这一波段的分析可以看出样地 4 即郁闭林样地在这一波段的反射率较大，同前面分析的含水量减小有着密切的关系。

（6）不同样地土壤性质主成分分析：从林隙面积逐渐变小的演变过程来看，有机质、土壤含水量在林隙发展早期作用非常明显；从样地 3 到郁闭林样地的过渡来看，在林隙演变的后期逐渐趋于稳定，在土壤性质上接近于郁闭林特征。

参 考 文 献

[1] 李建东，吴榜华，等. 吉林植被 [M]. 长春：吉林省科学技术出版社，2001：25.

[2] 杨清福，薄景山，等. 长白山天池火山的研究现状与展望 [J]. 自然灾害学报，2007，12：133—139.

[3] 杨清福，王佳蕾，刘志平，等. 第二松花江断裂带地质特征及第四纪活动性研究 [J]. 中国地震，2010，3：34—45.

[4] 宋新章. 长白山区采伐林隙更新及其微生境研究 [D]：[博士学位论文]. 北京：中国林业科学研究院，2007.

[5] 宋新章，张智婷，等. 长白山次生杨桦林采伐林隙乔灌木幼苗更新比较研究 [J]. 林业科学研究，2008，21 (3)：289—294.

[6] Denslow J S，Ellison A M，Sanford R E. *Tree-fall gap size effects on above- and below-ground processes in a tropical wet forest* [J]. Journal of Ecology，1998，86：597—609.

[7] 耿玉清，单宏臣，谭笑，等. 人工针叶林林冠空隙土壤的研究 [J]. 北京林业大学学报，2002，24 (4)：16—19.

[8] Swift M J，Heal OW，et al. *Decomposition in Terrestrial Ecosystems* [M]. Blackwell Oxford，1978，47—52.

[9] 陈爱玲，洪伟. 福建中亚热带常绿阔叶林林隙对土壤肥力的影响研究 [J]. 江西农业大学学报，2006，28 (5)：723—727.

[10] 张春雨，赵秀海，郑景明，等. 长白山阔叶红松林林隙与林下土壤性质对比研究 [J]. 林业科学研究，2006，19 (3)：347—352.

[11] 高永光，等. 高光谱遥感技术在土壤调查中的应用 [J]. 矿业研究与开发，2006，2：44—46.

[12] 吴昀昭，等. 土壤光学遥感的理论、方法与应用 [J]. 遥感信息，2003，1：39—47.

[13] 张晋. 土壤光谱特性的研究 [D]：[硕士学位论文]. 陕西：西北农林科技大学，2008.

[14] 赵英时，等. 遥感应用分析原理与方法 [M]. 北京：科学出版社，2003：52—53.

[15] 董广昊，杨清福，等. 长春市隐伏断裂遥感解译 [J]. 东北地震研究，2009，9：66—75.

[16] Muller E，Decamps H. *Modeling Soil Moisture Reflectance* [J]. Remote Sens，Envir，2000 (76)：173—180.